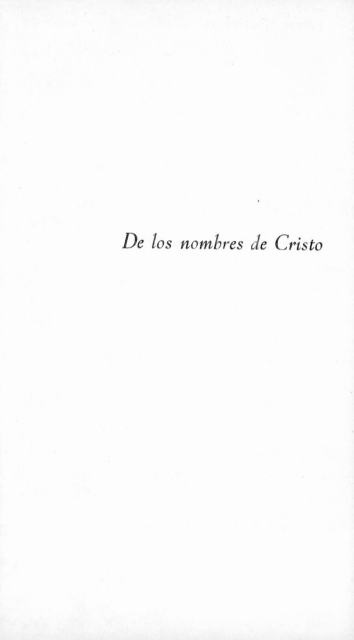

De los nombres de Cristo

Letras Hispánicas

Fray Luis de León

De los nombres de Cristo

Edición de
Cristóbal Cuevas García

EDICIONES CÁTEDRA, S. A. Madrid

© Ediciones Cátedra, S. A., 1977
Don Ramón de la Cruz, 67. Madrid-1
Depósito legal: M. 30.355 – 1977
ISBN: 84-376-0111-8
Printed in Spain
Impreso en Velograf. Tracia, 17. Madrid-17
Papel: Torras Hostench, S. A.

Índice

[LIBRO II]

[LIBRO III]

Para Trini y José Manuel

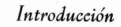

Introducción

I. LA ESPAÑA DEL SIGLO XVI

Nuestro siglo XVI es una unidad histórica coherente, más allá de sus propias contradicciones. En política y en cultura, lo español llega a su madurez, adquiriendo un perfil espiritual inconfundible. Es la época del Renacimiento, durante la cual España siente con el resto de Europa el entusiasmo por el mundo clásico, la fascinación de los ideales humanísticos, el amor por la naturaleza, el interés por el hombre, la sugestión neoplatónica y el atractivo de las formas perfectas. Por un momento, nuestro arte se configura en «categorías de visión» bien delimitadas: linealidad, acabamiento, belleza de planos, estructura tectónica, sujeción a normas, autonomía[1]. Y estas características se completan con otras que nos son peculiares: continuidad de lo medieval, ideal de unidad, tendencia conciliadora, integración de ética y estética, cultivo preferente de las ciencias del espíritu...[2]. De esta manera, el Renacimiento peninsular es, al mismo tiempo, original y europeo.

---

[1] E. Wölfflin, *Conceptos fundamentales en la historia del arte,* Madrid, Espasa-Calpe, 1961, en especial el resumen de las páginas 18-22 y 323-42.

[2] Sobre las características de nuestro Renacimiento, véase M. Menéndez Pelayo, *Historia de las ideas estéticas en España,* tomo II, Madrid, C.S.I.C., MCMXL —siglos XVI y XVII—; *eiusdem,* «Humanistas españoles del siglo XVI», en *Estudios y discursos de crítica histórica y literaria,* t. II, Madrid, C.S.I.C., MCMXLI, págs. 3-23; F. de Onís, «El concepto de Renacimiento aplicado a la literatura española», en *Ensayos sobre el sentido*

Ahora bien, dentro de esta esencial congruencia, hay también en nuestro siglo XVI una evolución histórica, que permite articularlo en etapas dotadas de personalidad propia, aunque sometidas a una ley de coordinación unificadora. Para nosotros, esquemáticamente, estas etapas serían tres: la primera abarcaría desde finales de la Baja Edad Media y comienzos de la Moderna —tal vez desde 1474, principio del reinado de los Reyes Católicos— hasta el advenimiento de Carlos I —1517—; la segunda, todo el reinado del Emperador —1517-1556—; la tercera y última, el de Felipe II —1556-1598 [3].

En la primera etapa detectamos una profunda preocupación religiosa, que centra sus miras en el logro de la unidad católica. Se intenta la asimilación de las minorías musulmanas y hebreas, y, cuando ello es imposible, se las presiona o elimina: tal es el sentido del edicto de expulsión de los judíos de 1492, y el de las conversiones masivas de moriscos. En 1478, se crea nada menos que una Inquisición de Estado. España, en su intento por reintegrarse a Europa tras el fin de la Reconquista, vuelve a erigirse en cristiandad militante, creando en su propio seno una «frontera de desconfianza», que excluye a la minoría intelectual y económica surgida del grupo converso. Por caminos a la vez dolorosos y gozosos, el español busca su propia identidad de pueblo cristiano occidental.

Por su parte, entre la burguesía media se extiende un germen de inquietud devota, que enlaza con los movimientos medievales del libre espíritu, la vida común, los

de la cultura española, Madrid, 1932, págs. 195-223; L. Pfandl, Historia de la literatura nacional española en la Edad de Oro, Barcelona, G. Gili, MCMLII, págs. 1-78; Aubrey F. G. Bell, El Renacimiento español, Zaragoza, Ebro, 1944, págs. 3-257; M. Fernández Álvarez, La sociedad española del Renacimiento, Salamanca, Anaya, 1970, sobre todo págs. 26-46, etc.

[3] A. Domínguez Ortiz considera tan sólo dos etapas, incluyendo en una sola la de los Reyes Católicos y el Emperador (Desde Carlos V a la Paz de los Pirineos, 1517-1660, Barcelona, Grijalbo, 1974, págs. 212-13); aunque estemos de acuerdo con él en las notas esenciales que definen el siglo, creemos que el reinado de Carlos V tiene características específicas para constituir de por sí un período propio.

fraticelli, etc. Como consecuencia de esto, aparecen los primeros signos de piedad escritural, localizados casi siempre en una *upper middle class* de cristianos nuevos. La influencia cisneriana es decisiva a este respecto, con su protección a los libros devotos —*Vita Christi,* de Ludolfo de Sajonia; *Epístolas y Evangelios de los domingos,* traducidos por Fray Ambrosio Montesino en 1503 y 1512, respectivamente; *Diálogos* de S. Gregorio Magno; *Vitae Patrum,* de S. Jerónimo; un florilegio de San Agustín—, la fundación de la Universidad de Alcalá —abierta a la docencia el 18 de octubre de 1508 [4]—, la *Políglota Complutense* (1514-17), y la reforma de la Iglesia y de las órdenes religiosas [5].

En 1517, con la llegada de Carlos I, el panorama espiritual español sufre notables transformaciones. Se incrementan los contactos con el resto de la cristiandad, mediante la apertura a la civilización de los Países Bajos —lo que algunos han llamado «el legado de Borgoña»—. Cortesanos, hombres de Estado, mercaderes y eclesiásticos flamencos llegan a España, aportando una concepción de la vida chocante y, por lo mismo, capaz de servir de revulsivo. Se viven años de universalidad, de extroversión fecundante, intercambiándose gérmenes de cultura con la ancha baraja europea —y americana— de los dominios imperiales. En lo espiritual, penetra en

---

[4] *Cfr.* J. de Entrambasaguas, *Grandeza y decadencia de la Universidad Complutense,* Madrid, Universidad Complutense, MCMLXXII; las págs. 25-207 se refieren íntegramente al siglo XVI; ver también A. Jiménez, *Historia de la Universidad española,* Madrid, Alianza Editorial, 1971, págs. 158-86.

[5] Para todos estos aspectos, *cfr.* M. Bataillon, «Cisneros y la prerreforma española», en *Erasmo y España,* México, F.C.E., 1966², págs. 1-72; *eiusdem,* pról. a Erasmo. «*El Enquiridion o manual del caballero cristiano*», ed. de Dámaso Alonso, Madrid, C.S.I.C., 1971, pág. 24; F. Braudel, *El Mediterráneo y el mundo mediterráneo en la época de Felipe II,* t. II, Madrid, F.C.E., 1976², pág. 229; A. Domínguez Ortiz, *op. cit.,* pág. 212; J. B. Avalle-Arce, «Características generales del Renacimiento», en *Historia de la literatura española,* t. I, Madrid, Guadiana, 1974, página 467; P. Chaunu, *La España de Carlos V,* 2 ts., Barcelona, Península, 1976, t. I, págs. 24-6; t. II, págs. 172-73 y 177-78.

España el ideario erasmista, con su concepción del humanismo al servicio de la sabiduría bíblica y patrística, la *philosophia Christi,* y la búsqueda de una religiosidad interior. El *Enchiridion* —publicado primero en latín en 1511, y luego traducido al castellano por el Arcediano del Alcor en 1526— es acogido con entusiasmo casi mesiánico, al considerársele como símbolo de inserción en las corrientes de la cristiandad ilustrada del norte, y aunque su influencia se reduce, al principio, a los cortesanos e intelectuales —los Valdés, Alonso de Fonseca, Alonso Manrique—, se extiende muy pronto a las capas populares. Al fondo, sin embargo, late siempre un germen de oposición y recelo reaccionario —frailes, familiares de la Inquisición, teólogos tradicionalistas— que manifiesta ya su disconformidad, y espera tiempos mejores para imponerse [6].

La época de Carlos I es, pues, dinámica, agresiva y cosmopolita. Hacia 1527, el espíritu aperturista llega a su apogeo —las tropas imperiales son apostrofadas, al retirarse tras el Saco de Roma, con una gama de insultos que proclaman, en el fondo, su capacidad de convivencia: «Giudei, Perfidi, Marrani, Hispani, Lutherani...»—. Pero en seguida se ensancha la «frontera de incomprensión» a que acabamos de referirnos. La España abierta de la década de los 20 comienza a entornarse. La nueva espiritualidad levanta innumerables recelos, a lo que contribuye además la incipiente polémica antiluterana: libre examen, paulinismo, reliquias, ceremonias, oración, jerarquía. Iluministas y erasmistas son medidos progresivamente por el mismo rasero. Comienzan las persecuciones inquisitoriales: denuncias contra el *Enchiridion,* Junta de Valladolid de 1527, proceso contra María de Cazalla. En 1532, al morir Alfonso de Valdés, termina la protección oficial a Erasmo. Desde 1540,

---

[6] Un buen resumen de esta cuestión puede verse en el prólogo de M. Bataillon ya citado. A él debemos también el mejor estudio sistemático del tema, incluido en su *Erasmo y España,* ed. cit., págs. 72-425. La cita de Chaunu se halla en *ob. cit.,* tomo II, pág. 180. Véase también J. H. Elliott, *La España imperial (1469-1716),* Barcelona, Vicens-Vives, 1974, pág. 230.

sus partidarios empiezan a ocultarse. La vida espiritual del país cede cada vez más a las «tensiones simplificadoras». Sólo en las conciencias de los que se habían formado en la época anterior se conservará una amplitud de espíritu y unos recuerdos de doctrinas, libros y estilo de vida definitivamente perdidos.

Accedemos así a la etapa de Felipe II, que no se nos aparece ya simplemente como de ruptura con la del Emperador, sino también como de consumación del proceso a que hemos aludido. Sin que ello implique un lamento, constatamos que el signo de nuestra civilización pierde en universalidad lo que gana en casticismo. Felipe II, frente al cosmopolitismo de Carlos V, es un monarca nacional. Al establecerse en la Península en septiembre de 1559, observa y vigila desconfiadamente a Europa, en lugar de recorrerla con curiosidad o al menos estudiarla sin pasión. A partir de este momento, los acontecimientos se enfocarán desde una perspectiva mucho más restringida[7], que podría calificarse de hispanocentrista, e incluso de castellano-centrista[8]. Apoyándose en la religiosidad absorbente de Castilla, Felipe II extremará la sacralización del Estado, correspondiendo así, en cierto sentido, a la profunda temporalización de la Iglesia de su época. A su ejemplo, y bajo su inspiración, toda la vida española, y su cultura en particular, se orientan desde una perspectiva religiosa. A ello contribuyen, además, las peculiaridades sociales del país, tal como se habían venido conformando en los años ante-

---

[7] J. Lynch, *España bajo los Austrias,* t. I, Barcelona, Península, 1973², pág. 223.

[8] «El carácter esencial del imperio de Felipe II es, sin duda alguna, su hispanidad —aunque más exacto sería decir su castellanidad» (F. Braudel, *op. cit.,* t. II, pág. 34); lo mismo piensa J. M. Elliott *(op. cit.,* pág. 276). Este hecho no contradice, sino que explica, pese a su aparente paradoja, la exacta constatación de Domínguez Ortiz de que «Felipe II pertenecía al grupo de gobernantes para quienes lo esencial es la política exterior» *(loc. cit.,* pág. 75): precisamente porque no se sentía parte de ese mundo, y porque desconfiaba profundamente de él, le obsesionaban sus actitudes, miradas siempre como una posible amenaza; de aquí, la importancia capital que concedía a la política *exterior.*

17

riores —como observa Américo Castro, «la reducción del pueblo español a una sola casta, cuyo carácter ya conocemos, explica el predominio creciente de la religión en todos los sectores de la vida cultural» [9]—. La jerarquía eclesiástica, la Inquisición y las órdenes religiosas influyen decisivamente en los destinos patrios, adoptando una postura introvertida y vigilante, marcada por el sello de la Contrarreforma postridentina, y cada vez más enfrentada al resto de Europa. Todo se impregna de un espíritu de militancia. Frente a la intransigencia ginebrina y a la radicalización de luteranos y anglicanos, España transforma en soluciones prácticas los decretos de Trento, protegiendo a los jesuitas, reformando las otras órdenes religiosas, robusteciendo la Inquisición y redactando Índices [10]. La transferencia de la hostilidad antimusulmana a las doctrinas de los reformadores le hace identificar la vieja frontera territorial entre Cristianismo e Islam con la nueva frontera ideológica entre Protestantismo y Catolicismo, levantando otra vez el espíritu de Cruzada [11]. Las posturas acaban de definirse con la aparición de los primeros focos protestantes de Valladolid y Sevilla —1557-1558—, el creciente poder de los defensores del conservadurismo, la necesidad de lograr una férrea unidad interior frente a la agresión de protestantes y turcos, etc.

Todo esto configura el clima espiritual de la España de la Contrarreforma. Aparte la llamada de atención que supone el *Estatuto de Pureza de Sangre* de Toledo de 1547, el proceso del Arzobispo Carranza —1558-76— es ya plenamente sintomático [12]. La Inquisición se endurece bajo el mando de Hernando de Valdés —1547-66—,

---

[9] *La realidad histórica de España,* México, Porrúa, 1962, página 240.

[10] J. M. Elliott, *op. cit.,* pág. 241.

[11] Para estas ideas, *cfr.* P. Chaunu, *op. cit.,* t. I, pág. 27, y tomo II, pág. 183.

[12] Ver J. I. Tellechea Idígoras, *Fray Bartolomé Carranza. Documentos históricos, Archivo Documental Español,* Madrid, R.A.H., XVIII, 1962 y 1963; un resumen de la cuestión, en el própl. del mismo a los *Comentarios sobre el Catechismo christiano,* t. I, Madrid, B.A.C., MCMLXXII, págs. 38-47.

independizándose incluso de la influencia directa del papa, siempre suavizadora; la censura de libros se hace más estrecha con el *Índice* de 1559, registrándose las bibliotecas y reprimiéndose duramente a los transgresores; se vigila la entrada de libros impresos en el extranjero, y se castiga con la confiscación de bienes, e incluso con la muerte, las faltas más graves en esta materia; en 1584, se promulga un *Índice expurgatorio,* reglamentando los cortes que habían de sufrir determinadas obras para poder circular libremente [13], lo que, muchas veces, neutraliza o modifica sustancialmente su sentido; desde el *Decreto* de 22 de noviembre de 1559, se prohíbe a todos los españoles estudiar en universidades extranjeras, con las excepciones de Bolonia, Roma, Nápoles y Coimbra [14]; la corona eleva los decretos tridentinos a la categoría de leyes del reino.

Así se implanta el nuevo espíritu en España, que se «alinea» en la comunidad internacional de la Contrarreforma europea, aunque aportando a la misma unas características de rigor enteramente peculiares, que no carecen de rasgos positivos. Buen ejemplo de ello es la actuación del cardenal Quiroga, arzobispo de Toledo desde 1577 a 1593, espíritu prudente y culto, que basa su reforma en la educación de la juventud, la promoción de las instituciones benéficas, el fomento de las artes

---

[13] Sobre la censura de libros en la España del Siglo de Oro existen buenos estudios; véase, por ejemplo, A. Ruméu de Armas, *Historia de la censura literaria gubernativa en España,* Madrid, 1940; también, M. de la Pinta Llorente, «Historia interna de los índices expurgatorios españoles», *Hisp, XIV* (1954), páginas 411-61.

[14] El alcance de esta última medida ha sido recientemente matizado por A. Domínguez Ortiz: «Sin negar la trascendencia de esta medida —dice—, hay que hacer notar que en todas partes las universidades eran centros tradicionalistas y retardatarios, a los que poco o nada debe el movimiento científico, que fue impulsado por personalidades aisladas y academias extrauniversitarias» —*loc. cit.,* pág. 247—; pero, la prohibición de ir a estudiar al extranjero, ¿no limitaba, o impedía del todo en ocasiones, a muchos jóvenes españoles ponerse en contacto con esas personalidades y academias?

como servidoras de la religión, el trabajo colectivo del Sínodo Diocesano, y la militancia de las órdenes religiosas —sobre todo de jesuitas y agustinos—, todo ello en un clima recto y laborioso, que Marañón veía como típico «de labriego castellano» [15]. Sin embargo, la Contrarreforma española se centrará siempre en la búsqueda de las máximas garantías de ortodoxia, afinando su sensibilidad para detectar cualquier signo desviacionista. Por eso, en la investigación bíblica y teológica se abandona la búsqueda de nuevos caminos, prefiriéndose los seguros y trillados [16]; las controversias teológicas rehúyen los problemas de fondo, para preocuparse por cuestiones de escuela menos comprometedoras, con la relativa excepción de las disputas *de auxiliis;* en lo filosófico, se distinguen dos tendencias: los que se aferran a un escolasticismo aristotélico-tomista medievalizante, y los que quieren salvar todo lo aprovechable del movimiento renacentista, conciliándolo con los postulados católicos —al final, los resultados serán positivos, y la Neoescolástica

---

[15] Quiroga, a causa de su amistad con los agustinos, tendrá una gran influencia en la vida de Fray Luis, sobre todo en la resolución de su primer proceso inquisitorial. Como atestiguaba Fr. Manuel Vidal, «[Fray Luis de León], por medio de el Cardenal Quiroga, Arzobispo de Toledo, Inquisidor General, i gran Bienhechor de los Religiosos Agustinos, fue restituido a su antigua libertad, i honor». (*Agustinos de Salamanca. Historia del observantissimo convento de S. Agustin, N.P., de dicha ciudad,* tomo I, Salamanca, E. García, 1751, pág. 378 *a.)*

[16] El papel que desempeña el miedo en esta postura es claro: «En nuestros tiempos, ciertos hombres indoctos y temerarios, con el menor pretexto, alborotan inmediatamente diciendo que judaizan los que, al exponer la S. Escritura, no refieran todos los sentidos a sentidos anagógicos ('místicos'), o acepten la interpretación llana y manifiesta de algún hebreo. Tal *terror* han producido los estúpidos gritos de esos hombres en muchos estudiosos de las Sagradas Letras, que los han retraído, asustado, de tan noble y santo estudio». (Diego de Zúñiga, *In Iob,* Toledo, 1594, c. XX, págs. 482-83; texto latino, traducido *apud* Américo Castro, *De la edad conflictiva,* Madrid, Taurus, 1972³, pág. 171.) Recuérdense también las palabras, referidas a las consecuencias del proceso de Fray Luis de León, del P. Mariana en su *Pro editione Vulgata* —1609—, en J. P. Migne, *Scripturae Sacrae cursus completus,* t. I, París, 1839, pág. 589.

alcanzará un notable florecimiento en la escuela de Salamanca [17].

Por lo que hace al mundo artístico, a lo largo de todo el siglo XVI se extiende la admiración por las obras clásicas, de cuya imitación, realizada con entusiasmo y sensibilidad, surgirá un arte nuevo. Se busca llegar al ideal de belleza a través de una elegante economía de medios [18], de la concentración y subordinación como fórmula estructurante, de la perfección formal, de la armonía de partes, de la exaltación de lo sensible como expresión de lo espiritual, de la fijación de lo intemporal y permanente, del acatamiento a la norma, de la conquista de la ataraxia, de la idealización de lo concreto, etc. Como resume Hauser, la obra de arte renacentista quiere ofrecer en sí misma una imagen sintética de la realidad, enfocada desde perspectivas unificadoras, reflejándose en unas estructuras formales que nacen de la tensión entre el individuo reflexivo y sensible y el universo que se le contrapone como objetividad [19]. De aquí deriva el carácter minoritario de este arte, que integra en sí elementos populares, pero que no puede ni quiere dirigirse a la masa, y que, en consecuencia, sólo resulta inteligible en su totalidad para espíritus cultivados [20]. A medida que

---

[17] Para Pfandl, «Melchor Cano en la metodología crítica, Francisco Suárez en la metafísica, Domingo Soto en la ciencia del derecho, y Molina en la ética, le dieron su más completa expresión; de la misma escuela salieron también Bartolomé de Medina y Domingo Báñez; el *Cursus Conimbricensis* (Coimbra) y el *Cursus Complutensis* (Alcalá) de ella proceden, y no es posible entender del todo a fray Luis de León si no se tiene en cuenta que fue discípulo de Melchor Cano» (*Historia de la literatura nacional española...*, ed. cit., pág. 13).

[18] L. B. Alberti (1404-1472), anticipando la sensibilidad del siglo siguiente, lo había expuesto en su tratado *Della pittura*: «Quien en su obra busca dignidad, se circunscribirá a un reducido número de figuras; pues, al igual que los príncipes ensalzan su majestad con la escasez de sus palabras, así se aumenta el valor de una obra con la reducción de las figuras». (*apud* A. Hauser, *Historia social de la literatura y el arte*, t. I, Madrid, Guadarrama, 1957, pág. 484.)

[19] *Op. cit.*, pág. 490.

[20] Con razón piensa Aubrey F. G. Bell que «ni la poesía extática de San Juan de la Cruz, ni la potente prosa de Luis

transcurre el siglo, el arte se va elevando, desasiéndose de las ataduras físicas, en un ininterrumpido proceso de espiritualización [21]. En la España de Felipe II llegaremos a la síntesis definitiva: los cánones clásicos se vitalizan con espíritu cristiano, el cual, actuando como nuevo fermento, cambia el sentido de aquéllos, convirtiéndolos en un instrumento más al servicio de lo religioso.

Creemos que la figura y la obra de Fray Luis de León —y más concretamente *Los nombres de Cristo*— sólo resultan plenamente comprensibles desde estos presupuestos. Nacido a finales de la tercera década del siglo, el agustino recibe casi toda su formación en la época del Emperador, pero crea su obra en la de Felipe II. Su personalidad está, pues, a caballo entre las dos Españas. En esto, su caso es paradigmático, representando excepcionalmente a muchos compatriotas de su tiempo [22]. Habiendo transcurrido su juventud en un ambiente de amplitud humanística y relativa libertad, se ve obligado a escribir sus libros en un clima más suspicaz y represivo. «Nunca se debe olvidar —advierte M. Bataillon— que *Los nombres de Cristo* son obra de un hombre que por dos veces fue denunciado a la Inquisición» [23], y precisamente —añadimos nosotros— porque,

---

de León, ni los brillantes y apasionados tratados de los místicos, ni los cuadros de Theotocópuli, ni las misas de Vitoria, tenían nada popular. Podían contener gérmenes populares, pero eran demasiado exquisitas para apelar a lo vulgar» (*El Renacimiento español,* ed. cit., pág. 107).

[21] Una ampliación y matización importante de esta idea aparece en E. Orozco Díaz, *Paisaje y sentimiento de la naturaleza en la poesía española,* Madrid, Prensa Española, 1968, pág. 117.

[22] «La mística de la época filipina —dice Domínguez Ortiz— fue obra de escritores formados en la primera mitad del siglo, cuando la religiosidad profunda y apasionada del pueblo español buscaba, dentro de la ortodoxia, sus propias vías de expresión con una libertad que después se vio bastante restringida. [En este caso se hallan] Fray Luis de Granada..., Santa Teresa de Ávila..., San Juan de la Cruz..., Fray Luis de León...». (*Desde Carlos V...,* ed. cit., págs. 265-66.)

[23] Pról. al *Enquiridion,* ed. cit., pág. 81. «[Fray Luis de León] —añade— había estudiado teología en Salamanca en una época en que se prohibían todavía muy pocos libros de Erasmo, cobrando entonces esa afición a la Biblia y a la exégesis bíblica

habituado a una libertad de pensamiento y expresión a la que no sabe o no quiere renunciar, su actitud choca con la estrechez de los nuevos tiempos. A pesar de ello, siempre procura mantener, del patrimonio renacentista asimilado en los años de su formación, lo que su conciencia y sus vigilantes le permiten. Así, su obra contiene lo mejor del espíritu y de las ideas de la España humanística, aunque tamizado a través del filtro de la Contrarreforma. Como tantos contemporáneos suyos, Fray Luis encontró en la creación literaria una «vía de salvación» de su identidad auténtica[24]. Creemos que no exagera Bataillon al escribir que Fray Luis de León es, con Arias Montano, el hombre que mejor nos hace comprender el secreto de la España postridentina, cuyo impulso contrarreformista debe su perfil y su fortaleza a los valores positivos que supo mantener de la etapa imperial, mucho más que a la represión de los inquisidores[25]. Por eso, su figura no es solamente una muestra egregia del Renacimiento español, sino una síntesis insuperable de toda la cultura y la espiritualidad de nuestro siglo XVI.

---

que había de llevarle más tarde a la cárcel. [Es la suya] una figura importantísima, que por su temperamento y cultura estaba preparada para recoger, no sé si lo mejor de la heredad erasmiana, por lo menos todo lo compatible con los cánones de Trento» (*ibid.*, págs. 79-80).

[24] Ver Américo Castro, *De la edad conflictiva,* ed. cit., páginas 180 y 231, aunque creemos que no se puede extremar, con criterio simplista, la importancia del abolengo judaico de Fray Luis en su *represión* como escritor. Esa represión se apoyaba en motivos mucho más profundos y extensos, y comprendía igualmente a los cristianos viejos.

[25] *Erasmo y España,* ed. cit., pág. 769. Aceptamos la postura de Bataillon, pero extendiendo el valor de lo conservado a todos los campos del humanismo y la religiosidad de la España de Carlos I, no sólo al erasmismo.

II. FRAY LUIS DE LEÓN EN SU AMBIENTE

No podría, sin embargo, comprenderse plenamente la significación de este gran humanista y teólogo si no le situáramos en las coordenadas inmediatas en que transcurrió su vida: la Orden Agustiniana y la Universidad de Salamanca. Es en ellas donde su silueta se dibuja con definitiva nitidez, cobrando a la vez pleno sentido y coherencia.

Fray Luis de León se incardina en el catolicismo español del siglo XVI a través de la Orden de San Agustín [26], cuya espiritualidad impregnará su actividad huma-

---

[26] Fray Luis nace en Belmonte (Cuenca), en 1527 ó 1528, en el seno de una familia de sangre judía por línea materna; hace sus primeros estudios en Madrid y Valladolid; en 1543 ingresa en el convento de S. Agustín de Salamanca, donde profesó el año siguiente —1544—; en 1551 se licenció en Teología; en 1556 estudia hebreo en la Universidad de Alcalá, como discípulo de Cipriano de la Huerga; en 1558 recibe el grado de Maestro ('Doctor') en Teología. A los treinta y dos años se le confía la primera cátedra en la Universidad de Salamanca, regentando luego otras dos; de 1572 a 1576 dura su primer proceso inquisitorial, regresando a la Universidad el 3 de diciembre de este año; nuevos debates y luchas le implican en un segundo proceso (1582-1584). Pocos días después de haber sido elegido Provincial de su Orden en Castilla, muere en Madrigal de las Altas Torres, el 23 de agosto de 1591, a los sesenta y cuatro años de edad. Como biografías útiles recomendamos, aparte los cronistas antiguos de la Orden y del convento de San Agustín de Salamanca —Fray Thomás de Herrera, Fray Miguel Vidal, etc.—, y los datos de Pacheco o Nicolás Antonio, el resumen de Mayáns —*Vida del Maestro Frai Luis de Leon, de la Orden de San Agustin,* en *Obras propias i traducciones,* Valencia, Th. Lucas, 1761, s. p.—; F. Méndez, *Vida de Fray Luis de León, RAg,* I-V (1881-1883); F. Blanco García, *Fray Luis de León. Estudio biográfico del insigne poeta agustino,* Madrid, 1904; A. Coster, *Luis de León (1528-1591),* 2 ts., New York-Paris, 1921-1922 (se publicó, en 1921, en la *RHi,* LIII (1921), págs. 1-428); Aubrey F. G. Bell, *Un estudio del Renacimiento español. Fray Luis de León,* Barcelona, Araluce, 1927; resume modernamente lo esen-

na lo mismo que sus escritos. La base de esa espiritualidad radica en *la contemplación* de lo divino, pero no a la manera emotiva y popular de los franciscanos, sino con un sentido casi ontológico, que ve en Dios el centro de referencia de todas las criaturas. La célebre concepción averroísta del amor del hombre por Dios como su creador y causa final, incluso la metáfora de la atracción que ejerce éste sobre los entes finitos «como la del imán sobre el hierro», aparecen en el centro del misticismo agustiniano, que las toma, en última instancia, de fuentes platónicas y alejandrinas. Este anhelo de contemplación se dirige, sin embargo, preferentemente, sobre todo en el siglo XVI, a la Divinidad encarnada en la persona del Redentor, con quien el agustino intenta identificarse por la práctica del lema paulino: «Vivo yo, pero no soy yo quien vivo; es Cristo quien vive en mí.» Ello explica el que esta Orden conceda un valor central a la Cristología —núcleo generador de *Nombres*—, asigne un valor secundario a las prácticas exteriores —maceraciones, disciplinas corporales, ayunos, ceremonias y pompas del culto, en lo que muestra una gran afinidad con las ideas de Erasmo, que, no en vano, perteneció un tiempo a los Canónigos Regulares de San Agustín—, fundamente su ideal de vida en la meditación, vea en las criaturas un reflejo de la belleza del Creador, valore el amor por encima de todo, fundamente en la armonía interna el estado ideal del alma, etc. «Este fondo, eminentemente platónico y evangélico, racional y elevado, tiene la ascética agustiniana, a la que no sin motivo juzga Rousselot fuente y molde de la que siglos más tarde hubo de fraguar la espiritualidad moderna»[27]. En

cial de la biografía luisiana O. Macrí, *La poesía de Fray Luis de León*, Salamanca, Anaya, 1970, págs. 11-153.

[27] J. M. de la Cruz Moliner, *Historia de la literatura mística en España*, Burgos, El Monte Carmelo, 1961, pág. 371; sobre la espiritualidad de la Orden, ver también, *eiusdem, Historia de la espiritualidad*, Burgos, El Monte Carmelo, 1971, págs. 128-47; M. Andrés Martín, *Los recogidos. Nueva visión de la mística española (1500-1700)*, Madrid, Fund. Univ. Esp., 1975, páginas 748-77; *eiusdem, La teología española en el siglo XVI*, t. I, Madrid, B. A. C., MCMLXXVI, págs. 140-58 (este último libro,

realidad, el agustinismo representa una concordancia de platonismo y pensamiento cristiano, mantenida constantemente a lo largo de toda la historia de la Orden.

En España, los agustinos *observantes* manifiestan, sin embargo, en un principio, una oposición sistemática a los estudios especulativos de filosofía y teología, y a los grados académicos, por considerarlos inútiles, e incluso perjudiciales para la verdadera devoción. Al obrar así no hacían sino llevar a la práctica, de forma consecuente, la oposición entre la «vana ciencia» del sabio mundano y la «sabia ignorancia» del hombre devoto, tal como la habían establecido S. Agustín y S. Gregorio Magno, entre otros Padres de la Iglesia. Esta oposición, que llegaba al extremo respecto a los estudios de humanidades, perduró durante mucho tiempo en Castilla, no pudiendo superarse hasta aproximadamente 1540, y ello gracias a la intervención del P. General Girolamo Seripando (†1563). Por eso, en la primera mitad del siglo XVI, sólo los agustinos que llegan a la Orden ya formados tienen verdadero relieve intelectual —es el caso de Dionisio Vázquez, Alfonso de Córdoba, Sto. Tomás de Villanueva, el Beato Orozco, Luis de Alarcón, etc.—, y serán ellos los impulsores del renacer de los estudios sagrados entre sus hermanos de religión [28]. Su ideología, sin embargo, como no podía ser menos dada su formación dispar, es muy heterogénea, manteniéndolos aislados entre sí, sin un estricto carácter de escuela. Todo empieza a cambiar, no obstante, a partir del Capítulo de Dueñas —1541—, que reorganiza los estudios, fomenta las relaciones con la Universidad, impulsa la investigación teo-

---

en las páginas citadas, y en otros muchos lugares a lo largo del texto, constituye un esquema fundamental sobre la materia en la época que estudiamos); ver también nuestros trabajos *El pensamiento del Islam. Contenido e historia. Influencia en la mística española,* Madrid, Istmo, 1972, págs. 294-97, y *Ascética y mística,* Madrid, La Muralla, 1973, págs. 34-39.

[28] P. E. Domínguez Carretero, «La escuela teológica agustiniana de Salamanca», *CD,* 169 (1956), págs. 638-85; *Notitiae circa provinciam Hispaniae et Congregationis Castellae et Toleti,* en *Analecta August.,* 9 (1921), págs. 182-88.

lógica —dogma, Escritura, moral, ascética y mística—, y atiende cuidadosamente a la preparación en las disciplinas humanísticas, considerándolas como base inexcusable de la especulación religiosa[29].

Dentro de esta nueva orientación, el convento de *San Agustín* de Salamanca, perteneciente a la rama de *Calzados* o *Recoletos* —donde ingresa Fray Luis en 1543, cuando tenía unos dieciséis años—, se convierte en el foco capital de los estudios agustinianos españoles del siglo xvi. Allí encontró el que luego sería gran escritor un ambiente intelectual abierto a todas las inquietudes, en el que se integró sin esfuerzo, siendo a la vez impulsor y heredero del mismo[30]. En esta escuela se forjaron las líneas maestras de su personalidad, que encuentra aquí su punto de incardinación y sus apoyos fundamentales. Para un joven como él, la modernidad espiritual de aquel ambiente —parecida a la que halló en Alcalá, junto a su maestro Cipriano de la Huerga—, hubo de constituir un estímulo inapreciable. Y es que, frente al tradicionalismo de la Universidad de Salamanca, la espiritualidad agustiniana de aquellos años se mostraba llena de actualidad, al no enlazar directamente con el pensamiento medieval de la Orden —el de Egidio Romano (†1316), Agustín de Triunfo (†1328), Tomás de Estrasburgo (†1357), o Gregorio de Rimini (†1358)—, por haberse lanzado a la creación de un original neotomismo, vivificado por la profundización de la doctrina bíblica y de

---

[29] «[Los *Estatutos* de Dueñas] lanza[n] a los estudiantes al corazón de la Universidad, pidiéndoles aquella honestidad propia de todo religioso y aquella humildad de la que cabe esperar frutos ubérrimos *in faciendo et docendo*. Arrancan de la necesidad del estudio, de la santidad personal y de la observancia para dar eficacia y prestigio a la Orden». (M. Andrés, *La teología española...*, t. I, ed. cit., pág. 149.)

[30] Para la historia del convento, *cfr.* Mtro. Fray Thomás de Herrera, *Historia del Convento de S. Avgvstin de Salamanca,* Madrid, G. Rodríguez, 1652; Fr. Manuel Vidal, *Augustinos de Salamanca. Historia del observantissimo convento de S. Augustin...,* ed. cit.; M. Villar y Macías, *Historia de Salamanca,* t. I, Salamanca, F. Núñez Izquierdo, 1887, págs. 453-60.

los Santos Padres [31]. Para la fundamentación de sus concepciones, partían del magisterio estrictamente hispánico de Vitoria, Cano, Domingo de Soto y Mancio de *Corpus Christi,* de quienes toman el método racional de la investigación, renunciando a buscar soluciones en sistemas aprioristicos. A ello añadían, al menos al principio, una cierta inclinación al nominalismo y a la cátedra de nominales —lo que repercutirá luego en la concepción misma de *Nombres*—, la preocupación por el aspecto moral de las cuestiones, y la fundamentación escriturística del dogma. Siguen exigiendo, como prolegómenos de la ciencia sagrada, una seria preparación humanística, sobre todo en filología y literatura latina, griega y hebrea. En teología dogmática profesan un tomismo moderado, que se apoya en la metodología científica de Villavicencio, Diego de Zúñiga y Vicente Montañés, miembros de la Orden. Otras características importantes son su eclecticismo entre intelectual y voluntarista, su concepción del hombre como ser inquieto a la busca de la concordia interior, su interés por las relaciones entre naturaleza y sobrenaturaleza, su distinción entre el plan original de Dios respecto del hombre y la realidad de la caída de éste —distinción entre el «plan metafísico» y el «plan histórico» de la creación—. Su teología es, pues, escriturística, patrística, cristológica, positivo-especulativa y agustiniano-tomista [32].

Por lo demás, a partir del Concilio de Trento, el agustinismo hispánico —y dentro de él, el propio Fray Luis—, irá incorporándose progresivamente al espíritu de la Contrarreforma, asimilando y elaborando con creciente intensidad las orientaciones conciliares. En este proceso se pierden muchas características específicas, uniformándose los rasgos ideológicos en el molde de una

---

[31] D. Gutiérrez, «Del origen y carácter de la escuela teológica hispanoagustiniana en los siglos XVI-XVII», *CD,* 153 (1941), páginas 227-55; ver también Gonzalo Díaz, «La escuela agustiniana desde 1520 hasta 1650», *CD,* 176 (1963), págs. 189-234, en que se insiste en los caracteres estrictos de *escuela,* y se estudian, muy esquemáticamente, los miembros más ilustres de la Orden en este tiempo.

[32] G. Díaz, art. cit., págs. 217-18.

28

ortodoxia cada vez más exigente [33]. Al final, este esfuerzo de adaptación, así como los rasgos fundamentales del agustinismo del XVI que hemos comentado en el párrafo anterior, dejarán una huella decisiva en las obras de Fray Luis, sobre todo en *Los nombres de Cristo,* donde este conjunto de elementos se sistematiza en una síntesis que refleja insuperablemente concepciones comunes a toda una escuela ideológica, aunque dotada de un sello original gracias al genio del escritor.

Pero también el ambiente universitario salmantino conformará la personalidad y la obra luisiana. Este nuevo círculo, sin embargo, sólo parcialmente puede desglosarse del anterior, ya que Fray Luis se relaciona con él, como alumno o catedrático, siempre en tanto que miembro de la Orden a la que pertenecía. Por eso, si exceptuamos su período de aprendizaje como discípulo de Melchor Cano —y de Huerga, en Alcalá—, más que tomar doctrinas o concepciones de la Universidad, lo que hace el Maestro León es llevar las suyas propias a las aulas y a los claustros, actuando preferentemente como representante del agustinismo en el ambiente académico. Lo que sí es cierto es que en su vida y en su obra influirán poderosamente las circunstancias concretas del mundo estudiantil, con sus rencillas, sus choques, sus amistades y sus partidismos.

Sabido es que, a nivel universitario, los agustinos mantuvieron, a lo largo del siglo XVI, una pugna continua con las demás órdenes religiosas, y en modo especial con los dominicos. Estas rivalidades no siempre eran de tipo intelectual, sino que muchas veces obedecían a competencias de prestigio, aspiraciones a cátedras, etc. Por una u otra razón, las fricciones entre Órdenes —y dentro de una misma Orden, entre miembros de distintas tendencias— eran habituales, enfrentándose tradicionalistas a renovadores, escolásticos a escriturarios, literalistas a alegoristas.En el fondo, todo ello no era sino un reflejo de las últimas disensiones entre Renacimiento y antirrena-

---

[33] M. Andrés, *La teología española...*, t. I, ed. cit., págs. 153-54, 156-57 y 158.

cimiento, entre los que querían cristianizar los elementos aprovechables de la revolución humanística, y los que la repudiaban en bloque [34]. Estas disensiones se agravaban aun más debido a la estructura y a la dinámica de la vida universitaria en la España de entonces, cuando los nombramientos a cátedras se hacían por elección de los patronos de la Universidad o por votación estudiantil, con el consiguiente enfrentamiento entre las Órdenes para conseguir los votos para sus miembros.

En esta Universidad, tan agitada y conflictiva, hay que situar también al Fray Luis de *Los nombres de Cristo.* Rodeado de colegas que, en buena parte, envidian su prestigio y sus éxitos; asediado por los alumnos —Vossler recuerda que, en cierta ocasión, parece que llegó a decir que «prefería acarrear agua a enseñar a los estudiantes»—; presionado por los intereses de su Orden; angustiado por mil solicitaciones, insignificantes en sí, pero agobiantes en su conjunto, Fray Luis se siente desgarrado por el doble y simultáneo llamamiento de lo temporal y lo espiritual, del estudio desinteresado y de los intereses de partido, del ansia de paz y de la lucha cotidiana. Todo ello contribuye a crear en su espíritu un doloroso estado de insatisfacción, del que brotará espontáneamente la serenidad en optación de sus poemas mejores y de la gran sinfonía de su cristología nominal [35].

---

[34] J. Lynch, *España bajo los Austrias,* t. I, ed. cit., págs. 325-26; A. Domínguez Ortiz, *Desde Carlos V...,* ed. cit., pág. 245. Para un estudio más profundo sobre la vida académica en la Salamanca de entonces, *cfr.* E. Esperabé Arteaga, *Historia pragmática e interna de la Universidad de Salamanca,* Salamanca, 1914-17; G. Ajo y Sáinz de Zúñiga, *Historia de las Universidades Hispánicas,* Ávila, 1957; A. Jiménez, *Historia de la Universidad española,* ed. cit., págs. 187-252; M. Andrés, *La teología española...,* t. I, ed. cit., págs. 23-31, 54-55, etc. Específicamente sobre Fray Luis, *cfr.* Q. Tavera Hernández, «Datos documentales para la vida académica de fray Luis de León en la Universidad de Salamanca», *R.A.B.M.,* XXXV (1931), págs. 422-45.

[35] Comenta estos aspectos O. Macrí, *op. cit.,* págs. 11-12; un panorama general en M. Andrés, *La teología española...,* t. I, ed. cit., págs. 23-66.

III. *LOS NOMBRES DE CRISTO*
EN LA OBRA DE FRAY LUIS

El panorama de la producción luisiana no es excesivamente extenso, pero sí amplio y de variada temática. Aparte las obras perdidas, abarca, en primer lugar, un reducido número de poemas originales en castellano —unos 34, según la edición de Vega—, casi todos de subida calidad artística y de hondo contenido vital e ideológico; un poema latino —*Te servante ratem, maxima virginum*—; diversas obras teológicas y exegéticas, también en latín; cuatro obras extensas en prosa castellana; varios escritos breves, y casi medio centenar de cartas.

En cuanto a las poesías, parece que Fray Luis las fue escribiendo a lo largo de toda su vida. Cuando experimentaba un sentimiento hondo, o tenía una idea sugestiva, los encarnaba en poema, que luego, al sobrevenir nuevas ideas y emociones, iba creciendo orgánicamente, a la vez que la sensibilidad estética del escritor introducía en él continuas modificaciones, en busca de un ideal de perfección nunca conseguido del todo. Así, el poema surgía inicialmente de una emoción germinal que daba lugar a la llamada «redacción primera» —se conserva, por ejemplo, la de la «Profecía del Tajo»—, la cual, por sucesivas adiciones y correcciones, acababa reflejando un conjunto de vivencias cada vez más matizadas y profundas. Por eso, no se puede tomar a la letra la declaración del mismo Fray Luis al frente del manuscrito de sus poesías —no publicadas en vida del autor— en la que éste afirma que «entre las ocupaciones de mis estudios en mi mocedad, y casi en mi niñez, se me cayeron como de entre las manos estas obrecillas, a las cuales me apliqué, más por inclinación de mi estrella que por juicio o vo-

31

luntad» [36]. Es cierto que su poesía está lejos de todo preciosismo puramente formalista, pero ello se debe a su gusto por la sencillez, su amor a la precisión estilística, su concentración conceptual, y la rapidez y movilidad de sus imágenes, todo ello aliado, muy horacianamente, con el gusto exquisito por las transiciones, los saltos líricos y las asociaciones sin rebuscamiento de ideas y metáforas [37].

Los temas de estas poesías no son muy numerosos, pero siempre versan sobre asuntos vivos y trascendentes, meditados y sentidos largamente por su autor: la soledad del campo, la paz, la noche serena, el cielo estrellado, la sabiduría del que deja los negocios mundanos, la añoranza de la felicidad eterna, lo nacional, el sentimiento religioso en general, la unión mística, el ansia de saber, etc., siendo ejemplos fundamentales la *Oda a Salinas*, la *Oda a Olarte*, las tres *A Felipe Ruiz, La vida retirada, Morada del cielo, A Nuestra Señora, A Santiago*, la *Profecía del Tajo*, etc. Convencido Fray Luis del carácter religioso de la inspiración poética, pensaba que su verdadero objeto estaba en estos temas elevados y nobles, mientras que los asuntos viles la degradan. En consecuencia, creía en la existencia de una poesía *alta* y otra *baja*, según la materia a que se aplicara, distinción heredada de la Edad Media, y que él matiza y enriquece [38].

Con criterio selectivo basado en la misma ideología, Fray Luis se ejercita también en la traducción y refundición de los grandes poetas antiguos que han sabido

---

[36] *Poesías de Fray Luis de León,* ed. crítica de A. Custodio Vega, Madrid, S.A.E.T.A., 1955, págs. 431-32.

[37] Como dice R. Lapesa, «la figura de fray Luis parece destinada a que su poderosa realidad se perfile a fuerza de despojarla de mitos. Cayó el de su pretendida serenidad, y se nos descubrió su espíritu combativo y exaltado. El segundo mito que es preciso eliminar es el de la espontaneidad y el descuido». («El cultismo en la poesía de fray Luis de León», *Atti del Convegno Internazionale sul tema* «Premarinismo e pregongorismo», Roma, Accademia Nazionale dei Lincei, 1973, pág. 220.)

[38] Para esta materia, véase lo que el propio Fray Luis escribe en *Nombres* a propósito de «Monte»; cfr. también Alain Guy, *El pensamiento filosófico de fray Luis de León,* Madrid, Rialp, 1960, pág. 239.

tratar estos temas de forma adecuada a sus preferencias estético-conceptuales. Destacan entre ellos los clásicos greco-latinos, tan queridos por el gran humanista, que vertió al castellano las églogas de Virgilio y los dos primeros libros de sus *Geórgicas,* unas veinticinco odas de Horacio, poemas sueltos de Tibulo y Ausonio, la *Olímpica primera,* de Píndaro, y la *Andrómaca,* de Eurípides. Más todavía le atraían los poemas sacros de la Biblia, traduciendo directamente del hebreo buen número de salmos, el capítulo último del libro de los *Proverbios,* capítulos VI y VII del libro de *Job,* etc. «Fray Luis —dice Vossler— fue un traductor modelo: no tradujo nada ni por encargo, ni por dinero. Sus traducciones proceden del impulso íntimo de su propia inclinación» [39].

Junto a esta labor de poeta en verso, escribe también una selecta obra en prosa, que sigue girando alrededor de sus preocupaciones de siempre. Así surge la *Exposición del Cantar de los Cantares,* redactado hacia sus treinta y tres años —entre 1561 y 1562—, destinado a la lectura de Isabel Osorio, religiosa del convento de *Sancti-Spiritus* de Salamanca, en cuyos comentarios laten ya en germen todas sus constantes temáticas. Dos decenios después —1583— publicará *La perfecta casada,* dedicada a doña María Varela Osorio, familiar suya, para darle documentos de conducta con motivo de su boda, haciendo un comentario del capítulo XXXI de los *Proverbios,* desde el versículo 10 en adelante. En cuanto a la *Exposición del Libro de Job,* es obra de muy larga redacción —quizá desde 1570 a 1591—, notándose en ella una clara evolución espiritual y estilística; pese a su valor literario y humano, diversas circunstancias la mantuvieron inédita hasta 1779. Si a estos libros añadimos la traducción y comentario del salmo XLI, la explanación del salmo XXVI, la *Apología de los libros de Santa Teresa,* algunos otros trabajos sueltos, y unos títulos de

---

[39] *Fray Luis de León,* Buenos Aires, Espasa-Calpe, 1946, página 136. Las traducciones poéticas de Fray Luis pueden verse en *Obras completas castellanas,* ed. de F. García, t. II, Madrid, B.A.C., MCMLVII, págs. 835-1039. (En adelante, citaremos este libro por sus siglas, *O.C.C.*)

obras perdidas, podremos hacernos una idea del alcance de la producción luisiana en prosa romance, siempre coherente en su búsqueda de la perfección formal, en la inspiración bíblica y patrística, en la investigación del sentido de la vida y de su vertiente supraterrena, en el ansia de conocimiento, en la sensibilidad ante la naturaleza, en la valoración de la belleza y del amor, etc., es decir, en la suma de preocupaciones vitales alrededor de las cuales se mueve siempre el escritor, en un afán insaciable de profundización y esclarecimiento [40].

Dentro de estas mismas coordenadas, aunque formando parte de su labor profesoral e investigadora, Fray Luis escribió también buen número de trabajos teológicos y exegéticos latinos, cuyo estudio apenas han esbozado contados especialistas. Se trata de obras como la *Explanatio in Cantica Canticorum* —1580—, considerada por el P. A. Custodio Vega como la pieza maestra de sus escritos latinos, y uno de sus libros mejores [41]; del *In Psalmum vigesimum sextum explanatio,* aparecido el mismo año y en el mismo volumen que la obra anterior, compuesto en la prisión inquisitorial en 1573, para su propio desahogo y consuelo, constituyendo una de sus producciones más emotivas; *De triplici coniunctione fidelium cum Christo,* tratado de polémica antiprotestante, hoy perdido; *Ad Galatas* —de hacia 1581—, que marca el inicio de la labor dogmática de Fray Luis, constituyendo un resumen del *De triplici coniunctione; In Abdiam,* comentario de finales de 1588 o principios de 1589, maravilla de exégesis, erudición e ingenio, con la particularidad de que el comentarista ve vaticinado el descubrimiento de América en el texto profético; *De utriusque agni, typici atque veri, immolationis legitimo tempore* —1590—, obra que suscitó agrias polémicas, y que

---

[40] Los escritos luisianos en prosa romance pueden leerse en la edición citada en la nota anterior, *O.C.C.,* t. I —*Cantares, La perfecta casada, Nombres* y *Escritos varios*—, y t. II —*Job* (páginas 27-694).

[41] «Fray Luis de León», en *H.G.L.H.,* t. II, Barcelona, Vergara, 1968, pág. 596.

su autor quiso modificar parcialmente, aunque la muerte se lo impidiera[42].

Dentro de esta labor, a la vez intelectual y religiosa, y como su síntesis y culminación, hay que situar el tratado *De los nombres de Cristo*. En él vienen a confluir, organizándose en estructura perfecta, todos los temas que hemos ido encontrando dispersos en los trabajos a que acabamos de referirnos, constituyendo así una sistematización definitiva del pensamiento, de la sensibilidad y del espíritu luisiano. «Los *Nombres* —dice Oreste Macrí— son un comentario perpetuo de las poesías originales; son la prosa desenvuelta de las creencias y de los sentimientos de un hombre del Renacimiento español llegado al culmen de su prieta y breve madurez»[43]. Todos los motivos luisianos se vertebran en este libro que, por haberse escrito en la culminación de la vida intelectual y humana de su autor, representa casi siempre la versión más tardía de los mismos. En sus páginas se iluminan unos a otros, demostrando su fundamental congruencia, lo que ha hecho posible utilizarlos como elementos integrantes de una superior arquitectura literaria. De esta manera, *Los nombres de Cristo* se constituyen,

---

[42] El conjunto de las obras latinas conservadas de Fray Luis de León puede leerse en *Magistri Luysii Legionensis, augustiniani, Divinorum Librorum primi apud Salmanticenses interpretis, Opera, nunc primo ex mss. ejusdem, omnium PP. Augustiniensium studio, edita,* 7 vols., Salmanticae, 1891-95, a cargo de los PP. Marcelino Gutiérrez (autor del *Prooemium generale*) y Tirso López, O.S.A. En cuanto al interés de las mismas para el estudioso de la obra literaria de Fray Luis, creemos que Dámaso Alonso las minusvalora en exceso cuando escribe: «Que nos perdone Bell, pero creemos que las obras latinas de nuestro autor no añadirán mucha gloria a su nombre. Su estudio, como lo han llevado a cabo Coster y Bell, es, sí, utilísimo en cuanto nos proporciona datos para llegar a entender mejor la poesía de Fray Luis y obras en prosa como *Los nombres de Cristo*». (*De los siglos oscuros al de Oro,* Madrid, Gredos, 1958, pág. 232.) Más positivo y exacto nos parece el juicio de Pedro Sáinz Rodríguez en el prólogo a *El pensamiento filosófico de Fr. Luis de León,* de Alain Guy, escrito en Lisboa en 1959 —ed. cit., páginas 26-27—, donde valora ponderadamente la trascendencia de estas obras en el campo exegético y dogmático.

[43] *La poesía de Fr. Luis de León,* ed. cit., pág. 30.

de acuerdo con una de las ideas preferidas de Fray Luis,
en obra perfecta, pues, como él mismo dice, «consiste la
perfeción de las cosas en que..., estando todos en mí y
yo en todos los otros..., se abrace y eslavone toda aquesta máchina del universo, y se reduzga a unidad la muchedumbre de sus differencias» [44]. Por eso, al *estar* todos
los elementos de las obras anteriores incluidos en ésta,
al *abrazarse* y *eslabonarse* entre sí, al *reducirse a unidad*
la pluralidad de sus individuaciones, consigue arribar el
libro a un punto insuperable de obra terminada.

Como no podía ser menos, esta síntesis grandiosa se
fue fraguando en la mente del escritor a lo largo de un
prolongado período de gestación. Seguramente que el
proyecto, aunque confusamente, estaba ya concebido antes del encarcelamiento de 1572 [45]. Las horas intermina-
bles de reflexión forzada que hubo de sufrir en la cárcel
le dieron el impulso decisivo. Creemos que la redacción
debió de comenzar a finales de 1573 o principios de
1574, una vez escrito el *Comentario al salmo XXVI*
—estaba redactándolo en enero del 73—, ya tranquiliza-
do su ánimo tras la tormenta espiritual que le provocó
su injusto arresto [46]. La elaboración de la obra, como era

---

[44] *De los nombres de Christo,* Salamanca, G. Foquel, M.D.
Lxxxvii, fol. 10 *r.* (Citaremos siempre los *Nombres* por esta edición.) Acerca de estas ideas, véase K. Vossler, *Fray Luis de León,*
ed. cit., pág. 60, y F. de Onís, pról. a *Nombres,* t. II, Madrid,
Espasa-Calpe, 1956, pág. 17.

[45] El mismo Fray Luis dice que siempre deseó escribir un libro como *Nombres,* aunque «por mi poca salud y muchas occupaciones no lo he hecho hasta agora; mas ya que la vida passada,
occupada y trabajosa, me fue estorvo para que no pusiesse este
mi desseo y juyzio en execución, no me parece que devo perder
la occasión deste ocio, en que la injuria y mala voluntad de algunas personas me han puesto» —fol. 5 *r*—, es decir, la prisión
inquisitorial.

[46] Evidentemente, el comienzo de la redacción de *Nombres*
está en función del comentario al Salmo XXVI, que parece claramente anterior a aquél por el estado de ánimo que revela —la
amargura y el apasionamiento producido por una herida recien-
te—. Coster, sin embargo, equivoca las fechas, al leer mal un pasaje clave del *Comentario* —*An quia decimus iam mensis agitur,
ex quo inimici mei de me triumphum agere coeperunt (In Psalmum vigesimum sextum Explanatio,* Salmanticae, 1582, pág. 53),

norma en el escritor, se había de prolongar durante varios años, apareciendo por fin, estructurada en dos partes, en 1583, y en tres, en 1585.

Al escribir su libro, Fray Luis se propuso confeccionar un florilegio bíblico y patrístico que supliera en lo posible la lectura de los Libros Sagrados, prohibidos a la sazón en lengua vulgar —ya que, como él mismo decía, «esto, que de suyo es tan bueno, y que fue tan útil en aquel tiempo, [el del primitivo cristianismo], la condición triste de nuestros siglos, y la experiencia de nuestra grande desventura, nos enseñan que nos es ocasión agora de muchos daños» [47]; por eso invitaba a los que se sintieran capacitados para ello —ofreciendo su obra como ejemplo—, a que compusieran «en nuestra lengua, para el uso común de todos, algunas cosas que, o como nascidas de las Sagradas Letras, o como allegadas y conformes a ellas, suplan por ellas, quanto es possible, con el común menester de los hombres» [48]. Pero, además, con la exégesis que, casi sin sentir, acompaña a estos textos, Fray Luis quería ofrecer a sus lectores una introducción al pensamiento bíblico y patrístico, que sirviera como de compendio del dogma, la moral, y hasta la espiritualidad ortodoxa. Hay, pues, en *Nombres* un definido propósito didáctico-moral, que algún crítico ha comparado al que anima a *La imitación de Cristo* [49]. Este

que hallo traducido correctamente por Vidal, en 1751: «Porque ya cuento diez meses, despues que mis enemigos con sus acusaciones ante los Jueces... ni ahun cessan de perseguirme de muerte» *(Historia del observantissimo...,* t. I, ed. cit., pág. 376 *a)*—; por eso propone como fecha del comienzo de la redacción el verano de 1575 —*Luis de León,* t. II, ed. cit., págs. 98-99—. Con mejor fundamento, F. García prefiere el año 1574, sin más precisiones —*O.C.C.,* t. I, ed. cit., pág. 390.

[47] *Nombres,* fol. 2 *r.* En 1770, el editor Benito Monfort subrayaba claramente este propósito: «Porque su autor —escribe— lo compuso con el fin preciso de suplir, quanto le fuese posible, por las sagradas letras, que desde aquel tiempo no se permiten en lengua vulgar». (Dedicatoria al infante de España D. Francisco Javier de Borbón, en la ed. de *Nombres,* Valencia, 1770, s. p.)

[48] *Nombres,* fol. 4 *r-v.*

[49] *Kempis* —escribe M. Durán— *had given in his «Imitation of Christ» a moral and poetic guideline for every Christian...*

propósito se concreta en la presentación de la figura del Redentor dentro de la perspectiva neoplatónica de la armonía y perfección tomadas en sentido cristiano. Con su belleza ideológica, resaltada además por el atractivo de todas las galas poéticas, el escritor pretendía también que su obra sustituyera ventajosamente a los relatos profanos en el favor del público, siendo como un ensayo de lo que otros podrían conseguir siguiendo este mismo camino [50].

Hase de advertir, sin embargo, que Fray Luis, al escribir su libro, pensaba solamente en lectores cultos, lo que a veces olvida la crítica. Por eso insiste en que nadie piense que «en la Theología, que llaman, se tratan ningunas [questiones], ni mayores que las que tratamos aquí, ni más difficultosas, ni menos sabidas, ni más dignas de serlo» [51], añadiendo, en respuesta a sus objetores, que «si dizen que no es estilo para los humildes y simples, entiendan que, assí como los simples tienen su gusto, assí los sabios y los graves y los naturalmente compuestos no se applican bien a lo que se escrive mal y sin orden, y confiessen que devemos tener cuenta con ellos, y señaladamente en las escripturas que son *para ellos solos, como aquesta lo es*» [52]. Por eso, la lectura de *Nombres* exige una suficiente preparación humanística, filosófica, bíblica, patrística y teológica, sin la cual pasan desapercibidas muchas de sus bellezas. No se trata, pues, de una obra popular, ni de divulgación, sino minoritaria, destinada tan sólo a lectores cualificados. «Como

---

León follows a similar path, only his point of departure is not Christ's life but rather the meanings and examples hidden under each one of the names by which Christ is called in the Bible» (Luis de León, New York, Twayne Publ., [1971], pág. 115).

[50] Así, en la dedicatoria del L. III dice Fray Luis: «De los dos libros passados, que publiqué para provar en ellos lo que se juzgava de aqueste escrevir...» (fol. 248 *r*).

[51] *Nombres,* fol. 249 *r.*

[52] *Ibid.,* fol. 251 *r.* Lo mismo vio Benito Monfort en 1770: «A mas, que no hablando [Fray Luis] con qualquiera, sino con aquellos juiciosos Doctos, para quienes se trabajò esta obra, como dice el Autor en el Prefacio al tercer libro...» (*Nombres,* ed. cit., t. I, s. p.; subrayamos nosotros).

todas las grandes obras —dice Félix García—, es más admirada que leída, pues para su lectura se requiere una preparación doctrinal adecuada y un gusto acrisolado» [53].

IV. ESTRUCTURA DE LA OBRA. EL «PAPEL»

Lo primero que notamos al leer *Los nombres de Cristo* es la diafanidad y armonía de su arquitectura, lo que evidencia las preocupaciones estructurales de su autor. Como dice Durán, *it is clear that the book was conceived and carried out in an ambitious frame of mind. It was not going to be a chance masterpiece: it was planned to be one* [54]. La nitidez de sus contornos —libros y «nombres», sin excluir sus íntimas relaciones, se yuxtaponen con fronteras precisas—, recuerdan el coetáneo retablo herreriano, o, como tantas veces se ha dicho, la arquitectura majestuosa y sobria de El Escorial —terminado en 1584, un año después de la primera edición de *Nombres*—. Como el famoso edificio, el libro de Fray Luis adopta una conformación simétrica, majestuosa, símbolo del triunfo de la norma, sintetizadora de elementos muy dispares, encarnación de una idea generatriz previa, obra perfecta en su combinación de lo religioso con lo profano-clásico [55], muestra, a la vez, de la voluntad tectónica renacentista y de un cierto manierismo contrarreformista y prebarroco.

---

[53] *O.C.C.,* t. I, pág. 365.
[54] *Luis de León,* ed. cit., pág. 106.
[55] Léanse las sugestivas ideas sobre El Escorial, como arquitectura perfecta —síntesis de las normas clásicas de Vitrubio con los cánones del Templo de Salomón, estudiados por Villalpando en el *Libro de Ezequiel*—, en Nikolaus Pevsner, *Esquema de la arquitectura europea,* Buenos Aires, Infinito, 1957, págs. 187-89. Para un análisis de conjunto de la estructura de *Nombres, cfr.* H. Dill Goode, *Literary Expression in «Los nombres de Cristo» of Fray Luis de León. A Stylistic Analysis,* Kansas, Univ. of Kansas, 1957.

Esta estructura se nos muestra, además, en progresivo crecimiento. En la edición de 1583, sólo dos libros integran la obra, el primero con cinco «nombres» —falta el de «Pastor»—, y el segundo con cuatro. En la segunda edición —1585—, se añade el libro tercero, con otros cuatro «nombres», incluyéndose «Pastor» en el primero. Por fin, en la edición de 1595, póstuma, aparece un nuevo «nombre» —«Cordero»—, que, según el autor, debe colocarse entre «Hijo de Dios» y «Amado». Estas ampliaciones van conservando, sin embargo, reliquias de la primitiva estructura bimembre: así, las palabras de Marcelo a Juliano, diciéndole que el nombre de «Esposo» —final del L. II— es el «de que *últimamente* avéys de dezir»; las de Sabino sobre la omisión del nombre de «Jesús» en el plan primitivo; el cambio de expositor al principio del L. III —«Hijo de Dios»—; las palabras de Sabino sobre la proximidad, en el «papel», del fin, tras los textos correspondientes a «Príncipe de Paz»; el deseo de Marcelo de que Juliano exponga el nombre de «Esposo» —final del L. II—, «porque entre tanto malo como he dicho yo, tuviera *tan buen remate* esta plática»; incluso la excusa de la «Introducción» al L. III de que en el plan primitivo no entrara el nombre de «Jesús», «por lo mucho que han escripto dél algunas personas» [56]. Sin embargo, creemos que Fray Luis proyectaba, desde un principio, estructurar su libro en tres partes, como lo demuestra, al parecer, el que ya en la «Introducción» al L. I declare que piensa hacer hablar a Juliano, lo que sólo se realiza en el L. III (el diálogo platónico que dirige Juliano en la segunda mitad de «Príncipe de Paz», se presenta como incidental y no previsto) —aunque (y la objeción no sería baladí) vuelva a expresar el mismo deseo respecto al nombre de «Esposo», que se encuentra en el II [57].

[56] *Nombres,* fols. 214 *r-v;* 253 *r-v;* 147 *v;* 214 *v (rursus);* 253 *v (idem)*

[57] «Y dichas y respondidas muchas cosas en este propósito, porque Marcello se escusava mucho, o a lo menos pedía que tomasse Iuliano su parte y dixesse también; y quedando assentado que, a su tiempo, quando pareciesse, o si pareciesse ser me-

Desde el punto de vista de la forma expresiva, cada uno de estos tres libros consiste en una exposición en prosa, en la que, inspirándose en el modelo de la novela pastoril, se intercalan ocasionalmente versos —que se ponen en boca de Sabino—, acabándose invariablemente con un acorde lírico, mediante la traducción en endecasílabos de un salmo: el CIII —«Alaba, ¡oh alma!, a Dios; Señor, tu alteza...»— (L. I); el XLIV —«Un rico y soberano pensamiento...»— (L. II); el CII —«Alaba, ¡oh alma!, a Dios, y todo quanto...»— (L. III). Por eso, el nombre de «Cordero», proyectado por el propio Fray Luis para intercalarse entre los de «Hijo de Dios» y «Amado» [58], ha de figurar en ese lugar, por exigirlo así el designio estético del propio autor, la metodología expositiva del tema, y la estructura simétrica con que se conciben los tres libros —final lírico para cada uno de ellos [59].

---

nester, Iuliano haría su officio, Marcello, buelto a Sabino, dixo assí...» *(Nombres,* «Introducción» al L. I, fol. 8 *r-v.)* Sin embargo, Fr. Pedro Malón de Chaide afirma que el L. III se añadió únicamente como instrumento de defensa, para responder a los que criticaban el uso del castellano para materias teológicas en la 1.ª edición: «Tuvo [Fray Luis] necesidad de oponerse á la afrenta y sinjusticia que á la lengua se le hacía, y así, constreñido de este agravio, añadió otro tercero libro á los dos que había impreso». *(Tratado de la conversión de la Gloriosa María Magdalena,* en *Escritores del siglo XVI,* Madrid, B.A.E., tomo XXVII, 1948, pág. 280.) Nos parece que esta razón, por sí sola, resulta poco convincente; Fray Luis hubo de ver —desde el principio, o tras la edición de 1583— que faltaban nombres fundamentales, y por eso añadió el L. III; algo parecido le sucedió con la triple explanación latina *In Cantica Canticorum* (1580, 1582, 1589).

[58] «Passemos, si os parece, al nombre de *Amado,* que pues tan agradable le fue a Dios el sacrificio de nuestro sancto *Cordero,* sin duda fue amado y lo es por extraordinaria manera. Viendo Marcello que davan muestras los dos de gustar que passasse adelante, cobrando un poco de aliento, prosiguió diziendo: —Digo, pues, que es llamado Christo el *Amado.» (Nombres,* ed. de 1595, fol. 261 *v* —por errata de imprenta, 271.) Tal es la terminación del nombre de «Cordero». Por lo demás, en la ed. de 1595, con el fin de añadir este tratado, se suprime arbitrariamente el último párrafo de «Jesús» de la ed. de 1587.

[59] Nosotros hemos colocado, en efecto, el «nombre» en su lugar, habiendo encontrado, a nuestro parecer, la línea exacta de

En cuanto a la estructura interna de cada «nombre», el módulo suele ser uniforme: primero lee Sabino —aunque sólo en los dos primeros libros—, unos pasajes escriturísticos que contienen el nombre en cuestión; luego se prueba la pertenencia de dicho nombre a Cristo; al fin, se sacan las consecuencias teológicas, místicas o parenéticas que se estiman pertinentes. Desde el punto de vista de las proporciones, los cinco primeros «nombres» son un modelo de armonía y sentido de la medida; pero a partir de «Padre del Siglo Futuro», los tratados se hacen mucho más extensos —con la relativa excepción de «Amado» y «Cordero»—, el razonamiento cobra más importancia, los elementos afectivos se intensifican, y cada «nombre» se convierte en una pequeña monografía. En cuanto al L. III, ya Coster señaló la novedad de las citas literales de Padres y Doctores antiguos, muy extensas en su mayoría, lo que, en su opinión, resta verosimilitud a los diálogos, pues le parece imposible reproducir de memoria —como exigiría la ficción literaria— textos tan largos, y en forma tan precisa [60].

Los coloquios que integran estos tres libros se distribuyen, a su vez, en tres tiempos distintos: los del I ocupan la mañana del día de S. Pedro —29 de junio— de un año no determinado, acabando al mediodía —«el sol

inserción, como lo explicamos en la nota 240 del L. III. También Robert Ricard, hablando de su traducción francesa de *Nombres,* dice: «Me siento inclinado a colocar *Cordero,* no al final del texto, sino en el lugar previsto por el mismo Fray Luis, y respetando así la voluntad del autor.» (*Hacia una nueva traducción francesa de «Los nombres de Cristo»,* Madrid, Fundación Univ. Esp., 1974, págs. 20-21.) En el ejemplar *R 15250* de la Biblioteca Nacional de Madrid —reproducción de *Nombres,* Salamanca, G. Foquel, 1587, papel inferior—, se ha intercalado, primorosamente manuscrito de letra antigua, el nombre de «Cordero» entre «Hijo» y «Amado», ocupando un total de 20 fols. —302 *a*-302 *v*—. Por lo demás, como ha notado muy bien J. Onrubia de Mendoza, la inserción de «Cordero» al final del libro «produce una impresión anómala que hace que los valores que pueda tener la explicación del nombre de *Cordero* pasen casi desapercibidos por lo inoportuno de su colocación». (Pról. a su ed. de *Nombres,* Barcelona, Bruguera, 1975, pág. 23.)

[60] A. Coster, *Luis de León,* ed. cit., t. II, pág. 121.

parece que, por oyrnos, levantado sobre nuestras cabeças, nos offende ya»—; los del II comienzan tras la siesta —«después de aver comido, y aviendo tomado algún pequeño reposo, ya que la fuerça del calor començava a caer»—, y duran hasta entrada la noche —«alçó los ojos al cielo, que ya estava sembrado de estrellas, y, teniéndolos en ellas como enclavados, començó a dezir assí...»—; el III ocupa la tarde del día siguiente —30 de junio, San Pablo—, también después de la siesta —«assentaron que, cayda la siesta...»— [61], acabando a una hora no precisada. A estos tres tiempos, corresponden dos paisajes distintos, dentro de la unidad que supone la finca de *La Flecha:* los diálogos del L. I tienen lugar, en efecto, «a la sombra de unas parras y junto a la corriente de una pequeña fuente», a la vista de «una hermosa alameda», no lejos del Tormes —«el día era sossegado y puríssimo, y la hora muy fresca»—; los del L. II transcurren en «el soto» que había «en una como isleta pequeña» en medio del río, soto que, «aunque pequeño», era «espesso y muy apazible, y en aquella sazón estava muy lleno de hoja», ocupando los dialogantes la parte más frondosa del mismo, «junto a un álamo alto que estava quasi en el medio, teniéndole a las espaldas, y delante los ojos la otra parte del soto, en la sombra, y sobre la yerva verde, y quasi juntando al agua los pies» (pueden reconocerse aquí las características del *locus amoenus,* en proceso de literatización de un paisaje real); por fin, los coloquios del L. III acaecen en este mismo sitio —«en el soto, como el día passado..., y al mismo lugar» [62].

Ahora bien, si la arquitectura de *Nombres* descansa en un diseño trimembre, a la manera de un tríptico ligeramente asimétrico —el L. I es más extenso que los otros dos—, su estructura literaria adopta la forma de unas conversaciones mantenidas por tres frailes agustinos —Marcelo, Sabino y Juliano—, que utilizan como guión, en los dos primeros diálogos, un «papel» o nota, perteneciente al primero de ellos, y que,

---

[61] *Nombres,* fols. 116 *r,* 120 *r,* 147 *r-v,* 183 *r,* 252 *r* y 255 *r-v.*
[62] *Ibid.,* fols. 6 *v*-7 *r,* 120 *r-v,* y 255 *r-v.*

encontrado casualmente por el segundo, despierta en éste el deseo de que su autor se lo explique en pormenor [63]. La identificación de este «papel» ha dado lugar a una prolongada polémica, desde que, en 1888, el P. Conrado Muiños encontró, entre otros documentos pertenecientes al Bto. Alonso de Orozco, un manuscrito sin firma, pero de letra muy parecida a la suya, titulado precisamente *De nueve nombres de Cristo* —igual que el «papel» de Marcelo—, que Muiños publicó ese mismo año a nombre del Beato, considerándolo anterior al tratado luisiano y fuente suya [64]. Frente a él, el P. Santiago Vela defendió que el opúsculo no era sino un extracto de la primera edición del libro de Fray Luis —por eso tendría solamente nueve «nombres»—, continuado luego con los añadidos de la segunda, a falta tan sólo del nombre de «Cordero» [65]. Más tarde, el P. A. Custodio Vega sostuvo que el tratadillo atribuido a Orozco era anterior a *Nombres,* que parecía autógrafo del propio Fray Luis, al cual, en todo caso, consideraba autor del opúsculo —simple anteproyecto de la obra maestra—, acabando por identificar dicha obrita con el «papel» que sirve de guión a los diálogos [66].

---

[63] El plan es aceptado, no sin discusiones, por Marcelo, que acaba diciendo: «Pues el papel ha sido el despertador desta plática, bien será que él mismo nos sea la guía en ella. Yd leyendo, Sabino, en él; y de lo que en él estuviere, y conforme a su orden, assí yremos diziendo» (fol. 8 *r-v.)*

[64] El manuscrito original, atribuido a Orozco, sin que pueda asegurarse con certeza que fuera suyo, se conservaba en el Colegio Agustiniano de Valladolid, de donde pasó a la biblioteca de El Escorial, desapareciendo durante la guerra civil. Su descripción detallada la hizo el P. Gregorio de Santiago en *AA,* XVII (1922), pág. 137. La edición de Muiños se halla en *CD,* XVI (1888), págs. 393-401 y 526-34; XVII (1888), págs. 87-97, 236-48, y 370-81. Modernamente lo han vuelto a publicar, entre otros, F. de Onís y F. García en sus respectivas ediciones de *Nombres.*

[65] G. Santiago Vela, «De nueve nombres de Cristo», *Arch. Hisp.-August.,* XVII (1922); F. García, en su primera ed. de *Nombres* —B.A.C., 1944— aceptó también esta teoría, que luego desechó. También el P. Zarco se adhiere a la teoría de Vela.

[66] A. Custodio Vega, *Los nueve nombres de Cristo, ¿son de Fr. Luis de León?,* El Escorial, Monasterio, 1945. A este punto

A pesar del carácter definitivo con que el P. Vega presenta estas conclusiones —llega a decir que «las pruebas han sido tan decisivas que la crítica ha dado por conclusa la causa, sin discrepancias de ningún género, adjudicando este opúsculo, que no es nada despreciable, al insigne autor de los *Nombres*»— [67], la cuestión, a nuestro entender, está muy lejos de haber quedado solventada. Desde luego, en la obra se dice que el «papel» pertenece a Marcelo —«por cierto caso (dice Sabino) hallé oy este papel, que es de Marcello» (fol. 8 *r*)—, comportándose siempre éste como autor y dueño absoluto del mismo [68], pero nos parece también claro —frente a la opinión generalmente admitida hasta ahora— que «papel» y opúsculo no pueden confundirse: aquél, en efecto, aparte de las líneas introductorias colocadas al frente de «Los nombres en general», contiene tan sólo una lista escueta de lugares bíblicos, mientras que el opúsculo desarrolla brevemente el alcance de esos textos, siendo mucho más extenso que el «papel». Para conocer con exactitud la extensión de éste, bastaría reunir los textos escriturísticos que encabezan cada «nombre», como se deduce de las palabras de Marcelo a Sabino, cuando le manda leer el «papel» estrictamente, sin añadir ni quitar nada —«Yd leyendo, Sabino, en él; y de lo que en él estuviere, y conforme a su orden, assí yremos diziendo» (fol. 8 *v*)—; lo que se confirma inequívocamente cuando Juliano asegura que el «papel» carece de todo comentario —«éste vuestro papel, Marcello, tiene la condición de Pythágoras, que dize, y no da razón de lo que dize» (fol. 68 *r*), lo que no conviene, en modo alguno, al opúsculo atribuido a Orozco. Nos parece, además, muy significativo el que, como el mismo Félix García reconoce, «los que maneja-

---

de vista, como hemos dicho, se sumó F. García, abandonando su opinión de 1944.

[67] «Fr. Luis de León», *H.G.L.H.*, ed. cit., t. II, pág. 625; el mismo optimismo refleja la última opinión adoptada por F. García, *O. C. C.*, t. I, págs. 392-94 —sobre todo, nota 29—, en que afirma que la de Vega «es una tesis definitiva».

[68] Marcelo sabe siempre las causas de las omisiones y olvidos del «papel», como autor que se reconoce del mismo: *cfr.* folios 34 *r*, 36 *v*-37 *r*, y 254 *v*.

ron y estudiaron el manuscrito sostuvieron sin la menor duda que era de puño y letra del Beato Orozco» [69], pues creemos que hay que conceder crédito preferente a aquellos que lo examinaron por sí mismos, por lo que nos inclinamos a pensar que éste perteneció al Beato.

Ahora bien, si el opúsculo no es el «papel», y es, en cambio, un autógrafo de Orozco, hay que aceptar de nuevo, alternativamente, la tesis de Muiños o de Vela —o es fuente de Fray Luis, o un resumen de su libro—, lo que no se puede dirimir con absoluta certeza dada la desaparición del manuscrito, que imposibilita juzgar de su respectiva antigüedad. Obligados a elegir entre ambas hipótesis, el hecho de que Fray Luis no aluda jamás a Orozco, la diferencia de genio entre ambos, y la muy probable circunstancia de que el Beato, como predicador que era, acostumbrara a resumir las doctrinas espirituales que le parecían útiles para aprovecharlas en sus propios sermones, nos inclinaría a pensar que el opúsculo es un extracto de la obra luisiana. Ello explicaría el que, entre los propios agustinos, permaneciera ignorado el opúsculo desde el principio, al no considerarlo nadie como libro independiente, por lo que todo un Fray Thomás de Herrera, en 1652, considerará a la obra de Fray Luis como un hito solitario, sin precedentes ni continuadores, en un texto no alegado hasta ahora, que sepamos, pero que tiene interés dada su antigüedad: «El [libro] de los Nombres de Christo es celebrado con vniuersal admiracion. Bien podremos por èl dezir de su Autor, lo que Veleyo Paterculo en el libro I. dixo de Homero: *In quo hoc maximum est, quod neque ante illum, quem ille imitaretur; neque post illum, qui eum imitari possit, inuentus est.* Esto es: *En el qual esto es mayor que grande, que ni se hallò antes dèl a quien èl imitasse; ni despues dèl quien le imitasse a èl»* [70].

---

[69] *O. C. C.,* t. I, pág. 394.

[70] Fr. Th. de Herrera, *Historia del convento de San Augustin,* ed. cit., pág. 394 *a.* Para nosotros, desde luego, el hecho de que no se extracte el nombre de «Pastor», mientras aparecen tardíamente resumidos los de «Hijo», «Amado» y «Jesús», demuestra tan sólo que el resumidor no se dio cuenta —al menos en un

¿Qué es, pues, el «papel»? A nuestro entender, un recurso exclusivamente literario que sirve de apoyatura técnica a los diálogos, ofreciendo una pauta verosímil para que las conversaciones sigan un orden expositivo bien meditado, y de pretexto para colocar al principio de cada tratado las citas escriturísticas fundamentales. Así se explica que en la primera edición diga el «papel» que los principales nombres de Cristo son *nueve,* y en la segunda que *diez* —lo que, por otra parte, parece indicar que, en principio, Fray Luis pensó ampliar su libro, *en esta edición,* sólo con el nombre de «Pastor», añadiendo luego el L. III, pero ya sin servirse de guión, sustituido por el recurso menos orgánico de los *paraleipómena*—, es decir, que el «papel» carece de la intangibilidad de una obra ya hecha —existente por sí misma—, pudiendo alterarse, según las exigencias de la creación artística, con nuevos textos, lo que confirma una vez más su condición de recurso literario fictivo. Es el realismo con que Fray Luis lo utiliza, aparte la aparición del presunto resumen de Orozco, lo que, en nuestra opinión, ha desorientado a muchos críticos, haciéndoles buscar la identidad de ese guión dialogístico fuera de *Nombres,* cuando sólo en él, y precisamente en virtud de su funcionalidad artística, tiene existencia.

V. *LOS NOMBRES DE CRISTO* COMO DIÁLOGOS LITERARIOS

Y es que todo estudio literario moderno de *Los nombres de Cristo* debe arrancar, a nuestro entender, de la consideración del género en que su autor quiso escribirlo. Este género es el diálogo renacentista, tan cultivado en toda Europa desde los albores del Humanismo. Fray

principio— sino de la añadidura del L. III, pasándole inadvertida *la intercalación* —a la que para nada se alude en la portada del libro— del nuevo «nombre».

Luis, en la «Dedicatoria» del L. I, lo hace notar claramente, sirviéndose de una ficción literaria clásica: «Pues a este propósito me vinieron a la memoria unos razonamientos que, en los años passados, tres amigos míos, y de mi Orden —los dos dellos, hombres de grandes letras e ingenio—, tuvieron entre sí por cierta occasión acerca de los nombres con que es llamado Iesu Christo en la Sagrada Escriptura. Los quales me refirió a mí poco después el uno dellos, y yo, por su qualidad, no los quise olvidar... Pues lo que en ello se platicó entonces, recorriendo yo la memoria dello después, casi en la misma forma como a mí me fue referido, y lo más conforme que ha sido possible al hecho de la verdad o a su semejança, aviéndolo puesto por escripto, lo embío agora a V. M., a cuyo servicio se endereçan todas mis cosas» [71]. Ni que decir tiene que estas palabras no pueden tomarse al pie de la letra, ya que, en todos sus elementos muestran su dependencia de un género literario —el diálogo culto, ya aludido—, meticulosamente codificado en la teoría y en la práctica, al que su autor recurre con entera consciencia de la preceptiva y técnica por las que habrá de regularse.

Desde este punto de vista, el primer problema que la crítica se plantea respecto de estos coloquios —la identidad de los dialogantes—, y que tanta atención ha merecido a no pocos estudiosos, ha de recibir, en nuestra opinión, un nuevo tratamiento. Recordemos los términos de la polémica: Para algunos críticos, Marcelo, Sabino y Juliano son personajes totalmente ficticios, y, por consiguiente, es vano esfuerzo buscarles correlatos reales. Para otros, Marcelo sería Fray Luis, y los otros dos interlocutores, amigos suyos hoy ignorados, a los que se atribuyen ideas del propio escritor, o expresadas por compañeros de su Orden en conversaciones diversas [72]. Para algunos, Juliano podría ser el Bto. Orozco, y Sabino el P. Alonso de Mendoza, lo que rechaza el P. Santiago Vela, quien propone en su lugar, como mera hi-

<hr>

[71] *Nombres,* fols. 5 *v* y 6 *v.*
[72] Así piensa F. de Onís, pról. a *Nombres,* t. II, ed. cit., páginas 19-20.

pótesis, a los PP. Juan de Guevara y Pedro de Aragón[73]. Por su parte, ya Coster señaló la posibilidad de que los tres personajes fueran manifestaciones de un mismo Fray Luis, que, de esa forma, se desdoblaría en el escriturario —Marcelo—, el escolástico —Juliano—, y el poeta —Sabino[74].

Para nosotros, los dialogantes son, ante todo, personajes literarios, que presentan caracteres sólo parcialmente complementarios, nunca contrapuestos, y mucho menos contradictorios; ninguna diferencia hay en su forma de expresarse, su estilo, sus ideas, sus puntos de vista, sus métodos de razonamiento. Incluso habría que cuestionar la matización de Coster de que Marcelo sea biblista, Juliano escolástico y Sabino poeta, ya que, en multitud de ocasiones, estos papeles se intercambian, y Marcelo expone ideas escolásticas y se muestra sensible a la poesía, Juliano hace eruditas disquisiciones exegéticas basadas en la versión hebrea de la Biblia, y Sabino demuestra su identificación con estos mismos saberes y criterios[75]. No cabe duda, sin embargo, de que, al ser Marcelo el que más veces tiene la palabra, asumiendo —aunque con dos excepciones, en que le sustituye Juliano— el papel de «dialogante-maestro», es él quien suele exponer el pensamiento del autor de una forma más continuada y sistemática. Pero siempre será verdad, como dice Vossler, que Fray Luis es «quien únicamente llena y domina el conjunto», por lo que «se mani-

---

[73] «De nueve nombres de Cristo», *loc. cit.,* pág. 147.
[74] *L'auteur s'est représenté sous trois aspects différents comme scolastique en la personne de Juliano, comme professeur d'exégèse en celle de Marcelo et comme poète sous la figure de Sabino. (Luis de León,* ed. cit., t. II, pág. 102.) La base más seria para esta teoría creemos que está en el nombre «Monte» (fols. 77 *r-v),* cuando Marcelo responde a Juliano sobre un «común amigo» al que acaba de aludir aquél. *Cfr.* también Dámaso Alonso, «Fray Luis en la *Dedicatoria* de sus poesías (Desdoblamiento de personalidad)», en *Studia Philologica et litteraria in honorem Leo Spitzer,* Berna, 1958, págs. 15-30.
[75] La demostración es fácil: véase, por ejemplo, la erudición biblista de que hace gala Juliano —en todo igual a Marcelo— en pasajes como los contenidos en fols. 35 *r-v,* 123 *r,* 171 *v,* 256 *r,* etcétera.

fiestan a lo largo de los diálogos, y en el tono de éstos, [sus] convicciones y motivos favoritos, estando su principal encanto en que aparecen repartidos, escalonados y difundidos entre los tres personajes, al mismo tiempo que se armonizan en el acuerdo a que llegan los interlocutores»[76]. Son, pues, *Los nombres de Cristo* unos diálogos renacentistas en que Fray Luis expone su personal visión cristológica del mundo sirviéndose de tres personajes literarios que, en cuanto voceros de sus propias ideas, le representan a él mismo —son su *alter ego.*

Así se explican las alabanzas que hacen de Marcelo los otros interlocutores, y que tanto han extrañado a algunos críticos. Como exponemos en la nota 20 del libro III, no es, en realidad, Fray Luis el alabado, sino Marcelo como «dialogante-maestro» o «expositor principal», de acuerdo con las exigencias del diálogo literario culto[77]. También se explica así la uniformidad y coherencia expositiva de *Nombres,* del que están ausentes las polémicas ideológicas entre los interlocutores, que reducen el recuerdo de las teorías contrarias a simples citas ocasionales[78]. Cuando Fray Luis quiere *entrar* en su libro, lo hace en forma directa, refiriendo *él mismo, vgr.,* el episodio simbólico de la «páxara»[79]. Y será esa misma relación del *escritor* con sus *personajes literarios* —a la vez de distanciamiento y de identificación con ellos— la que le lleve a transferirles elementos procedentes de su propia biografía real —el recuerdo de su consagración mariana, su interés en la lucha antiluterana, las muchas ocupaciones que le abruman, las molestias de su escasa salud, el deseo de terminar con las rencillas universitarias, la pesadez de las tres clases estivales seguidas y cotidianas, la afición a dialogar con

[76] *Fray Luis de León,* ed. cit., págs. 56 y 58.

[77] Por lo demás, estas alabanzas también se hacen de los demás interlocutores; *cfr., vgr.,* fol. 261 *v.*

[78] Así, la alusión a los que interpretan el imperio de los turcos como continuación del de los romanos, en fol. 173 *v,* aludiendo a *Dan,* VII, 2, y *Zac,* VI, 5.

[79] Fol. 301 *v:* «Mas dezíame que, mirando en este punto a Marcello, le vio demudado en el rostro, y turbado algo», etc. (Subrayamos nosotros.)

las estrellas, la debilidad de su voz, la vivencia angustiosa de la cárcel, etc—. De esta forma, el libro se convierte en un resonador de la personalidad de Fray Luis [80], en el que éste sella a sus personajes de ficción con la impronta de sus propias características ideológicas y vitales. Así, Marcelo, Sabino y Juliano son, a la vez, personajes literarios y, hasta cierto punto, encarnación de la persona de su creador.

Fray Luis escribe, pues, su libro conformándose a las exigencias que, para el género *diálogo,* había establecido una venerable tradición literaria. Él conocía perfectamente esa tradición, que le había cautivado desde un principio en las obras de su admirado Platón, de quien toma características fundamentales: la estructura dramática —que, ni en él, ni en su maestro reproduce conversaciones reales— [81]; el uso de una lengua literaria, sólo en apariencia coloquial; el enfoque de los temas desde diversas perspectivas, gracias a la diversidad moderada de interlocutores; la pintura artística de escenas y personajes; la omisión sistemática de citas de autores contemporáneos; la amenidad buscada en el cambio de hablantes; el proceso mayéutico —en Fray Luis, sólo ocasional— de preguntas y respuestas; la utilización de un «personaje-maestro» para dirigir el coloquio —Sócrates, Marcelo o Juliano—, el cual actúa además como punto de referencia de los demás interlocutores [82]; la fluencia del discurso —en los fragmentos estrictamente platónicos de *Nombres*— en un entramado de acciones y reacciones dialécticas. Como puede observarse, el diálogo pla-

---

[80] Los lugares a que aludo están respectivamente en folios 30 *v,* 95 *r*-96 *r,* 120 *v*-121 *r,* 148 *r,* 156 *r,* 81 *r.* Sobre este punto, véase F. de Onís, pról. a *Nombres,* ed. cit., t. II, pág. 18, y P. Sáinz Rodríguez, *La espiritualidad española,* Madrid, Rialp, 1961, págs. 290-91.

[81] A. Tovar, *Un libro sobre Platón,* Madrid, Espasa-Calpe, 1956, página 35.

[82] *Cfr.* C. M. Bowra, *Historia de la literatura griega,* México, F.C.E., 1958, págs. 136-39; A. Tovar, *op. cit.,* pág. 162; ver también, para estas y otras características, P. M. Schuhl, *Platon et l'art de son temps,* París, 1934, y V. Goldsmidt, *Les dialogues de Platon,* París, 1947.

tónico ha dejado una honda huella en el libro de Fray
Luis, aunque las diferencias sean también importantes
—así, en *Nombres,* el dramatismo, en general, es mucho
menor; el perspectivismo se reduce a unos pocos pasajes verdaderamente conversacionales; la amenidad no se
busca tan intensamente; el diálogo mayéutico aparece
sólo en contadas ocasiones, casi siempre teniendo a Sabino por oponente—. Pero la idea germinal, los elementos esenciales, el enfoque ideológico y estético al mismo tiempo, el mesurado y velado retoricismo, la armonía, etc., han llegado a Fray Luis de la lectura de las
obras de su maestro.

Sin embargo, otras características importantes proceden de fuentes distintas. El género dialogístico, en efecto, evoluciona ya en el propio Platón —en la *República,*
por ejemplo, los elementos dramáticos ceden en gran
parte su puesto al razonamiento: Sócrates domina el coloquio, reduciéndose la intervención de los otros personajes a breves frases de estímulo o de duda—. De esta
manera, el diálogo se hace más informativo, perdiendo
importancia el proceso mismo del pensamiento, en beneficio de la elucidación de doctrinas y el establecimiento
de conclusiones. Este proceso se incrementa en los diálogos de Aristóteles —sus célebres, y perdidas, *obras
exotéricas*—, tan cercanos a los últimos de Platón, y que
Cicerón comparaba por su suavidad a «un río de oro» [83].

Pero será Cicerón el que enriquezca, y cambie al mismo tiempo, el molde literario del diálogo platónico-
aristotélico. En los suyos, cada interlocutor desarrolla am-
pliamente su pensamiento, en largas intervenciones doctrinales, que nadie interrumpe; la inquisición mayéutica
casi desaparece; los diálogos se encabezan por un extenso prólogo, en estilo muy cuidado y tono casi ensa-
yístico, sobre materias ajenas a las debatidas en la char-
la; la conversación la dirige una sola persona —el «dialogante-maestro»—, que desarrolla sus ideas y responde
a las preguntas que los demás le hacen; con frecuencia,

---

[83] Pierre Aubenque, *La filosofía griega,* en *Historia de la filosofía. Siglo XXI,* Madrid, 1973³, págs. 186-87.

el autor se esconde detrás de este personaje, haciéndolo portavoz de sus propias opiniones; en ocasiones, se recurre a la ficción de que el diálogo ha sido referido al escritor por uno de los interlocutores, que se habría hallado presente cuando éste tuvo lugar —así, en *De Republica*—; a veces, los personajes platican en un jardín, en contacto con la naturaleza —por ejemplo, el de Escipión Africano el Joven, o la finca rústica de Túsculo, escenario de los *Diálogos tusculanos*—; en un deseo de clarificación, los dialogantes se reducen frecuentemente a tres —el propio Cicerón, su hermano Quinto y su amigo Ático, en *De legibus*—; su caracterización es sobria y adecuada, y el lenguaje retórico y digno, sin diferencias estilísticas entre los hablantes [84]. No cabe duda de que Fray Luis tuvo en cuenta estas características, incluso con preferencia a las del coloquio platónico, como sagazmente hizo notar el Abate Marchena, cuando escribía: «En la forma de sus diálogos siguió este gran escritor á Ciceron, quiero decir que sus interlocutores no se preguntan y responden, ántes disertan sucesivamente, y asientan sus doctrinas. Este modo de tratar las materias filosóficas deja más campo á la elocuencia, y en el género serio me parece en todo preferible al método socrático, el cual más veces es fuente de paralogismos que medio adecuado para indagar la verdad» [85].

Pero también después de Cicerón siguió evolucionando el género dialogístico a través de diversos cultivadores, aunque, en lo esencial, se mantuviera fiel a los modelos que les precedieron. Así, en la época helenística

---

[84] R. Hirzel, *Der Dialog*, Leipzig, 1895, págs. 272-308; Ph. Levine, «Cicero and the Literary Dialogue», *CJ*, LIII (1957-58), páginas 146-51; M. Ruch, *Le préamble dans les oeuvres philosophiques de Cicéron: essai sur la génèse et l'art du dialogue*, Paris, Publ. Fac. Lettres, 1958; G. Zoll, *Cicero Platonis Aemulus: Untersuchung über die Form von Ciceros Dialogen besonders von «De oratore»*, Zürich, 1962; G. Kennedy, *The Art of Rhetoric in the Roman world*, Princeton, Princeton Univ. Press, 1972, págs. 209 y 264.

[85] Josef Marchena, *Lecciones de filosofía moral y elocuencia*, tomo I, Burdeos, P. Baume, 1820, págs. CXXX-CXXXI, «Discurso preliminar».

se escriben los de Luciano de Samosata, clasificados por Schmid en «mímico-cómicos», «menipeos» y «platónicos», y que fueron tan leídos en nuestro Renacimiento. La literatura latino-cristiana adoptó el coloquio de corte ciceroniano como instrumento apologético, empleándolo en materias exegéticas, teológicas y morales, teniendo cultivadores tan importantes como Minucius Felix, Lactancio —«el Cicerón cristiano»—, San Jerónimo y San Agustín —diálogos filosóficos de los años 386-7, de tan decisiva influencia en Fray Luis—. El Humanismo da nuevo impulso al género, desde sus albores —Petrarca, Nicolás de Cusa—, a los tiempos de esplendor —Bembo *(Gli Asolani)*, N. Machiavelli *(L'arte della guerra)*, P. Aretino *(Ragionamenti)*, Castiglione *(Il Cortegiano)*, León Hebreo *(Dialoghi dell'amore)*, y Erasmo, todos los cuales alcanzan universal audiencia en la Europa culta. En España se distinguen, entre otros, Pérez de Oliva, Pero Mexía, los hermanos Valdés, Villalón o Andrés Laguna, habiendo influido mucho la magnífica traducción del *Cortegiano* de Castiglione hecha por Boscán.

Teniendo en cuenta esta tradición literaria, cuya fuerza en el Renacimiento es insoslayable, comprenderemos perfectamente el carácter de los diálogos luisianos, síntesis acabada de las características que hallamos en Platón, Aristóteles, Cicerón, la patrística y el humanismo. Aunque se haya dicho que este último tipo de diálogos es el que menos le afecta —lo que, hasta cierto punto, es innegable—, Bell piensa que de Bembo —*Prose della volgar lingua* (Venezia, 1525)—, procede nada menos que la defensa de la lengua vulgar de la «Dedicatoria» del L. III, el episodio de la «páxara», e incluso el nombre de «Juliano», mientras que Félix G. Olmedo ha rastreado posibles reminiscencias de los coloquios latinos del franciscano fray Alejo de Salamanca, *De republica christiana*[86]. En cambio, desde Bataillon, se piensa que los diálogos erasmistas —como forma literaria— ejercen

---

[86] En realidad, Félix G. Olmedo, más que de influjo directo, habla de «ciertas analogías». Para nosotros, el libro de Fray Alejo —existente en la Bibl. Nacional, *R 29755*—, tiene con el de Fray Luis sólo muy remotas afinidades.

una influencia escasa en Fray Luis. De todos ellos, en mayor o menor grado, se hallan huellas en *Nombres,* si bien, y según la orientación temática o estilística de cada pasaje, se dé preferencia a un tipo de diálogo sobre los otros. Así, por poner sólo un ejemplo, el principio de «Braço de Dios» (fols. 121 *v* y ss.), o el final de «Príncipe de Paz» (fols. 206 *r* y ss.) son manifestaciones típicas de diálogo platónico con aplicación del método mayéutico, mientras que todo el nombre de «Amado» es una muestra antológica de coloquio ciceroniano. En otros lugares, las proporciones se alteran, con matices muy diversos.

Por otra parte, los diálogos luisianos, fieles a sus orígenes, se nos presentan llenos de elementos dramáticos —actitudes corporales, elocuentes silencios, reacciones inopinadas, manifestaciones emocionales, alusiones a lo oral, etc.—, es decir, de llamadas de atención hacia lo coloquial, para obligarnos a imaginar —casi como en una «composición de lugar» a la manera ignaciana— que *vemos* y *oímos* a los interlocutores. Fray Luis, con admirable sabiduría artística, da una gran importancia en su obra a los elementos *paralingüísticos* y *kinésicos,* describiendo gestos, posturas, movimientos y ademanes, como signos expresivos de actitudes íntimas[87]. Todo ello se incorpora a estos diálogos, tan conscientemente retóricos, como parte de *la acción,* dentro del capítulo de *la elocuencia,* la cual, según Cicerón, «ponía en la obra, *con ayuda del cuerpo,* todo el esfuerzo del pensamiento»[88]. Como decía Fray Luis de Granada en su *Retórica eclesiástica* —que tan presente tuvo en *Nombres* el maestro León—, tomando como base las ideas de Quintiliano —*Institutiones,* lib. XI, cap. III, *ante medium*—, «el gesto primeramente... concuerde con la voz, y lo

---

[87] La propiedad con que el diálogo leonino asimila estos elementos es patente si pensamos que, como dice C. M. Bowra, este género literario, en su estructuración platónica, «tiene origen en los mimos vernáculos de Sicilia» *(op. cit.,* pág. 136), estando «en todo caso, influido por el teatro» (A. Tovar, *op. cit.,* página 35).

[88] Jean Bayet, *Literatura latina,* Barcelona, Ariel, 1972³, página 142. «La *pronuntiatio* o *actio* —escribe H. Lausberg— es la

uno y lo otro —conviene a saber, voz y gesto—, a un tiempo obedezca al ánimo. Pues de cuánta importancia sea éste en una oración, se ve bastante en que muchas cosas se dan a entender aun sin palabras. Porque no sólo las manos, sino también las señas, declaran nuestra voluntad..., y del rostro y manera de entrar se echa de ver la disposición de los ánimos» [89].

Muchos rasgos de los diálogos luisianos proceden, en efecto, de los postulados de la *eloquentia* retórica clásica. Así, el «pronombre deíctico», que ha de entenderse acompañado de un ademán orientador —«Primero perderá su claridad *este* sol» (señalándose hacia el que brilla en el cielo); «assí como *aquel* camino (y señaló Marcello con el dedo, porque se parecía de allí) es el de la Corte...»—; en ocasiones, este pronombre se complementa con un gesto o una mirada en torno —«*Este* ayre fresco que agora nos toca, nos refresca...»— [90]. Fray Luis da siempre a estos ademanes un concreto valor de signo expresivo: «Deteneos, dixo Iuliano *alargando contra Sabino la mano*»; «Sabino *abrió su papel*»; «*puesto en pie* Marcello, y con él los demás, cessó la plática»; [Sabino y Iuliano, no queriendo desassossegar a Marcello] «se tornaron a la huerta, *passeándose por ella por un buen espacio de tiempo*»; «Mostró, como oyó esto, *moverse de su assiento* un poco Iuliano, y *como acostándose hazia Marcello, y mirándole con alegre rostro,* le dixo...»; «Sabino..., *alçando un poco los ojos al cielo, y lleno el rostro de espíritu, con templada boz, dixo...*»; «Y, di-

_____

realización del discurso mediante la voz y los gestos que la acompañan. El estudio de la *pronuntiatio* abarca, pues, dos partes: *vox* y *corpus*. Cf. Cic. inv. 1, 7, 9 *pronuntiatio est ex rerum et verborum dignitate vocis et corporis moderatio*». (*Manual de retórica literaria*, t. II, Madrid, Gredos, 1967, pág. 404.)

[89] *Los seis libros de la retórica eclesiástica, o de la manera de predicar*, [Lisboa, 1576], en *Obras del V. P. M. Fray Luis de Granada*, t. III, Madrid, B.A.E., 1945, pág. 620 *b*. Para una visión moderna de estas cuestiones, cfr., vgr., F. Poyatos, «Paralenguaje y kinésica del personaje novelesco: nueva perspectiva en el análisis de la narración», *ROcc*, 113-114 (1972), pág. 150; E. Torrego, «Lingüística y cinésica», *RFE*, LIV (1972), páginas 145-59.

[90] *Nombres*, fols. 121 *v*, 46 *v*, 222 *v*.

cho esto, calló Marcello, *todo encendido en el rostro*; y, *sospirando muy sentidamente,* tornó luego a dezir...»; «Callóse Marcello...; mas Iuliano, que desde el principio le avía oydo attentíssimo, y por algunas vezes, *con significaciones y meneos, avía dado muestras de maravillarse,* tomando la mano, dixo...»; «Marcello, entonces, dixo *sonriéndose...*»; «Respondió Marcello *riendo...*»; «*Riéronse mucho* desto Iuliano y Marcello», etc. [91]. Los gestos adquieren así en estos diálogos una importancia expresiva capital, que es preciso observar cuidadosamente para comprender toda su significación literaria y dramática.

En el mismo grado habría que destacar los elementos alusivos a lo oral —tan cargados de valores estilísticos—, que configuran el libro como un demorado y sabio platicar, cuyos apacibles razonamientos «escuchamos con los ojos» a través de la lectura: «Muchas otras cosas pudiera alegar a propósito de aquesta verdad, mas, *porque no falte tiempo* para lo demás que nos resta...»; «Mas *no digamos agora* de esto...»; «En este punto, y *diziendo esto, me vino a la memoria...*»; «Marcello, *callando un poco,* respondió luego...»; «Dezirlas enteramente sería negocio muy largo, y *no de aqueste breve tiempo que resta*»; «Quiero dezir de un otro nombre de Christo, que *las últimas palabras de Iuliano...* me le truxeron a la memoria». Hay veces en que la alusión a lo oral tiene repercusiones estructurales, como si la interrupción de uno de los interlocutores obligara a cambiar el plan del discurso; así, al final de «Monte», Marcelo queda un momento en silencio, y Sabino, pensando que no tiene más que añadir, comienza a leer el texto siguiente; entonces —ya al comienzo de «Padre»— aquél le dice: «Aún no me avía despedido del *Monte...,* mas pues Sabino ha passado adelante, y para lo que me quedava por dezir avrá por ventura después otro mejor lugar, sigamos lo que Sabino quiere» [92]. De esta manera, con la utilización de elementos procedentes de la ficción dia-

---

[91] Fols. 30 *r*, 53 *v*, 116 *r*, 254 *r*, 30 *v*, 114 *r*, 345 *r*, 94 *r*, 261 *v*, 26 *r*, 255 *r*.

[92] Fols. 33 *v*, 53 *v*, 75 *v*, 221 *r*, 238 *v*, 301 *v*, 84 *r*.

logística oral, los coloquios se hacen artísticamente más operativos.

Cuanto hemos dicho hasta aquí puede ayudarnos a entender las razones por las que Fray Luis estructura su libro en forma de diálogo renacentista. Ante todo, al servirse de un género literario tan culto y prestigioso, cree poder satisfacer mejor las exigencias del selecto círculo de lectores al que, como hemos visto, lo destinaba. Pero, además, le ilusiona la idea de servir de ejemplo a otros en la tarea de aclimatar en castellano los géneros literarios clásicos, «el qual camino —afirma— quise yo abrir, no por la presumpción que tengo de mí, que sé bien la pequeñez de mis fuerças, sino para que los que las tienen se animen a tratar de aquí adelante su lengua como los sabios y eloquentes passados, cuyas obras por tantos siglos biven, trataron las suyas; y para que la ygualen en esta parte que le falta con las lenguas mejores, a las quales, según mi juyzio, vence ella en otras muchas virtudes. *Y por el mismo fin quise escrivir en diálogo,* siguiendo en ello el exemplo de los escriptores antiguos, assí sagrados como prophanos, que más grave y más eloquentemente escrivieron»[93]. A ello hay que añadir las ventajas que se derivan de la esencia misma de la literatura dialogística: el perspectivismo, las posibilidades del razonamiento *in fieri,* la sugestión erística[94], la variedad, la facilidad de recordar la doctrina[95], la posibilidad de responder a objeciones, y, en suma, todo lo que comporta el enfoque dramático del pensamiento[96].

---

[93] Fols. 251 *r-v.*

[94] «Esperando estoy —dixo Sabino entonces— a qué fin se ordena aqueste vuestro discurso. —Bien cerca estamos ya dello, respondió Marcello» (fols. 26 *r-v*). O bien, en «Braço»: «Espero —dixo Iuliano—, dónde vays a parar. —Presto lo veréys, dixo Marcello» (fol. 124 *v*). Otros pasajes muy claros pueden verse en folios 207 *r-v,* 209 *r-v,* 210 *v,* 211 *r* y *v,* etc.

[95] El *Libro de Job* —dice Fray Luis— «nos compone las costumbres y nos profetiza algunos misterios venideros, y esto en verso y *en forma de diálogo,* porque más se guste y *mejor se imprima».* («Dedicatoria», *O.C.C.,* t. II, pág. 27.) Subrayamos nosotros.

[96] Como dice M. Durán, *there is in León's book a germ of drama. Dialogue is in principle dramatic form. Tension is not*

58

VI. *LOS NOMBRES DE CRISTO* Y LA PROSA ROMANCE

El mismo cuidado que, como acabamos de ver, puso Fray Luis en la elección de un género literario adecuado para su libro, lo aplicó al estudio de las posibilidades artísticas que podría ofrecerle la prosa romance. Se integraba así en la corriente renacentista de valorización de las lenguas vernáculas, que ya se había manifestado, por lo que a España se refiere, en obras como la *Celestina* o el *Corbacho,* cuyos autores intentaron adaptar al castellano, en diversos pasajes, las características de la prosa latina clásica[97]. A ello le impulsaba, además, la exaltación nacionalista propia de la época, el amor por la Naturaleza en sus manifestaciones más espontáneas, la fe en la capacidad artística de su lengua —«si nosotros la ensalçassemos y guardássemos y puliéssemos con aquella elegancia y ornamento que los griegos y los otros hazen en la suya», como precisaba Villalón—, el deseo de equipararla al griego y al latín, etc. Por estos mismos motivos había surgido en toda Europa una corriente de «defensa e ilustración» de las lenguas vernáculas, que en España tuvo excelentes representantes —Nebrija, Juan de Valdés, Villalón, Pero Mexía, Ambrosio de Morales, Martín de Viciana y otros—, dentro de la cual,

---

as developed here as it is in some of Plato's dialogues, yet we can see a beginning of characterization and a subdued clash of ideas in some of the passages. Yet the different characters may be said to represent various facets of the author himself. (Op. cit., página [127].)

[97] R. Switzer, *The Ciceronian Style in Luis de Granada,* New York, Inst. de las Españas, U.S.A., 1927, págs. 7-9; H. Dill Goode, *La prosa retórica de Fray Luis de León en «Los nombres de Cristo»,* Madrid, Gredos, 1969, pág. 29. También, R. Lapesa, *Historia de la lengua española,* Madrid, Escelicer, 1959[4], pág. 202.

como uno de sus eslabones más destacados, se encuentra el propio Fray Luis[98].

En *Los nombres de Cristo* —como en todas sus obras—, la preocupación lingüística es primordial. Su interés por la pureza de los textos y de las palabras se manifiesta en multitud de observaciones etimológicas, análisis formales de pronunciación y grafías, precisiones léxicas y semánticas, pesquisiciones del sentido literal de los autores bíblicos o clásicos, etc. Junto al pensador y al poeta, vigila siempre el filólogo[99]. Incluso indaga, en ocasiones, aspectos curiosos de lo que él llama «castellano antiguo»[100]. En su opinión, «una cosa es la forma del dezir, y otra la lengua en que lo que se escrive se dize», ya que, «en lo que toca a la lengua, no ay diffencia, ni son unas lenguas para dezir unas cosas, sino en todas ay lugar para todas»[101]. Lo que hace falta es escribir «como a la gravedad le conviene», en lo cual está muy descuidada la lengua castellana en comparación con «las mejores» de Europa —italiana y francesa—, a las cuales, no obstante, «vence ella en otras muchas virtudes»[102]. Hay, pues, que esforzarse en el perfeccionamiento del idioma, incluso por razones religiosas, para que, al aplicarlo a tratados espirituales y sermones, éstos levanten los ánimos «con su movimiento y belleza». De esta manera, Fray Luis se muestra escritor típico de la

---

[98] Para una aproximación al tema en España, véase la selección de textos, y el estudio preliminar, de J. F. Pastor, *Las apologías de la lengua castellana en el siglo de oro,* Madrid, «Los clásicos olvidados», t. VIII, MCMXXIX.

[99] Como ha notado E. Kohler, *en étudiant certaines langues étrangères, anciennes surtout, modernes aussi, en poussant cette étude à fond, en prenant sous la loupe les vocables afin d'en dégager tout d'abord le sens littérale, Fr. Luis révèle un remarquable esprit philologique, s'affirme philologue... Singulièrement en traduisant les deux livres les plus poétiques de l'Ancien Testament... la philologie moderne n'a guère depassé son travail.* («Fray Luis de León et la théorie du nom», *BHi,* L(1948), página 422.) *Cfr.* también S. Álvarez Turienzo, «Sobre Fray Luis de León, filólogo», *CD,* 169 (1956), págs. 112-36.

[100] *Nombres,* fol. 336 *r.*

[101] *Ibid.,* fol. 249 *v.*

[102] *Ibid.,* fols. 249 *v*-250 *r* y 251 *r.*

Contrarreforma, al poner los logros renacentistas al servicio de la causa católica.

En el cultivo de una prosa romance artística, y en su aplicación a materias teológicas, Fray Luis afirma ser un innovador: «Y si acaso dixeren que es novedad, yo confiesso que es nuevo, y camino no usado por los que escriven en esta lengua, poner en ella número, levantándola del descaymiento ordinario» [103]. No puede esto interpretarse, sin embargo, en el sentido de que ignorara la literatura ascético-mística que le había precedido. De sobra conocía los libros de Osuna, Laredo, Granada o Santa Teresa, así como los de los agustinos Vázquez, Villanueva, Orozco, Córdoba, los dos Alarcones, o Antolínez [104]. La novedad que él señala en su labor es solamente —y nada menos— que la de ennoblecer el castellano —ya utilizado por otros en materias espirituales—, elevándolo a una categoría retórica y musical equiparable a la de las lenguas clásicas. Como notó muy bien Mayáns, «la lengua castellana le deve una singular prerogativa, i es aver sido el primero que procurò introducir en ella la harmonia del Numero» [105], es decir, la cadencia dulce y eufónica, apoyada en «ritmos y melodías tonales», que, a veces, desemboca en verdaderos metricismos [106]. Ello es siempre el resultado de un esfuerzo

---

[103] *Ibid.,* fol. 251 *r.*

[104] Estudian este punto F. G. Olmedo, pról. a *Fr. Dionisio Vázquez, O.S.A. (1479-1539). Sermones,* Madrid, Clásicos Castellanos, 1943, pág. LXIV; A. C. Vega, «Fray Luis de León», *loc. cit.,* pág. 607; *eiusdem,* «Advertencia al lector», en *Amores de Dios y el alma,* de Fr. Agustín Antolínez, El Escorial, La Ciudad de Dios, 1956, pág. XIV.

[105] *Vida,* apud *Obras,* ed. cit., s. p. (núm. 38). No nos parece, pues, del todo exacta la opinión de Menéndez Pidal de que Fray Luis «se consideró a sí mismo, más que como innovador, como padre de la prosa literaria, y no le faltaba *alguna* razón». (*Antología de prosistas españoles,* Madrid, Espasa-Calpe, 1956, página 116; subrayamos nosotros.)

[106] *Cfr.* R. Menéndez Pidal, «El lenguaje del siglo XVI», en *La lengua de Cristóbal Colón,* Buenos Aires, Espasa-Calpe, 1947³, páginas 81-82; R. Lapesa, *Historia de la lengua española,* ed. cit., páginas 214-15. «La teoría de los versos heteropolares —hemos escrito en otra ocasión— tiene una perfecta aplicación a los metricismos prosísticos de ritmo difuso... Esa extraña musicalidad

consciente, basado en estudios retóricos y experiencias prácticas, que Dámaso Alonso no ve muy alejados de lo que hoy realiza la investigación estilística [107]. Como el propio escritor decía, «el bien hablar no es común, sino negocio de particular juyzio, ansí en lo que se dize como en la manera como se dize. Y negocio que, de las palabras que todos hablan, elige las que convienen, y mira el sonido dellas, y aun cuenta a vezes las letras, y las pesa y las mide y las compone, para que no solamente digan con claridad lo que se pretende dezir, sino también con armonía y dulçura» [108].

Para elaborar artísticamente su prosa, Fray Luis recurre, en primer lugar, a la imitación de los escritores bíblicos, y de los clásicos greco-latinos —Dámaso Alonso habla de «transplante de modelos antiguos»— [109], luego al de prosistas de romance, y, por fin, a sus propias convicciones estéticas. Por ello ha podido afirmarse que su creación prosística sigue criterios parecidos a los de su verso, recordándose las conocidas palabras de Lope:

---

acariciadora que brilla en las principales páginas de prosa del agustino [Fray Luis], su fluidez fónica que deriva de una consciente y continua atención a los valores formales del lenguaje, suele encarnar casi siempre en metricismos heteropolares. No es que la prosa de Fray Luis sea un continuo metricismo. Nada más lejos de la realidad. Pero sí es innegable que muchos pasajes de su prosa, y sobre todo los más líricos —así, los que traducen o comentan el *Cantar de los cantares*— ofrecen casos egregios de ritmo difuso». (*La prosa métrica. Teoría. Fray Bernardino de Laredo,* Granada, Univ. de Granada, MCMLXXII, páginas 62-63 y 64.) También señala este fenómeno H. Dill Goode, *La prosa retórica...,* ed. cit., págs. 116-18.

[107] *Poesía española. Ensayo de métodos y límites estilísticos,* Madrid, Gredos, 1957, pág. 115.

[108] *Nombres,* fols. 250 *v*-251 *r.* Como nota Sáinz Rodríguez, «si en la dedicatoria de sus poesías trató el gran poeta de quitar modestamente importancia a aquellas *obrecillas que se le cayeron de las manos,* en cambio, en varios pasajes de sus escritos en prosa castellana se complace en hacer resaltar la importancia del arte y sabiduría que es menester para escribir acertadamente el castellano». (Pról. a *El pensamiento filosófico...,* de A. Guy, ed. cit., pág. 40.) Y es que la prosa artística aplicada a cuestiones doctrinales necesitaba, al contrario de la poesía, prestigiarse con argumentos prácticos y teóricos.

[109] *Poesía española,* ed. cit., pág. 117.

«Tu prosa y verso iguales / conservarán la gloria de tu nombre». El resultado será un lenguaje modélico, hijo a la vez de la tradición retórica y de la originalidad luisiana, verdadero ejemplar de modernas humanidades. Así lo comprendieron sus propios contemporáneos, llegando a afirmar, en 1608, F. Bermúdez de Pedraza que Fray Luis «escrivió los libros *Del nombre de Dios* y el de *La perfeta casada* con un lenguaje tan galano y casto, que puede servir de arte para deprender frasis, colores retóricos y suaves rodeos de hablar dulcemente Castellano» [110], a lo que podríamos añadir el más tardío, pero igualmente certero, juicio de Fray Manuel Vidal, según el cual, Fray Luis «penetrò de suerte los primores del materno idioma, que ninguno [en su tiempo] le ganò en suavidad, propriedad de voces, bella structura de períodos, i claridad en la expressión de los conceptos. No lo errarà (dice D. Nicolás Antonio) quien le llamàre *Padre i author máximo de la lengua hespañola: Hispani maximus author / Luisius eloquii,* que de Lucano, por Cicerón, trasladò este erudìto a N[uestro] Luis» [111].

Al llevar a la práctica, ya en concreto, su imitación de la prosa clásica, principalmente en *Nombres,* Fray Luis recurre a la adaptación castellana de los tres estilos fundamentales que, para el latín, había postulado Cornificio en su *Rhetorica ad Herennium* —IV, 8—, y que difundió luego Quintiliano —*Institutiones oratoriae,* XI, 1—. En ellos, y quizá más todavía en Fray Luis de Granada, bebió el agustino esta utilísima lección de retórica y estilística. «Los géneros de hablar, que nosotros llamamos figuras —afirmaba el gran orador dominico— son tres, en los cuales se versa toda oración no defectuosa: á la una nombramos grave, á la otra mediana, á la tercera endeble. Grave es aquella que consta de una grande y adornada construcción de palabras graves. Mediana es la que consta de una más humilde, pero no de una ínfima y vulgarísima calidad de vocablos. Endeble es la que baja hasta rozarse con la costumbre vulgarí-

---

[110] *Antigüedad y excelencias de Granada,* Madrid, L. Sánchez, 1608, fol. 126 *r.*
[111] *Historia del observantíssimo...,* ed. cit., t. I, pág. 372 *a.*

sima de hablar. La oración será de figura grave si se fueren aplicando y acomodando á cada cosa las palabras de mayor adorno que se pudieren hallar, ora sean propias, ora transferidas; si se escogieren sentencias graves, que se tratan en la amplificación y consideración; y si se aplicaren adornos de sentencias ó de palabras que tuvieren gravedad. En la figura mediana se versará la oración si, como antes dije, la bajáremos un poco, sin descender á lo más ínfimo. En fin, el género endeble es el ínfimo y ordinario modo de hablar» [112]. La diferencia entre estos tres estilos se basa, pues, en la diversa dosificación del *ornato:* el *endeble, llano* o *sencillo* carece de él casi por completo, empleándose en explicaciones, relatos y temas cotidianos; el *mediano* o *templado,* que se adorna con moderadas figuras, logra una contenida elegancia, muy apta para deleitar y entretener; el *grave* o *sublime,* extremando los recursos de adorno, brilla por su energía y majestad, por lo que se emplea para la persuasión, la exhortación, y, en general, para conseguir efectos de emotividad. Fray Luis alterna y combina sabiamente estos tres estilos, logrando una variedad sin precedentes en la prosa doctrinal española [113].

Dentro de esta triple impostación retórica, la prosa de *Nombres* rehuye toda afectación, buscando, en cambio,

---

[112] Fray Luis de Granada, *Los seis libros de la retórica eclesiástica,* ed. cit., pág. 601 *b;* la explicación que Granada da de ese texto en págs. 602 *a* y *b,* y 603 *a*-608 *b* es fundamental para entender la forma de la prosa luisiana, y de *Nombres* en particular. En cuanto a la debatida cuestión de la influencia del dominico sobre el agustino, creemos que la respuesta ha de ser positiva, no sólo por el estudio interno de la obra de ambos, sino por los testimonios antiguos del licenciado Luis Muñoz y de Fray Manuel Vidal, confirmados por la moderna investigación de Coster y Bataillon, lo que, en conjunto, forma un argumento de plena fiabilidad.

[113] H. Dill Goode, *La prosa retórica...,* ed. cit., págs. 37-38, 141 y *passim.* En cuanto a la consciencia con que Fray Luis se sirve de los tres estilos, basta leer la alusión que hace a los mismos en la «Dedicatoria» del L. III: «En la forma del dezir, la razón pide que las palabras y las cosas que se dizen por ellas, sean conformes, y que *lo humilde* se diga con llaneza, y *lo grande* con estilo más levantado, y *lo grave* con palabras y con figuras quales convienen» *(Nombres,* fol. 249 *v;* el subrayado es nuestro).

esa difícil naturalidad que tanto gustaba a los escritores renacentistas. Las palabras suelen ser comunes, los giros nada violentos —aunque sea frecuente el hipérbaton de procedencia clásica, como la colocación del verbo al final de la frase—, la adjetivación sobria, las figuras adecuadas al contexto, las sentencias encarnadas en el molde popular del modismo y el refrán[114], y los criterios de selección —huyendo aristocráticamente de todo plebeyismo— basados en el buen gusto y el esfuerzo meditado. La claridad y el orden aleja esta prosa de la exageración guevarista sin sumirla en el *manierismo* de Malón. «Fray Luis —dice Félix García— escribe la lengua vulgar en tono mayor...; no alambica el lenguaje, sino que, como un cosechero, codicioso de belleza, recoge la mies de la heredad popular, y revela su riqueza y eficacia para decir y embellecer las cosas más remontadas», logrando de esta manera dar a las palabras corrientes —pecadoras y «caídas»—, su bautismo y su renovación»[115]. Así se llega a una sugestiva armonía de lenguaje, basada en la perfecta integración de términos, períodos y párrafos, enriquecida con continuas variaciones de tonos y matices, muy difíciles de percibir para el que carece de una preparación retórica adecuada. «La lengua castellana —dice Macrí— se hace clásica, es decir, que se emplea en densa y sabrosa mezcla de dignidad altísima y de familiar po-

---

[114] Hemos espigado en *Nombres* una amplia lista de ellos: «Se los puso, como suelen dezir, en las uñas» (fol. 144 *v*); «luchó, como dizen, a braço partido con todos» (fol. 155 *v*); «atrevámonos, Sabino, a Marcello, que, como dizen, a los osados la Fortuna» (fol. 253 *v*); «no me doy a manos en el derramar mis perdones» (fol. 353 *v*), etc.

[115] *O.C.C.,* t. I, págs. 381 y 385; ver también H. Hatzfeld, «El Barroco y el Manierismo», en *Estudios sobre el Barroco,* Madrid, Gredos, 1966, págs. 263-64. Sin embargo, nada más falso que la pretendida *improvisación* y *espontaneidad* de la prosa luisiana, que parecen defender Coster —*ob. cit.,* t. II, pág. 123— y Azorín (*La voluntad,* Madrid, Castalia, 1973, pág. 206). Como observa Menéndez Pidal, «la identificación del hablar y el escribir, que en Santa Teresa se cumple con excelsa plenitud de abandono, viene a depurarse en Fray Luis de León con la intervención de un arte tan acendrado que inicia ya una renuncia del principio de la naturalidad». («El lenguaje del siglo XVI», *loc. cit.,* pág. 81.)

pularidad» [116]. Todo es aquí sereno, como si el escritor se hubiera situado en una perspectiva ontológica y de eternidad, pero con un sosiego teñido de entusiasmo, de ardor vivencial, en un ademán «celebrativo, como de laude inmensa, o auto, o himno vertical y absoluto» [117].

Fray Luis, pues, ahonda en la lengua vulgar para enriquecerla desde dentro, con lo que la imitación de la tradición literaria culta se hace «en espíritu y en verdad», nunca en plan literalista ni pedantesco. Su prosa es jugosamente transpositiva —expresiones y términos castizos que traducen libremente los aprendidos en fuentes literarias—, hasta el punto que algún crítico ha podido hablar —a nuestro juicio, sin demasiado acierto— de *deshumanistización* [118]. No conviene, en efecto, exagerar la nota, pues lo que en realidad hace Fray Luis es *humanistizar* tan profundamente que los efectos de su trabajo afectan más a los tuétanos de su prosa que a la superficie de la misma, lo que no impide que también en ésta aparezcan frecuentes testimonios. Recordemos, para comprobarlo, cultismos léxicos del tipo *pórfiro* 'pórfido', *crudelíssimamente,* o *annihila* 'aniquila' [119]; latinismos semánticos, como *qué* 'por qué' 'para qué', *uno* 'único', *leño* 'nave', *despreciar* 'mirar desde lo alto', *fatigar* 'recorrer insistentemente', etc. [120]; cultismos gramaticales, como *la origen, esta origen* —a estilo de *origo* en latín— [121], *a* con sentido de 'hasta', *-ísimo* como superlativo relativo, comparaciones y especificaciones por predicativos de nexo elidido, calcos del acusativo griego [122], y otros del correlativo latino *et... et...* [123]; juegos

---

[116] *Ob. cit.,* pág. 36.

[117] *Ibid.,* pág. 40.

[118] Recoge la especie P. Sáinz Rodríguez, pról. a *El pensamiento filosófico...,* ed. cit., págs. 38-39. Documenta el alejamiento luisiano de la imitación servil de los modelos R. Lapesa, «El cultismo en la poesía de Fray Luis de León», *loc. cit.,* páginas 221-22.

[119] *Nombres,* fols. 28 *r,* 73 *v,* 91 *v.*

[120] R. Lapesa, «El cultismo...», *loc. cit.,* págs. 222-23 y 228.

[121] *Nombres,* fols. 2 *v,* 195 *r,* etc.

[122] Para el estudio de estos fenómenos en el verso, *cfr.* R. Lapesa, «El cultismo...», *loc. cit.,* págs. 229-30.

[123] «El sumo saber de Dios... halló forma cómo este segundo

etimológicos, como los basados en las palabras «primo-génito», «Jerusalén», «Cristo», «Jesús», «Evangelio», «manantial», «abrasar», etc. [124]; restauración cultista de la ortografía, aunque la presión de la realidad fonética y del uso introduzca frecuentes vacilaciones: *dubda/duda, abscondido/ascondido/escondido, eleción/eleción, summa/suma, apparencias/aparencias, excellente/excelente,* etcétera.

Por lo demás, los recursos retóricos clásicos se utilizan sistemáticamente, adaptándose siempre al estilo de cada pasaje: paronomasias —«Christo... sirvió *para ganar su ganado»*, «tan ricos y *tan trabajados trabajos»*, «son *de un parto las dos partes* del alma»— [125]; continuos zeugmas, hipérbatos, polisemias —[Christo, a los hombres], «siendo *perdidos,* nos haze *ganados* suyos»— [126], antítesis —«salió en el thálamo de la Virgen a la luz desta vida *un hombre Dios, un niño ancianíssimo..., un flaco muy fuerte; un saber, un poder, un valor no vencible, cercado de desnudez y de lágrimas»—* [127], enumeraciones, gradaciones ascendentes y descendentes —«*los pechos y hombros, y el cuello y cabeça* de oro»; [el vicioso] «viene por sus passos contados, *primero a ser bruto, y después a menos que bruto, y finalmente a ser casi nada»—* [128], llegándose incluso al intento de

---

Padre, *y fuesse hombre del linage de Adam, y no nasciesse con el mal».* (*Nombres,* fol. 97 *r.*)

[124] *Nombres,* fols. 267 *r,* 204 *v,* 293 *r,* 301 *v,* 293 *v-294 r,* 263 *v,* 310 *v,* respectivamente; daremos un solo ejemplo: basándose en que «evangelio» significa etimológicamente «buena noticia», Fray Luis escribe: «y [el estado de gracia] es *estado de evangelio,* porque el nascer y bivir Christo en ambas las partes del alma... es el effecto *de la buena nueva* del Evangelio». (*Nombres,* fols. 293 *v-294 r;* el subrayado es nuestro). En diversas notas al texto, ponemos de relieve los ejemplos más notables de este recurso.

[125] *Nombres,* fols. 66 *v,* 155 *r,* 295 *r.*

[126] *Ibid.,* fol. 67 *r.*

[127] *Ibid.,* fol. 273 *r;* el recuerdo de los «opósitos» petrarquistas juega aquí también, a nuestro entender, un papel muy importante.

[128] *Nombres,* fols. 74 *r* y 48 *r.*

adaptar al castellano el *cursus,* sobre todo en su modalidad de *planus* [129].

En *Los nombres de Cristo,* desde el punto de vista de la amplitud del período, predomina con mucho el de cadencia amplia, sin que falte totalmente el breve. También aquí parece notarse el recuerdo inmediato de la *Retórica eclesiástica* de Granada, quien, hablando de la *composición,* afirmaba: «Hay una composición simple o sencilla, y otra doble o compuesta. La simple no está sujeta a la ley de los números, ni tiene períodos muy largos, y de ella usamos nosotros en el trato familiar, y los sagrados escritores en muchísimos lugares... La composición doble, apartándose de esta sencillez, usa de oraciones torcidas y largas. Cuyas partes, y como miembros, es preciso explicar, para que, conocidas, se conozca más fácilmente el todo que de ellas resulta» [130]. Fiel a esta doctrina, el Maestro León se sirve de ambas, prefiriendo para los pasajes expositivos la composición «doble o compuesta», lo que hace que sus párrafos cristalicen en frases largas, enlazadas hipotácticamente en una arquitectura frecuentemente compleja, pero siempre diáfana y dominada artísticamente por el escritor —el anacoluto se halla ausente por completo de la prosa de Fray Luis—. Aunque algún crítico ha considerado este hecho como un defecto —«solamente quisiera yo (escribía Mayáns) que algunas veces no fuessen sus cláusulas tan largas»— [131],

---

[129] Como resume H. Dill Goode, «la prosa artística de *Los nombres de Cristo* aparece primorosamente engalanada con las figuras literarias usadas por los escritores antiguos. Eligiendo esmeradamente las palabras, contando sus letras, cuidando del buen sonido de las mismas, pesando, midiendo y componiéndolas, Fray Luis de León está inventando figuras de palabras *(figurae verborum)* tal como el paralelismo, la antítesis, el isocolon, el quiasmo, el hipérbaton, la rima, la aliteración y otras». *(La prosa retórica...,* ed. cit., pág. 27.) Una referencia al *cursus* luisiano se halla *ibid.,* págs. 54-55.

[130] *Retórica eclesiástica,* ed. cit., pág. 597 *a.*

[131] *Vida,* apud *Obras,* ed. cit., s. p., núm. 38. Comentan este aspecto, entre otros, Aubrey F. G. Bell, *Luis de León,* ed. cit., páginas 292-93; R. Menéndez Pidal, «El lenguaje del siglo xvi», *loc. cit.,* pág. 82; R. Ricard, *Hacia una nueva traducción...,* ed. cit., pág. 12.

hemos de tener en cuenta que estos períodos son una muestra más del sistemático proceso de retorización artística a que se somete el lenguaje luisiano, concretado ahora en la imitación del estilo ciceroniano —con lo que se emulan, ya en todos sus matices, los diálogos del gran orador—, consiguiéndose una majestuosa armonía que llevó a Bell a calificar la prosa de Fray Luis de «potente» [132]. Esta adaptación no ha podido hacerse, sin embargo, sino autolimitando el lenguaje a un selecto —y, por ello, forzosamente breve— catálogo de fórmulas de relación, que sacrifica la variedad a la armonía. Menéndez Pidal destacó la frecuencia con que aparecen las conjunciones «porque» y «pues» [133], a lo que podría añadirse la reiteración del polisindetismo, las fórmulas de reasunción —sobre todo, «assí que»—, indispensables para reasumir párrafos muy largos en el momento de dar un giro al razonamiento, etc.

Pero sería un error pensar que este libro es tan sólo un frío y cerebral catálogo de recursos retóricos. Los elementos emocionales afloran en él incesantemente, aunque una púdica contención los haga pasar desapercibidos para un lector poco reflexivo. Como su homónimo dominico, Fray Luis de León quiere llegar a la sensibilidad de sus lectores, pensando que «más pecan los hombres por vicio y depravación de su afecto, que por ignorancia de lo verdadero». En consecuencia, «siendo los afectos de dos maneras, conviene á saber, suaves y acres, que los griegos llaman *ithi* y *pathi,* entrambos deben conmoverse conforme la naturaleza de los asuntos que tratan» [134]. Ambas formas de emoción aparecen, en efecto, en *Nombres* —la suave y la patética—, en las más diversas apariencias, aludiéndose a veces explícitamente a la que experimentan los dialogantes [135]. Destaquemos, como más significativas, las exclamaciones —« ¡O bienaventurada Salud, o Iesús dulce y digníssimo de todo desseo! ; ¡Si ya me viesse yo,

[132] *El Renacimiento español,* ed. cit., pág. 107.
[133] *Antología de prosistas españoles,* ed. cit., pág. 117.
[134] *Retórica eclesiástica,* ed. cit., págs. 520 *b*-521 *a.*
[135] Por ejemplo, en «Braço»: «Paréceme —dixo—, Marcello, que os he metido en calor, y bastava el del día» (fol. 129 *v*).

Señor, vencido enteramente de ti!»; «¡O grandeza de amor!, ¡o, el desseo único de todos los buenos!, ¡o, el fuego dulce por quien se abrasan las almas!»— [136]; la mezcla de exclamación y apóstrofe —«¡O piedad la de Dios! Esta misma forma guardáys, Señor, con nuestra flaqueza y niñez»; «Luze, pues, ¡o solo verdadero sol!, en mi alma, y luze con tu grande abundancia de luz»— [137]; la prosopopeya, la hipérbole, la interrogación retórica, la obsecración, la optación, la imprecación, etc. En ocasiones, una brusca erupción emotiva interrumpe el razonamiento, teniendo el escritor que cortarla enseguida para no separarse del tema —«Mas, ¿qué hago yo agora, o adónde me lleva el ardor? Tornemos a nuestro hilo»— [138]; otras veces, el discurso general se inmediatiza y personaliza con el paso repentino a la persona *ego* —«Porque antes que le amemos nos ama, y offendiéndole y despreciándole locamente, nos busca; y no puede tanto la ceguedad de *mi* vista, ni *mi* obstinada dureza que no pueda más la blandura ardiente de su misericordia dulcíssima»— [139]. El mismo valor emocional tienen los frecuentes superlativos —«dulcíssimo fructo», «fuente de claridad... bellíssima», [Christo], «incomparablemente grandíssimo, gloriosíssimo, perfectíssimo», «xugoso y sabrosíssimo pasto», etc.— [140]; y lo mismo puede decirse de los diminutivos afectivos, tan delicadamente matizados por Fray Luis —[Dios] «tiene cuenta con los paxaricos», «Y en ti, ¡o verdadera guarida de los pobrezitos amedrentados, Christo Iesús...!», [Dios trata a veces a la Iglesia] «como a donzelleja ya bien entendida, y crescida, y quasi ya casadera», «El prometerle el esposo tortolicas y sartalejos», etc.— [141]. A veces, un imperceptible rasgo de humor o ironía hace aflorar la sonrisa a los labios de los dialogantes [142].

---

[136] *Nombres,* fols. 344 *r* y 321 *v.*
[137] *Ibid.,* fols. 47 *r* y 9 *v.*
[138] *Ibid.,* fol. 73 *r.*
[139] *Ibid.,* fol. 58 *r.*
[140] *Ibid.,* fols. 24 *r,* 27 *r,* 28 *v,* 59 *v.*
[141] *Ibid.,* fols. 43 *r,* 72 *v,* 237 *v,* 239 *r.*
[142] Véanse tres pasajes significativos en *Nombres,* fols. 209 *r,* 252 *r,* y 214 *v.*

En cuanto al lenguaje de las traducciones bíblicas y patrísticas intercaladas en el texto, aparte versiones admirables, son una verdadera recreación literaria de los originales, y ello pese a que, como el propio Fray Luis confiesa, «lo que yo hago en esto... es volver en nuestra lengua, palabra por palabra, el texto de este libro», ya que «el extenderse diciendo, y el declarar copiosamente la razón que se entiende, y el guardar la sentencia que más agrada, jugar con las palabras añadiendo y quitando a nuestra voluntad, eso quédese para el que declara, cuyo propio oficio es», aunque «bien es verdad que, trasladando el texto, no pudimos tan puntualmente ir con el original; y la cualidad de la sentencia y propiedad de nuestra lengua nos forzó a que añadiésemos algunas palabrillas, que sin ellas quedara oscurísimo el sentido; pero éstas son pocas, y las que son, van encerradas entre dos rayas de esta manera [ ]» [143]. Fiel a este literalismo, el traductor se esfuerza, en lo posible, en conservar «el sentido latino y el aire hebreo, que tiene su cierta majestad» [144], lo que da a sus versiones un sello peculiar, exótico en su lenguaje y comparaciones, y elíptico en sus fórmulas expresivas —en su opinión, la lengua hebrea «es de pocas palabras y de cortas razones, y ésas llenas de diversidad de sentidos» [145]—. Puede afirmarse, en suma, que Fray Luis imita el estilo, la retórica, y la estructura misma de los textos originales —«pretendí que respondiese esta interpretación con el original, no sólo en las sentencias y palabras, sino aun en el concierto y aire de ellas, imitando sus figuras y maneras de hablar cuanto es posible a nuestra lengua, que, a la verdad, responde con la hebrea en muchas cosas» [146]—. Esta imitación llega en ocasiones a intentar reproducir el regusto de antigüedad de los libros traducidos, mediante el

---

[143] *Exposición del «Cantar de los cantares»*, en *O.C.C.*, t. I, páginas 74-75.
[144] Dedicatoria de la *Exposición del «Libro de Job»*, en *O.C.C.*, tomo II, pág. 28.
[145] *Exposición del «Cantar de los cantares»*, loc. cit., pág. 73.
[146] *Ibid.*, pág. 74.

uso de arcaísmos fonéticos o léxicos —*fazer* 'hazer', *ca* 'porque', etc.[147].

VII. LA RETÓRICA ORATORIA
EN *LOS NOMBRES DE CRISTO*

A pesar de su formación doctrinal y literaria, Fray Luis no fue nunca un predicador de fama. Su voz era débil, y, al parecer, enronquecía fácilmente. Según Terrones del Caño, el gran escritor era consciente de esta limitación suya, por lo que, tras ponerse a prueba alguna vez, abandonó el púlpito[148]. Esto no obstante, había en él una honda sensibilidad oratoria, reflejada en toda su obra, pero muy especialmente en la concepción, la estructura y el estilo de *Los nombres de Cristo*. Ya Benito Monfort, en 1770, lo llamaba «el egemplar más perfecto de la eloquencia española»[149]. El P. A. Custodio Vega ha llegado a escribir —quizá exagerando un poco— que sus páginas «no son más que discursos magníficos, elocuentísimos y arrebatadores, sometidos a todas las leyes del arte oratorio»[150]. De lo que no puede dudarse es del interés luisiano por la oratoria sagrada, que le lleva a dedicar al tema todo un libro —*El perfecto predicador*—, tempranamente atestiguado —1629— por el

---

[147] *Nombres,* fol. 260 *r.* Nosotros destacaríamos, como ejemplo de traducción bíblica luisiana, la que se hace en fols. 269 *v*-270 *r* del cap. VI de *Prov.*

[148] Hablamos de un «abandono» como actividad primordial, pues sabido es que Fray Luis predicó en numerosas ocasiones, conservándosenos incluso algunos de sus sermones. La noticia de Terrones procede de su *Instrucción de predicadores* —1617— (*cfr.* ed. de Madrid, Espasa-Calpe, 1960, págs. 8-9). Sin embargo, en 1608, escribía Bermúdez de Pedraza: «El padre Maestro fray Luis de León, del orden de San Agustín, catedrático de Vísperas en Salamanca, y predicador tan famoso por su doctrina y suavidad de lenguage, que se podía llamar con más razón *musa granadina,* que *ática* Demóstenes». (*Antigüedad...,* ed. cit., folio 126 *r.*) No obstante, esta noticia parece contradicha por los testimonios más solventes.

[149] «Dedicatoria» de *Nombres,* ed. cit., s. p.

[150] «Fray Luis de León», *loc. cit.,* pág. 590.

maestro José de Valdivielso [151], y que, identificado por su editor con el comentario latino al *Eclesiastés* atribuido a Fray Luis, se publicó en Valladolid bajo su nombre en 1881, aunque esta atribución no carezca de puntos oscuros.

Dotado, pues, de fina sensibilidad retórica, de dicción elegante y persuasiva, de instinto argumentativo, y de ritmo prosístico adecuado a la predicación —no se olvide que la cadencia predominante en *Nombres* es la ciceroniana—, resulta lógico que la obra maestra del agustino abunde en elementos procedentes de la oratoria. «Años ha que observè —escribe Mayáns— que el Maestro León ingiriò en sus diálogos algunos sermones, i lo confessarà qualquiera que lea el nombre de *Padre,* en cuyo diálogo, si se quitan las interrupciones de los interlocutores Sabino i Juliano, se hallarà un admirable sermón de Marcelo, cuyo assunto fue explicar la profecía de Isaías en el cap. 9, quando dijo: *Pater futuri saeculi.* Empezò Marcelo su oración con aquestas palabras: *Lo que agora he propuesto.* I para que esto carezca de duda, a lo último de dicho diálogo llamò Sabino *sermón* a dicho discurso. El qual, si se lee con atención, se verà que en España no ha avido orador de tan sublime estilo como el Maestro León» [152].

Muchas páginas del libro recuerdan, pues, el período oratorio, sobre todo los pasajes escritos en estilo medio y sublime, donde los ritmos «llano», «lírico», «argumentativo» y «de movimiento fraseístico fuerte» aparecen con frecuencia. Reflejan estas perícopas una honda in-

---

[151] En *Obras propias y traducciones latinas y griegas,* apud *O.C.C.,* t. II, pág. 737.

[152] *Vida,* apud *Obras,* s. p., núm. 37. Como se ve, el P. Custodio no interpreta bien a Mayáns cuando le atribuye la opinión de reducir el libro a «sermones predicados por el insigne escriturario, engarzados luego allí con arte sin igual en la trama de un animado diálogo» *(loc. cit.,* pág. 590.)* Para Mayáns, Fray Luis no hace sino «ingerir en sus diálogos algunos sermones», que constituyen así sólo un ingrediente, si bien importante, del libro. Quien parece sostener la tesis que rechaza Vega es el P. Félix Olmedo, pról. a los *Sermones* de Fray Dionisio Vázquez, ed. cit., pág. XII.

fluencia de la *prosa ornata* del predicador medieval, asimilada a través de tratados diversos de oratoria religiosa, entre los que destaca, como no podía ser menos, la *Retórica eclesiástica* de Granada [153]. «Los críticos modernos —escribe Vossler— reprochan en distintas ocasiones a Fray Luis de León una excesiva y desbordante elocuencia... [Sin embargo], consigue del todo la maestría académica y lírica de la fuerza oratoria... en los diálogos *De los nombres de Cristo*» [154]. Por lo demás, cuando Bataillon destaca en este libro el «arte de conmover por medio de la elocuencia o del silencio mismo» [155], no hace sino subrayar de nuevo sus virtualidades oratorias, como hacen otros críticos, más explícitamente, al observar que, en ocasiones, los diálogos se transforman en sermón.

Creemos que es preciso destacar este hecho para que se puntualice debidamente uno de los tópicos más arraigados de la crítica luisiana, expresado, entre otros, por Montolíu, quien escribe: «En Granada predomina el tono declamatorio propio de la elocuencia oratoria, y sus mejores páginas parecen escritas para ser recitadas. León, en cambio, es esencialmente escritor y pone en su estilo una serenidad, un orden, un ritmo reposado, y obra más por persuasión intelectual que por vehemencia declamatoria» [156]. Nos parece que no puede plantearse la cuestión

---

[153] Para este último párrafo son interesantes las observaciones de H. Dill Goode, *La prosa retórica...*, ed. cit., págs. 78-96; véase también Sears Baldwin, *Medieval Rhetoric and Poetic (to 1400). Interpreted from Representative Works,* Peter Smith, Gloucester, Massachussetts, 1959, págs. 1-50 y 229-57.

[154] *Fray Luis de León,* ed. cit., págs. 58 y 59.

[155] *Erasmo y España,* ed. cit., pág. 762.

[156] M. de Montolíu, *Literatura castellana,* Barcelona, Cervantes, M.CM.XXXVII, pág. 487. Mucho más matizada es la opinión de Menéndez Pidal, sobre todo cuando insinúa que la diferencia no es tanto cualitativa como de grado: «Granada se esforzó en trabajar la frase, considerándola como un silogismo, como un razonamiento o un apóstrofe; León le dedicó su cuidado, mirándola más especialmente para una obra de arte. Los trabajos del uno son como sermones puestos por escrito; los del otro, como poesías relatadas en prosa: *El uno es más elocuente, el otro más poeta;* el uno es, en suma, orador, y el otro, escritor». (*Antología de prosistas españoles,* ed. cit., pág. 117.) El subrayado es nuestro.

74

de una forma tan simplista, al menos en lo que a *Nombres* se refiere. En este libro, en efecto, abundan los pasajes oratorios —aunque no acaben ahí sus características—, y en ellos puede establecerse un parangón entre ambos Luises. Sus diferencias —que existen innegablemente—, creemos que hay que buscarlas más bien en posturas y sensibilidades estéticas: Granada es más cordial, más sensitivo, más emocional, más plástico, más empírico, más comprensivo; León es más intelectual, más abstracto, más ecuánime, más deductivo, más distante en el juicio de la conducta humana. En cuanto a las características de su prosa, podemos admitir que, mientras la de Granada es sistemáticamente oratoria, la de León, sobre todo en *Nombres,* se alterna con la discursiva, la poética, la dialogal, la humanística, etc., resultando, en consecuencia, más variada y rica de matices.

Ahora bien, analizando en concreto la influencia de la oratoria sagrada en el libro capital de Fray Luis, nos parece que ésta podría ya rastrearse, al menos de una forma genérica, en la estructura misma de cada uno de los «nombres», que se conforman en lo esencial a la manera de sermones. En efecto, las tres partes típicas de éstos —exposición, argumentación y amplificación—, parecen vertebrar internamente la totalidad de los «capítulos». Fray Luis, como los predicadores del Renacimiento, con su fe en el valor del orden y de la norma retórica de abolengo clásico, parece creer que esta estructura es la más eficaz para enseñar y conmover, puesto que permite el despliegue de todos los recursos de la retórica suasoria. Una vez más se muestra de acuerdo en la práctica con Granada, según el cual «*exponemos* con estilo sencillo, ó con narracion historica, con la cual declaramos nuestro intento, ó lo que ha sucedido ó puede suceder; *probamos* con argumentos y razones, con las cuales intentamos hacer creíble lo dudoso; *amplificamos* cuando con una oración extendida, manifestando ser la cosa en su género excelente, concitamos el ánimo del oyente á ira, compasion, tristeza, odio, amor, esperanza, miedo, admiracion, ó á cualquiera otro afecto» [157]. Si recordamos la estructura interna de cada «nombre», tal como la expusimos en el punto IV de esta *Introducción,* veremos que su adecuación al esquema a que acabamos de referirnos es constante, llegándose incluso a la adopción ocasional de elementos integrantes del sermón «llenísimo y perfecto» —exordio, narración, proposición, partición o división, confirmación, rechazamiento o confutación, y conclusión o peroración—, aunque no todos estos componentes aparezcan en todos los «nombres», ni el orden se respete escrupulosamente.

Por lo demás, de entre las distintas piezas oratorias que contemplan los tratados de predicación del siglo XVI, los «discursos» luisianos se parecen, sobre todo, como era de esperar, al sermón escriturario —«se versan en la declaración de los Evangelios y demás libros sagrados»—, cuyas características exponía así Fray Luis de Granada: «Primeramente, ántes de explicarse la lición del Evangelio, debe recitarse con brevedad, mas con tal brevedad, que no carezca la narracion de hermosura y elegancia... Declarada sucintamente la letra del Evangelio, se seguirá su explicacion... No violentemos en la misma explicacion las Escrituras, como hacen muchos. De modo que el sentido propio, ni lo corrompamos, ni lo arrastremos por fuerza... Las sentencias que sacare de la leccion sagrada, procure confirmarlas con otros testimonios de la Escritura y Santos Padres... Últimamente es de advertir que, cuando citamos algun testimonio de la Escritura, de ninguna suerte nos contentemos con la mera interpretacion que se hace en lengua vulgar, sino que se ha de procurar que, en el testimonio alegado, ponderemos algo digno de reparo» [158]. En el fondo, la estructura del «sermón escriturario», con su exposición de un texto bíblico, la explicación de éste, su confirmación con argumentos teológicos y patrísticos, y su parénesis final, coincide en líneas generales con los «tratados» leoninos.

---

[157] *Retórica eclesiástica,* ed. cit., pág. 508 *b.* Subrayamos nosotros.

[158] *Ibid.,* págs. 564 *b*-566 *a.*

Muchos otros elementos sueltos, procedentes de la oratoria, integran la prosa de *Nombres,* algunos de los cuales comentaremos en las notas correspondientes. Recordemos que, según todas las probabilidades, Fray Luis incluyó en diversos pasajes de su libro apuntes y notas tomados en principio para sus sermones de púlpito. Como figuras retóricas utilizadas habitualmente en la predicación —aunque no exclusivas de ella—, y comentadas en los tratados de oratoria sacra de la época, destacaríamos la *captatio benevolentiae* en sus diversas formas [159], la *deprecatio* inicial [160], la *confutatio* —en que el adversario no siempre es calificado con benevolencia—, la interpelación, la interrogación retórica, la *praesumptio* o *anticipatio,* y tantos otros recursos, cuyo estudio pormenorizado, que no podemos hacer aquí, ofrece materia suficiente para una esclarecedora monografía [161].

---

[159] *Vgr.,* cuando Juliano, en «Hijo», dice: «Y si hablara de mi voluntad, o no hablara delante de quien tan bien me conoce, buscara alguna manera con que, deshaziendo mi ingenio y escusando mis faltas, y haziéndome opinión de modestia, ganara vuestro favor» (fol. 255 *v*).

[160] Ejemplos típicos se encuentran en los folios 9 *r,* 215 *r,* etcétera, que explicamos en sus notas correspondientes. Por lo demás, no puede negarse aquí el recuerdo cristianizado de la *invocatio* poética pagana.

[161] Véanse pasajes típicos en folios 126 *r,* 129 *r,* 141 *r,* 106 *r,* 127 *r,* etc. «Las figuras que [Fray Luis, en *Nombres*] emplea con más frecuencia —dice H. Dill Goode— son las del equilibrio, tal como el paralelismo, la antítesis, el isocolon, el quiasmo, el hipérbaton y la anáfora, lo que caracteriza su estilo como estilo de antítesis, que tanto predominaba en Europa durante el Renacimiento... Se ve fuertemente atraído por el estilo engalanado del predicador cristiano medieval, estilo procedente de la segunda sofística de los siglos IV al II a. C., que se caracterizaba por el uso excesivo de figuras gorgianas». *(La prosa retórica...,* ed. cit., pág. 143.)

VIII. EL SENTIDO AL SERVICIO DEL ESPÍRITU

En concomitancia menos específica con la práctica de los predicadores contemporáneos, aunque siguiendo como ellos las normas de Trento y la Contrarreforma, Fray Luis llena su libro de referencias al mundo sensorial, que, interpretado en clave simbólica, le sirve para remontarse a la comprensión de lo absoluto. «Con Fray Luis —observa Macrí— se alcanza el culmen de la corporeidad como medio espiritual e inteligible; períodos enteros se articulan clásicamente en campo semántico saturado casi de fisicidad»[162]. Para él, la naturaleza humana, compuesta de cuerpo y espíritu, exige apoyarse en aquél para llegar a éste, lo que confirma con el ejemplo de la Escritura: «Esta manera de hablar —escribe—, adonde, con semejanzas y figuras de cosas que conocemos y vemos y amamos, nos da Dios noticia de sus bienes y nos los promete, para la qualidad y gusto de nuestro ingenio y condición es muy útil y muy conviniente…, porque todo nuestro conocimiento, assí como comiença de los sentidos, assí no conosce bien lo espiritual si no es por semejança de lo sensible que conosce primero»[163], añadiendo que «los hombres… entendemos solamente lo que el cuerpo nos pinta»[164]. Esto le lleva —aparte las descripciones de la Naturaleza, que estudiaremos luego—, a esforzarse una y otra vez en corporeizar sus concepciones, encarnándolas y atándolas a lo concreto, llegando a veces por este camino a pinturas de un realismo equiparable al de los imagineros cas-

[162] *La poesía de Fray Luis de León,* ed. cit., pág. 29. Véase, además, lo que dice Enrique de Mesa a este respecto, y que recogemos en nuestra nota 28 al libro I.
[163] *Nombres,* fols. 130 *v*-131 *r*.
[164] *Ibid.*, fol. 262 *r-v*.

tellanos de su tiempo [165]. A ello obedece también su tendencia a la personificación de lo abstracto: «lo malo... *fructifica miseria*»; «*el estudio triste y denegrido*»; «los sentidos *rezién nascidos y como donzeles del mundo*»; [la] «interjectión es una boz tosca, y como si dixéssemos, *sin rostro y sin faciones ni miembros*», etcétera [166].

Pero donde este proceso aparece con más claridad es en el frecuente recurso al «símil» y al *exemplum*, tan importantes en Fray Luis, aunque tan olvidados en el estudio de *Los nombres de Cristo*. En pocos libros de nuestro Siglo de Oro se utilizan esos recursos con tanta discreción y arte, no sólo como vías de esclarecimiento —«porque los exemplos dan luz» [167]—, sino incluso como prueba práctica, más concluyente que el mejor silogismo —«mas, ¿para qué son razones en lo que se vee por exemplos?» [168]—. De ellos se hace en *Nombres* un uso sistemático, reservándoseles un lugar tras el razonamiento teórico, explicándose el retraso en su aparición cuando no pueden aducirse en el sitio habitual —«*antes que vengamos a los exemplos,* descubramos las palabras que nos hazen ciertos desta verdad» [169].

La retórica medieval —y, a su ejemplo, la oratoria sagrada renacentista— distinguía perfectamente entre ambos conceptos. El «ejemplo» era un breve relato de algún hecho o dicho pasado —histórico o legendario—, siempre relativo a personas, mientras que el «símil» se refería tan sólo a animales o cosas, aunque aplicándose

---

[165] Recuérdense, por ejemplo, los pasajes relativos al amamantamiento de Cristo, o a su muerte y resurrección (fols. 256 *r* y 279 *r-v*).

[166] *Nombres,* fols. 210 *r,* 277 *r,* 306 *v,* 329 *r-v*.

[167] *Ibid.,* fol. 275 *v.*

[168] *Ibid.,* fol. 317 *v.* En esto, Fray Luis adopta una postura popular, opuesta a la culta de un Malebranche, por ejemplo, el cual, a propósito de Montaigne, insiste en que «un rasgo histórico no prueba, un cuentecillo no demuestra». (Cfr. R. Ricard, «Aportaciones a la historia del *exemplum* en la literatura religiosa moderna», en *Estudios de literatura religiosa española,* Madrid, Gredos, 1964, pág. 210.)

[169] *Nombres,* fol. 303 *r.*

a lo humano en virtud del principio de analogía. Ambos reconocían cuatro fines: estético —para adornar el discurso—, elucidatorio —para hacer más comprensible lo que se explica—, probatorio —para demostrar—, suasorio —para dar verosimilitud—. Los tratadistas de oratoria sagrada del Renacimiento concedían, sin embargo, poca atención al «ejemplo», reduciéndolo a una breve evocación bíblica o histórica, dándole un tratamiento más retórico que pedagógico, y distinguiéndolo escasamente del «símil», que goza de todas sus preferencias. Granada dividía a ambos en *sucintos* y *extensos,* «porque alguna vez se notan con una sola palabra...; otras veces se explica[n] con más extensión, y se acomoda[n] más claramente» [170]. En la práctica, como ha estudiado J. Th. Welter, el «ejemplo» se tomaba de los clásicos grecolatinos —«*ejemplo* profano»—, de la Biblia, de las *Vitae Patrum,* y de leyendas maravillosas con aplicación moral —«*ejemplo*-moraleja»—, siendo el primero de carácter erudito y humanístico, el último puramente popular, y los otros dos de tipo intermedio. El «símil», por su parte, procedía de campos muy diversos, pues, como observa Granada, era muy fácil su invención, sin más que poner los ojos en «todas las cosas animadas e inanimadas, mudas y que hablan, feroces y mansas, de la tierra, del aire y del mar; las adquiridas artificiosa, carnal y naturalmente; las usadas y no usadas», con tal de sacar de ellas «alguna semejanza para poder adornar, instruir o declarar mas una cosa, ó ponerla ante los ojos» [171].

El «ejemplo» y el «símil», típicos de la predicación medieval, no se extinguen, pues, con la llegada del Renacimiento y el Humanismo. Welter ha documentado diversas colecciones de *exempla* publicadas en el siglo XVI, como la célebre de Juan Heralt —*Exempla virtutum et vitiorum,* Basilea, 1555—, estudiando su uso

---

[170] Para estas definiciones y distinciones, *cfr. Retórica eclesiástica,* ed. cit., págs. 592 *a*-596 *a.* Un estudio sistemático del *exemplum* en la literatura religiosa, aunque referido a lo medieval, es el de J. Th. Welter, *L'«exemplum» dans la littérature religieuse et didactique du moyen âge,* Paris-Toulouse, 1927.

[171] *Retórica eclesiástica,* ed. cit., pág. 594 *b.*

en S. Francisco de Sales y S. Alfonso Rodríguez. En España, estas colecciones no fueron infrecuentes. Muy utilizada por los predicadores fue la *Summa de exemplis et similitudinibus rerum,* del italiano Giovanni di Santo Gimignano (o Geminiano) —Venezia, 1487—, reeditada todavía en 1597, y que alaba Fray Diego de Estella en su *Modus concionandi* —Salamanca, 1576—. El mismo Fray Luis de Granada recomendaba una de estas colecciones: «Hay cierto librito de los similes de San Crisóstomo, y de otros lugares, que podra ayudar mas que medianamente al estudioso predicador para la invencion de los símiles» [172]. Entre los agustinos, estos repertorios gozaron de amplia difusión, siendo famoso el que compiló Fray Diego Basalenque (1577-1651), mejicano, que, aunque posterior a Fray Luis, demuestra la aceptación que lograron entre los predicadores de la Orden.

Ahora bien, si «ejemplos» y «símiles» surgen y se extienden en el campo de la oratoria sagrada, luego invaden los dominios, mucho más extensos, de la literatura ascético-mística en general. Sin embargo, la suerte del «ejemplo» en el Renacimiento decae ostensiblemente, sobre todo en la oratoria culta y en los libros devotos, pero sin desaparecer del todo en ninguna de las formas estudiadas por Welter. No está, pues, en lo cierto Robert Ricard cuando afirma que «en todas sus formas» —con excepción de las bíblicas, como aclara luego— «el *exemplum* falta completamente en la obra de los grandes autores religiosos de la España del siglo XVI, San Ignacio, el Beato Juan de Ávila, Luis de Granada, Santa Teresa, San Juan de la Cruz, Fray Luis de León», basándose en el carácter escriturístico de la reforma de la predicación iniciada por el agustino Fray Dionisio Vázquez (1479-1539), como si «el hombre que predica el Cristo según San Juan y San Pablo» no pudiera «concebir la idea de tomar pruebas confirmatorias en la mi-

---

[172] *Retórica eclesiástica,* ed. cit., pág. 594 *b;* creemos haber encontrado ese librito, que es, a nuestro parecer, el titulado *Dissimilium et adagiorum* —1569—, atribuido a San Juan Crisóstomo, y que se halla en la Biblioteca Nacional de Madrid, signatura *2/26333.*

81

tología pagana o en las obras de Cicerón o de Plutarco», hasta renunciar absolutamnte incluso al *exemplum* popular [173].

Lo inexacto de tan tajante teoría se comprueba en *Los nombres de Cristo,* donde documentamos un escogido ramillete de «ejemplos», entre los cuales predominan ciertamente los bíblicos y patrísticos, pero sin que falten los mitológicos y paganos. De entre los primeros, muy numerosos como era de esperar, podrían entresacarse algunos de gran belleza, como los de Moisés en el Monte Sinaí, la zarza ardiente, el arca del Testamento, el sueño de Jacob, la desgracia de Job, la litera de Salomón, etcétera [174] —notemos que muchos de ellos proceden, en su aplicación espiritual, del campo de la patrística—. Pero también hallamos, aunque en proporción mucho menor, los «ejemplos» mitológicos y paganos, testigos de la formación humanística luisiana. En él, más que de «invasión de la literatura religiosa por la literatura pagana de la antigüedad» [175], nosotros hablaríamos de aprovechamiento del material pagano para la enseñanza cristiana, en la línea del *expoliare aegyptios* del fundador de la Orden. Además, Fray Luis, como hombre del Renacimiento, veía, detrás de los mitos, reliquias deformadas de los misterios sagrados, siendo aquéllos como un velo poético que cubría a éstos. Recuérdense las ideas que, a este propósito, difundió por toda Europa G. Pico della Mirandola (1463-1494), el cual, analizando la naturaleza de los dioses paganos bajo el prisma místico del orfismo neoplatónico, veía, entre ellos y los misterios cristianos, una profunda coherencia. Ello venía a concordar con la idea agustiniana —*Retractationes,* I, xiii— de que lo esencial de la religión cristiana era ya conocido, al menos confusamente, por los paganos —*erat apud antiquos*—, por lo que había que reconvertir la mitología en instrumento al servicio de la doctrina verda-

---

[173] R. Ricard, «Aportaciones a la historia del *exemplum*...», *loc. cit.,* págs. 212 y 213-15.

[174] *Nombres,* fols. 275 *v*-276 *r,* 169 *v,* 275 *v,* 276 *r-v,* 354 *v,* y 309 *v*-310 *r,* respectivamente.

[175] R. Ricard, *loc. cit.,* pág. 202.

dera, debiendo servirse de ella los teólogos en sus explicaciones al pueblo. Como no podía ser menos, el abolengo agustiniano de estas ideas hubo de hacerlas familiares en la Orden, sobre todo en el siglo XVI, cuando el P. General Egidio de Viterbo hablaba de los misterios paganos como «modelo de elegancia en religión», añadiendo, con palabras del Pseudo Dionisio, que «el rayo divino no puede alcanzarnos a menos que esté cubierto por velos poéticos» [176].

Con estos antecedentes es fácil explicarse el hecho de que Fray Luis —un agustino renacentista, a la vez humanista y teólogo—, admitiese, con plena consciencia de sus posibilidades doctrinales y estéticas, aunque con prudente moderación, la inclusión del «ejemplo» pagano en el entramado de Los nombres de Cristo. En general, lo hace en su forma sucinta, como se ve en los «ejemplos» de Apolo y Dafne, la fragua de Vulcano, la invulnerabilidad de Aquiles, el Ave Fénix, o Glauco y Diomedes —[El primer hombre] «traspassó la ley de Dios, y assí fue despojado luego de aquesta perfección de Dios que tenía, y, despojado della, no fue su suerte tal que quedasse desnudo, sino, como dizen del trueco de Glauco y Diomedes, trocando desigualmente las armas, juntamente fue desnudado y vestido» [177]—. Pero no falta el *exemplum* extenso, en el cual se relata el mito con más pormenores, a la vez que la aplicación *a simili* se explicita minuciosamente: «Paréceme —dixo Sabino—, que como el hijo de Príamo, que puso su amor en Helena y la robó a su marido, persuadiéndose que llevava con ella todo su descanso y su bien, no sólo no halló allí el descanso que se prometía, mas sacó della la ruyna de su patria y la muerte suya, con todo lo demás que Homero canta de calamidad y miseria, assí,

---

[176] *«Sententiarum» commentationes ad mentem Platonis,* Cod. Vat. Lat. 6325, fols. 13 ss., *apud* E. Wind, *Los misterios paganos en el Renacimiento,* Barcelona, Barral, 1972, págs. 33-34; ver también págs. 30-31. Egidio de Viterbo fue General de los Agustinos desde 1506 a 1518.

[177] *Nombres,* fol. 88 *v;* los otros textos se hallan en fols. 210 *v,* 128 *r,* 144 *v,* y 106 *r.*

por la misma manera, los no dichosos, por fuerça vienen a ser desdichados y miserables, porque aman como a fuente de su descanso lo que no lo es, y amándolo assí, pídenselo y búscanlo en ello, y trabájanse miserablemente por hallarlo, y al fin no lo hallan»[178].

Mucho más frecuente, sin embargo, es el empleo del «símil», de acuerdo con la práctica de los libros piadosos y de la oratoria culta de la época. Como nota H. Dill Goode, «las metáforas y los *símiles* penetran a lo largo de la obra de tal forma que la constituyen en una obra maestra del simbolismo. Por medio del simbolismo Fray Luis puede expresar su experiencia de Dios y su realidad espiritual en configuraciones del mundo terrestre y a través de su significado terrestre»[179]. Prescindiendo del «símil» *sucinto,* que, como hemos dicho, se reduce a una rápida alusión, la estructura del *extenso* —al igual que la de su equivalente el «ejemplo»— es normalmente dicotómica[180]: la primera parte, que funciona como una prótasis, suele contener el «símil» mismo, mientras que la segunda —una especie de apódosis— es la aplicación. La prótasis aparece encabezada por fórmulas del tipo «assí como», «como», «que como», «que si es...», introduciéndose la apódosis por un nexo correlativo —«assí»—. Aunque el orden puede cambiarse, lo normal es que aquélla preceda a ésta. Por lo demás, dado el origen literario de muchos «símiles», no es extraño que aparezcan reiterados, lo que sucede, sobre todo, cuando están dotados de un gran valor expresivo o estético[181].

[178] *Ibid.,* fol. 209 *r;* la aplicación se extiende todavía por unas líneas.

[179] *La prosa retórica...,* ed. cit., págs. 142-43.

[180] En este aspecto, «símiles» y «ejemplos» *extensos* coinciden *estructuralmente* con la *fabliella: cfr.* Alan C. Soons, *Haz y envés del cuento risible en el Siglo de Oro,* London, Támesis, 1976, páginas 3-6. Sin embargo, la estructura del «símil» en *Nombres* admite otras variedades, como la que Granada llamaba «de inducción», y que consiste en poner una serie de breves comparaciones, de cuyo conjunto se deduce una aplicación única (un ejemplo, en fol. 263 *v*).

[181] El mismo Fray Luis lo advierte a veces: «Y aunque usemos de una misma semejança más vezes...» (*Nombres,* fol. 105 *v.*)

Atendiendo a su temática, y siguiendo los criterios clasificatorios de la retórica de la época, los «símiles» de *Nombres* se toman con frecuencia *de las costumbres y actividades humanas* —«el hombre que casa con una mujer muy niña», «las madres que enseñan a andar a sus hijos», «el ayo», «el maestro que adoctrina a discípulos mal enseñados», «el alquimista», prácticas de diversas artes y oficios (pintura, escultura, música, agricultura, navegación, milicia); *de la naturaleza animada sensible* —el león, el águila, el camaleón, la carcoma—; *de la naturaleza animada vegetal* —el árbol, la pepita del melocotón, el grano de trigo, la espiga—; *de la naturaleza inanimada* —el mar, el agua del río, el agua reposada y pura, el sol («símil» muy reiterado, dado su alto valor simbólico), el fuego, etc.—. Como «símil» típico podríamos citar el del «artista y su instrumento», perteneciente al grupo primero: «*Y como* el artífice que, como alguna vez acontesce, primero haze de la materia que le conviene lo que le ha de ser instrumento en su arte, figurándolo en la manera que deve para el fin que pretende, y después, quando lo toma en la mano, queriendo usar dél, le applica su fuerça y le menea y le haze que obre conforme a la forma de instrumento que tiene, y conforme a su qualidad y manera, y, en quanto está *assí* el instrumento, es como un otro artífice bivo porque el artífice bive en él y le comunica, quanto es possible, la virtud de su arte, *assí* Christo, después que con la gracia, [a] semejança suya nos figura y concierta en la manera que cumple, applica su mano a nosotros y lança en nosotros su virtud obradora, y, dexándonos llevar nosotros sin le hazer resistencia, obra él, y obramos con él y por él, lo que es devido al ser suyo» [182].

Apuntemos, por último, que, en su propósito de dar trascendencia a lo sensorial, Fray Luis se sirve a veces de técnicas procedentes del género emblemático. Como es sabido, la influencia de los *Emblemas* de Alciato (1492-1559) en la España del XVI fue más profunda en

---

[182] *Nombres,* fol. 217 *r-v* (subrayamos nosotros los términos estructurales de correlatividad). Ejemplos de los otros «símiles» pueden encontrarse a lo largo de todo el libro.

el campo estrictamente literario que en el mixto de dibujo y comento, por lo que muchos libros de entonces acusan reminiscencias del género, tanto en lo temático como en el plasticismo simbolista de ciertas descripciones. Por lo que hace a Fray Luis, ya en 1603 destacaba Antonio Possevino las cualidades emblemáticas de su obra, aunque refiriéndose concretamente a la *Exposición del Cantar de los cantares: Hoc tempore* —escribe— *Luysius Legionensis, Augustinianus Theologus Hispanus, Diuinorum librorum primarius Salmanticae interpres, scripsit in Cantica Salomonis. Eleganter —licet concise— suppeditat multa quae ad conflanda rite Emblemata facere possint* [183]. Para nosotros, muchas de las descripciones luisianas de carácter visual y trascendencia simbólica, acusan el recuerdo de Alciato, como el retrato de Cristo incluido en «Fazes», la vestidura alegórica del Mesías en «Braço», o la visión apocalíptica de los caballos y los afligidos por Dios en «Hijo» [184]. Recordemos, en fin, que el escudo que figura al frente de sus libros, con el hacha y el *ab ipso ferro* horaciano, es también, en lo esencial, un verdadero emblema.

IX. TEORÍA LUISIANA DEL «NOMBRE»

Pero no podría entenderse el sentido último de *Los nombres de Cristo* sin analizar, aunque sólo sea someramente, el «aspecto formal» —tomando esta expresión en su más estricta acepción técnica— de su contenido, es decir, la significación y trascendencia que en él tiene el «nombre» como fundamento de toda una metafísi-

[183] Antonii Possevini Mantuani, S. I., *Bibliotheca selecta de ratione studiorum,* Venetiis, M.DC.III, t. II, pág. 550. Sobre esta materia, véase ahora el pról. de M. Montero Vallejo a su edición de los *Emblemas* de Alciato, Madrid, Editora Nacional, 1975, sobre todo, págs. 24-25; también, Simon A. Vosters, «La literatura emblemática y epigráfica», en *Lope de Vega y la tradición occidental,* Parte II, Valencia, Castalia, 1977, págs. 33 ss.
[184] *Nombres,* fols. 39 *r*-40 *r,* 128 *r-v,* y 276 *v*-277 *v.*

ca [185]. Fray Luis parte para ello del conocimiento y re-
elaboración de una larga tradición filosófica, filológica
y mística, que comienza ya en el *Génesis* —II, 19-20—,
cuando Adán, cumpliendo el mandato divino, pone nombre «a todos los ganados, y a todas las aves del cielo,
y a todas las bestias del campo» —es decir, a todos los
«vivientes»—, reflejando sus cualidades esenciales —*nomina sunt consequentia rebus,* dirán las *Glosas* de Accur-
si, ya en el siglo XIII, comentando estos versículos—.
Platón, en el *Cratilo,* se planteará más tarde el problema
de si el lenguaje se basa en una afinidad natural de palabras y cosas, o sólo en razones convencionales, lo que
resuelven parcialmente muchos —Homero, Esquilo, el
propio Platón, Aristóteles, Píndaro, Cicerón o Quintiliano— por la teoría y la práctica de los «nombres significativos». En las religiones paganas, los dioses reciben
diversos nombres —«polinomía»—, no sólo para asegurarse su concurso mediante una epíclesis eficaz, sino
también para definirlos por la expresión de sus atributos más significativos [186]. En el cristianismo patrístico,

---

[185] Una bibliografía fundamental sobre la filosofía de los nombres a lo largo de la historia no debería ignorar los siguientes
títulos: E. von Dobschütz, *Das «Decretum Gelasianum» de libris
recipiendis et non recipiendis,* Leipzig, 1912; E. Kohler, «Fray
Luis de León et la théorie du nom», *loc. cit.;* R. Criado, *El valor
dinámico del nombre divino en el Antiguo Testamento,* Granada,
1950; E. R. Curtius, «Nomina Christi», en *Mélanges J. de Ghel-
linck, S. I.,* Gembloux, 1951; *eiusdem,* «La etimología como forma de pensamiento», en *Literatura europea y Edad Media latina,*
México, F.C.E., 1955², t. II, págs. 692-99; H. Lausberg, «Nomina
Christi», en *A.S.N.S.L.,* CXCIII (1956), 71 ss.; *Reallexikon für
Antike und Christentum* [R.A.C.], ed. por Th. Klauser, t. III,
Stuttgart, 1957; A. Armindo, «O nome», en *Itinerarium,* IV
(1958), págs. 147-63; W. Repges, «Para la historia de los nombres de Cristo: de la patrística a fray Luis de León», *Th,* XX
(1965), págs. 325-46.
[186] W. Repges, «Para la historia...», *loc. cit.,* págs. 325-26, n. 1.
La diversidad de nombres que se aplican a un mismo dios obedece al deseo de apresar su esencia conceptualmente lo mejor posible. Por lo que hace a la *Stoá,* identifica también los *onómata* con los *étyma,* por lo que todos los nombres
de los dioses designan al mismo Dios, siendo éste el camino para
superar el *politeísmo* transformándolo en *polinomismo* —G. Kit-
tel, *Th.W.N.T.,* Stuttgart, 1954, t. V, *s.v. onoma,* págs. 242 ss.

San Jerónimo dedicó al estudio de la teoría nominal todo un tratado —*Liber de nominibus hebraicis*—, y San Agustín hizo lo mismo en numerosos pasajes de sus obras [187]. Especial atención merece, ya en el siglo v, el Pseudo Areopagita, el cual, con su *De divinis nominibus,* habría de lograr decisiva influencia en la literatura posterior, a través de diversos comentarios y traducciones latinas. Todo ello se sistematiza en San Isidoro —*Etymologiae*—, quien sigue el camino que lleva del nombre a la realidad —del *verbum* a la *res*—, aunque estableciendo una limitación fundamental: *Non omnia nomina a ueteribus secundum naturam imposita sunt, sed quaedam et secundum placitum* [188]. El tema sigue inquietando a los filósofos y teólogos medievales —San Bernardo, Pedro Lombardo, Santo Tomás, los *nominalistas...*—, apareciendo también, a través del juego etimológico, en la poesía eclesiástica, en la liturgia, y en las letanías nominales atribuidas a Juan de Capistrano o Bernardino de Siena. Las artes poéticas prestan, por su parte, gran atención al *argumentum siue locus a nomine* [189]. Pero será el misticismo —musulmán y cristiano— el que dará al estudio de los nombres su máxima significación, al pensar que en ellos se reflejan los atributos divinos, en lo que destacan las aportaciones de Ibn Arabí y de Ramón Llull —*Els Cent noms de Dèu* [190].

---

[187] Ch. Mohrmann, *Mnemosyne,* III (1935-36), págs. 33 ss. Repges (*loc. cit.,* págs. 327 ss.) estudia una larga tradición patrística, cuyos eslabones principales, por su influencia en Fray Luis, son Ignacio de Antioquía, Orígenes, Basilio Magno, los dos Gregorios orientales, Crisóstomo y Gregorio Magno, aparte S. Jerónimo y S. Agustín, ya citados.

[188] E. R. Curtius, *Literatura europea...,* t. II, ed. cit., páginas 693-94.

[189] Así, en el *Ars versificatoria* de Matthieu de Vendôme: *Argumentum sive locus a nomine est quando per interpretationem nominis de persona aliquid boni vel mali persuadetur.* (*Apud* E. Faral, *Les arts poétiques du XIIe et du XIIIe siècle,* Paris, Champion, 1971, pág. 136.)

[190] P. Sáinz Rodríguez, *La espiritualidad española,* ed. cit., página 303; C. Cuevas, *El pensamiento del Islam...,* ed. cit., página 296; véase también ahora M. Cruz Hernández, *El pensamiento de Ramón Llull,* Valencia, J. March-Castalia, 1977, páginas 274-75.

En los albores del Humanismo, la preocupación por el tema nominal recibe un nuevo impulso. Dante apoya en él su teoría de la conciliación entre poesía y filosofía, mientras Petrarca, en carta a su hermano Gerardo —*Le familiari*, X, IV— afirma que «casi podría decir que la teología es una poesía que viene de Dios», ya que, «si a Cristo se le llama ora *león*, ora *cordero*, ora *gusano*, ¿qué es eso sino poético?» [191]. Los escritores del Renacimiento insistirán en los aspectos prácticos de la cuestión, sobre todo por el lado de la etimología, aunque serán otra vez los místicos los que más partido saquen del tema, al profundizar en el estudio alegórico-simbólico de los *nomina Dei et creaturarum* [192]. El nombre vuelve a considerarse definición de la persona, lo que explica su cambio en la profesión religiosa, como recuerda, en 1606, Fray Diego de Yepes respecto de Santa Teresa y sus monjas: «Mudáronse entonces el nombre, así la santa madre como sus compañeras, porque *como el nombre sea el que significa lo que es cada cosa*, las que ya habían perdido el ser y afición del mundo, y todas se consagraban a una vida celestial y divina, fue muy conveniente que los nombres fuesen también divinos; y así, de allí adelante la santa madre, el nombre que antes tenía de doña Teresa de Ahumada, lo trocó por el de Teresa de Jesús. Quiso que en su Orden se guardase lo mismo, para que ni aun en los nombres hubiese resabio de mundo» [193]. Algo parecido sucedía con los personajes

[191] *Apud* E. R. Curtius, *Literatura europea...*, ed. cit., t. I, página 321.
[192] En este sentido es revelador el «epigrama» latino que figura al frente del *De divinis nominibus* del Pseudo Areopagita, edición de Alcalá, I. Brocarium, 1541 —fol. Lxxiii *v*—, que seguramente leyó Fray Luis:

> *Hoc diuina nitent veluti sol nomina / libro*
> *Queis colit obseruans pagina sa / cra deum.*
> *Non quem pro meritis queat appel / lare, sed vt sic*
> *Lucis inexhaustae pectore gliscat / amor.*
> *Huic scaturire putes doctori sangui / nis haustum*
> *Quo magis aethereas post reserauit opes.*

[193] *Vida de Santa Teresa de Jesús,* París, Garnier, [s. a.], página 152. El subrayado es nuestro.

de la novela caballeresca, como ha señalado, respecto del *Quijote,* J. B. Avalle-Arce [194]. En cuanto a la literatura espiritual más próxima a Fray Luis de León, recordemos la segunda *Guía de pecadores* —1567—, con sus comentarios a los nombres de «Padre», «Madre», «Pastor», «Rey», «Esposo», etc. —ahora, significativamente, referidos a Cristo—, o los cinco que explica Orozco en su homilía de la Circuncisión [195].

Dentro de esta tradición, personalmente asimilada, escribe Fray Luis de León *Los nombres de Cristo*. En su planteamiento inicial, la atención se centra en la esencia genérica del «nombre» en sí, definiéndosele como «una palabra breve que se sustituye por aquello de quien se dize, y se toma por ello mismo», o «aquello mismo que se nombra, no en el ser real y verdadero que ello tiene, sino en el ser que le da nuestra boca y entendimiento», insistiéndose en que «el nombre es como imagen de la cosa de quien se dize; o la misma cosa disfraçada en otra manera, que sustituye por ella y se toma por ella» [196]. Es decir, para Fray Luis, el nombre es un reflejo del ser de las cosas en «nuestra boca y entendimiento» —*verbum oris* y *verbum mentis*—, lo que da lugar a las «palabras» y a las «ideas», las cuales, aunque coinciden en ser imágenes de la realidad, difieren en que las primeras lo son «por arte» y las segundas «por naturaleza»; las primeras, materiales y más o menos inadecuadas a sus objetos, las segundas, espirituales y adecuadas. Y, aunque en el lenguaje corriente se aplique a aquéllas el tér-

---

[194] *Nuevos deslindes cervantinos,* Barcelona, Ariel, 1975, páginas 229-43, y 339-40.

[195] Fray Luis de Granada, *Guía de pecadores,* Madrid, Aguilar, 1950, páginas 329-39. J. Schuster, «Alonso de Orozco and Fray Luis de León: *De los nombres de Cristo*», *HR,* XXIV (1956), páginas 261-70.

[196] *Nombres,* fols 9 *v* y 11 *r-v;* no parece, pues, que tengan razón quienes afirman que Fray Luis se refiere *sólo* a los nombres propios —*cfr.* V. Bocchetta, *Horacio en Villegas y en Fray Luis de León,* Madrid, Gredos, 1970, págs. 22-23—; su atención se dirige primero a «los nombres en general», aunque luego el tema de su estudio le obligue a concentrarse en los nombres propios, y, más concretamente, en los de Cristo-hombre.

mino «nombre», es a éstas a las que con más rigor les conviene. Por eso, al referirnos a los *verba oris* o palabras, debemos mirar también a los *verba mentis* o ideas, «porque lo que dize la boca es señal de lo que se entiende en el alma» (fol. 19 *r*).

Ahora bien, la extensión que da Fray Luis al concepto «nombre» no está del todo clara. Para algunos —Alain Guy, por ejemplo—, se refiere a la totalidad de los signos lingüísticos como reflejo del universo de los conceptos, mientras para otros —*vgr.,* Kohler— sólo a los sustantivos que designan el mundo fenoménico —únicamente a ellos, en efecto, se extendía el mandato de nominación del *Génesis* [197]—. Sea como quiera —lo más probable es que el escritor no se planteara siquiera esta cuestión—, son los sustantivos los que constituyen el objeto primordial de su estudio. Entre ellos, distingue el nombre común —«que es imagen de muchos, quiero dezir, que es imagen de aquello en que muchas cosas, que en lo demás son differentes, convienen entre sí y se parecen»—, y propio —en que «la imagen que figuramos es retrato de una cosa sola, y assí proprio retrato della que no dize con otra» [198]—. Sólo éstos, dada la naturaleza del libro, interesarán en adelante. Y lo primero que en ellos se observa es que, si han sido puestos adecuadamente, deben expresar alguna propiedad inherente al ser a quien se aplican. De esta manera, los nombres adquieren la categoría de «signos», que, referidos a Dios, son «sublimes consignas de la divinidad que descienden como rayos, como revelaciones del Espíritu Santo, hasta nuestro triste valle de lágrimas», constituyendo sus «emblemas de honor y armas nobiliarias» [199]. Aplicado a las criaturas, el nombre —«si está puesto con arte y con saber»— es imagen comprensiva y totalizadora, lo que explica que cuando Dios pone a alguien por nombre propio un nombre común, quiere decir que el significado de

---

[197] Léanse las observaciones que ofrece, acerca de esta cuestión, E. Kohler, «Fray Luis de León et la théorie du nom», *loc. cit.,* página 426.

[198] *Nombres,* fol. 12 *r-v.*

[199] K. Vossler, *Fray Luis de León,* ed. cit., pág. 56.

éste le conviene de una manera especial y antonomástica. De esta manera, la Biblia nos revela toda una «fenomenología nominal» cargada de sentido, en la cual, cada nombre propio es como la manifestación de la idea que Dios tiene del nombrado, o de la misión peculiar que le asigna en el mundo.

El nombre es, pues, «signo de la realidad», y ello en virtud del principio de analogía, la cual resplandece eminentemente en los vocablos «originales» —«aquellos mismos que reveló Dios a los Prophetas, que los escrivieron en la lengua que ellos sabían, que era syra o hebrea» [200]—. Dicha analogía puede basarse en el sonido de las palabras, en la figura con que se escriben, o en su significación etimológica, por lo que —como pensaba Platón— los nombres —sobre todo los propios— son trasunto de las cosas, no sólo por convención, sino por naturaleza [201]. De esta manera, los entes reales se configuran en «nombres», adquiriendo en ellos una nueva forma de existencia, perfecta e ideal en la mente de Dios, imperfecta y limitada en la de los humanos [202]. Pero siempre constituirán un instrumento insustituible de perfeccionamiento para éstos, ya que si la perfección consiste en reducirlo todo a unidad, las cosas se hacen unas con la inteligencia

---

[200] *Nombres,* fol. 323 *r-v.*

[201] Unos años antes —en 1575—, J. Huarte de San Juan había defendido las mismas ideas: «Y que dos inventores de lenguas puedan fingir unos mesmos vocablos —tiniendo el mismo ingenio y habilidad— es cosa que se deja entender considerando que, como Dios crió a Adán y le puso todas las cosas delante para que a cada una le pusiera el nombre con que se había de llamar, formara luego otro hombre con la mesma perfección y gracia sobrenatural; pregunto yo ahora: si a éste le trujera Dios las mesmas cosas para darles el nombre que habían de tener, ¿qué tales fueran? Yo no dudo sino que acertara con los mesmos de Adán; y es la razón muy clara, porque ambos habían de mirar a la naturaleza de la cosa, la cual no era más que una». *(Examen de ingenios para las ciencias,* ed. de E. Torre, Madrid, Editora Nacional, 1977, págs. 111-12; ver también págs. 176-77.)

[202] La conexión de estos conceptos con el problema de los «universales», y el condicionamiento de Fray Luis por la filosofía de Ockam, se bosquejan en A. Guy, *El pensamiento filosófico...,* ed. cit., págs. 86-87; E. Kohler, *loc. cit.,* pág. 423; M. Durán, *Luis de León,* ed. cit., págs. [116]-[117].

a través de la asimilación que ésta hace de ellas por medio de sus designaciones. Es más, el intelecto humano puede incorporarse así la misma esencia divina, porque, aunque ningún nombre abarque a Dios totalmente —para él no existen nombres «cabales»—, la multiplicidad de los que se le aplican refleja sus principales atributos. Y así, los nombres divinos vienen a ser como «unas cifras breves en que Dios maravillosamente encerró todo lo que acerca desto el humano entendimiento puede entender y le conviene que entienda»[203].

Pero si esto es cierto respecto de Dios, lo es igualmente respecto de Cristo, a quien la Escritura aplica precisamente el nombre de «Palabra» —*Verbum*—. Por eso, Fray Luis ve en cada uno de sus nombres una noticia que Dios quiere transmitir acerca de él a la humanidad —«veamos qué será aquello que, dándole a Christo este nombre, nos enseña Dios a nosotros»[204]—. Y lo mismo que el Pseudo Areopagita distinguía, entre los nombres de Dios, los que le convenían a toda la Trinidad de los que se aplicaban a cada una de sus personas —*nomina Dei coniuncta* y *nomina Dei discreta*[205]—, también él distingue los que le convienen a Cristo en cuanto Dios de los que se le aplican en cuanto hombre, centrándose en la elucidación de estos últimos. Aquí radica exactamente, como señaló Possevino, la materia específica del libro: *Veruntamen, quae ad ipsum Christum tamquam hominem attinent, Ludovicus Leo, Augustinianus Theologus, lingua hispanica et pereleganti, ut sensu erudito ac profundo, interpretatus est*[206]. Espigando en la Escritura, guiado por el magisterio patrístico, Fray Luis elige los nombres que juzga más adecuados para la comprensión del Redentor. La selección se imponía, dada la multitud de denominaciones místicas que la interpretación alegórica del Antiguo Testamento había transferido a Cristo. Por lo demás, para Fray Luis la causa de esta polinomía estriba en «su mucha grandeza, y los thesoros

---

[203] *Nombres*, fol. 6 *r-v.*
[204] *Ibid.*, fol. 257 *r.*
[205] *De divinis nominibus*, ed. cit., fols Lxxx *v*-Lxxxi *r.*
[206] *Bibliotheca...*, ed. cit., t. I, pág. 108.

de sus perfectiones riquíssimas, y, juntamente, la muchedumbre de sus officios y de los demás bienes que nascen dél y se derraman sobre nosotros» [207], a lo que se agrega la limitación del entendimiento humano para comprender unitariamente su esencia. Sin embargo, en último término, hay un nombre que los comprende a todos, por sintetizar el «oficio» entero que Cristo ha de desempeñar en el mundo. Es el nombre de «Jesús», con el que se cierra el libro, el cual «está en todos los nombres que Christo tiene, porque todo lo que en ellos ay se endereça y encamina a que Christo sea perfectamente *Iesús*» [208], es decir, *Salvador*.

De esta manera, el sentido de *Los nombres de Cristo* resulta perfectamente inteligible: Se trata de toda una cosmovisión de carácter cristocéntrico, en la que la comprensión de la naturaleza humana del Redentor y de su papel en la historia de la salvación cósmica —no sólo humana—, se encomienda al estudio, a la vez intelectual y afectivo, de sus nombres, los cuales, como puestos por el mismo Dios, son un trasunto suficiente, si no adecuado, de sus principales atributos. Por ellos, Cristo vive en el espíritu del que, por la reflexión cordial [209], se los incorpora, buscando la perfección en la reducción a unidad de su propio ser con el de Cristo, hecho asequible a través de sus denominaciones. En última instancia, como fórmula suprema, el nombre de «Jesús», síntesis de los otros, cerrará el libro con un acorde que aúna todas las armonías. Es un final, por lo demás, «perfecto», pues si perfección es unidad, el nombre de «Jesús», que

---

[207] *Nombres,* fol. 19 *r.* Alain Guy deriva también la polinomía de Cristo del concepto luisiano de «oficio» —*officium*—, en el sentido de vocación personal, o papel que alguien está llamado a desempeñar en la historia, lo que comporta una serie de cometidos concretos, reflejados —por cuanto atañe a la persona del Redentor— en sus diversos nombres.

[208] *Nombres,* fol. 332 *v.*

[209] Sobre el intelecto como vía mística, sus orígenes averroístas para el occidente medieval europeo, y su vigencia en la Orden Agustiniana, véase M. Menéndez Pelayo, *Historia de los heterodoxos españoles,* t. II, Madrid, C.S.I.C., 1965, págs. 161-62; también, nuestro *El pensamiento del Islam...,* ed. cit., págs. 232 y 294-97.

encierra en sí a todos los otros, será la definición suprema de la persona del Verbo encarnado.

En el fondo, toda esta concepción nominal —opuesta al nominalismo, pese a haber regentado su autor, desde 1565, la cátedra de Durando—, aunque de presupuestos intelectuales, se salva de la sequedad especulativa por el calor de su estética platónica y su entusiasmo vital. Así, las páginas de *Nombres* son un continuo pensar apasionado —*Theologia mentis et cordis*—, con un rescoldo último de emotividad que no pocas veces se convierte en llama. Detrás de ellas adivinamos el espíritu de San Agustín, con su agónica interrelación de raciocinio y voluntad. Escrito con *intelligenza d'amore,* este libro ejemplifica anticipadamente la «verdad del corazón» pascaliana, lo que justifica la definición que de él se ha dado como «un canto construido con propósito poemático», pues aunque sus discursos se muevan en un ambiente erudito, piadoso y ejemplificador, «componen —al decir de Vossler— en una especie de antífona, un gran *Te Deum* sinfónico» [210].

X. SENTIMIENTO DE LA NATURALEZA

En íntima relación con la estética religioso-platónica a que acabamos de referirnos, se halla la sensibilidad de Fray Luis ante la Naturaleza, «obra de las manos de Dios». A ello le impulsaba el espíritu mismo del Renacimiento, que convertía en materia artística toda la gama de lo creado, desde el hombre-en-su-paisaje hasta el paisaje mismo, como objeto sustantivo de mímesis creativa. En una época de cultura urbana y exquisita, como era la renacentista, no podía faltar la añoranza compensatoria de la vida sencilla en contacto directo con la Na-

---

[210] *Fray Luis de León,* ed. cit., pág. 58; la definición anterior es de F. García, *O.C.C.,* t. I, pág. 364.

turaleza, a la que impulsaba además la lectura de ciertos clásicos, como Teócrito, Virgilio u Horacio [211]. También el neoplatonismo exaltaba la belleza de la creación, invitando a contemplarla como fuente de goce estético y de acercamiento a Dios, haciendo de ella una especie de instrumento de *catarsis* o purificación del espíritu contaminado. A ello habría que añadir la búsqueda de la Naturaleza como descanso de la lucha cotidiana —«sabrosas treguas de la vida urbana», que diría Góngora [212]—, expresión de una íntima necesidad de reposo.

Esto explica el papel fundamental que la Naturaleza desempeña en la obra de Fray Luis, y particularmente en *Los nombres de Cristo,* libro que por este camino —en opinión de *Azorín*—, alcanza la más acrisolada calidad artística: «Lo que da la medida de un artista —afirmaba el autor de *Los dos Luises*— es su sentimiento de la naturaleza... Un escritor será tanto más artista cuanto mejor sepa interpretar *la emoción del paisaje*... Es una emoción completamente, casi completamente moderna... En España, fuera de algún poeta primitivo, yo creo que sólo la ha sentido Fray Luis en sus *Nombres de Cristo*» [213]. Y es que el genial agustino añadía a las razones estéticas e ideológicas ya expuestas —en las que coincidía con sus contemporáneos—, el estímulo peculiar de una irrefrenable curiosidad intelectual —en la que Américo Castro veía reflejada su condición de «cristiano nuevo, que fue a purgar en la cárcel inquisitorial la excesiva curiosidad de su intelecto» [214]—, el desahogo lírico en la expresión apasionada de su belleza, y, sobre todo, la consideración religiosa de la Naturaleza como obra de

---

[211] Para todo este apartado son capitales las observaciones de mi maestro el prof. E. Orozco Díaz, *Paisaje y sentimiento de la naturaleza...,* ed. cit., sobre todo, págs. 105-38; ver también Aubrey F. G. Bell, *El Renacimiento español,* ed. cit., págs. 187-200.

[212] *Obras poéticas,* ed. de Foulché-Delbosc, Nueva York, The Hispanic Society, 1921, t. I, pág. 306.

[213] J. Martínez Ruiz *(Azorín), La voluntad,* ed. cit., pág. 130.

[214] *La realidad histórica de España,* ed. cit., pág. 264; ver también R. Lapesa, «Las odas de Fray Luis de León a Felipe Ruiz», en *De la Edad Media a nuestros días,* Madrid, Gredos, 1967, págs. 182-89.

Dios y manifestación de su hermosura. Fray Luis insistirá en ello inequívocamente: «Pues, como veemos, [la Providencia divina] desciende a poner su cuydado y sus manos, ella por sí misma, no sólo en la obra de un vil gusano, sino también en que se conserve y que viva: y matiza con mil graciosos colores sus plumas al páxaro, y viste de verde hoja los árboles, y, esso mismo que nosotros, despreciando, hollamos —los prados y el campo—, aquella magestad no se desdeña de yrlo pintando con yervas y flores» [215]. De esta manera, el Universo entero, como ha escrito Lapesa, «se le presentaba como prodigio», «obra del supremo taumaturgo», motivo de continuo asombro —si no de sistemática indagación, dada su actitud no científica ni experimental ante lo creado—. En la línea bíblica del salmo XVIII —«El cielo pregona la gloria de Dios, y sus obras las annuncia el cielo estrellado», como traducía el mismo Fray Luis en «Rey» (fol. 148 r)—, y de Rom. I, 20 —«lo invisible de Dios, su eterno poder y su divinidad, son conocidos mediante las criaturas»—, aparte la concepción platónica de la ascensión por la belleza creada a la increada, la Naturaleza se le representa como vía mística y argumento apologético. «El mundo, suma de inexplicables maravillas, despertaba en él, como reacción única, el deseo de volar hacia el Creador» [216].

De esta manera, en Los nombres de Cristo se representa una Naturaleza trascendente, que adquiere pleno sentido en función del hombre que la ve y de Dios que la produce. Su papel es, pues, el de poner en comunicación la inteligencia creadora con la inteligencia receptora, siendo entre ambas vínculo de unión y cifra comunicativa. Así, la visión puramente estética y sensorial que brindan los artistas del Renacimiento, existe también en Nombres, pero completada por la perspectiva religiosa. Fray Luis, como ha observado finamente el profesor Orozco Díaz, espiritualiza la Naturaleza,

[215] Nombres, fol. 150 r.
[216] R. Lapesa, «Las odas...», loc. cit., págs. 190-91; también, J. García, «El valor religioso de la naturaleza. Notas para una espiritualidad de Fr. Luis de León», RAE, I (1960), págs. 184-88.

7

no contentándose solamente con sentirla y disfrutarla, sino cantándola «por lo que tiene de testimonio y reflejo de la grandeza y sabiduría divina» [217]. «Todo lo que es naturaleza —dirá Félix García—, en Fray Luis es naturaleza trascendida, teleológica» [218]. Así, sustituye con ventaja, aunque no totalmente —ya lo hemos comentado— una mitología alegórica sólo en parte cristianizable, por una Naturaleza sentida desde perspectivas religiosas, cuya simbología le parece tanto más adecuada cuanto que es obra directa de Dios, mientras los mitos, con todo su valor, son al cabo construcciones imperfectas de los hombres [219].

Pero, como hemos dicho, el Maestro León ve también la Naturaleza con ojos platónicos, lo que le lleva a un enfoque estético y armonista de lo creado. Para él, el universo natural se gobierna por leyes de concordia, de donde dimana, a su entender, su majestad y hermosura. León —escribe M. Durán, con menos sensibilidad poética que clarividencia— *had apparently never heard of stars in collision. He ignores the comets, which in his time were portents of disasters to come. In a word, he interprets the skies in a subjective fashion. The motto of Nature, as seen by him, is order. Peace reigns everywhere around Man: it is up to Man to create within himself a serenity that will be a worthy translation of the tightly-knit outside world* [220]. Así es, en efecto. *Los nombres de Cristo* presentan la Naturaleza como suprema armonía, invitando al hombre a buscar en su contemplación la pacificación integral —consigo mismo primero, y luego con Dios y con sus semejantes—. «Porque si estamos attentos a lo secreto que en nosotros passa, veremos que este concierto y orden de las estrellas, mirándolo, pone en nuestras almas sossiego, y veremos que con sólo tener los ojos enclavamos en él con

[217] *Paisaje y sentimiento de la naturaleza...*, ed. cit., pág. 130.
[218] *O.C.C.*, t. I, pág. 385.
[219] Véase, a este propósito, H. Hatzfeld, «Desarrollo del Barroco literario en Italia, España y Francia», en *Estudios sobre el Barroco*, ed. cit., pág. 89.
[220] *Luis de León*, ed. cit., págs. 108-10.

atención, sin sentir en qué manera, los desseos nuestros y las affectiones turbadas... se van quietando poco a poco, y como adormeciéndose, se reposan, tomando cada una su assiento» [221]. La Naturaleza se convierte así en maestra, de la que los hombres habrán de aprender —si no quieren aparecer como miembros descoyuntados de un *cosmos* que es todo «tranquilidad en el orden»— una suprema lección de paz.

Ahora bien, siempre de acuerdo con estas concepciones básicas, Fray Luis ve en la práctica la Naturaleza desde una doble perspectiva: la cósmica y celeste —cielo, estrellas, sol, luna, firmamento—, y la próxima y doméstica del paisaje terrestre —campo, río, prado, montes, arboledas—. Esta distinción nos parece interesante para entender la amplitud del tema en *Nombres.* Ante todo, la atención que el escritor dedica al primero de estos aspectos es, a la vez, intelectual y vívida. Se ve en sus palabras el reflejo de una práctica contemplativa habitual, llevada a cabo como meditación solitaria frente al firmamento, sobre todo durante la noche serena. Con sensibilidad exquisita, Fray Luis habla de las estrellas como de confidentes sensibles de su alma ansiosa de paz: «Huyen las horas —dice Juliano, en uno de los pasajes más hermosos de *Nombres,* en donde la nostalgia y la melancolía son constitutivos patéticos de belleza—, y quasi no las avemos sentido passar, detenidos, Marcello, con vuestras razones. Mas, para dezir lo demás que os plaziere, no será menos conveniente la noche templada que ha sido el día caluroso. —Y más —dixo encontinente Sabino— que, como el sol se fuere a su officio, vendrá luego en su lugar la luna, y el choro resplandesciente de las estrellas con ella, que, Marcello, os harán mayor auditorio, y, callando con la noche todo, y hablando sólo vos, os escucharán attentíssimas. Vos mirad no os halle desapercebido un auditorio tan grande» [222]. El

---

[221] *Nombres,* fols. 183 *v*-184 *r.*

[222] *Nombres,* fol. 147 *r-v.* Aparte el pasaje paralelo de Francisco de la Torre, que comentamos en la nota 169 del libro II, el Juan Ramón Jiménez de *Arias tristes* tratará otra vez el tema en tono postrromántico, aunque introduciendo notables variantes·

mismo Marcelo confiesa paladinamente que está acostumbrado «a hablar en los oydos de las estrellas, con las quales comunico mis cuydados y mis ansias las más de las noches» [223]. En esas horas serenas, el escritor, captando nítidamente la armonía del universo, y percibiendo la música de las esferas, se siente en comunicación inefable con todo lo creado, como parte ínfima pero consciente de una inmensa y coordinada creación. Y lo mismo sucede —aunque la crítica lo haya destacado menos— en la madrugada, al mediodía deslumbrante de sol, al atardecer melancólico; en verano y en invierno; bajo la bóveda azul o ensombrecida por un toldo de nubes. Siempre su mirada se dirige a la altura, en donde cree encontrar un símbolo soberanamente elocuente de la paz definitiva por la que siempre anhela su alma.

No menos importancia tiene en el libro el sentimiento de la Naturaleza «sublunar», el paisaje terrestre, con sus árboles, sus aguas y su huertecillo. Todos los críticos destacan el alarde de sensibilidad que supone la descripción de la quinta de La Flecha, tan fiel a la realidad, y, al propio tiempo, tan idealizada y elevada a canon perfecto. El conjunto de descripciones que la retratan —pues la finca se describe en diversos pasajes, que hay que reunir para hacerse una idea adecuada de la misma— es un ejemplo aleccionador de cómo se puede elevar la pintura de lo real a categoría artística, sin que las ataduras con el original resulten irreconocibles [224]. Fray Luis capta el paisaje con toda su plasticidad y colorismo, lo que puede explicarse por su temperamento de pintor, del que nos ha dejado un preciso testimonio Pacheco. En las páginas de Nombres hallamos continuas pruebas de su sensibilidad para los cambios de luces, los matices

---

«Estrellas, estrellas dulces, / tristes, distantes estrellas, / ¿sois ojos de amigos muertos? / —¡miráis con una fijeza!—». (Segunda Antolojía poética —1898-1918—, Madrid, Espasa-Calpe, 1956, página 28.)

[223] Nombres, fol. 148 r.

[224] Compárense los pasajes de Fray Luis, tan sabiamente literarios, con la descripción puramente objetiva de un M. Villar y Macías, Historia de Salamanca, ed. cit., t. I, págs. 468-69.

cromáticos, las distancias, las formas y los volúmenes. «La naturaleza toda —dice Félix García— se anima y vivifica bajo la mirada táctil del poeta». «Fray Luis de León —observa G. Díaz-Plaja— ve los paisajes *en pintor*»[225].

Pero además de esta vertiente vivencial, la visión paisajística de *Nombres* tiene una componente literaria[226] —neoplatónica en lo ideológico y virgiliana en lo estético—, que coincide en aspectos importantes con los presupuestos de la literatura pastoril. Fray Luis sentía, incluso teóricamente, un gran aprecio por este género literario, en el que creía incluido el *Cantar de los cantares:* «Porque se ha de entender que este libro, en su primer origen, se escribió en metro, y es todo él una égloga pastoril, donde, con palabras y lenguaje de pastores, hablan Salomón y su Esposa, y algunas veces sus compañeros, como si todos fuesen gente de aldea»[227]. *Los nombres de Cristo* son una muestra acabada de las posibilidades de fecundación de la literatura religiosa por elementos procedentes del bucolismo virgiliano y de la novela pastoril de la época —muy popular ya entonces—.

---

[225] Félix García, *O.C.C.,* t. I, pág. 385; G. Díaz-Plaja, prólogo a la ed. de *Nombres* de C.I.A.P., Madrid, [s. a.], t. I, pág. 16.

[226] Como de Góngora ha escrito Orozco, también de Fray Luis se puede decir que posee «un impulso espiritual de intimidad de vida, unido al estético, que le lanza a buscar no sólo la soledad de las letras y del estudio, sino también la soledad de la naturaleza y del espíritu...; [en él], la expresión de vida y la expresión literaria se funden». (*En torno a las «Soledades» de Góngora,* Granada, Univ. de Granada, MCMLXIX, pág. 25.) Lógicamente, disentimos de la postura de Díaz-Plaja cuando, refiriéndose a Fray Luis —y a *Nombres*— afirma que «estas aspiraciones a la vida rural son un tema poético en boga, no una real necesidad» (*loc. cit.,* pág. 14); como dice Américo Castro, «si creemos que el Renacimiento, en aspecto tan importante como éste, reproduce cierto tipo de belleza antigua, por frívolo ejercicio de *dilettantismo,* el concepto de Renacimiento se nos va de entre las manos... Lo pastoril viene a su hora y sazón, guiado por motivos intensos que afectan a lo íntimo de la sensibilidad y de la ideología coetáneas». (*El pensamiento de Cervantes,* Barcelona-Madrid, Noguer, 1972, pág. 180.)

[227] *Exposición del «Cantar de los cantares»,* O.C.C., t. I, página 72.

Esta integración de elementos aparece desde el principio del libro, en la descripción de *La Flecha* que, como dice López Estrada, ejerce sobre los dialogantes la misma «sugestión poética que los campos pastoriles en los personajes de estos libros», y en la cual, «huerta, árboles, plantas, fuentes, alameda, río, van formando el marco, y casi es de milagro que no aparezcan pastores»[228]. Es la fascinación de lo rural sobre su temperamento de artista la que llevará a Fray Luis a exaltar incondicionalmente la vida campesina: «Lo que se comprehende en el campo —dirá entusiasmado en «Pastor»— es lo más puro de lo visible, y es lo senzillo, y como el original de todo lo que dello se compone y se mezcla»[229].

Estas palabras nos hacen ver que en su postura hay una profunda convicción de la eficacia ennoblecedora que la vida en contacto con la Naturaleza ejerce sobre el hombre. Allí cree encontrar el sosiego, la lejanía de los vicios, la inocencia de trato, el disfrute de las cosas simples, la delicadeza de sentimientos, el amor sincero y siempre alerta, la concordia mutua, etc., todo lo cual le hace considerar este género de vida como el más conveniente y deleitoso para los humanos[230]. Por eso, en *Los nombres de Cristo,* el paisaje rústico, descrito con todo un cúmulo de matizadas sugestiones, no es sólo una pincelada estética ni un eco de modas literarias, ni siquiera el desahogo humanístico de un temperamento renacentista, sino todo eso y mucho más: una confesión de ideal de vida, una lección de trascendente moralidad, un homenaje a la perfección de la obra divina, y una huida del caos de lo mundano hacia el sosiego de lo ordenado y en paz.

El maestro León ve en el campo —y transfiere a la convención pastoril— todo el caudal reprimido de sus

---

[228] F. López Estrada, *Los libros de pastores en la literatura española. La órbita previa,* Madrid, Gredos, 1974, pág. 197.

[229] *Nombres,* fol. 56 *r-v.*

[230] Estas ideas informan, directa o indirectamente, muchas páginas del libro —constituyendo, sobre todo, uno de los apoyos cardinales de su espíritu—; sin embargo, se concentran en el nombre de «Pastor», y, más concretamente, en fols. 54 *r-55 v.*

impulsos vitales. El anhelo de una vida en libertad, buscado afanosamente en la tópica del bucolismo, es en su obra, a la vez, una confesión tácita de sus insatisfacciones íntimas [231]. «Fray Luis —dice López Estrada— nos manifiesta..., una vez más, su propio caso de conciencia. Él es el hombre que apetece un sosiego imposible en este mundo, y la palabra *pastor* lo guía hacia él, no ya por sí misma, sino a través del conjunto de asociaciones que ha ido creando» [232]. De esta manera, el gran escritor se refugia en un mundo ideal, ensoñado por generaciones de poetas y novelistas, y hondamente sentido por muchos de sus contemporáneos, enriqueciendo la herencia común con el caudal de sus propias vivencias. Su obra armoniza los elementos neoplatónicos, virgilianos y novelescos con los procedentes de la tradición eclesiástica y patrística —donde, sintomáticamente, se concibe el cuidado de la *grey* cristiana como un oficio *pastoral*—, y con los de su propia experiencia de miembro de una sociedad fiscalizante y convencional. Así se llega a esta síntesis nueva, en que los materiales acumulados durante siglos en construcciones que acaban desvirtuándose en el tópico, ordenados desde otro punto de vista y con otra sensibilidad, vuelven a cobrar vigencia.

XI. INFLUENCIAS Y ORIGINALIDAD

La deuda luisiana para con la tradición literaria que le precede no se limita, sin embargo, a la esfera de lo pastoril, sino que se extiende a todo el panorama temático de *Los nombres de Cristo*. El propio escritor lo confiesa por boca de Juliano, quien, en «Padre del Siglo

---

[231] Aparte los libros de Américo Castro, véanse unas atinadas observaciones de María Rosa Lida, coincidentes en general con nuestro punto de vista, en *La tradición clásica en España*, Barcelona, Ariel, 1975, pág. 263.

[232] *Los libros de pastores...*, ed. cit., pág. 204.

Futuro», interrumpe a Marcelo para decirle: «Estas cosas, Marcello, que agora dezís, no las sacáys de vos, ni menos soys el primero que las traéys a luz, porque todas ellas están como sembradas y esparzidas, assí en los libros divinos, como en los doctores sagrados, unas en unos lugares y otras en otros; pero soys el primero de los que he visto y oydo yo que, juntando cada una cosa con su ygual cuya es, y como pareándolas entre sí y poniéndolas en sus lugares, y travándolas todas y dándoles orden, avéys hecho como un cuerpo y como un texido de todas ellas. Y aunque es verdad que cada una destas cosas por sí, quando en los libros donde están las leemos, nos alumbran y enseñan, pero no sé en qué manera, juntas y ordenadas como vos agora las avéys ordenado, hinchen el alma juntamente de luz y de admiración, y parece que le abren como una nueva puerta de conoscimiento» [233]. Fray Luis admite, pues, la procedencia libresca de sus ideas —«todas ellas están como sembradas y esparzidas, assí en los libros divinos, como en los doctores sagrados»—, pero reivindica el mérito de haberles dado una perspectiva distinta y una nueva capacidad sugeridora, tras seleccionarlas y armonizarlas con criterios personales [234]. Su originalidad radica, pues, en haber sabido construir con viejos materiales un nuevo edificio, aglutinando, con sensibilidad típicamente renacentista, las más diversas influencias.

Como era de esperar, la Biblia ocupa en este aspecto un lugar de excepción, sobre todo los libros proféticos y morales del Antiguo Testamento —*Salmos, Cantar de los cantares, Job, Isaías...*—, los Evangelios y las Epístolas paulinas. Fray Luis toma de ellos, no sólo ideas y doctrinas concretas, sino su espíritu más íntimo y su concepción misma de la existencia. Para él, la difusión del mensaje bíblico es una obligación ineludible —«es

---

[233] *Nombres,* «Padre», fol. 94 *r-v.*

[234] «Lo que aquí dice Fray Luis —comenta Orozco— responde no ya sólo a una concepción intelectual y estética, sino que alcanza a un sentido estructural del poema tal como resplandece en sus odas». (*Grandes poetas renacentistas,* Madrid, La Muralla, 1974, pág. 35; ver también O. Macrí, *op. cit.,* pág. 123.)

proprio officio mío, a quien por título particular incumbe el declarar la Escriptura»[235]—, dedicando a su estudio un esfuerzo continuado. «Supuestas las raras prendas de este gran doctor —escribía Fray Manuel Vidal en 1751—, no me admira que en esta parte sobresaliesse tanto, porque à ellas dedicò el estudio de casi toda su vida... Sus escritos también por esso son casi todos comentarios de la Escriptura Sagrada»[236]. Lo mismo afirman F. de Onís y el profesor Orozco Díaz, para quien toda la obra luisiana en prosa se concibe «partiendo de las Sagradas Escrituras; eran —según nos dice— su *estrella de guía* al escribir; así surge su comentario del *Cantar de los cantares; La perfecta casada* —explicación del último capítulo de los *Proverbios*—, la *Exposición del Libro de Job,* y la gran creación de la prosa artística de su tiempo, *De los nombres de Cristo*»[237].

Este acercamiento del Maestro León a la Biblia se hace, como es lógico, desde presupuestos profesionales y científicos, lo que él considera inexcusable por diversas razones: las dificultades lingüísticas, su multiplicidad de significaciones —«la Santa Escritura, por unas mismas palabras, dice muchas y diferentes razones, y, como lo enseñan los santos, en la sencillez de una misma sentencia, encierra gran preñez de sentidos»[238]—, los problemas inherentes a sus géneros literarios —sobre todo, el de los libros proféticos[239]—, y el lenguaje de parábolas y comparaciones de que usa habitualmente. Todo ello le hace ver la necesidad de una exégesis severa, cuyos métodos, aprendidos en la escuela de Cipriano de la Huerga —y semejantes, por tanto, a los de su condiscípulo Arias Montano—, se basan en la búsqueda de textos originales, su depuración, el cotejo de versiones distintas, la

---

[235] *Nombres,* fol. 251 *v.*
[236] *Historia del observantíssimo...,* ed. cit., pág. 373 *b.*
[237] *Grandes poetas renacentistas,* ed. cit., pág. 33.
[238] *La perfecta casada, O.C.C.,* t. I, págs. 253-54.
[239] Fray Luis insiste en este hecho continuamente: «... para dezirlo, como suele hazer el propheta, con palabras figuradas y escuras» *(Nombres,* fol. 33 *v);* «S. Iuan, en el *Apocalypsi...,* haze clara mención —clara digo, quanto le es dado al propheta...» (folio 176 *r);* lo mismo, en fol. 31 *v,* etc.

investigación del sentido literal como punto de partida para el alegórico y anagógico, la compulsa de comentarios patrísticos, la atención moderada a la especulación escolástica, el subsidio filológico, y la recurrencia ocasional a los autores clásicos —«yo no condeno (dirá más tarde, a su ejemplo, Cascales) a los que traen humanidad para interpretación de la Escritura Sagrada, que esto es muy útil y muy estimable» [240]—, etc. Como resume Mayáns, «el modo de escrivir del Maestro León explicando las Divinas Letras es mui parecido al de Arias Montano, varon a todas luces grande, salvo que el Maestro Leon suele ser algo mas ceñido en sus explicaciones que aquél en sus comentarios. Declara la propiedad de las palabras, explica el verdadero sentido del contexto, averigua las circunstancias de los dichos i de los hechos, las hace resaltar i observar. No suele citar sino textos sagrados, i èstos mucho menos que Montano, a quien sigue en usar tal qual vez de algun escogido testimonio de algun poeta clasico; i suele valerse de la lengua española para explicar mejor algun modo de hablar. Todo con estilo propio, juicioso, breve, claro i elegante» [241]. A ello añade lo que llamaríamos «procedimientos exegéticos menores», como la interpretación alegórica de sílabas y palabras —de sus formas y sonidos—, o el recurso a todo un código de correspondencias simbólicas heredado de la tradición mística: *el agua* 'la gracia', *entrar y salir* 'la existencia humana y sus avatares', *monte* 'todo lo eminente', *los días postreros* 'la era mesiánica', *la silla del demonio* 'el culto de los ídolos', *el leño*

---

[240] *Cartas filológicas,* [1634], t. I, Madrid, Espasa-Calpe, 1961, página 49.
[241] *Vida, l. c.,* s. p., núm. 24. Sobre este punto, *cfr.* E. F. Fernández de Castro, «Fr. Cipriano de Huerga, maestro de fray Luis de León», *Rev. Esp. de Ests. Bibls.,* III (1928), págs. 270-72; M. Revilla, «Fray Luis de León y los estudios bíblicos en el siglo XVI», *ibid.,* págs. 59 ss.; M. Bataillon, *Erasmo y España,* ed. cit., pág. 761; J. López de Toro, «Fray Luis de León y Benito Arias Montano», *AA,* 50 (1956), pág. 112-36; A. H. Arkin, «La influencia de la exégesis hebrea en los comentarios bíblicos de Fray Luis de León», *Sef,* XXIV (1964), págs. 276-87; Ben Rekers, *Arias Montano,* Madrid, Taurus, 1972, págs. 174-75.

seco 'el pecador', etc.; a veces, Fray Luis mismo inventa alguna de estas correspondencias, advirtiéndolo entonces explícitamente: «*Según que agora a la imaginación se me offrece,* en la Sagrada Escriptura aqueste deleyte que Dios en los suyos produze es llamado con nombres de *avenida* y de *río*»[242]. También aquí, la búsqueda de las virtualidades ocultas de los nombres encuentra un ancho campo de aplicación, poco estudiado hasta ahora.

Pero también influye decisivamente en la elaboración de *Los nombres de Cristo* la literatura clásica greco-latina. Homero, Sófocles, Platón, Virgilio y Horacio se citan por sus nombres, tanto por motivos estéticos —el escritor del Renacimiento ve en ellos una suprema cumbre de belleza—, como por razones ideológicas y de erudición. Sin embargo, lo que estos escritores aportan de verdaderamente trascendente al libro es mucho más profundo y significativo: la orientación retórica y estilística general, un ambiente elevado y noble, diversos temas fundamentales, la contención aristocrática, el cuidado de la forma, el amor por la Naturaleza, el ideal de belleza, cultismos léxicos, semánticos o morfosintácticos, alusiones mitológicas, etc. Todo ello le conforma medularmente en sus más íntimos entresijos, dándole un inconfundible sello de clasicismo, más fácil de percibir que de documentar en pormenor. Y es que Fray Luis ha asimilado el legado clásico hasta borrar sus aristas diferenciadoras, transformándolo en instrumento constitutivo de su creación artística. Como dice Menéndez Pelayo, «el mármol del Pentélico, labrado por sus manos, se convierte en estatua cristiana, y sobre un cúmulo de reminiscencias de griegos, latinos e italianos, de Horacio, de Píndaro y del Petrarca, de Virgilio y del himno de Aristóteles a Hermias, corre juvenil aliento de vida, que lo transfigura y remoza todo»[243].

---

[242] *Nombres,* fols. 231 *v*-232 *r*. Ver también J. San Pedro García, *Principios exegéticos del Mtro. Fr. Luis de León,* Salamanca, Univ. Pontif. de Salamanca, 1956.
[243] M. Menéndez y Pelayo, «La poesía mística en España», [1881], en *La mística española,* ed. y estudio de P. Sáinz Rodríguez, Madrid, A. Aguado, 1956, pág. 178.

En cambio, la influencia de los Santos Padres aparece en *Los nombres de Cristo* bien detallada y explícita. Una gran parte de su fondo doctrinal procede de ellos, y a su través se interpreta sistemáticamente la Escritura y la filosofía antigua. San Agustín, San Jerónimo, Teodoreto, Cirilo, Macario, Crisóstomo, Basilio, Orígenes, Gregorio de Nisa, el Nacianceno, el Pseudo Areopagita, etcétera, se citan una y otra vez a lo largo de las páginas del libro, que podría considerarse una selecta antología de literatura patrística. El propio Fray Luis declara, descubriendo su método de trabajo y sus fuentes de información, que quiere desarrollar sus razonamientos «llevando siempre, como en estrella de guía, puestos los ojos en la luz de la Escriptura Sagrada, *y siguiendo las pisadas de los doctores y sanctos antiguos*», llegando a afirmar que, en la Iglesia, «los cielos son los apóstoles *y los sagrados doctores, y los demás sanctos altos en virtud* y que influyen virtud; y su doctrina en ellos son las nuves que, derivada en nosotros, se torna en lluvia» [244]. Por lo demás, de su entusiasmo y respeto por la literatura patrística es revelador testimonio la defensa que hace, en 27 de marzo de 1588, de las ediciones íntegras de los libros de los Padres, en los cuales ve el compendio de «toda la sanctidad y doctrina antigua» [245]. Como dice Federico de Onís, «los Santos Padres son el verdadero fondo de su cultura...; de los antiguos Padres viene lo mejor del espíritu de fray Luis, aunque su ciencia escrituraria esté fundada en más modernos exégetas» [246].

En cuanto al Escolasticismo, algunos críticos han minimizado en exceso, a nuestro parecer, su influencia en *Nombres*. Para Bataillon, por ejemplo, la Escolástica «está desterrada» del libro, añadiendo que si Fray Luis «alguna vez acude a interpretaciones autorizadas de la Escritura, siempre se trata de los Padres antiguos, desde San Jerónimo y San Agustín hasta San Bernardo, nunca

---

[244] *Nombres,* fols. 85 *r* y 112 *r.* Subrayamos nosotros.
[245] «Segundo advertimiento del P. M. Fray Luis de León», *O.C.C.,* t. I, pág. 990.
[246] Pról. a *Nombres,* ed. cit., t. II, pág. 15.

de Santo Tomás ni de Escoto» [247]. Creemos que esta opinión va demasiado lejos en la interpretación de los hechos. La doctrina de Santo Tomás conforma, en efecto, en lo fundamental el pensamiento teológico luisiano [248], y en cuanto a Escoto —aparte las observaciones de Muñoz Iglesias contenidas en la nota anterior—, piénsese en su teoría —acogida en *Nombres,* fols. 24 *v,* 27 *r,* 26 *v*-27 *r,* etcétera— de la Encarnación como esfuerzo comunicativo divino, fundamental en la ideología de Fray Luis, cuyo escolasticismo notó bien Pacheco, cuando escribía que «supo Escolastico tan aventajadamente, como si no tratara de Escritura, i de Escritura, como si no tratara de Escolastico» [249]. Esta realidad se refleja continuamente en *Nombres,* donde se habla de la Escolástica como de «la filosofía» por antonomasia —«en *la Philosophía* se suele dezir que, como nasce una cosa, por la misma manera cresce y se adelanta» [250]—, se la considera verdadera —«en *la Philosophía cierta,* las almas de los hombres, aunque sean de una especie todas, pero son más perfectas en sí y en su substancia unas que otras» [251]—, llegando a asignársele el rango de prolegómeno racional de la ciencia sagrada —«de la qual, como se entiende, el principio son *las questiones de la Escuela*» [252].

Pero además, ya en la práctica, el libro adopta, en general, su metodología —«¿Qué otro principio —dixo Iu-

[247] Pról. al *Enquiridion,* ed. cit., pág. 82.

[248] «Por la simple exposición de sus opiniones personales —escribe S. Muñoz Iglesias— en las materias discutidas en Teología, se ha visto que Fr. Luis debe ser considerado como un teólogo fundamentalmente tomista, aunque independiente y en algunos puntos partidario de la corriente escotista. Hombre de sólida formación y criterio teológico, no construyó ningún sistema doctrinal propio; pero supo ser consecuente con los principios del tomismo, aun en los casos en que se vio precisado a abandonar algunas de sus tesis». (*Fray Luis de León, teólogo,* Madrid, C.S.I.C., 1950, pág. 123.)

[249] *Libro de descripcion de verdaderos Retratos, de Illustres y Memorables varones,* Sevilla, 1599, s. p.

[250] *Nombres,* fol. 108 *r.* El subrayado es nuestro, al igual que en las citas siguientes.

[251] Fol. 256 *v.*

[252] Fol. 3 *r.*

liano—, ay que sea primero que el ser de lo que se trata, y la declaración dello breve que *la Escuela* llama diffinición?» [253]—, y su orden expositivo sirve de pauta a multitud de razonamientos —«Mas para que esto se entienda, será bien que digamos por su orden qué cosa es paz, y las differentes maneras que de ella ay, y si Christo es príncipe y author della en nosotros, según todas sus partes y maneras, y de la forma en cómo es su author y su príncipe» [254]—. La terminología escolástica es habitual en *Nombres* —«pruebas», «concedo», «silogismo», «supuesto», «naturaleza», etc.—, así como la argumentación silogística en sus diversas formas, sus postulados —«¿Puede ser apetecido aquello de quien, el que lo ha de amar, no tiene noticia? Cierto es que no», versión del *Nihil volitum, quin praecognitum* escolástico— [255], sus clasificaciones —«*La Escuela* los suele reduzir [los bienes de Dios] a tres géneros: a naturaleza, y a gracia, y a unión personal»—. [256]. Fray Luis aparece, pues, en las páginas de su libro como un teólogo profesional plenamente consciente de las doctrinas, métodos, terminología e inquietudes de la Escuela, cuyas virtualidades quiere aprovechar para dar solidez doctrinal a su obra. Lo que sí es cierto es que su escolasticismo no es inmovilista ni retrógrado, sino que se enriquece con las aportaciones del humanismo y de la exégesis nueva. Es la suya, por tanto, una postura neoescolástica, en la cual se aprovecha del vetusto edificio medieval cuanto conserva vigencia, pero enriqueciéndolo con materiales modernos. Como dice Sáinz Rodríguez, «el fondo de su doctrina es el escolasticismo, aunque modificado por el ambiente renacentista a la manera de Vitoria, Cano y Suárez» [257]. A ello habría que añadir la eliminación del rigorismo argumentativo demasiado formalista, la intensificación de lo afectivo a través del voluntarismo agustiniano,

---

[253] Fol. 9 *r.*

[254] Fol. 185 *r.*

[255] Fol. 207 *r.*

[256] Fol. 25 *r.*

[257] *Introducción a la historia de la literatura mística en España,* Madrid, Voluntad, 1927, pág. 231.

la retorización humanística, la entonación oratoria de diversos pasajes, etc. Pero, por debajo de todo esto, el edificio se mantiene firmemente erguido gracias a su seria vertebración escolástica.

Desde Marcel Bataillon conocemos también el alcance de la influencia de Erasmo. «Aquí culmina ese proceso fecundante que hemos seguido a través de la espiritualidad española. En este libro imperecedero se incorpora definitivamente a ella, resplandece en ella como su riqueza perdurable. Esa victoria del genio tiene algo de asombroso. Cuando se piensa que el *espantajo del iluminismo* se levantaba en todos los derroteros de la vida espiritual española..., se mide mejor la importancia de este manual de cristianismo de espíritu, ganado a viva fuerza para la literatura religiosa de lengua castellana» [258]. Para Bataillon, un «erasmismo secreto» impregna muchas de las páginas del libro, lo que influye en la misma idea germinal de exponer los misterios de Cristo a través de la meditación de sus nombres [259]. Idéntico sentido tendría la insistente recurrencia a la Escritura, el despego por el excesivo rigorismo formalista de una cierta Escolástica, el amor por la patrística, la invitación a incorporarse a Cristo, el gusto por la «manera de decir figurativa» propia del platonismo, la búsqueda de un cristianismo interior, la reprobación de las exterioridades como camino suficiente de perfección, la exaltación de la gracia, la valoración del esfuerzo humano, la condena del tirano «que govierna para sí», la proclamación de la paz como bien supremo, etc. Todo extremismo, sin embargo, ha sido limado por Fray Luis, que acepta las líneas generales del pensamiento erasmista, pero no sin pasarlo por el tamiz de la Contrarreforma española. De esta manera conservará su

---

[258] *Erasmo y España,* ed. cit., pág. 768.

[259] «Erasmo había invitado a buscar los misterios escondidos bajo la letra de la Escritura, y a apoyarse, en esta búsqueda, en los antiguos maestros de la teología mística, San Pablo, Orígenes, San Agustín, el pseudo-Dionisio, autor del *De divinis nominibus.* Tal vez, poco más o menos, la empresa que acomete Fr. Luis de León». (*Erasmo y España,* ed. cit., págs. 762-63.)

eficacia renovadora, pero ya amansada y serena, despojada de todo aguijón de despecho o ironía.

Pero la influencia que más vibración de novedad debió de dar en su tiempo a *Los nombres de Cristo* fue la de la dinámica misma de la vida contemporánea, con sus alusiones, ideas, inquietudes y problemas palpitantes. Recordemos, entre otras, las referencias a la reforma luterana, que tanta importancia tienen en «Padre del Siglo Futuro» y en otros pasajes de matiz polémico; las tomas de postura ante el problema de la justificación y la gracia, que algunos —equivocadamente, pues Fray Luis es anterior— han considerado molinistas, y que se concretan en la original teoría de la *delectatio victrix*[260]; las veladas alusiones a las disputas exegéticas contemporáneas —«Algunos, Sabino, que vos bien conocéys, y a quien todos amamos y preciamos mucho por la excellencia de sus virtudes y letras, han querido dezir que este imperio de los Moros y de los Turcos que agora se esfuerça tanto en el mundo, no es imperio differente del romano, sino parte que procede dél, y le constituye y compone»[261]; las opiniones sobre las lenguas romances, de tanta actualidad en su tiempo, con su posible apoyo en las doctrinas del Bembo[262]; los recuerdos del *De arcano sermone* de Arias Montano, de compleja y apasionante problemática[263]; la apelación a la expe-

---

[260] G. Díaz, «La escuela agustiniana desde 1520 hasta 1650», *CD*, CLXXVI (1963), págs. 215-16; S. Muñoz Iglesias, *Fray Luis de León, teólogo,* ed. cit., pág. 228. Por lo demás, la *delectatio victrix,* concebida por Fray Luis como medio de conciliar la libertad y la gracia, consiste en un atractivo tan grande puesto por Dios en el bien para el hombre a quien predestina a la salvación, que éste no puede por menos de *querer* practicar ese bien, atraído por el deleite que en él experimenta, sin merma de su albedrío.

[261] *Nombres,* fol. 173 *v.* Alude a las polémicas sobre *Dan,* VII, 2, y *Zac,* VI, 5.

[262] *Précisément le 16 juillet 1575, il demandait aux Inquisiteurs de lui faire venir les «Prose» de Bembo. «Luis de Leon semble les avoir lues avec soin car on en trouve dans les "Noms du Christ" des réminiscences non équivoques.»* (A. Coster, *Luis de León,* ed. cit., t. II, pág. 99, y n. 1.)

[263] Ben Rekers, *Arias Montano,* ed. cit., pág. 177. Por su parte,

riencia inmediata —«¿No veys el silencio que tienen agora todas las cosas...?»—; la descripción de un momento fugaz vivido intensamente —«Y diziendo esto Marcello, puso los ojos en el agua, que yva sossegada y pura, y reluzían en ella, como en espejo, todas las estrellas y hermosura del cielo; y parecía como otro cielo, sembrado de hermosos luzeros; y alargando la mano hazia ella, y como mostrándola, dixo luego...»— [264]; las preocupaciones por problemas de actualidad política o nacional, desde los estatutos de limpieza de sangre a la potencia del Turco —«de quien agora tiembla la tierra»—, destacando el interés lleno de responsabilidad por el descubrimiento del Nuevo Mundo y la suerte de sus aborígenes [265].

Como puede verse, Fray Luis recurre a las fuentes más diversas en procura de materiales para su libro, armonizando lo histórico con lo mitológico, la experiencia personal con la erudición bíblica, el recuerdo de los clásicos con los ideales modernos, la polémica apasionada con la cita precisa, la patrística con el escolasticismo renovado, sometiéndolo todo a una visión ideológica y artística unitaria. Así se explica el carácter sintético de su obra, reflejo de un hombre que es «tomista como teólogo, agustiniano como metafísico, platónico como pensador, clásico y místico como poeta, escriturario profundo como exégeta, y renacentista como artífice y maestro» [266]. «Él realizó —concluye Menéndez Pelayo— la unión de la forma clásica y del espíritu nuevo, presentida mas no alcanzada por otros ingenios del Renacimiento. Sus dotes geniales eran grandes, su gusto purísimo, su erudición variada y extensa. Éranle familiares en su original los sagrados libros, sentía y penetraba bien el espíritu de la poesía hebraica; y de la griega y latina

P. Sáinz Rodríguez dice, más objetivamente a nuestro juicio, que «puede haber influido». (*Introducción...*, ed. cit., pág. 231.)

[264] *Nombres*, fols. 184 *r-v*, y 196 *v*-197 *r*, respectivamente.

[265] Diversos ejemplos en *Nombres*, fols. 162 *r-v*, 144 *r*, 146 *v*, y 179 *v*. L. Pereña Vicente, «El descubrimiento de América en las obras de Fray Luis de León», *Rev. Der. Intern.*, 8 (1962), páginas 308-40.

[266] F. García, *O.C.C.*, t. I, pág. 13.

poco o nada se ocultó a sus lecturas e imitaciones. Aprendió de los antiguos la pureza y sobriedad de la frase, y aquel incomparable *ne quid nimis,* tan poco frecuente en las literaturas modernas. Nutrió su espíritu con autores místicos y de ellos tomó la alteza del pensamiento, en él unida a una serenidad, lucidez y suave calor, a la continua dominantes en sus versos y en su prosa, no menos artística que ellos, y semejante a la de Platón en muchas cosas. Acudió a todas las fuentes del gusto, y adornó a la Musa castellana con los más preciados despojos de las divinidades extrañas. Y animó luego este fondo de imitaciones con un aliento propio y vigoroso, bastante a sacar de la inmovilidad lo que pudiera juzgarse forma muerta, encarnando en ella su vigorosa individualidad poética, ese elemento personal del artista, que da unidad y carácter propio a su obra» [267].

XII. VALOR LITERARIO

De lo dicho hasta ahora puede deducirse la altísima categoría estética de *Los nombres de Cristo.* Todo el arte renacentista late en sus páginas, elevándolo al rango de obra maestra del humanismo cristiano y culminación de la literatura espiritual de la España postridentina. Ya en 1588, Malón de Chaide le tributó un elogio entusiasta, subrayando con acierto sus valores formales y lingüísticos: «He visto —dice— un librito [268], impreso de tres años, y aun de menos, á esta parte, puesto por un muy curioso y levantado estilo, y con términos tan

[267] M. Menéndez Pelayo, *Bibliografía hispano-latina clásica,* tomo VI —*Horacio en España,* t. I—, Madrid, C.S.I.C., [1885], MCMLI, págs. 301-02.

[268] Se refiere, sin duda, a la primera edición —1583—, en que sólo entraban, como ya hemos dicho, nueve «nombres», estructurados en dos partes; esto explica el diminutivo de Malón —«librito»—, que no puede aplicarse a la gran arquitectura definitiva que hoy conocemos.

polidos y limados, y asentados con extremado artificio, en quien se verá la grandeza y majestad de palabras de que nuestra lengua castellana está como preñada, y que tiene gran riqueza y copia, y mineros que no se pueden acabar, de luces y flores y gala y rodeos en el decir, y que en aquel libro está el adorno que los celosos del lenguaje español pueden desear (el libro de *Los nombres de Dios*, del padre maestro Fray Luis de León, de quien digo)»[269]. Parecida alabanza, aunque menos pormenorizada en cuanto a lo estilístico y retórico, le dedicará en 1630 Lope de Vega —*El laurel de Apolo*, canto IV—, destacando la fidelidad de sus traducciones de los *Salmos* y la calidad de su prosa y de su verso, proclamando a su autor «honor de la lengua castellana, / que deseaste introducir escrita, / viendo que a la romana tanto imita, / que puede competir con la romana». Un siglo después de la muerte de Fray Luis, Nicolás Antonio insistirá en estos mismos valores: *Vulgaris sermonis proprietatem cum concinna verborum compositione, totiusque orationis structura, sic conjunxit, ut inter primores Hispanae linguae vindices cum disertissimo quoque ac eloquentissimo de palma contendat; nisi cuiquam hoc magis placeat, ut sit, haberique debeat,* «*Hispani maximus auctor / Luisius eloquii*», *quomodo Tullium Ciceronem commendaverat olim Lucanus noster*»[270].

Ya en el siglo XVIII, destaca el juicio sintético de Maiáns, en que lo ideológico se valora junto a lo retórico y estilístico, aunque, por primera vez, se formule un reparo estético, pareciéndole a D. Gregorio la cláusula amplia de la prosa luisiana excesivamente prolija en ocasiones: «Su estilo castellano es castizo, propio, juicioso i elegante. D. Nicolás Antonio quiere que sea el mejor de la lengua española. Ciertamente lo es, si se mira el agregado de todas sus bellezas, juntas con una exactitud de pensar mui digna de imitarse: porque ni

---

[269] *La conversión de la Magdalena*, ed. cit., pág. 280. La cita, con su *de Dios* en lugar de *de Cristo*, se hace, sin duda, de memoria.

[270] *Bibliotheca Hispana Nova*, t. II, Matriti, [1696], M.DCC. LXXXVIII, pág. 45 *b*.

usa de pensamientos falsos, ni de argumentos débiles, ni de semejanzas violentas, ni de voces estrangeras. Solamente quisiera yo que algunas veces no fuessen sus cláusulas tan largas» [271].

En 1820, en sus *Lecciones de filosofía moral y elocuencia,* el abate Marchena exaltará tan sólo los valores literarios del libro, impugnando con dureza su intelectualismo platónico, al que juzga desencarnado y excesivamente idealista: «Lástima es —dice— que la materia de *Los nombres de Cristo* sea en sí de tan poca importancia; que es innegable que cuanto puede el ingenio dar realce á las cosas que nada valen, tanto ha dado á su asunto el Maestro Leon. Mas si el platonismo, convertido en religion dogmatica, es una inexhausta vena de sublimidad para el poeta, para el dialéctico lo es de contradicciones y sofismas, por la perpetua discordancia entre la inmensa elevación y magnitud del edificio, y lo ruinoso y aereo de sus cimientos. Es el platonismo una magnífica fantasmagoría... El Maestro Leon, precisado por la naturaleza de su obra en muchas partes á ventilar los fundamentos en que estriba esta doctrina, descubre su ninguna solidez. Verdad es que no es posible pintar con mas vigor y elevacion los mas altos misterios del Cristianismo, y es tal la fuerza de convencimiento del autor y su estático rapto, que sus argumentos, nunca concluyentes, siempre son persuasivos, y, si no satisfacen el entendimiento, arrastran la voluntad» [272]. Para Marchena, pues, los grandes valores del libro hay que buscarlos en el despliegue de ingenio, en el halo poético, en el tono vigoroso y elevado con que expone el dogma cristiano, en la eficacia suasoria, es decir, en el campo estrictamente literario, aspecto que resulta incondicionalmente valorizado en su juicio.

En 1883, Menéndez Pelayo mantendrá el elogio de

---

[271] *Vida, loc. cit.,* s. p., núm. 38. Sustancialmente idéntico, aunque aun más matizado, es el juicio de Antonio de Capmany —*Teatro histórico-crítico de la eloqüencia española,* t. III, Madrid, A. de Sancha, MDCCLXXXVII, págs. 294-300—, que tanto había de influir en el de Menéndez Pidal.

[272] Josef Marchena, *Lecciones...,* ed. cit., pág. CXXX.

Marchena en lo que a la perspectiva artística de *Nombres* se refiere —incluso irá más lejos, al considerarlo, desde el punto de vista estilístico, la obra más perfecta escrita en castellano—, pero reivindicará también sus valores ideológicos, entendidos como soporte insustituible de la belleza de sus concepciones: «Puede decirse —comenta— que la estética está infundida y derramada de un modo latente por las venas de la obra; y no sólo en el estilo, que es, a mi entender, de calidad superior al de cualquier otro libro castellano, sino en el temple armónico de las ideas, y en el misterioso y sereno fulgor del pensamiento, que presenta a veces el más acabado modelo de belleza intelectual...; no hay autor clásico nuestro que produzca este género de impresión...; esa virtud de sosiego, de orden, de medida, de paz, de número y ritmo, que los antiguos llamaban *sophrosyne* (palabra hermosísima e intraducible, como toda palabra preñada de ideas), ¿dónde la encontraremos sino en Fray Luis de León, cuya prosa en loor de la paz parece el comentario de su oda *A la música* del ciego Salinas?» [273].

En 1907, el dominico Luis G. Alonso Getino —debelador implacable de mitos luisianos—, formula un juicio que, para nosotros, tiene interés, por ponernos sinceramente ante un hecho constatable: la escasa atracción que ejerce este libro para muchos lectores modernos. «He observado —dice— que son muy pocos los que terminan la lectura de *Los nombres de Cristo,* obra maestra de Fray Luis de León, escrita en diálogo, en la forma que suele ser en otros escritores más accesible y atrayente. Tan sólo repiten su lectura las personas que pretenden hacer un verdadero estudio. Esto yo no lo sé explicar en obra de tan buen fondo y de estilo tan castigado y tan castizo, en la obra más científica de nuestra clásica literatura, sino por el exceso de detalles, de incisos secundarios, sutiles, subjetivos, que producen fastidio en los lectores poco dados a la meditación, que son la mayoría. Y, sin embargo, Fray Luis no es obscuro; el carácter del libro no es precisamente la profundidad;

---

[273] *Historia de las ideas estéticas,* ed. cit., t. II, págs. 101-02.

no encuentro más calificativo que llamarla *abstrusa*» [274].
Creemos que en el planteamiento de Getino hay que
distinguir seis puntos esenciales: 1.º, un hecho incuestio-
nable: pocos lectores *comunes* se sienten hoy espontáneamente atraídos por el libro; 2.º, sin embargo, es la
obra maestra de su autor, y está escrita en un género
ameno, cual es el diálogo; 3.º, sólo los estudiosos repiten
su lectura; 4.º, no obstante, sus valores ideológicos y
literarios son muy grandes; 5.º, el libro no es oscuro;
6.º, los detalles, incisos, etc., dan a la obra un carácter
«abstruso», que le resta lectores. Para nosotros, el P. Getino ha adivinado, aunque confusamente y sólo en parte,
la causa de ese despego: la «cláusula amplia», el «exceso de detalles, de incisos secundarios, sutiles, subjetivos», es decir, el período ciceroniano, esa prosa retórica
tan alejada de los gustos actuales, sólo atractiva, como
fuente de goce estético, para el que sepa comprender su
compleja arquitectura, es decir, como quiso Fray Luis,
para una minoría preparada, no sólo en las disciplinas
filosóficas, teológicas y bíblicas, sino en las humanísticas, y, concretamente, en la retórica clásica y medieval [275].

Prescindiendo de matices, y con cándida irresponsabi-
lidad intelectual y artística, vuelve a insistir *Azorín,*
en 1921, sobre el escaso atractivo de *Nombres* para el
lector común de nuestro tiempo, lo que él atribuye a
la falta de modernidad del libro. Sus palabras podrían
omitirse por irrelevantes, si no fuera por el escándalo
que provocaron entonces, dada la personalidad de su
autor, lo que hace que todavía hoy se recuerden como
ejemplo de desmitificación desenfadada: «Nada hay aquí
tampoco —afirmaba *Azorín*— que conmueva nuestro
espíritu moderno. Vemos, sí, una serie de disertaciones,

    [274] *Vida y procesos del maestro Fray Luis de León,* Salamanca,
1907, págs. 355-56.
    [275] Aquí está, a nuestro juicio, la clave de tantas incompren-
siones —y de tantas seudocomprensiones— del valor artístico de
la obra maestra de Fray Luis. Por eso, creemos que el estudio
de la retórica humanística del siglo XVI es prolegómeno esencial
a su lectura.

a ratos difusas, sobre materias que hoy no admiten disertación. En conjunto, para los hombres del presente, la obra carece de sentido y de idealidad. No llegaremos, como Marchena —en sus *Lecciones de filosofía moral,* que no son tales lecciones— a calificar estas divagaciones de Fray Luis como él calificó los escritos de los místicos castellanos, o de ciertos místicos; pero el hecho es que hay algo —mucho— de cansado y de prolijo en este libro» [276].

Más ponderada y valiosa es la postura de Vossler, quien matiza su alabanza señalando en el libro de Fray Luis algún altibajo, a la vez que cuestiona el acierto en la elección de ciertos nombres como escasamente definitorios de la esencia y el *officium* de Cristo: «Al lado de mucha poesía de la naturaleza terrena, de la grandeza divina y del alma humana, hay también fragmentos algo secos en esa magnífica obra que fue ideada y empezada en la prisión, y terminada después de haber recuperado Fray Luis la libertad. Por ello, el lector actual ha de hacer en ella inevitables reservas, sobre todo en lo que se refiere a la cuestión de si realmente [a través de] algunos nombres con los que es designado Jesucristo se puede llegar a adquirir un conocimiento profundo de su ser y esencia» [277]. En el aspecto literario, Vossler considera la obra como «gran poesía en prosa», ve en ella innegable «encanto», y la juzga, en postura muy idealista, «tan dúctil y artística [que] impide toda traducción y todo análisis» [278].

En adelante, y a medida que la crítica profundiza en el estudio del pensamiento y de la retórica de la época, los juicios sobre la obra de Fray Luis se van haciendo más responsables —en esto son un modelo los trabajos de Guy, Macrí y H. Dill Goode, entre otros—, fundamentándose los elogios en razones claras y objetivas. Así, para Federico de Onís, *Los nombres de Cristo* son un reflejo armónico del espíritu poético de su autor, lo

---

[276] *Los dos Luises y otros ensayos,* Buenos Aires, Espasa-Calpe, 1944, pág. 99.

[277] *Fray Luis de León,* ed. cit., pág. 54.

[278] *Ibid.,* pág. 60.

que le confiere un valor esencialmente artístico; «se ve claramente —añade— lo que la posteridad había adivinado con su acierto inapelable, que fray Luis de León es, ante todo y sobre todo, un poeta, y que el valor de su obra es esencialmente literario y estético»[279]. Marcel Bataillon, por su parte, insiste en los factores ideológico-religiosos y expresivos de la obra, afirmando que «la *Philosophia Christi* de las primeras décadas del siglo [XVI] habla en los *Nombres de Cristo* un espléndido lenguaje»[280]. Menéndez Pidal, al paso que destaca la belleza de la lengua, a la que considera «ataviada con todos los elementos poéticos y musicales de que es capaz, y levantada a la altura de las lenguas clásicas», hace suyo el reparo de Mayáns, de que «a veces usa períodos defectuosos, y esto principalmente por construirlos tan largos que casi se rompe el enlace de su comienzo con su remate»[281]. Para Lapesa, «Luis de León es el artista exquisito que somete el lenguaje a minuciosa selección», que enriquece la prosa dotándola de musicalidad «mediante la hábil disposición de ritmos y melodías tonales», convirtiéndola en «el dechado de la más hermosa serenidad clásica»[282]. Oreste Macrí, coincidiendo con Menéndez Pelayo, admira en *Los nombres de Cristo* «el estilo más maduro del Siglo de Oro castellano»[283].

Para nosotros, un juicio objetivo sobre el valor literario de este libro habrá de insistir en lo poético y sugestivo de las concepciones ideológicas que le sirven de base, así como en la maestría con que Fray Luis las conforma artísticamente, lo que no es obstáculo para admitir que, por el paso inexorable del tiempo, algunos aspectos concretos de su pensamiento han quedado convertidos en pura arqueología, que nada dice a la sensibilidad actual —así, *vgr.*, las interpretaciones alegóricas de los valores

---

[279] Pról. a *Nombres*, t. II, ed. cit., pág. 16.
[280] *Erasmo y España*, ed. cit., pág. 768.
[281] *Antología de prosistas...*, ed. cit., pág. 117. Lo mismo piensa, seguramente sugestionado por la autoridad de Menéndez Pidal, R. Ricard, *loc. cit.*, pág. 18.
[282] *Historia de la lengua española*, ed. cit., págs. 214-15.
[283] *La poesía de Fray Luis de León*, ed. cit., pág. 28.

formales y acústicos de los nombres, las teorías sobre si el imperio turco es independiente o continuador de los romanos, los cinco nombres hebreos alusivos a los cinco nacimientos de Cristo, los juegos etimológicos como base de argumentación, etc.—. Desde el punto de vista formal, creemos que *Los nombres de Cristo* son la mejor muestra del diálogo renacentista en España, poseyendo uno de los estilos más logrados y perfectos de su siglo en la categoría de prosa retórica. Su contribución al perfeccionamiento del castellano fue verdaderamente excepcional, habiendo sabido incorporar a nuestra lengua literaria lo mejor de sus modelos, sin traicionar ni violentar el espíritu de ésta. «Cuanto al estilo y lenguaje de su prosa —decía Cejador—, el castellano adelanta, del conocido hasta entonces, en nervio y color, en la fuerza oratoria..., y llega a demostina en el *Brazo de Dios,* y en el colorido poético horaciano, juntamente con cierta delicada ternura virgiliana, y, sobre todo, con una elevación cristiana de pensamiento, empapada de la sosegada serenidad platónica, sólo concedida a las musas helénicas». Para el crítico aragonés, la lengua castellana queda enriquecida, además, por Fray Luis, en robustez y energía, sentido horaciano de las proporciones, serenidad clásica, un cierto empaque castizo, riqueza y propiedad en frases y voces, justeza metafórica, y un general tono de lirismo que tiñe la prosa con «el sentimiento y el color del poeta» [284].

XIII.   NUESTRA EDICIÓN

Ofrecemos, en escrupulosa reproducción, el texto de Salamanca, Guillelmo Foquel, M.D.Lxxxvii —3.ª edición—, último que revisó personalmente Fray Luis, y que constituye la versión más perfecta de *Los nombres*

---

[284] *Historia de la lengua y literatura castellana,* t. III, Madrid, G. Sáez, 1930, págs. 61-62.

de Cristo [285]. El nombre de «Cordero» procede de la edición de Salamanca, Iuan Fernández, M.D.XCV —primera en que aparece—, y lo colocamos, por las razones ya expuestas —ver nota 59 de esta «Introducción»—, entre «Hijo» y «Amado». En el aparato crítico, damos tan sólo las variantes de las ediciones hechas en vida del autor, y corregidas por él mismo —por eso omitimos las dos de Barcelona, 1587 (J. P. Manescal y H. Genovés)—; el cotejo se establece, pues, con las ediciones de Salamanca, Iuan Fernández, 1583 —a la que llamamos *A*—, y con la de Salamanca, Herederos de Mathías Gast, 1585 —*B*.

Hemos respetado la ortografía original, incluso en los *muy numerosos casos de vacilación* imputables al autor, lo que nos ha parecido indispensable, teniendo en cuenta que uno de los medios de que Fray Luis se sirve para dar carácter culto a la lengua española es la restauración de la ortografía con criterio etimológico. Sin embargo,

---

[285] F. de Onís (*Nombres,* t. I, pág. XXXII), dice que reproduce también esta edición. Podemos afirmar que ello no es exacto respecto de los originales que nosotros hemos manejado —obsérvese, por ejemplo, que, con frecuencia, Onís da en el aparato crítico, *como variantes,* lecciones procedentes de la edición que nosotros reproducimos, ofreciendo *en el texto* una lectura divergente—. Pensando, no obstante, en que, como apunta F. García (*O.C.C.,* t. I, pág. 394, n. 31), «de todas estas ediciones salmantinas se hicieron reimpresiones intermedias» (aunque se equivoca al decir que la edición de Genovés es de Salamanca, ya que se imprimió en Barcelona, también en 1587), hemos cotejado todos los ejemplares de aquélla existentes en la Biblioteca Nacional de Madrid —*R 20632, R 15250, R 26559, R 28878, R 5279* y *U 555*—, comprobando que ninguno concuerda con la versión reproducida por Onís. Estos seis ejemplares coinciden, en cambio, exactamente entre sí en cuanto al texto (la única diferencia entre ellos está en que los dos primeros van en un papel inferior, mientras los cuatro restantes poseen otro magnífico y de cuerpo). ¿Conoció Onís una versión de Salamanca, G. Foquel, 1587, distinta de la nuestra, o reprodujo equivocadamente la de Barcelona, o alguna salmantina distinta? No hemos podido comprobarlo. Por eso, cuando nuestra versión difiere de la *anotada expresamente* por Onís como de Salamanca, G. Foquel, 1587, lo hacemos constar en nota, llamando a nuestro texto «1587 *B*», para contraponerlo al *hipotético* de Onís, al que llamamos convencionalmente (pues no sabemos si, *de existir,* sería anterior o posterior) «1587 *A*».

nos hemos permitido una modificación: emplearemos siempre la *v* para reproducir el correspondiente fonema consonántico, reservando la *u* para el vocálico (este criterio, habitual en las ediciones de textos clásicos latinos, ha sido empleado también en la edición del *Enquiridion* de Erasmo, hecha —con prólogo de Bataillon— por Dámaso Alonso). Para facilitar la lectura, utilizamos, según las normas actuales, los signos de interrogación y admiración, los de puntuación, unión de palabras y acentuación. Resolvemos todas las abreviaturas. Las palabras hebreas, excepto cuando su forma es indispensable para comprender la exégesis luisiana, se transcriben en alfabeto latino. Ponemos al frente de cada «libro» y «tratado» el título que les corresponde, aunque encerrándolo entre corchetes para indicar su falta en el original. En cuanto a la estructuración de párrafos, adoptamos el criterio de división por unidades de contenido.

Ofrecemos en las notas explicaciones léxicas, semánticas, tópicas, ideológicas, de fuentes, estilísticas, etcétera, procurando que los pasajes fundamentales reciban a pie de página el comentario directo de destacados especialistas luisianos. Dado el carácter predominantemente humanístico de nuestra edición, hemos procurado atender de la forma más minuciosa posible a los aspectos específicamente literarios del texto, buscando documentar con toda diligencia alusiones, noticias, citas —sobre todo implícitas—, referencias históricas, etc., en lo que creemos haber resuelto numerosas incógnitas no atendidas en ninguna de las ediciones anteriores. Por último, las correcciones propuestas por Fray Luis en la *Tabla* de erratas de 1587 han sido subsanadas en sus respectivos lugares, lo que nos exime de reproducirla, sin que demos tampoco —nos parece absolutamente ocioso— cuenta de ello en el aparato crítico.

BIBLIOGRAFÍA SELECTA

Nota.—Sólo recogemos en esta lista trabajos que se refieren, en todo o en parte, a *Los nombres de Cristo*. De los estudios de carácter auxiliar de que nos hemos servido —historias, retóricas y preceptivas antiguas, investigaciones críticas y estilísticas modernas, biografías, análisis de otros libros o aspectos de la obra luisiana, etc.— daremos cuenta en las notas correspondientes.

I. *Bibliografías generales*

Son muy numerosas las bibliografías dedicadas a Fray Luis, desde la de J. Urbina —1856—, pasando por las de Serrano y Sanz —1907—, C. M.ª Abad —1923—, J. Revuelta —1928—, a la de H. Dill Goode —1969—, etc. Sin embargo, para nosotros, todas las referencias de interés están recogidas en cinco trabajos fundamentales:

A. Coster, «Bibliographie de Luis de León», *RHi*, LIX (1923), páginas 1-104.

J. Zarco Cuevas, «Noticia sumaria de algunos libros y estudios que tratan del maestro Fray Luis de León, y títulos de sus obras», *RyC*, II (1928), págs. 592-609.

Félix García, «Bibliografía [de Fray Luis de León]», en *O.C.C.*, t. I, págs. 26-45.

A. Custodio Vega, «Bibliografía [de Fray Luis de León]», en *H.G.L.H.*, t. II, ed. cit., págs. 674-85.

Oreste Macrí, «Fuentes bibliográficas [de Fray Luis de León]», en *La poesía de Fray Luis de León*, ed. cit., págs. 189-219.

II. Ediciones

La afirmación de Zarco de que, hasta la de «La Lectura», *Los nombres de Cristo* contaron exactamente con dieciocho ediciones, no puede admitirse. Se hicieron muchas más, en efecto, aunque un trabajo sistemático de recopilación y valoración exhaustivo esté todavía por hacer. Nosotros ofrecemos aquí un elenco selectivo de primera mano —prescindiendo de traducciones a lenguas extranjeras—, localizando la existencia de ejemplares de las ediciones más antiguas y raras.

— *DE LOS / NOMBRES / DE CHRISTO / EN DOS LIBROS, / POR EL MAESTRO / Fray Luys de Leon. // Con Priuilegio. / En Salamanca, Por Iuan Fernandez. / M.D. LXXXIII.* (Es la 1.ª ed.; se halla en la Bibl. Nac. de Madrid, signatura *R 9078* y *R 20582.*)

— [*Libro de los nombres de Christo,* impresso en Salamanca, año 1583. En Barcelona el mismo año.] (Fr. Manuel Vidal, *Historia del observantíssimo...,* ed. cit., t. I, pág. 380 *b;* sólo Vidal atestigua esta edición *barcelonesa,* de cuya existencia dudamos mucho, no habiendo podido hallar ningún ejemplar de la misma; por lo demás, el testimonio de Vidal es muy tardío —1751—.)

— *DE LOS / NOMBRES / DE CHRISTO. / EN TRES LIBROS, / POR EL MAESTRO / Fray Luys de Leon. / Segunda impression, en que demas de vn libro que de nueuo se añade, van / otras muchas cosas añadidas y emendadas. // Con Priuilegio / EN SALAMANCA, / Por los Herederos de Mathias Gast. / MDLXXXV.* (Se la considera, en general, 2.ª edición —el título mismo habla de «segunda impressión», lo que hace aun más dudosa la existencia de la ed. barcelonesa de que se hace eco Vidal; hay ejemplares en la Bibl. Nacional de Madrid, *R 4096* y *R 28441.*)

— *DE LOS / NOMBRES / DE CHRISTO EN / TRES LIBROS. / POR EL MAESTRO FRAY LVYS DE LEON. / Tercera impression, en que demas de vn libro que de nueuo se añade, / van otras muchas cosas añadidas y emendadas. // Con Priuilegio. / EN SALAMANCA. / En casa de Guillelmo Foquel. / M.D.Lxxxvii.* (Es la considerada unánimemente como 3.ª ed., y su texto es el que publicamos; las signaturas de sus ejemplares en la Bibl. Nac. de Madrid van en la nota 285 de esta «Introducción».)

— *DE LOS / NOMBRES / DE CHRISTO / EN TRES LIBROS. / POR EL MAESTRO / Fray Luys de Leon. / Segunda impression, en que demas de vn libro que de / nueuo se añade, van otras muchas cosas / añadidas y emendadas. // EN BARCELONA / Impressos con Licencia. / Año de*

M.D.Lxxxvij. / *Por Iuan Manescal.* (Reproduce la edición de Salamanca, 1585, con nuevas y numerosas erratas; ejemplar en la Bibl. Nac. de Madrid, *R 28354.*)

— *DE LOS / NOMBRES / DE CHRISTO / EN TRES LI-BROS. / POR EL MAESTRO / Fray Luys de Leon. / Segunda impression, en que demas de vn libro que de / nueuo se añade, van otras muchas cosas / añadidas y emendadas. // EN BARCELONA / Impressos con Licencia. / Año de M.D.Lxxxvij. / Por Hieronymo Genoves.* (Al final, en el folio 332 *v,* añade: «*Impresso en Barcelona en / casa de Pedro Malo en el Año / M.D.LXXXVII.*» (Reproduce también la ed. de Salamanca, 1585; ejemplar en la Bibl. Nac. de Madrid, *U 6478.*)

— *DE LOS / NOMBRES / DE CHRISTO. / EN TRES LI-BROS, / Por el Maestro Fray Luys de Leon. / Quarta impression, en que va añadido el nombre de Cordero, con tres / tablas, la vna de los nombres de Christo, otra de la perfecta / Casada, la tercera de los lugares de la Scriptura. // Con Priuilegio. / EN SALAMANCA. / En casa de Iuan Fernandez. / M.D.XCV. / A costa de Iuan Pulman mercader de libros.* (Se la considera como la cuarta edición «ortodoxa» —es decir, controlada por el círculo agustiniano de Salamanca—, y añade, por primera vez y póstumamente, el nombre de «Cordero»; ejemplares en la Bibl. Nac. de Madrid, *R 6576* y *R 28750.*)

— *DE LOS / NOMBRES / DE CHRISTO, / EN TRES LI-BROS, / Por el Maestro Fray Luys de Leon. / Quinta impression, en que va añadido el nombre de Cordero, con tres / tablas, la vna de los nombres de Christo, otra de la perfecta / Casada, la tercera de los lugares de la / Con Priuilegio. / EN SALAMANCA. / En casa de Antonia Ramirez Viuda. / M.DCIII. / A costa de Thomas de Alua mercader de libros.* (Considerada como la 5.ª edición, reproduce la cuarta, aunque con notable incremento de erratas; hay ejemplar en la Bibl. Nac. de Madrid, *R 13769.* Hasta aquí, las ediciones de *Nombres* van seguidas de la de *La perfecta casada,* que tiene foliación propia.)

— *DE LOS NOMBRES / DE CHRISTO, / AÑADIDO JUN-TAMENTE / EL NOMBRE DE CORDERO. / POR EL M. FR. LUIS DE LEON, / de la Orden de San Agustin, / DIVIDIDO EN TRES LIBROS. / SEXTA IMPRESSION / nuevamente corregida. /...,/ EN VALENCIA: M.DCC.LXX./ Por Salvador Faulì, junto al Colegio / de Corpus Christi.* (En tres volúmenes, Bibl. Nac. de Madrid, 3 / 37985-86-87.)

— *DE LOS NOMBRES DE CRISTO / POR EL MAESTRO / F. LUIS DE LEON / DOCTOR TEOLOGO DEL GRE-MIO / i Claustro de la Universidad de Salamanca. / NUE-VA EDICION / EMENDADA POR EL COTEJO DE LAS / cinco primeras: con una prefacion sobre / la necesidad de buenos libros para la / instruccion del pueblo. / POR UN DOCTOR DE VALENCIA. // EN VALENCIA / EN LA IMPRENTA DE BENITO MONFORT. / M DCC LXX.* (Edición en precioso papel y tipos; muy cuidada y exacta; Bibl. Nac. de Madrid, *R 30789*)[236].

— *DE LOS NOMBRES / DE CHRISTO...,* Valencia, Salvador Faulì, 1774. (Atestiguada por Félix García —*O.C.C.,* t. I, página 394—, no hemos visto ningún ejemplar de la misma; debe de ser reimpresión de la de 1770.)

— *De los nombres de Cristo,* Madrid, 1779. (Atestiguada por Félix García —*O.C.C.,* t. I, pág. 394—, no hemos visto ejemplares de la misma.)

— *Obras del M. Fr. Luis de León, de la Orden de San Agustín, reconocidas y cotejadas con varios manuscritos auténticos. Por el P. M. Fr. Antolín Merino, de la misma Orden.* Madrid, 6 ts., Vda. de Ibarra, MDCCCIV-MDCCCXIV. (Biblioteca Nac. de Madrid, *1/11548-53*; «la reimpresión de esta edición, hecha en 1885, empeora notablemente el texto», según F. de Onís.)

— *Escritores del siglo XVI,* t. II, *Obras del Maestro Fray Luis de León,* Madrid, B.A.E., 1855, págs. 67-210. (Edición muy descuidada, no aporta nada a la tradición textual del libro.)

— *De los nombres de Cristo,* Salamanca, C.ª de Impresores y Libreros del Reino, 1885. (Hecha bajo la dirección del Padre C. Muiños, esta ed. reproduce la de Merino, pero con abundantes erratas.)

— *De los Nombres de Cristo, por Fray Luis de León, del Orden de San Agustín,* Apostolado de la Prensa. (Desde la 1.ª ed. —Madrid, 1907, reproducción de la de 1885—, se han hecho numerosas reimpresiones; a partir de la 3.ª —Madrid, 1941—, el texto reproduce ya la ed. salmantina de 1587, sustituyéndolo en lugar del de 1885, cuya publicación resultaba incomprensible.)

— *De los nombres de Cristo,* ed. de Federico de Onís, Madrid, La Lectura, 1914-17-22; tres volúmenes. (Reimpresa en diversas ocasiones, se trata de una de las mejores ediciones del

---

[236] «De siete Ediciones de esta Obra [*Nombres*] —escribe Fr. Antolín Merino—, que se conocen y habemos exâminado, las más exâctas y correctas son la tercera que se hizo en vida del Mro. Fr. Luis, y á su vista en Salamanca el año de 1587 por Guillelmo Foquel, y la última en Valencia por Don Manuel *(sic)* Monfort el año de 1770. Habiendo cotejado estas dos impresiones, las hallamos conformes en todo, solo que la de Valencia comprehende el nombre de *Cordero,* que no se publicó hasta el año de 1595 en la quarta Edicion; y los Indices que igualmente se encuentran en ella». («Advertencia» a *Obras del M. Fr. Luis de Leon,* t. III —*Nombres,* Libros I y II—, s. p.) El P. Merino yerra al llamar a Benito Monfort, *Manuel.*

libro, aunque se aparte a veces incomprensiblemente de la versión que dice seguir y que no coincide exactamente con la nuestra, como ya hemos explicado en la nota 285 de esta «Introducción».)

— *De los nombres de Cristo,* ed., pról. y notas de Enrique de Mesa, Madrid, Calleja, MCMXVII, 2 ts. (Texto y notas descuidados y muy pobres.)

— *De los nombres de Cristo,* Madrid, Espasa-Calpe, 1923-25 (2 volúmenes, de la Col. Universal, reproduce el texto de Onís, modernizando las grafías.)

— *De los nombres de Cristo,* Madrid-Barcelona-Buenos Aires, prólogo de Guillermo Díaz-Plaja, C.I.A.P., *s.a.* [¿1931?]. (Edición para estudiantes.)

— *De los nombres de Cristo,* Madrid, Impr. «Héroes», 1941. (Edición sin relieve, puramente divulgadora.)

— *De los nombres de Cristo,* ed. del P. Félix García, incluida en *O. C. C.,* t. I, Madrid, B.A.C., MCMLVII[4] —la 1.ª ed. era de 1944—, págs. 359-825. (Texto cuidado, aunque modernizando las grafías; introducción, notas y bibliografía muy estimables. Junto con las ediciones de Onís, y tercera del Apostolado de la Prensa, es de las mejores que se han hecho en nuestro siglo.)

— *De los nombres de Cristo,* Madrid, Espasa-Calpe [Austral], desde 1945. (Edición benemérita, aunque popular, por la divulgación que ha dado al texto de Fray Luis.)

— *De los nombres de Cristo,* Selección, estudio y notas por el... doctor Casimiro Sánchez Aliseda, Zaragoza, Ebro, 1961[4]. (Edición muy reducida, destinada a los alumnos del antiguo bachillerato; prácticamente, es sólo una antología mínima de *Nombres.)*

— *De los nombres de Cristo,* ed., pról., notas y bibliografía a cargo de José Onrubia de Mendoza, Barcelona, Bruguera, 1975. (Edición muy curiosa, más comercial que popular, reproduce, a nuestro entender, el texto de Onís, aunque con muchas erratas; la introducción recoge el fruto de algunas investigaciones recientes, pero es incompleta y vulgarizadora; las notas se reducen, prácticamente, a citas bíblicas y aclaraciones de sentido.)

III. *Estudios*

Francisco Pacheco, *Libro de descripcion de verdaderos Retratos, de Illustres y Memorables varones.* En Sevilla, 1599.

Antonii Possevini Mantuani, S. I., *Bibliotheca selecta de ratione studiorum,* Venetiis, M DCIII, 2 vols.

Nicolás Antonio, *Bibliotheca Hispana Nova,* t. II, Matriti, M.DCC.LXXX.VIII, págs. 45-47.

Gregorio Mayáns, «Vida del Maestro Frai Luis de Leon, de la Orden de San Agustín», en *Obras propias y traducciones... [de] El P. M. Fr. Luis de Leon,* Valencia, J. T. Lucas, 1761.

A. de Capmany, «Fray Luis de León y Fray Luis de Granada», *Teatro Histórico-Crítico de la eloqüencia española,* t. III, Madrid, A. de Sancha, MDCCLXXXVII, págs. 282-430 (la relación entre ambos ocupa las págs. 298-300).

J. de Marchena, *Lecciones de Filosofía Moral y Elocuencia,* Burdeos, P. Beaume, 1820, 2 vols.

C. A. Wilkens, *Luis de León. Eine Biographie,* Halle, 1866.

P. Rousselot, *Les Mystiques Espagnols,* Paris, 1867, págs. 214-307.

M. Menéndez Pelayo, *Horacio en España.* [1877], en *Bibliografía hispano-latina clásica,* t. V, Madrid, C.S.I.C., MCMLI.

— «La poesía mística en España». [1881], en *Estudios y discursos de crítica histórica y literaria,* t. II, Madrid, C.S.I.C., 1941, págs. 69-110.

— *Historia de las ideas estéticas en España,* [1883], t. II, Madrid, C.S.I.C., MCMXL.

M. Gutiérrez, *Fray Luis de León y la filosofía española del siglo XVI,* Madrid, 1885.

C. Muiños, «De los nombres de Cristo de Fray Luis de León y del Beato A. de Orozco», *CD,* XVII (1888), págs. 464-74 y 543-50.

A. Bonilla San Martín, *Erasmo en España,* Paris, 1907.

J. Sánchez Rojas, «Castilla: los paisajes de Fr. Luis. La huerta de la Quinta», *Paisajes y cosas de Castilla,* Madrid, América, 1919.

G. Santiago Vela, «Delación del libro *De los nombres de Cristo,* de Fr. Luis de León», *Arch. H.-Ag.,* XII (1919).

— «De nueve nombres de Cristo», *Arch. H.-Ag.,* XVII (1922).

Azorín, *Los dos Luises y otros ensayos,* [1921], Buenos Aires, Espasa-Calpe, 1944.

A. Coster, *Luis de León (1528-1591), RHi,* LIII (1921), páginas 1-428; tirada aparte en 2 ts., New-York-Paris, 1921-22.

Aubrey F. G. Bell, *Un estudio del Renacimiento español. Fray Luis de León,* Barcelona, Araluce, 1927.

— *El Renacimiento español,* Zaragoza, Ebro, 1944.

P. Sáinz Rodríguez, *Introducción a la historia de la literatura mística en España,* Madrid, Voluntad, 1927.

— «La figura y la espiritualidad de fray Luis de León», en *Espiritualidad española,* Madrid, Rialp, 1961, págs. 259-331.

A. García Boiza, *El franciscanismo en la vida y en las obras de Fray Luis de León,* Cuenca, 1928.

M. Revilla, «Fray Luis de León y los estudios bíblicos en el siglo XVI», *RyC*, II (1928), págs. 482-530.

P. Rovira y Pita, «Fray Luis de León, maestro de la prosa castellana», *RyC*, II (1928), págs. 371-88.

J. Zarco Cuevas, *Fray Luis de León: su vida, carácter y escritos,* Cuenca, 1928.

J. Cejador y Frauca, *Historia de la lengua y literatura castellana (época de Felipe II),* t. III, Madrid, G. Sáez, 1930, páginas 54-67.

M. Bataillon, *Erasmo y España,* [1937], México-Buenos Aires, F.C.E., 1966.

— pról. a la ed. del *Enquiridion* de Erasmo, Madrid, C.S.I.C., 1971 (edición de Dámaso Alonso).

R. Bayer, «Les thèmes du neo-platonisme et la mystique espagnole de la Renaissance», *Hommage à Martinenche,* Paris, 1937.

E. Cuevas, «Fray Alfonso de Mendoza, agustino, primer tratadista de Cristo Rey», *CD,* 154 (1942), págs. 333-62.

D. Gutiérrez, «La doctrina del Cuerpo Místico de Cristo en Fray Luis de León, O.S.A.», *RET,* II (1942), págs. 727-53.

C. Rodríguez, «Fray Luis de León, ¿horaciano o virgiliano?», *CD,* CLIV (1942), págs. 5-21.

A. Custodio Vega, «Los nueve nombres de Cristo, ¿son de Fr. Luis de León?», *CD,* 1945.

— *Cumbres místicas. Fray Luis de León y S. Juan de la Cruz,* Madrid, Aguilar, 1964.

— «Los *Nueve nombres de Cristo* son de Fray Luis de León. Otras notas luisianas», *AA,* 176 (1965), págs. 183-216.

— «Fray Luis de León y fray Juan de Guevara», *CD,* CLXXX (1967), págs. 313-49.

— «Fray Luis de León», en *H.G.L.H.,* t. II, Barcelona, Vergara, 1968, págs. 541-685.

F. Cantera, «Arias Montano y Fr. Luis de León», *BBMP,* XXII (1946), págs. 299-338.

K. Vossler, *Fray Luis de León,* Buenos Aires, Espasa-Calpe, 1946.

E. Allison-Peers, *El misticismo español,* Buenos Aires, Espasa-Calpe, 1947.

R. Menéndez Pidal, «El lenguaje del siglo XVI», en *La lengua de Cristóbal Colón,* Buenos Aires, Espasa-Calpe, 1947, páginas 49-87.

— *Antología de prosistas españoles,* Madrid, Espasa-Calpe, 1956[7].

E. Kohler, «Fray Luis de León et la théorie du nom», *BHi,* L (1948), págs. 421-28.

S. Muñoz Iglesias, *Fray Luis de León, teólogo. Personalidad teológica y actuación en los «Preludios de las Controversias de auxiliis»,* Madrid, C.S.I.C., 1950.

E. R. CURTIUS, «Nomina Christi», en *Mélanges Joseph de Ghellinek,* Gembloux, 1951, págs. 1029 ss.

— *Literatura europea y edad media latina,* t. II, México, F.C.E., 1955, págs. 692-99.

M. R. LIDA DE MALKIEL, *RPhil,* V (1951-52), págs. 113-14.

— *La tradición clásica en España,* Barcelona, Ariel, 1975.

R. J. WELSH, *Introduction to the Spiritual Doctrine of Fray Luis de León,* Washington, Augustinian Press, 1951.

U. DOMÍNGUEZ DEL VAL, «La teología de Fray Luis de León», *CD,* CLXIV (1952), 163-78.

L. PFANDL, *Historia de la literatura nacional española en la Edad de Oro,* Barcelona, G. Gili, MCMLII, págs. 183-89.

S. ÁLVAREZ TURIENZO, O.S.A., «Sobre Fray Luis de León, filólogo», *CD,* 169 (1956), págs. 112-36.

C. BRUGADA, «Ideas políticas de Fr. Luis de León en su obra *De los nombres de Cristo»,* Madrid, Universidad, 1956.

J. LÓPEZ DE TORO, «Fray Luis de León y Benito Arias Montano», *AA,* 50 (1956), 5-28.

M. DE LA PINTA LLORENTE, *Estudios y polémicas sobre Fr. Luis de León,* Madrid, C.S.I.C., 1956.

J. SAN PEDRO GARCÍA, *Principios exegéticos del Mtro. Fr. Luis de León,* Salamanca, Univ. Pontif. de Salamanca, 1956.

E. J. SCHUSTER, «Alonso de Orozco and Fray Luis de León: *De los nombres de Cristo»,* HR, XXIV (1956), págs. 261-70.

F. GARCÍA, pról. a *O.C.C.,* t. I, págs. 1-69 y 361-95.

R. LAPESA, *Historia de la lengua española,* Madrid, Escelicer, 1959.

— «Presencia de Fray Luis en el soneto de Lope *¿Qué tengo yo que mi amistad procuras?»,* en *Homenaje a D. Agustín Millares Carlo,* t. II, Caja Insular de Ahorros de Gran Canaria, 1975, págs. 699-703.

G. VALLEJO, *Fray Luis de León. Su ambiente. Su doctrina espiritual. Huellas de Sta. Teresa,* Roma, 1959.

J. GARCÍA, «El valor religioso de la naturaleza. Notas para una espiritualidad de Fray Luis de León», *RAE,* 1 (1960), páginas 184-88.

ALAIN GUY, *El pensamiento filosófico de fray Luis de León,* Madrid, Rialp, 1960.

D. GUTIÉRREZ, «Fray Luis de León y la exégesis rabínica», *Augu.,* 3 (1961), págs. 533-50.

A. LÓPEZ, «La vida cristocéntrica en fray Luis de León», *RyC,* VII (1961), págs. 564-82.

AMÉRICO CASTRO, *La realidad histórica de España,* México, Porrúa, 1962.

— *De la edad conflictiva,* Madrid, Taurus, 1972³.

— *El pensamiento de Cervantes,* Barcelona-Madrid, Noguer, 1972.

L. PEREÑA VICENTE, «El descubrimiento de América en las obras de Fr. Luis de León», *Rev. Der. Intern.,* 8 (1962), páginas 308-40.

A. H. ARKIM, «La influencia de la exégesis hebrea en los comentarios bíblicos de Fray Luis de León», *Sef,* XXIV (1964), páginas 276-87.

— *La influencia de la exégesis hebrea en los comentarios bíblicos de Fray Luis de León,* Madrid, C.S.I.C., 1966. (Se trata de una ampliación del artículo anterior, como declara expresamente el autor.)

G. A. DAVIES, «Luis de León and a passage from Seneca's *Hippolitus*», *BHS,* XLI (1964), págs. 10-27.

R. RICARD, «Aportaciones a la historia del *exemplum* en la literatura religiosa moderna», en *Estudios de literatura religiosa española,* Madrid, Gredos, 1964, págs. 200-26.

— *Hacia una nueva traducción francesa de «Los nombres de Cristo»,* Madrid, F.U.E., 1974. (Presentación por D. Pedro Sáinz Rodríguez.)

W. REPGES, «Para la historia de los nombres de Cristo: de la Patrística a fray Luis de León», *Th,* XX (1965), págs. 325-46.

J. M. LEONET, «La virginidad de María en Fray Luis de León», *RAE,* VII (1966), págs. 251-65.

S. FOLGADO, «Cristocentrismo teológico en Fr. Luis de León», *CD,* CLXXX (1967), págs. 313-49 y 520-51.

G. GARCÍA GARCÍA, *Fray Luis de León, teólogo del misterio de Cristo,* León, C. Ests. e Invests. «San Isidoro», 1967.

E. OROZCO DÍAZ, *Paisaje y sentimiento de la naturaleza en la poesía española,* Madrid, Prensa Española, 1968.

H. DILL GOODE, *La prosa retórica de Fray Luis de León en «Los nombres de Cristo»,* Madrid, Gredos, 1969.

P. DE LORENZO, *Fray Luis de León,* Madrid, Novelas y Cuentos, 1970.

O. MACRÍ, *La poesía de Fray Luis de León,* Salamanca, Anaya, 1970. (Hace importantes observaciones estilísticas e ideológicas sobre *Nombres.*)

F. RICO, *El pequeño mundo del hombre. Varia fortuna de una idea en las letras españolas,* Madrid, Castalia, 1970.

M. DURÁN, *Luis de León,* New York, Twayne Publ., [1971].

C. CUEVAS GARCÍA, *El pensamiento del Islam. Contenido e historia. Influencias en la mística española,* Madrid, Istmo, 1972, páginas 295-97.

— *La prosa métrica. Teoría. Fray Bernardino de Laredo,* Granada, Univ. de Granada, MCMLXXII, págs. 62-64.

C. Estébanez, «La estética de la naturaleza en Fray Luis de León», *RUM,* XXI (1972), págs. 15-17.

A. Barasoain, *Fray Luis de León,* Madrid, Júcar, 1973.

M. J. Fernández Leborans, «La noche en Fray Luis de León. De la denotación al símbolo», *Prohemio,* IV (1973), páginas 37-74.

J. García Jaén, *La antropología en fray Luis de León,* Madrid, Impr. Avilista, 1974.

F. López Estrada, *Los libros de pastores en la literatura española. La órbita previa,* Madrid, Gredos, 1974.

M. Cruz Hernández, *El pensamiento de Ramón Llull,* Valencia, Fund. J. March-Castalia, 1977, págs. 274-75.

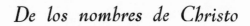

De los nombres de Christo

*Estos cielos estendidos que vemos, y las estrellas que en ellos
dan resplandor; la tierra pintada con flores, y las aguas pobladas de peces; los animales y los hombres, y este universo todo,
quan grande y quan hermoso es, lo hizo Dios para produzir a
luz este único y divino fructo que es Christo, que con verdad
le podemos llamar el parto común y general de todas las
cosas. (Nombres de Cristo, «Pimpollo»)*

[«Cristo, centro y culminación del Universo»]
(Grabado que aparece en la edición de *Nombres*, Salamanca,
G. Foquel, 1587)

[LIBRO I]

DEL MAESTRO

FRAY LUYS DE LEÓN

EL LIBRO PRIMERO

DE LOS NOMBRES DE CHRISTO

A Don Pedro Portocarrero [1], del Consejo de Su Magestad y del de la Sancta y General Inquisición.

De las calamidades de nuestros tiempos que, como vemos, son muchas y muy graves, una es, y no la menor

---

[1] D. Pedro Portocarrero, gran amigo de Fray Luis, fue rector de la Universidad salmantina en dos ocasiones: 1556-57 y 1566-67; ocupó el obispado de Calahorra —1589— y de Córdoba —1594—; inquisidor general en 1596, y luego obispo de Cuenca —1597—, se le nombró en 1599 consejero de Estado, muriendo el 20 de septiembre de 1600. Pese a sus cuantiosos ingresos, se vio acosado de acreedores por su vida de fasto y dispendio. Gran amigo de Fray Luis —aunque para nada aparece durante su proceso—, éste le dedicó, aparte de los *Nombres de Cristo,* el comentario latino al profeta Abdías —*Obras latinas,* t. III, Salamanca, 1892—, la *Colección de sus poesías* —no publicadas en vida del mecenas, tal vez por los apuros económicos de éste—, y, en particular, tres poemas: «Virtud, hija del cielo», «La cana y alta cumbre» y «No siempre es poderosa».

de todas, muy illustre señor, el aver venido los hombres a disposición que les sea ponçoña lo que les solía ser medicina y remedio, que es también claro indicio de que se les acerca su fin y de que el mundo está vezino a la muerte, pues la halla en la vida. Notoria cosa es que las Escripturas que llamamos Sagradas las inspiró Dios a los prophetas que las escrivieron para que nos fuessen, en los trabajos desta vida, consuelo, y, en las tinieblas y errores della, clara y fiel luz; y para que en las llagas que hazen en nuestras almas la passión y el peccado, allí, como en officina general, tuviéssemos para cada una proprio y saludable remedio. Y porque las escrivió para este fin, que es universal, también es manifiesto que pretendió que el uso dellas fuesse común a todos, y assí, quanto es de su parte, lo hizo, porque las compuso con palabras llaníssimas y en lengua que era vulgar a aquellos a quien las dio primero [2].

Y después, quando de aquellos, juntamente con el verdadero conoscimiento de Iesuchristo, se comunicó y traspassó también este thesoro a las gentes [3], hizo que se pusiessen en muchas lenguas, y casi en todas aquellas que entonces eran más generales y más comunes, porque fuessen gozadas comúnmente de todos. Y assí fue que en los primeros tiempos de la Iglesia, y en no pocos años después, era gran culpa en qualquier de los fieles no occuparse mucho en el estudio y lición de los libros divinos. Y los ecclesiásticos y los que llamamos seglares, assí los doctos como los que carecían de letras, por esta causa tratavan tanto deste conocimiento, que el cuydado de los vulgares [4] despertava el estudio de los que por su officio son maestros, quiero dezir, de los perlados y obispos; los quales de ordinario en sus iglesias, casi todos los días, declaravan las Sanctas Escripturas al pueblo, para que la lición particular que cada uno tenía dellas en su casa, alumbrada con la luz de aquella doctrina pública, y como regida con la boz del maestro, careciesse de error y fuesse

---

[2] A: *a quien primero las dio.*
[3] «gentes», en el sentido de 'paganos', 'gentiles'.
[4] 'el vulgo', 'la gente indocta'

causa de más señalado provecho. El qual a la verdad fue tan grande quanto aquel govierno era bueno; y respondió el fructo a la sementera, como lo saben los que tienen alguna noticia de la historia de aquellos tiempos.

Pero, como dezía, esto, que de suyo es tan bueno y que fue tan útil en aquel tiempo, la condición triste de nuestros siglos y la experiencia de nuestra grande desventura, nos enseñan que nos es ocasión agora de muchos daños [5]. Y assí, los que goviernan la Iglesia, con maduro consejo, y como forçados de la misma necessidad, han puesto una cierta y devida tassa en este negocio, ordenando que los libros de la Sagrada Escriptura no anden en lenguas vulgares de manera que los ignorantes los puedan leer. Y como a gente animal y tosca, que, o no conocen estas riquezas, o, si las conocen, no usan bien dellas, se las han quitado al vulgo de entre las manos [6].

Y si alguno se maravilla, como a la verdad es cosa que haze maravillar, que en gentes que professavan una misma religión aya podido acontecer que lo que antes les aprovechava les dañe agora, y mayormente en cosas tan substanciales, y si dessea penetrar a la origen de aqueste mal conosciendo sus fuentes, digo que, a lo que yo alcanço, las causas desto son dos: ignorancia y sobervia, y más sobervia que ignorancia; en los quales males ha venido a dar poco a poco el pueblo christiano, descayendo

---

[5] *A* y *B: de daños muchos y graves.*

[6] Aunque la prohibición de leer la Biblia en lengua vulgar proviene de antiguo, en España fue urgida severamente por el *Índice* de Valdés de 1559, lo que confirma y matiza en 1564 la regla IV del *Índice* tridentino; todavía en 1803, en su *Breve* a Carlos de Dalberg, recuerda Pío VII la antigüedad y vigencia de dicha prohibición: *Observari enim tibi debuisset ante oculos, quod constanter et praedecessores Nostri monuerunt, nimirum, si sacra Biblia vulgari lingua passim sine discrimine permittatur, plus inde detrimenti quam utilitatis oriri. Porro Romana Ecclesia solam Vulgatam editionem ex notissimo* TRIDENTINI *Concilii praescripto suscipiens, aliarum linguarum versiones respuit.* (Henrici Denzinger, *Enchiridion Symbolorum*, Friburgi Brisg.-Barcinone, MCMLV[30], página 443.) Con ello se pretendía que los católicos desecharan el ejemplo de los judíos, evitaran el peligro del libre examen, conservaran en su pureza la univocidad del texto sagrado y se alejaran de las interpretaciones y exégesis heréticas.

de su primera virtud. La ignorancia ha estado de parte de aquellos a quien incumbe el saber y el declarar estos libros, y la sobervia, de parte de los mismos y de los demás todos, aunque en differente manera; porque en éstos, la sobervia y el pundonor de su presumpción, y el título de maestros que se arrogavan sin merecerlo, les cegava los ojos para que ni conociessen sus faltas ni se persuadiessen a que les estava bien poner estudio y cuydado en aprender lo que no sabían y se prometían[7] saber; y a los otros, aqueste humor mismo, no sólo les quitava la voluntad de ser enseñados en estos libros y letras, mas les persuadía también que ellos las podían saber y entender por sí mismos. Y assí, presumiendo el pueblo de ser maestro, y no pudiendo, como convenía, serlo los que lo eran o devían de ser, convertíase la luz en tinieblas, y leer las Escripturas el vulgo le era occasión de concebir muchos y muy perniciosos errores, que brotavan[8] y se yvan descubriendo por horas.

Mas si como los prelados ecclesiásticos pudieron quitar a los indoctos las Escripturas, pudieran también ponerlas y assentarlas en el desseo y en el entendimiento y en la noticia de los que las han de enseñar, fuera menos de llorar aquesta miseria; porque estando éstos, que son como cielos, llenos y ricos con la virtud de aqueste thesoro, derivárase dellos necessariamente gran bien en los menores, que son el suelo sobre quien ellos influyen. Pero en muchos es esto tan al revés, que no sólo no saben aquestas letras, pero desprecian o, a lo menos, muestran preciarse poco y no juzgar bien de los que las saben. Y con un pequeño gusto de ciertas questiones contentos e hinchados[9], tienen título de maestros theólogos[10] y no tienen la theología; de la qual, como se entiende, el principio son las questiones de la Escuela, y el crecimiento la doctrina que escriven los sanctos, y el colmo y per-

---

[7] 'aseveraban', 'aseguraban', 'daban por cierto'

[8] A y B: los quales brotavan

[9] A: y hinchados

[10] «Maestro», en las Facultades de Artes y Teología, equivalía al título de «Doctor», propio de las de Derecho —Civil y Canónico— y Medicina.

fectión y lo más alto de ella las letras sagradas, a cuyo entendimiento todo lo de antes, como a fin necessario, se ordena [11].

Mas dexando éstos y tornando a los comunes del vulgo, a este daño de que por su culpa y sobervia se hizieron inútiles para la lición de la Escriptura Divina, háseles seguido otro daño, no sé si diga peor: que se han entregado sin rienda a la lición de mil libros, no solamente vanos, sino señaladamente dañosos, los quales, como por arte del demonio, como faltaron los buenos, en nuestra edad, más que en otra, han crecido. Y nos ha acontescido lo que acontesce a la tierra, que quando no produze trigo da espinas. Y digo que este segundo daño en parte vence al [12] primero, porque en aquél pierden los hombres un grande instrumento para ser buenos, mas en éste le tienen para ser malos; allí quítasele a la virtud algún govierno, aquí dase çevo a los vicios. Porque si, como alega S. Pablo, *las malas conversaciones corrompen las buenas costumbres* [13], el libro torpe y dañado, que conversa con el que le lee a todas horas y a todos tiempos, ¿qué no hará?; o ¿cómo será possible que no críe viciosa y mala sangre el que se mantiene de malezas y de ponçoñas?

Y a la verdad, si queremos mirar en ello con atención y ser justos juezes, no podemos dexar de juzgar sino que destos libros perdidos y desconcertados, y de su lición, nasce gran parte de los reveses y perdición que se descubren continuamente en nuestras costumbres. Y de un sabor de gentilidad y de infidelidad que los zelosos del servicio de Dios sienten en ellas —que no sé yo si en

---

[11] Marcel Bataillon considera esta página «genuinamente erasmiana, tanto por el contenido como por la amargura que se nota en el retrato del teólogo hinchado de cuestiones escolásticas e ignorante de los Evangelios». (Prólogo a la edición del *Enquiridion o manual del caballero cristiano* de Erasmo, hecha por Dámaso Alonso, Madrid, C.S.I.C., 1971, pág. 81.)

[12] *A: vence el*

[13] I *Cor.*, XV, 3. Según F. de Onís, el Bto. A. de Orozco, en la Dedicatoria de su *Epistolario cristiano,* hace notar la procedencia de Menandro de este pensamiento paulino. (*Nombres de Cristo,* t. I, Madrid, Espasa-Calpe, 1966, pág. 10, núm. 19.)

edad alguna del pueblo christiano se ha sentido mayor—, a mi juyzio el principio y la raýz y la causa toda son estos libros. Y es caso de gran compassión que muchas personas simples y puras se pierden en este mal passo, antes que se adviertan dél, y como sin saber de dónde o de qué, se hallan emponçoñadas [14] y quiebran simple [15] y lastimosamente en esta roca encubierta. Porque muchos destos malos escriptos ordinariamente andan en las manos de mugeres donzellas y moças, y no se recatan dello sus padres, por donde las más vezes les sale vano y sin fruto [16] todo el demás recato que tienen.

Por lo qual, como quiera que siempre aya sido provechoso y loable el escrivir sanas doctrinas que despierten las almas o las encaminen a la virtud, en este tiempo es assí necessario, que a mi juyzio todos los buenos ingenios en quien puso Dios partes y facultad para semejante negocio tienen obligación a occuparse en él, componiendo en nuestra lengua, para el uso común de todos, algunas cosas que, o como nascidas de las sagradas letras, o como allegadas y conformes a ellas, suplan por ellas, quanto es possible, con el común menester de los hombres, y juntamente les quiten de las manos, succediendo en su lugar dellos, los libros dañosos y de vanidad.

Y aunque es verdad que algunas personas doctas y muy religiosas han trabajado en aquesto bien felizmente en muchas escripturas que nos han dado llenas de utilidad y pureza, mas no por esso los demás que pueden emplearse en lo mismo se deven tener por desobligados, ni deven por esso alançar de las manos la pluma; pues en caso que todos los que pueden escrivir escriviessen [17], todo ello sería mucho menos, no sólo de lo que se puede escrivir [18] en semejantes materias, sino de aquello que, conforme a nuestra necessidad, es menester que se escriva, assí por ser los gustos de los hombres y sus inclinaciones tan differentes, como por ser tantas ya y tan

---

[14] A: *emponçoñados*
[15] 'ingenuamente'
[16] A y B: *sin effecto*
[17] A: *escreviessen*
[18] A: *escrevir*

144

recebidas las escripturas malas, contra quien se ordenan las buenas. Y lo que en las baterías y cercos de los lugares fuertes se haze en la guerra, que los tientan por todas las partes y con todos los ingenios que nos enseña la facultad militar, esso mismo es necessario que hagan todos los buenos y doctos ingenios agora, sin que uno se descuyde con otro, en un mal uso tan torreado y fortificado como es éste de que vamos hablando.

Yo assí lo juzgo y juzgué siempre. Y aunque me conozco por el menor de todos los que en esto que digo pueden servir a la Iglesia, siempre la desseé servir en ello como pudiesse; y por mi poca salud y muchas occupaciones no lo he hecho hasta agora [19]. Mas ya que la vida passada, occupada y trabajosa, me fue estorvo para que no pusiesse este mi desseo y juyzio en execución, no me parece que devo perder la occasión deste ocio en que la injuria y mala voluntad de algunas personas me han puesto [20]; porque, aunque son muchos los trabajos que me tienen cercado, pero el favor largo del cielo, que Dios, padre verdadero de los agraviados, sin merecerlo me da, y el testimonio de la consciencia en medio de todos ellos, han serenado mi ánima con tanta paz, que no sólo en la enmienda de mis costumbres, sino también en el negocio y conocimiento de la verdad, veo agora y puedo hazer lo que antes no hazía. Y hame convertido este trabajo el Señor en mi luz y salud, y con las manos

---

[19] Nunca fue muy buena la salud de Fray Luis. En las declaraciones prestadas durante su proceso inquisitorial declara él mismo estar «delicado y lleno de enfermedades», padecer «continuas enfermedades», etc., lo que corroboran los jueces al reconocer «ques hombre enfermo y delicado». (*Procesos, X y XI.*)

[20] Se refiere el autor a la forzada inactividad a que estuvo sometido, durante el proceso de 1572-76, en las cárceles inquisitoriales de Valladolid. Fray Luis atribuyó siempre a la malevolencia ajena la persecución de que fue objeto; así, en las *Actas* de su proceso leemos: «La origen y causa total desta denunciación que se hizo contra mí no fue celo de fe ni de verdad, sino pasión y odio y deseo de destruirme con mentiras y calumnias» —4-VI-1573—. La misma idea sirve de arranque a la célebre décima «Aquí la envidia y mentira», que se le atribuye. (Ver *Poesías de Fray Luis de León,* edición crítica por el padre Ángel C. Vega, Madrid, S.A.E.T.A., 1955, págs. 546-47.)

de los que me pretendían dañar ha sacado mi bien. A cuya excelente y divina merced en alguna manera no respondería yo con el agradescimiento devido, si agora que puedo, en la forma que puedo y según la flaqueza de mi ingenio y mis fuerças, no pusiesse cuydado en aquesto que, a lo que yo juzgo, es tan necessario para el bien de sus fieles.

Pues a este propósito me vinieron a la memoria unos razonamientos que, en los años passados, tres amigos míos y de mi Orden, los dos dellos hombres de grandes letras e ingenio, tuvieron entre sí, por cierta occasión, acerca de los nombres con que es llamado Iesuchristo en la Sagrada Escriptura; los quales me refirió a mí poco después el uno dellos, y yo por su qualidad no los quise olvidar.

Y desseando yo agora escrivir [21] alguna cosa que fuesse útil al pueblo de Christo, hame parecido que començar por sus nombres, para principio, es el más feliz y de mejor anuncio, y para utilidad de los lectores la cosa de más provecho, y para mi gusto particular la materia más dulce y más apazible de todas; porque assí como Christo nuestro señor es como fuente, o por mejor dezir, como océano, que comprehende en sí todo lo provechoso y lo dulce que se reparte en los hombres, assí el tratar dél, y como si dixéssemos, el desembolver aqueste thesoro, es conocimiento dulce y provechoso más que otro ninguno.

---

[21] *A: escrevir.* A propósito del pasaje que aquí comienza, y desde un punto de vista estilístico, Helen Dill Goode hizo notar cómo Fray Luis de León se sirve de lo que la retórica clásica llama *estilo templado* en las dedicatorias e introducciones de *Nombres,* así como en las perícopas doctrinales y emotivas; «en los nombres de sentido más emotivo —añade—, como ''Camino'', ''Monte'', ''Braço de Dios'', ''Rey de Dios'' y ''Príncipe de Paz'', el estilo templado está enriquecido con la floración de todo género de figuras, los períodos se expanden y los *kommata* se convierten con frecuencia en una serie larga de fragmentos cortos paralelos». (*La prosa retórica de Fray Luis de León en «Los nombres de Cristo»*, Madrid, Gredos, 1969, págs. 37 y 42-44.) En cambio, «en las dedicatorias e introducciones» —como es el caso del texto presente—... «hay menos ornamentación, y las cláusulas periódicas, compactas, se deslizan con sosiego en *kola* y *kommata* relativamente largos». (*Ibíd.,* pág. 42.)

Y por orden de buena razón se presupone a los demás tratados y conocimientos aqueste conocimiento, porque es el fundamento de todos ellos, y es como el blanco adonde el christiano endereça todos sus pensamientos y obras; y assí, lo primero a que devemos dar assiento en el ánima es a su desseo, y por la misma razón, a su conocimiento, de quien nace y con quien se enciende y acrecienta el desseo. Y la propria y verdadera sabiduría del hombre es saber mucho de Christo, y a la verdad es la más alta y más divina sabiduría de todas; porque entenderle a él es entender todos los thesoros de la sabiduría de Dios, que, como dize S. Pablo [22], están en él encerrados; y es entender el infinito amor que Dios tiene a los hombres, y la magestad de su grandeza, y el abysmo de sus consejos sin suelo, y de su fuerça invencible el poder immenso, con las demás grandezas y perfectiones que moran en Dios, y se descubren y resplandecen, más que en ninguna parte, en el mysterio de Christo. Las quales perfectiones todas, o gran parte dellas, se entenderán si entendiéremos la fuerça y la significación de los nombres que el Spíritu Sancto le da en la Divina Escriptura; porque son estos nombres como unas cifras breves en que Dios, maravillosamente, encerró todo lo que acerca desto el humano entendimiento puede entender y le conviene que entienda.

Pues lo que en ello se platicó entonces, recorriendo yo la memoria dello después, casi en la misma forma como a mí me fue referido, y lo más conforme que ha sido possible al hecho de la verdad o a su semejança, aviéndolo puesto por escripto, lo embío agora a v. m., a cuyo servicio se endereçan todas mis cosas.

---

[22] *Col.,* II, 2-3.

[INTRODUCCIÓN]

Era por el mes de iunio, a las bueltas[23] de la fiesta de S. Iuan, al tiempo que en Salamanca comiençan a cessar los estudios, quando Marcello, el uno de los que digo —que ansí le[24] quiero llamar con nombre fingido, por ciertos respectos que tengo, y lo mismo haré a los demás—, después de una carrera tan larga como es la de un año en la vida que allí se vive, se retiró, como a puerto sabroso, a la soledad de una granja que, como v. m. sabe, tiene mi monasterio en la ribera de Tormes[25]; y fuéronse con él, por hazerle compañía y por el mismo respecto, los otros dos. Adonde aviendo estado algunos días, acontesció que una mañana, que era la del día dedicado al apóstol S. Pedro, después de aver dado al culto divino lo que se le devía, todos tres juntos se salieron de la casa a la huerta que se haze delante della.

Es la huerta grande, y estava entonces bien poblada de árboles, aunque puestos sin orden; mas esso mismo hazía deleyte en la vista, y, sobre todo, la hora y la sazón[26]. Pues entrados en ella, primero, y por un espacio

---

[23] 'alrededor de', 'cerca de'. Los diálogos tendrán lugar exactamente durante las festividades de San Pedro y San Pablo, cinco días después de la de San Juan.

[24] *A: lo*

[25] Esta «granja» es la finca de *La Flecha,* situada aguas arriba del Tormes, a legua y media de Salamanca, y que pertenecía al monasterio de San Agustín, destruido por las tropas napoleónicas en 1812.

[26] López Estrada pone en relación, con acierto, este pasaje con los presupuestos fundamentales de la literatura pastoril, tan en

pequeño, se anduvieron passeando y gozando del frescor, y después se sentaron juntos, a la sombra de unas parras y junto a la corriente de una pequeña fuente, en ciertos assientos. Nasce la fuente de la cuesta que tiene la casa a las espaldas, y entrava en la huerta por aquella parte, y corriendo y estropeçando, parecía reýrse [27]. Tenían también delante de los ojos y cerca dellos una alta y hermosa alameda. Y más adelante, y no muy lexos, se veýa el río Tormes, que aún en aquel tiempo, hinchiendo bien sus riberas, yva torciendo el passo por aquella vega. El día era sossegado y puríssimo, y la hora muy fresca [28].

---

boga en la segunda mitad del siglo XVI: «El lugar en que se reúnen los amigos Marcelo, Juliano y Sabino —comenta—, ejerce sobre ellos la sugestión poética que los campos pastoriles en los personajes de estos libros. La tan celebrada huerta de la Flecha, en la que transcurre la sabia conversación, es un punto de partida para la inteligencia de la obra; su descripción es, ella sola, una obra de arte sorprendente... Se han reunido los elementos suficientes para que la sensibilidad de la Naturaleza, que ha favorecido de tantas maneras la literatura pastoril, dé el tono de la obra: un diálogo pausado, espiritual, ordenado hacia la belleza de Dios.» (Los libros de pastores en la literatura española. La órbita previa, Madrid, Gredos, 1974, págs. 197 y 199.)

[27] El paralelismo con las estrofas IX-XI de la oda «La vida retirada» es evidente. «El agua —según José M. de Cossío— toma vida en los versos de Fray Luis. Su fontana pura es vena viva, inquieta, en cierto modo humana... La fuente de Fray Luis sufre inquietud y urgencia de la pasión, ríe y estropieza en el escenario de los nombres de Cristo, y humanamente, con urgencia y voluntad vivas, se apresura curiosa de ver y codiciosa de acrecentar la hermosura del huerto.» (Poesía española. Notas de asedio, Buenos Aires, Espasa-Calpe, 1952, pág. 46.)

[28] «No existe en toda la literatura española —escribe Enrique de Mesa, comentando este pasaje— página de más fuerte plasticidad, más precisa en el vocablo, más elegante y clara en el giro, más evocadora, gustosa y sabrosa, que ésta con que Fray Luis inicia sus diálogos. Es necesario regalar el oído primeramente con el amplio, pero sofrenado, rodar de su locución, desenlazar luego sus oraciones limpias, sonar después una a una, gustando de su áureo sonido de doblas de Castilla, las palabras precisas, únicas, que el poeta emplea y que por él parecen originalmente acuñadas para expresar lo que expresan. Es página que huele y sabe, que nos halaga tan sensualmente como el huerto mismo, con su sombra de parras, con su regato reidor, con su rumorosa alameda, nos halagaría. Es la descripción incomparable de un lugar, de un día, de una hora.» (Prólogo a su edición de Nombres, Madrid, Calleja, MCMXVII, pág. 20.)

Assí que, assentándose y callando por un pequeño tiempo, después de sentados, Sabino —que assí me plaze llamar al que de los tres era el más moço—, mirando hazia Marcello y sonriéndose, començó a dezir assí:

—Algunos ay a quien la vista del campo los enmudece, y deve ser condición de espíritus de entendimiento profundo; mas yo, como los páxaros, en viendo lo verde, desseo o cantar o hablar.

—Bien entiendo por qué lo dezís —respondió al punto Marcello [29]—, y no es alteza de entendimiento, como days a entender por lisongearme o por consolarme, sino qualidad de edad y humores differentes que nos predominan y se despiertan con esta vista, en vos de sangre y en mí de melancolía. Mas sepamos —dize— de Iuliano —que éste será el nombre del otro tercero— si es páxaro también o si es de otro metal.

—No soy siempre de uno mismo —respondió Iuliano—, aunque agora al humor de Sabino me inclino algo más. Y pues él no puede agora razonar consigo mismo mirando la belleza del campo y la grandeza del cielo, bien será que nos diga su gusto acerca de lo que podremos hablar.

Entonces Sabino, sacando del seno un papel escripto y no muy grande:

—Aquí —dize— está mi desseo y mi esperança.

Marcello, que reconoció luego el papel, porque estava escripto de su mano, dixo buelto a Sabino y riéndose:

—No os atormentará mucho el desseo a lo menos, Sabino, pues tan en la mano tenéys la esperança; ni aun deven ser ni lo uno ni lo otro [30] muy ricos, pues se encierran en tan pequeño papel.

---

[29] Marcelo —como Fray Luis— queda mudo ante la majestad de la naturaleza, por lo que ve en la interpretación de Sabino una alusión laudatoria a la profundidad de su entendimiento; por eso, con elegante modestia, rechaza dicha interpretación, atribuyendo su silencio a causas de edad y temperamento. Recuérdese que Fray Luis, en palabras de Francisco Pacheco, era «en lo moral, con especial don de silencio, el hombre más callado que se ha conocido». *(Libro de verdaderos retratos.)*

[30] O sea, 'el desseo' y 'la esperança'.

—Si fueren pobres —dixo Sabino— menos causa tendréys para no satisfazerme en una cosa tan pobre.

—¿En qué manera —respondió Marcello— o qué parte soy yo para satisfazer a vuestro desseo, o qué desseo es el que dezís?

Entonces Sabino, desplegando el papel, leyó el título, que dezía: *De los nombres de Christo;* y no leyó más. Y dixo luego:

—Por cierto caso hallé oy este papel, que es de Marcello [31], adonde, como parece [32], tiene apuntados algunos de los nombres con que Christo es llamado en la Sagrada Escriptura, y los lugares della adonde es llamado assí [33]. Y como le vi, me puso codicia de oýrle algo sobre aqueste argumento, y por esso dixe que mi desseo estava en este papel; y está en él mi esperança también, porque como parece dél, éste es argumento en que Marcello ha puesto su estudio y cuydado, y argumento que le deve tener en la lengua; y assí, no podrá dezirnos agora lo que suele dezir quando se escusa si le obligamos a hablar, que le tomamos desapercebido [34]. Por ma-

---

[31] Para muchos, desde el padre Conrado Muiños, este «papel», cuyos puntos sirven de guión estructural a los *Nombres de Cristo* en sus dos primeros libros —exceptuando el nombre de «Pastor»—, sería el opúsculo del Beato A. de Orozco, *De nueve nombres de Cristo,* inédito hasta que, en 1888, lo publicó Muiños. Otros —así Félix García—, atribuyen el interesante opúsculo al propio Fray Luis. Por lo demás, la identificación de dicho «papel», que desde el punto de vista literario no tiene, a nuestro entender, excesiva importancia, nos parece insoluble con los datos ofrecidos por el propio autor.

[32] 'aparece', 'se ve'

[33] El tomar a la Escritura como fuente de donde se sacan los nombres que habrán de servir de base a toda una Cristología procede del Pseudo Dionisio: *Ista ex diuinorum eloquiorum fontibus haurimus, inueniesque omne ferme (vt ita dixerim) theologorum laudationem ad beneficos diuinitatis progressus exponendos atque laudandos, diuina effingere nomina. (De divinis nominibus,* en D. *Dionysii Areopagitae scripta...,* Compluti, *apud* Ioannem Brocariū, M.D.XLI, fol. Lxxviii *v.)*

[34] Es común, al inicio de muchos diálogos humanísticos, que los interlocutores-discípulos hayan de vencer la resistencia del interlocutor-maestro a llevar el peso de la conversación, luciendo sus conocimientos, lo que no puede hacerse sin alarmar su natural modestia de personajes literarios dotados de cualidades tópicas. Re-

nera que, pues le falta esta escusa, y el tiempo es nuestro y el día sancto, y la sazón tan a propósito de pláticas semejantes, no nos será difficultoso el rendir a Marcello, si vos, Iuliano, me favorecéys.

—En ninguna cosa me hallaréys más a vuestro lado, Sabino —respondió Iuliano.

Y dichas y respondidas muchas cosas en este propósito, porque Marcello se escusava mucho, o a lo menos pedía que tomasse Iuliano su parte y dixesse también, y quedando assentado que a su tiempo, quando pareciesse o si pareciesse ser menester, Iuliano haría su officio, Marcello, buelto a Sabino, dixo assí:

—Pues el papel ha sido el despertador desta plática, bien será que él mismo nos sea la guía en ella. Yd leyendo, Sabino, en él y de lo que en él estuviere, y conforme a su orden, assí yremos diziendo, si no os parece otra cosa.

—Antes nos parece lo mismo —respondieron como a una Sabino y Iuliano.

Y luego Sabino, poniendo los ojos en el escripto, con clara y moderada boz leyó assí:

---

cuérdese algo semejante al principio del *Diálogo de la lengua,* de Juan de Valdés, cuando éste ha de ser persuadido, mediante un ardid, por Marcio, Pacheco y Coriolano, a entablar el debate (edición de J. M. Lope Blanch, Madrid, Castalia, 1969, págs. 39-50).

[DE LOS NOMBRES EN GENERAL]

Los nombres que en la Escriptura se dan a Christo son muchos, assí como son muchas sus virtudes y officios; pero los principales son diez [35], *en los quales se encierran y, como reduzidos, se recogen los demás. Y los diez son éstos.*

—Primero que vengamos a esso —dixo Marcello, alargando la mano hazia Sabino para que se detuviesse—, convendrá que digamos algunas cosas que se presuponen a ello, y convendrá que tomemos el salto, como dizen, de más atrás y que, guiando el agua de su primer nascimiento, tratemos qué cosa es esto que llamamos nombre, y qué officio tiene, y por qué fin se introduxo, y en qué manera se suele poner; y aun antes de todo esto ay otro principio.

—¿Qué otro principio —dixo Iuliano— ay que sea primero que el ser de lo que se trata y la declaración dello breve, que la Escuela [36] llama *diffinición?*

—Que como los que quieren hazerse [37] a la vela —respondió Marcello— y meterse en la mar, antes que desplieguen los lienços, bueltos al favor del cielo, le piden viaje seguro, assí agora en el principio de una semejante jornada, yo por mí, o por mejor dezir, todos para mí,

---

[35] En la 1.ª ed., «nueve», pues en ella no se disertaba acerca del de «Pastor», faltando, además, los cuatro del L. III.

[36] Se refiere, antonomásticamente, a la Escolástica, aludiendo a sus procedimientos metodológicos.

[37] *A: hazer a*

pidamos a esse mismo de quien avemos de hablar, sentidos y palabras quales convienen para hablar dél [38]. Porque si las cosas menores, no sólo acabarlas no podemos bien, mas ni emprenderlas tampoco sin que Dios particularmente nos favorezca, ¿quién podrá dezir [39] de Christo, y de cosas tan altas como son las que encierran los nombres de Christo, si no fuere alentado con la fuerça de su espíritu? Por lo qual, desconfiando de nosotros mismos y confessando la insufficiencia de nuestro saber, y como derrocando por el suelo los coraçones, suppliquemos con humildad a aquesta divina luz que nos amanezca, quiero dezir, que embíe en mi alma los rayos de su resplandor y la alumbre, para que en esto que quiere dezir dél, sienta lo que es digno dél, y para que lo que en esta manera sintiere, lo publique por la lengua en la forma que deve [40]. Porque, Señor, sin ti, ¿quién podrá hablar como es justo de ti? O ¿quién no se perderá, en el immenso océano de tus excellencias metido, si tú mismo no le guías al puerto? Luze, pues, ¡o solo verdadero sol!, en mi alma, y luze con tan grande abundancia de luz que, con el rayo della, juntamente y mi voluntad encendida te ame y mi entendimiento esclarescido te vea [41] y,

---

[38] El papel estructural de esta plegaria al principio del debate doctrinal sólo puede entenderse como reminiscencia de la *deprecación* inicial, tras el *exordio,* en la oratoria sagrada, género literario que tan profunda huella —todavía sin estudiar debidamente— ha dejado en los *Nombres.* Por lo demás, Karl Vossler había notado ya cómo «no falta tampoco retórica en esos diálogos, y los críticos modernos reprochan en distintas ocasiones a Fray Luis de León una excesiva y desbordante elocuencia... [Sin embargo], consigue del todo la maestría académica y lírica de la fuerza oratoria... en los diálogos *De los nombres de Cristo*». (*Fray Luis de León,* Buenos Aires, Espasa-Calpe, 1946, págs. 58 y 59.)

[39] 'hablar', 'disertar'

[40] La idea procede, a nuestro entender, de Santa Teresa: «Una merced es dar el Señor la merced, y otra es entender qué merced es y qué gracia; otra es saber decirla y dar a entender cómo es.» *(Libro de la vida,* en *Obras completas,* t. I, Madrid, BAC, MCMLI, página 690.) R. Menéndez Pidal estudió este punto, señalando su conexión con fray Francisco de Osuna, en «El estilo de Santa Teresa», *La lengua de Cristóbal Colón,* Buenos Aires, 1947³, páginas 139-142.

[41] Calco cultista del latín *et... et...,* que se vierte en castellano

enriquecida mi boca, te hable y pregone, si no como eres del todo, a lo menos como puedes de nosotros ser entendido, y sólo a fin de que tú seas glorioso y ensalçado en todo tiempo y de todos.

Y dicho esto, calló; y los otros dos quedaron suspensos y attentos mirándole. Y luego tornó a començar en aquesta manera:

—El nombre, si avemos de dezirlo en pocas palabras, es una palabra breve, que se sustituye por aquello de quien se dize, y se toma por ello mismo. O nombre es aquello mismo que se nombra, no en el ser real y verdadero que ello tiene, sino en el ser que le da nuestra boca y entendimiento [42].

Porque se ha de entender que la perfectión de todas las cosas, y señaladamente de aquellas que son capaces de entendimiento y razón, consiste en que cada una dellas tenga en sí a todas las otras, y en que, siendo una, sea todas quanto le fuere possible; porque en esto se avezina a Dios, que en sí lo contiene todo. Y quanto más en esto creciere, tanto se allegará más a él haziéndosele semejante. La qual semejança es, si conviene dezirlo assí, el pío [43] general de todas las cosas, y el fin y como el blanco adonde embían sus desseos todas las criaturas.

Consiste, pues, la perfeción de las cosas en que cada uno de nosotros sea un mundo perfecto, para que por esta manera, estando todos en mí y yo en todos los otros, y teniendo yo su ser de todos ellos, y todos y cada uno dellos teniendo el ser mío, se abrace y eslavone toda aquesta máchina del universo, y se reduzga a unidad la

---

por el correlativo «y..., y...», equivalente a 'no sólo..., sino también...'

[42] La exactitud de tales conceptos hace que este pasaje conserve toda su vigencia, coincidiendo con la teoría moderna del «nombre» como 'definición': «La vida —dice Ortega y Gasset— es, por lo pronto, radical inseguridad, sentirse náufrago en un elemento misterioso, extranjero y frecuentemente hostil: se encuentra con esas cosas que llama enfermedades, hambre, dolor. Ya el darles un nombre es comenzar a interpretarlas: *el nombre es ya una definición.*» (*En torno a Galileo,* Madrid, 1965, pág. 83.) Subrayamos nosotros.

[43] 'deseo vivo y ansioso de una cosa'

muchedumbre de sus differencias, y, quedando no mezcladas, se mezclen, y permaneciendo muchas, no lo sean; y para que, estendiéndose y como desplegándose delante los ojos la variedad y diversidad, vença y reyne y ponga su silla la unidad sobre todo. Lo qual es avezinarse la criatura a Dios de quien mana, que en tres personas es una essencia, y en infinito número de excellencias no comprehensibles, una sola perfecta y senzilla excellencia [44].

Pues siendo nuestra perfeción aquesta que digo, y desseando cada uno naturalmente su perfeción, y no siendo escasa la naturaleza en proveer a nuestros necessarios desseos, proveyó en esto, como en todo lo demás, con admirable artificio; y fue que, porque no era possible que las cosas, assí como son materiales y toscas, estuviessen todas unas en otras, les dio [45] a cada una dellas, demás del ser real que tienen en sí, otro ser del todo semejante a este mismo, pero más delicado que él y que nace en cierta manera dél, con el qual estuviessen y viviessen cada una dellas en los entendimientos de sus vezinos, y cada una en todas y todas en cada una. Y ordenó también que de los entendimientos, por semejante manera, saliessen con la palabra a las bocas. Y dispuso que las que en su ser material piden cada una dellas su proprio lugar, en aquel espiritual ser, pudiessen estar muchas sin embaraçarse en un mismo lugar en compañía juntas, y aun, lo que es más maravilloso, una misma en un mismo tiempo en muchos lugares.

De lo qual puede ser como exemplo lo que en el es-

---

[44] «Este texto —piensa Alain Guy— contiene todo Fray Luis... En él aparecen todos los grandes temas luisianos, casi sin excepción... Todas las obras de Fray Luis no son desde el punto de vista ontológico y ético, sino un apasionado profundizar, bajo las formas más diversas, estas poderosas enseñanzas básicas. Esta página constituye, pues —así me lo parece—, el sumario de los *leitmotiv* de la especulación luisiana. Todos sus escritos son variaciones en torno a estas intuiciones esenciales.» (*El pensamiento filosófico de Fray Luis de León,* Madrid, Rialp, 1960, págs. 88-89.) Lo mismo piensa Francisco Rico: «Probablemente no hay página más decisiva para comprender a Luis de León.» (*El pequeño mundo del hombre,* Madrid, Castalia, 1970, pág. 170.)

[45] *A: en otras, dio*

pejo acontece [46]. Que si juntamos muchos espejos y los ponemos delante los ojos, la imagen del rostro, que es una, reluze una misma y en un mismo tiempo en cada uno dellos, y de ellos todas aquellas imágines, sin confundirse [47], se tornan juntamente a los ojos, y de los ojos al alma de aquel que en los espejos se mira. Por manera que, en conclusión de lo dicho, todas las cosas viven y tienen ser en nuestro entendimiento quando las entendemos, y quando las nombramos, en nuestras bocas y lenguas. Y lo que ellas son en sí mismas, essa misma razón de ser tienen en nosotros, si nuestras bocas y entendimientos son verdaderos.

Digo *essa misma* [48] en razón de semejança, aunque en qualidad de modo differente, conforme a lo dicho. Porque el ser que tienen en sí es ser de tomo y de cuerpo, y ser estable y que assí permanece; pero en el entendimiento que las entiende házense a la condición dél, y son espirituales y delicadas; y para dezirlo en una palabra, en sí son la verdad, mas en el entendimiento y en la boca son imágines de la verdad, esto es, de sí mismas, e imágines que sustituyen y tienen la vez de sus mismas cosas para el effecto y fin que está dicho. Y finalmente, en sí son ellas mismas, y en nuestra boca y entendimiento sus nombres. Y assí queda claro lo que al principio diximos, que el nombre es como imagen de la cosa de quien se dize, o la misma cosa disfraçada en otra manera, que sustituye por ella y se toma por ella para el fin y propósito de perfectión y comunidad que diximos.

Y desto mismo se conoce también que ay dos maneras o dos differencias de nombres: unos que están en el alma y otros que suenan en la boca. Los primeros son el ser que tienen las cosas en el entendimiento del que las entiende, y los otros, el ser que tienen en la boca del que, como las entiende, las declara y saca a luz con

---

[46] Nuevo rasgo del estilo de la oratoria sagrada, que se reiterará a lo largo de todo el libro, es la presencia del «símil» y del *exemplum* ilustrativo, que en Fray Luis alcanza un valor funcional y estético considerable.

[47] A: *dellos, y todas ellas sin confundirse*

[48] A: *esse mismo*

palabras. Entre los quales ay esta conformidad: que los unos y los otros son imágines y, como ya digo muchas vezes, sustitutos de aquéllos cuyos nombres son. Mas ay [49] también esta desconformidad: que los unos son imágines por naturaleza y los otros por arte. Quiero dezir, que la imagen y figura que está en el alma sustituye por aquellas cosas, cuya figura es, por la semejança natural que tiene con ellas; mas las palabras, porque nosotros, que fabricamos las bozes, señalamos para cada cosa la suya, por esso sustituyen por ellas. Y quando dezimos *nombres,* ordinariamente entendemos éstos postreros, aunque aquéllos primeros son los nombres principalmente. Y assí nosotros hablaremos de aquéllos teniendo los ojos en éstos.

Y aviendo dicho Marcello esto, y queriendo proseguir su razón, díxole Iuliano:

—Paréceme que avéys guiado el agua muy desde su fuente, y como conviene que se guíe en todo aquello que se dize para que sea perfectamente entendido. Y si he estado bien atento, de tres cosas que en el principio nos propusistes, avéys ya dicho las dos, que son lo que es el nombre, y el officio para cuyo fin se ordenó. Resta dezir lo tercero, que es la forma que se ha de guardar, y aquello a que se ha de tener respecto quando se pone.

—Antes de esso —respondió Marcello— añadiremos esta palabra a lo dicho, y es que, como de las cosas que entendemos, unas vezes formamos en el entendimiento una imagen que es imagen de muchos, quiero dezir, que es imagen de aquello en que muchas cosas, que en lo demás son differentes, convienen entre sí y se parecen, y otras vezes la imagen que figuramos es retrato de una cosa sola, y assí proprio retrato della que no dize con otra, por la misma manera ay unas palabras o nombres que se applican a muchos y se llaman nombres comunes, y otros que son proprios de sólo uno, y éstos son aquéllos de quien hablamos agora. En los quales, quando de intento se ponen, la razón y naturaleza dellos pide que se guarde esta regla: que pues han de ser proprios,

---

[49] *A* y *B: Y ay*

tengan significación de alguna particular propriedad y de algo de lo que es proprio a aquello de quien se dizen; y que se tomen, y como nazcan y manen, de algún minero suyo y particular. Porque si el nombre, como avemos dicho, sustituye por lo nombrado, y si su fin es hazer que lo ausente que significa, en él nos sea presente, y cercano y junto lo que nos es alexado, mucho conviene que en el sonido, en la figura, o verdaderamente en la origen y significación de aquello de donde nasce, se avezine y assemeje a cuyo es, quanto es possible avezinarse a una cosa de tomo y de ser el sonido de una palabra.

No se guarda esto siempre en las lenguas; es grande verdad. Pero si queremos dezir la verdad, en la primera lengua de todas[50] casi siempre se guarda. Dios, a lo menos, assí lo guardó en los nombres que puso, como en la Escriptura se vee. Porque si no es esto, ¿qué es lo que se dize en el *Génesi*[51], que Adam, inspirado por Dios, puso a cada cosa su nombre, y que lo que él las nombró, ésse es el nombre de cada una? Esto es dezir que a cada una les venía como nascido aquel nombre, y que era assí suyo, por alguna razón particular y secreta, que si se pusiera a otra cosa no le viniera ni quadrara tan bien.

Pero, como dezía, esta semejança y conformidad se atiende en tres cosas: en la figura, en el sonido, y señaladamente en la origen de su derivación y significación. Y digamos de cada una, começando por aquesta postrera.

Atiéndese, pues, aquesta semejança en la origen[52] y significación de aquello de donde nasce, que es dezir

---

[50] Es decir, en la hebrea, cuya prioridad —en tiempo y nobleza— respecto de las demás lenguas conocidas era la opinión común entonces, defendida en España por B. Jiménez Patón, López Madera, Luis de Cueva, Bermúdez de Pedraza, Gonzalo de Correas, y —todavía— por el propio Quevedo.

[51] II, 19.

[52] «No puede extrañar que Fray Luis dé a *origen* el género femenino que *origo* tenía en latín.» (Rafael Lapesa, «El cultismo en la poesía de Fray Luis de León», en *Atti del Convegno Internazionale sul tema «Premarinismo e Pregongorismo»* —Roma, 19-20

que quando el nombre que se pone a alguna cosa se deduze y deriva de alguna otra palabra y nombre, aquello de donde se deduze ha de tener significación de alguna cosa que se avezine a algo de aquello que es proprio al nombrado, para que el nombre, saliendo de allí, luego que sonare ponga [53] en el sentido del que le oyere [54] la imagen de aquella particular propriedad, esto es, para que el nombre contenga en su significación algo de lo mismo que la cosa nombrada contiene en su essencia. Como, por razón de exemplo [55], se vee en nuestra lengua en el nombre con que se llaman en ella los que tienen la vara de justicia en alguna ciudad, que los llamamos *corregidores,* que es nombre que nasce y se toma de lo que es 'corregir', porque el corregir lo malo es su officio dellos, o parte de su officio muy propria. Y assí, quien lo oye, en oyéndolo, entiende lo que ay o aver deve en el que tiene este nombre. Y también a los que entrevienen en los casamientos los llamamos en castellano *casamenteros,* que viene de lo que es 'hazer mención' o 'mentar', porque son los que hazen mención del casar, entreveniendo en ello y hablando dello y tratándolo. Lo qual en la Sagrada Escriptura se guarda siempre en todos aquellos nombres que, o Dios puso a alguno, o por su inspiración se pusieron a otros. Y esto en tanta manera, que no solamente ajusta Dios los nombres que pone con lo proprio que las cosas nombradas tienen en sí, mas también todas las vezes que dio a alguno y le añadió alguna qualidad señalada, demás de las que de suyo tenía, le ha puesto también algún nuevo nombre que se conformasse con ella, como se vee en el nombre que de nuevo puso a Abraham [56], y en el de Sarra [57] su muger se vee también, y en el de Iacob, su

---

Aprile 1971—, Roma, Accademia Nazionale dei Lincei, 1973, página 229.)

[53] *A: en sonando, ponga*

[54] *A: oye*

[55] *A:* Desde *Como, por razón...* hasta *tratándolo,* no aparece.

[56] *Gén.,* XVII, 5. El nombre primitivo, Abram —'padre excelso'— se cambia en Abraham —'padre de multitudes'.

[57] *Gén.,* XVII, 15. Aunque la edición de 1587 trae «Sarra», el

nieto, a quien llamó Israel[58], y en el de Iosué, el capitán que puso a los iudíos en la possessión de su tierra[59], y assí en otros muchos.

—No ha muchas horas —dixo entonces Sabino— que oýmos acerca de esso un exemplo bien señalado; y aun oyéndole yo, se me offreció una pequeña duda acerca dél.

—¿Qué exemplo es esse? —respondió Marcello.

—El nombre de Pedro[60] —dixo Sabino—, que le puso Christo, como agora nos fue leýdo en la missa.

—Es verdad —dixo Marcello—, y es bien claro exemplo; mas ¿qué duda tenéys en él?

—La causa por que Christo le puso —respondió Sabino— es mi duda; porque me parece que deve contener en sí algún mysterio grande.

—Sin duda —dixo Marcello—, muy grande; porque dar Christo a S. Pedro aqueste nuevo y público nombre, fue cierta señal que en lo secreto del alma le infundía a él, más que a ninguno de sus compañeros, un don de firmeza no vencible.

—Esso mismo —replicó luego Sabino— es lo que se me haze dudoso; porque ¿cómo tuvo más firmeza que los demás apóstoles, ni infundida ni suya, el que solo entre todos negó a Christo por tan ligera occasión? Si no es firmeza prometer osadamente y no cumplir flacamente después.

---

nombre originario de la esposa de Abraham era el de «Sarai» —'señora mía'—, que le fue cambiado por el de «Sara» —'señora'—, con sentido de universalidad.

[58] *Gén.*, XXXII, 28-29. «Jacob» significa 'suplantador', mientras «Israel», el nuevo nombre, quiere decir 'Dios lucha', 'Dios es fuerte'.

[59] *Núm.*, XIII, 17. «Josué» —'salud', 'salvador'— se llamó primeramente «Oseas», hijo de «Num».

[60] *Mt.*, XVI, 18. «Simón» ve su nombre cambiado por Cristo en «Cephas» («Petrus», 'piedra'). El fenómeno no es exclusivamente bíblico: lo mismo sucede, en el mundo greco-latino clásico, con Sófocles, entre otros; recuérdese, por ejemplo, la alusión a los motivos por los que se impone el nombre de «Edipo» —en *Edipo, rey*—, «Euménides» y «Partenopeo» —en *Edipo en Colono*—, etc. (*Tragedias de Sófocles,* edición y traducción de J. Alemany y Bolufer, Madrid, Hernando, 1956, págs. 149, 184 y 210, respectivamente.)

—No es assí —respondió Marcello—, ni se puede dudar en manera alguna de que fue este glorioso príncipe, en este don de firmeza de amor y fe para con Christo, muy aventajado entre todos. Y es claro argumento de esto aquel zelo y apresuramiento que siempre tuvo para adelantarse en todo lo que parecía tocar o a la honra o al descanso de su Maestro. Y no sólo después que recibió el fuego del Spíritu Sancto [61], sino antes también. Quando Christo, preguntándole tres vezes si le amava más que los otros, y respondiendo él que le amava, le dio a pacer sus ovejas [62], testificó Christo con el hecho que su respuesta era verdadera y que se tenía por amado dél con firmíssimo y fortíssimo amor. Y si negó en algún tiempo [63], bien es de creer que qualquiera de sus compañeros, en la misma pregunta y occasión de temer, hizieran lo mismo si se les offreciera; y por no avérseles offrecido, no por esso fueron más fuertes.

Y si quiso Dios que se le offreciesse a solo S. Pedro, fue con grande razón. Lo uno para que confiasse menos de sí de allí adelante el que hasta entonces, de la fuerça de amor que en sí mismo sentía, tomava occasión para ser confiado. Y lo otro, para que quien avía de ser pastor y como padre de todos los fieles, con la experiencia de su propria flaqueza, se condoliesse de las que después viesse en sus súbditos y supiesse llevarlas. Y últimamente, para que con el lloro amargo que hizo por esta culpa, mereciesse mayor acrecentamiento de fortaleza. Y assí fue que después se le dio firmeza para sí y para otros muchos en él, quiero dezir, para todos los que le son successores en su silla apostólica, en la qual siempre ha permanecido firme y entera, y permanecerá hasta la fin, la verdadera doctrina y confessión de la fe.

Mas tornando a lo que dezía, quede esto por cierto: que todos los nombres que se ponen por orden de Dios traen consigo significación de algún particular secreto que la cosa nombrada en sí tiene, y que en esta significación se assemejan a ella; que es la primera de las tres

---

[61] *Act.*, I, 2, y II, 1-36.
[62] *Jn.*, XXI, 15-17.
[63] *Mt.*, XXVI, 69-75.

cosas en que, como diximos, esta semejança se atiende. Y sea la segunda lo que toca al sonido, esto es, que sea el nombre que se pone de tal qualidad, que quando se pronunciare suene como suele sonar aquello que significa, o quando habla, si es cosa que habla, o en algún otro accidente que le acontezca. Y la tercera es la figura, que es la que tienen las letras con que los nombres se escriven, assí en el número como en la disposición de sí mismas, y la que quando las pronunciamos suelen poner en nosotros.

Y destas dos maneras postreras, en la lengua original de los libros divinos y en essos mismos libros, ay infinitos exemplos; porque, del sonido, casi no ay palabra de las que significan alguna cosa que, o se haga con boz o que embíe són alguno de sí, que pronunciada bien, no nos ponga en los oýdos o el mismo sonido o algún otro muy semejante dél. Pues lo que toca a la figura, bien considerado, es cosa maravillosa los secretos y los mysterios que ay acerca desto en las letras divinas. Porque en ellas, en algunos nombres se añaden letras para significar acrecentamiento de buena dicha en aquello que significan, y en otros se quitan algunas de las devidas para hazer demonstración de calamidad y pobreza. Algunos, si lo que significan, por algún accidente, siendo varón, se ha afeminado y enmollecido, ellos también toman letras de las que en aquella lengua son, como si dixéssemos, afeminadas y mugeriles. Otros, al revés, significando cosas femininas de suyo, para dar a entender algún accidente viril, toman letras viriles. En otros mudan las letras su propria figura, y las abiertas se cierran, y las cerradas se abren y mudan el sitio, y se trasponen y disfraçan con visajes y gestos differentes, y, como dizen del camaleón, se hazen a todos los accidentes de aquéllos cuyos son los nombres que constituyen. Y no pongo exemplos de aquesto porque son cosas menudas, y a los que tienen noticia de aquella lengua, como vos, Iuliano y Sabino, la tenéys, notorias mucho; y señaladamente porque pertenecen propriamente a los ojos y assí, para dichas y oýdas, son cosas escuras.

Pero, si os parece, valga por todos la figura y qualidad de letras con que se escrive en aquella lengua el nombre proprio de Dios, que los hebreos llaman *ineffable,* porque no tenían por lícito el traerle comúnmente en la boca, y los griegos le llaman *nombre de quatro letras,* porque son tantas las letras de que se compone [64]. Porque si miramos al sonido con que se pronuncia, todo él es vocal [65], ansí como lo es aquél a quien significa, que todo es ser y vida y espíritu, sin ninguna mezcla de composición o de materia [66]; y si attendemos a la condición de las letras hebreas con que se escrive, tienen esta condición, que cada una dellas se puede poner en lugar de las otras, y muchas vezes en aquella lengua se ponen; y assí, en virtud, cada una dellas es todas, y todas son cada una, que es como imagen de la senzillez [67] que ay en Dios por una parte, y de la infinita muchedumbre de perfectiones que por otra tiene, porque todo es una gran perfectión, y aquélla una es todas sus perfectiones. Tanto que, si hablamos con propriedad, la perfecta sabiduría de Dios no se differencia de su justicia infinita, ni su justicia de su grandeza, ni su grandeza de su misericordia; y el poder y el saber y el amar en él todo es uno. Y en cada uno destos sus bienes, por

---

[64] En hebreo, el nombre propio de Dios es «Yahweh», escrito con cuatro letras: *yod, he, wau* y *be;* su significado es ʻyo soy quien soyʼ (*Ex.,* III, 14); Jules Piccus ha estudiado las implicaciones luisianas de este punto en su trabajo «Fray Luis de León y la figura del tetragrámaton en *De los nombres de Cristo*», *Hisp.,* LV (1972), 848-856. En cuanto al nombre «Yehowah», es el resultado de la unión de las consonantes de «Yahweh» con las vocales de «Elohā» —ʻDiosʼ—. Por lo que atañe al apelativo de ʻinefableʼ, el respeto a la Divinidad hizo que los judíos, desde muy antiguo, evitaran pronunciar su nombre. Para estas cuestiones, *cfr.* X. Léon-Dufour, *Vocabulario de teología bíblica,* Barcelona, Herder, 1966, págs. 204 *b*-209 *b, s.v.* «Dios».

[65] «Fray Luis sabe bien que la lengua judía *escrita* está constituida solamente por consonantes, pero aquí se refiere a la lengua hablada, a la expresión vocal de la palabra. Dice, por otra parte, explícitamente, que es *desde el punto de vista del sonido...* desde donde él intenta estudiar la materia.» (Alain Guy, *op. cit.,* página 116; subrayamos nosotros.)

[66] Estas ideas aparecen más pormenorizadas en el nombre «Jesús». (*Cfr.* nota 347 del Libro III.)

[67] *A* y *B: senzilleza*

más que le desviemos y alexemos del otro, están todos juntos, y por qualquiera [68] parte que le miremos es todo y no parte. Y conforme a esta razón es, como avemos dicho, la condición de las letras que componen su nombre.

Y no sólo en la condición de las letras, sino aun, lo que parece maravilloso, en la figura y disposición también le retrata este nombre en una cierta manera.

Y diziendo esto Marcello, e inclinándose hazia la tierra, en la arena, con una vara delgada y pequeña, formó unas letras como éstas $\overline{}\,\overline{}\,\overline{}$; y dixo luego:

—Porque, en las letras chaldaycas, este sancto nombre siempre se figura assí. Lo qual, como veys, es imagen del número de las divinas personas y de la igualdad dellas, y de la unidad que tienen las mismas en una essencia, como estas letras son de una figura y de un nombre [69]. Pero aquesto dexémoslo assí.

Y yva Marcello a dezir otra cosa; mas atravessándose Iuliano, dixo desta manera:

—Antes que passéys, Marcello, adelante, nos avéys de dezir cómo se compadece con lo que hasta agora avéys dicho, que tenga Dios nombre proprio; y desde el principio desseava pedíroslo, y dexélo por no romperos el hilo. Mas agora, antes que salgáys dél, nos dezid: si el nombre es imagen que sustituye por cuyo es, ¿qué nombre de boz o qué concepto de entendimiento puede llegar a ser imagen de Dios? Y si no puede llegar, ¿en qué manera diremos que es su nombre proprio? Y aun ay en esto otra grande difficultad: que si el fin de los nombres es que por medio dellos las cosas cuyos son estén en nosotros, como dixistes, escusada cosa fue darle a Dios nombre, el qual está tan presente a todas las cosas, y tan lançado, como si dixéssemos, en sus entrañas, y tan infundido y tan íntimo, como está su ser dellas mismas.

---

[68] A: qualquier
[69] Aunque Fray Luis habla a lo largo del texto de la voz hebrea, compuesta de cuatro letras, adopta ahora la forma caldea, que contiene sólo tres, para sacar las últimas consecuencias del simbolismo que viene defendiendo.

—Abierto avíades la puerta, Iuliano —respondió Marcello—, para razones grandes y profundas, si no la cerrara lo mucho que ay que dezir en lo que Sabino ha propuesto. Y assí, no os responderé más de lo que basta para que essos vuestros ñudos queden desatados y sueltos. Y començando de lo postrero, digo que es grande verdad que Dios está presente en nosotros, y tan vezino y tan dentro de nuestro ser como él mismo de sí, porque en él y por él, no sólo nos movemos y respiramos, sino también vivimos y tenemos ser, como lo confiessa y predica S. Pablo[70]. Pero assí nos está presente, que en esta vida nunca nos es presente.

Quiero dezir que está presente y junto con nuestro ser, pero muy lexos de nuestra vista y del conoscimiento claro que nuestro entendimiento apetece. Por lo qual convino, o por mejor dezir, fue necessario, que entre tanto que andamos peregrinos dél en estas tierras de lágrimas, ya que no se nos manifiesta[71] ni se junta con nuestra alma su cara, tuviéssemos, en lugar della, en la boca algún nombre y palabra, y en el entendimiento alguna figura suya, como quiera que ella sea imperfecta y escura, y como S. Pablo llama[72], enigmática. Porque quando bolare desta cárcel de tierra en que agora nuestra alma, presa, trabaja y affana como metida en tinieblas, y saliere a lo claro y a lo puro de aquella luz, el mismo, que se junta con nuestro ser agora, se juntará con nuestro entendimiento entonces, y él por sí y sin medio de otra tercera imagen estará junto a la vista del alma; y no será entonces su nombre otro que él mismo, en la forma y manera que fuere visto; y cada uno le nombrará con todo lo que viere y conociere dél, esto es, con el mismo *El*[73], assí y de la misma manera como le conosciere.

---

[70] *Act.*, XVII, 28.

[71] *A: no nos es manifiesta*

[72] I *Cor.*, XIII, 12.

[73] Fray Luis hace aquí un juego de palabras entre «él», pronombre personal, y *El,* equivalente arcaico y poético de *Elohím* —'Fuerte', 'Dios supremo'—. *Cfr.* Léon-Dufour, *loc. cit.,* páginas 205 *b*-207 *a.* «La voz *EL,* como la usa Fr. Luis en este lugar, no es sino el mismo pronombre demostrativo —opina, por el con-

Y por esto dize S. Iuan, en el libro del *Apocalipsi* [74], que Dios a los suyos, en aquella felicidad, demás de que les enxugará las lágrimas y les borrará de la memoria los duelos passados, les dará a cada uno una pedrezilla menuda, y en ella un nombre escripto, el qual sólo el que le recibe le conoce. Que no es otra cosa sino el tanto de sí y de su essencia que comunicará Dios con la vista y entendimiento de cada uno de los bienaventurados; que con ser uno en todos, con cada uno será en differente grado, y por una forma de sentimiento cierta y singular para cada uno.

Y finalmente, este nombre secreto que dize S. Iuan, y el nombre con que entonces nombraremos a Dios, será todo aquello que entonces en nuestra alma será Dios, el qual, como dize S. Pablo, *será en todos todas las cosas* [75]. Assí que en el cielo, donde veremos, no tendremos necessidad para con Dios de otro nombre más que del mismo Dios, mas en esta obscuridad adonde, con [76] tenerle en casa, no le echamos de ver, esnos forçado ponerle algún nombre. Y no se le pusimos nosotros, sino él por su grande piedad se le puso, luego que vio la causa y la necessidad.

En lo qual es cosa digna de considerar el amaestramiento secreto del Spíritu Sancto que siguió el sancto Moysés, acerca desto, en el libro de la creación de las cosas [77]. Porque tratando allí la historia de la creación, y aviendo escripto todas las obras della, y aviendo nombrado en ellas a Dios muchas vezes, hasta que uvo criado al hombre y Moysés lo escrivió, nunca le nombró con éste su nombre, como dando a entender que, antes de aquel punto, no avía necessidad de que Dios tuviesse

trario, el prologuista de la ed. de Valencia, B. Monfort, 1770—, tomado substantivamente: de suerte que aquellas palabras *le nombrarán con el mismo EL* quieren decir 'le nombrarán con el mismo ser, con la substancia i naturaleza misma de Dios', sin nombre alguno» (ed. cit., pág. XXXI). *Cfr.* notas 415 *bis* y 456 del L. II.

[74] *Ap.,* VII, 17 y II, 17.
[75] I *Cor.,* XV, 28.
[76] *A: aun con*
[77] *Gén.,* I, 1-25.

nombre, y que, nascido el hombre que le podía entender y no le podría ver en esta vida, era necessario que se nombrasse. Y como Dios tenía ordenado de hazerse hombre después, luego que salió a luz el hombre, quiso humanarse nombrándose.

Y a lo otro, Iuliano, que propusistes, que siendo Dios un abysmo de ser y de perfectión infinita, y aviendo de ser el nombre imagen de lo que nombra, cómo se podía entender que una palabra limitada alcançasse a ser imagen de lo que no tiene limitación, algunos dizen que este nombre, como nombre que se le puso Dios a sí mismo, declara todo aquello que Dios entiende de sí, que es el concepto y verbo divino que dentro de sí engendra entendiéndose; y que esta palabra que nos dixo y que suena en nuestros oýdos es señal que nos explica aquella palabra eterna e incomprehensible[78] que nasce y vive en su seno, assí como nosotros con las palabras de la boca declaramos todo lo secreto del coraçón[79]. Pero como quiera que aquesto sea, quando dezimos que Dios tiene nombres proprios o que aqueste es nombre proprio de Dios, no queremos dezir que es cabal nombre o nombre que abraça y que nos declara todo aquello que ay en él. Porque uno es el ser proprio y otro es el ser igual o cabal. Para que sea proprio basta que declare, de las cosas que son proprias a aquella de quien se dize, alguna dellas, mas si no las declara todas entera y cabalmente no será igual. Y assí a Dios, si nosotros le ponemos nombre, nunca le pondremos un nombre entero y que le igua-

---

[78] A: *eterna, incomprehensible*

[79] El Concilio Tridentino, en su *Catecismo «ad parochos»*, expuso poco antes esta idea con términos casi idénticos: «Entre todos los símiles que suelen traerse para dar a entender el modo y manera de esta eterna generación, el que más de cerca parece se arrima a este propósito, es el que se toma del modo de pensar de nuestro entendimiento, por lo cual San Juan llama *Verbo* al Hijo de Dios (Joann., 1). Porque así como nuestro entendimiento, conociéndose de algún modo a sí mismo, forma una imagen suya, que los teólogos llaman Verbo, así Dios (según que las cosas humanas se pueden comparar con las divinas), entendiéndose a sí mismo, engendra al eterno Verbo.» (*Catecismo del Santo Concilio de Trento para los párrocos,* edición y traducción de Fray Agustín Zorita, Madrid, I.C.I.L.R., 1887, pág. 41 *b.*)

le, como tampoco le podemos entender como quien él
es entera y perfectamente, porque lo que dize la boca
es señal de lo que se entiende en el alma. Y assí, no es
possible que llegue la palabra adonde el entendimiento
no llega.

Y para que ya nos vamos [80] acercando a lo proprio de
nuestro propósito y a lo que Sabino leyó del papel, ésta
es la causa por que a Christo nuestro señor se le dan muchos nombres, conviene a saber: su mucha grandeza y los
thesoros de sus perfectiones riquíssimas, y juntamente la
muchedumbre de sus officios y de los demás bienes que
nascen dél [81] y se derraman sobre nosotros, los quales,
assí como no pueden ser abraçados con una vista del alma, assí mucho menos pueden ser nombrados con una
palabra sola. Y como el que infunde agua en algún vaso
de cuello largo y estrecho, la embía poco a poco y no toda
de golpe, assí el Spíritu Sancto, que conosce la estrecheza y angostura de nuestro entendimiento, no nos representa assí toda junta aquella grandeza, sino como en
partes nos la offrece, diziéndonos unas vezes algo della
debaxo de un nombre, y debaxo de otro nombre otra
cosa otras vezes. Y assí vienen a ser casi innumerables
los nombres que la Escriptura divina da a Christo [82], porque le llama *León* y *Cordero,* y *Puerta* y *Camino,* y *Pastor* y *Sacerdote,* y *Sacrificio* y *Esposo,* y *Vid* y *Pimpollo,*
y *Rey de Dios* y *Cara suya,* y *Piedra* y *Luzero,* y *Oriente* y *Padre,* y *Príncipe de paz* y *Salud,* y *Vida* y *Verdad,*

---

[80] Forma verbal, derivada de *va(d)amus,* usual en nuestro Siglo
de Oro, por «vayamos». (R. Lapesa, *Historia de la lengua española,* Madrid, Escelicer, 1959⁴, pág. 252.)

[81] *A: en él*

[82] La idea de que a Dios, como suma de todas las perfecciones,
convienen infinitos nombres, procede del Pseudo Areopagita: *In
hunc ergo modum* —leemos en *De divinis nominibus—, omnium
causae, quae supra omnia est, et priuatio nominis congruet, et
omnia subsistentium nomina, vt sit profecto omnium regnū, et circa
ipsam sint omnia, et ex ipsa veluti causa, veluti principio, veluti
fine dependeant, ipsaque iuxta scripturae fidem sit omnia in omnibus, verissimeque laudatur vt substantiae indultrix atque consum-
matrix continensque custodia et domicilium, et ad seipsam conuer-
tens, atque ista coniuncte, incircumscripte, excellenter.* (Ed. cit.,
fol. Lxxviii *v.)*

y assí otros nombres sin cuento. Pero, de aquestos muchos, escogió solos diez [83] el papel como más sustanciales, porque, como en él se dize, los demás todos se reduzen o pueden reduzir a éstos en cierta manera.

Mas conviene, antes que passemos delante [84], que advirtamos primero que, assí como Christo es Dios, assí también tiene nombres que por su divinidad le convienen, unos proprios de su persona y otros comunes a toda la Trinidad; pero no habla con estos nombres nuestro papel ni nosotros agora tocaremos en ellos, porque aquéllos propriamente pertenecen a los nombres de Dios. Los nombres de Christo que dezimos agora son aquéllos solos que convienen a Christo en quanto hombre, conforme a los ricos thesoros de bien que encierra en sí su naturaleza humana, y conforme a las obras que en ella y por ella Dios ha obrado y siempre obra en nosotros [85]. Y con esto, Sabino, si no se os offrece otra cosa, proseguid adelante.

Y Sabino leyó luego:

---

[83] *A: nueve.* Como ya hemos dicho, en la primera edición eran sólo nueve nombres, ampliados a diez en la segunda con la añadidura del de «Pastor»; en la tercera se convierten en trece, gracias al Libro III; al fin, al integrarse póstumamente el nombre de «Cordero», se redondea el actual número de catorce.

[84] *A y B: adelante*

[85] También esta doctrina había sido enunciada poco antes, en términos prácticamente idénticos, por el Catecismo Tridentino, en un pasaje que parece haber tenido presente Fray Luis: «Muchas son las cosas —leemos en I, 3—, que se dicen de nuestro Salvador en las Escrituras Sagradas, de las cuales es claro que unas le convienen en cuanto Dios, y otras en cuanto hombre; porque de naturalezas diversas tomó sus diversas propiedades. Y así decimos con verdad, que Cristo es Todopoderoso, eterno, inmenso, lo cual le conviene por la naturaleza divina. Asimismo, afirmamos que padeció, murió, resucitó. Y esto nadie duda que conviene a la humana.» (Ed. cit., pág. 42 *b.*) La distinción, más remotamente, procede del Pseudo Dionisio, *De divinis nominibus,* ed. cit., folios Lxxx *v*-Lxxxi *r. (Cfr.* también nota 323 del Libro III.)

[PIMPOLLO] [86]

El primer nombre, puesto en castellano, se dirá bien Pimpollo, *que en la lengua original es* Cemah, *y el texto latino de la Sagrada Escriptura unas vezes lo traslada diziendo* Germen *y otras diziendo* Oriens. *Assí le llamó el Spíritu Sancto en el capítulo quarto del propheta Esaías:* En aquel día, el *Pimpollo* del Señor será en grande alteza, y el fructo de la tierra muy ensalçado [87] —.*Y por Hieremías en el capítulo treynta y tres:* Y haré que nazca a David *Pimpollo* de justicia, y haré justicia y razón sobre la tierra [88].—*Y por* Zacharías *en el capítulo tercero, consolando al pueblo iudayco rezién salido del captiverio de Babilonia:* Yo haré, *dize,* venir a mi siervo el *Pimpollo. Y en el capítulo sexto:* Veys un varón cuyo nombre es *Pimpollo* [89].

Y llegando aquí Sabino, cessó. Y Marcello:

—Sea éste —dixo— el primer nombre, pues la orden

---

[86] Parece que Fray Luis emplea esta palabra, fundamentalmente, en el sentido de 'vástago o tallo nuevo de las plantas'; así lo confirma un célebre pasaje del *Job*, citado por Onís en su edición de Clásicos Castellanos (t. I, ed. cit., pág. 50, n. 3); por su parte, G. Alonso de Herrera, en su *Agricultura general* —Alcalá, 1513—, dice: «En todo árbol, si consiente hijuelos o *pimpollos* baxos, como en las higueras, olivas y granados, perderse ha lo alto, porque no hay para mantener uno y otro.» (L. III, cap. XVI.)

[87] *Is.,* IV, 2.

[88] *Jer.,* XXXIII, 15.

[89] *Zac.,* III, 8 y VI, 12.

del papel nos lo da. Y no carece de razón que sea éste el primero, porque en él, como veremos después, se toca en cierta manera la qualidad y orden del nascimiento de Christo y de su nueva y maravillosa generación, que en buena orden, quando de alguno se habla, es lo primero que se suele dezir.

Pero antes que digamos qué es ser *Pimpollo,* y qué es lo que significa este nombre, y la razón por que Christo es assí nombrado, conviene que veamos si es verdad que es aquéste nombre de Christo, y si es verdad que le nombra assí la divina Escriptura, que será ver si los lugares della agora alegados hablan propriamente de Christo; porque algunos, o infiel o ignorantemente, nos lo quieren negar.

Pues viniendo al primero, cosa clara es que habla de Christo, assí porque el texto caldayco, que es de grandíssima authoridad y antigüedad, en aquel mismo lugar adonde nosotros leemos: *En aquel día será el* Pimpollo *del Señor,* dize él: *En aquel día será el Messías del Señor,* como también porque no se puede entender aquel lugar de otra alguna manera. Porque lo que algunos dizen del príncipe Zorobabel y del estado feliz de que gozó debaxo de su govierno el pueblo iudayco, dando a entender que fue éste el *Pimpollo* del Señor de quien Esaías dize: *En aquel día, el* Pimpollo *del Señor será en grande alteza,* es hablar sin mirar [90] lo que dizen; porque quien leyere lo que las letras sagradas, en los libros de Neemías y Esdras, cuentan del estado de aquel pueblo en aquella sazón, verá mucho trabajo, mucha pobreza, mucha contradición, y ninguna señalada felicidad, ni en lo temporal ni en los bienes del alma, que a la verdad es la felicidad de que Esaías entiende quando en el lugar alegado dize: *En aquel día será el* Pimpollo *del Señor en grandeza y en gloria.*

Y quando la edad de Zorobabel y el estado de los iudíos en ella uviera sido feliz, cierto es que no lo fue

---

[90] En *A* se suprime la cita bíblica, quedando el párrafo así: ... *dando a entender que fue éste el* Pimpollo *del Señor de quien Esaías habla, es hablar sin mirar lo que dizen*

con el estremo que el propheta aquí muestra [91]; porque, ¿qué palabra ay aquí que no haga significación de un bien divino y raríssimo? Dize *del Señor,* que es palabra que a todo lo que en aquella lengua se añade lo suele subir de quilates. Dize *gloria* y *grandeza* y *magnificencia,* que es todo lo que encareciendo se puede dezir. Y porque salgamos enteramente de duda, alarga, como si dixéssemos, el dedo el propheta y señala el tiempo y el día mismo del Señor, y dize de aquesta manera: *En aquel día.* Mas ¿qué día? Sin duda, ninguno otro sino aquel mismo del Señor, y dize de aquesta manera: *En aquel día quitará al redropelo el Señor a las hijas de Sión el chapín que cruxe en los pies y los garvines de la cabeça, las lunetas y los collares, las axorcas y los reboços, las botillas y los calçados altos, las argollas, los apretadores, los çarcillos, las sortijas, las cotonías, las almalafas, las escarcelas, los bolantes y los espejos; y les trocará el ámbar en hediondez, y la cintura rica en handrajo, y el enriçado en calva pelada, y el precioso vestido en cilicio, y la tez curada en cuero tostado; y tus valientes morirán a cuchillo* [92].

Pues en aquel día mismo, quando Dios puso por el suelo toda la alteza de Ierusalem con las armas de los romanos, que assolaron la ciudad y pusieron a cuchillo sus ciudadanos, y los llevaron captivos, en esse mismo tiempo el fructo y el *Pimpollo* del Señor, descubriéndose y saliendo a luz, subirá a gloria y honra grandíssima. Porque en la destruyción que hizieron de Ierusalem los caldeos —si alguno por caso quisiesse dezir que habla aquí della el propheta—, no se puede dezir con verdad que cresció el fructo del Señor ni que fructificó gloriosamente la tierra al mismo tiempo que la ciudad se perdió. Pues es notorio que en aquella calamidad no uvo alguna parte o alguna mezcla de felicidad señalada, ni en los que fueron captivos a Babilonia ni en los que el vencedor caldeo dexó en Iudea y en Ierusalem para que labrassen la tierra; porque los unos fueron a servidum-

---

[91] En *A,* falta el párrafo anterior, siendo el comienzo: *Porque, ¿qué palabra...*
[92] *Is.,* III, 18-25.

bre miserable, y los otros quedaron en miedo y en desamparo, como en el libro de Hieremías[93] se lee.

Mas al revés, con aquesta otra caýda del pueblo iudayco se juntó, como es notorio, la claridad del nombre
de Christo, y, cayendo Ierusalem, començó a levantarse
la Iglesia. Y aquel a quien poco antes los miserables
avían condenado y muerto con affrentosa muerte, y cuyo
nombre avían procurado escurecer y hundir, començó
entonces a embiar rayos de sí por el mundo y a mostrarse vivo y señor, y tan poderoso, que castigando a sus
matadores con açote gravíssimo, y quitando luego el govierno de la tierra al demonio, y deshaziendo poco a poco
su silla —que es el culto de los ídolos en que la gentilidad le servía—, como quando el sol vence las nuves
y las deshaze, assí él solo y claríssimo relumbró por toda
la redondez.

Y lo que he dicho deste lugar, se vee claramente también en el segundo de Hieremías[94], de sus mismas palabras. Porque dezirle a David y prometerle que le nacería
o fructo o *Pimpollo* de justicia, era propria señal de que
el fructo avía de ser Iesuchristo, mayormente añadiendo
lo que luego se sigue, y es que este fructo haría justicia
y razón sobre la tierra: que es la obra propria suya de
Christo y uno de los principales fines para que se ordenó
su venida, y obra que él solo, y ninguno otro, enteramente la hizo. Por donde las más vezes que se haze
memoria dél en las Escripturas divinas, luego en los mismos lugares se le atribuye esta obra, como obra sola dél
y como su proprio blasón. Assí se vee en el psalmo
setenta y uno que dize: *Señor, da tu vara al Rey y el
exercicio de justicia al hijo del Rey, para que juzgue a
tu pueblo conforme a justicia y a los pobres según fuero.
Los montes altos conservarán paz con el vulgo, y los
collados les guardarán ley. Dará su derecho a los pobres
del pueblo y será amparo de los pobrezitos, y hundirá
al violento oppressor*[95].

[93] *Jer.*, XXXIX, 1-10.
[94] *Jer.*, XXXIII, 15.
[95] *Sal.*, LXXI, 2-4.

Pues en el tercero lugar de Zacharías [96], los mismos hebreos lo confiessan, y el texto chaldeo que he dicho, abiertamente le entiende y le declara de Christo. Y assí mesmo entendemos el quarto testimonio, que es del mismo propheta [97]. Y no nos impide lo que algunos tienen por inconveniente y por donde se mueven a declararle en differente manera, que es dezir [98] luego que este *Pimpollo* fructificará después, o debaxo de sí, y que edificará el templo de Dios, pareciéndoles que esto señala abiertamente a Zorobabel, que edificó el templo y fructificó después de sí por muchos siglos a Christo, verdaderíssimo fructo. Assí que esto no impide, antes favorece y esfuerça más nuestro intento. Porque el fructificar debaxo de sí o, como dize el original en su rigor, acerca de sí, es tan proprio [99] de Christo, que de ninguno lo es más. ¿Por ventura no dize él de sí mismo: *Yo soy vid y vosotros sarmientos?* [100] Y en el psalmo que agora dezía, en el qual todo lo que se dize son propriedades de Christo, ¿no se dize también: *Y en sus días fructificarán los justos?* [101] O si queremos confessar la verdad, ¿quién jamás en los hombres perdidos engendró hombres sanctos y justos, o qué fructo jamás se vio que fuesse más fructuoso que Christo? Pues esto mismo sin duda es lo que aquí nos dize el propheta, el qual, porque le puso a Christo nombre de fructo, y porque dixo, señalándole como a singular fructo: *Veys aquí un varón que es fructo su nombre,* porque no se pensasse que se acabava su fructo en él, y que era fructo para sí y no árbol para dar de sí fruta, añadió luego diziendo: *Y fructificará acerca de sí,* como si con más palabras dixera: Y es fructo que dará mucho fructo, porque a la redonda dél, esto es, en él y de él, por todo quanto se estiende la tierra, nascerán nobles y divinos fructos sin cuento; y aqueste *Pimpollo* enriquecerá el mundo con pimpollos no vistos.

---

[96] *Zac.,* III, 8.
[97] *Zac.,* VI, 12.
[98] A y B: *por lo que dize*
[99] A y B: *assí es proprio*
[100] *Jn.,* XV, 5.
[101] *Sal.* LXXI, 7.

De manera que éste es uno de los nombres de Christo y, según nuestra orden, el primero dellos, sin que en ello pueda aver duda ni pleyto. Y son como vezinos y deudos suyos otros algunos nombres que también se ponen a Christo en la Sancta Escriptura, los quales, aunque en el sonido son differentes, pero bien mirados, todos se reduzen a un intento mismo y convienen en una misma razón. Porque si en el capítulo treynta y quatro de Ezechiel es llamado *Planta nombrada* [102], y si Esaías en el capítulo onze le llama unas vezes *Rama* y otra [103] *Flor,* y en el capítulo cinquenta y tres *Tallo* y *Rayz* [104], todo es dezirnos lo que el nombre de *Pimpollo* o de fructo nos dize. Lo qual será bien que declaremos ya, pues lo primero, que pertenece a que Christo se llama assí, está sufficientemente probado, si no se os offrece otra cosa.

—Ninguna —dixo al punto Iuliano—, antes ha rato ya que el nombre y esperança deste fructo ha despertado en nuestro gusto golosina dél.

—Merecedor es de qualquier golosina y desseo —respondió Marcello—, porque es dulcíssimo fructo, y no menos provechoso que dulce, si ya no le menoscaba la pobreza de mi lengua e ingenio. Pero ydme respondiendo, Sabino, que lo quiero aver agora con vos [105]. Esta hermosura de cielo y mundo que vemos, y la otra mayor que entendemos y que nos esconde el mundo invisible, ¿fue siempre como es agora, o hízose ella a sí misma, o Dios la sacó a luz y la hizo?

—Averiguado es —dixo Sabino— que Dios crió el mundo, con todo lo que ay en él, sin presuponer para ello alguna materia, sino sólo con la fuerça de su infinito poder, con que hizo, donde no avía ninguna cosa, salir a luz esta beldad que dezís. Mas, ¿qué duda ay en esto?

—Ninguna ay —replicó prosiguiendo Marcello—; mas dezidme más adelante: ¿nasció esto de Dios, no ad-

---

[102] *Ez.,* XXXIV, 29.
[103] *A* y *B: otras*
[104] *Is.,* XI, 1-4 y LIII, 2.
[105] 'tratar, disputar o contender con vos'

virtiendo Dios en ello, sino como por alguna natural consequencia, o hízolo Dios porque quiso y fue su voluntad libre de hazerlo?

—También es averiguado —respondió luego Sabino— que lo hizo con propósito y libertad.

—Bien dezís —dixo Marcello—; y pues conocéys esso, también conoceréys que pretendió Dios en ello algún grande fin.

—Sin duda, grande —respondió Sabino—, porque siempre que se obra con juyzio y libertad es a fin de algo que se pretende [106].

—¿Pretendería dessa manera —dixo Marcello— Dios en esta su obra algún interés y acrescentamiento suyo?

—En ninguna manera —respondió Sabino.

—¿Por qué? —dixo Marcello.

Y Sabino respondió:

—Porque Dios, que tiene en sí todo el bien, en ninguna cosa que haga fuera de sí puede querer ni esperar para sí algún acrescentamiento o mejoría.

—Por manera —dixo Marcello— que Dios, porque es bien infinito y perfecto, en hazer el mundo no pretendió recebir bien alguno dél, y pretendió algún fin, como está dicho. Luego si no pretendió recebir, sin ninguna duda pretendió dar; y si no lo crió para añadirse a sí algo, criólo sin ninguna duda para comunicarse él a sí y para repartir en sus criaturas sus bienes. Y, cierto, este sólo es fin digno de la grandeza de Dios y proprio de quien por su naturaleza es la misma bondad; porque a lo bueno, su propria inclinación le lleva al bien hazer, y quanto es más bueno uno, tanto se inclina más a esto. Pero si el intento de Dios en la creación y edificio del mundo fue hazer bien a lo que criava, repartiendo en ello sus bienes, ¿qué bienes o qué comunicación dellos fue aquella a quien como a blanco endereçó Dios todo el officio desta obra suya?

—No otros —respondió Sabino— sino essos mismos que dio a las criaturas, assí a cada una en particular como a todas juntas en general.

---

[106] A: *pretendía*

—Bien dezís —dixo Marcello—, aunque no avéys respondido a lo que os pregunto.

—¿En qué manera? —respondió.

—Porque —dixo Marcello— como aquessos bienes tengan sus grados, y como sean unos de otros de differentes quilates, lo que pregunto es: ¿a qué bien o a qué grado de bien entre todos endereçó Dios todo su intento principalmente?

—¿Qué grados —respondió Sabino— son essos?

—Muchos son —dixo Marcello— en sus partes, mas la Escuela [107] los suele reduzir a tres géneros: a naturaleza y a gracia y a unión personal. A la naturaleza pertenecen los bienes con que se nasce, a la gracia pertenescen aquellos que después de nascidos nos añade Dios; el bien de la unión personal es aver juntado Dios en Iesuchristo su persona con nuestra naturaleza [108]. Entre los quales bienes es muy grande [109] la differencia que ay.

Porque lo primero, aunque todo el bien que vive y luze en la criatura es bien que puso en ella Dios, pero puso en ella Dios unos bienes para que le fuessen proprios y naturales, que es todo aquello en que consiste su ser y lo que dello se sigue; y éstos dezimos que son bienes de naturaleza, porque los plantó Dios en ella y se nasce con ellos, como es el ser y la vida y el entendimiento y lo demás semejante. Otros bienes no los plantó Dios en lo natural de la criatura ni en la virtud de sus naturales principios para que dellos nasciessen, sino sobrepúsolos él por sí solo a lo natural, y ansí no son bienes fixos [110] ni arraygados en la naturaleza, como los primeros, sino movedizos bienes, como son la gracia y la charidad y los demás dones de Dios; y aquéstos llamamos bienes sobrenaturales de gracia.

Lo segundo, dado, como es verdad, que todo este bien comunicado es una semejança de Dios, porque es hechura

---

[107] *Sc.,* la Teología Escolástica.
[108] *A:* Desde *A la naturaleza pertenecen...* hasta aquí, falta en la primera edición.
[109] *A: Entre los quales es muy grande*
[110] *A: bienes no fixos*

de Dios, y Dios no puede hazer cosa que no le remede, porque en quanto haze se tiene por dechado a sí mismo, mas aunque esto es assí, todavía es muy grande la differencia que ay en la manera del remedarle. Porque en lo natural remedan las criaturas el ser de Dios, mas en los bienes de gracia remedan el ser y la condición y el estilo y, como si dixéssemos, la bivienda [111] y bienandança suya; y assí se avezinan y juntan más a Dios por esta parte las criaturas que la tienen, quanto es mayor esta semejança que la semejança primera; pero en la unión personal no remedan ni se parecen a Dios las criaturas, sino vienen a ser el mismo Dios, porque se juntan con él en [112] una misma persona.

Aquí Iuliano, atravessándose, dixo:

—¿Las criaturas todas se juntan en una persona con Dios?

Respondió Marcello riendo:

—Hasta agora no tratava del número, sino tratava del cómo; quiero dezir, que no contava quiénes y quántas criaturas se juntan con Dios en estas maneras, sino contava la manera cómo se juntan y le remedan, que es, o por naturaleza, o por gracia, o por unión de persona; que quanto al número de los que se le ayuntan, clara cosa es que en los bienes de naturaleza todas las criaturas se avezinan a Dios; y solas, y no todas, las que tienen entendimiento en los bienes de gracia; y en la unión personal sola la humanidad de nuestro redemptor Iesuchristo. Pero aunque con sola aquesta humana naturaleza se haga la unión personal propriamente, en cierta manera también, en juntarse Dios con ella, es visto juntarse con todas las criaturas, por causa de ser el hombre como un medio entre lo spiritual y lo corporal, que contiene y abraça en sí lo uno y lo otro. Y por ser, como dixeron antiguamente, un menor mundo o un mundo abreviado [113].

---

[111] 'género de vida', 'modo de vivir'
[112] A: a Dios más por
[113] Para la fortuna literaria en España del tópico del hombre como «microcosmos» o «mundo pequeño», cfr. F. Rico, El peque-

—Esperando estoy —dixo Sabino entonces— a qué fin se ordena aqueste vuestro discurso.

—Bien cerca estamos ya dello —respondió Marcello—, porque pregúntoos: si el fin por que crió Dios todas las cosas fue solamente por comunicarse con ellas, y si esta dádiva y comunicación acontesce en differentes maneras, como avemos ya visto, y si unas de estas maneras son más perfectas que otras, ¿no os parece que pide la misma razón que un tan grande artífice, y en una obra tan grande, tuviesse por fin de toda ella hazer en ella la mayor y más perfecta comunicación de sí que pudiesse?

—Assí parece —dixo Sabino.

—Y la mayor —dixo siguiendo Marcello—, assí de las hechas como de las que se pueden hazer, es la unión personal que se hizo [114] entre el Verbo divino y la naturaleza humana de Christo, que fue hazerse con el hombre una misma persona.

—No ay duda —respondió Sabino— sino que es la mayor.

—Luego —añadió Marcello— necessariamente se sigue que Dios, a fin de hazer esta unión bienaventurada y maravillosa, crió todo quanto se parece [115] y se esconde, que es dezir que el fin para que fue fabricada toda la variedad y belleza del mundo fue por sacar a luz este compuesto de Dios y hombre, o por mejor dezir, este juntamente Dios y hombre que es Iesuchristo.

—Necessariamente se sigue —respondió Sabino.

—Pues —dixo entonces Marcello— esto es ser Christo *fructo*. Y darle la Escriptura este nombre a él, es darnos a entender a nosotros que Christo es el fin de las cosas y aquél para cuyo nascimiento feliz fueron todas criadas y endereçadas. Porque assí como en el árbol la rayz no se hizo para sí, ni menos el tronco que nasce y se sustenta sobre ella, sino lo uno y lo otro, juntamente con las ramas y la flor y la hoja, y todo lo demás que el árbol produze, se ordena y endereça para el fructo que dél

---

ño mundo del hombre, ed. cit.; para Fray Luis de León, ver páginas 170-89.

[114] *A: que hizo*

[115] 'se descubre', 'se deja ver'

sale, que es el fin y como remate suyo, assí por la misma manera estos cielos estendidos que vemos, y las estrellas que en ellos dan resplandor, y, entre todas ellas, esta fuente de claridad y de luz que todo lo alumbra, redonda y bellíssima, la tierra pintada con flores y las aguas pobladas de peces, los animales y los hombres, y este universo todo quan grande y quan hermoso es, lo hizo Dios para fin de hazer hombre a su Hijo, y para produzir a luz este único y divino fructo que es Christo, que con verdad le podemos llamar el parto común y general de todas las cosas [116].

Y assí como el fructo, para cuyo nascimiento se hizo en el árbol la firmeza del tronco y la hermosura de la flor y el verdor y frescor de las hojas, nascido, contiene en sí y en su virtud todo aquello que para él se ordenava en el árbol, o por mejor dezir, al árbol todo contiene, assí también Christo, para cuyo nascimiento crió primero Dios las rayzes firmes y hondas de los elementos, y levantó sobre ellas después esta grandeza del mundo, con tanta variedad, como si dixéssemos, de ramas y hojas, lo [117] contiene todo en sí y lo abarca y se resume en él y, como dize S. Pablo [118], se recapitula todo lo no criado y criado, lo humano y lo divino, lo natural y lo gracioso [119]. Y como, de ser Christo llamado fructo por excellencia, entendemos que todo lo criado se ordenó para él, assí también desto mismo ordenado, podemos, rastreando, entender el valor inestimable que ay en el fructo para quien tan grandes cosas se ordenan. Y de la grandeza

---

[116] El impacto causado por los *Nombres de Cristo* fue muy grande desde el principio, tanto en España como en el extranjero. Así, en 1603, en la celebérrima *Bibliotheca selecta de ratione studiorum,* del jesuita italiano Antonio Possevino, se traduce, prácticamente a la letra, todo este pasaje de Fray Luis —a quien, por lo demás, Possevino admiraba tanto—; *cfr.* la edición de Venecia, MDCIII, t. I, págs. 86-87. Nunca, por lo que sabemos, ha sido señalada hasta ahora la procedencia luisiana de dicho fragmento de la *Bibliotheca.*

[117] A: *que lo*

[118] *Col.,* I, 16.

[119] 'lo que se posee por gracia'

y hermosura y qualidad de los medios, argüyremos la excellencia sin medida del fin [120].

Porque si qualquiera que entra en algún palacio o casa real rica y sumptuosa [121], y vee primero la fortaleza y firmeza del muro ancho y torreado, y las muchas órdenes de las ventanas labradas, y las galerías y los chapiteles que deslumbran la vista, y luego la entrada alta y adornada con ricas labores, y después los zaguanes y patios grandes y differentes, y las columnas de mármol, y las largas salas y las recámaras ricas, y la diversidad y muchedumbre y orden de los aposentos, hermoseados todos con peregrinas y escogidas pinturas, y con el jaspe y el pórfiro y el marfil y el oro que luze por los suelos y paredes y techos, y vee juntamente con esto la muchedumbre de los que sirven en él, y la disposición y rico adereço de sus personas, y el orden que cada uno guarda en su ministerio y servicio, y el concierto que todos conservan entre sí, y oye también los menestriles y dulçura de música, y mira la hermosura y regalo de los lechos, y la riqueza de los aparadores, que no tienen precio,

[120] Fray Luis establece como base de su doctrina la finalidad cristológica de la creación entera, de acuerdo con la teoría paulina (*Col.,* I, 16), recogida por San Agustín, Escoto, Alberto Magno, etcétera, y, en España, por Suárez, Estella y otros. Ya el supuesto Alonso de Orozco decía que «si Dios crió el mundo y todo lo que no se ve, fue porque Cristo había de nacer de la Virgen María... Dios nada cría sino porque su Hijo había de unir consigo nuestra naturaleza humana.» *(De nueve nombres de Cristo,* edición de F. de Onís, en su edición de *Los nombres de Cristo,* de Fray Luis de León, Clásicos Castellanos, t. I, ed. cit., pág. 260.) Como resume J. M. Moliner, «Dios creó un mundo nebuloso, oscuro, enormemente simple y rudimentario, pero le dio el poder de la evolución, la capacidad de irse perfeccionando... La creación está rematada por la figura de Cristo, por eso tiene que ir convergiendo hacia Él... Todo ha sido creado para Él. Vamos, pues, a una mística más universal, más dinámica, más ambiciosa, a una cosmomística». *(Historia de la espiritualidad,* Burgos, El Monte Carmelo, 1972, páginas 21-22.) Modernamente, Teilhard de Chardin sacará sugestivas consecuencias de estos puntos de vista.

[121] Azorín considera el pasaje que aquí comienza como «soberbia descripción de un palacio y de sus tráfagos, toda rapidez y movimiento...; descripción que merecería estar ya en las antologías». *(Los dos Luises y otros ensayos,* Buenos Aires, Espasa-Calpe, 1944, pág. 100.)

luego conoce que es incomparablemente mejor y mayor aquel para cuyo servicio todo aquello se ordena, assí devemos nosotros también entender que, si es hermosa y admirable esta vista de la tierra y del cielo, es sin ningún término muy más hermoso y maravilloso aquel por cuyo fin se crió, y que si es grandíssima, como sin ninguna duda lo es, la magestad deste templo universal que llamamos *mundo* nosotros, Christo, para cuyo nascimiento se ordenó desde su principio, y a cuyo servicio se sujetará todo después, y a quien agora sirve y obedece y obedecerá para siempre, es incomparablemente grandíssimo, gloriosíssimo, perfectíssimo, más mucho de lo que ninguno puede ni encarecer ni entender [121 bis].

Y finalmente, que es tal, qual inspirado y alentado por el Spíritu Sancto, S. Pablo dize escriviendo a los colossenses [122]: *Es imagen de Dios invisible, y el engendrado primero que todas las criaturas. Porque para él se fabricaron todas, assí en el cielo como en la tierra, las visibles y las invisibles, assí digamos los thronos como las dominaciones, como los principados y potentados, todo por él y para él fue criado; y él es el adelantado entre todos, y todas las cosas tienen ser por él. Y él también, del cuerpo de la Iglesia, es la cabeça, y él mismo es el principio y el primogénito de los muertos, para que en todo tenga las primerías* [123]. *Porque le plugo al Padre y tuvo por bien que se aposentasse en él todo lo summo y cumplido.* Por manera que Christo es llamado *Fructo* porque es el fructo del mundo, esto es [124], porque es el fructo para cuya productión se ordenó y fabricó todo el mundo. Y assí Esaías,

---

[121 bis] La coincidencia con las ideas de Teilhard es sorprendente: «En términos cristianos [para Teilhard] la fe es en Cristo... Cristo es precisamente quien está a la cabeza del mundo... Pues el Cristo plenamente evangélico es... el que el *Apocalipsis* llama el alfa y el omega. Es la cima y la clave de la creación». (Georges Crespy, *Ensayo sobre Teilhard de Chardin. De la ciencia a la teología,* Salamanca, Sígueme, 1967, págs. 109-10; ver también Claude Cuénot, *Teilhard de Chardin,* Barcelona, Labor, 1966, págs. 193-94.)

[122] *Col.,* I, 15-19.

[123] 'superioridad o excelencia sobre los demás de su especie'

[124] *A y B: es llamado fructo, esto es*

desseando su nascimiento, y sabiendo que los cielos y la naturaleza toda bivía y tenía ser principalmente para este parto, a toda ella se le pide diziendo: *Derramad rocío, cielos, desde vuestras alturas, y vos, nuves, lloviendo, embiadnos al Justo, y la tierra se abra y produzga y brote al Salvador* [125].

Y no solamente por aquesta razón que avemos dicho Christo se llama *Fructo*, sino también porque todo aquello que es verdadero fructo en los hombres, digo fructo que merezca parecer ante Dios y ponerse en el cielo, no sólo nasce en ellos por virtud deste fructo que es Iesuchristo, sino en cierta manera también es el mismo Iesús. Porque la justicia y sanctidad que derrama en los ánimos de sus fieles, assí ella como los demás bienes y sanctas obras que nascen della, y que, nasciendo della, después la acrecientan, no son sino como una imagen y retrato bivo de Iesuchristo, y tan bivo que es llamado *Christo* en las letras sagradas, como parece en los lugares adonde nos amonesta S. Pablo que nos vistamos de Iesuchristo [126], porque el bivir justa y sanctamente es imagen de Christo. Y assí por esto como por el spíritu suyo, que comunica Christo e infunde en los buenos, cada uno dellos se llama *Christo*, y todos ellos juntos, en la forma ya dicha, hazen un mismo Christo.

Assí lo testificó [127] S. Pablo, diziendo: *Todos los que en Christo os avéys baptizado, os avéys vestido de Iesuchristo; que allí no ay iudío ni gentil, ni libre ni esclavo, ni hembra ni varón, porque todos soys uno en Iesuchristo* [128]. Y en otra parte: *Hijuelos míos, que os engendro otra vez hasta que Christo se forme en vosotros* [129]. Y amonestando a los romanos a las buenas obras, les dize y escrive: *Desechemos, pues, las obras escuras y vistamos armas de luz y, como quien anda de día, andemos* [130] *vestidos y honestos. No en combites y embriaguezes, no en*

---

[125] *Is.*, XLV, 8.
[126] *Rom.*, XIII, 14.
[127] *A y B: testifica*
[128] *Gál.*, III, 27-28.
[129] *Gál.*, IV, 19.
[130] *A y B: y andemos*

desordenado sueño y en deshonestas torpezas, ni menos en competencias e invidias, sino vestíos del Señor Iesuchristo [131]. Y que todos estos Christos son un Christo solo, dízelo él mismo a los corinthios por estas palabras: *Como un cuerpo tiene muchos miembros, y todos los miembros del cuerpo, con ser muchos, son un cuerpo, assí también Christo* [132]. Donde, como advierte S. Augustín [133], no dixo, concluyendo la semejança, *assí es Christo y sus miembros,* sino *assí es Christo,* para nos enseñar que Christo, nuestra cabeça, está en sus miembros, y que los miembros y la cabeça son un solo Christo, como por aventura diremos más largamente después. Y lo que dezimos agora, y lo que de todo lo dicho resulta, es conoscer quán merecidamente Christo se llama *Fructo,* pues todo el fructo bueno y de valor que mora y fructifica en los hombres es Christo y de Christo, en quanto nasce dél y en quanto le parece y remeda, assí como es dicho. Y pues avemos platicado ya lo que basta acerca de aquesto, proseguid, Sabino, en vuestro papel.

—Deteneos —dixo Iuliano, alargando contra Sabino la mano—, que, si olvidado no estoy, os falta, Marcello, por descubrir lo que al principio nos propusistes de lo que toca a la nueva y maravillosa concepción de Christo, que, como dixistes, este nombre significa.

—Es verdad, e hizistes muy bien, Iuliano, en ayudar mi memoria —respondió al punto Marcello—, y lo que pedís es aquesto: Este nombre, que unas vezes llamamos *Pimpollo* y otras vezes llamamos *Fructo,* en la palabra original no es fructo como quiera, sino es propriamente el fructo que nasce de suyo sin cultura ni industria. En lo qual, al propósito de Iesuchristo, a quien agora se applica, se nos demuestran dos cosas. La una, que no uvo ni saber ni valor, ni merescimiento ni industria en el

---

[131] *Rom.,* XIII, 12-14.
[132] *I Cor.,* XII, 12.
[133] *De peccatorum meritis et remissione, et de baptismo parvulorum, ad Marcellinum. Libri tres,* L. I, cap. XXXI, § 60 (*Corpus scriptorum ecclesiasticorum latinorum, editum ab Academia Vindobonensi,* t. LX, pág. 61); ideas parecidas expone en su *Enarratio in psalmum CXLII.*

mundo, que mereciesse de Dios que se hiziesse hombre, esto es, que produxesse este fructo; la otra, que en el vientre puríssimo y sanctíssimo de donde aqueste fructo nasció, anduvo solamente la virtud y obra de Dios, sin ayuntarse varón.

Mostró, como oyó esto, moverse de su assiento un poco Iuliano y, como acostándose [134] hazia Marcello, y mirándole con alegre rostro, le dixo:

—Agora me plaze más el averos, Marcello, acordado lo que olvidávades, porque me deleyta mucho entender que el artículo de la limpieza y entereza virginal de nuestra común madre y señora está significado en las letras y prophecías antiguas. Y la razón lo pedía. Porque adonde se dixeron y escrivieron, tantos años antes que fuessen, otras cosas menores, no era possible que se callasse un mysterio tan grande. Y si se os offrecen algunos otros lugares que pertenezcan a esto, que sí offrecerán, mucho holgaría que los dixéssedes, si no recebís pesadumbre [135].

—Ninguna cosa —respondió Marcello— me puede ser menos pesada que dezir algo que pertenezca al [136] loor de mi única abogada y señora, que aunque lo es generalmente de todos, mas atrévome yo a llamarla mía en particular, porque desde mi niñez me offrecí todo a su amparo. Y no os engañáys [137] nada, Iuliano, en pensar que los libros y letras del Testamento Viejo no passaron [138] callando por una estrañeza tan nueva, y señaladamente tocando a personas tan importantes. Porque, ciertamente, en muchas partes la dizen con palabras para la fe muy claras, aunque algo obscuras para los coraçones

---

[134] 'ladeándose, inclinándose hacia un lado o costado'

[135] La devoción mariana de Fray Luis es atestiguada por Francisco Pacheco como característica destacada del agustino: «Amava a la santissima virgen ternissimamente, ayunava las visperas de sus fiestas, comiendo a las tres de la tarde, i no haziendo colación. de aqui nacio aquella regalada Cancion que comiença: *Virgen q'el Sol mas pura*». (*Libro de descripcion de verdaderos Retratos, de Illustres y Memorables varones.* En Sevilla, 1599.)

[136] *A* y *B: que toque al*

[137] *A: engañéys*

[138] *A: del Testamento Viejo passaron*

186

a quien la infidelidad ciega, conforme a como se dizen otras [139] muchas cosas de las que pertenecen a Christo, que, como S. Pablo dize [140], es mysterio escondido, el qual quiso Dios dezirle y esconderle por justíssimos fines, y uno dellos fue para castigar assí, con la ceguedad y con la ignorancia de cosas tan necessarias, a aquel pueblo ingrato por sus enormes peccados.

Pues viniendo a lo que pedís, claríssimo testimonio es, a mi juyzio, para aqueste propósito aquello de Esaías, que poco antes dezíamos: *Derramad, cielos, rocío, y lluevan las nuves al Justo* [141]. Adonde, aunque, como veys, va hablando del nascimiento de Christo como de una planta que nasce en el campo, empero no haze mención ni de arado ni de açada ni de agricultura, sino solamente de cielo y de nuves y de tierra, a los quales atribuye todo su nascimiento. Y a la verdad, el que cotejare aquestas palabras, que aquí dize Esaías, con las que acerca de aquesta misma razón dixo a la benditíssima Virgen el archángel Gabriel [142], verá que son casi las mismas, sin aver entre ellas más differencia de que lo que dixo el archángel con palabras proprias, porque tratava de negocio presente, Esaías lo significó con palabras figuradas y metaphóricas, conforme al estilo de los prophetas. Allí dixo el ángel: *El Spíritu Sancto vendrá sobre ti;* aquí dize Esaías: *Embiaréys, cielos, vuestro rocío.* Allí dize que la virtud del Alto le hará sombra; aquí pide que se estiendan las nuves. Allí: *Y lo que nacerá de ti sancto, será llamado Hijo de Dios;* aquí: *Ábrase la tierra y produzga al Salvador.* Y sácanos de toda duda lo que luego añade, diziendo: *Y la justicia florecerá juntamente, y yo el Señor le crié.* Porque no dize *y yo el Señor la crié,* conviene saber, a la justicia de quien dixo que avía de florescer juntamente, sino *yo le crié,* conviene a saber, al Salvador, esto es, a Iesús, porque Iesús es el nombre que el original allí pone [143]. Y dize *yo le crié,* y atribúyese a sí

---

[139] A: en ellos otras
[140] Col., I, 26.
[141] Is., XLV, 8.
[142] Lc., I, 35.
[143] A y B: pone allí.

la creación y nascimiento desta bienaventurada salud, y préciase della como de hecho singular y admirable, y dize: *Yo, yo,* como si dixesse: Yo solo y no otro comigo.

Y también no es poco efficaz para la prueva desta misma verdad la manera como habla de Christo, en el capítulo quarto de su escriptura, aqueste mismo propheta, quando usando de la misma figura de plantas y fructos y cosas del campo, no señala para su nascimiento otras causas más [144] de a Dios y a la tierra, que es a la Virgen y al Spíritu Sancto. Porque, como ya vimos, dize: *En aquel día será el* Pimpollo *de Dios magnífico y glorioso, y el fructo de la tierra subirá a grandíssima alteza* [145].

Pero entre otros, para este propósito ay un lugar singular en el psalmo ciento y nueve, aunque algo escuro según la letra latina, mas según la original manifiesto y muy claro, en tanto grado que los doctores antiguos que florescieron antes de la venida de Iesuchristo conoscieron de allí, y ansí lo escrivieron, que la madre del Messías avía de concebir virgen, por virtud de Dios y sin obra de varón. Porque, buelto el lugar que digo a la letra, dize desta manera: *En resplandores de sanctidad del vientre y del aurora, contigo el rocío de tu nascimiento.* En las quales palabras, y no por una dellas, sino casi por todas, se dize y se descubre aqueste mysterio que digo. Porque lo primero, cierto es que habla en este psalmo con Christo el propheta. Y lo segundo, también es manifiesto que habla en este verso de su concepción y nascimiento, y las palabras *vientre* y *nascimiento,* que, según la propriedad original, también se puede llamar *generación,* lo demuestran abiertamente. Mas que Dios solo, sin ministerio de hombre, aya sido el hazedor de aquesta divina y nueva obra en el virginal y puríssimo vientre de Nuestra Señora, lo primero se vee en aquellas palabras: *en resplandores de sanctidad.* Que es como dezir que avía de ser concebido Christo, no en ardores deshonestos de carne y de sangre, sino en resplandores sanc-

[144] A: *señala otras causas para su nascimiento dél más*
[145] *Is.,* IV, 2.
[146] *Sal.* CIX, 3.

tos del cielo; no con torpeza de sensualidad, sino con hermosura de sanctidad y de spíritu. Y demás desto, lo que luego se sigue de *aurora* y de *rocío,* por galana manera declara lo mismo. Porque es una comparación encubierta, que si la descubrimos sonará assí: En el vientre —conviene a saber, de tu madre—, serás engendrado como en la aurora, esto es, como lo que en aquella sazón de tiempo se engendra en el campo con sólo el rocío que entonces desciende del cielo, y no con riego ni con sudor humano. Y últimamente, para dezirlo del todo, añadió: *contigo el rocío de tu nascimiento.* Que porque avía comparado al aurora el vientre de la madre, y porque en el aurora cae el rocío con que se fecunda la tierra, prosiguiendo en su semejança, a la virtud de la generación llamóla *rocío* también.

Y a la verdad, assí es llamada en las divinas letras, en otros muchos lugares [147], esta virtud vivífica y generativa con que engendró Dios al principio el cuerpo de Christo, y con que después de muerto le reengendró y resuscitó, y con que en la común resurrección tornará a la vida nuestros cuerpos deshechos, como en el capítulo 26 de Esaías [148] se vee [149]. Pues dize a Christo David que este rocío y virtud que formó su cuerpo y le dio vida en las virginales entrañas, no se la prestó otro, ni la puso en aquel sancto vientre alguno que viniesse de fuera, sino que él mismo la tuvo de su cosecha y la truxo consigo. Porque cierto es que el Verbo divino, que se hizo hombre en el sagrado vientre de la sancta Virgen, él mismo formó allí el cuerpo y la naturaleza de hombre de que se vistió. Y assí, para que entendiéssemos esto, David dize bien [150] que tuvo Christo consigo el rocío de su nascimiento. Y aun assí como dezimos *nascimiento* en este lugar, podemos también dezir *niñez,* que aunque viene a dezir lo mismo que *nascimiento,* todavía es palabra que señala más el ser nuevo y corporal que tomó Christo en la Virgen, en el qual fue niño primero, y después mancebo, y

---

[147] *A: lugares, rocío, esta*
[148] *Is., XXVI, 19.*
[149] *A: desde como en el capítulo..., falta en la primera edición.*
[150] *A y B: muy bien*

después perfecto varón; porque en el otro nascimiento eterno que tiene de Dios, siempre nasció Dios eterno y perfecto e igual con su Padre.

Muchas otras cosas pudiera alegar a propósito de aquesta verdad, mas, porque no falte tiempo para lo demás que nos resta, baste por todas, y con ésta concluyo, la que en el capítulo cinquenta y tres dize de Christo Esaías: *Subirá cresciendo como* Pimpollo *delante de Dios, y como raŷz o arbolico*[151] *nacido en tierra seca*[152]. Porque, si va a dezir la verdad, para dezirlo como suele hazer el propheta con palabras figuradas y escuras, no pudo dezirlo con palabras que fuessen más claras que éstas. Llama a Christo *arbolico,* y porque le llama assí, siguiendo el mismo hilo y figura, a su sanctíssima madre llámala *tierra,* conforme a razón; y aviéndola llamado assí, para dezir que concibió sin varón, no avía una palabra que mejor ni con más significación lo dixesse que era dezir que fue *tierra seca.* Pero si os parece, Iuliano, prosiga ya Sabino adelante.

—Prosiga —respondió Iuliano.

Y Sabino leyó:

---

[151] *A* y *B: arbolito*
[152] *Is.,* LIII, 2. Estilísticamente, los textos bíblicos como el presente, la exposición de las Escrituras, y los comienzos de cada nombre, aparecen adaptados por Fray Luis a las características del *estilo llano* —sencillo, sobrio en ornato, apto para la enseñanza, exposición de acontecimientos, historia y temas familiares—. Los fragmentos dialogados adoptan también en *Nombres* este estilo. *Cfr.,* a este propósito, Helen Dill Goode, *La prosa retórica de Fray Luis de León en «Los nombres de Cristo»,* ed. cit., págs. 37 y 39.

[FAZES DE DIOS] [153]

También es llamado Christo Fazes de Dios, *como pare-*
ce en el psalmo ochenta y ocho, que dize: La misericordia y la verdad precederán tus *fazes* [154]. *Y dízelo porque*
con Christo nasció la verdad y la justicia y la misericor-
dia, como lo testifica Esaías diziendo: Y la justicia nascerá con él juntamente [155]. *Y también el mismo David,*
quando en el psalmo ochenta y quatro, que es todo del
advenimiento de Christo, dize: La misericordia y la verdad se encontraron. La justicia y la paz se dieron paz.
La verdad nasció de la tierra y la justicia miró desde el
cielo. El Señor por su parte fue liberal, y la tierra por
la suya respondió con buen fructo. La justicia va delante dél y pone en el camino sus pisadas [156].—*Item, dá-*
sele a Christo este mismo nombre en el psalmo noventa y
quatro, adonde David, combidando a los hombres para
el recebimiento de la buena nueva del Evangelio, les
dize: Ganemos por la mano a su *faz* en confessión y

---

[153] En el sentido de «rostro de Dios», aunque Fray Luis, por calco del hebreo, lo ponga en plural. Este nombre desarrolla la visión de Cristo como imagen del Padre, según la mente del supuesto Orozco: «Es Cristo —dice, sobre este mismo apelativo— figura
de la sustancia del Padre, y es imagen de su bondad... Ansí como
por la cara es uno conocido, ansí Dios por medio de Cristo quiere
ser conocido.» (*De nueve nombres de Cristo,* ed. cit., págs. 264
y 265-6.)
[154] *Sal.* LXXXVIII, 15.
[155] *Is.,* XLV, 8.
[156] *Sal.* LXXXIV, 11-14.

loor [157].—*Y más claro en el psalmo setenta y nueve:* Conviértenos, *dize,* Dios de nuestra salud; muéstranos tus *fazes* y seremos salvos [158].—*Y assimismo Esaías, en el capítulo sesenta y quatro, le da este nombre, diziendo:* Descendiste, y delante de tus *fazes* se derritieron los montes [159]. *Porque claramente habla allí de la venida de Christo, como en él se parece.*

—Demás destos lugares que ha leýdo Sabino —dixo entonces Marcello—, ay otro muy señalado, que no le puso el papel [160] y merece ser referido. Pero antes que diga dél, quiero dezir que, en el psalmo setenta y nueve, aquellas palabras que se acaban agora de leer: *Conviértenos, Dios de nuestra salud,* se repiten en él tres vezes, en el principio y en el medio y en el fin del psalmo [161], lo qual no carece de mysterio y, a mi parecer, se hizo por una de dos razones, de las quales la una es para hazernos saber que, hasta acabar Dios y perficionar del todo al hombre, pone en él sus manos tres vezes: una criándole del polvo y llevándole del no ser al ser que le dio en el paraýso; otra reparándole después de estragado, haziéndose él para este fin hombre también; y la tercera resucitándole después de muerto, para no morir ni mudarse jamás. En señal de lo qual, en el libro del *Génesi,* en la historia de la creación del hombre, se repite tres vezes esta palabra *criar.* Porque dize desta manera: *Y crió Dios al hombre a su imagen y semejança, a la imagen de Dios le crió; criólos hembra y varón* [162].

Y la segunda razón, y lo que por más cierto tengo, es que en este psalmo de que hablamos pide el propheta a

---

[157] *Sal.* XCIV, 2.

[158] *Sal.* LXXIX, 4.

[159] *Is.,* LXIV, 1.

[160] De aquí podría, tal vez, deducirse que el «papel» existió como realidad objetiva y externa, no siendo un simple recurso literario —por eso, respetándose sus características, se intentaría, en perícopas como la presente, subsanar sus lagunas—; no obstante, hay que reconocer que este argumento —que abriría más el camino a la identificación de dicho «papel» con el opúsculo atribuido a fray Alonso de Orozco— tiene muy escasa entidad, por su mismo carácter aislado.

[161] *Sal.* LXXIX, 4, 8 y 20.

[162] *Gén.,* I, 27.

Dios en tres lugares [163] que convierta su pueblo a sí y le descubra sus *Fazes,* que es a Christo, como avemos ya dicho; porque son tres vezes las que señaladamente el Verbo divino se mostró y mostrará al mundo, y señaladamente a los del pueblo iudayco, para darles [154] luz y salud. Porque lo primero se les mostró en el monte, adonde les dio ley y les notificó su amor y voluntad; y cercado y como vestido de fuego y de otras señales visibles, les habló sensiblemente, de manera que le oyó hablar todo el pueblo; y començó a humanarse con ellos entonces, como quien tenía determinado de hazerse hombre de ellos y entre ellos después, como lo hizo. Y este fue el aparecimiento segundo, quando nasció rodeado de nuestra carne y conversó con nosotros y, biviendo y muriendo, negoció nuestro bien. El tercero será quando en el fin de los siglos tornará a venir otra vez para entera salud de su Iglesia. Y aun, si yo no me engaño, estas tres venidas del Verbo, una en aparencias y bozes sensibles, otras dos hecho ya verdadero hombre, significó y señaló el mismo [165] Verbo en la çarça, quando Moysén le pidió señas de quién era, y él, para dárselas, le dixo assí: *El que seré, seré, seré* [166], repitiendo esta palabra de tiempo futuro tres vezes, y como diziéndoles: Yo soy el que prometí a vuestros padres venir agora para libraros de Egypto, y nascer después entre vosotros para redimiros del peccado, y tornar últimamente en la misma forma de hombre para destruyr la muerte y perficionaros del todo. Soy el que seré vuestra guía en el desierto, y el que seré vuestra salud hecho hombre, y el que seré vuestra entera gloria hecho juez.

Aquí Iuliano, atravessándose, dixo:

—No dize el texto *seré,* sino *soy,* de tiempo presente; porque, aunque la palabra original en el sonido sea *seré,* mas en la significación es *soy,* según la propriedad de aquella lengua.

—Es verdad —respondió Marcello— que en aquella

---

[163] B: por errata evidente, *lugaras.*
[164] A: *dalles*
[165] A: *mesmo*
[166] *Ex.,* III, 14.

lengua las palabras apropriadas al tiempo futuro se ponen algunas vezes por el presente, y en aquel lugar podemos muy bien entender que se pusieron asís, como lo entendieron primero Sant Hierónymo y los intérpretes griegos [167]. Pero lo que digo agora es que, sin sacar de sus términos a aquellas palabras, sino tomándolas en su primer sonido y significación, nos declaran el mysterio que he dicho. Y es mysterio que, para el propósito de lo que entonces Moysés quería saber, convenía mucho que se dixesse. Porque yo os pregunto, Iuliano: ¿no es cosa cierta que comunicó Dios con Abraham este secreto, que se avía de hazer hombre y nascer de su linaje dél?

—Cosa cierta es —respondió— y ansí lo testifica él mismo en el Evangelio diziendo: *Abraham desseó ver mi día; violé y gozóse* [168].

—Pues ¿no es cierto también —prosiguió Marcello— que este mismo mysterio lo tuvo Dios escondido hasta que lo obró, no sólo de los demonios, sino aun de muchos de los ángeles?

—Assí se entiende —respondió Iuliano— de lo que escrive S. Pablo [169].

—Por manera —dixo Marcello— que era caso secreto aquéste, y cosa que passava entre Dios y Abraham y algunos de sus successores, conviene saber, los successores principales y las cabeças del linaje, con los quales, de uno en otro y como de mano en mano, se avía comunicado este hecho y promessa de Dios.

—Assí —respondió Iuliano— parece.

—Pues siendo assí —añadió Marcello— y siendo también manifiesto que Moysén, en el lugar de que hablamos, quando dixo a Dios: *Yo, Señor, yré, como me lo mandas, a los hijos de Israel y les diré: El Dios de vuestros padres me embía a vosotros. Mas si me preguntaren ¿cómo se llama esse Dios?, ¿qué les responderé?* [170] Assí que

[167] *A y B: primero los setenta intérpretes, y después dellos Sant Hierónymo.*

[168] *Jn.*, VIII, 56.

[169] *Col.*, I, 26.

[170] *Ex.*, III, 13.

194

siendo manifiesto que Moysén, por estas palabras que he referido, pidió a Dios alguna seña cierta de sí, por la qual, assí el mismo [171] Moysén como los principales del pueblo de Israel, a quien avía de yr con aquella embaxada, quedassen saneados [172] que era su verdadero Dios el que le avía aparecido y le embiava, y no algún otro spíritu falso y engañoso; por manera que pidiendo Moysén a Dios una seña como ésta, y dándosela Dios en aquellas palabras, diziéndole: *Diles, el que seré, seré, seré, me embía a vosotros,* la razón misma nos obliga a entender que lo que Dios dize por estas palabras era [173] cosa secreta y encubierta a qualquier otro spíritu, y seña que sólo Dios y aquellos a quien se avía de dezir la sabían, y que era como la thésera [174] militar, o lo que en la guerra dezimos *dar nombre,* que está secreto entre solos el capitán y los soldados que hazen cuerpo de guarda.

Y por la misma razón se concluye que lo que dixo Dios a Moysén en estas palabras es el mysterio que he dicho; porque este solo mysterio era el que sabían solamente Dios y Abraham y sus successores, y el que solamente entre ellos estava secreto. Que lo demás que entienden algunos aver significado y declarado Dios de sí a Moysén en este lugar, que es su perfectión infinita y ser él el mismo ser por essencia, notorio era, no solamente a los ángeles, pero también a los demonios; y aun a los hombres sabios y doctos es manifiesto que Dios es ser por essencia y que es ser infinito, porque es cosa que con la luz natural se conosce. Y assí, qualquier otro spíritu que quisiera engañar a Moysén y vendérsele por su Dios verdadero, lo pudiera, mintiendo, dezir de sí mismo, y no tuviera Moysén, con oýr esta seña, ni para salir de duda bastante razón, ni cierta señal para sacar della a los príncipes de su pueblo a quien yva.

Mas el lugar que dixe al principio, del qual el papel se olvidó [175], es lo que en el capítulo sexto del libro de

[171] *A: mesmo*
[172] 'quedasen asegurados'
[173] *A* y *B: es*
[174] 'contraseña'
[175] *Cfr.* nota 160 de este mismo libro.

los *Números* mandó Dios al sacerdote que dixesse sobre el pueblo quando le bendixesse, que es esto: *Descubra Dios sus* fazes *a ti y aya piedad de ti. Buelva Dios sus* fazes *a ti y déte paz* [176]. Porque no podemos dudar sino que Christo, y su nascimiento entre nosotros, son estas *fazes* que el sacerdote pedía en este lugar a Dios que descubriesse a su pueblo, como Theodoreto y como S. Cirillo lo affirman [177], doctores sanctos y antiguos. Y demás de su testimonio, que es de grande authoridad, se convence lo mismo de que en el psalmo sesenta y seys, en el qual, según todos lo confiessan, David pide a Dios que embíe al mundo a Iesuchristo, comiença el propheta con las palabras de aquesta bendición, y casi la señala con el dedo y la declara, y no le falta sino dezir a Dios claramente: «La bendición que por orden tuya echa sobre el pueblo el sacerdote, esso, Señor, es lo que te supplico y te pido: que nos descubras ya a tu Hijo y Salvador nuestro, conforme a como la boz pública de tu pueblo lo pide.» Porque dize desta manera: *Dios aya piedad de nosotros y nos bendiga. Descubra sobre nosotros sus* fazes *y aya piedad de nosotros* [178].

Y en el libro del *Ecclesiástico,* después de aver el Sabio pedido a Dios con muchas y muy ardientes palabras la salud de su pueblo, y el quebrantamiento de la sobervia y peccado, y la libertad de los humildes opressos, y el allegamiento de los buenos esparzidos, y su vengança y honra, y su desseado juyzio, con la manifestación de su ensalçamiento sobre todas las naciones del mundo, que es puntualmente pedirle a Dios la primera y la segunda venida de Christo, concluye al fin y dize: *Conforme a la bendición de Aarón, assí, Señor, haz con tu pueblo, y enderéçanos por el camino de tu justicia* [179]. Y sabida cosa es que el camino de la justicia de Dios es Iesuchristo, assí como él mismo lo dize: *Yo soy el camino y la verdad y la vida.* Y pues S. Pablo dize, escri-

---

[176] *Núm.,* VI, 25-6.
[177] *Select. Sac. Script. quaest. in Num.,* cap. VI. *Ciril. Alex. in Johann. Evang.,* L. IX, cap. XL.
[178] *Sal.* LXVI, 2.
[179] *Jn.,* XIV, 6.

viendo a los de Épheso: *Bendito sea el Padre y Dios de nuestro Señor Iesuchristo, que nos ha bendezido con toda bendición spiritual y sobrecelestial en Iesuchristo* [180], viene maravillosamente muy bien que, en la bendición que se dava al pueblo antes que Christo viniesse, no se demandasse ni desseasse de Dios otra cosa sino a solo Christo, fuente y origen de toda feliz bendición; y viene muy bien que consuenen y se respondan assí estas dos Escripturas, nueva y antigua. Assí que las *fazes de Dios* que se piden en aqueste lugar son Christo sin duda.

Y concierta [181] con esto ver que se piden dos vezes, para mostrar que son dos sus venidas. En lo qual es digno de considerar lo justo y lo proprio de las palabras que el Spíritu Sancto da a cada cosa. Porque en la primera venida dize *descubrir,* diziendo: *Descubra sus* fazes *Dios,* porque en ella començó Christo a ser visible en el mundo. Mas en la segunda dize *bolver,* diziendo: *Buelva Dios sus* fazes, porque entonces bolverá otra vez a ser visto. En la primera, según otra letra, dize *luzir,* porque la obra de aquella venida fue desterrar del mundo la noche de error y, como dixo S. Iuan [182], resplandecer en las tinieblas la luz. Y assí Christo por esta causa es llamado *luz* y *sol de justicia.* Mas en la segunda dize *ensalçar,* porque el que vino antes humilde, vendrá entonces alto y glorioso, y vendrá, no a dar ya nueva doctrina, sino a repartir el castigo y la gloria.

Y aun en la primera dize: *Aya piedad de vosotros,* conosciendo y como señalando que se avían de aver ingrata y cruelmente con Christo, y que avían de merecer por su ceguedad e ingratitud ser por él consumidos, y por essa causa le pide que se apiade dellos y que no los consuma. Mas en la segunda dize que Dios les dé paz, esto es, que dé fin a su tan luengo trabajo y que los guíe a puerto de descanso después de tan fiera tormenta, y que los meta en el abrigo y sossiego de su Iglesia y en la paz de spíritu que ay en ella, y en todas sus spirituales riquezas. O dize lo primero porque entonces vino

[180] *Ef.,* I, 3.
[181] *A* y *B: concierta bien*
[182] *Jn.,* I, 5.

Christo solamente a perdonar lo peccado y a buscar lo perdido, como él mismo lo dize [183]; y lo segundo, porque ha de venir después a dar paz y reposo al trabajo sancto, y a remunerar lo bien hecho.

Mas pues Christo tiene este nombre, es de ver agora por qué le tiene. En lo qual conviene advertir que, aunque Christo se llama y es *cara de Dios* por donde quiera que le miremos, —porque, según que es hombre, se nombra assí, y según que es Dios y en quanto es el Verbo, es también propria y perfectíssimamente imagen y figura del Padre, como S. Pablo le llama en diversos lugares [184]—, pero lo que tratamos agora es lo que toca a el [185] ser de hombre, y lo que buscamos es el título por donde la naturaleza humana de Christo merece ser llamada sus *Fazes* [186]. Y para dezirlo en una palabra, dezimos que Christo-hombre es *Fazes* y *Cara de Dios* porque, como cada uno se conosce en la cara, assí Dios se nos representa en él y se nos demuestra quién es claríssima y perfectíssimamente. Lo qual en tanto es verdad, que por ninguna de las criaturas por sí, ni por la universidad dellas juntas, los rayos de las divinas condiciones y bienes reluzen y passan a nuestros ojos ni mayores ni más claros ni en mayor abundancia que por el ánima de Christo, y por su cuerpo, y por todas sus inclinaciones, hechos y dichos, con todo lo demás que pertenece a su officio.

Y comencemos por el cuerpo, que es lo primero y más descubierto, en el qual, aunque no le vemos, mas por la relación que tenemos dél, y entretanto que viene aquel bienaventurado día en que por su bondad infinita esperamos verle amigo para nosotros y alegre, assí que, dado que no le veamos, pero pongamos agora con la fe los ojos en aquel rostro divino y en aquellas figuras [187] dél, figuradas con el dedo del Spíritu Sancto, y miremos el semblante hermoso y la postura grave y suave, y aquellos ojos y boca, aquésta nadando siempre en dulçura, y

---

[183] *Mt.*, XVIII, 11.
[184] *Heb.*, I, 3.
[185] *A: al*
[186] Para esta distinción, ver nota 85.
[187] 'facciones'

aquéllos muy más claros y resplandescientes que el sol, y miremos toda la compostura del cuerpo, su estado, su movimiento, sus miembros concebidos en la misma pureza y dotados de inestimable belleza. Mas ¿para qué voy menoscabando este bien con mis pobres palabras, pues tengo las del mismo Spíritu que le formó en el vientre de la sacratíssima Virgen, que nos le pintan [188] en el libro de los *Cantares* por la boca de la enamorada pastora, diziendo: *Blanco y colorado, trahe vandera* [189] *entre los millares. Su cabeça, oro de Tíbar; sus cabellos, enriscados* [190] *y negros; sus ojos, como los de las palomas junto a los arroyos de las aguas, bañadas en leche; sus mexillas, como eras de plantas olorosas de los olores de confectión; sus labios, violetas, que destilan preciada myrrha; sus manos, rollos de oro llenos de tharsis* [191]; *su vientre, bien como el marfil adornado de saphiros; sus piernas, columnas de mármol fundadas sobre basas de oro fino; el su semblante, como el del Líbano, erguido como los cedros; su paladar, dulçuras; y todo él, desseos* [192].

Pues pongamos los ojos en aquesta acabada beldad y contemplésmosla bien, y conoceremos que todo lo que puede caber de Dios en un cuerpo, y quanto le es possible participar dél, y retraerle [193] y figurarle y assemejársele, todo esso, con ventajas grandíssimas, entre todos

---

[188] *A* y *B: pinta*

[189] «La palabra hebrea —dice Fray Luis en la *Exposición del Cantar de los cantares*— es *dagul,* que viene de *daguel,* que es la bandera; y así *dagul* propiamente quiere decir el *alférez;* y de allí por semejanza se aplica y trae a significar todo aquello que es señalado en alguna cosa, como es señalado el alférez entre los de su escuadrón.» (*Obras completas castellanas,* t. I, Madrid, B. A. C., MCMLVII, pág. 155.)

[190] 'crespos' en *Cantares, loc. cit.,* pág. 155; la traducción de *Nombres* es más literal, pues —como el mismo Fray Luis aclara en dicho pasaje—, «la palabra hebrea, que es *taltalim*..., quiere decir *cerro* o promontorio de tierra levantado en alto; y de ahí se viene a decir de los cabellos crespos que, torciendo las puntas hacia arriba, se levantan en alto». (*Ibíd.,* pág. 156.)

[191] «La piedra *tarsis,* que se llama así de la provincia adonde se halla, es un poco como entre rosa y blanca, según la pinta un hebreo antiguo llamado Abenezra.» (*Ibíd.,* pág. 158.)

[192] *Cant.,* V, 10-16.

[193] 'reproducirle', 'retratarle'

los otros cuerpos resplandesce en aqueste; y veremos que en su género y condición es como un retrato bivo y perfecto [194]. Porque lo que en el cuerpo es color —que quiero, para mayor evidencia, cotejar por menudo cada una cosa con otra y señalar en este retrato suyo, que formó Dios de hecho, aviéndole pintado muchos años antes con las palabras, quán enteramente responde todo con su verdad, aunque por no ser largo, diré poco de cada cosa, o no la diré, sino tocarla he solamente—; por manera que el color en el cuerpo, el qual resulta de la mezcla de las qualidades y humores que ay en él, y que es lo primero que se viene a los ojos, responde a la liga o, si lo podemos dezir assí, a la mezcla y texido que hazen entre sí las perfectiones de Dios. Pues assí como se dize de aquel color que se tiñe de colorado y de blanco, assí toda aquesta mezcla secreta se colora de senzillo y amoroso. Porque lo que luego se nos offrece a los ojos quando los alçamos a Dios, es una verdad pura y una perfección simple y senzilla que ama.

Y assimismo, la cabeça en el cuerpo dize con lo que en Dios es la alteza de su saber. Aquella, pues, es de oro de Tíbar, y aquesta son thesoros de sabiduría. Los cabellos que de la cabeça nascen se dizen ser enriscados y negros; los pensamientos y consejos que proceden de aquel

---

[194] La exposición alegórica del texto precedente —*Cant.*, V, 10-16—, que aquí comienza, denota claramente, a nuestro entender, una fuerte influencia emblemática: «¿Es necesario esperar —se pregunta M. Montero Vallejo— a la edición de Rouillet [castellana, Lyon, 1548-49] para documentar la influencia de Alciato en España? Evidentemente no, sobre todo habida cuenta de las múltiples ediciones latinas existentes antes de 1548... En el aspecto religioso, la influencia de Alciato y sus continuadores es grande. A este respecto, son de citar los ejemplos *visuales* y alegóricos sobre temas sacros, como los de fray Diego de Estella, que se popularizarán con los sermones y las descripciones detallistas de la Pasión.» —prólogo a *Emblemas* de Alciato, Madrid, Editora Nacional, 1975, pág. 24—. Por lo demás, recordemos que Antonio Possevino, ya en 1603, había detectado las virtualidades emblemáticas de Fray Luis, aunque se refiriese concretamente a la *Exposición del Cantar de los cantares: Hoc tempore* —escribe—, *Luysius Legionensis... scripsit in Cantica Salomonis eleganter (licet concise); suppeditat multa, quae ad conflanda rite Emblemata facere possint. (Op. cit.,* t. II, pág. 550.)

saber son ensalçados y oscuros. Los ojos de la providencia de Dios y los ojos de aqueste cuerpo son unos: que éstos miran, como palomas bañadas en leche, las aguas; aquellos atienden y proveen a la universidad de las cosas con suavidad y dulçura grandíssima, dando a cada una su sustento y, como digamos, su leche.

Pues ¿qué diré de las mexillas, que aquí son eras olorosas de plantas, y en Dios son su justicia y su misericordia, que se descubren y se le echan más de ver, como si dixéssemos, en el uno y en el otro lado del rostro, y que esparzen su olor por todas las cosas? Que, como es escripto, *todos los caminos del Señor son misericordia y verdad* [195]. Y la boca y los labios, que son en Dios los avisos que nos da y las escripturas sanctas donde nos habla, assí como en este cuerpo son violetas y myrrha, assí en Dios tienen mucho de encendido y de amargo, con que encienden a la virtud y amargan y amortiguan el vicio. Y ni más ni menos, lo que en Dios son las manos, que son el poderío suyo para obrar y las obras hechas por él, son semejantes a las deste cuerpo, hechas como rollos de oro rematados en tharsis, esto es, son perfectas y hermosas y todas muy buenas, como la Escriptura lo dize: *Vio Dios todo lo que hiziera, y todo era muy bueno* [196]. Pues para las entrañas de Dios y para la fecundidad de su virtud, que es como el vientre donde todo se engendra, ¿qué imagen será mejor que este vientre blanco, y como hecho de marfil y adornado de saphiros? Y las piernas del mismo, que son hermosas y firmes como mármoles sobre basas de oro, clara pintura sin duda son de la firmeza divina no mudable, que es como aquello en que Dios estriba. Es también su semblante como el del Líbano, que es como la altura de la naturaleza divina, llena de magestad y belleza. Y finalmente, es dulçuras su paladar, y desseos todo él, para que entendamos del todo quán merescidamente este cuerpo es llamado *imagen* y *fazes* y *cara de Dios,* el qual es dulcíssimo y amabilíssimo por todas partes, ansí como es escrip-

---

[195] *Sal.* XXIV, 10.
[196] *Gén.,* I, 31.

to: *Gustad y ved quán dulce es el Señor;* y: *Quán grande es, Señor, la muchedumbre de tu dulçura, que escondiste para los que te aman* [197].

Pues si en el cuerpo de Christo se descubre y reluze tanto la figura divina, ¿quánto más expressa imagen suya será su sanctíssima ánima, la qual verdaderamente, assí por la perfectión de su naturaleza como por los thesoros de sobrenaturales riquezas que Dios en ella ayuntó, se assemeja a Dios y le retrata más vezina y acabadamente que otra criatura ninguna? Y después del mundo original, que es el Verbo [198], el mayor mundo y el más vezino al original es aquesta divina alma, y el mundo visible, comparado con ella, es pobreza y pequeñez; porque Dios sabe y tiene presente delante los ojos de su conoscimiento todo lo que es y puede ser, y el alma de Christo vee con los suyos todo lo que fue, es y será. En el saber de Dios están las ideas y las razones de todo, y en esta alma el conoscimiento de todas las artes y sciencias; Dios es fuente de todo el ser, y el alma de Christo de todo el buen ser, quiero dezir, de todos los bienes de gracia y justicia con que lo que es se haze justo y bueno y perfecto, porque de la gracia que ay en él mana toda la nuestra. Y no sólo es gracioso en los ojos de Dios para sí, sino para nosotros también, porque tiene justicia con que parece en el acatamiento de Dios amable sobre todas las criaturas; y tiene justicia poderosa para hazerlas amables a todas, infundiendo en sus vasos de cada una algún effecto de aquella su grande virtud, como es escripto: *De cuya abundancia recebimos todos gracia por gracia* [199], esto es, de una gracia otra gracia, de aquella gracia que es fuente, otra gracia que es como su arroyo, y de aquel dechado de gracia que está en él, un traslado de gracia o una otra gracia trasladada que mora en los justos.

---

[197] *Sal.* XXXIII, 9 y XXX, 20.
[198] El Verbo, contemplado en perspectiva platónica, es la síntesis hipostasiada de las ideas arquetípicas, de las cuales son sólo remedos imperfectos las realidades finitas del «mundo», que reconocen en él su causa ejemplar, eficiente y final, como se pormenoriza en las líneas que siguen.
[199] *Jn.,* I, 16.

Y finalmente, Dios cría y sustenta al universo todo, y le guía y endereça a su bien, y el alma de Christo recría y repara y defiende, y continuamente va alentando e inspirando para lo bueno y lo justo, quanto es de su parte, a todo el género humano. Dios se ama a sí y se conoce infinitamente, y ella le ama y le conoce con un conocimiento y amor en cierta manera infinito. Dios es sapientíssimo, y ella de immenso saber. Dios poderoso, y ella sobre toda fuerça natural poderosa. Y como, si pusiéssemos muchos espejos en diversas distancias delante de un rostro hermoso, la figura y faciones dél, en el espejo que le estuviesse más cerca se demostraría mejor, assí esta alma sanctíssima, como está junta y, si lo avemos de dezir assí, apegadíssima por unión personal al Verbo divino, recibe sus resplandores en sí y se figura [200] dellos más vivamente que otro ninguno.

Pero vamos más adelante, y, pues avemos dicho del cuerpo de Christo y de su alma por sí, digamos de lo que resulta de todo junto, y busquemos en sus inclinaciones y condición y costumbres aquestas *fazes* e imagen de Dios.

Él dize de sí que es manso y humilde, y nos combida a que aprendamos a serlo dél [201]. Y mucho antes el propheta Esaías, viéndolo en spíritu, nos le pintó con las mismas condiciones, diziendo: *No dará vozes ni será aceptador de personas, y su boz no sonará fuera. A la caña quebrantada no quebrará, ni sabrá hazer mal ni aun a una poca de estopa que echa humo. No será azedo ni reboltoso* [202]. Y no se ha de entender que es Christo manso y humilde por virtud de la gracia que tiene solamente, sino, assí como por inclinación natural son bien inclinados los hombres, unos a una virtud y otros a otra, assí también la humanidad de Christo, de su natural compostura, es de condición llena de llaneza y mansedumbre.

Pues con ser Christo, assí por la gracia que tenía como por la misma disposición de su naturaleza, un dechado de perfecta humildad, por otra parte tiene tanta alteza

[200] 'toma la figura'
[201] *Mt.,* XI, 29.
[202] *Is.,* XLII, 2-4.

y grandeza de ánimo, que cabe en él, sin desvanecerle, el ser rey de los hombres y señor de los ángeles y cabeça y gobernador de todas las cosas, y el ser adorado de todas ellas, y el estar a la diestra de Dios unido con él y hecho una persona con él. Pues ¿qué es esto, sino ser *Fazes* del mismo Dios? El qual, con ser tan manso como la enormidad de nuestros peccados y la grandeza de los perdones suyos —y no sólo de los perdones, sino de las maneras que ha usado para nos perdonar— lo testifican y enseñan, es también tan alto y tan grande como lo pide el nombre de Dios, y como lo dize Iob por galana manera: *Alturas de cielos, ¿qué farás?* [203]; *honduras de abysmo, ¿cómo le entenderás?; longura más que tierra medida suya, y anchura allende del mar* [204]. Y, juntamente con esta immensidad de grandeza y celsitud, podemos dezir que se humilla tanto y se allana con sus criaturas, que tiene cuenta con los paxaricos y provee a las hormigas, y pinta las flores y desciende hasta lo más baxo del centro y hasta los más viles gusanos. Y, lo que es más claro argumento de su llana bondad, mantiene y acaricia a los peccadores y los alumbra con esta luz hermosa que vemos, y, estando altíssimo en sí, se abaxa con sus criaturas y, como dize el psalmo [205], estando en el cielo, está también en la tierra.

Pues ¿qué diré del amor que nos tiene Dios, y de la charidad para con nosotros que arde en el alma de Christo? ¿De lo que Dios haze por los hombres y de lo que la humanidad de Christo ha padescido por ellos? ¿Cómo los podré comparar entre sí o qué podré dezir, cotejándolos, que más verdadero sea que es llamar a esto *fazes* e imagen de aquello? Christo nos amó hasta darnos su vida, y Dios, induzido de nuestro amor, porque no puede darnos la suya, danos la de su hijo Christo. Porque no pa-

---

[203] «farás», por «harás»; como dice F. de Onís, «Fray Luis de León, al traducir la Biblia, arcaíza el lenguaje para darle mayor solemnidad; abundan los ejemplos de *f* latina conservada en sus traducciones del *Libro de Job* y del *Cantar de los cantares,* al lado de otros muchos arcaísmos, enteramente desaparecidos en el siglo XVI.» (*Nombres,* t. I, ed. cit., pág. 101, n. 6.)

[204] *Job.,* XI, 8-9.

[205] *Sal.* CI, 20.

dezcamos infierno y porque gozemos nosotros del cielo, padece prisiones y açotes y affrentosa y dolorosa muerte; y Dios, por el mismo fin, ya que no era possible padescerla en su misma naturaleza, buscó y halló orden para padescerla por su misma persona. Y aquella voluntad, ardiente y encendida, que la naturaleza humana de Christo tuvo de morir por los hombres, no fue sino como una llama que se prendió del fuego de amor y desseo que ardían en la voluntad de Dios, de hazerse hombre para morir por ellos.

No tiene fin este cuento, y quanto más desplego las velas, tanto hallo mayor camino que andar, y se me descubren nuevos mares quanto más navego; y quanto más considero estas *Fazes,* tanto por más partes se me descubren en ellas el ser y las perfectiones de Dios.

Mas conviéneme ya recoger, y hazerlo he con dezir solamente que assí como Dios es trino y uno, trino en personas y uno en essencia, assí Christo y sus fieles, por representar en esto también a Dios, son en personas muchos y differentes, mas, como ya començamos a dezir y diremos más largamente después, en spíritu y en una unidad secreta, que se explica mal con palabras y que se entiende bien por los que la gustan, son uno mismo. Y dado que las qualidades de gracia y de justicia, y de los demás dones divinos que están en los justos, sean en razón semejantes, y divididos y differentes en número, pero el spíritu que bive en todos ellos, o por mejor dezir, el que los haze bivir vida justa, y el que los alienta y menea, y el que despierta y pone en obra las mismas qualidades y dones que he dicho, es en todos uno y solo y el mismo de Christo. Y ansí bive en los suyos él, y ellos viven por él, y todos en él, y son uno mismo multiplicado en personas, y en qualidad y substancia de spíritu simple y senzillo, conforme a lo que pidió a su Padre diziendo: *Para que sean todos una cosa, ansí como somos una cosa nosotros* [206].

Dízese también Christo *Fazes de Dios* porque, como por la cara se conosce uno, assí Dios por medio de Chris-

---

[206] *Jn.,* XVII, 21.

to quiere ser conoscido. Y el que sin este medio le conosce, no le conosce; y por esto dize él de sí mismo que manifestó el nombre de su Padre a los hombres [207]. Y es llamado *puerta* y *entrada* [208] por la misma razón, porque él solo nos guía y encamina y haze entrar en el conoscimiento de Dios y en su amor verdadero.

Y baste aver dicho hasta aquí de lo que toca a este nombre.

Y dicho esto, Marcello calló, y Sabino prosiguió luego:

[207] *Jn.*, XVII, 6.
[208] *Jn.*, X, 9.

[CAMINO]

Llámase también Camino *Christo en la Sagrada Escriptura. Él mismo se llama assí en S. Iuan, en el capítulo catorze.* Yo, *dize,* soy camino, verdad y vida [209].—*Y puede pertenecer a esto mismo lo que dize Esaías en el capítulo treynta y cinco:* Avrá entonces senda y camino, y será llamado *Camino* Sancto, y será para vosotros camino derecho [210].—*Y no es ageno dello lo del psalmo quinze:* Heziste que me sean manifiestos los *caminos* de vida [211].—*Y mucho menos lo del psalmo sesenta y ocho* [212]: Para que conozcan en la tierra tu *camino; y declara luego qué* camino: En todas las gentes tu salud, *que es el nombre de Iesús.*

—No será necessario —dixo Marcello, luego que Sabino uvo leýdo esto— provar que *Camino* es nombre de Christo, pues él mismo se le pone. Mas es necessario ver y entender la razón por que se le pone, y lo que nos quiso enseñar a nosotros llamándose a sí *camino* nuestro. Y aunque esto en parte está ya dicho, por el parentesco que este nombre tiene con el que acabamos de dezir agora —porque ser *Fazes* y ser *Camino* en una cierta razón es lo mismo—, mas porque, demás de aquello, encierra

---

[209] *Jn.,* XIV, 6.
[210] *Is.,* XXXV, 8.
[211] *Sal.* XV, 10.
[212] Es una errata; la cita corresponde al salmo LXVI, 3.

este nombre otras muchas consideraciones [213] en sí, será conveniente que particularmente digamos dél.

Pues para esto, lo primero se deve advertir que *camino* [214] en la Sagrada Escriptura se toma en diversas maneras. Que algunas vezes *camino* en ellas significa la condición y el ingenio de cada uno, y su inclinación y manera de proceder, y lo que suelen llamar *estilo* en romance, o lo que llaman *humor* agora [215]. Conforme a esto es lo de David en el psalmo, quando hablando de Dios dize: *Manifestó a Moysés sus caminos* [216]. Porque los caminos de Dios que llama allí son aquello que el mesmo psalmo dize luego, que es lo que Dios manifestó de su condición en el *Éxodo,* quando se le demostró en el monte y en la peña y, poniéndole la mano en los ojos, passó por delante dél, y en passando le dixo: *Yo soy amador entrañable, y compassivo mucho, y muy suffrido, largo en misericordia y verdadero, y que castigo hasta lo quarto y uso de piedad hasta lo mil* [217]. Assí que estas buenas condiciones de Dios y estas entrañas suyas son allí sus caminos.

Camino se llama en otra manera la professión de vivir que escoge cada uno para sí mismo, y su intento y aquello que pretende o en la vida o en algún negocio particular, y lo que se pone como por blanco. Y en esta significación dize el psalmo: *Descubre tu camino al Señor, y él lo hará* [218]. Que es dezirnos David que pongamos nuestros intentos y pretensiones en los ojos y en las manos de Dios, poniendo en su providencia confiadamente el cuydado dellos, y que con esto quedemos [219] seguros dél que los tomará a su cargo y les dará buen successo [220]. Y si los ponemos en sus manos, cosa devida es que sean

---

[213] A: *encierra otras muchas consideraciones*

[214] A: *que este nombre,* «camino»

[215] «Camino solemos llamar la condición de alguno —escribe el supuesto Orozco—, que ahora decimos humor.» *(De nueve nombres de Cristo,* ed. cit., pág. 266.)

[216] *Sal.* CII, 7.

[217] *Éx.,* XXXIV, 6-7.

[218] *Sal.* XXXVI, 5.

[219] A: *en esto estemos;* B: *estemos*

[220] A: *que los tornará a sí y les dará buen cobro.*

quales ellas son, esto es, que sean de qualidad que se pueda encargar dellos Dios, que es justicia y bondad [221]. Assí que, de una vez y por unas mismas palabras, nos avisa allí de dos cosas el psalmo: una, que no pretendamos negocios ni prosigamos intentos en que no se pueda pedir la ayuda de Dios; otra, que después de assí apurados [222] y justificados, no los fiemos de nuestras fuerças, sino que los echemos en las suyas y nos remitamos a él con esperança segura.

La obra que cada uno haze, también es llamada *camino* suyo. En los *Proverbios* dize la Sabiduría de sí: *El Señor me crió en el principio de sus caminos* [223], esto es, soy la primera cosa que procedió de Dios. Y del elephante se dize en el libro de Iob que es *el principio de los caminos de Dios* [224], porque, entre las obras que hizo Dios quando crió los animales, es obra muy aventajada. Y en el *Deuteronomio* dize Moysén que *son juyzio los caminos de Dios* [225], queriendo dezir que sus obras son sanctas y justas. Y el justo dessea y pide en el psalmo [226] que sus caminos, esto es, sus passos y obras, se enderecen siempre a cumplir lo que Dios le manda que haga.

Dízese más [227] *camino* el precepto y la ley. Assí lo usa David: *Guardé los caminos del Señor y no hize cosa mala contra mi Dios* [228]. Y más claro en otro lugar: *Corrí por el camino de tus mandamientos quando ensanchaste mi coraçón* [229]. Por manera que este nombre *camino*, demás de lo que significa con propriedad —que es aquello por donde se va a algún lugar sin error—, passa su significación a otras quatro cosas por semejança: a la inclinación, a la professión, a las obras de cada uno, a [230]

---

[221] *A: qualidad de quien Dios, que es justicia y bondad, se pueda encargar.*
[222] 'purificados'
[223] *Prov.,* VIII, 22.
[224] *Job.,* XL, 14.
[225] *Dt.,* XXXII, 4.
[226] *Sal.* CXVIII, 5.
[227] 'además', 'también'
[228] *Sal.* XVII, 22.
[229] *Sal.* CXVIII, 32.
[230] *A: y a*

la ley y preceptos; porque cada una destas cosas encamina al hombre a algún paradero, y el hombre por ellas, como por camino, se endereça a algún fin. Que cierto es que la ley guía, y las obras conduzen, y la professión ordena, y la inclinación lleva cada qual a su cosa.

Esto assí presupuesto, veamos por qué razón de éstas Christo es dicho *Camino* [231], o veamos si por todas ellas lo es, como lo es, sin duda, por todas. Porque quanto a la propriedad del vocablo, assí como aquel camino —y señaló Marcello con el dedo, porque se parecía de allí— es el de la corte porque lleva a la corte y a la morada del rey a todos los que endereçan sus passos por él [232], assí Christo es el *camino* del cielo porque, si no es poniendo las pisadas en él y siguiendo su huella, ninguno va al cielo. Y no sólo digo que avemos de poner los pies donde él puso los suyos, y que nuestras obras, que son nuestros passos, han de seguir a las obras que él hizo, sino que —lo que es proprio al camino— nuestras obras han de yr andando sobre él, porque, si salen dél, van perdidas. Que cierto es que el passo y la obra que en Christo no estriba y cuyo fundamento no es él, no se adelanta ni se allega hazia el cielo.

Muchos de los que bivieron sin Christo abraçaron la pobreza y amaron la castidad y siguieron la justicia, modestia y templança, por manera que, quien no lo mirara de cerca, juzgara que yvan por donde Christo fué y que se parecían a él en los passos, mas como no estribavan en él, no siguieron camino ni llegaron al cielo. La oveja perdida, que fueron los hombres, el pastor que la halló, como se dize en S. Lucas [233], no la truxo al rebaño por sus pies della ni guiándola delante de sí, sino sobre sí y sobre sus hombros. Porque si no es sobre él, no podemos andar, digo, no será de provecho para yr al cielo lo que sobre otro suelo anduviéremos.

¿No avéys visto algunas madres, Sabino, que tenien-

---

[231] *A: es dicho Christo «Camino»*
[232] La antigua ruta de Salamanca a Madrid pasaba, en efecto, por detrás de las casas de *La Flecha,* bordeando el monte por delante de la huerta.
[233] *Lc.,* XV, 3-6.

do con sus dos manos las dos de sus niños, hazen que sobre sus pies dellas pongan ellos sus pies, y assí los van allegando a sí y los abraçan, y son juntamente su suelo y su guía? ¡O piedad la de Dios! Esta misma forma guardáys, Señor, con nuestra flaqueza y niñez. Vos nos days la mano de vuestro favor, vos hazéys que pongamos en vuestros bien guiados passos los nuestros, vos hazéys que subamos, vos que nos adelantemos, vos sustentáys nuestras pisadas siempre en vos mismo, hasta que, avezinados a vos en la manera de vezindad que os contenta, con ñudo estrecho nos ayuntáys en el cielo.

Y porque, Iuliano, los caminos son en differentes maneras, que unos son llanos y abiertos, y otros estrechos y de cuesta, y unos más largos, y otros que son como sendas de atajo, Christo, verdadero *camino* y universal, quanto es de su parte contiene todas estas differencias en sí; que tiene llanezas abiertas y sin difficultad de estropieços, por donde caminan descansadamente los flacos, y tiene sendas más estrechas y altas para los que son de más fuerça, y tiene rodeos para unos porque assí les conviene, y, ni más ni menos, por donde atajen y abrevien los que se quisieren apressurar. Mas veamos lo que escrive deste nuestro *camino* Esaías: *Y avrá allí senda y camino, y será llamado camino sancto. No caminará por él persona no limpia, y será derecho este camino para vosotros; los ignorantes en él no se perderán. No avrá león en él, ni bestia fiera, ni subirá por él ninguna mala alimaña. Caminarle han los librados, y los redemidos por el Señor bolverán, y vendrán a Sión con loores y gozo sobre sus cabeças sin fin. Ellos asirán del gozo y del alegría, y el dolor y el gemido huyrá dellos*[234].

Lo que dize *senda,* la palabra original significa todo aquello que es passo por donde se va de una cosa a otra, pero no como quiera passo, sino passo algo más levantado que lo demás del suelo que le está vezino, y passo llano, o porque está enlosado, o porque está limpio de piedras y libre de estropieços. Y conforme a esto, unas vezes significa esta palabra las gradas de piedra por don-

---

[234] *Is.,* XXXV, 8-10.

de se sube, y otras la calçada empedrada y levantada del suelo, y otras la senda que se vee yr limpia en la cuesta dando bueltas desde la raýz a la cumbre. Y todo ello dize con Christo muy bien: porque es calçada y sendero y escalón [235] llano y firme. Que es dezir que tiene dos qualidades este *camino,* la una de alteza y la otra de desembaraço, las quales son proprias assí a lo que llamamos *gradas* como a lo que dezimos *sendero* o *calçada.* Porque es verdad que todos los que caminan por Christo van altos y van sin estropieços. Van altos, lo uno porque suben; suben, digo, porque su caminar es propriamente subir, porque la virtud christiana siempre es mejoramiento y adelantamiento del alma. Y assí, los que andan y se exercitan en ella forçosamente crecen, y el andar mismo es hazerse de contino mayores, al revés de los que siguen la vereda del vicio, que siempre decienden [236], porque el ser vicioso es deshazerse y venir a menos de lo que es; y quanto va más, tanto más se menoscaba y disminuye, y viene por sus passos contados, primero a ser bruto, y después a menos que bruto, y finalmente a ser casi nada.

Los hijos de Israel, cuyos passos desde Egypto hasta Iudea fueron imagen de aquesto, siempre fueron subiendo por razón del sitio y disposición de la tierra. Y en el templo antiguo, que también fue figura, por ninguna parte se podía entrar sin subir. Y assí el Sabio, aunque por semejança de resplandor y de luz, dize lo mismo, assí de los que caminan por Christo como de los que no quieren seguirle. De los unos dize: *La senda de los justos, como luz que resplandesce y cresce y va adelante hasta que sube a ser día perfecto* [237]. De los otros, en un particular que los comprehende: *Desciende,* dize, *a la muerte su casa y a los abysmos sus sendas* [238]. Pues esto es lo uno. Lo otro, van altos porque van siempre lexos del suelo, que es lo más baxo. Y van lexos dél porque lo que el suelo ama ellos lo aborrecen, lo que sigue huyen,

---

[235] A: *escalón y calçada y sendero, y escalón*
[236] A y B: *abaxan*
[237] *Prov.,* IV, 18.
[238] *Prov.,* II, 18.

y lo que estima desprecian. Y lo último, van assí porque huellan sobre lo que el juyzio de los hombres tiene puesto en la cumbre: las riquezas, los deleytes, las honras. Y esto, quanto a la primera qualidad de la alteza.

Y lo mismo se vee en la segunda, de llaneza y de carecer de estropieços. Porque el que endereça sus passos conforme a Christo no se encuentra con nadie [239]; a todos les da ventaja [240], no se oppone a sus pretensiones, no les contramina [241] sus designos; suffre sus iras, sus injurias, sus violencias; y si le maltratan y despojan los otros, no se tiene por despojado, sino por desembaraçado y más suelto para seguir su viaje. Como, al revés, hallan los que otro camino llevan, a cada passo innumerables estorvos, porque pretenden otros lo que ellos pretenden, y caminan todos a un fin, y a fin en que los unos a los otros se estorvan; y assí se offenden cada momento y estropieçan entre sí mismos, y caen y paran y buelven atrás, desesperados de llegar adonde yvan. Mas en Christo, como avemos dicho, no se halla estropieço, porque es como *camino* real en que todos los que quieren caben sin embaraçarse.

Y no solamente es Christo grada y calçada y sendero, por estas dos qualidades dichas, que son comunes a todas estas tres cosas, sino también por lo proprio de cada una dellas comunican su nombre con él; porque es grada para la entrada del templo del cielo, y sendero que guía sin error a lo alto del monte adonde la virtud haze vida, y calçada enxuta y firme en quien nunca, o el passo engaña, o desliza o titula el pie. Que los otros caminos más verdaderamente son deslizaderos o despeñaderos, que quando menos se piensa, o están cortados, o debaxo de los pies se sumen ellos, y echa en vazío el pie el miserable que caminava seguro. Y assí, Salomón dize: *El camino de los malos, barranco y abertura honda* [241]. ¿Quántos, en las riquezas y por las riquezas que

[239] 'no se opone', 'no se enemista con nadie'
[240] A: *a todos da ventaja*
[241] «Contraminar»: 'Penetrar o averiguar lo que uno quiere hacer, para que no consiga su intento'.
[242] *Prov.*, IV, 19.

buscaron y hallaron, perdieron la vida? ¿Quántos, caminando a la honra, hallaron su affrenta?

Pues del deleyte, ¿qué podemos dezir, sino que su remate es dolor? Pues no desliza assí ni hunde los passos el que nuestro *camino* sigue, porque los pone en piedra firme de contino. Y por esso dize David: *Está la ley de Dios en su coraçón; no padecerán engaño sus passos* [243]. Y Salomón: *El* camino *de los malos, como valladar de çarças; la senda del justo, sin cosa que le offenda* [244]. Pero añade Esaías: *Senda y* camino, *y será llamado sancto.* En el original la palabra *camino* se repite tres vezes, en esta manera: *Y será* camino *y* camino *y* camino *llamado sancto* [245]; porque Christo es *camino* para todo género de gente. Y todos ellos, los que caminan en él, se reduzen a tres: a principiantes, que llaman, en la virtud; a aprovechados en ella; a los que nombran perfectos. De los quales tres órdenes se compone todo lo escogido de la Iglesia, assí como su imagen [246], el templo antiguo, se componía de tres partes: portal y palacio y sagrario, y como los aposentos que estavan apegados a él, y le cercavan a la redonda por los dos lados y por las espaldas, se repartían en tres differencias: que unas eran pieças baxas, y otros entresuelos, y otros sobrados. Es, pues, Christo tres vezes *camino,* porque es calçada allanada y abierta para los imperfectos, y *camino* para los que tienen más fuerça, y *camino* sancto para los que son ya perfectos en él.

Dize más: *No passará por él persona no limpia,* porque aunque en la Iglesia de Christo y en su cuerpo mýs-

---

[243] *Sal.* XXXVI, 31.

[244] *Prov.,* XV, 19.

[245] *Is.,* XXXV, 8.

[246] Tratando «de las figuras especiales de la Iglesia en el Testamento viejo», recomendaba el Concilio de Trento: «Porque las figuras del Testamento viejo son muy poderosas para excitar las almas de los fieles y renovar la memoria de las cosas hermosísimas..., no dejarán los párrocos en silencio esta parte de doctrina, que trae consigo grandes utilidades.» (*Catecismo* «ad parochos»*,* ed. cit., pág. 111 *b);* el texto conciliar proponía a continuación, como figuras capitales, la del Arca de la Alianza, y la de Jerusalén.

tico ay muchas no limpias, mas los que passan por él todos son limpios, quiero dezir que el andar en él siempre es limpieza; porque los passos que no son limpios no son passos hechos sobre aqueste *camino*. Y son limpios también todos los que passan por él; no todos los que comiençan en él, sino todos los que comiençan y demedian y passan hasta llegar al fin, porque el no ser limpio es parar o bolver atrás o salir del *camino*. Y assí, el que no parare, sino passare, como dicho es, forçosamente ha de ser limpio.

Y parece aun más claro de lo que se sigue: *Y será* camino *cierto para vosotros*. Adonde el original dize puntualmente: *Y él les andará el* camino, o *él a ellos les es el* camino *que andan*. Por manera que Christo es el *camino nuestro* y *el que anda también el camino,* porque anda él andando nosotros, o por mejor dezir, andamos nosotros porque anda él y porque su movimiento nos mueve. Y assí, él mismo es el *camino* que andamos y el que anda con nosotros, y el que nos incita para que andemos. Pues cierto es que Christo no hará compañía a lo que no fuere limpieza. Assí que no camina aquí lo suzio ni se adelanta lo que es peccador, porque ninguno camina aquí si Christo no camina con él. Y desto mismo nasce lo que viene luego: *Ni los ignorantes se perderán en él*. Porque ¿quién se perderá con tal guía? Mas ¡qué bien dize *los ignorantes*! Porque los sabios, confiados de sí y que presumen valerse y abrir camino por sí, fácilmente se pierden; antes, de necessidad se pierden si confían en sí. Mayormente que si Christo es él mismo guía y *camino,* bien se convence que es *camino* claro y sin bueltas, y que nadie lo pierde si no lo quiere perder [247] de propósito. *Esta es la voluntad de mi Padre,* dize él mismo, *que no pierda ninguno de los que me dio, sino que los trayga a vida en el día postrero* [248].

Y sin duda, Iuliano, no ay cosa más clara a los ojos de la razón ni más libre de engaño que el *camino* de Dios. Bien lo dize David: *Los mandamientos del Señor*

---

[247] A: *nadie le pierde si no le quiere perder*
[248] *Jn.,* VI, 39.

—que son sus caminos— *luzidos y que dan luz a los ojos; los juyzios suyos, verdaderos y que se abonan a sí mismos*[249]. Pero ya que el *camino* carece de error, ¿házenlo[250] por ventura peligroso las fieras, o saltean en él? Quien lo allana y endereça, esse también lo assegura[251]; y assí, añade el Propheta: *No avrá león en él, ni andará por él bestia fiera.* Y no dize *andará,* sino *subirá,* porque si, o la fiereza de la passión, o el demonio, león enemigo, acomete a los que caminan aquí, si ellos perseveran en el *camino,* nunca los sobrepuja ni viene a ser superior suyo, antes queda siempre caýdo y baxo. Pues si éstos no, ¿quién andará? *Y andarán,* dize, *en él los redemidos.* Porque primero es ser redemidos que caminantes; primero es que Christo, por su gracia y por la justicia que pone en ellos, los libre de la culpa, a quien servían captivos, y les desate las prisiones con que estavan atados, y después es que comiencen a andar. Que no somos redemidos por aver caminado primero ni por los buenos passos que dimos, ni venimos a la justicia por nuestros pies. *No por las obras justas que hezimos,* dize, *sino según su misericordia nos hizo salvos*[252]. Assí que no nasce nuestra redempción de nuestro camino y merescimiento, sino, redemidos una vez, podemos caminar y merescer después, alentados con la virtud de aquel bien.

Y es en tanto verdad que solos los redemidos y libertados caminan[253] aquí, y que primero que caminan son libres, que ni los que son libres y justos caminan ni se adelantan, sino con solos aquellos passos que dan como justos y libres; porque la redempción y la justicia, y el spíritu que la haze, encerrado en el nuestro, y el movimiento suyo, y las obras que deste movimiento, y conforme a este movimiento hazemos, son para en este *camino* los pies.

Pues han de ser redemidos; mas ¿por quién redemidos? La palabra original lo descubre, porque significa

[249] *Sal.* XVIII, 9-10.
[250] A: *házenle*
[251] A: *le allana..., le assegura*
[252] *Tit.,* III, 5.
[253] A: *caminen*

aquello a quien otro alguno, por vía de parentesco y de deudo, lo rescata y, como solemos dezir, lo saca por el tanto. De manera que si no caminan aquí sino aquellos a quien redime su deudo, y por vía de deudo, clara cosa será que solamente caminan los redemidos por Christo, el qual es deudo nuestro por parte de la naturaleza nuestra de que se vistió, y nos redime por serlo. Porque como hombre padeció por los hombres, y como hermano y cabeça dellos pagó, según todo derecho, lo que ellos devían, y nos rescató para sí como cosa que le pertenecíamos por sangre y linage, como se dirá en su lugar.

Añade: *Y los redemidos por el Señor bolverán a andar por él*. Esto toca propriamente a los del pueblo iudayco, que en el fin de los tiempos se han de reduzir a la Iglesia y, reduzidos, començarán a caminar por este nuestro *camino* con passos largos, confessándole por Messías. Porque dize: *tornarán a este camino,* en el qual anduvieron verdaderamente primero, quando sirvieron a Dios en la fe de su venida que esperavan, y le agradaron [254]; y después se salieron dél, y no lo quisieron conoscer quando lo vieron [255], y assí agora no andan en él, mas está prophetizado que han de tornar. Y por esso dize que bolverán otra vez al *camino* los que el Señor redimió.

Y tiene cada una destas palabras su particular razón, que demuestra ser assí lo que digo. Porque lo primero, en el original, en lugar de lo que dezimos *Señor,* está el nombre de Dios proprio, el qual tiene particular significación de una entrañable piedad y misericordia. Y lo segundo, lo que dezimos *redemidos,* al pie de la letra suena redempciones o rescates, en manera que dize que los rescates o redempciones del *Piadossíssimo* tornarán a bolver. Y llama *rescates* o *redempciones* a los deste linaje, porque no los rescató una sola vez de sus enemigos, sino muchas vezes y en muchas maneras, como las sagradas letras lo dizen. Y llámase en este particular *Misericordiossíssimo* a sí mismo, lo uno, porque aunque lo es siempre con todos, mas es cosa que admira el estremo de re-

---

[254] A: *le agradavan*
[255] A: *le quisieron... le vieron*

galo y de amor con que trató Dios a aquel pueblo, desmereciéndolo él; lo otro, porque teniéndole tan desechado agora y tan apartado de sí, y desechado y apartado con tan justa razón como a infiel y homicida, y pareciendo que no se acuerda ya dél por aver passado tantos siglos que le dura el enojo, después de tanto olvido y de tan luengo desecho [256], querer tornarle a su gracia, y de hecho tornarle, señal manifiesta es de que su amor para con él es entrañable y grandíssimo, pues no lo acaban ni las bueltas del tiempo tan largas, ni los enojos tan encendidos, ni las causas dellos tan repetidas y tan iustas. Y señal cierta es que tiene en el pecho de Dios muy hondas raýzes aqueste querer, pues cortado, y al parecer seco, torna a brotar con tanta fuerça. De arte que Esaías llama *rescates* a los iudíos, y a Dios le llama *Piadoso*, porque sola su no vencida piedad para con ellos, después de tantos rescates de Dios, y de tantas y tan malas pagas dellos, los tornará últimamente a librar y, libres y ayuntados a los demás libertados que están agora en la Iglesia, los pondrá en el *camino* della y los guiará derechamente por él.

Mas ¡qué dichosa suerte y qué gozoso y bienaventurado viaje, adonde el *camino* es Christo, y la guía dél es él mismo, y la guarda y la seguridad ni más ni menos es él, y adonde los que van por él son sus hechuras y rescatados suyos! Y assí, todos ellos son nobles y libres; libres, digo, de los demonios, y rescatados de la culpa, y favorescidos contra sus reliquias, y defendidos de qualesquier acontescimientos malos, y alentados [257] al bien con prendas y gustos dél, y llamados a premios tan ricos que la esperança sola dellos los haze bienandantes en cierta manera. Y assí concluye diziendo: *Y vendrán a Sión con loores y alegría no perecedera en sus cabeças; asirán del* [258] *gozo y asirán del plazer, y huyrá dellos el gemido y dolor* [259].

Y por esta manera es llamado *Camino* Christo, según

[256] 'desprecio', 'vilipendio'
[257] A: *malos: y enemigos y alentados*
[258] A: *el*
[259] *Is.,* XXXV, 10

aquello que con propriedad significa, y no menos lo es según aquellas cosas que por semejança son llamadas assí. Porque si el camino de cada uno son, como dezíamos, las inclinaciones que tiene y aquello a que le lleva su juyzio y su gusto, Christo, con gran verdad, es *camino* de Dios, porque es, como poco antes diximos, imagen biva suya y retrato verdadero de sus inclinaciones y condiciones todas, o por dezirlo mejor, es como una execución y un poner por la obra todo aquello que a Dios le aplaze y agrada más. Y si es camino el fin y el propósito que se pone cada uno a sí mismo para endereçar sus obras, *camino* es sin duda Christo de Dios, pues, como dezíamos oy al principio, después de sí mismo, Christo es el fin principal a quien Dios mira en todo quanto produze.

Y finalmente, ¿cómo no será Christo *camino* si se llama camino todo lo que es ley y regla y mandamiento que ordena y endereça la vida, pues es él solo la ley? Porque no solamente dize lo que avemos de obrar, mas obra lo que nos dize que obremos, y nos da fuerças para que obremos lo que nos dize. Y assí, no manda solamente a la razón, sino haze en la voluntad ley de lo que manda y se lança en ella y, lançado allí, es su bien y su ley. Mas no digamos agora de esto, porque tiene su proprio lugar, adonde después lo diremos.

Y dicho esto calló Marcello, y Sabino abrió su papel y dixo:

[PASTOR] [260]

Llámase también Christo Pastor. *Él mismo dize en Sant Iuan:* Yo soy buen *pastor* [261].—*Y en la epístola a los hebreos dize Sant Pablo de Dios:* Que resuscitó a Iesús, *pastor grande de ovejas* [262].—*Y Sant Pedro dize dél mismo:* Quando apareciere el príncipe de los *pastores* [263].—*Y por los prophetas es llamado de la misma manera: por Esaías en el capítulo quarenta* [264]*, por Ezechiel en el capítulo treynta y quatro* [265]*, por Zacharías en el capítulo onze* [266].

Y Marcello dixo luego:

—Lo que dixe en el nombre passado puedo también dezir en éste, que es escusado provar que es nombre de Christo, pues él mismo se le pone. Mas como esto es fácil, assí es negocio de mucha consideración el traer a luz

---

[260] En la 1.ª ed. —1583— falta este nombre, pasándose directamente de «Camino» a «Monte». El aspecto «más sensible y humanal» de la Cristología de Fray Luis se refleja en el comentario a este nombre. «Sólo un alma que sintiera así lo cristiano —observa Dámaso Alonso— podía tener preferencia entre los nombres simbólicos de Cristo por el de *Pastor,* como los cristianos de las catacumbas.» («Fray Luis de León y la poesía renacentista», en *De los siglos oscuros al de Oro,* Madrid, Gredos, 1958, pág. 246.)

[261] *Jn.,* X, 11.

[262] *Heb.,* XIII, 20.

[263] *I Pe.,* V, 4.

[264] *Is.,* XL, 11.

[265] *Ez.,* XXXIV, 23.

[266] *Zac.,* XI, 16.

todas las causas por que se pone este nombre. Porque en esto que llamamos *pastor* se pueden considerar muchas cosas: unas que miran propriamente a su officio, y otras que pertenecen a las condiciones de su persona y su vida.

Porque lo primero, la vida pastoril es vida sossegada y apartada de los ruydos de las ciudades y de los vicios y deleytes dellas. Es innocente, assí por esto como por parte del tracto y grangería en que se emplea. Tiene sus deleytes, y tanto mayores quanto nascen de cosas más senzillas y más puras y más naturales: de la vista del cielo libre, de la pureza del ayre, de la figura del campo, del verdor de las yervas, y de la belleza de las rosas y de las flores. Las aves con su canto y las aguas con su frescura le deleytan y sirven. Y assí, por esta razón es bivienda [267] muy natural y muy antigua entre los hombres, que luego en los primeros dellos uvo pastores; y es muy usada por los mejores hombres que ha avido, que Iacob y los doze patriarchas la siguieron, y David fue pastor; y es muy alabada de todos, que, como sabéys, no ay poeta, Sabino, que no la cante y alabe [268].

---

[267] 'género de vida, o modo de vivir'

[268] «Obsérvese —comenta López Estrada— que ésta no es la vida de pastores más o menos fingidos, sino una relación de lo que siente el hombre cultivado en la percepción de la naturaleza, y que por ser *natural* estima que es la primera que hubo entre los hombres, y así relatada en la Biblia. Pero desde allí llega a esta exaltación suma de que no hay poeta que no la cante o alabe.» (*Los libros de pastores...*, ed. cit., pág. 200.) Por lo demás, estas ideas, comunes en la literatura de la época, aparecen con palabras prácticamente idénticas ya en 1496 en Juan del Enzina: «No en poca estimacion —escribe— era tenida la vida rustica antiguamente que de alli nacian y se engendrauā los varones y capitanes fortissimos segun dize Caton el censorio en su libro de agricultura. y aquesta fue la que dio nombre a las familias de los Fábios: Pisones: Cicerónes: y Léntulos, y en este exercicio estava ocupado Cincinato quando le denunciaron de parte del senado romano ser criado Ditador. y aun aquesta agricultura sustentava a Marco regulo cuyo mayordomo muerto: quiso dexar la capitania y hueste que en Africa governava: por venir a labrar sus tierras: mas el senado y pueblo romano no huvo vergüença de ser su mayordomo y labrarle las tierras. Pues qué dire de aquel primer justo Abel que guardando estava ganado quando su hermano le mato, y Noe labrador era, y Abraham: Ysaac: y Jacob con sus

—Quando ninguno la loara —dixo **Sabino** entonces—, basta para quedar muy loada [269] lo que dize della el poeta latino [270], que en todo lo que dixo venció a los demás, y en aquello parece que vence a sí mismo; tanto son escogidos y elegantes los versos con que lo dize. Mas porque, Marcello, dezís de lo que es ser pastor y del caso que de los pastores la poesía haze, mucho es de maravillar con qué juyzio los poetas, siempre que quisieron dezir algunos accidentes de amor, los pusieron en los pastores y usaron más que de otros de sus personas para representar aquesta passión en ellas; que assí lo hizo Theócrito y Virgilio, y ¿quién no lo hizo, pues el mismo Spíritu Sancto, en el libro de los *Cantares,* tomó dos personas de pastores para, por sus figuras dellos y por su boca, hazer representación del increíble amor que nos tiene? Y parece, por otra parte, que son personas no convenientes para esta representación los pastores, porque son toscos y rústicos, y no parece que se conforman ni que caben las finezas que ay en el amor, y lo muy agudo y proprio dél, con lo tosco y villano.

—Verdad es, Sabino —respondió Marcello—, que usan los poetas de lo pastoril para dezir del amor; mas no tenéys razón en pensar que para dezir dél ay personas más a propósito que los pastores, ni en quien se represente mejor. Porque puede ser que en las ciudades se

---

doze hijos: pastores fueron, y Moyses en vida pastoril estava metido quando vio aquella vision de la çarça. y David siendo pastor y andando con sus ganados exercitava las fuerças matando ossos y leones y otros fieros animales... y todos los mas de los Patriarcas y Profetas biuieron en semejantes vidas.» (*Cancionero de Juan del Encina. Primera edición, 1496. Publicado en facsímile por la Real Academia Española*. Madrid, Tip. de la *R.A.B.M.,* 1928, fols. xxxii *r-v.*) En el fondo, se trata de conceptos tópicos en el género pastoril, enraizados, en última instancia, en Teócrito, Virgilio y Horacio.

[269] *B: alabada*

[270] Como indica F. de Onís, para Fray Luis, «el poeta» por antonomasia es Virgilio, mientras «el lírico» suele ser Horacio (*loc. cit.,* pág. 127, n. 7): aquí se refiere concretamente a las *Bucólicas* —sobre todo, I, II, IV, VII, VIII, X—, libro traducido en verso, en su integridad, por el agustino.

sepa mejor hablar, pero la fineza del sentir es del campo y de la soledad [271].

Y a la verdad, los poetas antiguos, y quanto más antiguos tanto con mayor cuydado, atendieron mucho a huyr de lo lascivo y artificioso, de que está lleno el amor que en las ciudades se cría, que tiene poco de verdad y mucho de arte y de torpeza. Mas el pastoril, como tienen los pastores los ánimos senzillos y no contaminados con vicios, es puro y ordenado a buen fin; y como gozan del sossiego y libertad de negocios que les offrece la vida sola del campo, no aviendo en él cosa que los divierta [272], es muy bivo y agudo. Y ayúdales a ello también la vista desembaraçada, de que contino gozan, del cielo y de la tierra y de los demás elementos; que es ella en sí una imagen clara, o por mejor dezir, una como escuela de amor puro y verdadero. Porque los demuestra a todos amistados entre sí y puestos en orden, y abraçados, como si dixéssemos, unos con otros, y concertados con armonía grandíssima, y respondiéndose a vezes y comunicándose sus virtudes, y passándose unos en otros, y ayuntándose y mezclándose todos, y con su mezcla y ayuntamiento sacando de contino a luz y produziendo los frutos que hermosean el ayre y la tierra. Assí que los pastores son en esto aventajados a los otros hombres. Y assí, sea ésta la segunda cosa que señalamos en la condición del pastor: que es muy dispuesto al bien querer.

Y sea la tercera lo que toca a su officio, que aunque

---

[271] «Marcelo —nota López Estrada— da la cara a la objeción estableciendo que el campo favorece la fineza del sentir, y la cuestión toca a la oposición entre Corte y aldea en cuanto a su efecto en la naturaleza humana» —*loc. cit.*, pág. 201—. En otro orden de cosas, observa el padre Félix García, a propósito de este pasaje, que «bajo la apariencia de pastores, eran los hombres cultos y refinados de la ciudad los que de aquel modo expresaban la *finura del sentir*, que dice el poeta. Es posible que entonces, como hoy, sintiera mejor el campo el hombre de ciudad que el aldeano». (*Obras completas castellanas*, t. I, ed. cit., págs. 467-8, n. 12); la idea, por lo demás, no es nueva, ya que, en 1921, comentando este mismo texto, decía Azorín que «el paisaje ha sido inventado, descubierto por los hombres de la ciudad». (*Los dos Luises*, ed. cit., página 101.)

[272] 'distraiga', 'desvíe'

es officio de governar y regir, pero es muy differente de los otros goviernos. Porque lo uno, su govierno no consiste en dar leyes ni en poner mandamientos, sino en apascentar y alimentar a los que govierna. Y lo segundo, no guarda una regla generalmente con todos y en todos los tiempos, sino en cada tiempo y en cada occasión ordena su govierno conforme al caso particular del que rige. Lo tercero, no es govierno el suyo que se reparte y exercita por muchos ministros, sino él solo administra todo lo que a su grey le conviene [273]; que él la apasta y la abreva, y la baña y la tresquila, y la cura y la castiga, y la reposa y la recrea y haze música, y la ampara y defiende. Y últimamente, es proprio de su officio recoger lo esparzido y traer a un rebaño a muchos, que de suyo cada uno dellos caminara por sí. Por donde las sagradas letras, de lo esparzido y descarriado y perdido dizen siempre que son como ovejas que no tienen pastor, como en Sant Mateo [274] se vee, y en el libro de los *Reyes* [275], y en otros lugares. De manera que la vida del pastor es innocente y sossegada y deleytosa, y la condición de su estado es inclinada al amor, y su exercicio es governar dando pasto y acomodando su govierno a las condiciones particulares de cada uno, y siendo él solo para los que govierna todo lo que les es necessario, y endereçando siempre su obra a esto, que es hazer rebaño y grey [276].

Veamos, pues, agora si Christo tiene esto, y las ventajas con que lo tiene, y assí veremos quán merescidamente

---

[273] B: *le es conveniente*
[274] *Mt.,* IX, 36.
[275] III *Re.,* XXI, 17.
[276] «Todo lo anterior —dice J. B. Avalle-Arce— está dicho, o provocado, por el *Pastor* como apelativo de Nuestro Señor. Sin embargo, mucho de lo citado no tiene nada que ver con el nombre *pastor* usado en dicho sentido... Lo que ha pasado es que la evocación del nombre *pastor* ha conjurado en la mente de fray Luis dos mundos distintos, aunque en el mismo nivel: el del pastor divino, guía y protector del ganado humano..., y el del pastor bucólico de vida inmanente... Difícil sería encontrar un texto más ilustrativo de la difusión y pervasión (si se me permite el neologismo) del tema pastoril.» (*La novela pastoril española,* Madrid, Istmo, 1975, págs. 23-24.)

es llamado *pastor*. Bive en los campos Christo, y goza del cielo libre, y ama la soledad y el sossiego, y en el silencio de todo aquello que pone en alboroto la vida tiene puesto él su deleyte. Porque assí como lo que se comprehende en el campo es lo más puro de lo visible, y es lo senzillo y como el original de todo lo que dello se compone y se mezcla, assí aquella región de vida, adonde bive aqueste nuestro glorioso bien, es la pura verdad y la senzillez de la luz de Dios, y el original expresso de todo lo que tiene ser, y las raýzes firmes de donde nascen y adonde estriban todas las criaturas. Y si lo avemos de dezir assí, aquellos son los elementos puros y los campos de flor eterna vestidos, y los mineros de las aguas bivas, y los montes verdaderamente preñados de mil bienes altíssimos, y los sombríos y repuestos [277] valles, y los bosques de la frescura, adonde, esentos de toda injuria, gloriosamente florecen la haya y la oliva y el lináloe, con todos los demás árboles del encienso, en que reposan exércitos de aves en gloria y en música dulcíssima que jamás ensordece. Con la qual región si comparamos aqueste nuestro miserable destierro, es comparar el desassossiego con la paz, y el desconcierto y la turbación y el bullicio y desgusto de la más inquieta ciudad con la misma pureza y quietud y dulçura. Que aquí se afana y allí se descansa, aquí se imagina y allí se vee, aquí las sombras de las cosas nos atemorizan y assombran [278], allí la verdad assossiega y deleyta; esto es tinieblas, bullicio, alboroto; aquello es luz puríssima en sossiego eterno [279].

Bien y con razón le conjura a este *pastor* la esposa

---

[277] 'apartados', 'retirados', 'escondidos'
[278] 'amedrentan', 'espantan'
[279] Ya Garcilaso —*Egl.*, I, vv. 394-407— había utilizado los elementos del paisaje pastoril para la pintura de un paraíso idílico, medio pagano y medio cristiano, con fuertes reminiscencias del *locus amoenus*. Fray Luis desarrolla totalmente, en sentido cristiano, esta perspectiva, brindándonos una naturaleza celificada, en la que encuentro un fondo común de inspiración con la «Nueva Jerusalén» del *Apocalipsis*, XXI y XXIII. Por lo demás, estos conceptos se repiten en verso en la oda a la «Noche serena», sobre todo, vv. 61-80.

pastora que le demuestre aqueste lugar de su pasto. *Demuéstrame,* dize, *¡o querido de mi alma!, adónde apascientas y adónde reposas en el mediodía*[280]. Que es con razón mediodía aquel lugar que pregunta, adonde está la luz no contaminada en su colmo, y adonde, en summo silencio de todo lo bullicioso, sólo se oye la boz dulce de Christo, que, cercado de su glorioso rebaño, suena en sus oÿdos dél sin ruydo y con incomparable deleyte, en que traspassadas las almas sanctas y como enagenadas de sí, sólo biven en su *pastor.*

Assí que es *pastor* Christo por la región donde bive, y también lo es por la manera de bivienda[281] que ama, que es el sossiego de la soledad, como lo demuestra en los suyos, a los quales llama siempre a la soledad y retiramiento del campo. Dixo a Abraham: *Sal de tu tierra y de tu parentela, y haré de ti grandes gentes*[282]. A Elías, para mostrársele, le hizo penetrar el desierto[283]. Los hijos de los prophetas[284] bivían en la soledad del Iordán[285]. De su pueblo dize él mismo por el Propheta[286] que le sacará al campo y le retirará a la soledad y allí le enseñará. Y en forma de esposo ¿qué otra cosa pide a su esposa sino aquesta salida? *Levántate,* dize, *amiga mía, y apresúrate y ven, que ya se passó el invierno, passóse la lluvia, fuesse; ya han parecido en nuestra tierra las flores, y el tiempo del podar es venido. La boz de la tortolilla se oye, y brota ya la higuera sus higos, y la uva*

---

[280] *Cant.,* I, 6.
[281] 'manera de vivir', 'género de vida'
[282] *Gén.,* XII, 1.
[283] I *Re.,* XIX, 4.
[284] Pintorescos personajes, mezcla de profetas, contemplativos y ermitaños. «Al final de la época de los jueces surgen bandas de *hijos de profetas* (1 Sa., 10, 5 s.), cuyo exterior agitado (1 Sa.,19, 20-24) tiene resabios de ambiente cananeo. Con ellos entra en uso la palabra *nabī (¿llamado?).* Pero al lado de este título subsisten los antiguos: *vidente* (1 Sa., 9, 9) o *visionario* (Am., 7, 12), *hombre de Dios* (1 Sa., 9, 7 s.), título principal de Elías y sobre todo de Eliseo (2 Re., 4, 9).» (X. Léon-Dufour, *Vocabulario de teología bíblica,* ed. cit., págs. 640 *b*-641 *a.)*
[285] II *Re.,* VI, 1-2.
[286] *Os.,* II, 14.

menuda[287] da olor. *Levántate, hermosa mía, y ven*[288].
Que quiere que les sea agradable a los suyos aquello mismo que él ama; y assí como él por ser *pastor* ama el campo, ansí los suyos, porque han de ser sus ovejas, han de amar el campo también; que las ovejas tienen su pasto y su sustento en el campo.

Porque a la verdad, Iuliano, los que han de ser apascentados por Dios, han de desechar los sustentos del mundo, y salir de sus tinieblas y lazos a la libertad clara de la verdad, y a la soledad poco seguida de la virtud, y al desembaraço de todo lo que pone en alboroto la vida, porque allí nasce el pasto que mantiene en felicidad eterna nuestra alma y que no se agosta jamás. Que adonde bive y se goza el *pastor,* allí han de residir sus ovejas[289], según que alguna dellas dezía: *Nuestra conversación es en los cielos*[290]. Y como dize el mismo *Pastor: Las sus ovejas reconocen su boz y le siguen*[291].

Mas si es *pastor* Christo por el lugar de su vida, ¿quánto con más razón lo será por el ingenio de su condición, por las amorosas entrañas que tiene, a cuya grandeza no ay lengua ni encarescimiento que allegue? Porque demás de que todas sus obras son amor —que en nascer nos amó, y biviendo nos ama, y por nuestro amor padesció muerte, y todo lo que en la vida hizo, y todo lo que en el morir padesció, y quanto glorioso agora y assentado a la diestra del Padre negocia y entiende, lo ordena todo con amor para nuestro provecho—, assí que, demás de que todo su obrar es amar, la afficción y la terneza de entrañas, y la solicitud y cuydado amoroso, y el encendi-

---

[287] Todas las ediciones del XVI traen: *y la uva menuda uva;* en la *Exposición del Cantar de los cantares* —como recuerda Onís—, en cambio, Fray Luis traduce así este pasaje: «y las viñas de pequeñas uvas» (ed. cit., pág. 98).

[288] *Cant.,* II, 10-13.

[289] Conceptos semejantes expone líricamente Fray Luis en la oda «Morada del cielo», que debió de escribirse en fecha próxima a *Nombres* —Coster y Bell la datan h. 1577-78; Llobera h. 1583, etcétera.

[290] *Flp.,* III, 20.

[291] *Jn.,* X, 4.

miento e intensión[292] de voluntad con que siempre haze essas mismas obras de amor que por nosotros obró, excede todo quanto se puede imaginar y dezir.

No ay madre assí solícita, ni esposa assí blanda, ni coraçón de amor assí tierno y vencido, ni título ninguno de amistad assí puesto en fineza, que le yguale o le llegue. Porque antes que le amemos nos ama; y offendiéndole y despreciándole locamente, nos busca; y no puede tanto la ceguedad de mi vista ni mi obstinada dureza, que no pueda más la blandura ardiente de su misericordia dulcíssima[293]. Madruga, durmiendo nosotros descuydados del peligro que nos amenaza. Madruga, digo, antes que amanezca se levanta; o por dezir verdad, no duerme ni reposa, sino, asido siempre a la aldava de nuestro coraçón, de contino y a todas horas le hiere y le dize, como en los *Cantares* se escrive: *Ábreme, hermana mía, esposa mía, ábreme; que la cabeça traygo llena de rocío y las guedejas de mis cabellos llenas de las gotas de la noche*[294]. *No duerme,* dize David, *ni se adormesce el que guarda a Israel*[295].

Que en la verdad, assí como en la divinidad es amor, conforme a S. Iuan: *Dios es charidad*[296], assí en la hu-

---

292 'intensidad'

293 *B: dulce*

294 *Cant.,* V, 2.

295 *Sal.* CXX, 4. R. Lapesa, tras señalar las relaciones de Lope de Vega con Fray Luis de León, ha llamado la atención sobre el valor de este pasaje como fuente de inspiración del soneto XVIII de las *Rimas sacras* —«¿Qué tengo yo, que mi amistad procuras?»—. «Cuando seguramente meditó [Lope] sobre el diálogo de Fray Luis —escribe Lapesa— fue en 1613-14, los años de la crisis representada por la ordenación sacerdotal y la composición de las *Rimas sacras*... En los momentos iniciales de esta decisiva crisis, *De los nombres de Cristo* dejó su impronta en uno de los más extraordinarios sonetos de Lope... [quien] vive como experiencia personal y dramática lo que en Fray Luis alcanza a todos los hombres, entrañablemente amados por su Redentor.» («Presencia de Fray Luis en el soneto de Lope *¿Qué tengo yo, que mi amistad procuras?*», en *Homenaje a Don Agustín Millares Carlo,* tomo II, Caja Insular de Ahorros de Gran Canaria, 1975, páginas 700-701.) Para otra posible fuente de este soneto, *cfr.* más adelante, nombre «Rey de Dios», nota 243 del Libro II.

296 I *Jn.,* IV, 8.

manidad que de nosotros tomó es amor y blandura. Y como el sol, que de suyo es fuente de luz, todo quanto haze perpetuamente es luzir, embiando sin nunca cessar rayos de claridad de sí mismo, assí Christo, como fuente biva de amor que nunca se agota, mana de contino en amor, y en su rostro y en su figura siempre está bulliendo este fuego, y por todo su trage y persona traspassan y se nos vienen a los ojos sus llamas, y todo es rayos de amor quanto dél se parece. Que por esta causa, quando se demostró primero a Moysén, no le demostró sino unas llamas de fuego que se emprendía en una çarça [297], como haziendo allí figura de nosotros y de sí mismo, de las espinas de la aspereza nuestra y de los ardores bivos y amorosos de sus entrañas, y como mostrando en la aparencia visible el fiero encendimiento que le abrasava lo secreto del pecho con amor de su pueblo.

Y lo mismo se vee en la figura dél que S. Iuan en el principio de sus revelaciones [298] nos pone, a do dize que vio una imagen de hombre cuyo rostro luzía como el sol, y cuyos ojos eran como llamas de fuego, y sus pies como oriámbar [299] encendido en ardiente fornaza, y que le centelleavan siete estrellas en la mano derecha, y que se ceñía por junto a los pechos con cinto de oro, y que le cercavan en derredor siete antorchas encendidas en sus candeleros. Que es dezir de Christo que espirava llamas de amor que se le descubrían por todas partes [300], y que le encendían la cara y le salían por los ojos, y le ponían fuego a los pies y le luzían por las manos, y le rodeavan en torno resplandesciendo. Y que como el oro, que es señal de la charidad en la Sagrada Escriptura, le ceñía las vestiduras junto a los pechos, assí el amor de sus

---

[297] *Éx.*, III, 2.

[298] *Ap.*, I, 13-16.

[299] Según Onís —*loc. cit.,* pág. 137, n. 20—, el padre Scio traduce «latón fino», correspondiente al latín *aurichalcus.* El *Dicc. Aut., s. v.* «orichalco», dice que es «lo mismo que Alatón» ('latón'); y añade: «Tienen assimismo algunos por especie de Molibdena la piedra llamada Calaminar, con la qual del cobre se hace el latón Morisco, dicho por otro nombre *orichalco.*» Para el *Dicc.* de la R. A. E., el auricalco es 'cobre', 'bronce' o 'latón'.

[300] B: *que por todas partes se le descubrían*

vestiduras, que en las mismas letras significan los fieles que se allegan a Christo, le rodeava el coraçón.

Mas dexemos esto que es llano, y passemos al officio del *pastor* y a lo proprio que le pertenesce. Porque si es del officio del pastor governar apascentando, como agora dezía, sólo Christo es *pastor* verdadero, porque él solo es, entre todos quantos governaron jamás, el que pudo usar y el que usa deste género de govierno. Y assí, en el psalmo, David, hablando deste *pastor,* juntó como una misma cosa el apacentar y el regir, porque dize: *El Señor me rige, no me faltará nada; en lugar de pastos abundantes me pone* [301], porque el proprio governar de Christo, como por ventura después diremos, es darnos su gracia y la fuerça efficaz de su spíritu, la qual assí nos rige, que nos alimenta, o por dezir la verdad, su regir principal es darnos alimento y sustento. Porque la gracia de Christo es vida del alma y salud de la voluntad, y fuerças de todo lo flaco que ay en nosotros, y reparo de lo que gastan los vicios, y antídoto efficaz contra su veneno y ponçoña, y restaurativo saludable y, finalmente, mantenimiento que cría en nosotros immortalidad resplandesciente y gloriosa. Y assí, todos los dichosos que por este *pastor* se goviernan, en todo lo que, movidos dél, o hazen o padescen, crescen y se adelantan y adquieren vigor nuevo, y todo les es virtuoso y xugoso y sabrosíssimo pasto. Que esto es lo que él mismo dize en S. Iuan: *El que por mí entrare, entrará y saldrá, y siempre hallará pastos* [302]. Porque el entrar y el salir, según la propriedad de la Sagrada Escriptura, comprehende toda la vida y las differencias de lo que en ella se obra.

Por donde dize que en el entrar y en el salir, esto es, en la vida y en la muerte, en el tiempo próspero y en el turbio y adverso, en la salud y en la flaqueza, en la guerra y en la paz, hallarán sabor los suyos a quien él guía, y no solamente sabor, sino mantenimiento de vida y pastos substanciales y saludables. Conforme a lo qual es también lo que Esaías prophetiza de las ovejas deste

[301] *Sal.* XXII, 2.
[302] *In.,* X, 9.

pastor quando dize: *Sobre los caminos serán apascenta-dos, y en todos los llanos, pastos para ellos; no tendrán hambre ni sed, ni las fatigará el bochorno ni el sol. Porque el piadoso dellos los rige y los lleva a las fuentes del agua* [303]. Que, como veys, en dezir que serán apascentados sobre los caminos, dize que les son pasto los passos que dan y los caminos que andan, y que los caminos que en los malos son barrancos y estropieços y muerte, como ellos lo dizen que *anduvieron caminos difficultosos y ásperos* [304], en las ovejas deste *pastor* son apastamiento y alivio. Y dize que assí en los altos ásperos como en los lugares llanos y hondos, esto es, como dezía, en todo lo que en la vida succede, tienen sus cevos y pastos seguros de hambre y defendidos del sol. Y esto ¿por qué? Porque, dize, el que se apiadó dellos, esse mismo es el que los rige, que es dezir que porque los rige Christo, que es el que sólo con obra y con verdad se condolió de los hombres; como señalando lo que dezimos, que su regir es dar govierno y sustento, y guiar siempre a los suyos a las fuentes del agua, que es en la Escriptura a la gracia del Spíritu, que refresca y cría, y engruessa y sustenta.

Y también el Sabio miró a esto a do dize que *la ley de la sabiduría es fuente de vida* [305]. Adonde, como parece, juntó la ley y la fuente; lo uno, porque poner Christo a sus ovejas ley es criar en ellas fuerças, y salud para ella, por medio de la gracia, assí como he dicho. Y lo otro, porque esso mismo que nos manda es aquello de que se ceva nuestro descanso y nuestra verdadera vida. Porque todo lo que nos manda es que bivamos en descanso y que gozemos de paz, y que seamos ricos y alegres, y que consigamos la verdadera nobleza. Porque no plantó Dios sin causa en nosotros los desseos destos bienes ni condenó lo que él mismo plantó, sino que la ceguedad de nuestra miseria, movida del desseo, y no conosciendo el bien a que se endereça el desseo, y engañada de otras cosas que tienen apparencia de aquello que se dessea, por apetecer la vida sigue la muerte, y en lugar

[303] *Is.*, XLIX, 9-10.
[304] *Sab.*, V, 7.
[305] *Prov.*, XIII, 14.

231

de las riquezas y de la honra va desalentada en pos de la affrenta y de la pobreza. Y assí, Christo nos pone leyes que nos guíen sin error a aquello verdadero que nuestro desseo apetesce.

De manera que sus leyes dan vida, y lo que nos manda es nuestro puro sustento, y apasciéntanos con salud y con deleyte, y con honra y descanso, con essas mismas reglas que nos pone con que bivamos. Que, como dize el Propheta, *acerca de ti está la fuente de la vida, y en tu lumbre veremos la lumbre* [306]. Porque la vida, y el ser [306 bis] que es el ser verdadero, y las obras que a tal ser le convienen, nascen y manan, como de fuente, de la lumbre de Christo, esto es, de las leyes suyas, assí las de gracia que nos da, como las de mandamientos que nos escrive. Que es también la causa de aquella querella contra nosotros, suya, tan justa y tan sentida, que pone por Hieremías, diziendo: *Dexáronme a mí, fuente de agua viva, y caváronse cisternas quebradas en que el agua no pára* [307]. Porque guiándonos él al verdadero pasto y al bien, escogemos nosotros por nuestras manos lo que nos lleva a la muerte; y siendo fuente él, buscamos nosotros pozos; y siendo manantial su corriente, escogemos cisternas rotas adonde el agua no se detiene.

Y a la verdad, assí como aquello que Christo nos manda es lo mismo que nos sustenta la vida, assí lo que nosotros por nuestro error escogemos, y los caminos que seguimos guiados de nuestros antojos, no se pueden nombrar mejor que como el Propheta los nombra: Lo primero, *cisternas cavadas en tierra* con increýble trabajo nuestro, esto es, bienes buscados entre la vileza del polvo con diligencia infinita; que si consideramos lo que suda el avariento en su pozo, y las ansias con que anhela el ambicioso a su bien, y lo que cuesta de dolor al lascivo el deleyte, no ay trabajo ni miseria que con la suya se yguale. Y lo segundo, nombra las cisternas *secas y rotas,* grandes en aparencia y que convidan a sí a los que de lexos las veen, y les prometen agua que satisfaga a su

---

[306] *Sal.* XXXV, 10.
[306 bis] 1587 B: *ver*
[307] *Jer.,* II, 13.

sed, mas en la verdad son hoyos hondos y escuros, y yermos de aquel mismo bien que prometen, o por mejor dezir, llenos de lo que le contradize y repugna, porque en lugar de agua dan cieno. Y la riqueza del avaro le haze pobre, y al ambicioso su desseo de honra le trae a ser apocado y vil siervo, y el deleyte deshonesto, a quien lo ama, le atormenta y enferma.

Mas si Christo es *pastor* porque rige apastando y porque sus mandamientos son mantenimientos de vida, también lo será porque en su regir no mide a sus ganados por un mismo rasero, sino atiende a lo particular de cada uno que rige. Porque rige apascentando, y el pasto se mide según la hambre y necessidad de cada uno que pasce. Por donde, entre las propriedades del buen *pastor,* pone Christo en el Evangelio que llama por su nombre a cada una de sus ovejas [308], que es dezir que conosce lo particular de cada una dellas, y la rige y llama al bien en la forma particular que más le conviene, no a todas por una forma, sino a cada qual por la suya. Que de una manera pasce Christo a los flacos y de otra a los crescidos en fuerça, de una a los perfectos y de otra a los que aprovechan; y tiene con cada uno su estilo, y es negocio maravilloso el secreto tracto que tiene con sus ovejas, y sus differentes y admirables maneras. Que ansí como en el tiempo que bivió con nosotros, en las curas y beneficios que hizo, no guardó con todos una misma forma de hazer, sino a unos curó con su sola palabra, a otros con su palabra y presencia, a otros tocó con la mano, a otros no los sanava luego después de tocados, sino quando yvan su camino, y ya dél apartados, les enbiava salud, a unos que se la pedían y a otros que le miravan callando, ansí en este tracto occulto y en esta medicina secreta que en sus ovejas contino haze, es estraño milagro ver la variedad de que usa y cómo se haze y se mide a las figuras y condiciones de todos. Por lo qual llama bien S. Pedro *multiforme* a su gracia [309], porque se transforma con cada uno en differentes figuras.

---

[308] *Jn.,* X, 3.
[309] I *Pe.,* IV, 10.

Y no es cosa que tiene una figura sola o un rostro. Antes como al pan que en el templo antiguo se ponía ante Dios [310], que fue clara imagen de Christo, le llama *pan de fazes* la Escriptura divina, assí el govierno de Christo y el sustento que da a los suyos es de muchas fazes y es pan. Pan porque sustenta, y de muchas fazes porque se haze con cada uno según su manera; y como en el maná dize la Sabiduría que hallava cada uno su gusto [311], assí differencia sus pastos Christo, conformándose con las differencias de todos. Por lo qual su govierno es govierno estremadamente perfecto, porque, como dize Platón [312], no es la mejor governación la de leyes escriptas, porque son unas y no se mudan, y los casos particulares son muchos y que se varían, según las circunstancias, por horas. Y assí acaece no ser justo en este caso lo que en común se establesció con justicia; y el tractar con sola la ley escripta es como tractar con un hombre cabeçudo, por una parte, y que no admite razón, y por otra poderoso para hazer lo que dize, que es trabajoso y fuerte caso. La perfecta governación es de ley biva, que entienda siempre lo mejor y que quiera siempre aquello bueno que entiende, de manera que la ley sea el bueno y sano juyzio del que govierna, que se ajusta siempre con lo particular de aquel a quien rige.

Mas porque este govierno no se halla en el suelo [313],

---

[310] *Éx.,* XXV, 30.

[311] *Sab.,* XVI, 20.

[312] *República,* L. IV.

[313] Para Marcel Bataillon, lo pastoral en el siglo XVI no puede equipararse sino excepcionalmente con las «utopías» políticas, «aunque a veces sirva de ropaje poético a un imposible ideal políticoreligioso, como ocurre en *Los nombres de Cristo,* cuando Fray Luis de León (otro *converso*) ensalza el gobierno pastoril de Cristo que *no se halla en el suelo*». («¿Melancolía renacentista o melancolía judía?», en *Varia lección de clásicos españoles,* Madrid, Gredos, 1964, págs. 39-40.) Sin embargo, muchos años antes —1921—, Azorín, al examinar el ideario político luisiano, que considera uno de los puntos «esenciales» en *Nombres* —en «Pastor», «Brazo de Dios», «Príncipe de Paz» y «Rey de Dios»—, había rechazado ese utopismo, afirmando que «la doctrina política de fray Luis no puede ser ni más humana, ni más moderna». (*Los dos Luises,* ed. cit., pág. 102.)

porque ninguno de los que ay en él es ni tan sabio ni tan bueno que, o no se engañe, o no quiera hazer lo que vee que no es justo, por esso es imperfecta la governación de los hombres, y solamente no lo es la manera con que Christo nos rige; que, como está perfectamente dotado de saber y bondad, ni yerra en lo justo ni quiere lo que es malo, y assí, siempre vee lo que a cada uno conviene y a esso mismo le guía y, como S. Pablo de sí dize, *a todos se haze todas las cosas para ganarlos a todos* [314]. Que toca ya en lo tercero y proprio de este officio, según que diximos, que es ser un officio lleno de muchos officios y que todos los administra el *pastor*. Porque verdaderamente es assí, que todas aquellas cosas que hazen para la felicidad de los hombres, que son differentes y muchas, Christo principalmente las executa y las haze: que él nos llama y nos corrige, y nos lava y nos sana, y no[s] sanctifica y nos deleyta, y nos viste de gloria; y de todos los medios de que Dios usa para guiar bien un alma, Christo es el merecedor y el author.

Mas ¡qué bien y qué copiosamente dize desto el Propheta! : *Porque el Señor Dios dize assí: Yo mismo buscaré mis ovejas y las rebuscaré; como revee* [315] *el pastor su rebaño quando se pone en medio de sus desparzidas ovejas, assí yo buscaré mi ganado. Sacaré mis ovejas de todos* [316] *los lugares a do se esparzieron en el día de la nuve y de la escuridad, y sacarélas de los pueblos, y recogerlas he de las tierras, y tornarélas a meter en su patria, y las apascentaré en los montes de Israel. En los arroyos y en todas las moradas del suelo las apascentaré* [317] *con pastos muy buenos, y serán sus pastos en los montes de Israel más erguidos. Allí reposarán en pastos sabrosos y pascerán en los montes de Israel pastos gruessos. Yo apascentaré a mi rebaño y yo le haré que repose, dize Dios el Señor. A la oveja perdida buscaré, a la ablentada* [318] *tornaré a su rebaño, ligaré a la quebrada y*

---

[314] I *Cor.*, IX, 22.
[315] 'examina', 'registra con cuidado'
[316] B: *Sacaréle de todos*
[317] B: *apascentarélas*
[318] 'aventada', 'echada al viento'. «*Ablentada,* pues, será —dedu-

daré fuerça a la enferma, y a la gruessa y fuerte castigaré,
pasceréla en juyzio [319]. Porque dize que él mismo busca
sus ovejas, y que las guía si estavan perdidas, y si capti-
vas las redime, y si enfermas las sana, y él mismo las
libra del mal y las mete en el bien, y las sube a los pastos más altos. En todos los arroyos y en todas las moradas las apascienta, porque en todo lo que les succede
les halla pastos, y en todo lo que permanesce o se passa;
y porque todo es por Christo, añade luego el Propheta:
Yo levantaré sobre ellas un pastor *y apascentarálas mi*
siervo David; él las apascentará y él será su pastor, *y yo,*
el Señor, seré su Dios; y en medio dellas ensalçado mi
siervo David [320].

En que se consideran tres cosas. Una, que para poner
en execución todo esto que promete Dios a los suyos, les
dize que les dará a Christo, *pastor* a quien llama *siervo*
suyo y *David,* porque es descendiente de David según la
carne, en que es menor y subjecto a su padre. La segunda, que para tantas cosas promete un solo *pastor,* assí
para mostrar que Christo puede con todo, como para enseñar que en él es siempre uno el que rige. Porque en
los hombres, aunque sea uno solo el que govierna a los
otros, nunca acontesce que los govierne uno solo, porque de ordinario biven en uno muchos: sus passiones,
sus affectos, sus intereses, que manda cada uno su parte.
Y la tercera es que este *pastor* que Dios promete y tiene
dado a su Iglesia, dize que ha de estar levantado en
medio de sus ovejas, que es dezir que ha de residir en
lo secreto de sus entrañas, enseñoreándose dellas, y que
las ha de apascentar dentro de sí.

Porque cierto es que el verdadero pasto del hombre
está dentro del mismo hombre y en los bienes de que
es señor cada uno. Porque es sin duda el fundamento

---

ce F. García— *aventada; llevada por el viento,* metafóricamente,
como la paja en la era; es decir, *huida, arrojada.» (Obras completas*
castellanas, t. I, ed. cit., pág. 477, n. 64); sin embargo, en la 5.ª
edición leemos «absentada», creemos que por interpretación erró-
nea, pese a que Merino y Onís acepten esta lectura, que no recoge ninguna de las ediciones revisadas por Fray Luis.

[319] *Ez.,* XXXIV, 11-16.
[320] *Ez.,* XXXIV, 23-24.

del bien aquella división de bienes en que Epicteto, philósopho, comiença su libro; porque dize desta manera: *De las cosas, unas están en nuestra mano y otras fuera de nuestro poder. En nuestra mano están los juyzios, los appetitos, los desseos y los desvíos, y en una palabra, todas las que son nuestras obras. Fuera de nuestro poder están el cuerpo y la hazienda, y las honras y los mandos, y en una palabra, todo lo que no es obras nuestras. Las que están en nuestra mano son libres de suyo y que no padescen estorvo ni impedimento, mas las que van fuera de nuestro poder son flacas y siervas y que nos pueden ser estorvadas y, al fin, son agenas todas. Por lo qual conviene que adviertas que, si lo que de suyo es siervo lo tuvieres por libre tú, y tuvieres por proprio lo que es ageno, serás embaraçado fácilmente y caerás en tristeza y en turbación, y reprehenderás a vezes a los hombres y a Dios. Mas si solamente tuvieres por tuyo lo que de veras lo es, y lo ageno por ageno, como lo es en verdad, nadie te podrá hazer fuerça jamás, ninguno estorvará tu designo, no reprehenderás a ninguno ni tendrás quexa dél, no harás nada forçado, nadie te dañará, ni tendrás enemigo, ni padescerás detrimento* [321].

Por manera que, por quanto la buena suerte del hombre consiste en el buen uso de aquellas obras y cosas de que es señor enteramente, todas las quales obras y cosas tiene el hombre dentro de sí mismo y debaxo de su govierno, sin respecto a fuerça exterior, por esso el regir y el apacentar al hombre es el hazer que use bien desto que es suyo y que tiene encerrado en sí mismo. Y assí Dios con justa causa pone a Christo, que es su *pastor,* en medio de las entrañas del hombre, para que, poderoso sobre ellas, guíe sus opiniones, sus juyzios, sus apetitos y desseos al bien, con que se alimente y cobre siempre mayores fuerças el alma, y se cumpla desta manera lo que el mismo Propheta dize: *que serán apascentados en todos los mejores pastos de su tierra propria,* esto es, en aquello que es pura y propriamente buena suerte y buena dicha del hombre. Y no en esto solamente, sino

---

[321] Epicteto, *Enchiridion,* §§ 1-3.

también en los montes altíssimos de Israel, que son los bienes soberanos del cielo, que sobran [322] a los naturales bienes sobre toda manera, porque es señor de todos ellos aquesse mismo *pastor* que los guía, o para dezir la verdad, porque los tiene todos y amontonados en sí.

Y porque los tiene en sí, por essa misma causa [323], lançándose en medio de su ganado, mueve siempre a sí sus ovejas, y no lançándose solamente, sino levantándose y encumbrándose en ellas, según lo que el Propheta dél dize. Porque en sí es alto por el amontonamiento de bienes soberanos que tiene, y en ellas es alto también porque, apascentándolas, las levanta del suelo y las alexa quanto más va de la tierra, y las tira siempre hazia sí mismo y las enrisca en su alteza, encumbrándolas siempre más y entrañándolas en los altíssimos bienes suyos. Y porque él uno mismo está en los pechos de cada una de sus ovejas, y porque su pascerlas es ayuntarlas consigo y entrañarlas en sí, como agora dezía, por esso le conviene también lo postrero que pertenece al *pastor,* que es hazer unidad y rebaño. Lo qual haze Christo por maravilloso modo, como por ventura diremos después. Y bástenos dezir agora que no está la vestidura tan allegada al cuerpo del que la viste, ni ciñe tan estrechamente por la cintura la cinta, ni se ayuntan tan conformemente la cabeça y los miembros, ni los padres son tan deudos del hijo, ni el esposo con su esposa tan uno, quanto Christo, nuestro divino *pastor,* consigo y entre sí haze una su grey.

Assí lo pide y assí lo alcança, y assí de hecho lo haze. Que los demás hombres que, antes dél y sin él, introduxeron en el mundo leyes y sectas, no sembraron paz sino división, y no vinieron a reduzir a rebaño, sino, como Christo dize en Sant Iuan [324], fueron ladrones y mercenarios que entraron a dividir y dessollar y dar muerte al rebaño. Que aunque la muchedumbre de los malos haga contra las ovejas de Christo vando por sí, no por esso los malos son unos ni hazen un rebaño suyo en

---

[322] 'superan', 'exceden', 'sobrepujan'
[323] B: *Y porque los tiene, por essa misma causa*
[324] *Jn.,* X, 8.

que estén adunados, sino quantos son sus desseos y sus passiones y sus pretendencias, que son diversas y muchas, tanto están differentes contra sí mismos; y no es rebaño el suyo de unidad y de paz, sino ayuntamiento de guerra y gavilla de muchos enemigos que entre sí mismos se aborrescen y dañan, porque cada uno tiene su differente querer. Mas Christo nuestro *pastor,* porque es verdaderamente *pastor,* haze paz y rebaño. Y aun por esto, allende de lo que dicho tenemos, le llama Dios *pastor uno* en el lugar alegado, porque su officio todo es hazer unidad.

Assí que Christo es *pastor* por todo lo dicho, y porque, si es del pastor el desvelarse para guardar y mejorar su ganado, Christo vela sobre los suyos siempre y los rodea solícito. Que, como David dize: *Los ojos del Señor sobre los justos, y sus oýdos en sus ruegos* [325]. *Y aunque la madre se olvide de su hijo, yo,* dize, *no me olvido de ti* [326]. Y si es del pastor trabajar por su ganado al frío y al yelo, ¿quién qual Christo trabajó por el bien de los suyos? Con verdad Iacob, como en su nombre, dezía: *Gravemente lazeré* [327] *de noche y de día, unas vezes al calor y otras vezes al yelo, y huyó de mis ojos el sueño* [328]. Y si es del pastor servir abatido, vivir en hábito despreciado, y no ser adorado y servido, Christo, hecho al traje de sus ovejas y vestido de su baxeza y su piel, sirvió por ganar su ganado.

Y porque avemos dicho cómo le conviene a Christo todo lo que es del *pastor,* digamos agora las ventajas que en este officio Christo haze a todos los otros pastores. Porque no solamente es *pastor,* sino *pastor* como no lo fue otro ninguno, que assí lo certificó él quando dixo: *Yo soy el buen pastor* [329]. Que *el bueno* allí es señal de excellencia, como si dixesse *el pastor aventajado entre todos.* Pues sea la primera ventaja, que los

---

[325] *Sal.* XXXIII, 16.
[326] *Is.,* XLIX, 15.
[327] 'pené', 'pasé dolores' —arcaísmo semántico en el sentido pasivo que aquí tiene el vocablo.
[328] *Gén.,* XXXI, 40.
[329] *Jn.,* X, 11.

otros lo son o por caso o por suerte, mas Christo nació para ser *pastor,* y escogió antes que nasciesse, nascer para ello, que, como de sí mismo dize [330], abaxó del cielo y se hizo *pastor*-hombre, para buscar al hombre, oveja perdida. Y assí como nació para llevar a pascer, dio, luego que nasció, a los pastores nueva de su venida.

Demás desto, los otros pastores guardan el ganado que hallan, mas nuestro *pastor* él se haze el ganado que ha de guardar: que no sólo devemos a Christo que nos rige y nos apascienta en la forma ya dicha, sino también y primeramente, que siendo animales fieros, nos da condiciones de ovejas, y que siendo perdidos, nos haze ganados suyos, y que cría en nosotros el spíritu de senzillez y de mansedumbre, y de sancta y fiel humildad, por el qual pertenescemos a su rebaño.

Y la tercera ventaja es que murió por el bien de su grey, lo que no hizo algún otro pastor, y que por sacarnos de entre los dientes del lobo consintió que hiziessen en él presa los lobos.

Y sea lo quarto, que es assí *pastor* que es pasto también, y que su apascentar es darse a sí a sus ovejas. Porque el regir Christo a los suyos y el llevarlos al pasto, no es otra cosa sino hazer que se lance en ellos y que se embeva y que se incorpore su vida, y hazer que con encendimientos fieles de charidad le traspassen sus ovejas a sus entrañas, en las quales traspassado, muda él sus ovejas en sí. Porque cevándose ellas dél, se desnudan a sí de sí mismas y se visten de sus qualidades de Christo y, cresciendo con este dichoso pasto el ganado, viene por sus passos contados a ser con su *pastor* una cosa.

Y finalmente, como otros nombres y officios le convengan a Christo, o desde algún principio, o hasta un cierto fin, o según algún tiempo, este nombre de *pastor* en él carece de término. Porque antes que nasciesse en la carne, apascentó a las criaturas luego que salieron a luz; porque él govierna y sustenta las cosas, y él mismo da cevo a los ángeles, y todo espera dél su mante-

[330] *Lc.,* XV, 4-6.

nimiento a su tiempo, como en el psalmo se dize [331]. Y ni más ni menos, nascido ya hombre, con su spíritu y con su carne apascienta a los hombres; y luego que subió al cielo, llovió sobre el suelo su cevo; y luego y agora y después, y en todos los tiempos y horas, secreta y maravillosamente y por mil maneras los ceva; en el suelo los apascienta, y en el cielo será también su *pastor* quando allá los llevare, y en quanto se rebolvieren los siglos y en quanto bivieren sus ovejas, que bivirán eternamente con él, él bivirá en ellas, comunicándoles su misma vida, hecho su *pastor* y su pasto [332].

Y calló Marcello aquí, significando a Sabino que passasse adelante, que luego desplegó el papel y leyó:

---

[331] *Sal*. CIII, 27.

[332] Compárense estos conceptos con los de la oda «Morada del cielo», ya citada, sobre todo vv. 6-20; también con la oda «En la ascensión», vv. 1-5.

[MONTE]

Llámase Christo Monte, *como en el capítulo segundo
de Daniel, adonde se dize que la piedra que hirió en los
pies de la estatua que vio el rey de Babylonia, y la des-
menuzó y deshizo, se convirtió en un* monte *muy grande que occupava toda la tierra* [333].—*Y en el capítulo segundo de Esaías:* Y en los postreros días será establescido el *monte* de la casa del Señor sobre la cumbre de
todos los montes [334].—*Y en el psalmo sesenta y siete:*
El *monte* de Dios, *monte* enriscado y lleno de grossura [335].

Y en leyendo esto, cessó. Y dixo Iuliano luego:

—Pues que este vuestro papel, Marcello, tiene la condición de Pythágoras, que dize y no da razón de lo que
dize [336], justo será que nos la deys vos por él. Porque
los lugares que agora alega, mayormente los dos pos-

---

[333] *Dan.,* II, 34-35.

[334] *Is.,* II, 2.

[335] *Sal.* LXVIII, 16-17.

[336] No fue propiamente Pitágoras, sino sus discípulos, los pita-
góricos, quienes, considerando la autoridad del maestro como base
esencial de doctrina, constituyeron en principio irrefutable la máxima *Magister dixit.* Pitágoras, en opinión de J. Hirschberger, «no
debió de escribir nada. Pero en torno a él reunió a un grupo de
hombres, formando una especie de comunidad o asociación, que
conservó fiel y tenazmente las ideas del maestro y las transmitió
oralmente... Personalmente poseyó un marcado temperamento de
jefe moral y político». (*Historia de la filosofía,* t. I, Barcelona,
Herder, 1974, pág. 49.)

treros, algunos podrían dudar si hablan de Christo o no.

—Muchos dizen muchas cosas —respondió Marcello—, pero el papel siguió lo más cierto y lo mejor; porque en el lugar de Esaías casi no ay palabra, assí en él como en lo que le antecede o se le sigue, que no señale a Christo como con el dedo. Lo primero dize: *En los días postreros* y, como sabéys, lo postrero de los días, o los días postreros, en la Sancta Escriptura es nombre que se da al tiempo en que Christo vino, como se parece en la prophecía de Iacob, en el capítulo último del libro de la creación [337], y en otros muchos lugares. Porque el tiempo de su venida, en el qual, juntamente con Christo, començó a nascer la luz del Evangelio, y el espacio que dura el movimiento desta luz, que es el espacio de su predicación, que va como un sol cercando el mundo y passando de unas naciones en otras, assí que todo el discurso y successo y duración de aqueste alumbramiento se llama *un día,* porque es como el nascimiento y buelta que da el sol en un día; y llámase *postrero día,* porque en acabando el sol del Evangelio su curso, que será en aviendo amanescido a todas las tierras, como este sol amanesce, no ha de succederle otro día. Y *será predicado,* dize Christo, *aqueste Evangelio por todo el mundo, y luego vendrá el fin* [338].

Demás desto dize: *Será establescido;* y la palabra original significa un establescer y affirmar no mudable ni, como si dixéssemos, movedizo o subjecto a las injurias y bueltas del tiempo. Y assí en el psalmo con esta misma palabra se dize: *El señor affirmó su throno sobre los cielos* [339]. Pues ¿qué monte otro ay o qué grandeza no subjecta [340] a mudança si no es Christo solo, cuyo reyno no tiene fin, como dixo a la Virgen el ángel? [341] Pues ¿qué se sigue tras esto? *El* monte, dize, *de la casa del*

---

[337] *Gén.,* XLIX, 1. En realidad, el capítulo último del *Génesis* es el L.

[338] *Mt.,* XXIV, 14.

[339] *Sal.* CII, 19.

[340] A: *¿qué monte otro, qué grandeza ay no subjecta*

[341] *Lc.,* I, 32.

Señor. Adonde la una palabra es como declaración[342] de la otra, como diziendo: el *monte,* esto es, la casa del Señor. La qual casa entre todas por excellencia es Christo, nuestro redemptor, en quien reposa y mora Dios enteramente, como es escripto: *En el qual reposa*[343] *todo lo lleno de la divinidad*[344]. Y dize más: *Sobre la cumbre de los montes:* que es cosa que solamente de Christo se puede con verdad dezir. Porque *monte,* en la Escriptura y en la secreta manera de hablar de que en ella usa el Spíritu Sancto, significa todo lo eminente, o en poder temporal como son los príncipes, o en virtud y saber spiritual como son los prophetas y los prelados, y dezir *montes* sin limitación, es dezir todos los montes, o —como se entiende de un artículo que está en el primero[345] texto[346] en aqueste lugar— es dezir los montes más señalados de todos, assí por alteza de sitio como por otras qualidades y condiciones suyas. Y dezir que será establescido sobre todos los montes, no es dezir solamente que este *monte* es más levantado que los demás, sino que está situado sobre la cabeça de todos ellos, por manera que lo más baxo dél está sobrepuesto a lo que es en ellos más alto.

Y assí, juntando con palabras descubiertas todo aquesto que he dicho, resultará de todo ello aquesta sentencia: que la raýz, o como llamamos, la falda deste *monte* que dize Esaías, esto es, lo menos y más humilde dél, tiene debaxo de sí a todas las altezas más señaladas y altas que ay, assí temporales como spirituales. Pues ¿qué alteza o encumbramiento será aqueste tan grande si Christo no es? O ¿a qué otro monte de los que Dios tiene convendrá una semejante grandeza?

Veamos lo que la Sancta Escriptura dize quando habla con palabras llanas y senzillas de Christo, y cotejémoslo con los rodeos de aqueste lugar, y si halláremos

---

[342] *A y B: es declaración*
[343] *A y B: habita*
[344] *Col., II, 9.*
[345] *A: primer*
[346] Es decir, en el texto hebreo, donde —*Is., II, 2*— la palabra «montes» va precedida del artículo: «los montes» *(hehramim).*

que ambas partes dizen [347] lo mismo, no dudemos de que es uno mismo aquel de quien hablan. ¿Qué dize David?: *Dixo el Señor a mi Señor: assiéntate a mi mano derecha hasta que ponga por escaño de tus pies a tus enemigos* [348]. Y el apóstol Sant Pablo: *Para que, al nombre de Iesú, doblen las rodillas todos, ansí los del cielo como los de la tierra y los del* [349] *infierno* [350]. Y él mismo, hablando propriamente del mysterio de Christo, dize: *Lo flaco de Dios que parece, es más valiente que la fortaleza toda, y lo inconsiderado, más sabio que quanto los hombres saben* [351]. Pues allí se pone el monte sobre los montes, y aquí la alteza toda del mundo y del infierno por escaño de los pies de Iesuchristo; aquí se le arrodilla lo criado, allí todo lo alto le está subjecto; aquí su humildad, su desprecio, su cruz, se dize ser más sabia y más poderosa que quanto pueden y saben los hombres, allí la raýz de aquel monte se pone sobre las cumbres de todos los montes.

Ansí que no devemos dudar de que es Christo aqueste *monte* de que habla Esaías. Ni menos de que es aquel de quien canta David en las palabras del psalmo alegado. El qual psalmo todo es manifiesta prophecía, no de un mysterio solo, sino casi de todos aquellos que obró Christo para nuestra salud. Y es obscuro psalmo, al parecer, pero obscuro a los que no dan en la vena del verdadero sentido y siguen sus imaginaciones proprias, con las quales, como no dize el psalmo bien ni puede dezir, para ajustarle con ellas rebuelven la letra y escurescen y turban la sentencia y, al fin, se fatigan en balde; mas al revés, si se toma una vez el hilo dél y su intento, las mismas cosas se van diziendo y llamándose unas a otras, y travándose entre sí con maravilloso artificio [352]. Y lo que toca agora a nuestro propósito —porque sería apartarnos mucho dél declarar todo el psalmo—, ansí

---

[347] *A: que en ambas partes se dize*
[348] *Sal.* CIX, 1.
[349] *A: de la tierra y del infierno.*
[350] *Flp.,* II, 10.
[351] I *Cor.,* I, 25.
[352] *A: maravilloso orden y claridad.*

que lo que toca al verso que deste psalmo alega el papel, para entender que el *monte* de quien el verso habla es Iesuchristo, basta ver lo que luego se sigue, que es: *Monte en el qual le aplazió a Dios morar en él, y cierto morará en él eternamente.* Lo qual, si no es de Iesuchristo, de ninguno otro se puede dezir. Y son muy de considerar cada una de las palabras, ansí de este verso como del verso que le antecede; pero no turbemos ni confundamos el discurso de nuestra razón.

Digamos primero qué quiere dezir que Christo se llame *Monte;* y dicho [353], y bolviendo sobre estos mismos lugares, diremos algo de las qualidades que da en ellos el Spíritu Sancto a este *Monte.*

Pues digo assí, que demás de la eminencia señalada que tienen los montes sobre lo demás de la tierra, como Christo la tiene en quanto hombre sobre todas las criaturas, la más principal razón por que se llama *Monte* es por la abundancia, o digámoslo ansí, por la preñez riquíssima de bienes differentes que athesora y comprehende en sí mismo. Porque como sabéys, en la lengua hebrea, en que los sagrados libros en su primera origen se escriven [354], la palabra con que el monte se nombra, según el sonido della, suena en nuestro castellano *el preñado,* por manera que los que nosotros llamamos montes, llama el hebreo por nombre proprio *preñados.* Y dízeles aqueste nombre muy bien, no sólo por la figura que tienen alta y redonda y como hinchada sobre la tierra, por lo qual parecen el vientre della, y no vazío ni floxo vientre, mas [355] lleno y preñado, sino también porque tienen en sí como concebido, y lo paren y sacan a luz a sus tiempos, casi todo aquello que en la tierra se esti-

---

[353] *A: y aviéndolo dicho*

[354] En efecto, el Antiguo Testamento está redactado originariamente en hebreo, pero con importantes excepciones: los libros de *Esdras* y *Daniel* son bilingües, con diversas perícopas en arameo; *Sabiduría* y *II de los Macabeos* se redactaron en griego; en cuanto a *Tobías* y *Judit,* existe una polémica sobre si utilizaron primitivamente el hebreo o el arameo. El Nuevo Testamento utiliza siempre el griego, excepto el *Evangelio de San Mateo,* escrito en arameo.

[355] *A: sino*

246

ma. Produzen árboles de differentes maneras: unos que sirven de madera para los edificios, y otros que con sus frutas mantienen la vida. Paren yervas, más que ninguna otra parte del suelo, de diversos géneros y de secretas y efficaces virtudes. En los montes, por la mayor parte, se conciben las fuentes y los principios de los ríos, que nasciendo de allí y cayendo en los llanos después, y torciendo el passo por ellos, fertilizan y hermosean las tierras. Allí se cría el azogue y el estaño y las venas ricas de la plata y del oro, y de los demás metales todas las minas, las piedras preciosas y las canteras de las piedras firmes, que son más provechosas, con que se fortalescen las ciudades con muros y se ennoblescen con sumptuosos palacios. Y finalmente, son como un arca los montes, y como un depósito de todos los mayores thesoros del suelo.

Pues por la misma manera, Christo nuestro Señor, no sólo en quanto Dios —que según esta razón, por ser el Verbo divino por quien el Padre cría todas las cosas, las tiene todas en sí de mejores quilates y ser que son en sí mesmas—, mas también según que es hombre, es un *monte* y un amontonamiento y preñez de todo lo bueno y provechoso, y deleytoso y glorioso, que en el desseo y en el seno de las criaturas cabe, y de mucho más que no cabe. En él está el remedio del mundo y la destruyción del peccado y la victoria contra el demonio; y las fuentes y mineros de toda la gracia y virtudes que se derraman por nuestras almas y pechos, y los hazen fértiles, en él tienen su abundante principio; en él tienen sus raýzes, y dél nascen y crescen con su virtud, y se visten de hermosura [356] y de fruto, las hayas altas y los soberanos cedros y los árboles de la myrrha —como dizen los *Cantares* [357]—, y del encienso: los apóstoles y los mártyres y prophetas y vírgines. Él mismo es el sacer-

---

[356] Compárese con «El aire se serena / y *viste de hermosura* y luz no usada» del propio Fray Luis, y con los célebres versos del «Cántico espiritual» —1578— de San Juan: «... y, yéndolos mirando, / con sola su figura / *vestidos los dejó de hermosura*» (estr. 5 /V/).

[357] *Cant.,* IV, 14.

dote y el sacrificio, el pastor y el pasto, el doctor y la doctrina, el abogado y el juez, el premio y el que da el premio, la guía y el camino, el médico, la medicina, la riqueza, la luz, la defensa y el consuelo es él mismo y sólo él. En él tenemos la alegría en las tristezas, el consejo en los casos dudosos, y en los peligrosos y desesperados el amparo y la salud.

Y por obligarnos más assí, y porque, buscando lo que nos es necessario en otras partes, no nos divirtiéssemos [358] dél, puso en sí la copia y la abundancia, o si dezimos, la tienda y el mercado, o será mejor dezir, el thesoro abierto y liberal de todo lo que nos es necessario, útil y dulce, assí en lo próspero como en lo adverso, assí en la vida como en la muerte también, assí en los años trabajosos de aqueste destierro como en la bivienda eterna y feliz a do caminamos. Y como el *monte* alto, en la cumbre, se toca de nuves y las traspassa, y parece que llega hasta el cielo [359], y en las faldas cría viñas y miesses, y da pastos saludables a los ganados, ansí lo alto y la cabeça de Christo es Dios que traspassa los cielos, y es consejos altíssimos de sabiduría, adonde no puede arribar ingenio ninguno mortal; mas lo humilde dél, sus palabras llanas, la vida pobre y senzilla y sanctíssima que, morando entre nosotros, bivió, las obras que como hombre hizo, y las passiones y dolores que de los hombres y por los hombres suffrió, son pastos de vida para sus fieles ovejas. Allí hallamos el trigo que esfuerça el coraçón de los hombres, y el vino que les da verdadera alegría, y el olio, hijo de la oliva y engendrador de la luz, que destierra nuestras tinieblas. *El risco,* dize el psalmo, *es refrigerio de los conejos* [360]. Y en ti, ¡o verdadera guarida de los pobrezitos amedrentados, Christo Iesús! ; y en ti, ¡o amparo dulce y seguro! , ¡o acogida llena de fidelidad! , los affligidos y acossados del mundo nos escondemos. Si vertieren agua las nuves y se

---

[358] «divertir», en el sentido de 'apartar', 'desviar', 'alejar'.

[359] En la «Oda al apartamiento» había escrito Fray Luis: «Sierra, que vas al cielo, / altíssima...». *(Obras completas castellanas,* t. II, Madrid, B. A. C., MCMLVII, pág. 778.)

[360] *Sal.* CIII, 18.

abrieren las canales del cielo y, saliendo la mar de madre, si anegare las tierras y sobrepujaren como en el diluvio sobre los montes las aguas, en este *monte,* que se assienta sobre la cumbre de todos los montes, no las tememos. Y si los montes, como dize David [361], trastornados de sus lugares, cayeren [362] en el coraçón de la mar, en este *monte* no mudable enriscados, carecemos de miedo.

Mas ¿qué hago yo agora, o adónde me lleva el ardor? Tornemos a nuestro hilo, y ya que avemos dicho el por qué es *monte* Christo, digamos, según que es *monte,* las qualidades que le da la Escriptura. Dezía, pues, Daniel [363], que una piedra, sacada sin manos, hirió en los pies de la estatua y la bolvió en polvo, y la piedra, cresciendo, se hizo monte tan grande que occupó toda la tierra. En lo qual primeramente entendemos que este grandíssimo monte era primero una pequeña piedra. Y aunque es assí que Christo es llamado piedra por differentes razones, pero aquí la piedra dize fortaleza y pequeñez. Y assí es cosa digna de considerar que no cayó hecha monte grande sobre la estatua y la deshizo, sino hecha piedra pequeña. Porque no usó Christo para destruyr la alteza y poder tyrano del demonio, y la adoración usurpada, y los ídolos que tenía en el mundo, de la grandeza de sus fuerças, ni derrocó sobre él el braço y el peso de su divinidad encubierta, sino lo humilde que avía en él, y lo baxo y lo pequeño: su carne sancta y su sangre vertida, y el ser preso y condenado y muerto crudelíssimamente; y esta pequeñez y flaqueza fue fortaleza dura, y toda la sobervia del infierno y su monarchía quedó rendida a la muerte de Christo. Por manera que primero fue piedra, y después de piedra, *monte.* Primero se humilló y, humilde, venció, y después, vencedor glorioso, descubrió su claridad y occupó la tierra y el cielo con la virtud de su nombre.

Mas lo que el propheta significó por rodeos, ¡quán llanamente lo dixo el apóstol!: *El aver subido,* dize hablando de Christo, *¿qué es sino por aver descendido*

---

[361] *Sal.* XLV, 3.
[362] En el original dice *cayeron.*
[363] *Dan.,* II, 34-35.

primero hasta lo baxo de la tierra? El que descendió, ésse mismo subió sobre todos los cielos para henchir todas las cosas[364]. Y en otra parte: *Fue hecho obediente hasta la muerte, y muerte de cruz; por lo qual ensalçó su nombre Dios sobre todo nombre*[365]. Y como dizen del árbol, que quanto lança las raýzes más en lo hondo, tanto en lo alto cresce y sube más por el ayre, assí a la humildad y pequeñez desta piedra correspondió la grandeza sin medida del *monte,* y quanto primero se desminuyó, tanto después fue mayor. Pero acontesce que la piedra que se tira haze gran golpe, aunque sea pequeña, si el braço que la embía es valiente, y pudiérase por ventura pensar que, si esta piedra pequeña hizo pedaços la estatua, fue por la virtud de alguna fuerça estraña y poderosa que la lançó. Mas no fue assí ni quiso que se imaginasse assí el Spíritu Sancto, y por esta causa añadió que hirió a la estatua[366] sin manos, conviene a saber, que no la hirió con fuerça mendigada de otro ni con poder ageno, sino con el suyo mismo hizo tan señalado golpe. Como passó en la verdad. Porque lo flaco y lo despreciado de Christo, su passión y su muerte, aquel humilde escupido y escarnecido, fue tan de piedra, quiero dezir tan firme para suffrir y tan fuerte y duro para herir, que quanto en el sobervio mundo es tenido por fuerte no pudo resistir a su golpe, mas antes cayó todo quebrantado y deshecho como si fuera vidrio delgado[367].

Y aun, lo que es[368] más de maravillar, no hirió aquesta piedra la frente de aquel bulto espantable, sino solamente los pies, adonde nunca la herida es mortal; mas, sin embargo desto[369], con aquel golpe dado en los pies, vinieron a menos los pechos y hombros, y el cuello y cabeça de oro. Porque fue assí, que el principio del Evangelio y los primeros golpes que Christo dio para deshazer la pujança mundana, fueron en los pies della

[364]   *Ef.,* IV, 9-10.
[365]   *Flp.,* II, 8-9.
[366]   A: *hirió la estatua*
[367]   A y B: *delgado y quebradizo*
[368]   A: *no es*
[369]   A y B: *y, no obstante, esto*

y en lo que andava como rastreando en el suelo: en las gentes baxas y viles, assí en officio como en condición. Y heridos éstos con la verdad, y vencidos y quebrados del mundo, y como muertos a él, y puestos debaxo la piedra las cabeças y los pechos, esto es, los sabios y los altos, cayeron todos: unos para subjectarse a la piedra, y otros para quedar quebrados y desmenuzados della, unos para dexar su primero y mal ser, y otros para crescer para siempre en su mal. Y ansí, unos destruydos y otros convertidos, la piedra, transformándose en *monte,* ella sola occupó todo el mundo.

Es también *monte* hecho y como nascido de piedra, porque entendamos que no es terreno ni movedizo este *monte,* ni tal que puede ser menoscabado [370] o disminuydo en alguna manera.

Y con esto, passemos a ver lo demás que dezía dél el sancto David. *El* monte, dize, *del Señor,* monte *quajado,* monte *gruesso.* Quiere dezir fértil y abundante *monte,* como a la buena tierra solemos llamarla [371] *tierra gruessa.* Y la condición de la tierra gruessa es ser espessa y tenaz y maciça, y no delgada y arenisca, y ser tierra que beve mucha agua y que no se anega o deshaze con ella, sino antes la abraça toda en sí y se engruessa e hinche de xugo, y assí, después son conformes a aquesta grossura las miesses que produze espessas y altas, y las cañas gruessas y las espigas grandes.

Bien es verdad que adonde dezimos *gruesso,* el primer texto dize *Basan,* que es nombre proprio de un monte llamado assí en la Tierra Sancta, que está de la otra parte del Iordán, en la suerte que cupo a los de Gad y Rubén, y a la mitad del tribu de Manassé. Pero era señaladamente abundante este monte, y assí nuestro texto, aunque calló el nombre, guardó bien el sentido y puso la misma sentencia, y en lugar de *Basan* puso *monte gruesso* qual lo es el Basan. Pues es Christo, ni más ni menos, no como arena flaca y movediza, sino como tierra de cuerpo y de tomo, y que beve y contiene

---

[370] *A: ser movido*
[371] *A: llamalla*

en sí todos los dones del Spíritu Sancto que la Escriptura suele muchas vezes nombrar con nombre de aguas, y assí, el fructo que deste *monte* sale y las miesses que se crían en él nos muestran bien a la clara si es gruesso y fecundo este *monte*. De las quales miesses[372], David, en el psalmo setenta y uno, debaxo de la misma figura de trigo y de miesses y de fructos del campo, hablando a la letra del reyno de Christo, nos canta diziendo: *Y será, de un puñado de trigo echado en la tierra en las cumbres de los montes, el fructo suyo más levantado que el Líbano, y por las villas florescerán como el heno de la tierra*[373]. O porque en este punto y diziendo esto me vino a la memoria, quiérolo dezir como nuestro común amigo lo dixo, traduziendo en verso castellano este psalmo:

> ... ¡O siglos de oro!,
>   quando tan sola una
> espiga sobre el cerro tal thesoro
>   produzirá sembrada,
> de miesses ondeando, qual la cumbre
>   del Líbano ensalçada;
> quando con más largueza y muchedumbre
>   que el heno, en las ciudades
> el trigo crescerá...

Y porque se viesse claro que este fructo que se llama trigo no es trigo, y que aquesta abundancia no es buena disposición de tierra ni templança de cielo clemente, sino que es fructo de justicia y miesses spirituales nunca antes vistas, que nascen por la virtud deste *monte,* añade luego:

> ... por do desplega
> la fama en mil edades
>   el nombre deste rey, y al cielo llega.

Mas ¿nació por ventura con[374] este fructo su nombre,

[372] *A* y *B: y fecundo. De las quales miesses*
[373] *Sal.* LXXI, 16.
[374] *A* y *B: ¿devió, por ventura, de nacer con este fructo*

o era ya y bivía en el seno de su Padre, primero que la rueda de los siglos començasse a moverse? Dize:

> El nombre, que primero
> que el sol manasse luz resplandescía,
> en quien hasta el postrero
> mortal será bendito, a quien de día,
> de noche celebrando,
> las gentes darán loa y bienandança,
> y dirán alabando:
> «Señor Dios de Israel, ¿qué lengua alcança
> a tu devida gloria?»

Salido he de mi camino, llevado de la golosina del verso; mas bolvamos a él.

Y aviendo dicho esto Marcello, y tomado un poco de aliento, quería passar adelante; mas Iuliano, deteniéndole, dixo:

—Antes que digáys más, me dezid, Marcello: este común amigo nuestro que nombrastes, cuyos son estos versos, ¿quién es? Porque aunque yo no soy muy poeta, hanme parescido muy bien, y deve hazerlo ser el subjecto [375] qual es, en quien solo, a mi juyzio, se emplea la poesía como deve.

—Gran verdad, Iuliano, es —respondió al punto Marcello— lo que dezís, porque éste es sólo digno subjecto de la poesía; y los que la sacan dél y, forçándola, la emplean, o por mejor dezir, la pierden en argumentos de liviandad, avían de ser castigados como públicos corrompedores de dos cosas sanctíssimas: de la poesía y de las costumbres [376]. La poesía corrompen, porque sin

---

[375] 'asunto o materia sobre que se habla o escribe'. La palabra «sujeto», con este significado, aparece habitualmente en Fray Luis, siendo normal en los escritores del Siglo de Oro.

[376] Más que una convicción ideológica contraria a la poesía no religiosa, Fray Luis refleja en este punto —escrito probablemente en las cárceles inquisitoriales— un claro propósito de defensa, ante una de las acusaciones que se le hicieron en el proceso de 1572-76: el cultivo de la poesía profana. Eco de estas circunstancias son unas célebres palabras del padre Getino: «Si la poesía *A una desdeñosa* y las otras análogas hubieran sido escri-

duda la inspiró Dios en los ánimos de los hombres para, con el movimiento y spíritu della, levantarlos al cielo de donde ella procede; porque poesía no es sino una comunicación del aliento celestial y divino; y assí, en los prophetas quasi [377] todos, assí los que fueron movidos verdaderamente por Dios como los que, incitados por otras causas sobrehumanas, hablaron, el mismo Spíritu que los despertava y levantava a ver lo que los otros hombres no vían, les ordenava y componía y como metrificava en la boca las palabras con número y consonancia devida, para que hablassen por más subida manera que las otras gentes hablavan, y para que el estilo del dezir se assemejasse al sentir, y las palabras y las cosas fuessen conformes [378].

Assí que corrompen esta sanctidad, y corrompen también, lo que es mayor mal, las sanctas costumbres; porque los vicios y las torpezas, dissimuladas y enmeladas con el sonido dulce y artificioso del verso, recíbense en los oýdos

---

tas en la niñez, como el padre Muiños supone, habría que suponer en él verdadera precocidad para apreciar y describir lo más crudo de los afectos pasionales. En cualquier época de su vida que las redactase denuncian poca escrupulosidad de conciencia.» (El «decíamos ayer» ante la crítica, Madrid, La Rafa, [1909], páginas 35-36.)

[377] A: casi

[378] «La poesía auténtica —comenta Alain Guy— está transida de inspiración. Según Fray Luis, como nota Wilkens, el poeta no es más que el intérprete de la inspiración divina, y la poesía es un don al que nada prepara y que se recibe con extrañeza como una revelación. Por eso la poesía es el lenguaje de los profetas.» (El pensamiento filosófico..., ed. cit., pág. 238.) Precisiones importantes sobre este tema y otros afines pueden verse en E. Orozco Díaz, «Poesía y mística», en Poesía y mística, Madrid, Guadarrama, 1959, páginas 19-111, de donde son estas observaciones: «Nunca se separa en Fray Luis el sabio del artista; si expresa y siente como poeta, cuando razona el filósofo, teólogo y escriturario en los tratados en prosa, también se descubre el pensamiento en que se sustenta cuando el arrebato lírico impulsa al poeta a cantar en sus odas... La poesía desempeña en su vida espiritual una función activa como cima y coronación de su metafísica... Representa, pues, el canto, la poesía, la música, algo tan íntimamente ligado a su vida espiritual que podríamos decir constituye para él la escala mística que más le aproxima a lo eterno.» (Ibíd., págs. 100-101.) Recordemos, por último, que para Orozco, el texto luisiano que anotamos tiene un claro enraizamiento en la propia experiencia vital de su autor. (Ibíd., pág. 101.)

con mejor gana, y dellos passan al ánimo, que de suyo no es bueno, y lánçanse en él poderosíssimamente, y hechas señoras dél, y desterrando de allí todo buen sentido y respecto, corrómpenlo, y muchas vezes sin que el mismo que es corrompido lo sienta. Y es —yva a dezir donayre, y no es donayre sino vituperable inconsideración—, que las madres celosas del bien de sus hijas les vedan las pláticas de algunas otras mugeres y no les vedan los versos y los cantarcillos de argumentos livianos, los quales hablan con ellas a todas horas, y sin recatarse dellos, antes aprendiéndolos y cantándolos, las atraen a sí y las persuaden[379] secretamente, y derramándoles su ponçoña poco a poco por los pechos, las inficionan y pierden. Porque assí como en la ciudad, perdido el alcáçar della y puesto en las manos de los enemigos, toda ella es perdida, assí, ganado una vez, quiero dezir, perdido el coraçón, y afficionado a los vicios y embeleñado con ellos, no ay cerradura tan fuerte, ni centinela tan veladora y despierta, que baste a la guarda[380]. Pero esto es de otro lugar, aunque la necessidad o el estrago que el uso malo, introduzido más agora que nunca, haze en las gentes, haze también que se pueda tratar dello a propósito en qualquiera lugar.

Mas dexándolo agora, espántome, Iuliano, que me preguntéys quién es el común amigo que dixe, pues no podéys olvidaros que, aunque cada uno de nosotros dos tenemos amistad con muchos amigos, uno solo tenemos que la tiene comigo y con vos quasi en ygual grado, porque a

---

[379] A: *los traen a sí y les persuaden*

[380] Para O. Macrí estas ideas son síntesis de «poética clásica fundida con la materia cristiana». «El fin del escritor cristiano —añade— es difundir los bienes de la teología en todos los estados sociales, de los cuales él saca la lengua en toda su variedad de estilo adecuado a las cosas... La poesía es inspirada por Dios para alzar los espíritus humanos al cielo, de donde ella procede... Lo que aquí vale es el acento con que Fray Luis utiliza afirmaciones de la poesía platónico-agustiniana, sincretizados en su personal quehacer poético.» (*La poesía de Fray Luis de León,* Salamanca, Anaya, 1970, págs. 73-74.) Por lo demás, el paralelismo de este pasaje con el tan conocido de Malón de Chaide en *La conversión de la Magdalena* —«Prólogo del autor a los lectores», ed. de la B. A. E., Madrid, Atlas, 1948, págs. 278-280— resulta patente.

mí me ama como a sí, y a vos en la misma manera como
yo os amo, que es muy poco menos que a mí [381].

—Razón tenéys —respondió Iuliano— en condenar mi
descuydo, y ya entiendo muy bien por quién dezís. Y pues
tendréys en la memoria algunos otros psalmos de los que
ha puesto en verso aqueste amigo nuestro, mucho gustaría
yo, y Sabino gustará dello, si no me engaño, también,
que en los lugares que se offrecieren de aquí adelante,
uséys dellos y nos los digáys.

—Sabino —respondió Marcello— no sé yo si gustará
de ýr lo que sabe, porque como más moço y más afficionado a los versos, tiene quasi en la lengua estos psalmos
que pedís, pero haré vuestro gusto, y aun Sabino podrá
servir de acordármelos si yo me olvidare, como será possible olvidarme. Assí que él me los acordará o, si más
le pluguiere, diráslos él mismo; y aun es justo que le plega,
porque los sabrá dezir con mejor gracia.

Desto postrero se rieron un poco Iuliano y Sabino.
Y diziendo Sabino que lo haría assí y que gustaría de hazerlo, Marcello tornó a seguir su razón y dixo:

—Dezíamos, pues, que este sagrado *monte,* conforme
a lo del psalmo, era fértil señaladamente, y provamos su
grossura por la muchedumbre y por la grandeza de las
miesses que dél han nascido, y referimos [382] que David,
hablando dellas [383], dezía que, de un puño de trigo esparzido sobre la cumbre del monte, serían el fruto y cañas
que nascerían dél tan altas y gruessas, que ygualarían [384] a
los cedros altos del Líbano; de manera que cada caña y
espiga sería como un cedro, y todas ellas vestirían la cumbre de su monte y, meneadas del ayre, ondearían sobre él
como ondean las copas de los cedros, y de los otros
árboles soberanos de que el Líbano se corona.

---

[381] La crítica, prácticamente por unanimidad, considera este pasaje como prueba de que Marcelo es trasunto del propio Fray Luis.

[382] *A: referíamos*

[383] *Sal.* LXXI, 16.

[384] *A: de los montes, el fruto y las cañas que nascerían dél serían tales en alteza y grossura que ygualarían... B: que nascerían,
serían tales*

En lo qual, David dize tres [385] qualidades muy señaladas: porque, lo uno, dize que son miesses de trigo, cosa útil y necessaria para la vida, y no árboles más vistosos en ramas y hoja que provechosos en fructo, como fueron los antiguos philósophos y los que por su sola industria quisieron alcançar la virtud. Y lo otro affirma que estas miesses, no sólo por ser trigo son mejores, sino en alteza también son mayores mucho que la arboleda del Líbano, que es cosa que se vee por los ojos, si cotejamos la grandeza de nombre que dexaron después de sí los sabios y grandes del mundo, con la honra merescida que se da en la Iglesia a los sanctos, y se les dará siempre, floresciendo cada día más en quanto el mundo durare. Y lo tercero, dize que tiene origen aqueste fructo de muy pequeños principios, de un puñado de trigo sembrado sobre la cumbre de un monte, adonde de ordinario cresce el trigo mal, porque, o no ay tierra, sino peña, en la cumbre, o, si la ay, es tierra muy flaca y el lugar muy frío por razón de su alteza. Pues ésta es una de las mayores maravillas que vemos en la virtud que nasce y se aprende en la escuela de Christo: que de principios, al parecer, pequeños y que quasi [386] no se echan de ver, no sabréys cómo ni de qué manera, nasce y cresce y sube en brevíssimo tiempo a incomparable grandeza.

Bien sabemos todos lo mucho que la antigua philosophía se trabajó por hazer virtuosos los hombres —sus preceptos, sus disputas, sus rebueltas questiones—, y vemos cada hora en los libros la hermosura y el dulçor de sus escogidas y artificiosas palabras, mas también sabemos, con todo aqueste apparato suyo, el pequeño fructo que hizo y quán menos fue lo que dio de lo que se esperava de sus largas promessas. Mas en Christo no passó assí, porque si miramos lo general, del mismo que se llama, no *muchos granos,* sino *un grano de trigo muerto,* y de doze hombres baxos y simples, y de su doctrina, en palabras tosca y en sentencias breve y, al juyzio de los hombres, amarga y muy áspera, se hinchió el mundo todo de incomparable

---

[385] *A y B: David da a aqueste fructo tres*
[386] *A: casi*

virtud, como diremos después en su proprio y más conveniente lugar.

Y por semejante manera, si ponemos los ojos en lo particular que cada día acontesce en muchas personas, ¿quién es el que lo considera que no salga de sí? El que ayer bivía como sin ley, siguiendo en pos de sus desseos sin rienda, y que estava ya como encallado [387] en el mal, el que servía al dinero y cogía el deleyte, sobervio con todos y con sus menores sobervio y cruel, oy, con una palabra que le tocó en el oýdo y, passando de allí al coraçón, puso en él su simiente, tan delicada y pequeña que apenas él mismo la entiende, ya comiença a ser otro, y en pocos días, cundiendo por toda el alma la fuerça secreta del pequeño grano, es otro del todo; y cresce assí en nobleza de virtud y buenas costumbres, que la hojarasca seca, que poco antes estava ordenada al infierno, es ya árbol verde y hermoso, lleno de fructo y de flor; y el león es oveja ya, y el que robava lo ageno, derrama ya en los agenos sus bienes; y el que se rebolcava en la hediondez, esparze al derredor de sí y muy lexos de sí, por todas partes, la pureza del [388] buen olor.

Y, como dixe, si, tornando al principio, comparamos la grandeza de aquesta planta y su hermosura, con el pequeño grano de donde nasció y con el breve tiempo en que ha venido a ser tal, veremos, en estraña pequeñez, admirable y no pensada virtud. Y assí Christo, en unas partes dize que es como el grano de mostaza, que es pequeño y trasciende [389]; y en otras se assemeja a perla oriental, pequeña en cuerpo y grande en valor [390]; y parte ay donde dize que es levadura, la qual en sí es poca y parece muy vil y, escondida en una gran massa, quasi súbitamente cunde por ella toda y la inficiona [391]. Escusado es yr buscando exemplos en esto, adonde la muchedumbre nos puede anegar; mas entre todos es claríssimo el del apóstol S. Pablo, a quien hazemos oy fiesta. ¿Quién era, y quién

---

[387] 'encallecido'
[388] A: de
[389] Mt., XIII, 31-32; Mc., IV, 30-32; Lc., XIII, 18-19.
[390] Mt., XIII, 45-46.
[391] Mt., XIII, 33; Lc., XIII, 21.

fue, y quán en breve, y quán con una palabra se convirtió de tinieblas en luz, y de ponçoña en árbol de vida para la Iglesia? [392].

Pero vamos más adelante. Añade David: monte *quajado*. La palabra original quiere dezir *el queso,* y quiere también dezir *lo corcovado;* y, propriamente y de su origen, significa todo lo que tiene en sí algunas partes eminentes e hinchadas sobre las demás que contiene, y de aquí *el queso* y *lo corcovado* se llama con aquesta palabra. Pues juntando esta [393] palabra con el nombre de *monte,* como haze David aquí, y poniéndola en el número de muchos [394], como está en el primero texto, suena, como leyó S. [395] Augustín [396], monte *de quesos* o, como trasladan agora algunos, monte *de corcovas,* y de la una y de la otra manera viene muy bien. Porque en dezir lo primero, se declara y especifica más la fertilidad deste *monte,* el qual no sólo es de tierra gruessa y aparejada para produzir miesses, sino también es *monte* de quesos o de quajados, esto es, significando por el effecto la causa, *monte* de buenos pastos para el ganado, digo *monte* bueno para pan llevar, y para apascentar ganados no menos bueno. Y, como dize bien S. [397] Augustín [398], el pan, y la grossura del *monte* que le prcduze, es el mantenimiento de los perfectos; la leche que se quaja en el queso, y los pastos que la crían, es el proprio manjar de los que comiençan en la virtud, como dize Sant Pablo: *Como a niños os di leche, y no manjar maciço* [399]. Y assí, conforme a esto, se entiende que este *monte* es general sustento de todos, assí de los grandes en la virtud con su grossura, como de los rezién nascidos en ella con sus pastos y leche.

Mas si dezimos de la otra manera, monte *de corcovas* o *de hinchazones,* dízese una señalada verdad, y es que,

[392] *Act.,* VIII-IX.
[393] A: *a esta*
[394] 'en plural'
[395] A: *Sancto*
[396] *Enarratio in Ps. CXVIII;* Serm., XVII, n. 8; *In Ps.,* LXVII, 22-23.
[397] A: *Sancto*
[398] *Enarratio in Psalm. CXXXI,* n. 24.
[399] *I Cor.,* III, 1-2.

como ay unos montes que suben seguidos hasta lo alto, y en lo alto hazen una punta sola y redonda, y otros que hazen muchas puntas y que están como compuestos de muchos cerros, assí Christo no es *monte* como los primeros, eminente y excellente en una cosa sola, sino *monte* hecho de montes, y una grandeza llena de diversas e incomparables grandezas y, como si dixéssemos, *monte* que todo él es montes: *para que,* como escrive divinamente S. Pablo, *tenga principado y eminencia en todas las cosas* [400].

Dize más: *¿Qué sospecháys, montes de cerros? Éste es el* monte *que Dios escogió para su morada, y ciertamente el Señor mora en él para siempre.* Habla con todo lo que se tiene a sí mismo por alto, y que se oppone a Christo presumiendo de traer competencias con él, y dízeles: *¿Qué sospecháys?,* o como en otro lugar S. Hierónymo puso: *¿Qué pleyteáys o qué peleáys* contra este *monte?* [401] Y es como si más claro dixesse: ¿qué presumpción o qué pensamiento es el vuestro, ¡o montes! , quanto quiera que seáys, según vuestra opinión, eminentes, de oponeros con este *monte,* pretendiendo, o vencerle, o poner en vosotros lo que Dios tiene ordenado de poner en él, que es su morada perpetua? Como si dixesse: muy en balde y muy sin fructo os fatigáys. De lo qual entendemos dos cosas: la una, que este *monte* es embidiado y contradezido de muchos montes, y la otra, que es escogido de Dios entre todos.

Y de lo primero, que toca a la embidia y contradición, es, como si dixéssemos, hado de Christo el ser siempre embidiado: que no es pequeño consuelo para los que le siguen, como se lo pronosticó el viejo Simeón luego que lo [402] vio niño en el templo, y hablando con su madre, lo [403] dixo: *Ves, este niño será caýda y levantamiento para muchos en Israel, y como blanco a quien contradirán muchos* [404]. Y el psalmo segundo en este mismo [405] propó-

[400] *Col.,* I, 18.
[401] *In Ps., LXVIII, iuxta Hebr.*
[402] *A: le*
[403] *A y B: le*
[404] *Lc.,* II, 34.
[405] *A: mesmo*

sito, *¿por qué,* dize, *bramaron las gentes, y los pueblos trataron consejos vanos? Pusiéronse los reyes de la tierra, y los príncipes se hizieron a una, contra el Señor y contra su Christo* [406].

Y fue el successo bien conforme al pronóstico, como se paresció en la contradición que hizieron a Christo las cabeças del pueblo hebreo por todo el discurso de su vida, y en la conjuración que hizieron entre sí para traerle a la muerte. Lo qual, si se considera bien, admira mucho sin duda, porque si Christo se tratara como pudo tratarse y conforme a lo que se devía a la alteza de su persona; si apeteciera el mando temporal sobre todos, o si en palabras o si en hechos fuera altivo y desseoso de enseñorearse; si pretendiera, no hazer bienes, sino enriquescerse de bienes y, sujetando a las gentes, vivir con su sudor y trabajo dellas en vida de descanso abundante; si le embidiaran y si se le oppusieran muchos movidos por sus interesses, ninguna maravilla fuera, antes fuera lo que cada día acontesce. Mas siendo la misma llaneza, y no anteponiéndose a nadie ni queriendo derrocar a ninguno de su preminencia y officio, biviendo sin fausto y humilde, y haziendo bienes jamás vistos generalmente [407] a todos los hombres, sin buscar ni pedir, ni aun querer recebir por ello, ni honra ni interés, que le aborresciessen las gentes, y que los grandes desamassen a un pobre, y los potentados y pontificados a un humilde bienhechor, es cosa que espanta.

¿Pues acabóse esta embidiosa opposición con su muerte, y a sus discípulos dél y a su doctrina no contradixeron después ni se oppusieron contra ellos los hombres? Lo que fue en la cabeça, esso mismo acontesció por los miembros. Y como él mismo lo dixo, *no es el discípulo sobre el maestro; si me persiguieron a mí, también os perseguirán a vosotros* [408]. Assí puntualmente les acontesció con los emperadores y con los reyes y con los príncipes de la sabiduría del mundo. Y por la manera que nuestra bienaventurada luz, deviendo, según toda buena razón, ser

---

[406] *Sal.* II, 1-2.
[407] 'sin distinción', 'sin excepciones'
[408] *Jn.,* XV, 20.

261

amado, fue perseguido, assí a los suyos y a su doctrina, con quitar todas las causas y occasiones de embidia y de enemistad, les hizo toda la grandeza del mundo enemiga cruel. Porque los que enseñavan, no a engrandescer las haziendas ni a caminar a la honra y a las dignidades, sino a seguir el estado humilde y ageno de embidia, y a ceder de su proprio derecho con todos, y a empobrescerse a sí para el remedio de la agena pobreza, y a pagar el mal con el bien; y los que bivían assí como lo enseñavan, hechos unos públicos bienhechores: ¿quién pensara jamás que pudieran ser aborrescidos y perseguidos de nadie?; o quando lo fueran de alguno, ¿quién creyera que lo avían de ser de los reyes, y que el poderío y grandeza avía de tomar armas y mover guerra contra una tan humilde bondad? Pero era aquesta la suerte que dio a este *monte* Dios para mayor grandeza suya.

Y aun si queremos bolver los ojos al principio y a la primera origen de aqueste aborrescimiento y embidia, hallaremos que mucho antes que començasse a ser Christo en la carne, començó aqueste su odio, y podremos venir en conoscimiento de su causa dél en esta manera. Porque el primero que le embidió y aborresció fue Lucifer, como lo affirma, y muy conforme a la doctrina verdadera, el glorioso Bernardo [409]; y començóle a aborrescer luego que, aviéndoles a él y a algunos otros ángeles revelado Dios alguna parte deste su consejo y mysterio, conosció que disponía Dios de hazer príncipe universal de todas las cosas a un hombre. Lo qual conosció luego al principio del siglo y antes que cayesse, y cayó por aventura por aquesta occasión. Porque bolviendo los ojos a sí, y considerando soberviamente la perfectión altíssima de sus naturales, y mirando juntamente con esto el singular grado de gracias y dones de que le avía dotado Dios, más que a otro ángel alguno, contento de sí y miserablemente desvanescido, apetesció para sí aquella excellencia [410]; y de apetescerla

[409] *In Cantica canticorum,* Serm. XVII, n. 5.
[410] Repite aquí Fray Luis la doctrina que le había ya supuesto graves disgustos en su proceso. Como nota Sainz Rodríguez, «Fray Luis pensaba que la causa de la Encarnación del Verbo no ha sido el pecado, sino la comunicación perfecta de Dios al mundo.

vino a no subjectarse a la orden y decreto de Dios, y a salir de su sancta obediencia, y a trocar la gracia en sobervia: por donde fue hecho cabeça de todo lo arrogante y sobervio, assí como lo es Christo de todo lo llano y humilde. Y como del que en la escalera, baxando, pierde algún passo, no para su caýda en un escalón, sino de uno en otro llega hasta el postrero cayendo, assí Lucifer, de la desobediencia para con Dios cayó en el aborrescimiento de Christo, concibiendo contra él primero embidia y después sangrienta enemistad, y de la enemistad nasció en él absoluta determinación de hazerle guerra siempre con todas sus fuerças.

Y assí lo intentó primero en sus padres, matando y condenando en ellos, quanto fue en sí, toda la successión de los hombres; y después en su persona misma de Christo, persiguiéndole por sus ministros y trayéndolo a muerte; y de allí en los discípulos y seguidores dél, de unos en otros hasta que se cierren los siglos, encendiendo contra ellos a sus principales ministros, que es a todo aquello que se tiene por sabio y por alto en el mundo.

En la qual guerra y contienda, peleando siempre contra la flaqueza el poder, y contra la humildad la sobervia, y la maña y la astucia contra la senzillez y bondad, al fin [411] quedan aquellos vencidos paresciendo que vencen. Y contra este enemigo, propriamente, endereça David las palabras de que vamos hablando. Porque a este ángel y a los demás ángeles que le siguieron, en tantas maneras de naturales y graciosos bienes enriscados e hinchados, llama aquí *corcovados* y *enriscados montes,* o por dezirlo mejor, *montes montuosos,* y a éstos [412] les dize assí: ¿Por

---

Por eso en una declaración de su proceso no niega, sino que defiende, la explicación que había dado en una lectura *De Angelis,* de que la rebelión y *soberbia de Lucifer estuvo en que, siéndole revelada por Dios la Encarnación de Cristo, y cómo su santísima Humanidad había de ser cabeza de los hombres y de los ángeles, él, fundado en su perfección, soberbiamente se desdeñó y apeteció para sí aquella dignidad».* («La figura y la espiritualidad de Fray Luis de León», en *Espiritualidad española,* Madrid, Rialp, 1961, páginas 306-307.)

[411] A y B: *la senzillez, al fin*
[412] A: *y aquestos*

qué, ¡o montes sobervios!, o embidiáys[413] la grandeza del hombre en Christo, que os es revelada, o le movéys guerra pretendiendo estorvarla[414], o sospecháys que se devía esta gloria a vosotros, o que será parte vuestra contradición para quitársela?; que yo os hago seguros que será vano este trabajo vuestro y que redundará toda aquesta pelea[415] en mayor acrescentamiento suyo, y que, por mucho que os empinéys, él pisará sobre vosotros, y la divinidad reposará en él dulce y agradablemente por todos los siglos sin fin.

Y aviendo Marcello dicho aquesto, callóse; y luego Sabino, entendiendo que avía acabado[416], y desplegando de nuevo el papel y mirando en él, dixo:

—Lo que se sigue agora es assaz breve en palabras, mas sospecho que en cosas ha de dar bien que dezir; y dize assí:

---

[413] A: ¿Por qué, o embidiays
[414] A: estorballa
[415] A y B: pelea vuestra
[416] A: acabado ya

[PADRE DEL SIGLO FUTURO]

El sexto nombre es Padre del Siglo Futuro. *Ansí le llama Esaías en el capítulo nueve diziendo:* Y será llamado *Padre del Siglo Futuro* [417].

—Aún no me avía despedido del *monte* [418] —respondió Marcello entonces—, mas pues Sabino ha passado adelante, y para lo que me quedava por dezir avrá por ventura después otro mejor lugar, sigamos lo que Sabino quiere. Y dize bien que lo que agora ha propuesto es breve en palabras y largo en razón; a lo menos, si no es largo, es hondo y profundo, porque se encierra en ello una gran parte del mysterio de nuestra redempción. Lo qual si, como ello es, pudiesse caber en mi entendimiento y salir por mi lengua vestido con las palabras y sentencias que se le deven, ello sólo hinchiría de luz y de amor celestial nuestras almas [419]. Pero confiados del favor de Iesuchristo [420], y ayudándome en ello vuestros sanctos desseos, comencemos a dezir lo que él nos diere; comencemos desta manera:

Cierta cosa es, y averiguada en la Sancta Escriptura, que los hombres, para bivir a Dios [421], tenemos necessidad

---

[417] *Is.,* IX, 6.
[418] *A y B: despedido del todo del Monte*
[419] *A y B: ello sólo podría hinchir nuestras almas de luz celestial, y encenderlas en el amor de Iesuchristo.*
[420] *A y B: de su favor*
[421] 'a los ojos de Dios', 'en la perspectiva divina'

265

de nascer segunda vez, demás de aquella que nascemos quando salimos del vientre de nuestras madres. Y cierto es que todos los fieles nascen este segundo nascimiento, en el qual está el principio y origen de la vida sancta y fiel. Assí lo affirmó Christo a Nicodemus, que [422] siendo maestro en la ley, vino una noche a ser su discípulo. Adonde, como por fundamento de la doctrina que le avía de dar, presupuso [423] esto, diziendo: *Ciertamente te digo que ningún hombre, si no torna a nascer segunda vez, no podrá ver el reyno de Dios* [424]. Pues por la fuerça de los términos correlativos que entre sí se responden, se sigue muy bien que donde ay nascimiento ay hijo, y donde hijo, ay también padre. De manera que si los fieles, nasciendo de nuevo, començamos a ser nuevos hijos, tenemos forçosamente algún nuevo padre cuya virtud nos engendra, el qual padre es Christo. Y por esta causa es llamado *Padre del Siglo Futuro,* porque es el principio original desta generación bienaventurada y segunda, y de la multitud innumerable de descendientes que nascen por ella.

Mas porque esto se entienda mejor, en quanto puede ser de nuestra flaqueza entendido, tomemos de su principio toda esta razón, y digamos lo primero de dónde vino a ser necessario que el hombre nasciesse segunda vez; y dicho esto, y procediendo de grado en grado ordenadamente, diremos todo lo demás que a la claridad de todo este argumento y a su entendimiento conviene, llevando siempre, como en estrella de guía, puestos los ojos en la luz de la Escriptura Sagrada, y siguiendo las pisadas de los doctores y sanctos antiguos.

Pues conforme a lo que yo agora dezía, como la infinita bondad de Dios, movida de su sola virtud, ante todos los siglos se determinasse [425] de levantar a sí la naturaleza del hombre, y de hazerla particionera de sus mayores bienes y señora de todas sus criaturas, Lucifer, luego que lo conosció, encendido de embidia, se dispuso

---

[422] A: *a aquel que*
[423] A: *le presupuso*
[424] *Jn.,* III, 3.
[425] A: *determinó*

a dañar e infamar el género humano en quanto pudiesse, y a estragarle en el alma y en el cuerpo por tal manera que, hecho inhábil para los bienes del cielo, no viniesse a effecto lo que en su favor avía ordenado Dios. *Por embidia del demonio* —dize el Spíritu Sancto en la *Sabiduría* [426]—, *entró la muerte en el mundo.* Y fue assí que, luego que vio criado al primer hombre y cercado de la gracia de Dios, y puesto en lugar deleytoso y en estado bienaventurado, y como en un vezino y cercano escalón para subir al eterno y verdadero bien, echó también juntamente de ver que le avía Dios vedado la fructa del árbol y puéstole, si la comiesse, pena de muerte, en la qual incurriesse, quanto a la vida del alma luego, y quanto a la del cuerpo después; y sabía por otra parte el demonio que Dios no podía [427] por alguna manera bolverse de lo que una vez pone. Y assí, luego se imaginó que, si él podía engañar al hombre y acabar con [428] él que traspassasse aquel mandamiento, lo [429] dexava necessariamente perdido y condenado a la muerte ansí del alma como del cuerpo, y por la misma razón lo [430] hazía incapaz de el bien para que Dios le ordenava.

Mas porque se le offreció que, aunque peccasse aquel hombre primero, en los que después dél nasciessen podría Dios traer a effecto lo que tenía ordenado en favor de los hombres, determinóse de poner en aquel primero, como en la fuente primera, su ponçoña, y las semillas de su sobervia y profanidad y ambición, y las raýzes y principios de todos los vicios, y poner un atizador contino dellos, para que, juntamente con la naturaleza, en los que nasciessen de aquel primer hombre se derramasse y estendiesse este mal, y ansí nasciessen todos culpados y aborrescibles a Dios e inclinados a continuas y nuevas culpas, e inútiles todos para ser lo que Dios avía ordenado que fuessen. Ansí lo pensó, y como lo pensó lo puso por

---

[426] *Sab.,* II, 24.
[427] *A: no puede*
[428] 'alcanzar de', 'conseguir de'
[429] *A: le*
[430] *A: le*

267

obra. Y succedióle [431] su pretensión porque, induzido y persuadido del demonio, el hombre peccó, y con esto tuvo por acabado su hecho, esto es, tuvo al hombre por perdido a remate, y tuvo por desbaratado y deshecho el consejo de Dios.

Y a la verdad, quedó estrañamente difficultoso y rebuelto todo este negocio del hombre, porque se contradezían y como hazían guerra entre sí dos decretos y sentencias divinas, y no parecía que se podía dar corte ni tomar medio alguno que [432] bueno fuesse; porque por una parte avía decretado Dios de ensalçar el hombre sobre todas las cosas, y por otra parte avía affirmado que, si peccasse, le quitaría la vida del alma y del cuerpo, y avía peccado. Y assí, si cumplía Dios el decreto primero, no cumplía con el segundo, y al revés, cumpliendo el segundo dicho, el primero se deshazía y borrava. Y juntamente con esto, no podía Dios, assí en lo uno como en lo otro, no cumplir su palabra, porque no es mudable Dios en lo que una vez dize, ni puede nadie poner estorvo a lo que él ordena que sea. Y cumplirlo en ambas cosas parecía impossible, porque si a alguno se offrece que fuera bueno criar Dios otros hombres no descendientes de aquel primero, y cumplir con éstos la ordenación de su gracia, y la sentencia de su justicia executarla en los otros, Dios lo pudiera hazer muy bien sin ninguna duda, pero todavía quedava falta y como menor la verdad de la promessa primera, porque la gracia della no se prometía a qualesquiera, sino a aquellos hombres que criava Dios en Adam, esto es, a los que dél descendiessen. Por lo qual, en esto, que no parecía aver medio, el saber no comprehensible de Dios lo [433] halló, y dio salida a lo que por todas partes estava con difficultades cerrado. Y el medio y la salida fue, no criar otro nuevo linaje de hombres, sino dar orden [434] cómo aquellos mismos ya criados y por orden de descendencia nascidos, nasciessen de nuevo otra vez, para que ellos mismos y unos mismos, según

[431] 'le dio resultado', 'tuvo éxito'
[432] *A y B: alguno entre ellas que*
[433] *A: le*
[434] 'hallar medio o salida'

268

el primer nascimiento muriessen, y viviessen según el segundo, y en lo uno executasse Dios la pena ordenada, y la gracia y grandeza prometida cumpliesse Dios en lo otro; y assí, quedasse en todo verdadero y glorioso.

Mas ¡qué bien, aunque brevemente, Sant León papa dice aquesto que he dicho! *Porque se alabava, dize, el demonio que el hombre, por su engaño induzido al peccado, avía ya de carecer de los dones del cielo, y que, desnudado del don de la immortalidad, quedava subiecto a dura sentencia de muerte, y porque dezía que avía hallado consuelo de sus caýdas y males con la compañía del nuevo peccador, y que Dios también, pidiéndolo assí la razón de su severidad y justicia para con el hombre, al qual crió para honra tan grande, avía mudado su antiguo y primer parecer, pues por esto fue necessario que usasse Dios de nueva y secreta forma de consejo, para que Dios, que es immudable, y cuya voluntad no puede ser impedida en los largos bienes que hazer determina, cumpliesse con mysterio más secreto el primer decreto y ordenación de su clemencia, y para que el hombre, por aver sido induzido a culpa por el engaño y astucia de la maldad infernal, no peresciesse contra lo que Dios tenía ordenado* [435].

Esta, pues, es la necessidad que tiene el hombre de nascer segunda vez. A lo qual se sigue saber qué es o qué fuerça tiene, y en qué consiste, este nuevo y segundo nascimiento. Para lo qual presupongo que quando nascemos, juntamente con la sustancia de nuestra alma y cuerpo con que nascemos, nasce también en nosotros un spíritu y una infectión infernal que se estiende y derrama por todas las partes del hombre, y se enseñorea de todas, y las daña y destruye. Porque en el entendimiento es tinieblas, y en la memoria olvido, y en la voluntad culpa y desorden de las leyes de Dios, y en los appetitos fuego y desenfrenamiento, y en los sentidos engaño, y en las obras peccado y maldad, y en todo el cuerpo desatamiento y flaqueza y penalidad y, finalmente, muerte y corrupción. Todo lo qual Sant Pablo suele comprehender con un

---

[435] *In Nativitate Domini, Serm., II,* cap. I.

solo nombre, y lo llama *peccado y cuerpo de pecado* [436], y Sanctiago dize que *la rueda de nuestro nascimiento,* esto es, el principio dél o la sustancia con que nascemos, *está encendida con fuego del infierno* [437]. De manera que en la substancia de nuestra alma y cuerpo nasce, quando ella nasce, impressa y apegada esta mala fuerça, que con muchos nombres apenas puede ser bien declarada, la qual se apodera della assí, que no solamente la inficiona y contamina y haze casi otra, sino también la mueve y enciende y lleva por donde quiere, como si fuesse alguna otra substancia o spíritu, assentado y enxerido [438] en el nuestro y poderoso sobre él.

Y si quiere saber alguno la causa por que nascemos ansí, para entenderlo hase de advertir, lo primero, que la substancia de la naturaleza del hombre, ella de sí y de su primer nascimiento es substancia imperfecta y, como si dixéssemos, començada a hazer, pero tal, que tiene libertad y voluntad para poder acabarse y figurarse [439] del todo en la forma, o mala o buena, que más le plug[u]iere [440], porque de suyo no tiene ninguna y es capaz para todas, y maravillosamente fácil y como de cera para cada una dellas. Lo segundo, hase también de advertir que esto que le falta y puede adquirir el hombre, que es como cumplimiento y fin de la obra, aunque no le da, quando lo tiene, el ser y el bivir y el moverse, pero dale el ser bueno o ser malo, y dale determinadamente su bien y figura propria, y es como el spíritu y la forma de la misma ánima, y la que la lleva y determina a la qualidad de sus obras, y lo que se estiende y trasluze por todas ellas para que obre como bive, y para que sea lo que haze conforme al spíritu que la qualifica y la mueve a hazer.

Pues acontesciónos assí, que Dios, quando formó al primer [441] hombre y formó en él a todos los que nascemos dél como en su simiente primera, porque le formó con

---

[436] *Rom.,* VI, 6.
[437] *Sant.,* III, 6.
[438] 'injertado'
[439] 'plasmarse', 'tomar figura'
[440] *plugiere,* en el original
[441] A: *primero*

sus manos solas, y de las manos de Dios nunca sale cosa menos acabada o perfecta, sobrepuso luego a la substancia natural del hombre los dones de su gracia, y figuróslo [442] particularmente con su sobrenatural imagen y spíritu, y sacólo [443], como si dixéssemos, de un golpe y de una vez acabado del todo y divinamente acabado. Porque al que, según su facilidad natural, se podía figurar, en condiciones y mañas, o como bruto o como demonio o como ángel, figuróle él como Dios, y puso en él una imagen suya sobrenatural y muy cercana a su semejança, para que assí él como los que estávamos en él, nasciendo después, la tuviéssemos siempre por nuestra, si el primero padre no la perdiesse. Mas perdióla presto porque traspassó la ley de Dios, y assí fue despojado luego de aquesta perfectión de Dios que tenía; y despojado della, no fue su suerte tal que quedasse desnudo, sino, como dizen del trueco de Glauco y Diomedes [444], trocando desigualmente las armas, juntamente fue desnudado y vestido: desnudado del spíritu y figura sobrenatural de Dios, y vestido de la culpa y de su miseria, y del traje y figura y spíritu del demonio cuyo induzimiento siguió. Porque assí como perdió lo que tenía de Dios porque se apartó dél, assí, porque siguió y obedesció a la boz del demonio, concibió luego en sí su spíritu y sus mañas, permitiendo por esta razón Dios iustíssimamente que, debaxo de aquel manjar visible, por vía y fuerça secreta, pusiesse en él el demonio una imagen suya, esto es, una fuerça malvada muy semejante a él.

La qual fuerça, unas vezes llamamos ponçoña, porque

---

[442] *A: figuróle*

[443] *A: sacóle*

[444] Glauco, hijo de Hipóloco y nieto de Belerofonte —a quienes, según tradición, se remontaba la dinastía de Licia— luchaba en la guerra de Troya en el bando de los sitiados. En un choque con Diomedes, ambos advierten que sus familias están unidas por viejos lazos, pues Belerofonte había sido hospedado en su palacio por el abuelo de Diomedes, Eneo, quien recibió de su visitante una copa de oro, a lo que correspondió con la entrega de un tahalí. Ahora, sus descendientes repiten el trueque: Diomedes regala a Glauco sus armas, que eran de bronce, obteniendo a cambio las de éste, forjadas en oro. Luego, cada uno vuelve a su puesto

se presentó el demonio en figura de sierpe [445]; otras ardor y fuego, porque nos enciende y abrasa con no creýbles ardores; y otras peccado, porque consiste toda ella en desorden y desconcierto, y siempre inclina a desorden. Y tiene otros mil nombres, y son pocos todos para dezir lo malo que ella es; y el mejor es llamarla un otro demonio, porque tiene y encierra en sí las condiciones todas del demonio: sobervia, arrogancia, embidia, desacato de Dios, afficción a bienes sensibles, amor de deleytes y de mentira, y de enojo y engaño, y de todo lo que es vanidad.

El qual mal spíritu, assí como succedió al bueno que el hombre tenía antes, assí, en la forma del daño que hizo, imitó al bien y al provecho que hazía el primero. Y como aquel perficionava al hombre, no sólo en la persona de Adam sino también en la de todos los que estávamos en él, y assí como era bien general, que ya en virtud y en derecho lo teníamos todos, y lo tuviéramos [446] cada uno en real possessión en nasciendo, assí, aquesta ponçoña, emponçoña, no a Adam solamente, sino a todos nosotros sus successores; primero a todos en la raýz y semilla de nuestra origen, y después en particular a cada uno quando nascemos, nasciendo juntamente con nosotros y apegada a nosotros.

Y esta es la causa por que nascemos, como dixe al principio, inficionados y peccadores, porque ansí como aquel spíritu bueno, siendo hombres, nos hazía semejantes a Dios, assí aqueste mal y peccado, añadido a nuestra substancia y nasciendo con ella, la figura y haze que nazca, aunque en forma de hombre, pero acondicionada

---

en la batalla. (*Cfr. Ilíada,* II, 876; VI, 119-236; XII, 329 ss.; XVI, 493 ss.; XVII, 140 ss.)

[445] «La biuora —escribe Andrés Laguna— trahe *la ponçoña* encerrada en ciertas vexiguillas subtiles, las quales en el morder rompe con sus colmillejos, en ellas semejãtemente occultados. De suerte que en el mesmo instante que hiere, transfunde por la herida el veneno, del qual nacen terribilissimos accidentes. Acabado de hazer el daño, se tornan poco a poco a henchir aquellas mesmas vexigas, de otra nueua *ponçoña.*» (*Pedacio Dioscórides Anazarbeo,* Salamanca, Mathias Gast, 1566, pág. 607.)

[446] *A: le teníamos todos, y le tuviéramos*

como demonio, y serpentina verdaderamente y, por el mismo caso, culpada y enemiga de Dios, y hija de ira y del demonio, y obligada al infierno. Y tiene aun, demás déstas, otras propriedades esta ponçoña y maldad, las quales yré refiriendo agora porque nos servirán mucho para después.

Y lo primero tiene que, entre aquestas dos cosas que digo, de las quales la una es la substancia del cuerpo y del alma, y la otra esta ponçoña y espíritu malo, ay esta differencia quanto a lo que toca a nuestro propósito: que la substancia del cuerpo y del alma, ella de sí es buena y obra de Dios y, si llegamos la cosa a su principio, la tenemos de sólo Dios, porque el alma él solo la cría, y del cuerpo, quando al principio lo hizo de un poco de barro, él solo fue el hazedor; y ni más ni menos, quando después lo [447] produze de aquel cuerpo primero y, como van los tiempos lo [448] saca a luz en cada uno que nasce, él [449] también es el principal de la obra. Más [450] el otro spíritu, ponçoñoso y sobervio, en ninguna manera es obra de Dios ni se engendra en nosotros con su querer y voluntad, sino es obra toda del demonio y del primer hombre: del demonio, inspirando y persuadiendo; del hombre, voluntaria y culpablemente recibiéndolo en sí. Y assí, esto sólo es lo que la Sancta Escriptura llama en nosotros *viejo hombre y viejo Adam,* porque es propria hechura de Adam, esto es, porque es, no lo que tuvo Adam de Dios, sino lo que él hizo en sí por su culpa y por virtud del demonio. Y llámase *vestidura vieja* porque, sobre la naturaleza que Dios puso en Adam, él se revistió después con esta figura y hizo que nasciéssemos revestidos della nosotros. Y llámase *imagen del hombre terreno* porque aquel hombre que Dios formó de la tierra se transformó en ella por su voluntad, y, qual él se hizo entonces, tales nos engendra después, y le parecemos en ella, o por dezir verdad, en ella somos del todo sus hijos, porque en ella somos hijos solamente de Adam; que en

---

[447] A: *le*
[448] A: *le*
[449] A y B: *en cada uno de nosotros, él*
[450] A y B: *el principal hazedor. Mas*

273

la naturaleza y en los demás bienes naturales con que nascemos somos hijos de Dios, o sola o principalmente, como arriba está dicho. Y sea aquesto lo primero.

Lo segundo, tiene otra propriedad aqueste mal spíritu: que su ponçoña y daño dél nos toca de dos maneras, una en virtud, otra formal y declaradamente. Y porque nos toca virtualmente de la primera manera, por esso nos toca formalmente después. En virtud nos tocó quando nosotros aún no teníamos ser en nosotros, sino en el ser y en la virtud de aquel que fue padre de todos; en effecto y realidad, quando de aquella preñez venimos a esta luz. En el primero tiempo, este mal no se parecía claro sino en Adam solamente, pero entendíase que lançava su ponçoña con dissimulación en todos los que estávamos en él también como dissimulados; mas en el segundo tiempo, descubierta y expressamente nasce con cada uno. Porque si tomássemos agora la pepita de un melocotón o de otro árbol qualquiera, en la qual están originalmente encerrados la raýz del árbol, y el tronco y las hojas y flores y fructos dél, y si imprimiéssemos en la dicha pepita, por virtud de alguna infusión, algún color y sabor estraño, en la pepita misma luego se vee y siente aqueste color y sabor, pero en lo que está encerrado en su virtud della aún no se vee, ansí como ni ello mismo aún no es visto, pero entiéndese que está ya lançado en ello aquel color y sabor, y que le está impresso en la misma manera que aquello todo está en la pepita encerrado; y verse ha abiertamente después en las hojas y flores y fructos que digo, quando del seno de la pepita o grano donde estavan cubiertos, se descubrieren y salieren a luz. Pues assí y por la misma manera passa en aquesto de que vamos hablando.

La tercera propriedad, y que se consigue a lo que agora dezíamos, es que esta fuerça o spíritu que dezimos, nasce al principio en nosotros, no porque nosotros por nuestra propria voluntad y persona la hizimos o merecimos, sino por lo que hizo y meresció otro que nos tenía dentro de sí, como el grano tiene la espiga; y assí, su voluntad fue avida por nuestra voluntad, y queriendo él, como quiso, inficionarse en la forma que avemos dicho, fuymos vistos nosotros querer [451] para nosotros lo mismo. Pero dado que al principio esta maldad o espíritu de maldad nasce en nosotros sin merescimiento nuestro proprio, mas después, queriendo [452] nosotros seguir sus ardores y dexándonos llevar de su fuerça, cresce y se establesce y confirma más en nosotros por nuestros desmerescimientos. Y assí, nasciendo malos y siguiendo el spíritu malo con que nascemos, merecemos ser peores y de hecho lo somos.

Pues sea [453] lo quarto y postrero, que esta mala ponçoña y simiente, que tantas vezes ya digo que nasce con la substancia de nuestra naturaleza y se estiende por ella, quanto es de su parte la destruye y trae a perdición, y la lleva por sus passos contados a la summa miseria; y quanto cresce y se fortifica en ella, tanto más la enflaquesce y desmaya y, si devemos usar desta palabra aquí, la *annihila* [454]. Porque aunque es verdad, como avemos ya dicho, que la naturaleza nuestra es de cera para hazer en ella lo que quisiéremos, pero, como es hechura de Dios y, por el mismo caso, buena hechura, la mala condición y mal ingenio y mal espíritu que le ponemos, aunque le recibe por su facilidad y capacidad, pero recibe daño con él, por ser, como obra de buen maestro, buena ella de suyo e inclinada a lo que es mejor. Y como la carcoma haze en el madero, que nasciendo en él, lo [455] consume, assí esta maldad o mal espíritu, aunque se haga a él y se envista [456] dél nuestra naturaleza, la consume casi del todo. Porque assentado en ella y como royendo en ella continuamente, pone desorden y desconcierto en todas las partes del hombre, porque pone en alboroto todo nuestro reyno y lo divide entre sí, y desata las ligaduras con que esta compostura nuestra de cuerpo y de alma se ata y se trava [457]; y assí, haze que ni el cuerpo esté subjecto al alma ni el alma a Dios; que es camino cierto y breve para traer, assí el cuerpo como el alma, a

---

[451] 'se consideró que nosotros queríamos'
[452] A: *quiriendo*
[453] A: *Sea*; B: *Y assí*
[454] 'la aniquila'
[455] A: *le*
[456] 'se revista', 'se cubra'
[457] A: *está atada y travada*

275

la muerte. Porque como el cuerpo tiene del alma su vida toda, vive más quanto le está más subjecto y, por el contrario, se va apartando de la vida como va saliéndose de su subjectión y obedientia; y assí, aqueste dañado furor, que tiene por officio sacarle della, en sacándole, que es desde el primer punto que se junta a él y que nasce con él, le haze passible y subjecto a enfermedades y males; y assí como va cresciendo en él, le enflaquece más y debilita, hasta que al fin le desata y aparta del todo del alma, y le torna en polvo, para que quede para siempre hecho polvo, quanto es de su parte.

Y lo que haze en el cuerpo, esso mismo haze en el alma; que como el cuerpo bive della, assí ella bive de Dios, del qual este espíritu malo la aparta y va cada día apartándola más, quanto más va cresciendo; y ya que no puede gastarla toda ni bolverla en nada, porque es de metal que no se corrompe, gástala hasta no dexarle más vida de la que es menester para que se conozca por muerta, que es la muerte que la Escriptura sancta llama segunda muerte, y la muerte mayor o la que es sola verdadera muerte, como se pudiera mostrar agora aquí con razones que lo ponen delante los ojos, pero no se ha de dezir todo en cada lugar. Mas lo proprio deste que tratamos agora, y lo que dezir nos conviene, es lo que dize Sanctiago, el qual, como en una palabra, esto todo que he dicho lo comprehende diziendo: *El peccado, quando llega a su colmo, engendra muerte* [458]. Y es digno de considerar que quando amenazó Dios al hombre con miedos para que no diesse entrada en su coraçón a aqueste peccado, la pena que le denunció fue esso mismo que él haze y el fructo que nasce dél según la fuerça y la efficacia de su qualidad, que es una perfecta y acabada muerte; como no queriendo [459] él por sí poner en el hombre las manos ni ordenar contra él extraordinarios castigos, sino dexarle al açote de su proprio querer, para que fuesse verdugo suyo esso mismo que avía escogido.

Mas dexando esto aquí y tornando a lo que al prin-

[458] *Sant.,* I, 15.
[459] *A: quiriendo*

cipio propuse, que es dezir aquello en que consiste aqueste postrer nascimiento, digo que consiste, no en que nazca en nosotros otra substancia de cuerpo y de alma, porque esso no fuera nascer otra vez sino nascer otros, con lo qual, como está dicho, no se conseguía el fin pretendido, sino consiste en que esta nuestra substancia nazca sin aquel mal espíritu y fuerça primera, y nazca con otro espíritu y fuerça contraria y differente della. La qual fuerça y espíritu en que, según dezimos, consiste el segundo nascer, es llamado *hombre nuevo* y *Adam nuevo* en la Sancta Escriptura, assí como el otro su contrario y primero se llama *hombre viejo,* como avemos ya dicho [460].

Y assí como aquél se estendía por todo el cuerpo y por toda el alma del hombre, assí el bueno también se estiende por todo; y como lo desordenava aquél, lo ordena este; y lo sanctifica y trae últimamente a vida gloriosa y sin fin, assí como aquél lo condenava a muerte miserable y eterna. Y es, por contraria manera del otro, luz en el ánimo, y acuerdo de Dios en la memoria, y justicia en la voluntad, y templança en los desseos, y en los sentidos guía, y en las manos y en las obras provechoso mérito y fructo, y finalmente, vida y paz general de todo el hombre, e imagen verdadera de Dios, y que haze a los hombres sus hijos. Del qual espíritu, y de los buenos effectos que haze, y de toda su efficacia y virtud, los sagrados escriptores, tratando dél debaxo de diversos nombres, dizen mucho en muchos lugares; pero baste por todos Sant Pablo en lo que, escriviendo a los gálatas, dize desta manera: *El fructo del Spíritu Sancto son charidad, gozo, paz, largueza de ánimo, bondad, fe, mansedumbre y templança* [461]. Y él mismo, en el capítulo tercero a los colossenses: *Despojándoos del hombre viejo, vestíos el nuevo, el renovado para conoscimiento, según la imagen del que le crió* [462]. Aquesto, pues, es nascer los hombres segunda vez, conviene a saber, vestirse de aqueste es-

[460] *A* y *B: se llama, como avemos ya dicho,* hombre viejo.
[461] *Gál.,* V, 21-22.
[462] *Col.,* III, 9-10.

píritu y nascer, no con otro ser y substancia, sino qualificarse y acondicionarse de otra manera, y nascer con otro aliento differente. Y aunque prometí solamente dezir qué nascimiento era éste, en lo que he dicho he declarado, no sólo lo que es el nascer, sino también quál es lo que nasce y las condiciones del espíritu que en nosotros nasce, assí la primera vez como la segunda.

Resta agora que, passando adelante, digamos qué hizo Dios, y la forma que tuvo, para que nasciéssemos de aquesta segunda manera, con lo qual, si lo llegamos al cabo, quedará casi acabado todo lo que a esta declaración pertenesce.

Callóse Marcello, luego que dixo esto, y començávase a apercebir para tornar a dezir; mas Iuliano, que desde el principio le avía oýdo attentíssimo y, por algunas vezes, con significaciones y meneos avía dado muestras de maravillarse, tomando la mano[463], dixo:

—Estas cosas, Marcello, que agora dezís, no las sacáys de vos, ni menos soys el primero que las traéys a luz, porque todas ellas están como sembradas y esparzidas, assí en los libros divinos como en los doctores sagrados, unas en unos lugares y otras en otros, pero soys el primero de los que he visto y oýdo yo que, juntando cada una cosa con su ygual cuya es, y como pareándolas entre sí y poniéndolas en sus lugares, y travándolas todas y dándoles orden, avéys hecho como un cuerpo y como un texido de todas ellas. Y aunque es verdad que cada una destas cosas por sí, quando en los libros donde están las leemos, nos alumbran y enseñan, pero no sé en qué manera, juntas y ordenadas como vos agora las avéys ordenado, hinchen el alma juntamente de luz y de admiración, y parece que le abren como una nueva puerta de conoscimiento[464]. No

---

463 'tomando la vez', 'empezando a hablar'
464 Como observa E. Orozco Díaz, comentando estas palabras, «ésa es la originalidad que busca [Fray Luis] y de la que, conscientemente, se enorgullece...; el saber armonizar, ordenar y dar unidad a lo que en la Biblia y en los Padres de la Iglesia aparecía como *esparcido*. Sabe que no es nuevo lo que dice, pero se siente el primero que ha sabido unir y armonizar todo, como en un nuevo tejido que viene a dar luz y abrir el entendimiento como

sé lo que sentirán los demás; de mí os affirmo que, mirando aqueste bulto de cosas, y este concierto tan travado del consejo divino que vays agora diziendo, y aún no avéys dicho del todo, pero aquesto sólo que hasta aquí avéys platicado, mirándolo, me haze ya ver, a lo que me parece, en las letras sagradas muchas cosas, no digo que no las sabía, sino que no las advertía antes de agora y que passava fácilmente por ellas. Y aun se me figura también —no sé si me engaño— que este solo mysterio, assí todo junto, bien entendido, él por sí solo basta a dar luz en muchos de los errores que hazen en este miserable tiempo guerra a la Iglesia, y basta a desterrar sus tinieblas dellos. Porque en esto sólo que avéys dicho, y sin ahondar más en ello, ya se me offrece a mí, y como se me viene a los ojos, ver cómo este nuevo espíritu en que el segundo y nuevo nascimiento nuestro consiste, es cosa metida en nuestra alma, que la transforma y renueva, assí como su contrario de aqueste, que haze el nascimiento primero, bivía también en ella y la inficionava; y que no es cosa de imaginación ni de respecto exterior, como dizen los que desatinan agora [465], porque si fuera assí no hiziera nascimiento nuevo, pues en realidad de verdad no ponía cosa alguna nueva en nuestra substancia, antes la dexava en su primera vejez. Y veo también que este espíritu y criatura nueva es cosa que recibe crescimiento, como todo lo demás que nasce, y veo que cresce por la gracia de Dios y por la industria y buenos méritos de nuestras obras que nascen de ella, como al revés su contrario, biviendo nosotros en él y conforme a él, se haze cada día mayor y cobra mayores fuerças, quanto son nuestros desmerecimientos mayores. Y veo

---

una nueva puerta de conocimiento». (*Grandes poetas renacentistas,* Madrid, La Muralla, 1973, pág. 34.)

[465] Alusión clara a las doctrinas luteranas sobre la justificación, como lo confirma explícitamente la respuesta de Marcelo unos renglones más abajo: «Sin duda es assí, respondió entonces Marcello, que aquesta nueva generación, y el consejo de Dios acerca della, si se ordena todo junto, y se declara y entiende bien, destruye las principales fuentes del error luterano, y haze su falsedad manifiesta.»

también que, obrando, cresce este spíritu, quiero dezir, que las obras que hazemos movidos dél merecen su crescimiento dél, y son como su cevo y proprio alimento, assí como nuestros nuevos peccados cevan y acrescientan a esse mismo espíritu malo y dañado que a ellos nos mueve.

—Sin duda es assí —respondió entonces Marcello— que aquesta nueva generación y el consejo de Dios acerca della, si se ordena todo junto y se declara y entiende bien, destruye las principales fuentes del error lutherano y haze su falsedad manifiesta. Y entendido bien esto de una vez, quedan claras y entendidas muchas Escripturas [466] que parecen rebueltas y obscuras. Y si tuviesse yo lo que para esto es necessario de ingenio y de letras [467], y si me concediesse el Señor el ocio y el favor que yo le supplico, por ventura emprendería servir en este argumento a la Iglesia declarando este mysterio, y applicándolo a lo que agora entre nosotros y los hereges se altera y, con el rayo de aquesta luz, sacando de questión [468] la verdad, que a mi juyzio sería obra muy provechosa. Y assí como puedo, no me despido de poner en ella mi estudio a su tiempo [469].

—¿Quándo no es tiempo para un negocio semejante? —respondió Iuliano.

—Todo es buen tiempo —respondió Marcello—, mas no está todo en mi poder ni soy mío en todos los tiempos. Porque ya veys quántas son mis occupaciones, y la flaqueza grande de mi salud [470].

---

[466] 'muchos pasajes de la Escritura'

[467] La crítica en general considera autobiográfico este pasaje dialogado, hasta la reanudación del razonamiento por parte de Marcelo, cuando prosigue: *Avemos dicho cómo los hombres...*

[468] 'poniendo a salvo de polémicas'

[469] Nunca, que sepamos, llegó a escribir Fray Luis la obra aquí propuesta, privándonos así de una muestra sistemática de su faceta de polemista religioso, aunque quedan en sus obras ejemplos esporádicos de la misma.

[470] «Todo este intermedio autobiográfico —observa Onís— demuestra que Fray Luis de León, no sólo no quiso ocultar su personalidad, sino que se sirvió del personaje Marcelo para justificarse y defenderse.» *(Nombres,* t. I, ed. cit., pág. 215, n. 7). Por otra parte, después del proceso, su salud quedó definitiva y gravemente

—Como si en medio de aquessas occupaciones y poca salud —dixo, ayudando a Iuliano, Sabino—, no supiéssemos que tenéys tiempo para otras escripturas que no son menos trabajosas que essas, y son de mucho menos utilidad.

—Essas son cosas —respondió Marcello— que, dado que son muchas en número, pero son breves cada una por sí [471], mas esta es larga escriptura y muy travada, y de grandíssima gravedad, y que, començada una vez, no se podía, hasta llegarla al fin, dexar de la mano. Lo que yo desseava era el fin destos pleytos y pretendencias de escuelas, con algún mediano y reposado assiento. Y si al Señor le agradare servirse en esto de mí, su piedad lo dará.

—Él lo dará —respondieron como a una Iuliano y Sabino—, pero esto se deve anteponer a todo lo demás.

—Que se anteponga —dixo Marcello— en buen [472] hora, mas esso será después; agora tornemos a proseguir lo que está començado.

Y callando con esto los dos, y mostrándose atentos, Marcello tornó a començar assí:

—Avemos dicho cómo los hombres nascemos segunda vez, y la razón y necessidad por que nascemos assí, y aquello en que este nascimiento consiste. Quédanos por dezir la forma que tuvo y tiene Dios para hazerle, que es dezir lo que ha hecho para que seamos los hombres engendrados segunda vez. Lo qual es breve y largo juntamente: breve, porque con dezir solamente que hizo un otro hombre, que es Christo hombre, para que nos engendrasse segunda vez, assí como el primero hombre nos engendró la primera, queda dicho todo lo que es ello en sí, mas es largo porque, para que esto mismo se entienda bien y se conozca, es menester declarar lo que puso Dios en Christo para que con ver-

resentida, pues, como observa, con estremecedora penetración, Nicolás Antonio, *figuntur quippe altissime in magnis et purgatis mentibus quaequae pungunt existimationem tela* (*Bibliotheca Hispana Nova*, t. II, Matriti, MDCCLXXXVIII, pág. 46 a).

[471] Se refiere Marcelo —Fray Luis— a sus cartas, «quodlibetos», memorias, discursos..., y seguramente también a sus poesías.

[472] A: *buena*

dad se diga ser nuestro *padre,* y la forma como él nos engendra. Y assí lo uno como lo otro no se puede declarar brevemente.

Mas viniendo a ello y començando de lo primero, digo que queriendo[473] Dios, y plaziéndole por su bondad infinita, dar nuevo nascimiento a los hombres, ya que el primero por culpa dellos era nascimiento perdido, porque de su ingenio es traer a su fin[474] todas las cosas con suavidad y dulçura y por los medios que su razón dellas pide y demanda, queriendo[475] hazer nuevos hijos, hizo convenientemente un nuevo *padre* de quien ellos nasciessen; y hazerle, fue poner en él todo aquello que para ser *padre* universal es necessario y conviene.

Porque lo primero, porque avía de ser *padre* de hombres, ordenó que fuesse hombre; y porque avía de ser *padre* de hombres ya nascidos para que tornassen a renascer, ordenó que fuesse del mismo linaje y metal dellos. Pero porque en esto se offrecía una grande difficultad: que, por una parte, para que renasciesse deste nuevo *padre* nuestra substancia mejorada, convenía que fuesse él del mismo linaje y substancia, y por otra parte, estava dañada e inficionada toda nuestra substancia en el primero padre; y por la misma causa, tomándola dél el segundo *padre,* parecía que la avía de tomar assimismo dañada y, si la tomava assí, no pudiéramos nascer dél segunda vez[476] puros y limpios y en la manera que Dios pretendía que nasciéssemos: assí que, offresciéndose aquesta difficultad, el summo saber de Dios, que en las mayores difficultades resplandece más, halló forma cómo este segundo *padre,* y fuesse hombre del linage de Adam, y no nasciesse[477] con el mal y con el daño con que nascen los que nascemos de Adam.

Y assí, le formó de la misma massa y descendencia

---

[473] *A: quiriendo*
[474] *A: a su fin a*
[475] *A: quiriendo*
[476] *A: tornar a nascer segunda vel dél*
[477] En el original, *nascisse.* La doble «y...y...» es un calco del «et... et...» latino: 'no sólo..., sino también...'

de Adam, pero no como se forman los demás hombres con las manos y obra de Adam, que es todo lo que daña y estraga la obra, sino formóle con las suyas mismas, y por sí solo y por la virtud de su spíritu, en las entrañas puríssimas de la soberana Virgen, descendiente de Adam. Y de su sangre y substancia sanctíssima, dándola ella sin ardor vicioso y con amor de charidad encendido, hizo el segundo Adam y *padre* nuestro universal, de nuestra substancia y ageno del todo de nuestra culpa, y como panal virgen hecho con las manos del cielo de materia pura, o por mejor dezir, de la flor de la pureza misma y de la virginidad. Y esto fue lo primero.

Y demás desto, procediendo [478] Dios en su obra, porque todas las qualidades que se descubren en la flor y en el fructo conviene que estén primero en la semilla, de donde la flor nasce y el fructo, por esso, en éste, que avía de ser la origen desta nueva y sobrenatural descendencia, assentó y colloó abundantíssima, o infinitamente, por hablar más verdad, todo aquello bueno en que avíamos de renascer todos los que nasciéssemos dél: la gracia, la justicia, el spíritu celestial, la charidad, el saber, con todos los demás dones del Spíritu Sancto. Y assentólos, como en principio, con virtud y efficacia para que nasciessen dél en otros y se derivassen en sus descendientes, y fuessen bienes que pudiessen produzir de sí otros bienes. Y porque en el principio no solamente están las qualidades de los que nascen dél, sino también essos mismos que nascen, antes que nazcan en sí, están en su principio como en virtud, por tanto, convino también que, los que nascemos deste divino *padre,* estuviéssemos primero puestos en él como en nuestro principio y como en simiente, por secreta y divina virtud; y Dios lo hizo assí.

Porque se ha de entender que Dios, por una manera de unión spiritual e ineffable, juntó con Christo, en quanto hombre, y como encerró en él, a todos sus miembros; y los mismos que cada uno en su tiempo vienen

---

[478] 'avanzando', 'continuando'

a ser en sí mismos, y a renascer y vivir en justicia, y los mismos que, después de la resurrección de la carne, justos y gloriosos y por todas partes deyficados, differentes en personas, seremos unos en spíritu, assí entre nosotros como con Iesuchristo, o por hablar con más propriedad, seremos todos un Christo, éssos mismos, no en forma real sino en virtud original, estuvimos en él antes que renasciéssemos, por obra y por artificio de Dios, que le plugo ayuntarnos assí [479] secreta y spiritualmente con quien [480] avía de ser nuestro principio, para que con verdad lo fuesse y para que procediéssemos [481] dél, no nasciendo según la substancia de nuestra humana naturaleza, sino renasciendo según la buena vida della con el spíritu de justicia y de gracia. Lo qual, demás de que lo pide la razón de ser *padre,* consíguese [482] necessariamente a lo que antes desto diximos. Porque si puso Dios en Christo spíritu y gracia principal, esto es, en summo y eminente grado, para que de allí se engendrasse el nuevo spíritu y la nueva vida de todos, por el mismo caso nos puso a todos en él según aquesta razón, como en el fuego, que tiene en summo grado el calor —y es por esso la fuente de todo lo que es en alguna manera caliente—, está todo lo que lo puede ser, aun antes que lo sea, como en su fuente y principio.

Mas por sacarlo de toda duda, será bien que lo provemos con el dicho y testimonio del Spíritu Sancto. Sant Pablo, movido por él, en la carta que escrive a los ephesios [483], dize lo que ya ha alegado antes de agora: que Dios en Christo recapituló todas las cosas. Adonde la palabra del texto griego es palabra propria de los contadores [484], y significa lo que hazen [485] quando muchas y differentes partidas las reduzen a una, lo qual

---

[479] Tal es la lectura en *A* y *B:* la tercera edición, sin embargo, lee *a sí*
[480] *A: con él, que*
[481] *procedíssemos,* en el original
[482] 'se sigue', 'se deriva'
[483] *Ef.,* I, 10.
[484] 'contables'
[485] *A: lo que estos hazen*

llamamos en castellano *summar*. Adonde en la summa
están las partidas todas, no como antes estavan ellas en
sí divididas, sino como en summa y virtud. Pues de la
misma manera dize S. Pablo que Dios summó todas las
cosas en Christo, o que Christo es como una summa de
todo, y, por consiguiente, está en él puesto todo, y
ayuntado por Dios spiritual y secretamente, según aquella manera y según aquel ser en que todo puede ser
por él reformado y, como si dixéssemos, reengendrado
otra vez, como el effecto está unido a su causa antes
que salga della, y como el ramo en su raýz y principio.

Pues aquella consequencia que haze el mismo Sant
Pablo diziendo: *Si Christo murió por todos, luego todos
murimos* [486], notoria cosa es que estriba y que tiene fuerça en aquesta unión que dezimos. Porque muriendo él,
por esso murimos, porque estávamos en él todos en la
forma que he dicho. Y aun esto mismo se collige más
claro de lo que a los romanos escrive: *Sabemos,* dize,
*que nuestro viejo hombre fue crucificado juntamente con
él* [487]. Si fue crucificado con él, estava sin dubda en él,
no por lo que tocava a su persona de Christo, la qual fue
siempre libre de todo peccado y vejez, sino porque tenía unidas y juntas consigo mismo nuestras personas por
secreta virtud.

Y por razón desta misma unión y ayuntamiento, se
escrive en otro lugar [488], de Christo, que nuestros peccados todos los subió en sí y los enclavó en el madero.
Y lo que a los ephesios escrive Sant Pablo, que *Dios nos
vivificó en Christo, y nos resuscitó con él juntamente, y
nos hizo sentar juntamente con él en los cielos* [489] aun
antes de la resurrectión y glorificación general, se dize
y escrive con grande verdad por razón de aquesta unidad. Dize Esaías que *puso Dios en Christo las maldades
de todos nosotros,* y que *su cardenal nos dio salud* [490].
Y el mismo Christo, estando padesciendo en la cruz, con

---

[486] II *Cor.*, V, 14.
[487] *Rom.*, VI, 6.
[488] I *Pe.*, II, 24.
[489] *Ef.*, II, 5-6.
[490] *Is.*, LIII, 5-6.

alta y lastimera boz dize: *Dios mío, Dios mío, ¿por qué me desamparaste?; lexos de mi salud las bozes de mis peccados* [491], assí como tanto antes de su passión lo avía prophetizado y cantado David [492]. Pues ¿cómo será aquesto verdad si no es verdad que Christo padecía en persona de todos y, por consiguiente, que estávamos en él ayuntados todos por secreta fuerça, como están en el padre los hijos y los miembros en la cabeça? ¿No dize el Propheta que trae este rey *sobre sus hombros su imperio?* [493] Mas ¿qué imperio?, pregunto. El mismo rey lo declara quando, en la parábola de la oveja perdida [494], dize que para reduzirla la puso sobre sus hombros. De manera que su imperio son los suyos sobre quien él tiene mando, los quales trae sobre sí porque, para reengendrarlos y salvarlos, los ayuntó primero consigo mismo [495]. Sant Augustín, sin duda, dízelo assí escriviendo sobre el psalmo veynte y uno alegado, y dize desta manera: *Y ¿por qué dize esso sino porque nosotros estávamos allí también en él?* [496]

Mas escusados son los argumentos adonde la verdad ella misma se declara a sí misma. Oygamos lo que Christo dize en el sermón de la cena: *En aquel día conoceréys* —y hablava del día en que descendió sobre ellos el Spíritu Sancto—; assí que *en aquel día conoceréys que yo estoy en mi Padre y vosotros en mí* [497]. De manera que hizo Dios a Christo *padre* deste nuevo linaje de hombres, y para hazerle *padre* puso en él todo lo que al ser padre se deve: la naturaleza conforme a los que dél han de nascer, y los bienes todos que han de tener los que en esta manera nascieren, y, sobre todo, a ellos mismos, los que ansí nascerán, encerrados en él y unidos con él como en virtud y en origen [498].

Mas ya que avemos dicho cómo puso Dios en Chris-

[491] *Mt.,* XXVII, 46; *Mc.,* XV, 34.
[492] *Sal.* XXI, 2.
[493] *Is.,* IX, 6.
[494] *Mt.,* XVIII, 12-14; *Lc.,* XV, 3-7.
[495] A: falta desde ¿No dize el Propheta... hasta aquí.
[496] *Enarratio in psalm. XXI,* n. 3; *Epist. CXL,* n. 18.
[497] *Jn.,* XIV, 20.
[498] A: falta el párrafo que va desde De manera... hasta en origen

to todas las partes y virtudes de *padre,* passemos a lo que nos queda por dezir, y avemos prometido dezirlo, que es la manera cómo aqueste *padre* nos engendró. Y declarando la forma desta generación, quedará más averiguado y sabido el mysterio secreto de la unión sobredicha; y declarando cómo nascemos de Christo, quedará claro cómo es verdad que estávamos en él primero. Pero convendrá, para dar principio a aquesta declaración, que bolvamos un poco atrás con la memoria, y que pongamos en ella y delante de los ojos del entendimiento lo que arriba diximos del espíritu malo con que nascemos la primera vez, y de cómo se nos comunicava primero en virtud, quando nosotros también teníamos el ser en virtud, y estávamos como encerrados en nuestro principio, y después en expressa realidad quando, saliendo dél y viniendo a esta luz, començamos a ser en nosotros mismos. Porque se ha de entender que este segundo *padre,* como vino a deshazer los males que hizo el primero, por las pisadas que fue dañando[499] el otro, por essas mismas procede él haziéndonos bien. Pues digo ansí que Christo nos reengendró y qualificó primero en sí mismo como en virtud, y según la manera como en él estávamos juntos, y después nos engendra y renueva a cada uno por sí y según el effecto real.

Y digamos de lo primero. Adam puso en nuestra naturaleza y en nosotros, según que en él estávamos, el espíritu del peccado y la desorden, desordenándose él a sí mismo y abriendo la puerta del coraçón a la ponçoña de la serpiente, y aposentándola en sí y en nosotros, y ya desde aquel tiempo, quanto fue de su parte dél, començamos a ser, en la forma que entonces éramos, inficionados y malos. Christo, nuestro bienaventurado *padre,* dio principio a nuestra vida y justicia haziendo en sí primero lo que en nosotros avía de nascer y parecer después, y como quien pone en el grano la calidad con que dessea que la espiga nazca, assí, teniéndonos a todos juntos en sí en la forma que ave-

---

499 *A: dañado*

mos ya dicho, con lo que hizo en sí, quanto fue de su parte, nos començó a hazer y a calificar en origen tales quales nos avía de engendrar después en realidad y en effecto.

Y porque este nascimiento y origen nuestra no era primer [500] origen, sino nascimiento después de otro nascimiento, y de nascimiento perdido y dañado, fue necessario hazer, no sólo lo que convenía para darnos buen espíritu y buena vida, sino padecer también lo que era menester para quitarnos el mal espíritu con que avíamos venido a la vida primera. Y como dizen del maestro que toma para discípulo al que está ya mal enseñado, que tiene dos trabajos, uno en desarraygar lo malo y otro en plantar lo bueno, assí Christo, nuestro bien y señor, hizo dos cosas en sí para que, hechas en sí, se hiziessen en nosotros los que estamos en él, una para destruyr nuestro espíritu malo y otra para criar nuestro espíritu bueno. Para matar el peccado, y para destruyr el mal y la desorden de nuestra origen primera, murió él, en persona de todos nosotros, y, quanto es de su parte, en él recebimos todos muerte, ansí como estávamos todos en él, y quedamos muertos en nuestro *padre* y cabeça, y muertos para nunca vivir más en aquella manera de ser y de vida. Porque, según aquella manera de vida passible, y que tenía imagen y representación de peccado, nunca tornó Christo nuestro *padre* y cabeça a vivir, como el Apóstol lo dize: *Si murió por el peccado, ya murió de una vez; si bive, bive ya a Dios* [501].

Y de [502] aquesta primera muerte del peccado y del viejo hombre, que se celebró en la muerte de Christo, como general y como original para los demás, nasce la fuerça de aquello que dize y arguye S. Pablo quando, escriviendo a los romanos, les amonesta que no pequen y les estraña [503] mucho el peccar, porque dize: *Pues ¿qué diremos? ¿Convendrá perseverar en el peccar para que*

[500] *A: primera*
[501] *Rom.*, VI, 10.
[502] *A y B: De*
[503] 'les afea', 'les reprende'

se *acresciente la gracia? En ninguna manera. Porque los que morimos al peccado, ¿cómo se compadesce que vivamos en él todavía?* [504] Y después de algunas palabras, declarándose más: *Porque avéys de saber esto: que nuestro hombre viejo fue juntamente crucificado para que sea destruydo el cuerpo del peccado y para que no sirvamos más al peccado* [505], que es como dezirles que, quando Christo murió a la vida passible y que tiene figura de peccadora, murieron ellos en él para todo lo que es essa manera de vida, por lo qual que, pues murieron allí a ella por aver muerto Christo, y Christo no tornó después a semejante vivir, si ellos están en él, y si lo que passó en él esso mismo se hizo en ellos, no se compadece en ninguna manera que ellos quieran tornar a ser lo que, según que estuvieron en Christo, dexaron de ser para siempre.

Y a esto mismo pertenece y mira lo que dize en otro lugar: *Assí que, hermanos, vosotros ya estáys muertos a la ley por medio del cuerpo de Christo* [506]. Y poco después: *Lo que la ley no podía hazer, y en lo que se mostrava flaca por razón de la carne, Dios, embiando a su Hijo en semejança de carne de peccado, del peccado condenó el peccado en la carne.* Porque como avemos ya dicho y conviene que muchas vezes se diga, para que, repitiéndose, se entienda mejor, procedió Christo a esta muerte y sacrificio acceptíssimo que hizo de sí, no como una persona particular, sino como en persona de todo el linaje humano y de toda la vejez dél, y señaladamente de todos aquellos a quien de hecho avía de tocar el nascimiento segundo, los quales, por secreta unión del espíritu, avía puesto en sí y como sobre sus hombros, y assí, lo que hizo entonces en sí, quanto es de su parte quedó hecho en todos nosotros.

Y que Christo aya subido a la cruz como persona pública y en la manera que digo, aunque está ya provado, pruévase más con lo que Christo hizo y nos quiso dar a entender en el sacramento de su cuerpo, que

[504] *Rom.,* VI, 1-2.
[505] *Rom.,* VI, 6.
[506] *Rom.,* VII, 4.

debaxo de las especies de pan y vino consagró, ya vezino a la muerte. Porque tomando el pan y dándolo a sus discípulos, les dixo desta manera: *Este es mi cuerpo, el que será entregado por vosotros* [507], dando claramente a entender que su cuerpo verdadero estava debaxo de aquellas especies, y que estava en la forma que se avía de offrecer en la cruz, y que las mismas especies de pan y vino declaravan y eran como imagen de la forma en que se avía de offrecer. Y que [508] assí como el pan es un cuerpo compuesto de muchos cuerpos, esto es, de muchos granos, que, perdiendo su primera forma, por la virtud del agua y del fuego hazen un pan, assí nuestro pan de vida, aviendo ayuntado a sí por secreta fuerça de amor y de espíritu la naturaleza nuestra, y aviendo hecho como un cuerpo de sí y de todos nosotros, de sí en realidad de verdad y de los demás en virtud, no como una persona sola, sino como un principio que las contenía todas, se ponía en la cruz [509]. Y que como yva a la cruz abraçado con todos, assí se encerrava en aquellas especies, para que ellas con su razón, aunque ponían velo a los ojos, alumbrassen nuestro coraçón de contino y nos dixessen que contenían a Christo debaxo de sí, y que lo contenían, no de qualquiera manera, sino de aquella como se puso en la cruz, llevándonos a nosotros en sí, y hecho con nosotros, por espiritual unión, uno mismo, assí

---

[507] *Mt.*, XXVI, 26.

[508] *A: Porque*

[509] La imagen, que tiene una larga tradición patrística, había sido expuesta no hacía mucho por el *Catecismo* tridentino: «Estando compuesto el cuerpo de la Iglesia de muchos miembros, en cosa ninguna sobresale más esta divina unión que en los elementos de pan y vino. Porque el pan se compone de muchos granos de trigo y el vino de muchos de uva. Pues así manifiestan que aunque nosotros seamos muchos, nos juntamos estrechísimamente y venimos a ser como un cuerpo mediante el lazo de este divino misterio.» (Ed. cit., pág. 230 *b*.) Y antes, citando a San Juan Damasceno, había dicho: «Este Sacramento nos junta con Cristo y nos hace participantes de su carne y divinidad, y a nosotros mismos nos une en el mismo Cristo y nos enlaza, y hace como un cuerpo. (Lib. IV, *De Fide orthodox.*, cap. XIV).» (*Ibid.*, págs. 221 *b*-222 *a*.)

como el pan, cuyas ellas fueron, era un compuesto hecho de muchos granos [510].

Assí que aquellas unas y mismas palabras dizen juntamente dos cosas: una, «éste, que parece pan, es mi cuerpo, el que será entregado por vosotros»; otra, «como el pan que al parecer está aquí, assí es mi cuerpo, que está aquí y que por vosotros será a la muerte entregado» [511]. Y esto mismo, como en figura, declaró el sancto moço Isaac [512], que caminava al sacrificio, no vazío, sino puesta sobre sus hombros la leña que avía de arder en él, porque cosa sabida es que, en el lenguaje secreto de la Escriptura [513], el leño seco es imagen del peccador. Y ni más ni menos, en los cabrones que el *Levítico* [514] sacrifica por el peccado, que fueron figura clara del sacrificio de Christo, todo el pueblo pone primero sobre las cabeças dellos las manos, porque se entienda que en este otro sacrificio nos llevava a todos en sí nuestro *padre* y *cabeça* [515].

Mas ¿qué digo de los cabrones? Porque si buscamos imágines de aquesta verdad, ninguna es más biva ni más cabal que el summo pontífice de la ley vieja, vestido de pontifical para hazer sacrificio. Porque como Sant Hierónymo dize [516], o por dezir verdad, como el Spíritu Sancto lo declara en el libro de la *Sabiduría* [517], aquel pontifical, assí en la forma dél como en las partes de que se componía y en todas sus colores y qualidades [518], era como una representación de la universidad de las cosas; y el summo sacerdote [519] vestido dél era un mundo universo; y como yva a tratar con Dios por todos, assí los llevava todos sobre sus hombros. Pues de la misma manera Christo, summo y verdadero

---

[510] A: *compuesto de muchos granos.*
[511] A: falta desde *Assí que aquellas*... hasta ... *entregado.*
[512] *Gén.,* XXII, 6.
[513] A: *en el lenguaje de la Escriptura secreto*
[514] *Lev.,* VIII, 14.
[515] A: *nuestro padre y cabeça nos llevará a todos en sí.*
[516] *Epístola ad Fab. de Vest. Sacerd.*
[517] *Sab.,* XVIII, 24.
[518] A: *en sus colores y qualidades todas*
[519] A: *y el sacerdote summo*

sacerdote[520], para cuya imagen servía todo el summo
sacerdocio passado, quando subió al altar de la cruz a
sacrificar por nosotros, fue vestido de nosotros mismos en la forma que dicho es, y, sacrificándose a sí, y a
nosotros en sí, dio fin desta manera a nuestra vieja
maldad.

Avemos dicho lo que hizo Christo para desarraygar
de nosotros nuestro primero espíritu malo; digamos agora lo que hizo en sí para criar en nosotros el hombre
nuevo y el espíritu bueno, esto es, para, después de
muertos a la vida mala, tornarnos a vida buena, y para
dar principio a nuestra segunda generación. Por virtud
de su divinidad y porque, según ley de justicia, no tenía obligación a la muerte por ser su naturaleza humana, de su nascimiento, innocente, no pudo Christo quedar muerto muriendo, y, como dize S. Pedro[521], no fue
possible ser detenido de los dolores de la sepultura; y
ansí resuscitó bivo el día tercero, y resuscitó, no en
carne passible y que tuviesse representación de peccado, y que estuviesse subjecta a trabajos como si tuviera
peccado, que aquello murió en Christo para jamás no bivir, sino en cuerpo incorruptible y glorioso, y como engendrado por solas las manos de Dios.

Porque assí como en el primer nascimiento suyo en
la carne, quando nasció de la Virgen, por ser su padre
Dios, sin obra de hombre, nasció sin peccado, mas por
nascer de madre passible y mortal, nasció él semejantemente hábil a padecer y morir, assemejándose a las fuentes de su nascimiento, a cada una en su cosa, assí en
la resurrectión suya que dezimos agora, la qual la Sagrada Escriptura también llama *nascimiento* o *generación,* como en ella no uvo hombre que fuesse padre
ni madre, sino Dios solo, que la hizo por sí y sin ministerio de alguna otra causa segunda, salió todo, como
de mano de Dios, no sólo puro de todo peccado, sino
también de la imagen dél, esto es, libre de la passibilidad y de la muerte, y juntamente dotado de claridad

[520] A: sacerdote summo y verdadero; B: summo sacerdote y verdadero
[521] Act., II, 24.

y de gloria. Y como aquel cuerpo fue reengendrado solamente por Dios, salió con las calidades y con los semblantes [522] de Dios, quanto le son a un cuerpo possibles. Y assí se precia Dios deste hecho como de hecho solamente suyo; y assí dize en el psalmo: *Yo soy el que oy te engendré* [523].

Pues dezimos agora que, de la manera que dio fin a nuestro viejo hombre muriendo, porque murió él por nosotros y en persona de nosotros —que por secreto mysterio nos contenía en sí mismo como [524] nuestro *padre* y *cabeça*—, por la misma razón, tornando él a bivir, renasció con él nuestra vida. Vida llamo aquí la de justicia y de espíritu, la qual comprehende, no solamente el principio de la justicia, quando el peccador que era comiença a ser justo, sino el crescimiento della también, con todo su processo y perfectión [525], hasta llegar el hombre a la immortalidad del cuerpo y a la entera libertad del peccado. Porque quando Christo resuscitó, por el mismo caso que él resuscitó, se principió todo esto en los que estávamos en él como en nuestro principio. Y assí lo uno como lo otro lo dize breve y significantemente Sant Pablo, diziendo: *Murió por nuestros delictos y resuscitó por nuestra justificación* [526]. Como si más estendidamente dixera: tomónos en sí y murió como peccador para que muriéssemos en él los peccadores, y resuscitó a vida eternamente justa, e immortal y gloriosa, para que resuscitássemos nosotros en él a justicia y a gloria y a immortalidad. Mas ¿por ventura no resuscitamos nosotros con Christo? El mismo [527] apóstol lo diga: *Y nos dio vida,* dize hablando de Dios, *juntamente con Christo, y nos resuscitó con él, y nos assentó sobre las cumbres del cielo* [528]. De manera que lo que hizo Christo en sí y en nosotros, según que estávamos entonces en él, fue aquesto que he dicho.

[522] 'facciones', 'rasgos'
[523] *Sal.* II, 5.
[524] A: *en sí como*
[525] A: *perfición*
[526] *Rom.,* IV, 25.
[527] A: *mesmo*
[528] *Ef.,* II, 5-6.

Pero no por esso se ha de entender que por esto sólo quedamos de hecho y en nosotros mismos ya nuevamente nascidos y otra vez engendrados, muertos al viejo peccado y bivos al espíritu del cielo y de la justicia, sino allí començamos a nascer, para nascer de hecho después. Y fue aquello como el fundamento de aqueste otro edificio. Y para hablar con más propriedad, del fructo noble de justicia y de immortalidad que se descubre en nosotros, y se levanta y cresce y traspassa los cielos, aquellas fueron las simientes y las raýzes primeras. Porque assí como —no embargante que, quando peccó Adam, todos peccamos en él y concebimos espíritu de ponçoña y de muerte—, para que de hecho nos inficione el peccado y para que este mal espíritu se nos infunda, es menester que también nosotros nazcamos de Adam por orden natural de generación, assí, por la misma manera, para que de hecho en nosotros muera el espíritu de la culpa y biva el de la gracia y el de la justicia, no basta aquel fundamento y aquella semilla y origen, ni, con lo que fue hecho en nosotros en la persona de Christo, con esso, sin más hazer ni entender en las nuestras, somos ya en ellas justos y salvos, como dizen los que desatinan agora[529], sino es menester que de hecho nazcamos de Christo, para que por este nascimiento actual se derive a nuestras personas y se assiente en ellas aquello mismo[530] que ya se principió en nuestra origen. Y, aunque usemos de una misma semejança más vezes: como a la espiga, aunque está qual ha de ser en el grano, para que tenga en sí

---

[529] Nueva alusión a las teorías que, sobre la justificación, defendían los luteranos, basándola en la sola imputación de los méritos de Cristo. En la sesión VI —13 de enero de 1547—, el Concilio Tridentino había propuesto la doctrina católica a este respecto en el *Decretum de iustificatione,* condenando, en el canon XI, la teoría luterana que aquí rechaza Fray Luis: *Si quis dixerit, homines iustificari sola imputatione iustitiae Christi..., anathema sit.* Para Félix García «la mayor parte de este *Nombre* parece enderezada a refutar ese error, que negaba, además, el mérito de las buenas obras en orden a la justificación». (*Obras completas castellanas,* t. I, ed. cit., pág. 523, n. 62.)

[530] *A* y *B: se derive y assiente en nuestras personas aquello mismo*

aquello que es, y sus qualidades todas y sus figuras, le conviene que con la virtud del agua y del sol salga del grano naciendo, assimismo también no començaremos a ser en nosotros quales en Christo somos hasta que de hecho nazcamos de Christo.

Mas preguntará por caso alguno: ¿en qué manera nasceremos, o quál será la forma de aquesta generación? ¿Avemos de tornar al vientre de nuestras madres de nuevo, como, maravillado de aquesta nueva doctrina, preguntó Nicodemus [531], o bueltos en tierra o consumidos en fuego, renasceremos, como el ave phénix [532], de nuestras cenizas? Si este nascimiento nuevo fuera nascer en carne y en sangre, bien fuera necessaria alguna destas maneras, mas como es nascer en espíritu, házese con espíritu y con secreta virtud. *Lo que nasce de la carne,* dize Christo en este mismo propósito, *carne es, y lo que nasce del espíritu, espíritu es* [533]. Y assí, lo que es espíritu ha de nascer por orden y fuerça de espíritu. El qual celebra esta generación en esta manera:

Christo, por la virtud de su spíritu, pone en effecto actual en nosotros aquello mismo que començamos a ser en él y que él hizo en sí para nosotros, esto es, pone muerte a nuestra culpa quitándola del alma, y aquel fuego ponçoñoso que la sierpe inspiró en nuestra carne, y que nos solicita a la culpa, amortíguale y pónele freno agora, para después en el último tiempo amatarle del todo; y pone también simiente de vida y, como si dixéssemos, un grano de su espíritu y gracia, que encerrado en nuestra alma, y siendo cultivado como es razón, vaya después cresciendo por sus términos y tomando fuerças y levantándose hasta llegar a la medida, como dize Sant Pablo [534], de varón perfecto. Y poner

---

[531] *Jn.,* III, 4.
[532] Ave fabulosa, originaria de Etiopía, única en su especie —por lo que no puede reproducirse como los demás animales—, que, al sentir que le llega su fin, consumida por el fuego en fragante nido funerario —o en el altar del Sol, en Heliópolis, dentro de un tronco hueco de mirra—, resurge de sus cenizas con más belleza que antes.
[533] *Jn.,* III, 6.
[534] *Ef.,* IV, 13.

Christo en nosotros esto, es nosotros nascer de Christo en realidad y verdad. Mas está en la mano la pregunta y la duda. ¿Pone por aventura Christo en todos los hombres aquesto?, o ¿pónelo en todas las sazones y tiempos?, o ¿en quién y quándo lo pone? Sin duda, no lo pone en todos ni en qualquiera forma y manera, sino sólo en los que nascen dél; y nascen dél los que se baptizan, y en aquel sacramento se celebra y pone en obra aquesta generación. Por manera que, tocando al cuerpo el agua visible, y obrando en lo secreto la virtud de Christo invisible, nasce el nuevo Adam, quedando muerto y sepultado el antiguo. En lo qual, como en todas las cosas, guardó Dios el camino seguido y llano de su providencia.

Porque assí como para que el fuego ponga en un madero su fuego, esto es, para que el madero nazca fuego encendido, se avezina primero al fuego el madero, y con la vezindad se le haze semejante en las qualidades que recibe en sí de sequedad y calor, y cresce en esta semejança hasta llegarla a su punto, y luego el fuego se lança en él y le da su forma, assí, para que Christo ponga e infunda en nosotros, de los thesoros de bienes y vida que athesoró muriendo y resuscitando, la parte que nos conviene, y para que nazcamos Christos, esto es, como sus hijos, ordenó que se hiziesse en nosotros una representación de su muerte y de su nueva vida, y que desta manera, hechos semejantes a él, él, como en sus semejantes, influyesse de sí lo que responde a su muerte y lo que responde a su vida. A su muerte responde el borrar y el morir de la culpa, y a su resurrectión, la vida de gracia. Porque el entrar en el agua y el sumirnos en ella es como, ahogándonos allí, quedar sepultados, como murió Christo y fue en la sepultura puesto, como lo dize Sant Pablo: *En el baptismo soys sepultados y muertos juntamente con él* [535]. Y por consiguiente, y por la misma manera, el salir después del agua es como salir del sepulchro biviendo.

Pues a esta representación responde la verdad junta-

---

[535] *Rom.,* VI, 4.

mente y, assemejándonos a Christo en esta manera, como en materia y subjecto dispuesto, se nos infunde luego el buen espíritu y nasce Christo en nosotros, y la culpa, que como en origen y en general destruyó con su muerte, destrúyela entonces en particular en cada uno de los que mueren en aquella agua sagrada. Y la vida de todos, que resuscitó en general con su vida, pónela también en cada uno y en particular quando, saliendo del agua, parece que resuscitan [536]. Y assí, en aquel hecho juntamente ay representación y verdad: lo que parece por defuera es representación de muerte y de vida, mas lo que passa en secreto es verdadera vida de gracia y verdadera muerte de culpa.

Y si os plaze saber, pudiendo esta representación de muerte ser hecha por otras muchas maneras, por qué entre todas escogió Dios esta del agua, conténtame mucho lo que dize el glorioso mártyr Cypriano [537]. Y es, que la culpa que muere en esta imagen de muerte es culpa que tiene ingenio y condición de ponçoña, como la que nasció de mordedura y de aliento de sierpe; y cosa sabida es que la ponçoña de las sierpes se pierde en el agua, y que las culebras, si entran en ella, dexan [538] su ponçoña primero. Assí que morimos en agua para que muera en ella la ponçoña de nuestra culpa, porque en el agua muere la ponçoña naturalmente [539]. Y esto es quanto a la muerte que allí se celebra; pero quanto a la vida, es de advertir que, aunque la culpa muere [539 bis] del todo, pero la vida que se nos da allí no es del todo perfecta, quiero dezir, que no bive luego en nosotros el hombre nuevo cabal y perfecto, sino bive como la razón del segundo nascimiento lo pide, como niño flaco y tierno. Porque no pone luego Christo en nosotros todo

---

[536] A: *parecen resuscitar, saliendo del agua.*

[537] *Serm. de Baptism.*

[538] A: *se dexan*

[539] Esto explica el uso del agua contra la mordedura de las serpientes; así lo dice Dioscórides, citando a Erasístrato: «Alguno vsó luego del agua dulce y potable», contra «la ponçoña que entra por la herida, y atormenta el cuerpo vniuerso.» (A. Laguna, *Pedacio...*, ed. cit., pág. 598.)

[539 bis] A: *muerte*

el ser de la nueva vida que resuscitó con él, sino pone, como diximos, un grano della y una pequeña semilla de su espíritu y de su gracia [540]; pequeña, pero efficacíssima para que biva y se adelante y lance del alma las reliquias del viejo hombre contrario suyo, y vaya pujando y estendiéndose hasta apoderarse de nosotros del todo, haziéndonos perfectamente dichosos y buenos.

Mas ¡cómo es maravillosa la sabiduría de Dios, y cómo es grande la orden que pone en las cosas que haze, travándolas todas entre sí y templándolas por estraña manera! En la philosophía se suele dezir que, como nasce una cosa, por la misma manera cresce y se adelanta. Pues lo mismo guarda Dios en este nuevo hombre y en este grano de espíritu y de gracia, que es semilla de nuestra segunda y nueva vida. Porque assí como tuvo principio en nuestra alma quando, por la representación del baptismo, nos hizimos semejantes a Christo, assí cresce siempre y se adelanta quando nos assemejamos más a él [541], aunque en differente manera. Porque, para recebir el principio desta vida de gracia, le fuimos semejantes por representación, porque por verdad no podíamos ser sus semejantes antes de recebir esta vida, mas para el acrescentamiento della conviene que le remedemos con verdad en las obras y hechos [542].

Y va, assí en esto como en todo lo demás que arriba diximos, este nuevo hombre y espíritu, respondidamente [543], contraponiéndose a aquel espíritu viejo y perverso. Porque assí como aquel se differenciava de la naturaleza de nuestra substancia en que, siendo ella hechura de Dios, él no tenía nada de Dios, sino era todo hechura del demonio y del hombre, assí este buen espíritu todo es de Dios y de Christo. Y assí como allí hizo el primer padre, obedesciendo al demonio, aquello con lo que él y los que estávamos en él quedamos perdidos,

---

[540] A: *de espíritu y de gracia*

[541] A: *se adelanta por assemejarnos más a él*

[542] El poner el desarrollo de la gracia en el hombre en función de la libertad humana es doctrina que Fray Luis toma de San Agustín y de la teología de su Orden.

[543] 'simétricamente', 'parte por parte'

de la misma manera aquí padesció Christo nuestro *padre* segundo, obedesciendo a Dios, con lo que en él y por él, los que estamos en él, nos avemos cobrado [544]. Y assí como aquel dio fin al bivir que tenía, y principio al morir que meresció por su mala obra, assí este, por su divina paciencia, dio muerte a la muerte [545] y tornó a vida la vida. Y assí como lo que aquel traspassó no lo quisimos de hecho nosotros, pero por estar en él como en padre fuimos vistos quererlo [546], assí lo que padesció y hizo Christo para bien de nosotros sí se hizo y padesció sin nuestro querer, pero no sin lo que en virtud era nuestro querer, por razón de la unión y virtud que está dicha. Y como aquella ponçoña, como arriba diximos, nos tocó e inficionó por dos differentes maneras, una en general y en virtud quando estávamos en Adam todos generalmente encerrados, y otra en particular y en expressa verdad quando començamos a bivir en nosotros mismos siendo engendrados, assí esta virtud y gracia de Christo, como avemos declarado arriba también, nos qualificó primero en general y en común, según fuymos vistos estar en él por ser nuestro *padre,* y después de hecho y en cada uno por sí, quando comiença cada uno a bivir en Christo nasciendo por el baptismo.

Y por la misma manera, assí como al principio, quando nascemos, incurrimos en aquel daño y gran mal, no por nuestro merescimiento proprio, sino por lo que la cabeça que nos contenía hizo en sí mismo, y si salimos del vientre de nuestras madres [547] culpados, no nos forjamos la culpa nosotros antes que saliéssemos dél, assí, quando primeramente nascemos en Christo, aquel espíritu suyo que en nosotros comiença a bivir no es obra ni premio de nuestros merescimientos. Y conforme a esto, y por la misma forma y manera como aquella

[544] 'nos hemos recuperado'
[545] El juego de palabras se toma de la Liturgia, que pone en boca de Cristo esta amenaza: *O mors, ero mors tua; morsus tuus ero, inferne.*
[546] 'se consideró que lo queríamos'
[547] A: *nuestra madre*

ponçoña, aunque nasce al principio en nosotros sin nuestro proprio querer, pero después, queriendo[548] nosotros usar della y obrar conforme a ella, y seguir sus malos siniestros e inclinaciones, la acrescentamos y hazemos peor por nuestras mismas malas mañas y obras, y aunque entró en la casa de nuestra alma sin que por su propria voluntad[549] ninguno de nosotros le abriesse la puerta, después de entrada por nuestra mano, y guiándola nosotros mismos, se lança por toda ella y la tyranniza, y la convierte en sí misma en una cierta manera, assí esta vida nuestra y aqueste espíritu que tenemos de Christo, que se nos da al principio sin nuestro merescimiento, si después de recebido, oyendo su inspiración y no resistiendo a su movimiento, seguimos su fuerça, con esso mismo que obramos siguiéndole, lo[550] acrescentamos y hazemos mayor, y con lo que nasce de nosotros y dél, merecemos que crezca él en nosotros. Y como las obras que nascían del espíritu malo eran malas ellas en sí, y acrescentavan y engrossavan y fortalescían esse mismo espíritu de donde nascían, assí lo que hazemos guiados y alentados con esta vida que tenemos de Christo, ello en sí es bueno y, delante de los ojos de Dios, agradable y hermoso, y merecedor de que por ello suba a mayor grado de bien y de pujança el espíritu de do tuvo origen.

Aquel veneno, assentado en el hombre, y perseverando y cundiendo por él poco a poco, assí le contamina y le corrompe, que le trae a muerte perpetua; esta salud, si dura en nosotros, haziéndose de cada día más poderosa y mayor, nos haze sanos del todo. De arte que, siguiendo nosotros el movimiento del espíritu con que nascemos, el qual, lançado en nuestras almas, las despierta e incita a obrar conforme a quien él es y al origen de donde nasce, que es Christo, assí que, obrando aquello a que este espíritu y gracia nos mueve, somos en realidad de verdad semejantes a Christo, y quanto más assí obráremos, más semejantes. Y assí, haziéndo-

---

[548] A: *quiriendo*
[549] A: *por su voluntad*
[550] A: *le*

nos nosotros vezinos a él, él se avezina a nosotros, y merecemos que se infunda [551] más en nosotros y biva más, añadiendo al primer espíritu más espíritu, y a un grado otro mayor, acrescentando siempre en nuestras almas la semilla de vida que sembró, y haziéndola mayor y más esforçada, y descubriendo su virtud más en nosotros; que [552] obrando conforme al movimiento de Dios, y caminando con largos y bien guiados passos por este camino, merecemos ser más hijos de Dios, y de hecho lo somos. Y los que, quando nascimos en el baptismo, fuymos hechos semejantes a Christo en el ser de gracia antes que en el obrar, essos que, por ser ya justos, obramos como justos [553], essos mismos, haziéndonos semejantes a él en lo que toca al obrar, crescemos merecidamente en la semejança del ser. Y el mismo espíritu que despierta y atiza a las obras, con el mérito dellas cresce y se esfuerça, y va subiendo y haziéndose señor de nosotros, y dándonos más salud y más vida, y no pára hasta que en el tiempo último nos la dé perfecta y gloriosa, aviéndonos levantado del polvo.

Y como uvo dicho esto Marcello, callóse un poco, y luego tornó a dezir:

—Dicho he cómo nascemos de Christo, y la necessidad que tenemos de nascer dél, y el provecho y mysterio deste nascimiento; y de un abysmo de secretos que acerca desta generación y parentesco divino en las sagradas letras se encierra, he dicho lo poco que alcança mi pequeñez, aviendo tenido respecto al tiempo y a la occasión, y a la qualidad de las cosas, que son delicadas y obscuras. Agora, como saliendo de entre estas çarças y espinas a campo más libre, digo que ya se conosce bien quán justamente Esaías da nombre de *padre* a Christo y le dize que es *Padre del Siglo Futuro,* entendiendo por este *siglo* la generación nueva del hombre y los hombres engendrados assí, y los largos y no finibles tiempos en que ha de perseverar aquesta generación. Porque el siglo presente, el qual, en comparación del

---

[551] *A: dél que se infunda*
[552] *A y B: los quales*
[553] *A: por ser ansí, obramos assí*

que llama Esaías venidero, se llama *primero siglo,* que es el bivir de los que nascemos de Adam, començó con Adam y se ha de rematar y cerrar con la vida de sus descendientes postreros, y en particular no durará en ninguno más de lo que él durare en esta vida presente, mas *el siglo segundo,* desde Abel en quien començó, estendiéndose con el tiempo, y quando el tiempo tuviere su fin reforçándose él más, perseverará para siempre.

Y llámase *siglo futuro* —dado que ya es en muchos presente, y quando le nombró el propheta lo era también—, porque començó primero el otro siglo mortal. Y llámase *siglo* también, porque es otro mundo por sí, semejante y differente deste otro mundo viejo y visible, porque de la manera que, quando produxo Dios el *hombre primero,* hizo cielos y tierra y los demás elementos, assí en la creación del *hombre segundo y nuevo,* para que todo fuesse nuevo como él, hizo en la Iglesia sus cielos y su tierra, y vistió a la tierra con [554] fructos y a los cielos con estrellas y luz. Y lo que hizo en aquesto visible, esso mismo ha obrado en lo nuevo invisible, procediendo [555] en ambos por unas mismas pisadas, como lo debuxó, cantando divinamente, David en un psalmo [556], y es dulcíssimo y elegantíssimo psalmo. Adonde, por unas mismas palabras y como con una boz, cuenta, alabando a Dios, la criación y governación de aquestos dos mundos, y, diziendo lo que se vee, significa lo que se absconde, como S. Augustín lo descubre [557], lleno de ingenio y de espíritu.

Dize que estendió los cielos Dios como quien despliega tienda de campo, y que cubrió los sobrados dellos con aguas, y que ordenó las nuves, y que en ellas, como en cavallos, discurre volando sobre las alas del ayre, y que le acompañan los truenos y los relámpagos y el torvellino. Aquí ya vemos cielos y vemos nuves —que son aguas espessadas y assentadas sobre el ayre tendido,

---

[554] *A: de*

[555] *A y B: en esta novedad espiritual, procediendo*

[556] *Sal.* CIII; Fray Luis hace a continuación la exégesis de dicho salmo, cuya traducción cerrará este «nombre» y Libro.

[557] *Enarratio in psalm. CIII.*

que tiene nombre de cielo—; oýmos también el trueno a su tiempo y sentimos el viento que buela y que brama, y el resplandor del relámpago nos hiere los ojos. Allí, esto es, en el nuevo mundo y Iglesia, por la misma manera, los cielos son los apóstoles y los sagrados doctores y los demás sanctos, altos en virtud y que influyen virtud, y su doctrina en ellos son las nuves que, derivada en nosotros, se torna en lluvia; en ella anda Dios y discurre bolando, y con ella viene el soplo de su espíritu y el relámpago de su luz, y el tronido y el estampido con que el sentido de la carne se aturde [558].

Aquí, como dize prosiguiendo el psalmista, fundó Dios la tierra sobre cimientos firmes, adonde permanesce y nunca se mueve; y como primero estuviesse anegada en la mar, mandó Dios que se apartassen las aguas, las quales, obedesciendo a esta boz, se apartaron a su lugar, adonde guardan continuamente su puesto, y, luego que ellas huyeron, la tierra descubrió su figura, humilde en los valles y soberana en los montes. Allí el cuerpo firme y maciço de la Iglesia, que occupó la redondez de la tierra, recibió assiento por mano de Dios en el fundamento no mudable que es Christo, en quien permanecerá con eterna firmeza. En su principio la cubría y como anegava la gentilidad, y aquel mar grande y tempestuoso de tyrannos y de ídolos la tenían quasi [559] sumida, mas sacóla Dios a luz con la palabra de su virtud, y arredró [560] della la amargura y violencia de aquellas olas, y quebrólas todas en la flaqueza de una arena menuda, con lo qual descubrió su forma y su concierto la Iglesia, alta en los obispos y ministros espiri-

---

[558] El recuerdo de la Oda X —«A Felipe Ruiz»— es patente: «¿No ves, cuando acontece / turbarse el aire todo en el verano? / El día se ennegrece, / sopla el gállego insano, / y sube hasta el cielo el polvo vano; // y entre las nubes mueve / su carro Dios, ligero y reluciente; / horrible son conmueve, / relumbra fuego ardiente, / treme la tierra, humíllase la gente; // la lluvia baña el techo, / envían largos ríos los collados...» (*Obras completas castellanas,* ed. F. García, t. II, Madrid, B.A.C., MCMLVII, páginas 764-65.)

[559] *A: casi*

[560] 'apartó', 'separó'

tuales, y en los fieles legos humildes, humilde. Y como dize David, subieron sus montes y parescieron en lo hondo sus valles.

Allí como aquí, conforme a lo que el mismo psalmo prosigue, sacó Dios venas de agua de los cerros de los altos ingenios, que entre dos sierras, sin declinar al estremo, siguen lo ygual de la verdad y lo medio derechamente; en ellas se bañan las aves espirituales, y en los frutales de virtud que florescen dellas y junto a ellas cantan dulcemente assentadas. Y no sólo las aves se bañan aquí, mas también los otros fieles que tienen más de tierra y menos de spíritu, si no se bañan en ellas, a lo menos beven dellas y quebrantan su sed. Él mismo, como en el mundo, assí en la Iglesia, embía lluvias de espirituales bienes del cielo, y caen primero en los montes, y de allí, juntas en arroyos y descendiendo, bañan los campos. Con ellas cresce, para los más rudos assí como para las bestias, su heno, y a los que biven con más razón, de allí les nasce su mantenimiento. El trigo que fortifica, y el olio [561] que alumbra, y el vino que alegra, y todos los dones del ánimo, con esta lluvia florecen. Por ella los yermos desiertos se vistieron de religiosas hayas y cedros, y essos mismos cedros con ella se vistieron de verdor y de fructo, y dieron en sí reposo, y dulce y saludable nido, a los que bolaron a ellos huyendo del mundo. Y no sólo proveyó Dios de nido a aquestos huydos, mas para cada un estado de los demás fieles hizo sus proprias guaridas y, como en la tierra los riscos son para las cabras monteses, y los conejos tienen sus viveras [562] entre las peñas, assí acontesce en la Iglesia.

En ella luze la luna y luze el sol de justicia, y nasce y se pone a vezes, agora en los unos y agora en los otros, y tiene también sus noches de tiempos duros y ásperos, en que la violencia sangrienta de los enemigos fieros halla su sazón [563] para salir y bramar y para executar su fiereza, mas también a las noches succede en

---

[561] 'aceite'
[562] 'parajes donde crían los conejos'
[563] A: su tiempo

ella después el aurora, y amanece después, y encuévase con la luz la malicia, y la razón y la virtud resplandesce.

¡Quán grandes son tus grandezas, Señor! Y como nos admiras con esta orden corporal y visible, mucho más nos pones en admiración con la espiritual e invisible. No falta allí también otro océano, ni es de más cortos braços ni de más angostos senos que es éste que ciñe por todas partes la tierra, cuyas aguas, aunque son fieles, son, no obstante esso, aguas amargas y carnales, y movidas tempestuosamente de sus violentos desseos; cría peces sin número, y la ballena infernal se espacia por él; en él y por él van mil navíos, mil gentes aliviadas del mundo, y como cerradas en la nave de su secreto y sancto propósito. Mas ¡dichosos aquellos que llegan salvos al puerto!

Todos, Señor, biven por tu liberalidad y largueza, mas como en el mundo, assí en la Iglesia abscondes y como encoges, quando te parece, la mano, y el alma, en faltándole tu amor y tu espíritu, buélvese en tierra[564]. Mas si nos dexas caer para que nos conozcamos, para que te alabemos y celebremos después nos renuevas. Assí vas criando y governando y perficionando tu Iglesia hasta llegarla a lo último, quando, consumida toda la liga del viejo metal, la saques toda junta, pura y luziente y verdaderamente nueva del todo. Quando viniere este tiempo —¡ay amable y bienaventurado tiempo, y no tiempo ya, sino eternidad sin mudança!—, assí que quando viniere, la arrogante sobervia de los montes, estremesciéndose, vendrá por el suelo, y desaparecerá hecha humo, obrándolo tu magestad, toda la pujança y deleyte y sabiduría mortal, y sepultarás en los abysmos juntamente con esto a la tyranía, y el reyno de la tierra nueva será de los tuyos. Ellos cantarán entonces de contino tus alabanças, y a ti el ser alabado por esta manera te será cosa agradable. Ellos bivirán en ti y tú bivirás en ellos, dándoles riquíssima y dul-

---

[564] 'a tierra', con sentido de complemento de lugar «a donde»; es calco del sintagma latino *in* + acusativo.

císsima vida. Ellos serán reyes y tú rey de reyes. Serás tú en ellos todas las cosas, y reynarás para siempre.

Y dicho esto, Marcello calló. Y Sabino dixo luego:

—Este psalmo en que, Marcello, avéys acabado, vuestro amigo le puso también en verso, y, por no romperos el hilo, no os lo quise acordar, mas pues me distes este officio y vos le olvidastes, dezirle he yo si os parece.

Entonces Marcello y Iuliano, juntos, respondieron que les parecía muy bien, y que luego le dixesse. Y Sabino, que era mancebo, assí en el alma como en el cuerpo muy compuesto, y de pronunciación agradable, alçando un poco los ojos al cielo y lleno el rostro de espíritu, con templada boz dixo desta manera:

> Alaba ¡o alma! a Dios; Señor, tu alteza,
>   ¿qué lengua ay que la cuente?
> Vestido estás de gloria y de belleza
>   y luz resplandesciente.
> Encima de los cielos desplegados
>   al agua diste assiento.
> Las nuves son tu carro, tus alados
>   cavallos son el viento.
> Son fuego abrasador tus mensajeros,
>   y trueno y torvellino.
> Las tierras sobre assientos duraderos
>   mantienes de contino.
> Los mares las cubrían de primero
>   por cima los collados,
> mas, visto de tu boz el trueno fiero,
>   huyeron espantados.
> Y luego los subidos montes crecen,
>   humíllanse los valles;
> si ya entre sí hinchados se embravecen,
>   no passarán las calles,
> las calles que les diste y los linderos,
>   ni anegarán las tierras.
> Descubres minas de agua en los oteros,
>   y corre entre las sierras.
> El gamo y las salvajes alimañas
>   allí la sed quebrantan;
> las aves nadadoras allí bañas,
>   y por las ramas cantan.

Con lluvia el monte riegas de tus cumbres,
    y das hartura al llano.
Ansí das heno al buey y mil legumbres
    para el servicio humano.
Ansí se espiga el trigo y la vid cresce
    para nuestra alegría;
la verde oliva ansí nos resplandesce,
    y el pan de valentía.
De allí se viste el bosque y la arboleda
    y el cedro soberano,
adonde anida la ave, adonde enreda
    su cámara el milano.
Los riscos a los corços dan guarida,
    al conejo la peña.
Por ti nos mira el sol, y su luzida
    hermana[565] nos enseña
los tiempos. Tú nos das la noche escura,
    en que salen las fieras;
el tigre, que ración, con hambre dura,
    te pide, y bozes fieras;
despiertas el aurora, y de consuno
    se van a sus moradas;
da el hombre a su labor, sin miedo alguno,
    las horas situadas[566].
¡Quán nobles son tus hechos, y quán llenos
    de tu sabiduría!
Pues ¿quién dirá el gran mar, sus anchos senos,
    y quántos peces cría;
las naves que en él corren, la espantable
    vallena que le açota?
Sustento esperan todos saludable
    de ti, que el bien no agota.
Tomamos, si tú das; tu larga mano
    nos dexa satisfechos;
si huyes, desfallece el ser liviano,
    quedamos polvo hechos.
Mas tornará tu soplo y, renovado,
    repararás el mundo.
Será sin fin tu gloria, y tú alabado
    de todos sin segundo.
Tú, que los montes ardes[567] si los tocas

---

[565] 'la luna', por perífrasis.
[566] Es decir, las horas destinadas al trabajo.
[567] En sentido activo, 'haces arder'.

> y al suelo das temblores,
> cien vidas que tuviera y cien mil bocas
> dedico a tus loores.
> Mi boz te agradará, y a mí este officio
> será mi gran contento.
> No se verá en la tierra maleficio
> ni tyranno sangriento.
> Sepultará el olvido su memoria:
> tú, alma, a Dios da gloria.

Como acabó Sabino aquí, dixo Marcello luego:

—No parece justo, después de un semejante fin [568], añadir más. Y pues Sabino ha rematado tan bien nuestra plática, y avemos ya platicado assaz luengamente, y el sol parece que, por oýrnos, levantado sobre nuestras cabeças, nos offende ya, sirvamos a nuestra necessidad agora reposando un poco, y a la tarde, caýda la siesta [569], de nuestro espacio [570], sin que la noche, aunque sobrevenga, lo estorve, diremos lo que nos resta [571].

—Sea assí —dixo Iuliano.

Y Sabino añadió:

—Y yo [572] sería de parecer que se acabasse aqueste sermón en aquel soto y isleta pequeña que el río haze en medio de sí, y que de aquí se parece. Porque yo miro oy al sol con ojos que, si no es aquel, no nos dexará lugar que de provecho sea.

—Bien avéys dicho —respondieron Marcello y Iuliano—, y hágase como dezís.

Y con esto, puesto en pie Marcello, y con él los demás, cessó la plática por entonces.

---

568 *A: fin semejante*

569 'tiempo después del mediodía, en que aprieta más el calor'

570 'tomándonos el tiempo que nos plazca', 'a nuestro aire'

571 Esta frase, reliquia no corregida de la primitiva estructura del libro, sigue indicándonos que el plan originario de Fray Luis era distribuir toda la materia en sólo dos diálogos, que habrían tenido lugar entre la mañana y la tarde de un mismo día: la festividad de San Pedro.

572 *A: Y aun yo*

[LIBRO II]

EL LIBRO SEGUNDO

DE LOS NOMBRES DE CHRISTO

A Don Pedro Portocarrero [1], del Consejo de Su Magestad y del de la Sancta y General Inquisición.

En ninguna cosa se conosce más claramente la miseria humana, muy illustre señor, que en la facilidad con que peccan los hombres y en la muchedumbre de los que peccan, apetesciendo todos el bien naturalmente, y siendo los males del peccado tantos y tan manifiestos. Y si los que antiguamente philosopharon, argumentando por los effectos descubiertos las causas occultas de ellos, hincaran los ojos en esta consideración, ella misma les descubriera [2] que en nuestra naturaleza avía alguna enfermedad y daño encubierto, y entendieran por ella que no estava pura y como salió de las manos del que la hizo, sino dañada y corrompida, o por desastre o por voluntad. Porque si miraran en ello, ¿cómo pudieran creer que la naturaleza, madre y diligente proveedora de todo

---

[1] *Cfr.* nota 1 del Libro I.
[2] *A: les hiziera ver y les descubriera*

311

lo que **toca** al bien[3] de lo que produze, avía de formar al hombre, por una parte, tan mal inclinado, y por otra, tan flaco y desarmado para resistir y vencer a su perversa inclinación?; o ¿cómo les pareciera que se compadescía, o que era possible, que la naturaleza, que guía, como vemos, los animales brutos y las plantas, y hasta las cosas más viles, tan derecha y efficazmente a sus fines, que los alcançan todas o casi todas, criasse a la más principal de sus obras tan inclinada al peccado, que por la mayor parte, no alcançando su fin, viniesse a estrema miseria?[4]

Y si sería notorio desatino entregar las riendas de dos cavallos desbocados y furiosos a un niño flaco y sin arte, para que los governasse por lugares pedregosos y ásperos; y si cometerle a este mismo en tempestad una nave, para que contrastasse los vientos[5], sería error conoscido; por el mismo caso pudieran ver no caber en razón[6] que la providencia sumamente sabia de Dios, en un cuerpo tan indomable y de tan malos siniestros, y en tanta tempestad de olas de viciosos desseos como en nosotros sentimos, pusiesse para su govierno una razón tan flaca y tan desnuda de toda buena doctrina como es la nuestra quando nascemos. Ni pudieran dezir que, en esperança de la doctrina venidera y de las fuerças que con los años podía cobrar la razón, le encomendó Dios[7] aqueste govierno, y la colloçó en medio de sus enemigos, sola contra tantos, y desarmada contra tan poderosos y fieros, porque sabida cosa es que, primero que despierte la razón en nosotros, biven en nosotros y se encienden los

[3] A: *al bien y felicidad de*

[4] A: desde *o que era possible,* el texto de A es así: *que a la más principal de sus obras la criasse la naturaleza tan inclinada al peccado, que, por la mayor parte, no alcançando su fin, viniesse a estrema miseria; la que a los animales brutos y a las plantas, y hasta las cosas más viles, guía como vemos, tan derecha y efficazmente a sus fines, que los alcançan, o todas, o quasi todas;* B: *que la naturaleza, a la más principal de sus obras, la criasse tan inclinada al peccado...* —el resto del párrafo, como en *A.*

[5] A y B: *a este mismo el govierno de una nave, para que, en mar alta y brava, hiziesse camino contrastando a los vientos*

[6] A y B: *pudieran ver que no cabía en razón*

[7] A: *que años después cobraría, encomendó Dios*

[8] B: *cobrar después, encomendó Dios este govierno a la razón*

desseos bestiales de la vida sensible que se apoderan del ánima, y haziéndola a sus mañas, la inclinan mal antes que comience a conoscerse. Y cierto es que, en abriendo la razón los ojos, están como a la puerta, y como aguardando para engañarla, el vulgo ciego y las compañías malas, y el estilo de la vida llena de errores perversos, y el deleyte y la ambición, y el oro y las riquezas que resplandescen, lo qual cada uno por sí es poderoso a escurecer y a vestir de tinieblas a su centella rezién nascida, quanto más todo junto y como conjurado y hecho a una para hazer mal; y assí, de hecho la engañan y, quitándole las riendas de las manos, la subjectan a los desseos del cuerpo y la induzen a que ame y procure lo mismo que la destruye.

Assí que este desconcierto e inclinación para el mal que los hombres generalmente tenemos, él solo por sí, bien considerado [9], nos puede traer en conoscimiento de la corrupción [10] antigua de nuestra naturaleza. En la qual naturaleza, como en el libro passado se dixo, aviendo sido hecho el hombre por Dios enteramente señor de sí mismo, y del todo cabal y perfecto, en pena de que él por su grado sacó su ánima de la obediencia de Dios, los apetitos del cuerpo y sus sentidos se salieron del servicio de la razón, y, rebelando contra ella, la subjectaron, escuresciendo su luz y enflaquesciendo su libertad, y encendiéndola en el desseo de sus bienes dellos, y engendrando en ella apetito de lo que le es ageno y la daña, esto es [11], del desconcierto y peccado.

En lo qual es estrañamente maravilloso que, como en las otras cosas que son tenidas por malas, la experiencia de ellas haga escarmiento para huyr [12] dellas después, y el que cayó en un mal passo rodea otra vez el camino por no tornar a caer en él, en esta desventura que llamamos peccado, el provarla es abrir la puerta para meterse

---

[9] *A y B: considerado bien*

[10] *A: la destruyción y corrupción*

[11] *A y B: y engendrando desseo en ella de lo que es más ageno della, y le es más dañoso, esto es*

[12] *A y B: haga escarmiento en los que las prueven una vez, para huyr*

en ella más, y con el peccado primero se haze escalón para venir al segundo; y quanto el alma en este género de mal se destruye más, tanto parece que gusta más de destruyrse, que es, de los daños que en ella el peccado haze, si no el mayor, sin duda uno de los mayores y más lamentables. Porque por esta causa, como por los ojos se vee, de peccados pequeños nascen, eslavonándose unos con otros, peccados gravíssimos, y se endurecen y crían callos[13], y hazen como incurables los coraçones humanos en este mal del peccar, añadiendo siempre a un peccado otro peccado, y a un peccado menor succediéndole otro mayor de contino, por aver començado a peccar. Y vienen assí, continuamente peccando, a tener por hazedero y dulce y gentil lo que, no sólo en sí y en los ojos de los que bien juzgan, es aborrescible y feýssimo, sino lo que éssos mismos que lo hazen, quando de principio entraron en el mal obrar, huyeran el pensamiento de ello, no sólo el hecho, más que la muerte, como se vee por infinitos exemplos de que assí la vida común como la historia está llena.

Mas entre todos es claro y muy señalado exemplo el del pueblo hebreo, antiguo y presente, el qual, por aver desde su primero principio començado a apartarse de Dios, prosiguiendo después en esta su primera dureza, y casi por años bolviéndose a él, y tornándole luego a offender, y amontonando a peccados peccados, meresció ser author de la mayor offensa que se hizo jamás, que fue la muerte de Iesuchristo. Y porque la culpa siempre ella misma se es pena, por aver llegado a esta offensa, fue causa en sí mismo de un estremo de calamidad. Porque dexando aparte el perdimiento del reyno y la ruyna del templo y el assolamiento de su ciudad, y la gloria de la religión y verdadero culto de Dios traspassada a las gentes, y dexados aparte los robos y males y muertes innumerables que padescieron los iudíos entonces, y el eterno captiverio en que viven agora en estado vilíssimo entre sus enemigos, hechos como un exemplo común de la ira de Dios, assí que dexando esto aparte, ¿puédese

---

[13] *A y B: y encallan*

imaginar más desventurado sucesso que[14], aviéndoles prometido Dios que nascería el Messías de su sangre y linage, y aviéndole ellos tan luengamente esperado, y esperando en él y por él la summa riqueza[15], y en duríssimos males y trabajos que padescieron aviéndose sustentado siempre con esta esperança, quando le tuvieron entre sí no le querer conoscer y, cegándose, hazerse homicidas y destruydores de su gloria y de su esperança y de su summo bien ellos mismos? A mí, verdaderamente, quando lo pienso, el coraçón se me enternesce en dolor.

Y si contamos bien toda la summa deste excesso tan grave, hallaremos que se vino a hazer de otros excessos, y que del abrir la puerta al peccar y del entrarse continuamente más adelante por ella, alexándose[16] siempre de Dios, vinieron a quedar ciegos en mitad de la luz, porque tal se puede llamar la claridad que hizo Christo de sí, assí por la grandeza de sus obras maravillosas como por el testimonio de las letras sagradas que le demuestran, las quales le demuestran assí claramente que no pudiéramos creer que ningunos hombres eran tan ciegos, si no supiéramos aver sido tan grandes peccadores primero. Y ciertamente, lo uno y lo otro, esto es, la ceguedad y maldad dellos, y la severidad[17] y rigor de la justicia de Dios contra ellos, son cosas[18] maravillosamente espantables[19].

---

[14] *A y B: aparte, ¿qué cosa, para el que lo considera como es razón, pudo succeder en ningún tiempo, a ninguna gente, más lamentable que*

[15] *A y B: riqueza*

[16] *A y B: y del averse entrado por ella continuamente más adelante, alexándose*

[17] *A: la infelicidad*

[18] *A: de Dios con aquel su pueblo querido, son cosas; B: de Dios con ellos, son cosas*

[19] Aparte los antecedentes paulinos, Fray Luis toma esta idea de su dilecto Sófocles, el cual se expresa así en *Ayax:* «Porque los hombres más soberbios y orgullosos son dejados de la mano de los dioses en castigo de sus graves pecados..., y sucede esto a todo aquel que, teniendo naturaleza humana, no piensa como conviene que piense el hombre.» (*Tragedias de Sófocles*, ed. cit., página 41).

Yo, siempre que las pienso, me admiro [20]. Y trúxomelas a la memoria agora lo restante de la plática de Marcello que me queda por referir, y es ya tiempo que lo refiera.

---

[20] *A y B: Yo, ninguna vez pienso en ellas que no me sean causa de grandíssima admiración.*

[INTRODUCCIÓN]

Porque fue assí que los tres, después de aver comido, y aviendo tomado algún pequeño reposo, ya que la fuerça del calor començava a caer, saliendo de la granja y llegados al río que cerca della corría, en un barco, conformándose con el parecer de Sabino, se passaron al soto que se hazía en medio dél, en una como isleta pequeña que, apegada a la presa de unas aceñas, se descubría [21]. Era el soto, aunque pequeño, espesso y muy apazible, y en aquella sazón estava muy lleno de hoja y, entre las ramas que la tierra de suyo criava, tenía también algunos árboles puestos por industria; y dividíale como en dos partes un no pequeño arroyo que hazía el agua que por entre las piedras de la presa se hurtava del río, y corría quasi toda junta.

Pues entrados en él Marcello y sus compañeros, y metidos en lo más espesso dél y más guardado de los rayos del sol, junto a un álamo alto que estava quasi en el medio, teniéndole [22] a las espaldas, y delante los ojos la otra parte del soto, en la sombra y sobre la yerva verde,

---

[21] Los diálogos que van a tener lugar en este segundo libro se sitúan, como los del anterior, en el día de San Pedro, aunque por la tarde. «El lugar de la escena —como nota F. de Onís— es descrito aquí con la misma exactitud y vigor poético. No sólo las cosas naturales (río, soto, isleta, arbolado) se conservan hoy tal como fray Luis las describe, sino la aceña, presa y barco.» (*Nombres*, t. II, Madrid, Clásicos Castellanos, 1956, pág. 33, n. 2.)

[22] A: *tiniéndole*

y quasi juntando al agua los pies, se sentaron. Adonde diziendo entre sí del sol de aquel día, que aún se hazía sentir, y de la frescura de aquel lugar, que era mucha, y alabando a Sabino su buen consejo, Sabino dixo assí:

—Mucho me huelgo de aver acertado tan bien, y principalmente por vuestra causa, Marcello, que por satisfazer a mi desseo tomáys oy tan grande trabajo, que, según lo mucho que esta mañana dixistes, temiendo vuestra salud, no quisiera que agora dixérades más, si no me assegurara en parte la qualidad y frescura de aqueste lugar; aunque quien suele leer [23] en medio de los caniculares tres liciones en las escuelas muchos días arreo [24], bien podrá platicar entre estas ramas la mañana y la tarde de un día, o por mejor dezir, no avrá maldad que no haga.

—Razón tiene Sabino —respondió Marcello, mirando hazia Iuliano—, que es género de maldad occuparse uno tanto y en tal tiempo en la escuela, y de aquí veréys quán malvada es la vida que assí nos obliga. Assí que bien podéys proseguir, Sabino, sin miedo, que demás de que este lugar es mejor que la cáthedra, lo que aquí tratamos agora es sin comparación muy más dulce que lo que leemos allí, y assí, con ello mismo se alivia el trabajo.

Entonces Sabino, desplegando el papel y prosiguiendo su lectura, dixo desta manera:

---

[23] 'enseñar o explicar un profesor a sus oyentes alguna materia sobre un texto'
[24] 'sucesivamente', 'sin interrupción'

[BRAÇO DE DIOS]

Otro nombre de Christo es Braço de Dios. *Esaías, en el capítulo cinquenta y tres:* ¿Quién dará crédito a lo que avemos oýdo? Y su *braço,* Dios, ¿a quién lo descubrirá?[25]. *—Y en el capítulo cinquenta y dos:* Aparejó el Señor su *braço* sancto ante los ojos de todas las gentes, y verán la salud de nuestro Dios todos los términos de la tierra[26]. *—Y en el Cántico de la Virgen:* Hizo poderío en su *braço,* y derramó los sobervios[27]. *—Y abiertamente en el psalmo setenta, adonde, en persona de la Iglesia, dize David:* En la vejez mía, ni menos en mi senectud, no me desampares, Señor, hasta que publique tu *braço* a toda la generación que vendrá[28]. *Y en otros muchos lugares.*

Cessó aquí Sabino, y disponíase ya Marcello para començar a dezir, mas Iuliano, tomando la mano, dixo:

—No sé yo, Marcello, si los hebreos nos darán que Esaías, en el lugar que el papel dize, hable de Christo.

—No lo darán ellos —respondió Marcello—, porque están ciegos, pero dánoslo la misma verdad. Y como hazen los malos enfermos, que huyen más de lo que les da más salud, assí éstos, perdidos en este lugar, el qual solo bastava para traerlos a luz, derraman con más es-

[25] *Is.,* LIII, 1.
[26] *Is.,* LII, 10.
[27] *Lc.,* I, 51.
[28] *Sal.* LXX, 18.

tudio las tinieblas de su error para escurecerle; pero primero perderá su claridad este sol [23 bis]. Porque si no habla de Christo Isaías allí, pregunto, ¿de quién habla?

—Ya sabéys lo que dizen —respondió Iuliano.

—Ya sé —dixo Marcello— que lo declaran de sí mismos y de su pueblo en el estado de agora, pero ¿paréceos a vos que ay necessidad de razones para convencer un desatino tan claro?

—Sin duda claríssimo —respondió Iuliano—, y, quando no uviera otra cosa, haze evidencia de que no es assí lo que dizen, ver que la persona de quien Esaías habla allí, el mismo Isaías [29] dize que es innocentíssima y agena de todo peccado, y limpieza y satisfactión de los peccados de todos, y el pueblo hebreo que agora bive, por ciego y arrogante que sea, no se osará atribuyr a sí aquesta innocencia y limpieza. Y quando osasse él, la palabra de Dios le condena en Oseas [30] quando dize que, en el fin y después deste largo captiverio en que agora están los iudíos, se convertirán al Señor. Porque si se convertirán a Dios entonces, manifiesto es que agora están apartados dél y fuera de su servicio. Mas aunque este pleyto esté fuera de duda todavía, si no me engaño, os queda pleyto con ellos en la declaración deste nombre, el qual ellos también confiessan que es nombre de Christo, y confiessan, como es verdad, que ser *braço* es ser fortaleza de Dios y victoria de sus enemigos, mas dizen que los enemigos que por el Messías, como por su *braço* y fortaleza, vence y vencerá Dios, son los enemigos de su pueblo, esto es, los enemigos visibles de los hebreos y los que los han destruydo y puesto en captividad, como fueron los chaldeos y los griegos y los romanos, y las demás gentes sus enemigas, de las quales esperan verse vengados por mano [31] del Messías que, engañados, aguar-

---

[23 bis] El adjetivo «este», de naturaleza claramente deíctica, señala al sol que luce en ese momento, esplendoroso, en el cielo de «La Flecha».

[29] *A: Esaías*

[30] *Os.,* III, 5.

[31] *A y B: esperan verse vengados, alcançando victoria y triunfando dellas, por mano*

dan; y le llaman *Braço de Dios* por razón de aquesta victoria y vengança.

—Assí lo sueñan —respondió Marcello— y, pues avéys movido el pleyto, comencemos por él. Y como en la cultura [32] del campo, primero arranca el labrador las yervas dañosas y después planta las buenas, assí nosotros agora desarrayguemos primero esse error, para dexar después su campo libre y desembaraçado a la verdad. Mas dezidme, Iuliano, ¿prometió Dios alguna vez a su pueblo que les embiaría su *braço* y fortaleza para darles victoria de algún enemigo suyo y para ponerlos, no sólo en libertad, sino también en mando [33] y en señorío glorioso? Y ¿díxoles en alguna parte que avía de ser su Messías un fortíssimo y bellicosíssimo capitán que vencería por fuerça de armas sus enemigos, y estendería por todas las tierras sus esclarescidas victorias, y que subjetaría a su imperio las [34] gentes?

—Sin duda assí se lo dixo y prometió —respondió Iuliano.

—Y ¿prometióselo por ventura —siguió luego Marcello— en un solo lugar o una vez sola, y éssa acaso y hablando de otro propósito?

—No, sino en muchos lugares —respondió Iuliano—, y de principal intento y con palabras muy encarescidas y hermosas.

—¿Qué palabras —añadió Marcello— o qué lugares son essos? Referid algunos, si los tenéys en la memoria.

—Largos son de contar —dixo Iuliano— y, aunque preguntáys lo que sabéys, y no sé para qué fin, diré los que se me offrescen. David en el psalmo, hablando propriamente con Christo, le dize: *Ciñe tu espada sobre tu muslo, poderosíssimo, tu hermosura y tu gentileza. Sube en el cavallo y reyna prósperamente por tu verdad y mansedumbre y por tu justicia; tu derecha te mostrará maravillas. Tus saetas agudas —los pueblos caerán a tus pies— en los coraçones de los enemigos del rey* [35]. Y en otro

---

[32] 'cultivo'

[33] *A y B: sino también para constituyrlos en mando*

[34] *A: a su imperio todas las*

[35] *Sal.* XLIV, 4-6.

psalmo dize él mismo: *El Señor reyna: haga fiesta la tierra, alégrense las islas todas; nuve y tiniebla en su derredor, justicia y juyzio en el throno de su assiento. Fuego va delante dél, que abrasará a todos sus enemigos* [36]. Y Esaías, en el capítulo onze: *Y en aquel día estenderá el Señor segunda vez su mano para posseer lo que de su pueblo ha escapado de los assyrios y de los egypcios y de las demás gentes. Y levantará su vandera entre las naciones, y allegará los fugitivos de Israel y los esparzidos de Iudá de las quatro partes del mundo. Y los enemigos de Iudá perecerán, y bolará contra los philisteos por la mar; captivará a los hijos de Oriente, Edón le servirá y Moab le será subjecto, y los hijos de Amón sus obedientes* [37]. Y en el capítulo quarenta y uno, por otra manera: *Pondrá ante sí en huyda las gentes, perseguirá los reyes. Como polvo los hará su cuchillo, como astilla arrojada su arco. Perseguirlos ha y passará en paz, no entrará ni polvo en sus pies* [38]. Y poco después él mismo [39]: *Yo, dize, te pondré como carro, y como nueva trilladera con dentales de hierro, trillarás los montes y desmenuzarlos has, y a los collados dexarás hechos polvo; ablentaráslos* [40] *y llevarlos ha el viento y el torvellino los esparzerá* [41].

Y quando el mismo propheta introduze al Messías, teñida la vestidura con sangre, y a otros que se maravillan de ello y le preguntan la causa, dize que él le[s] responde: *Yo solo he pisado un lagar, en mi ayuda no se halló gente; pisélos en mi ira y pateélos en mi indignación, y su sangre salpicó mis vestidos y he ensuziado mis vestiduras todas* [42]. Y en el capítulo quarenta y dos: *El Señor, como valiente, saldrá, y como hombre de guerra despertará su coraje; guerreará y levantará alarido, y esforçarse ha sobre sus enemigos* [43]. Mas es nunca acabar. Lo mismo,

---

[36] *Sal.* XCVI, 1-3.
[37] *Is.,* XI, 11-14.
[38] *Is.,* XLI, 2-3.
[39] *A:* Omite desde *Pondrá ante sí* hasta aquí.
[40] 'los aventarás'; *cfr.,* nota 318 del Libro I.
[41] *Is.,* XLI, 15-16.
[42] *Is.,* LXIII, 3.
[43] *Is.,* XLII, 13.

322

aunque por differentes maneras, dize en el capítulo sesenta y tres y sesenta y seys, y Ioel dize lo mismo en el capítulo último, y Amós, propheta, también en el mismo capítulo, y en los capítulos quarto, y quinto y último, lo repite Micheas; y ¿qué propheta ay que no celebre, cantando en diversos lugares, este capitán y aquesta victoria?

—Assí es verdad —dixo Marcello—, mas también me dezid: ¿los assyrios y los babylonios, fueron hombres señalados en armas, y uvo reyes bellicosos y victoriosos entre ellos, y subjectaron a su imperio a todo o a la mayor parte del mundo?

—Assí fue —respondió Iuliano.

—Y los medos y persas que vinieron [44] después —añadió luego Marcello—, ¿no menearon también las armas assaz valerosamente y enseñorearon la tierra, y floresció entre ellos el esclarescido Cyro [45] y el poderosíssimo Xerxes [46]?

Concedió Iuliano que era verdad.

—Pues no menos verdad es —dixo prosiguiendo Marcello— que las victorias de los griegos sobraron [47] a éstos, y que el no vencido Alexandre [48], con la espada en la mano y como un rayo, en brevíssimo espacio corrió todo el mundo, dexándole no menos espantado de sí que vencido, y, muerto él, sabemos que el throno de sus successores tuvo el sceptro por largos años de toda Asia

---

[44] A y B: que succedieron

[45] Ciro el Grande, o el Viejo (579-529 a. C.), rey de Persia y fundador de su Imperio, tomó Babilonia en 538 a. C., poniendo fin a la cautividad de los judíos.

[46] Jerjes I (519-465 a. C.), también rey de Persia y sucesor de Darío I, aplastó la sublevación de Egipto, invadió la Hélade, venció en Platea e incendió Atenas; al regresar a Persia, dejó en Grecia un ejército de ocupación a las órdenes de Mardonio. En 465 murió asesinado por un capitán de su propia guardia.

[47] 'superaron', 'excedieron'

[48] Alejandro Magno (365-323 a. C.), rey de Macedonia, hijo de Filipo y de Olimpia, y el capitán más renombrado de la antigüedad: destruyó a Tebas, venció a Darío, tomó Damasco y Jerusalén, fundó Alejandría, invadió victoriosamente la India, etc. Fray Luis tiene razón al decir que «en brevíssimo espacio corrió todo el mundo», ya que murió a los treinta y tres años.

y de mucha parte [49] de Africa y de Europa. Y por la misma manera, los romanos, que les succedieron en el imperio y en la gloria de las armas, también[50] vemos que, venciéndolo todo, crescieron hasta hazer que la tierra y su señorío tuviessen un mismo término. El qual señorío, aunque disminuydo, y compuesto [51] de partes, unas flacas y otras muy fuertes, como lo vio Daniel [52] en los pies de la estatua, hasta oy día persevera por tantas bueltas de siglos. Y ya que callemos los príncipes guerreadores y victoriosos que florescieron en él en los tiempos más vezinos al nuestro, notorios son los Scipiones [53], los Marcellos [54], los Marios [55], los Pompeyos [56], los Césares [57] de los

[49] A y B: y de parte
[50] A: de las armas después, también
[51] A: desminuydo y compuesto
[52] Dan., II, 34.
[53] Aunque el texto pudiera referirse a los distintos miembros ilustres de esa gran familia de patricios romanos (no se olvide, sin embargo, que estos plurales pertenecen claramente a lo que Alcina-Blecua llaman «plural de clase, en la categoría de entes únicos» —Gramática española, Barcelona, Ariel, 1975, págs. 531-32—, en la mente de Fray Luis está, sin duda, el más conocido de ellos, Publio Cornelio Escipión el Africano o Africano el Mayor (234-183 a. C.), procónsul en España a los veinticuatro años, fundador de Itálica, vencedor de Aníbal en Zama (202 a. C.) y de Antíoco en Siria. Murió, entristecido por los desengaños ante la ingratitud de sus compatriotas, retirado en sus tierras de Linternum.
[54] También son varios los patricios romanos que llevaron este nombre; el más conocido es Marco Claudio Marcelo (268-208 antes de Cristo), general, y cónsul por cinco veces; venció a los galos, dos veces a Aníbal, y tomó Siracusa. Pereció en una emboscada.
[55] Mario (156-86 a. C.), general y político romano, terminó con la guerra de Yugurta; fue cónsul durante cinco años, y vencedor de los cimbros y teutones; en su lucha con Sila, fue vencido por éste, y hubo de marchar a África. Su sobrino, Cayo Mario el Joven (109-82 a. C.), vencido por Sila junto a Preneste, se hizo matar a los veintisiete años.
[56] Cneo Pompeyo el Grande (106-48 a. C.), exterminó a los piratas del Mediterráneo y derrotó a Mitrídates; formó el «primer triunvirato» junto con Craso y César; el 9 de agosto del 48 fue derrotado por César en Farsalia, lo que le obligó a huir a Egipto, donde murió asesinado. También hubo un Quinto Rufo Pompeyo, que en 141 a. C. vino a gobernar a España, y que intentó, sin éxito, la conquista de Numancia.
[57] «César», apelativo genérico de los emperadores romanos,

siglos antepassados, a cuyo valor y esfuerço y felicidad fue muy pequeña la redondez de la tierra.

—Espero —dixo Iuliano— dónde vays a parar.

—Presto lo veréys —dixo Marcello—, pero dezidme: esta grandeza de victorias e imperio que he dicho, ¿dió-sela Dios a los que he dicho, o ellos por sí y por sus fuerças puras, sin orden ni ayuda dél, la alcançaron?

—Fuera está esso de toda duda —respondió Iuliano— acerca de [58] los que conoscen y confiessan la providencia de Dios. Y en la *Sabiduría* dize él mismo de sí mismo: *Por mí reynan los príncipes* [59].

—Dezís la verdad —dixo Marcello—, mas todavía os pregunto si conoscían y adoravan a Dios aquellas gentes.

—No lo conoscían —dixo Iuliano— ni le adoravan [60].

—Dezidme más —prosiguió diziendo Marcello—: antes que Dios les hiziesse aquessa merced, ¿prometió de hazérsela o vendióles muchas palabras [61] acerca dello, o embióles muchos mensageros encaresciéndoles la promessa por largos días y por diversas maneras?

—Ninguna de essas cosas hizo Dios con ellos —respondió Iuliano—, y si de alguna destas cosas, antes que fuessen, se haze mención en las letras sagradas, como a la verdad se haze de algunas, házese de passo y como de camino y a fin de otro propósito.

—Pues ¿en qué juyzio de hombres cabe o pudo caber —añadió Marcello encontinente [62]— pensar que lo que dava Dios, y cada día lo da, a gentes agenas de sí y que biven sin ley, bárbaras y fieras y llenas de infidelidad y de vicios feýssimos —digo el mando terreno y la victoria

---

designa antonomásticamente al dictador y general Cayo Julio (102 ó 100-44 *a. C.*), pretor en España, triunviro con Craso y Pompeyo, vencedor de éste y de Tolomeo en Egipto; el 45 *a. C.* obtiene el poder perpetuo, que mantiene hasta el 15 de marzo del 44, fecha en que cae asesinado por la conjuración que acaudillaban Casio y Bruto. Como historiador, escribió dos relatos fundamentales: *De bello civili* y *De bello gallico*.

[58] 'entre', 'para'

[59] *Prov.,* VIII, 15.

[60] *A y B: ni adoravan sino a los ídolos.*

[61] «Vender palabras»: 'traer entretenido a alguno con palabras' (*Dicc. Aut., s. v.* «Vender».)

[62] 'al instante', 'al punto'

en la guerra, y la gloria y la nobleza del triumpho sobre todos o quasi todos los hombres—, pues quién pudo persuadirse que lo que da Dios a éstos que son como sus esclavos, y que se lo da sin prometérselo y sin vendérselo con encarescimientos, y como si no les diesse nada o les diesse cosas de breve y de poco momento —como a la verdad lo son todas ellas en sí—, esso mismo o su semejante a su pueblo escogido, y al que solo, adorando ídolos todas las otras gentes, le conoscía y servía, para dárselo, si se lo quería dar como los ciegos pensaron, se lo prometía tan encarescidamente y tan de atrás, embiándoles quasi cada siglo nueva promessa dello por sus prophetas, y se lo vendía tan caro y hazía tanto esperar que el día de oy, que es más de tres mil años después de la primera promessa, aún no está cumplido ni vendrá a cumplimiento jamás, porque no es esso lo que Dios prometía?

Gran donayre o, por mejor dezir, ceguedad lastimera es creer que los encarescimientos y amores de Dios avían de parar en armas y en vanderas y en el estruendo de los atambores, y en castillos cercados y en muros batidos por tierra, y en el cuchillo y en la sangre y en el assalto y captiverio de mil innocentes, y creer que el *braço de Dios* estendido, y cercado de fortaleza invencible, que Dios promete en sus letras y de quien él tanto en ellas se precia, era un descendiente de David, capitán esforçado, que rodeado de hierro y esgrimiendo la espada y llevando consigo innumerables soldados, avía de meter a cuchillo las gentes y desplegar por todas las tierras sus victoriosas vanderas. Messías fue de essa manera Ciro [63] y Nabuchodonosor [64] y Artaxerxes [65], o ¿qué le faltó para serlo? Messías fue, si ser Messías es esso, César el

---

[63] Ciro *el Grande: cfr.* nota 45 de este mismo Libro.

[64] Nabucodonosor (604-562 *a. C.),* sucesor de Nabopolasar en el trono de Babilonia, luchó en Occidente, Siria, Palestina y Egipto; durante los cuarenta y un años de su reinado, reconstruyó los templos de Babilonia, llevando el país a su máximo esplendor; en 569 perdió la razón, recobrándola un año antes de su muerte.

[65] Artajerjes (471-425 *a. C.),* rey de Persia, conquistador de Egipto y protector de Temístocles.

dictador, y el grande Pompeyo; y Alexandre [66], en essa manera, fue más que todos Messías. ¿Tan grande valentía es dar muerte a los mortales, y derrocar los alcáçares que ellos de suyo se caen, que le sea a Dios [67], o conveniente, o glorioso, hazer para ello *braço* tan fuerte que [68] por este hecho le llame *su fortaleza?* [69] ¡O, cómo es verdad aquello que en persona de Dios les dixo Esaías: *Quanto se encumbra el cielo sobre la tierra, tanto mis pensamientos se differencian y levantan sobre los vuestros!* [70] Que son palabras que se me vienen luego a los ojos todas las vezes que en este desatino pongo atención.

Otros vencimientos, gente ciega y miserable, y otros triumphos y libertad, y otros señoríos mayores y mejores son los que Dios os promete [71], otro es su *braço* y otra su fortaleza, muy differente y muy más aventajada de lo que pensáys. Vosotros esperáys tierra que se consume y perece, y la escriptura de Dios es promessa del cielo. Vosotros amáys y pedís libertad del cuerpo, y en vida [72] abundante y pacífica, con la qual libertad se compadece servir el ánima al peccado y al vicio; y destos males, que son mortales, os prometía Dios libertad. Vosotros esperávades ser señores de otros, Dios no prometía sino hazeros señores de vosotros mismos. Vosotros os tenéys por satisfechos con un successor de David que os reduzga a vuestra primera tierra y os mantenga en justicia, y defienda y ampare de vuestros contrarios [73], mas Dios, que es sin comparación muy más liberal y más largo, os prometía, no hijo de David sólo, sino hijo suyo y de David hijo también, que, enriquescido de todo el bien que Dios tiene, os sacasse del poder del demonio y de

---

[66] César, Pompeyo, Alejandro: *cfr.* notas 57, 56 y 48.
[67] *A y B: se caen de suyo, que le fuesse a Dios*
[68] *A y B: braço fuerte, y tal que*
[69] *A y B: le llamasse fortaleza suya?*
[70] *Is.,* LV, 9.
[71] Apóstrofe retórico que constituye una nueva muestra de la influencia de la oratoria sagrada en la estructura de los *Nombres de Cristo.*
[72] *A y B: del cuerpo en vida*
[73] *A: en justicia, y de vuestros contrarios os ampare y defienda*

las manos de la muerte sin fin, y que os subjectasse debaxo de vuestros pies todo lo que de veras os daña, y os llevasse sanctos, immortales, gloriosos a la tierra de vida y de paz que nunca fallesce [74]. Estos son bienes dignos de Dios, y semejantes dádivas, y no otras, hinchen el encarescimiento y muchedumbre de aquellas promessas.

Y a la verdad, Iuliano, entre los demás inconvenientes que tiene este error, es uno grandíssimo que, los que se persuaden dél, forçosamente juzgan de Dios muy baxa y vilmente. No tiene Dios tan angosto coraçón como los hombres tenemos, y estos bienes y gloria terrena que nosotros estimamos en tanto, aunque es él solo el que los distribuye y reparte, pero conosce que son bienes caducos y que están fuera del hombre, y que no solamente no le hazen bueno, mas muchas vezes le empeoran y dañan; y assí, ni haze alarde destos bienes Dios, ni se precia del repartimiento dellos, y las más vezes los embía a quien no los merece, por los fines que él se sabe; y a los que tiene por desechados de sí, y que son delante de sus ojos como viles captivos y esclavos, a essos les da aqueste breve consuelo; y, al revés, con sus escogidos y con los que como a hijos ama, en esto comúnmente es escasso [75], porque sabe nuestra flaqueza y la facilidad con que nuestro coraçón se derrama en el amor destas prendas exteriores teniéndolas, y sabe que, quasi siempre, o cortan o enflaquescen los nervios de la virtud verdadera [76].

---

[74] 'falta', 'se acaba'

[75] *B: en esto es escasso*

[76] La raíz última de estos razonamientos hay que buscarla en *La ciudad de Dios* de San Agustín, sobre todo en el Libro V, capítulos XV-XVI: «Así que a quienes no había de dar Dios la vida eterna..., ¿por qué no les había de conceder la gloria terrena de un imperio excepcional, premiándoles y como pagándoles sus buenas artes, quiero decir, sus virtudes, mediante las cuales esforzábanse por llegar a tan soberana gloria?... Pero muy otro es el galardón de los santos, que en esta vida padecen oprobios por la verdad de Dios, que es odiosa a los amadores del mundo.» (Ed. bilingüe, trad. de L. Riber, texto rev. por J. Bastardas, t. I, Barcelona, MCMLIII, págs. [167]-[168]; *cfr.* también, Libro I, cap. VIII, págs. [20]-[21].)

Mas dirán [77]: «Esperamos lo que las sagradas letras nos dizen, y con lo que Dios promete nos contentamos, y esso tenemos por mucho. Leemos *capitán,* oýmos *guerras* y *cavallos* y *saetas* y *espadas,* vemos *victorias* y *triumphos,* prométennos *libertad* y *vengança,* dízennos que *nuestra ciudad y nuestro templo será reparado,* que *las gentes nos servirán* y que *seremos señores de todos.* Lo que oýmos esso esperamos, y con la esperança dello bivimos contentos.»

Siempre fue flaca defensa asirse a la letra quando la razón evidente descubre el verdadero sentido, mas, aunque flaca, tuviera aquí y en este propósito alguna color si las mismas divinas letras no descubrieran en otros lugares su verdadera intención. ¿Por qué, pues, Esaías, quando habla sin rodeo y sin figuras de Christo, le pinta en persona de Dios de aquesta manera: *Veys,* dize, *a mi siervo en quien descanso, aquel en quien se contenta y satisfaze mi ánima; puse sobre él mi espíritu; él hará justicia a las gentes; no bozeará ni será acceptador de personas, ni será oýda en las plaças su boz; la caña que brantada no quebrará y la estopa que humea no la apagará; no será áspero ni bullicioso?* [78] Manifiestamente se muestra que este *braço* y fortaleza de Dios, que es Iesuchristo, no es fortaleza militar ni coraje de soldado, y que los hechos hazañosos de un cordero tan humilde y tan manso, como es el que en este lugar Esaías pinta [79], no son hechos desta guerra que vemos, adonde la sobervia se enseñorea y la crueldad se despierta, y el bullicio y la cólera y la ravia y el furor menean las manos. *No tendrá,* dize, *cólera para hazer mal ni a una caña quebrada,* y antójasele al error vano de aquestos mezquinos que tiene de trastornar el mundo con guerras.

Y no es menos claro lo que el mismo propheta dize en otro capítulo: *Herirá la tierra con la vara de su boca, y con el aliento de sus labios quitará la vida al malvado* [80].

---

[77] Prolepsis o anticipación, reliquia del estilo oratorio en la prosa de *Nombres.*
[78] *Is.,* XLII, 1-3.
[79] *A: pinta Esaías*
[80] *Is.,* XI, 4.

Porque si las armas con que hiere la tierra, y con que quita la vida al malo, son vivas y ardientes palabras, claro es que su obra de aqueste *braço* no es pelear con armas carnales contra los cuerpos, sino contra los vicios con armas de espíritu. Y assí, conforme a esto, le arma de punta en blanco con todas sus pieças en otro lugar, diziendo: *Vistióse por loriga justicia, y salud por yelmo de su cabeça; vistióse por vestiduras vengança, y el zelo se cubijó* [81] *como capa* [82]. Por manera que las saetas que —antes dezía—, que embiadas con el vigor del *braço* traspassan los cuerpos, son palabras agudas y enerboladas con gracia [83] que passan el coraçón de claro en claro; y su espada famosa no se templó con azero en las fraguas de Vulcano [84] para derramar la sangre cortando, ni es hierro visible, sino rayo de virtud invisible que pone a

---

[81] Así en el original; Merino propone «y el celo le cubijó», lo que parecería ofrecer un sentido más lógico; por eso, Félix García, tras aceptar la lectura de 1587 en la 1.ª ed. de *Nombres* de la B.A.C., se adhiere a la de Merino en la de 1957. Sin embargo, en la Biblia, traducción de Nacar-Colunga, leemos: «se cubrió de celo»; y en la de Bover-Cantera: «se envolvió en celo», mientras la *Vulgata* propone: *et opertus est quasi pallio zeli;* ello nos induce a considerar indudable que Fray Luis tradujera «se cubijó».

[82] *Is.*, LIX, 17.

[83] 'untadas con gracia, como con zumo de hierbas'. Alvar Núñez Cabeza de Vaca, hablando de los indios «Corazones», dice que «tienen yerba, y esto es de unos árboles al tamaño de manzanos, y no es menester más de coger la fruta y untar la flecha con ella; y si no tiene fruta, quiebran una rama, y con la flecha que tienen hacen lo mesmo; hay muchos de estos árboles que son tan ponzoñosos que si majan las hojas de él y las lavan en alguna agua allegada, todos los venados y cualesquier otros animales que de ella beben revientan luego». (*Naufragios y comentarios,* ed. de Dionisio Ridruejo, Madrid, Taurus, 1969, páginas 118-119.)

[84] En 1585, Juan Pérez de Moya narraba así el mito: «Fue Vulcano artífice de Minerva y herrero; y como tal, según Dionisio Halicarnáseo, hacía los rayos para Iúpiter y armas para los demás dioses; danle por fragua las islas Lipareas o Vulcaneas... Pintaban a Vulcano, según Alberico, de figura de un herrero lleno de tizne, y ahumado, y muy feo, y cojo de una pierna, con un martillo en la mano, y la pintura mostrando como que los dioses le echaban del cielo.» (*Philosophía secreta,* ed. de E. Gómez de Baquero, t. I, Madrid, MCMXXVIII, págs. 167-168.)

cuchillo todo lo que en nuestras almas es enemigo de Dios; y sus lorigas y sus petos y sus arneses, por el consiguiente, son virtudes heroycas del cielo, en quien todos los golpes enemigos se embotan [85]. Piden a Dios la palabra, y no despiertan la vista para conoscer la palabra que Dios les dio.

¿Cómo piden cosas desta vida mortal, y que cada día las vemos en otros, y que comprehendemos lo que valen y son, pues dize Dios por su propheta [86] que el bien de su promessa y la qualidad y grandeza della, ni el ojo la vio ni llegó jamás a los oýdos, ni cayó nunca en el pensamiento del hombre? Vencer unas gentes a otras bien sabemos qué es; el valor de las armas cada día lo vemos; no ay cosa que más entienda ni más dessee la carne que las riquezas y que el señorío. No promete Dios esto, pues lo que promete excede a todo nuestro desseo y sentido. Hazerse Dios hombre, esso no lo alcança la carne; morir Dios en la humanidad que tomó, para dar vida a los suyos, esso vence el sentido; muriendo un hombre, al demonio, que tyrannizava los hombres, hazerle subjecto y esclavo dellos, ¿quién nunca lo oyó? Los que sirvían al infierno convertirlos en ciudadanos del cielo y en hijos de Dios, y, finalmente, hermosear con justicia las almas desarraygando dellas mil malos siniestros [87] y, hechas todas luz y justicia, a ellas y a los cuerpos [88] vestirlos de gloria y de immortalidad, ¿en qué desseo cupo jamás, por más que alargasse la rienda al desseo?

Mas ¿en qué me detengo? El mismo propheta, ¿no pone abiertamente, y sin ningún rodeo ni velo, el officio de Christo y su valentía, y la qualidad de sus guerras, en el capítulo sesenta y uno de su prophecía, donde introduze a Christo que dize [89]: *El espíritu del Señor está sobre mí, a dar buena nueva a los mansos me embió?* ¿No veys lo

---

[85] A y B: *en quien se embotan y enflaquescen todos los golpes enemigos.*
[86] *Is.,* LXIV, 4.
[87] B: *hermosear con justicia el alma del hombre, desraygando della mil malos siniestros*
[88] B: *a ella y al cuerpo*
[89] *Is.,* LXI, 1-3.

que dize? ¿Qué? Buena nueva a los mansos, no assalto a los muros. Más: *A curar los de coraçón quebrantado.* ¡Y dize el error que a passar por los filos de su espada a las gentes! *A predicar a los captivos perdón.* A predicar, que no a guerrear. No a dar rienda a la saña, sino a publicar su indulgencia, y *predicar el año en que se aplaca el Señor* y el día en que, como si se viesse vengado, queda mansa su ira. *A consolar a los que lloran y a dar fortaleza a los que se lamentan. A darles guirnalda en lugar de la ceniza, y unción de gozo en lugar del duelo, y manto de loor en vez de la tristeza de espíritu.* Y para que no quedasse duda ninguna, concluye: *Y serán llamados fuertes en justicia.* ¿Dónde están agora los que, engañándose a sí mismos, se prometen fortaleza de armas, prometiendo declaradamente Dios fortaleza de virtud y de justicia?

Aquí Iuliano, mirando alegremente a Marcello:

—Paréceme —dixo—, Marcello, que os he metido en calor, y bastava el del día; mas no me pesa de la occasión que os he dado, porque me satisfaze mucho lo que avéys dicho. Y porque no quede nada por dezir, quiéroos también preguntar: ¿qué es la causa por donde Dios, ya que hazía promessa deste tan grande bien a su pueblo, se la encubrió debaxo de palabras y bienes carnales y visibles, sabiendo que, para ojos tan flacos como los de aquel pueblo, era velo que los podía cegar, y sabiendo que para coraçones tan afficionados al bien de la carne, como son los de aquellos, era cevo que los avía de engañar y enredar?

—No era cevo ni velo —respondió al punto Marcello—, pues juntamente con ello estava luego la boz y la mano de Dios que alçava el velo y avisava del cevo, descubriendo por mil maneras lo cierto de su promessa. Ellos mismos se cegaron y se enredaron de su voluntad.

—Por ventura yo no me he declarado —dixo entonces Iuliano—, porque esso mismo es lo que pregunto. Que pues Dios sabía que se avían de cegar tomando de aquel lenguaje occasión, ¿por qué no cortó la occasión del todo? Y pues les descubría su voluntad y determinación, y se la descubría para que la entendiessen, ¿por qué no se la descubrió sin dexar [90] escondrijo donde se pudiesse encubrir el error? Porque no diréys que no quiso ser entendido, porque, si esso quisiera, callara; ni menos que no pudo darse a entender.

—Los secretos de Dios —respondió Marcello encogiéndose en sí— son abysmos profundos, por donde en ellos es ligero el difficultar y el penetrar muy difficultoso; y el ánimo fiel y christiano más se ha de mostrar sabio en conoscer que sería poco el saber de Dios si lo comprehendiesse nuestro saber, que ingenioso en remontar difficultades sobre lo que Dios haze y ordena. Y como sea esto assí en todos los hechos de Dios, en este particular que toca a la ceguedad de aquel pueblo, el mismo S. Pablo se encoge y parece que se retira y, aunque caminava con el soplo del Spíritu Sancto, coge las velas del entendimiento y las inclina diziendo: *¡O honduras de las riquezas y sabiduría y conoscimiento de Dios, quán no penetrables son sus juyzios y quán difficultosos de rastrear sus caminos!* [91] Mas por mucho que se asconda la verdad, como es luz, siempre echa algunos rayos de sí que dan bastante lumbre al ánima humilde.

Y assí digo agora que, no porque algunos toman occasión de peccar, conviene a la sabiduría de Dios mudar, o en el lenguaje con que nos habla o en la orden con que nos govierna o en la disposición de las cosas que cría, lo que es en sí conviniente y bueno para la naturaleza en común. Bien sabéys que unos salen a hazer mal con la luz y que a otros [92] la noche con sus tinieblas los combida a peccar, porque ni el cossario correría a la presa si el sol no amanesciesse ni, si no se pusiesse, el adúltero macularía el lecho de su vezino. El mismo entendimiento y agudeza de ingenio de que Dios nos dotó, si attendemos a los muchos que usan mal dél, no nos le diera, y dexara al hombre no hombre [93]. ¿No dize S. Pablo [94] de

---

[90] *A y B: no se la dixo, sin dexarle*

[91] *Rom.,* XI, 33.

[92] *A y B: y a otros*

[93] Es decir, que siendo la inteligencia el atributo distintivo de lo humano, si se hubiera privado de ella al hombre, éste hubiera dejado de ser tal.

[94] II *Cor.,* II, 16.

la doctrina del Evangelio que a unos es olor de vida para que vivan y a otros de muerte para que mueran? ¿Qué fuera del mundo si, porque no se acrescentara la culpa de algunos, quedáramos todos en culpa?

Esta manera de hablar, Iuliano, adonde, con semejanças y figuras de cosas que conocemos y vemos y amamos, nos da Dios noticia de sus bienes, y nos los promete para la qualidad y gusto de nuestro ingenio y condición, es muy útil y muy conviniente. Lo uno, porque todo nuestro conoscimiento, assí como comiença de los sentidos, assí no conosce bien lo espiritual si no es por semejança de lo sensible que conosce primero. Lo otro, porque la semejança que ay de lo uno a lo otro, advertida y conoscida, abiva el gusto de nuestro entendimiento naturalmente, que es inclinado a cotejar unas cosas con otras discurriendo por ellas; y assí, quando descubre alguna gran consonancia de propriedades entre cosas que son en naturaleza diversas, alégrase mucho y como saboréase en ello, e imprímelo con más firmeza en las mientes. Y lo tercero, porque de las cosas que sentimos, sabemos por experiencia lo gustoso y lo agradable que tienen, mas de las cosas del cielo no sabemos quál sea ni quánto su sabor y dulçura.

Pues para que cobremos affición y concibamos desseo de lo que nunca avemos gustado, preséntanoslo Dios debaxo de lo que gustamos y amamos, para que, entendiendo que es aquello más y mejor que lo conoscido, amemos en lo no conoscido el deleyte y contento que ya conoscemos. Y como Dios se hizo hombre dulcíssimo y amorosíssimo para que, lo que no entendíamos de la dulçura y amor de su natural condición, que no víamos, lo experimentássemos en el hombre que vemos, y de quien se vistió para començar allí a encender nuestra voluntad en su amor, assí en el lenguaje de sus escripturas nos habla como hombre a otros hombres, y nos dize sus bienes spirituales y altos con palabras y figuras de cosas corporales que les son semejantes, y, para que los amemos, los enmiela con esta miel nuestra, digo, con lo que él sabe que tenemos por miel.

Y si en todos es esto, en la gente de aquel pueblo de

quien hablamos tiene más fuerça y razón por su natural y no creýble flaqueza y, como divinamente dixo S. Pablo [95], por su infinita niñez. La qual demandava que, como el ayo al muchacho pequeño le induze con golosinas a que aprenda el saber, assí Dios a aquellos los levantasse a la creencia y al desseo del cielo, offreciéndoles y prometiéndoles al parecer bienes de tierra. Porque si en acabando de ver el infinito poder de Dios, y la grandeza de su amor para con ellos, en las plagas de Egypto y en el mar Bermejo dividido por medio, y si teniendo [96] casi presente en los ojos el fuego y la nuve del Siná, y la habla misma de Dios que les dezía la ley sonando en sus oýdos entonces, y si teniendo [97] en la boca el maná que Dios les llovía [98], y si mirando ante sí la nuve que los guiava de [99] día y les luzía de noche, venidos a la entrada de la tierra de Canaán, adonde Dios los llevava, en oyendo que la moravan hombres valientes, temieron y desconfiaron y bolvieron atrás, llorando fea y vilmente, y no creyeron que, quien pudo romper el mar en sus ojos podría derrocar unos muros de tierra, y ni la riqueza y abundancia de la tierra que veýan y amavan, ni la experiencia de la fortaleza de Dios, los pudo mover adelante, si luego y de primera instancia, y por sus palabras senzillas y claras, les prometiera Dios la encarnación de su Hijo y lo spiritual de sus bienes, y lo que ni sentían ni podían sentir ni se les podía dar luego, sino en otra vida y después de aver dado luengas bueltas los siglos, ¿quándo, me dezid, o cómo o en qué manera, aquellos o lo creyeran o lo estimaran? Sin duda fuera cosa sin fructo.

Y assí, todo lo grande y apartado de nuestra vista que Dios les promete, se lo pone tratable y desseable, saboreándoselo [100] desta manera que he dicho. Y particular-

---

[95] *Gál.*, IV, 1-3.
[96] *A: tiniendo*
[97] *A: tiniendo*
[98] *B: el maná que les llovía del cielo*
[99] *A y B: en*
[100] 'haciéndoselo sabroso'

mente en este mysterio y promessa de Christo, para assentársela en la memoria y en la affición, se la offrece en los libros divinos quasi siempre vestida con una de dos figuras. Porque lo que toca a la gracia que desciende de Christo en las almas y a lo que en ellas fructifica esta gracia, dízeselo debaxo de semejanças tomadas de la cultura del campo y de la naturaleza dél, y, como vimos esta mañana, para figurar aqueste negocio haze sus cielos y su tierra, y sus nuves y lluvia, y sus montes y valles, y nombra trigo y vides y olivas con grande propriedad y hermosura. Mas lo que pertenece a lo que antes desto hizo Christo venciendo el demonio en la cruz, y despojando el infierno, y triumphando dél y de la muerte, y subiéndose al cielo para juntar después a sí mismo todo su cuerpo, represéntaselo con nombres de guerras y victorias visibles, y alça luego la vandera y suena la trompa y relumbra la espada, y píntalo a las vezes con tanta demonstración que quasi se oye el ruydo de las armas y el alarido de los que huyen, y la victoria alegre de los que vencen quasi se vee.

Y demás desto, si va a dezir lo que siento, la dureza, Iuliano, de aquella gente, y la poca confiança que siempre tuvieron en Dios, y los peccados grandes contra él que della nascieron en aquel pueblo luego en su primero principio, y se fueron después siempre con él continuando y cresciendo —feos, ingratos, enormes peccados—, dieron a Dios causa justíssima para que tuviesse por bueno el hablarles assí figurada y rebueltamente. Porque de la manera que en la luz de la prophecía da Dios mayor o menor luz según la disposición y capacidad y qualidad del propheta, y una misma verdad a unos se la descubre por sueños y a otros despiertos, pero por imágines corporales y obscuras que se les figuran en la fantasía, y a otros por palabras puras y senzillas, y como un mismo rostro en muchos espejos —más y menos claros y verdaderos— se muestra por differente manera, assí Dios esta verdad de su Hijo, y la historia y qualidad de sus hechos, conforme a los peccados y mala disposición de aquella gente, assí se la dixo algo encubierta y obscura [101]. Y quiso hablarles assí porque entendió que, para los que entre ellos eran y avían de ser buenos y fieles, aquello bastava, y que a los contumaces perdidos no se les devía más luz.

Por manera que vio que a los unos aquella medianamente encubierta verdad les serviría de honesto exercicio buscándola, y de sancto deleyte hallándola, y que esso mismo sería estropieço y lazo para los otros, pero merecido estropieço por sus muchos y graves peccados. Por los quales, caminando sin rienda y aventajándose siempre a sí mismos, como [102] por grados que ellos perdidamente se edificaron, llegaron a merecer este mal que fue el summo de todos: que teniendo delante de los ojos su vida, abraçassen la muerte, y que aborreciessen a su único sospiro y desseo quando le tuvieron presente, o, por mejor dezir, que viéndole no le viessen, ni le oyessen oyéndole, y que palpassen en las tinieblas estando rodeados de luz; y merecieron, peccando, peccar más y llegar a cegarse hasta poner las manos en Christo y darle muerte, y negarle y blasphemar dél, que fue llegar al fin del peccado. ¿Levántoselo [103] agora yo, o no se lo dixo por Esaías Dios mucho antes? *Cegaré el coraçón deste pueblo y ensordecerles he los oýdos, para que viendo no vean y oyendo no entiendan, y no se conviertan a mí ni los sane yo* [104]. Y que sirviesse para esta ceguedad y sordez el hablarles Dios en figuras y en parábolas manifiéstalo Christo, diziendo: *A vosotros es dado conoscer el mysterio del reyno, pero a los demás en parábolas, para que viéndolo no lo vean, y oyéndolo no lo oygan* [105].

Mas pues éstos son ciegos y sordos, y porfían en serlo, dexémoslos en su ceguedad y passemos a declarar la fuerça deste *braço* invencible.

Y diziendo esto Marcello, y mirando hazia Sabino, añadió:

---

[101] *A y B: algo obscura.*

[102] *A: mismos, y como*

[103] «Levantar»: 'atribuir', 'imputar maliciosamente una cosa falsa'.

[104] *Is.,* VI, 10.

[105] *Lc.,* VIII, 10.

—Si a Sabino no le parece que queda alguna otra cosa por declarar.

Y dixo esto Marcello porque Sabino, en quanto él hablava, ya por dos vezes avía hecho significación de quererle preguntar algo, inclinándose a él con el cuerpo y endereçando el rostro y los ojos en él. Mas Sabino le respondió [106]:

—Cosa era lo que se me offrescía de poca importancia, y ya me parecía dexarla, mas pues me combidáys a que la diga, dezidme, Marcello: si fue pena de sus peccados en los iudíos el hablarles Dios por figuras, y se [107] cegaron en el entendimiento dellas por ser peccadores, y si, por averse cegado, desconocieron y truxeron a Iesuchristo a la muerte, ¿podréysme por aventura mostrar en ellos algún peccado primero tan malo y tan grande que meresciesse ser causa deste último y gravíssimo peccado que hizieron después?

—Escusado es buscar uno —respondió Marcello— adonde uvo tan enormes peccados y tantos. Mas aunque esto es assí, no carece de razón vuestra pregunta, Sabino, porque si attendemos bien a lo que por Moysén está escripto, podremos dezir que en el peccado de la adoración del bezerro merecieron, como en culpa principal, que, permitiéndolo Dios, desconociessen y negassen a Christo después. Y podremos dezir que de aquella fuente manó aquesta mala corriente, que, cresciendo con otras avenidas menores, vino a ser un abysmo de mal.

Porque si alguno quisiere pesar, con peso justo y fiel, todas las qualidades de mal que en aquel peccado juntas concurren, conocerá luego que fue justamente merecedor de un castigo tan señalado, como es la ceguedad en que están no conosciendo a Iesús por Messías, y como son los males [108] y miserias en que han incurrido por causa della. No quiero dezir agora que los avía Dios sacado de la servidumbre de Egypto, y que les avía abierto con nueva maravilla la mar, y que la memoria destos bene-

---

[106] A: Y assí como uvo dicho aquesto Marcello, Sabino luego le respondió:

[107] B: y si se

[108] A y B: y los males

ficios la tenían reziente; lo que digo para verdadero conoscimiento de su grave maldad es aquesto: que en esse
tiempo y punto bolvieron las espaldas a Dios quando le
tenían delante de los ojos, presente encima de la cumbre
del monte, quando ellos estavan alojados a la falda del
Siná, quando vían la nuve y el fuego, testigos manifiestos
de su presencia, quando sabían que Moysén estava hablando con él, quando acabavan de recebir la ley, la qual
ellos començaron a oýr de su misma boca de Dios y, movidos de un temor religioso, no se tuvieron por dignos
para oýrla del todo, y pidieron que Moysés por todos la
oyesse. Assí que, viendo a Dios, se olvidaron de Dios, y
mirándole le negaron, y teniéndole en los ojos le borraron de la memoria.

Mas ¿por qué le borraron? No se puede dezir más
breve ni más encarescidamente que la Escriptura lo dize:
por un bezerro que comía heno [109]. Y aun no por bezerro
bivo que comía, sino por imagen de bezerro que parecía
comer, hecha por sus mismas manos en aquel punto. A
aquel los [110] desatinados dixeron: *Éste, éste es tu dios,
Israel, el que te sacó de la servidumbre de Egypto* [111].
¿Qué flaqueza, pregunto, o qué desamor avían hallado
en Dios hasta entonces? O ¿qué mayor fortaleza esperavan de un poco de oro mal figurado? O ¿qué palabras
encarecen devidamente tan grande ceguedad y maldad?
Pues los que tan de balde, y tan por su sola malicia y
liviandad increýble se cegaron allí, justíssimo fue, y Dios
derechamente lo permitió, que se cegassen aquí en el conoscimiento de su único bien.

Y porque no parezca que lo adevinamos [112] agora nosotros, Moysés en su *Cántico* y en persona de Dios, y hablando de aqueste mismo bezerro de que hablamos, tan
mal adorado, se lo prophetiza y dize de aquesta manera:
*Éstos me provocaron a mí en lo que no era dios, pues
yo los provocaré a ellos,* conviene saber, a embidia y dolor, *llamando a mi gracia y a la rica possessión de mis*

---

[109] *Sal.* CV, 20.
[110] *A y B: Aquel los*
[111] *Éx.,* XXXII, 4.
[112] *A: adivinamos*

*bienes a una gente vil, y que en su estima dellos no es
gente* [113]. Como diziéndoles que, por quanto ellos le avían
dexado por adorar un metal, él los dexaría a ellos
y abraçaría a la gentilidad, gente muy peccadora y muy
despreciada. Porque sabida cosa es, assí como lo enseña
S. Pablo [114], que el aver desconocido a Christo aquel pueblo fue el medio por donde se hizo aqueste trueque y
traspasso, en que él quedó desechado y despojado de la
religión verdadera, y se passó [115] la possessión della a las
gentes.

Mas traygamos a la memoria y pongamos delante della
lo que entonces passó y lo que por orden de Dios hizo
Moysén; que el mismo hecho será pintura biva y testimonio expresso [116] de aquesto que digo. ¿No dize la Escriptura [117] en aquel lugar que, abaxando Moysés del
monte, aviendo visto y conoscido el mal recaudo del
pueblo, quebró, dando en el suelo con ellas, las tablas
de la ley que traýa en las manos, y que el tabernáculo
adonde descendía Dios y hablava con Moysén le sacó Moysén luego del real y de entre las tiendas [118] de los hebreos, y lo assentó en otro lugar muy apartado de aquél?
Pues ¿qué fue esto sino dezir y prophetizar figuradamente
lo que, en castigo y pena de aquel excesso, avía de
succeder a los iudíos después? Que el tabernáculo donde
mora perpetuamente Dios, que es la naturaleza humana
de Iesuchristo, que avía nascido dellos y estava residien-
do entre ellos, se avía de alexar [119], por su desconosci-
miento, de entre los mismos, y que la ley que les avía
dado, y que ellos con tanto cuydado guardan agora, les
avía de ser, como es, cosa perdida y sin fructo, y que
avían de mirar, como veen agora, sin menearse de sus
lugares y errores, las espaldas de Moysén, esto es, la
sombra y la corteza de su escriptura. La qual, siendo de
ellos, no bive con ellos, antes los dexa y se passa a otra

---

[113] *Deut.,* XXXII, 21.
[114] *Rom.,* IX, 32.
[115] *A y B: y passó*
[116] *A: expresso testimonio*
[117] *Éx.,* XXXII, 19.
[118] *A: de entre el real y las tiendas*
[119] *A: apartar y alexar*

parte delante de sus ojos, y mirándolo con grave dolor [120].
Assí que por sus peccados [121] todos, y entre todos por
éste [122] del bezerro que digo, fueron merecedores [123] de
que, ni Dios les hablasse a la clara, ni ellos tuviessen vista para entender lo que se les hablava.

Mas, pues avemos dicho acerca desto todo lo que
convenía dezir, digamos ya la qualidad deste *braço* y
aquello a que se estiende su fuerça.

Y como se callasse Marcello aquí un poco, tornó luego
a dezir:

—De Lactancio Firmiano [124] se escrive, como sabéys,
que tuvo más vigor escriviendo contra los errores gentiles que efficacia confirmando nuestras verdades, y que
convenció mejor el error ageno que probó su propósito.
Mas yo, aunque no le conviene a ninguno prometer nada
de sí, confiado de la naturaleza de las mismas cosas, oso
esperar que, si acertare a dezir con palabras senzillas las
hazañas que hizo Dios por medio de Christo, y las obras
de fortaleza —por cuya causa se llama su *Braço*—, que
por él acabó, ello mismo hará prueva de sí tan efficaz,
que sin otro argumento se esforçará a sí mismo y se de-
monstrará que es verdadero, y convencerá de falso a lo
contrario.

Y para que yo pueda agora, refiriendo aquestas
obras, mostrar la fuerça dellas mejor, antes que las
refiera, me conviene presupponer que a Dios, que es
infinitamente fuerte y poderoso, y que para el hazer le
basta sólo el querer, ninguna cosa que hiziesse le sería
contada a gran valentía, si la hiziesse usando de su poder

---

[120] A: *dolor, a otra parte.*
[121] A y B: *Assí que sus peccados*
[122] A y B: *y entre todos, éste*
[123] A y B: *que digo más señaladamente, los hizo merecedores.*
[124] L. Cecilio Firmiano Lactancio, discípulo de Arnobio, flore-
ció como retórico y apologista en los siglos III-IV; por su elocuencia fluida se le llamó «el Cicerón cristiano». La frase de
Fray Luis procede de San Jerónimo: *Utinam tam nostra affirmare
potuisset, quam facile aliena destruxit!* —*Ep.,* LVIII, 10—. Entre otras obras, escribió *Divinae institutiones* —h. 304-313—,
De opificio Dei —303-304—, *De mortibus persecutorum* —h. 314-
317—, etc. (*Cfr.* Berthold Altaner, *Patrología,* Madrid, Espasa-Calpe, 1945, págs. 121-124.)

absoluto y de la ventaja que haze a todas las demás cosas en fuerças.

Por donde lo grande, y lo que más espanto nos pone, y lo que más nos demuestra lo immenso de su no comprehensible poder y saber, es quando haze sus cosas sin parecer que las haze, y quando trae a devido fin lo que ordena, sin romper alguna ley ordenada y sin hazer violencia [125], y quando sin poner él en ello, a lo que parece, su particular cuydado o sus manos, ello de sí mismo se haze; ante, con las manos mismas y con los hechos de los que lo dessean impedir y se trabajan en impedirlo, no sabréys cómo ni de qué manera, viene ello quasi de suyo a hazerse [126]. Y es propria manera ésta de la fortaleza a quien la prudencia acompaña. Y en la prudencia, lo más fino della y en lo que más se señala, es el dar orden cómo se venga a fines estremados y altos y difficultosos por medios comunes y llanos, sin que en ellos se turbe en lo demás el buen orden. Y Dios se precia de hazerlo assí siempre, porque es en lo que más se descubre y resplandesce su mucho saber.

Y entre los hombres, los que governaron bien, siempre procuraron, quanto pudieron, avezinar a esta imagen de govierno sus ordenanças. La qual imagen apenas la imitan ni conoscen los que el día de oy goviernan, y, con otras muchas cosas divinas de las quales agora tenemos solamente la sombra, también se ha perdido la fineza de aquesta virtud en los que nos rigen, que [127] attentos muchas vezes a un fin particular que pretenden, usan de medios y ponen leyes que estorvan otros fines mayores, y hazen violencia a la buena governación en cien cosas, por salir con una cosa sola que les agrada [128]. Y aun están algunos tan ciegos en esto, que entonces presumen de sí, quando con leyes, que cada una dellas quebranta otras leyes mejores, estrechan el negocio de tal manera, que reduzen a lance forçoso lo que preten-

---

[125] *A* y *B: sin hazer fuerça o violencia a alguna otra cosa*
[126] *A: viene a hazerse ello casi de suyo.*
[127] *B: los quales*
[128] *A* y *B: hazen violencia en cien partes a la buena governación, por salir con una parte della que les agrada.*

den, y quando suben, como dizen, el agua por una torre [129], entonces se tienen por la misma prudencia y por el dechado de toda la buena governación, como, si sirviera para nuestro propósito, lo pudiera yo agora mostrar por muchos exemplos [130].

Pues quedando esto assí, para conoscer claramente las grandezas que hizo Dios por este *braço* suyo, convendrá poner delante los ojos la difficultad y la muchedumbre de las cosas que convenía y era necessario que fuessen hechas por Dios para la salud de los hombres [131]. Porque, conoscido lo mucho y lo difficultoso que se avía de hazer, y la contrariedad que ello entre sí mismo tenía, y conoscido cómo las unas partes dello impedían la execución de las otras [132], y vista la forma y facilidad, si conviene dezirlo assí, la destreza con que Dios por Christo proveyó a todo y lo hizo como de un golpe, quedará manifiesta la grandeza del poder de Dios y la razón justíssima que tiene para llamar a Christo *braço* suyo y *valentía* suya.

Dezíamos, pues, oy, que Lucifer, enamorado vanamente de sí, apetesció para sí lo que Dios ordenava para honra del hombre en Iesuchristo; y dezíamos que, saliendo de la obediencia y de la gracia de Dios por esta sobervia, y cayendo de felicidad en miseria, concibió [133] enojo contra Dios y mortal embidia contra los hombres;

[129] Según F. de Onís, «*subir el agua por una torre* es hacer algo a la fuerza, contra razón y justicia». (*Op. cit.,* t. II, pág. 68, nn. 17-18.)

[130] «Cuando Fray Luis —observa F. García— escribía estas acerbas palabras, estaba en todo su afán la construcción de El Escorial. ¿No hay aquí un ataque contra esta gran obra, mal comprendida por algunos contemporáneos, y que levantó tantas oposiciones, incluso en personas religiosas? Desde luego, estas palabras apuntan a las cimas. En el libro de Job volverá Fray Luis a la censura acre de una obra que apasionadamente estimó como resultado de regia vanidad.» (*Nombres,* ed. cit., págs. 562-63, nota 68.) Para nosotros, esta crítica no pasa de ser una hipótesis sin demasiados visos de objetividad, al menos en este pasaje luisiano.

[131] *A* y *B: para el bien y salud del mundo.*

[132] *A* y *B: de las otras partes*

[133] *A* y *B: y cayendo en miseria estrema de un altíssimo grado de felicidad, concibió*

y dezíamos que, movido y aguzado de aquestas passiones, procuró poner todas sus mañas e ingenio en que el hombre, quebrantando la ley de Dios, se apartasse de Dios [134], para que, apartado dél, ni el hombre viniesse a la felicidad que se le aparejava, ni Dios truxesse a fin próspero su determinación y consejo; y que assí persuadió al hombre que passasse el mandamiento de Dios, y que el hombre [lo] traspassó [135]; y que, hecho esto, el demonio se tuvo por vencedor, porque sabía que Dios no podía no cumplir su palabra, y que su palabra era que muriesse el hombre el día que traspassasse su ley. Pues digo agora, añadiendo sobre esto lo que para aquesto de que vamos hablando conviene, que destruydo el hombre, y puesto por esta manera en desorden y en confusión el consejo de Dios, y quedando contento de sí y de su buen successo el demonio, pertenecía al honor y a la grandeza de Dios que bolviesse por sí, y que pusiesse en todo conveniente remedio; y offrecíanse juntamente grande muchedumbre de cosas differentes y quasi contrarias entre sí, que pedían remedio.

Porque, lo primero, el hombre avía de ser castigado y avía de morir, porque de otra manera no cumplía Dios ni con su palabra ni con su justicia. Lo segundo, para que no careciesse de effecto el consejo primero, avía de bivir el hombre y avía de ser remediado. Lo tercero, convenía también que Lucifer fuesse tratado conforme a lo que merescía su hecho y osadía, en la qual [136] avía mucho que considerar, porque, lo uno, fue sobervio contra Dios, lo otro, fue embidioso del hombre. Y en lo que con el hombre hizo [137], no sólo pretendió apartarle de Dios, sino subjectarle a su tyrannía, haziéndose él señor y cabeça por razón del peccado. Y demás desto, procedió en ello con maña y engaño, y quiso, como en cierta manera, competir con Dios en sabiduría y consejo, y procuró como atarle con sus mismas palabras y con sus

---

[134] B: se apartasse dél

[135] A y B: lo traspassó;

[136] A: merescía su osadía y su hecho. El qual

[137] A y B: lo que con él hizo

mismas armas vencerle. Por lo qual, para que fuesse conviniente el castigo destos excessos, y para que se fuessen respondiendo bien la pena y la culpa, la pena justa de la sobervia que Lucifer tuvo era que, al que quiso ser uno con Dios, le hiziesse Dios siervo y esclavo del hombre. Y assimismo, porque el dolor de la embidia es la felicidad de aquello que embidia, la pena propria del demonio, embidioso del hombre, era hazer al hombre bienaventurado y glorioso. Y la osadía de aver cutido [138] con Dios en el saber y en el aviso no recebía su devido castigo sino haziendo Dios que su aviso y su astucia del demonio fuesse su mismo lazo, y que perdiesse a sí y a su hecho por aquello mismo por donde lo pensava alcançar, y que se destruyesse pensando valerse.

Y en consequencia desto, si se podía hazer, convenía mucho a Dios hazerlo, que el peccado y la muerte que puso el demonio en el hombre para quitarle su bien, fuessen, lo uno, occasión, y lo otro, causa de su mayor bienandança; y que biviesse verdaderamente el hombre por aver avido muerte, y por aver avido miseria y pena y dolor viniesse a ser verdaderamente dichoso; y que la muerte y la pena, por donde a los hombres les viniesse este bien, la ordenasse y la truxesse a devida execución el demonio, poniendo en ella todas sus fuerças, como en cosa que, según su imaginación, le importava [139]; y, sobre todo, cumplía que, en la execución y obra de todo aquesto que he dicho, no usasse Dios de su absoluto poder ni quebrantasse la suave orden y trabazón de sus leyes, sino que, yéndose el mundo como se va y sin sacarle de madre, se viniesse haziendo ello mismo. Esto, pues, avía en la maldad del demonio, y en la miseria y cayda del hombre, y en el respecto de la honra de Dios, y cada una destas cosas, para ser devidamente o castigada o remediada, pedía la orden que he dicho, y no cumplía consigo misma y con su reputación y honor

---

[138] 'haber combatido', 'haber competido'
[139] *A y B: en ella, como en cosa que, según su imaginación, le importava, todas sus fuerças;*

la potencia divina si en algo de esto faltava[140], o si usava en la execución dello de su poder absoluto[141].

Mas, pregunto, ¿qué hizo? ¿Enfadóse por aventura de un negocio tan enredado, y apartó su cuydado dél enfadándose? En ninguna manera. ¿Dio, por caso, salida y remedio a lo uno, y dexó sin medicina a lo otro, impedido de la difficultad de las cosas? Antes puso recaudo en todas. ¿Usó de su absoluto poder? No, sino de summa ygualdad y justicia. ¿Fueron, por dicha, grandes exércitos de ángeles los que juntó para ello? ¿Movió guerra al demonio a la descubierta, y en batalla campal y partida le venció y le quitó la presa? Con sólo un hombre venció. ¿Qué digo un hombre? Con sólo permitir que el demonio pusiesse a un hombre en la cruz y le diesse allí muerte, truxo a felicíssimo effecto todas las cosas que arriba dixe juntas y enteras. Porque verdaderamente fue assí, que sólo el morir Christo en la cruz, adonde subió por su permissión, y por las manos del demonio y de sus ministros, por ser persona divina la que murió, y por ser la naturaleza humana en que murió innocente y de todo peccado libre, y sanctíssima y perfectíssima naturaleza, y por ser naturaleza de nuestro metal y linaje, y naturaleza dotada de virtud general y de fecundidad para engendrar nuevo ser y nascimiento en nosotros, y por estar nosotros en ella por esta causa como encerrados, assí que aquella muerte, por todas aquestas razones y títulos, conforme a todo rigor de justicia, bastó por toda la muerte a que estava el linaje humano obligado por justa sentencia de Dios, y satisfizo, quanto es de su parte, por todo el peccado, y puso al hombre, no sólo en libertad del demonio, sino también en la immortalidad y gloria y possessión de los bienes de Dios.

Y porque puso el demonio las manos en el innocente y en aquel que por ninguna razón de peccado le estava sujecto, y passó ciego la ley de su orden, perdió justíssimamente el vassallaje que sobre los hombres por su culpa dellos tenía[142], y le fueron quitados como de entre las

---

[140] A y B: *si faltava en algo desto*
[141] A: *absoluto poder.*
[142] A y B: *avía adquirido*

346

uñas mil queridos despojos, y él meresció quedar por esclavo subjecto de aquel que mató; y el que murió, por aver nascido sin deber nada a la muerte, no sólo en su persona, sino también en las de sus miembros [143], acocea como a siervo rebelde y fugitivo al demonio. Y quedó desta manera, por pura ley, aquel sobervio y aquel orgulloso y aquel enemigo y sangriento tyranno, abatido y vencido. Y el que mala y engañosamente al senzillo y flaco hombre, prometiéndole bien, avía hecho [144] su esclavo, es agora pisado y hollado del hombre, que es ya su señor por el merescimiento de la muerte de Christo. Y para que el malo rebiente de embidia, aquellos mismos a quien embidió y quitó el parayso en la tierra, en Christo los vee hechos una misma cosa con Dios en el cielo. Y porque presumía mucho de su saber, ordenó Dios que él por sus mismas manos se hiziesse a sí mismo aqueste gran mal, y con la muerte que él avía introduzido en el mundo, dándola a Christo, dio muerte a sí y dio vida al mundo. Y quando más el desventurado raviare y se despechare y, ansioso, se bolviere a mil partes, no podrá formar quexa si no es de sí solo que, buscando la muerte a Christo, a sí se derrocó a la miseria estrema, y al hombre, que aborrescía, sacándole de esta miseria, le levantó a gloria soberana, y esclaresció y engrandesció por estremo el poder y saber de Dios, que es lo que más al enemigo le duele.

¡O grandeza de Dios nunca oýda! ¡O sola verdadera muestra de su fuerça infinita y de su no medido saber! ¿Qué puede calumniar aquí agora el iudío, o qué armas le quedan con que pueda defender más su error? ¿Puede negar que peccó el primer hombre? ¿No estavan todos los hombres subjectos a muerte y a miseria, y como captivos de sus peccados? ¿Negará que los demonios tyrannizavan el mundo? O ¿dirá, por ventura, que no le tocava al honor y bondad de Dios poner remedio en este mal, y bolver por su causa a derrocar al demonio, y

[143] A: sino en las de sus *miembros también*
[144] A: a la senzillez y flaqueza del hombre, prometiéndole mucho bien, le avía hecho

redemir al hombre y sacarle de una cárcel tan fiera? O ¿será menor hazaña y grandeza vencer este león, o menos digna de Dios, que poner en huyda los esquadrones humanos y vencer los exércitos de los hombres mortales? O ¿hallará, aunque más se desvele [145], manera más efficaz, más cabal, más breve, más sabia, más honrosa, o en quien más resplandezca toda la sabiduría de Dios, que esta de que, como dezimos, usó, y de que usó en realidad de verdad por medio del esfuerço y de la sangre y de la obediencia de Christo? O si son famosos entre los hombres, y de claro nombre, los capitanes que vencen a otros [146], ¿podrá negar a Christo infinito y esclarescidíssimo nombre de virtud y valor, que acometió por sí solo una tan alta empresa, y al fin le dio cima? [147]

Pues todo aquesto que avemos dicho obró y mereció Christo muriendo, y después de muerto, poniéndolo en execución, despojó luego el infierno abaxando a él, y pisó la sobervia de Lucifer y encadenóle y, bolviendo el tercero día a la vida para no morir más, rodeado de sus despojos, subió triumphando al cielo de donde el sobervio cayera [148], y colloco nuestra sangre y nuestra carne en el lugar que el malvado apeteció a la diestra de Dios, y, hecho señor, en quanto hombre, de todas las criaturas, y juez y salud dellas, para poner en effecto en ellas y en nosotros mismos la efficacia de su remedio, y para llevar a sí y subir a su mismo assiento a sus miembros, y para, al fuerte tyranno que encadenó y despojó [149] en el infierno, quitarle de la possessión malvada y de la adoración in-

***

[145] *A y B: se desvele en ello*

[146] *A y B: los capitanes victoriosos contra otros hombres*

[147] Para Helen Dill Goode, este pasaje es un ejemplo típico de *estilo sublime* —majestuoso, serio, enérgico, más potente y emotivo que ornamentado—, apto para la persuasión, exhortación, excitación de emociones y afectos, etc. «En los momentos en que se ve embargado de la emoción más profunda, Luis de León, dejando el estilo retórico clásico, adopta la forma de decir sublime y majestuosa del predicador renacentista. En estos pasajes escribe en el estilo cristiano nuevo de San Agustín.» (*La prosa retórica...*, ed. cit., págs. 37 y 45-47.)

[148] *A y B: avía caÿdo*

[149] *A y B: que avía encadenado y despojado*

justa que se usurpava en la tierra, embió [150] desde el cielo al suelo su espíritu sobre sus humildes y pequeños discípulos y, armándolos con él, les mandó mover guerra contra los tyrannos y adoradores de ídolos, y contra los sabios vanos y presumptuosos que tenía por ministros suyos el demonio en el mundo. Y como hazen los grandes maestros, que lo más difficultoso y más principal de las obras lo hazen ellos por sí, y dexan a sus obreros lo de menos trabajo, ansí Christo, vencido que uvo por sí y por su persona al espíritu de la maldad, dio a los suyos que moviessen guerra a sus miembros. Los quales discípulos la movieron osadamente y la vencieron más esforçadamente, y quitaron la possessión de la tierra al príncipe de las tinieblas, derrocando por el suelo su adoración y su silla.

Mas ¡quántas proezas comprehende en sí aquesta proeza! Y aquesta nueva maravilla ¡quántas maravillas encierra! Pongamos delante de los ojos del entendimiento lo que ya vieron los ojos del cuerpo, y lo que passó en hecho de verdad en el tiempo passado figurémoslo agora. Pongamos de una parte doze hombres desnudos de todo lo que el mundo llama valor, baxos de suelo, humildes de condición, simples en las palabras, sin letras, sin amigos y sin valedores; y luego, de la otra parte, pongamos toda la monarchía del mundo, y las religiones o persuasiones de religión que en él estavan fundadas por mil siglos passados, y los sacerdotes dellas, y los templos, y los demonios que en ellos eran servidos, y las leyes de los príncipes, y las ordenanças de las repúblicas y comunidades, y los mismos príncipes y repúblicas; que es poner aquí doze hombres humildes, y allí todo el mundo y todos los hombres y todos los demonios con todo su saber y poder.

Pues una maravilla es, y maravilla que si no se viera por vista de ojos, jamás se creyera, que tan pocos osassen mover [151] contra tantos; y ya que movieron, otra maravilla es que, en viendo el fuego que contra ellos el ene-

---

[150] *A y B: en la tierra, y con que la tenía opressa cruel y miserablemente, embió*

[151] 'luchar', 'mover guerra'

migo encendía en los coraçones contrarios, y en viendo el coraje y fiereza y amenazas dellos, no desistiessen [152] de su pretensión; y maravilla es que tuviesse ánimo un hombre pobrezillo y estraño [153] de entrar en Roma —digamos agora, que entonces tenía el sceptro del mundo y era la casa y la morada donde se assentava el imperio—, assí que osasse entrar en la magestad de Roma un pobre hombre, y dezir a bozes en sus plaças della que eran demonios sus ídolos y que la religión y manera de vida que recibieron de sus antepassados era vanidad y maldad; y maravilla es que una tal osadía tuviesse successo [154]; y que el successo fuesse tan feliz como fue, es maravilla que vence el sentido.

Y si estuvieran las gentes obligadas por sus religiones a algunas leyes difficultosas y ásperas, y si los apóstoles los combidaran con deleyte y soltura, aunque era difficultoso mudarse todos los hombres de aquello en que avían nascido, y aunque el respecto de los antepassados de quien lo heredaron, y la authoridad y dicho de muchos excellentes en eloquencia y en letras que lo aprovaron, y toda la costumbre antigua e immemorial y, sobre todo, el común consentimiento de las naciones todas, que convenían en ello, les hazía tenerlo por firme y verdadero, pero, aunque romper con tantos respectos y obligaciones era estrañamente difícil, todavía se pudiera creer que el amor demasiado con que la naturaleza lleva a cada uno a su propria libertad y contento avía sido causa de una semejante mundança. Mas fue todo al revés, que ellos vivían en vida y religión libre y que alargava la rienda a todo lo que pide el desseo, y los apóstoles, en lo que toca a la vida, los llamavan a una summa aspereza, a la continencia, al ayuno, a la pobreza, al desprecio de todo quanto se vee; y en lo que toca a la creencia, les annunciavan lo que a la razón humana parece increýble, y dezíanles que no tuviessen por dioses a los que les dieron por dioses sus padres, y que tuviessen por Dios y por hijo de Dios a un hombre a quien los iudíos dieron

---

[152] A: desistieron
[153] Es decir, San Pedro.
[154] 'éxito'

muerte de cruz. Y el muerto en la cruz dio vigor no creýble a aquesta palabra.

Por manera que aqueste hecho, por dondequiera que le miremos, es hecho maravilloso: maravilloso en el poco aparato con que se principió, maravilloso en la presteza con que vino a crescimiento, y más maravilloso en el grandíssimo crescimiento a que vino, y, sobre todo, maravilloso en la forma y manera como vino [155]. Porque si sucediera assí, que algunos, persuadidos al principio por los apóstoles, y por aquéllos persuadiéndose otros, y todos juntos y hechos un cuerpo y con las armas en la mano, se hizieran señores de una ciudad, y de allí, peleando, subjectaran a sí la comarca, y poco a poco, cobrando más fuerças, occuparan un reyno, y, como a Roma le acontesció, que, hecha señora de Italia, movió guerra a toda la tierra, assí ellos, hechos poderosos y guerreando, vencieran el mundo y le mudaran sus leyes, si assí fuera, menos fuera de maravillar [156]. Assí subió Roma a su imperio, assí también la ciudad de Carthago vino a alcançar grande poder; muchos poderosos reynos crescieron de semejantes principios; la secta de Mahoma, falsíssima, por este camino ha cundido, y la potencia del Turco, de quien agora tiembla la tierra, principio tuvo de occasiones más flacas, y finalmente, desta manera se esfuerçan y crescen y sobrepujan los hombres unos a otros.

Mas nuestro hecho, porque era hecho verdaderamente de Dios, fue por muy differente camino. Nunca se juntaron los apóstoles y los que creyeron a los apóstoles para acometer, sino para padescer y suffrir; sus armas no fueron hierro, sino paciencia jamás oýda. Morían, y muriendo vencían; quando caýan en el suelo degollados nuestros maestros, se levantavan nuevos discípulos, y la tierra, cobrando virtud de su sangre, produzía nuevos fructos de fe, y el temor y la muerte, que espanta naturalmente y aparta, atraýa y acodiciava a las gentes a la fe de la Iglesia, y, como Christo muriendo venció, assí, para mostrarse braço y valentía verdadera de Dios, ordenó

---

[155] *A y B: con que vino a él.*
[156] *A y B: no tuviéramos mucho de que nos maravillar.*

que hiziesse alarde el demonio de todos sus miembros [157], y que los encendiesse en crueldad quanto quisiesse, armándolos con hierro y con fuego, y no les embotó las espadas, como pudiera, ni se las quitó de las manos, ni hizo a los suyos con cuerpos no penetrables al hierro, como dizen de Achiles [158], sino antes se los puso, como suelen dezir, en las uñas, y les permitió que executassen en ellos toda su crueza y fiereza, y, lo que vence a toda razón, muriendo los fieles, y los infieles dándoles muerte, diziendo los infieles «matemos», y los fieles diziendo «muramos» [159], pereció totalmente la infidelidad, y cresció la fe y se estendió quanto es grande la tierra.

Y venciendo siempre, a lo que parecía, nuestros enemigos, quedaron, no sólo vencidos, sino consumidos del todo y deshechos, como lo dize por hermosa manera Zacharías, propheta: *Y será éste el açote con que herirá el Señor a todas las gentes que tomaren armas contra Hierusalem: la carne de cada uno, estando él levantado y sobre sus pies, deshecha se consumirá, y también sus ojos, dentro de sus cuencas sumidos, serán hechos marchitos, y secaráseles la lengua dentro la boca* [160]. Adonde, como véys, no se dize que avía de poner otro alguno las manos en ellos para darles la muerte, sino que ellos de suyo se avían de consumir y secar y venir a menos, como acontesce a los éthicos [161], y que avían de venir a caerse de suyo, y esto, al parecer, no derrocados por otros, sino estando levantados y sobre sus pies. Porque siempre los enemigos de la Iglesia executaron su crueldad contra ella,

---

[157] *A* y *B: de sus miembros todos*

[158] Se refiere a la leyenda de Aquiles, hijo de Peleo y Tetis. «Deste matrimonio —escribía Juan Pérez de Moya— nació Achiles, hombre muy perfecto, a quien su madre le bañó en las aguas Estigias, dejándole por mojar el talón... Su madre le baña en las aguas Estigias, esto es, que le fortalece y vuelve duro contra todos los trabajos.» (*Philosophía secreta*, ed. cit., t. II, páginas 204 y 206); este baño hizo a Aquiles invulnerable, excepto por el talón, adonde no llegó el agua; por allí le hiere Paris, con una flecha que Apolo dirige certeramente al único punto vulnerable en el cuerpo del héroe.

[159] *B*: omite desde *diziendo los infieles*, hasta aquí.

[160] *Zac.*, XIV, 12.

[161] 'tísicos'

y quitaron a los fieles, quantas vezes quisieron, las vidas, y pisaron victoriosos sobre la sangre christiana, mas también acontesció siempre que, cayendo los mártyres, venían al suelo los ídolos y se consumían los martyrizadores gentiles y, multiplicándose con la muerte de los unos la fe de los otros, se levantavan y acrescentavan los fieles, hasta que vino a reynar en todos la fe.

Vengan agora, pues, los que se cevan de sólo aquello que el sentido apprehende, y los que, esclavos de la letra muerta, esperan batallas y triumphos y señoríos de tierra porque algunas palabras lo suenan assí [162], y, si no quieren creer la victoria secreta y espiritual, y la redempción de las ánimas —que servían a la maldad y al demonio—, que obró Christo en la cruz, porque no se vee con los ojos y porque ni ellos para verlo tienen los ojos de fe que son menester, esto a lo menos, que passó y passa públicamente, y que lo vio todo el mundo —la caýda de los ídolos y la subjectión de todas las gentes a Christo, y la manera como las subjectó y las venció—, pues vengan y díganos si les parece aqueste hecho pequeño o usado o visto otra vez, o siquiera imaginado como possible el poder deste hecho antes que por el hecho se viesse; díganos si responde mejor con las promessas divinas, y si las hinche más este vencimiento, y si es más digno de Dios que las armas que fantasea su desatino. ¿Qué victoria, aunque junten en uno todo lo próspero en armas y lo victorioso y valeroso que ha avido, traýda con esta victoria a comparación, tiene ser? ¿Qué triumpho o qué carro vio el sol que yguale con éste? ¿Qué color les queda ya a los miserables o qué apparencia para perseverar en su error?

[162] Algunos críticos —así, F. de Onís— interpretan estos ataques contra el pueblo judío, al igual que los de la «Dedicatoria» de este mismo Libro II, como una defensa de Fray Luis frente a ciertas acusaciones que se le hicieron en el proceso inquisitorial. Sin embargo, para Félix García, «así como en el nombre anterior, *Padre del Siglo Futuro,* de fondo apologético, Fray Luis impugnaba la doctrina protestante sobre la justificación, en éste impugna con vehemencia la interpretación materialista de las profecías sobre el reino del Mesías por parte de los judíos». (*Nombres,* ed. cit., pág. 571, n. 83.) A nosotros nos parecen ambas posturas perfectamente conciliables.

Yo persuadido estoy para mí, y téngolo por cosa evidente, que sola esta conversión del mundo, considerada como se deve, pone la verdad de nuestra religión fuera de toda duda y questión, y haze argumento por ella tan necessario [163] que no dexa respuesta a ninguna infidelidad, por aguda y maliciosa que sea, sino que, por más que se aguze y esfuerce, la doma y la ata y la convence, y es argumento breve y claríssimo y que se compone todo él de lo que toca el sentido.

Porque ruégoos, Iuliano y Sabino, que me digáys —y si mi ingenio por su flaqueza no passa adelante, tended vosotros la vista aguda de los vuestros, quiçá [164] veréys más—; assí que dezidme, hablando agora de Christo y de las cosas y obras suyas que a todas las gentes, assí fieles como infieles, fueron notorias, assí las que hizo él por sí en su vida como las que hizieron sus discípulos dél después de su muerte; dezidme: ¿no es evidente a todo entendimiento, por más ciego que sea [165], que aquello se hizo, o por virtud de Dios, o por virtud del demonio, y que ninguna fuerça de hombre, no siendo favorecido de alguna otra mayor [166], no era poderosa para hazer lo que, viéndolo todos, hizieron Christo y los suyos? Evidente es esto, sin duda, porque aquellas obras maravillosas que las historias de los mismos infieles publican, y la conversión de toda la gentilidad, que es notoria a todos ellos y fue la más milagrosa obra de todas, assí que estas maravillas y milagros tan grandes, necessaria cosa es dezir que fueron, o falsos, o verdaderos milagros, y si falsos, que los hizo el demonio, y si verdaderos, que los obró Dios.

Pues siendo esto assí, como es, si fuere evidente que no los hizo el poder del demonio, quedará convencido que Dios los obró. Y es evidente que no los hizo el demonio, porque por ellos, como todas las gentes lo vieron, fue destruydo el demonio y su poder, y el señorío que tenía en el mundo —derrocándole los hombres sus

---

[163] 'tan concluyente', 'tan irrebatible'
[164] *A: la vista de los vuestros **aguda**, **quiçá***
[165] *A y B: aunque sea más ciego que la infidelidad*
[166] *A: otra mayor causa*

templos y negándole el culto y servicio que le davan antes, y blasphemando dél—. Y lo que passó entonces en toda la redondez del orbe romano, passó en la edad de nuestros padres y passa agora en la nuestra, y por vista de ojos lo vemos en el mundo nuevamente hallado, en el qual, desplegando por él su victoriosa vandera la palabra del Evangelio, destierra por donde quiera que passa la adoración de los ídolos. Por manera que Christo, o es *braço de Dios,* o es poder del demonio; y no es poder del demonio, como es evidente, porque deshaze y arruyna el poder del demonio; luego, evidentemente, es *braço de Dios* [167].

¡O, cómo es luz la verdad, y cómo ella misma se dize y defiende, y sube en alto y resplandece, y se pone en lugar seguro y libre de contradición! ¿No veys con quán simples y breves palabras la pura verdad se concluye? Que torno a dezirlo otra y tercera vez: Si Christo no fue error del demonio, de necessidad se concluye que fue luz y verdad de Dios, porque entre ello no ay medio; y si Christo destruyó el ser y saber y poder del demonio, como de hecho le destruyó, evidente es que no fue ministro ni fautor del demonio.

Humíllese, pues, a la verdad la infidelidad y, convencida, confiesse que Christo nuestro bien no es invención del demonio, sino verdad de Dios y fuerça suya, y su justicia y su valentía, y su nombrado y poderoso *Braço.* El qual, si tan valeroso nos parece en esto que ha hecho, en lo que le resta por hazer y nos tiene prometido de hazerlo, ¿qué nos parecerá quando lo hiziere, y quando, como escrive S. Pablo [168], dexare vazías, esto es, depusiere de su ser y valor, a todas las potestades y principados, subjectando a sí y a su poder enteramente todas las cosas para que reyne Dios en todas ellas; quando diere fin al peccado y acabare la muerte, y sepultare en el infierno, para nunca salir de allí, la cabeça y el cuerpo del mal?

Mucho más es lo que se pudiera dezir acerca deste

---

[167] El dilema, de ascendencia bíblica, está inspirado en *Mt.,* XII, 43-45, y *Lc.,* XI, 14-20.
[168] I *Cor.,* XV, 24.

propósito, mas, para dar lugar a lo que nos resta, basta lo dicho y aun sobra, a lo que parece, según es grande la priessa que se da el sol en llevarnos el día.

Aquí Iuliano, levantando los ojos, miró hazia el sol que ya se yva a poner, y dixo:

—Huyen las horas, y quasi no las avemos sentido passar, detenidos, Marcello, con vuestras razones; mas para dezir lo demás que os plaziere, no será menos conveniente la noche templada, que ha sido el día caluroso.

—Y más —dixo encontinente Sabino— que, como el sol se fuere a su officio, vendrá luego en su lugar la luna, y el choro resplandesciente de las estrellas con ella, que, Marcello, os harán mayor auditorio, y, callando con la noche todo y hablando sólo vos, os escucharán attentíssimas [169]. Vos mirad no os halle desapercebido un auditorio tan grande.

Y diziendo esto y desplegando el papel, sin attender [170] más respuesta, **leyó:**

---

[169] *A: attentíssimos.* También para Francisco de la Torre eran las estrellas confidentes y oyentes mudos: «Estrellas ay que saben mi cuydado / y que se han regalado con mi pena...», «Tú, con mil ojos, noche, mis querellas / oye...» *(Poesías,* ed. de A. Zamora Vicente, Madrid, Clásicos Castellanos, 1956, pág. 20); «el rasgo esencial —dice Zamora— es la noche amiga, silenciosa, que ha escuchado acogedora e imponente su lamentación» —*ib.,* página XL—; aparte esta perspectiva tan poética, la noche de La Torre «tampoco es la noche serena de fray Luis, donde se ve como el reverso del prado de rosas eternas, de la región alma y luciente» —*ib.,* pág. XXXVIII.

[170] ʻesperarʼ, ʻaguardarʼ

[REY DE DIOS]

Nómbrase Christo también Rey de Dios. *En el psalmo segundo dize él de sí, según nuestra letra:* Yo soy *rey* constituýdo por él, *esto es,* por Dios, sobre Sión, su monte sancto [171]. *Y según la letra original, dize Dios dél:* Yo constituý a mi *rey* sobre el monte de Sión, monte sancto mío. —Y *según la misma letra, en el capítulo catorze de Zacharías:* Y vendrán todas las gentes, y adorarán al *rey* del señor Dios [172].

Y leýdo esto, añadió el mismo Sabino, diziendo:

—Mas es poco todo lo demás que en este papel se contiene, y assí, por no desplegarle más vezes, quiérolo leer de una vez [172 bis].

Y dixo:

Nómbrase también Príncipe de paz, *y nómbrase* Esposo. *Lo primero se vee en el capítulo nueve de Esaías donde, hablando dél, el propheta dize:* Y será llamado *Príncipe de paz* [173].—*De lo segundo, él mismo, en el evangelio de Sant Iuan, en el capítulo tercero, dize:* El que tiene esposa, *esposo* es, y su amigo oye la voz del *esposo* y gózase [174].—*Y en otra parte:* Vendrán días quando les será quitado el *esposo,* y entonces ayunarán [175].

---

[171] *Sal.* II, 6.

[172] *Zac.,* XIV, 16.

[172 bis] Estas palabras indican de nuevo claramente la primitiva estructura de *Nombres* en sólo dos libros. Para el III, en efecto, se prescinde del «papel».

[173] *Is.,* IX, 6.

[174] *Jn.,* III, 29.

[175] *Mt.,* IX, 15.

Y con esto calló. Y Marcello començó por esta manera:

—En confusión me pusiera, Sabino, lo que avéys dicho, si ya no estuviera usado [176] a hablar en los oýdos de las estrellas, con las quales comunico mis cuydados y mis ansias las más de las noches, y tengo para mí que son sordas, y si no lo son y me oyen, estas razones de que agora tratamos no me pesará que las oygan, pues son suyas, y de ellas las aprendimos nosotros, según lo que en el psalmo se dize: *Que el cielo pregona la gloria de Dios, y sus obras las annuncia el cielo estrellado* [177]. Y la gloria de Dios y las obras de que él señaladamente se precia son los hechos de Christo, de que platicamos agora. Assí que oyga en buena hora el cielo lo que nos vino del cielo y lo que el mismo cielo nos enseñó. Mas sospecho, Sabino, que, según es baxa mi boz [178], el ruydo que en esta presa haze el agua cayendo, que crecerá [179] con la noche, les hurtará de mis palabras las más.

Y como quiera que sea, viniendo a nuestro propósito, pues Dios en lo que avéys agora leýdo llama a Christo *Rey* suyo, siendo assí que todos los que reynan son reyes por mano de Dios, claramente nos da a entender y nos dize que Christo no es *rey* como los demás reyes, sino *rey* por excellente y no usada manera. Y según lo que yo alcanço, a solas tres cosas se puede reduzir todo lo que engrandece las excellencias y alabanças de un rey, y la una consiste en las qualidades que en su misma persona tiene convenientes para el fin del reynar, y la otra está en la condición de los súbditos sobre quien reyna, y la manera como los rige y lo que haze con ellos el rey es la tercera y postrera, las quales cosas en Christo concurren y se hallan como en ninguno otro, y por esta causa es él solo llamado por excellencia *Rey* hecho por Dios.

Y digamos de cada una dellas por sí. Y lo primero,

---

[176] 'acostumbrado'.
[177] *Sal.* XVIII, 2.
[178] «Sabemos —dice K. Vossler, refiriéndose a Fray Luis— que su voz era débil y tenía una cierta propensión a la ronquera.» (*Fray Luis de León,* ed. cit., pág. 58.)
[179] *A: crece*

que toca a las qualidades que puso Dios en la naturaleza humana de Christo para hazerle *rey,* començándolas a declarar y a contar, una dellas es humildad y mansedumbre de coraçón, como él mismo de sí lo testifica diziendo: *Aprended de mí, que soy manso y humilde de coraçón* [180]. Y como dezíamos poco ha, Esaías canta dél: *No será bullicioso, ni apagará una estopa que humee, ni una caña quebrantada la quebrará* [181]. Y el propheta Zacharías también: *No quieras temer,* dize [182], *hija de Sión, que tu rey viene a ti justo y salvador y pobre* (o, como dize otra letra, *manso) y assentado sobre un pollino* [183].

Y parecerá al juyzio del mundo que esta condición de ánimo no es nada decente [184] al que ha de reynar, mas Dios, que no sin justíssima causa llama entre todos los demás reyes a Christo su *Rey,* y que quiso hazer en él un *rey* de su mano que respondiesse perfectamente a la idea de su coraçón, halló, como es verdad, que la primera piedra desta su obra era un ánimo manso y humilde, y vio que un semejante edificio, tan soberano y tan alto, no se podía sustentar sino sobre cimientos tan hondos. Y como en la música no suenan todas las bozes agudo ni todas gruesso, sino gruesso y agudo devidamente, y lo alto se tiempla y reduze a consonancia en lo baxo, assí conosció que la humildad y mansedumbre entrañable que tiene Christo en su alma, convenía mucho para hazer armonía con la alteza y universalidad de saber y poder con que sobrepuja a todas las cosas criadas. Porque si tan no medida grandeza cayera en un coraçón humano que de suyo fuera ayrado y altivo, aunque la virtud de la persona divina era poderosa para corregir este mal, pero ello de sí no podía prometer ningún bien.

Demás de que, quando de sí no fuera necessario que un tan soberano poder se templara en llaneza, ni a Christo, por lo que a él y a su ánima toca, le fuera necessaria o provechosa esta mezcla, a los súbditos y vassallos suyos

---

[180] *Mt.,* XI, 29.
[181] *Is.,* XLII, 2-3.
[182] A: *dixo*
[183] *Zac.,* IX, 9.
[184] 'conveniente', 'apropósito': calco del *decens* latino.

nos convenía que este *rey* nuestro fuesse de excelente humildad. Porque toda la efficacia de su govierno, y toda la muchedumbre de no estimables bienes que de su govierno nos vienen, se nos comunican a todos por medio de la fe y del amor que tenemos con él y nos junta con él, y cosa sabida es que la magestad y grandeza, y toda la excellencia que sale fuera de competencia, en los coraçones más baxos no engendra affición sino admiración y espanto, y más arriedra que allega o atrahe, por lo qual no era possible que un pecho flaco y mortal, que considerasse la excellencia sin medida de Christo, se le aplicasse con fiel affición y con aquel amor familiar y tierno con que quiere ser de nosotros amado, para [185] que se nos comunique su bien, si no le considerara también no menos humilde que grande, y si, como su magestad nos encoge, su inestimable llaneza y la nobleza de su perfecta humildad no despertara osadía y esperança en nuestra alma.

Y a la verdad, si queremos ser juezes justos y fieles, ningún affecto ni arreo es más digno de los reyes ni más necessario que lo manso y lo humilde, sino que con las cosas avemos ya perdido los hombres el juyzio dellas y su verdadero conoscimiento, y como siempre vemos altivez y severidad y sobervia en los príncipes, juzgamos que la humildad y llaneza es virtud de los pobres. Y no miramos siquiera que la misma naturaleza divina, que es emperatriz sobre todo, y de cuyo exemplo han de sacar los que reynan la manera cómo han de reynar, con ser infinitamente alta, es llana infinitamente, y si este nombre de humilde puede caber en ella, y en la manera que puede caber, humildíssima, pues, como veemos, desciende a poner su cuydado y sus manos, ella por sí misma, no sólo en la obra de un vil gusano, sino también en que se conserve y que viva, y matiza con mil graciosos colores sus plumas al páxaro, y viste de verde hoja los árboles, y esso mismo que nosotros, despreciando, hollamos, los prados y el campo, aquella magestad no se desdeña de yrlo pintando con yervas y flores, por donde,

---

[185] *A* y *B*: *amado, y con que nos conviene amarle, para*

con bozes llenas de alabança y de admiración, le dize David: *¿Quién es como nuestro Dios, que mora*[186] *en las alturas, y mira con cuydado hasta las más humildes baxezas, y él mismo juntamente está en el cielo y en la tierra?*[187]

Assí que si no conocemos ya aquesta condición en los príncipes, ni se la pedimos, porque el mal uso recebido y fundado daña las obras y pone tinieblas en la razón, y porque, a la verdad, ninguna cosa son menos que lo que se nombran señores y príncipes, Dios en su hijo, a quien hizo príncipe de todos los príncipes y solo verdadero *rey* entre todos, como qualidad necessaria y preciada la puso. Mas, ¿en qué manera la puso, o qué tanta es y fue su dulce humildad?

Mas passemos a otra condición que se sigue, que, diziendo della, diremos en mejor lugar la grandeza de aquesta que avemos llamado *mansedumbre* y *llaneza,* porque son entre sí muy vezinas, y lo que diré es como fructo de aquesto que he dicho.

Pues fue Christo, demás de ser manso y humilde, más exercitado que ningún otro hombre en la experiencia de los trabajos y dolores humanos. A la qual experiencia subjectó el Padre a su hijo porque le avía de hazer *rey* verdadero, y para que en el hecho de la verdad fuesse perfectíssimo *rey,* como S. Pablo lo escrive: *Fue decente*[188] *que aquel, de quien y por quien y para quien son todas las cosas, queriendo*[189] *hazer muchos hijos para los llevar a la gloria, al príncipe de la salud dellos le perficionasse con passión y trabajos, porque el que sanctifica y los sanctificados han de ser todos de un mismo metal*[190]. Y entreponiendo ciertas palabras, luego, poco más abaxo, torna y prosigue: *Por donde convino que fuesse hecho semejante a sus hermanos en todo, para que fuesse cabal y fiel y misericordioso pontífice para con Dios,*

---

[186] *mira,* en el original; evidente errata, pues en el salmo leemos *mora* o *se sienta.*
[187] *Sal.* CXII, 5-6.
[188] 'convino'
[189] A: *quiriendo*
[190] *Heb.,* II, 10-11.

para aplacarle en los peccados del pueblo [191]. Que por quanto padesció él siendo tentado, es poderoso para favorescer a los que fueren tentados. En lo qual no sé quál es más digno de admiración: el amor entrañable con que Dios nos amó dándonos un *rey* para siempre, no sólo de nuestro linage, sino tan hecho a la medida de nuestras necessidades, tan humano, tan llano, tan compassivo y tan exercitado en toda pena y dolor, o la infinita humildad y obediencia y paciencia deste nuestro perpetuo *rey,* que no sólo para animarnos a los trabajos, sino también para saber él condolerse más de nosotros quando estamos puestos en ellos, tuvo por bueno hazer prueva él en sí primero de todos.

Y como unos hombres padezcan en una cosa y otros en otra, Christo, porque assí como su imperio se estendía por todos los siglos, assí la piedad de su ánimo abraçasse a todos los hombres, provó en sí quasi todas las miserias de pena. Porque, ¿qué dexó de provar? Padescen algunos pobreza, Christo la padesció más que otro ninguno. Otros nascen de padres baxos y obscuros, por donde son tenidos por menos; el padre de Christo, a la opinión [192] de los hombres, fue un official carpintero. El destierro y el huyr a tierra agena fuera de su natural [193], es trabajo, y la niñez de aqueste Señor huye su natural y se esconde en Egypto. Apenas ha nascido la luz, y ya el mal la persigue. Y si es pena el ser occasión de dolor a los suyos, el infante pobre, huyendo, lleva en pos de sí, por casas agenas, a la donzella pobre y bellíssima y al ayo sancto y pobre también. Y aun por no dexar de padecer la angustia que el sentido de los niños más siente, que es perder a sus padres, Christo quiso ser y fue niño perdido.

Mas vengamos a la edad de varón. ¿Qué lengua podrá dezir los trabajos y dolores que Christo puso sobre sus hombros, el no oydo suffrimiento y fortaleza con que los llevó, las invenciones y los ingenios de nuevos males que él mismo ordenó como saboreándose en ellos,

---

[191] *Heb.,* II, 17-18.
[192] 'según la opinión'
[193] 'patria o lugar donde se nace'

quán dulce le fue el padescer, quánto se preció de señalarse sobre todos en esto, cómo quiso que con su grandeza compitiesse en él su humildad y paciencia? Suffrió hambre, padesció frío, bivió en estremada pobreza, cansóse y desvelóse y anduvo muchos caminos, sólo a fin de hazer bienes de incomparable [194] bien a los hombres. Y para que su trabajo fuesse trabajo puro, o por mejor dezir, para que llegasse cresciendo a su grado mayor, de todo aqueste afán el fructo fueron muy mayores afanes. Y de sus tan grandes sudores no cogió sino dolores y persecuciones y affrentas, y sacó del amor desamor, del bien hazer mal padecer, del negociarnos la vida muerte estremadamente affrentosa, que es todo lo amargo y lo duro a que en este género de calamidad se puede subir. Porque si es dolor passar uno pobreza y desnudez, y mucho desvelamiento y cuydado, ¿qué será quando, por quien se passa, no lo agradesce? ¿Qué quando no lo conosce? ¿Qué quando lo desconosce, lo desagradesce, lo maltrata y persigue? Dize David en el psalmo: *Si quien me devía enemistad me persiguiera, fuera cosa que la pudiera llevar; mas mi amigo y mi conoscido, y el que era un alma comigo, el que comía a mi mesa y con quien comunicava mi coraçón!* [195] Como si dixesse que el sentimiento de un semejante caso vencía a qualquiera otro dolor.

Y con ser assí, passa un grado más adelante el de Christo, porque no sólo le persiguieron los suyos, sino los que por infinitos beneficios que recibían dél estavan obligados a serlo, y lo que es más, tomando occasión de enojo y de odio de aquello mismo que con ningún agradescimiento podían pagar, como se querella en su misma persona dél el propheta Esaías diziendo: *Y dixe: Trabajado he por demás, consumido he en vano mi fortaleza, por donde mi pleyto es con el Señor, y mi obra con el que es Dios mío* [196].

Sería negocio infinito si quisiéssemos por menudo dezir, en cada una obra de las que hizo Christo, lo que

---

[194] En el original, *incorporable*.
[195] *Sal.* XXXVII, 12.
[196] *Is.,* XLIX, 4.

suffrió y padesció. Vengamos al remate de todas ellas, que fue su muerte, y veremos quánto se preció de bever puro este cáliz y de señalarse sobre todas las criaturas en gustar el sentido de la miseria por estremada manera, llegando hasta lo último dél. Mas ¿quién podrá dezir ni una pequeña parte de aquesto? No es possible dezirlo todo, mas diré brevemente lo que basta para que se conozcan los muchos quilates de dolor con que qualificó Christo aqueste dolor de su muerte, y los innumerables males que en un solo mal encerró.

Siéntese más la miseria quando sucede a la prosperidad, y es género de mayor infelicidad en los trabajos el aver sido en algún tiempo feliz [197]. Poco antes que le prendiessen y pusiessen en cruz, quiso ser recebido, y lo fue de hecho, con triumpho glorioso. Y sabiendo quán mal tratado avía de ser dende a poco, para que el sentimiento de aquel tratamiento malo fuesse más vivo, ordenó que estuviesse reziente y como presente la memoria de aquella divina honra que, aquellos mismos que agora le despreciavan, ocho días antes le hizieron. Y tuvo por bien que quasi se encontrassen en sus oýdos las bozes de «Hosanna, hijo de David» y de «Bendito el que viene en el nombre de Dios», con las de «Crucifícale, crucifícale» y con las de «Veys, el que destruýa y reedificava el templo de Dios en tres días, no puede salvarse a sí, y pudo salvar a los otros», para que lo desigual dellas, y la contrariedad que entre sí tenían con las unas las otras, causasse mayor pena en su coraçón.

Suele ser descanso a los que desta vida se parten no ver las lágrimas y los solloços y la tristeza affligida de los que bien quieren; Christo, la noche a quien succedió el día último de su vida mortal, los juntó a todos y cenó con ellos juntos, y les manifestó su partida, y vio su

---

[197] La idea tiene raíces medievales: Dante —*Infierno*, V, 121-123— pone en boca de Francesca estas palabras, dirigidas a Virgilio: *Nessun maggior dolore / che ricordarsi del tempo felice / ne la miseria*. El Marqués de Santillana lo repite en *El infierno de los enamorados:* «La mayor cuyta que aver / puede ningund amador / es nenbrarse del plazer / en el tiempo del dolor» (*Canciones y decires*, Madrid, Espasa-Calpe, 1954, pág. 37.)

congoxa, y tuvo por bien verla y sentirla para que con ella fuesse más amarga la suya. ¡Qué palabras les dixo en lo que platicó con ellos aquella noche! ¡Qué enternescimientos de amor! Que si, a los que agora los vemos escriptos, el oýrlos nos enternesce, ¿qué sería lo que obraron entonces en quien los dezía? Pero vamos adonde ya él mismo, levantado de la mesa y caminando para el huerto, nos lleva. ¿Qué fue cada uno de los passos de aquel camino sino un clavo nuevo que le hería, llevándole al pensamiento y a la imaginación la prisión y la muerte, a que ellos mismos le acercavan buscándola? Mas, ¿qué fue lo que hizo en el huerto que no fuesse acrescentamiento de pena? [198] Escogió tres de sus discípulos para su compañía y conorte [199], y consintió que se venciessen del sueño, para que, con ver su descuydo dellos, su cuydado y su pena dél cresciesse más.

Derrocóse en oración delante del Padre, pidiéndole que passasse dél aquel cáliz, y no quiso ser oýdo en aquesta oración. Dexó dessear a su sentido lo que no quería que se le concediesse, para sentir en sí la pena que nasce del dessear y no alcançar lo que pide el desseo. Y como si no le bastara el mal y el tormento de una muerte que ya le estava vezina, quiso hazer, como si dixéssemos, vigilia della, y morir antes que muriesse, o, por mejor dezir, morir dos vezes, la una en el hecho y la otra en la imaginación dél. Porque desnudó por una parte a su sentido inferior de las consolaciones y esfuerços del cielo, y por otra parte le puso en los ojos una representación de los males de su muerte y de las occasiones della, tan biva, tan natural, tan expressa y tan figurada, y con una fuerça tan efficaz, que lo que la misma muerte en el hecho no pudo hazer sin ayudarse de las espinas y el hierro, en la imaginación y figura, por sí misma y sin armas ningunas, lo hizo: que le abrió las venas y, sacándole la sangre dellas, bañó con ella el sagrado cuerpo y el suelo. ¿Qué tormento tan desigual fue este con que se quiso atormentar de antemano? ¿Qué hambre, o di-

---

[198] A: de su dolor?
[199] 'conorte', 'aliento'

gamos, qué cobdicia de padecer? No se contentó con sentir el morir, sino quiso provar también la imaginación y el temor del morir, lo que puede doler. Y porque la muerte súbita y que viene no pensada y quasi de improviso, con un breve sentido [200] se passa, quiso entregarse a ella antes que fuesse; y antes que sus enemigos se la acarreassen, quiso traerla él a su alma y mirar su figura triste, y tender el cuello a su espada y sentir por menudo y de espacio sus heridas todas, y abivar más sus sentidos para **sentir más el dolor de** sus golpes y, como dixe, provar hasta el cabo quánto duele la muerte, esto es, el morir y el temor del morir.

Y aunque digo el temor del morir, si tengo de dezir, Iuliano, lo que siempre entendí acerca desta agonía de Christo, no entiendo que fue el temor el que le abrió las venas y le hizo sudar gotas de sangre, porque, aunque de hecho temió porque él quiso temer y, temiendo, provar los accidentes ásperos que trae consigo el temor, pero el temor no abre el cuerpo ni llama afuera la sangre, antes la recoge adentro y la pone a la redonda del coraçón, y dexa frío lo exterior de la carne, y por la misma razón aprieta los poros della. Y assí, no fue el temor el que sacó afuera la sangre de Christo, sino, si lo avemos de dezir con una palabra, el esfuerço y el valor de su ánima con que salió al encuentro y con que al temor resistió, ésse, con el tesón que puso, le abrió todo el cuerpo [201]. Porque se ha de entender que Christo, como voy diziendo, porque quiso hazer prueva en sí de todos nuestros dolores [202] y vencerlos en sí, para que después fuessen por nosotros más fácilmente vencidos, armó contra sí en aquella noche todo lo que vale y puede la congoxa y el temor, y consintió que todo ello de tropel y

---

[200] 'dolor', 'sentimiento'

[201] Estas observaciones, como otras semejantes que aparecen en *Nombres,* nos confirman la noticia transmitida por Francisco Pacheco acerca de los conocimientos de Fray Luis en el campo de la medicina; según sus palabras, el agustino fue «medico superior, que entrava en el General con los desta Facultad, i arguía en sus actos». (*Libro de descripción de verdaderos retratos...,* en Sevilla, 1599.)

[202] *A: de nuestros dolores todos*

como en un esquadrón moviesse guerra a su alma. Porque figurándolo todo con no creýble biveza, puso en ella como vivo y presente lo que otro día avía de padecer, assí en el cuerpo con dolores como en essa misma alma con tristeza y congoxas. Y juntamente con esto, hizo también que considerasse su alma las causas [203] por las quales se subjectava a la muerte, que eran las culpas passadas y por venir de todos los hombres, con la fealdad y graveza [204] dellas, y con la indignación grandíssima y la encendida ira que Dios contra ellas concibe, y ni más ni menos consideró el poco fructo que tan ricos y tan trabajados trabajos avían de hazer en los más de los hombres.

Y todas estas cosas juntas y distinctas, y bivíssimamente consideradas, le acometieron a una, ordenándolo él, para ahogarle y vencerle. De lo qual Christo no huyó, ni rindió a estos temores y fatigas apocadamente su alma, ni para vencerlas les embotó, como pudiera, las fuerças, antes, como he dicho, quanto fue possible se las acrescentó; ni menos armó a sí mismo y a su sancta alma, o con insensibilidad para no sentir —antes despertó en ella más sus sentidos—, o con la defensa de su divinidad bañándola en gozo con el qual no tuviera sentido el dolor, o a lo menos con el pensamiento de la gloria y bienaventurança divina a la qual por aquellos males caminava su cuerpo, apartando su vista dellos y bolviéndola a aquesta otra consideración, o templando siquiera la una consideración con la otra, sino desnudo de todo esto y con sólo el valor de su alma y persona, y con la fuerça que ponía en su razón el respecto de su Padre y el desseo de obedecerle [205], les hizo a todos cara y luchó, como dizen, a braço partido con todos, y al fin lo rindió todo y lo subjectó debaxo sus pies. Mas la fuerça que puso en ello y el estribar la razón contra el sentido, y, como dixe, el tesón generoso con que aspiró a la victoria, llamó afuera los espíritus y la sangre, y la derramó.

---

[203] A y B: *hízola también que considerasse las causas*
[204] 'gravedad'
[205] A: *el respecto y el desseo de obedecer a su Padre*

Por manera que lo que vamos diziendo, que gustó Christo de subjectarse a nuestros dolores, haziendo en sí prueva dellos, según esta manera de dezir, aun se cumple mejor. Porque no sólo sintió el mal del temor y la pena de la congoxa, y el trabajo que es sentir uno en sí diversos desseos y el dessear algo que no se cumple, pero la fatiga increýble del pelear contra su appetito proprio y contra su misma imaginación, y el resistir a las formas horribles de tormentos y males y affrentas que se le venían espantosamente a los ojos para ahogarle, y el hazerles cara, y el, peleando uno contra tantos, valerosamente vencerlos con no oýdo trabajo y sudor, también lo [206] experimentó.

Mas ¿de qué no hizo experiencia? También sintió la pena que es ser vendido y traýdo a muerte por sus mismos amigos, como él lo fue en aquella noche de Iudas; el ser desamparado en su trabajo de los que le devían tanto amor y cuydado; el dolor del trocarse los amigos con la fortuna; el verse, no solamente negado de quien tanto lo amava, mas entregado del todo en las manos de quien le desamava tan mortalmente; la calumnia de los accusadores, la falsedad de los testigos, la injusticia misma y la sed de la sangre innocente assentada en el soberano tribunal por juez, males que sólo quien los ha provado los siente [207]; la forma de juyzio y el hecho de cruel tyrannía; el color de religión adonde era todo impiedad y blasphemia; el aborrescimiento de Dios, dissimulado por defuera con apparencias falsas de su amor y su honra. Con todas estas amarguras templó Christo su cáliz, y añadió a todas ellas las injurias de las palabras, las affrentas de los golpes, los escarnios, las befas, los rostros y los pechos de sus enemigos bañados en gozo, el ser traýdo por mil tribunales, el ser estimado por loco, la corona de espinas, los açotes crueles, y lo que entre estas cosas se encubre y es dolorosíssimo para el sentido, que fue el llegar tantas vezes en aquel día de

---

[206] A: la

[207] La vibrante apelación a experiencias personales de su propio proceso es comúnmente admitida por la crítica en este pasaje de Fray Luis.

su prisión la causa de Christo, mejorándose, a dar buenas esperanças de sí y, aviendo llegado a este punto, el tornar súbitamente a empeorarse después.

Porque quando Pilato despreció la calumnia de los phariseos y se enteró de su embidia, mostró prometer buen successo el negocio; quando temió por aver oýdo que era hijo de Dios y se recogió a tratar dello con Christo, resplandeció como una luz y cierta esperança de libertad y salud; quando remitió el conoscimiento del pleyto Pilato a Herodes, que por oýdas juzgava divinamente de Christo, ¿quién no esperó breve y feliz conclusión? Quando la libertad de Christo la puso Pilato en la eleción del pueblo, a quien con tantas buenas obras Christo tenía obligado, quando les dio poder que librassen al homicida o al que restituýa los muertos a vida, quando avisó su muger al juez de lo que avía visto en visión y le amonestó que no condenasse a aquel justo, ¿qué fue sino un llegar casi a los umbrales el bien? Pues este subir a esperanças alegres y caer dellas al mismo momento, este abrirse el día del bien y tornar a escurecerse de súbito, el despintarse [208] improvisamente la salud que ya, ya [209], se tocava; digo, pues, que este variar entre esperança y temor, y esta tempestad de olas diversas que, ya se encumbravan prometiéndole vida, y ya se derrocavan amenazando con muerte; esta desventura y desdicha, que es propria de los muy desgraciados, de florecer para secarse luego, y de rebivir para luego morir, y de venirles el bien y desaparecerse deshaziéndoseles entre las manos quando les llega, provó también en sí mismo el Cordero. Y la buena suerte, y la buena dicha única de todas las cosas, quiso gustar de lo que es ser uno infeliz.

Infinito es lo que acerca desto se offrece, mas cánsase la lengua en dezir lo que Christo no se cansó en padecer. Dexo la sentencia injusta, la boz del pregón, los hombros flacos, la cruz pesada [210], el verdadero y proprio sceptro de aqueste nuestro gran *rey,* los gritos del pue-

---

[208] 'desvanecerse', 'borrarse'
[209] Calco del latín *iam iam,* con sentido de inminencia: 'ya inmediatamente'.
[210] A: *la cruz pesada, los hombros flacos*

blo —alegres en unos y en otros llorosos—, que todo ello traýa consigo su proprio y particular sentimiento[211]. Vengo al monte Calvario. Si la pública desnudez en una persona grave es áspera y vergonçosa, Christo quedó delante de todos desnudo. Si el ser atravessado con hierro por las partes más sensibles del cuerpo es tormento grandíssimo, con clavos fueron allí atravessados los pies y las manos de Christo. Y porque fuesse el sentimiento mayor, el que es piadoso aun con las más viles criaturas del mundo, no lo fue consigo mismo, antes en una cierta manera se mostró contra sí mismo cruel. Porque lo que la piedad natural y el affecto humano y común, que aun en los executores de la justicia se muestra, tenía ordenado para menos tormento de los que morían en cruz, offresciéndoselo a Christo, lo[212] desechó. Porque davan a bever a los crucificados en aquel tiempo, antes que los enclavassen, cierto vino conficionado con myrrha y encienso, que tiene virtud de ensordecer el sentido y como embotarle al dolor para que no sienta[213], y Christo, aunque se lo offrescieron, con la sed que tenía de padescer, no lo quiso bever.

Assí que desafiando al dolor, y desechando de sí todo aquello con que se pudiera defender en aquel desafío, el cuerpo desnudo y el coraçón armado con fortaleza y con solas las armas de su no vencida paciencia, subió este nuestro *rey* en la cruz. Y levantada en alto la salud del mundo, y llevando al mundo sobre sus hombros, y padesciendo él solo la pena que merecía padescer el mundo por sus delictos, padesció lo que dezir no se puede. Porque ¿en qué parte de Christo o en qué sentido suyo no llegó el dolor a lo summo? Los ojos vieron lo que, visto, traspassó el coraçón: la madre, biva y muerta, presente. Los oýdos estuvieron llenos de bozes blasphemas y enemigas. El gusto, quando tuvo sed, gustó hiel y vinagre. El sentido todo del tacto, rasgado y herido por infinitas partes del cuerpo, no tocó cosa que no le fuesse enemiga y amarga. Al fin dio licencia a su sangre que, como des-

---

[211] A y B: *su proprio sentimiento y dolor*
[212] A y B: *lo;* Onís, *le*
[213] A: *embotarle para que no sienta el dolor*

seosa de lavar nuestras culpas, salía corriendo abundante y pressurosa. Y començó a sentir nuestra vida, despojada de su calor, lo que sólo le quedava ya por sentir: los fríos tristíssimos de la muerte y, al fin, sintió y provó la muerte también.

Pero ¿para qué me detengo yo en esto? Lo que agora Christo, que reyna glorioso y señor de todo, en el cielo nos suffre, muestra bien claramente quán agradable le fue siempre el subjetarse a trabajos. ¿Quántos hombres, o por dezir verdad, quántos pueblos y quántas naciones enteras, sintiendo mal de la pureza de su doctrina, blasphemen oy de su nombre? Y con ser assí que él en sí está esento de todo mal y miseria, quiere y tiene por bien de, en la opinión de los hombres, padescer esta affrenta en quanto su cuerpo mýstico, que bive en este destierro, padece, para compadecerse assí dél y para conformarse siempre con él.

—Nuevo camino para ser uno *rey* —dixo aquí Sabino, buelto a Iuliano— es éste que nos ha descubierto Marcello. Y no sé yo si acertaron con él a[1]gunos de los que antiguamente escrivieron acerca de la criança e institución de los príncipes, aunque bien sé que los que agora biven no le siguen. Porque en el no saber padecer tienen puesto lo principal del ser rey.

—Algunos —dixo al punto Iuliano— de los antiguos quisieron que, el que se criava para ser rey, se criasse en trabajos, pero en trabajos de cuerpo con que saliesse sano y valiente, mas en trabajos de ánimo que le enseñassen a ser compassivo, ninguno, que yo sepa, lo escrivió ni enseñó. Mas si fuera aquésta enseñança de hombres, no fuera aqueste *rey* de Marcello rey propriamente [214] hecho a la traça y al ingenio de Dios, el qual camina siempre por caminos verdaderos y, por el mismo caso, contrarios a los del mundo, que sigue el engaño. Assí que no es maravilla, Sabino, que los reyes de agora no se precien para ser reyes de lo que se preció Iesuchristo, porque no siguen en el ser reyes un mismo fin. Porque Christo ordenó su reynado a nuestro provecho, y conforme a esto se quali-

---

[214] *A* y *B: propriamente;* Onís: *propiamente*

ficó [215] a sí mismo y se dotó de todo aquello que parecía
ser necessario para hazer bien a sus súbditos, mas éstos
que agora nos mandan, reynan para sí, y, por la misma
causa, no se disponen ellos para nuestro provecho, sino
buscan su descanso en nuestro daño [216]. Mas aunque ellos,
quanto a lo que les toca, desechen de sí este amaestramiento de Dios, la esperiencia de cada día nos enseña que
no son los que deven por carecer dél. Porque ¿de dónde
pensáys que nasce, Sabino, el poner sobre sus súbditos
tan sin piedad tan pesadíssimos yugos, el hazer leyes ri-
gurosas, el ponerlas en execución con mayor crueldad y
rigor, sino de nunca aver hecho experiencia en sí de lo
que duele la afflictión y pobreza?

—Assí es —dixo Sabino—; pero ¿qué ayo osaría exer-
citar en dolor y necessidad a su príncipe? O si osasse alguno, ¿cómo sería recebido y suffrido de los demás?

—Essa es —respondió Iuliano— nuestra mayor ceguedad: que aprovamos lo que nos daña, y que tendríamos
por baxeza que nuestro príncipe supiesse de todo, siendo
para nosotros tan provechoso, como avéys oýdo, que lo
supiesse. Mas si no se atreven a esto los ayos es porque
ellos, y los demás que crían a los príncipes, los quieren
emponer [217] en el ánimo a que no se precien de baxar [218]
los ojos de su grandeza con blandura a sus súbditos, y en
el cuerpo a que ensanchen el estómago cada día con quatro comidas [219], y a que aun la seda les sea áspera, y la
luz enojosa. Pero aquesto, Sabino, es de otro lugar, y qui-
tamos en ello a Marcello el suyo, o por mejor dezir, a

---

[215] A y B: calificó
[216] «En lo que dice fray Luis de los reyes —piensa Azorín—,
puede haber algo que sea artificio y tópico usados y de tradición; pero aquí... las palabras toman un sospechoso aire de realidad y se salen, parecen salirse, de la esfera de la retórica.» *(Los
dos Luises...,* ed. cit., pág. 104.)
[217] 'imponer'
[218] A y B: abaxar
[219] «Cuando escribe estas acerbas palabras el poeta —conjetura
Félix García—, alarga las flechas de su intención a personajes de
la Corte de Inglaterra y Francia. En la mente de Fray Luis an-
daba Enrique VIII.» *(Nombres,* ed. cit., pág. 586, n. 36); a
nuestro juicio, en estas suposiciones, más o menos gratuitas, es
preciso andar con extremada prudencia.

nosotros mismos el de oÿr enteramente las qualidades de aqueste verdadero *rey* nuestro.

—A mí —dixo Marcello— no me avéys, Iuliano, quitado ningún lugar, sino antes me avéys dado espacio para que con más aliento prosiga mejor mi camino. Y a vos, Sabino —dixo bolviéndose a él—, no os passe por la imaginación querer concertar, o pensar que es possible que se concierten, las condiciones que puso Dios en su *rey* con las que tienen estos reyes que vemos. Que si no fueran tan differentes del todo, no le llamara Dios señaladamente su *rey,* ni su reyno dellos se acabara con ellos y el de nuestro *rey* fuera sempiterno, como es [220].

Ansí que pongan ellos su estado en la altivez y no se tengan por reyes si padescen alguna pena [221], que Dios, procediendo por camino differente, para hazer en Iesuchristo un *rey* que meresciesse ser suyo, le hizo humildíssimo para que no se desvaneciesse en sobervia con la honra, y le subjectó a miseria y a dolor para que se compadesciesse con lástima de sus trabajados y doloridos súbditos. Y demás desto, y para el mismo fin de buen *rey,* le dio un verdadero y perfecto conoscimiento de todas las cosas y de todas las obras dellos [222], assí las que fueron como las que son y serán, porque el *rey,* cuyo officio es juzgar, dando a cada uno su merescido, y repartiendo la pena y el premio, si no conosce él por sí la verdad, traspassará la justicia, que el conoscimiento que tienen de sus reynos los príncipes por relaciones y pesquisas agenas, más los ciega que los alumbra. Porque demás de que los hombres por cuyos ojos y oÿdos veen y oyen los reyes [223], muchas vezes se engañan, procuran ordinari[a]mente engañarlos por sus particulares intereses e intentos. Y assí, por maravilla entra en el secreto real la verdad. Mas nuestro *rey,* porque su entendimiento, como claríssimo espejo, le representa siempre quanto se haze y se piensa,

---

[220] A: *fuera, como es, sempiterno*
[221] A: *padescen dolor*
[222] En el original, *dellas;* aceptamos la corrección de la ed. del Apostolado de la Prensa —1941—, que propone *dellos,* considerando antecedente a *súbditos.*
[223] A: *y oÿdos oyen los reyes y veen*

no juzga, como dize Esaías [224], ni reprehende ni premia por lo que al oýdo le dizen, ni según lo que a la vista parece, porque el un sentido y el otro sentido puede ser engañado; ni tiene de sus vassallos la opinión que otros vassallos suyos, afficionados o engañados, le ponen, sino la que pide la verdad que él claramente conosce.

Y como puso Dios en Christo el verdadero conocer a los suyos, ansí mismo le dio todo el poder para hazerles mercedes. Y no solamente le concedió que pudiesse, mas también en él mismo, como en thesoro, encerró todos los bienes y riquezas que pueden hazer ricos y dichosos a los de su reyno. De arte que no trabajarán, remitidos de unos a otros ministros con largas. Mas, lo que es principal, hizo, para perficionar este rey, que sus súbditos todos fuessen su deudos, o por mejor dezir, que nasciessen dél todos y que fuessen hechura suya y figurados a su semejança. Aunque esto sale ya de lo primero que toca a las qualidades del *rey,* y entra en lo segundo que propusimos, de las condiciones de los que en este reyno son súbditos. Y digamos ya dellas.

Y a la verdad, casi todas ellas se reduzen a ésta, que es ser generosos y nobles todos y de un mismo linaje [225]. Porque aunque el mando de Christo universalmente comprehende a todos los hombres y a todas las criaturas, assí las buenas como las malas, sin que ninguna dellas pueda eximirse de su subjectión, o se contente dello o le pese, pero el reyno suyo de que agora vamos hablando, y el reyno en quien muestra Christo sus nobles condiciones de *rey,* y el que ha de durar perpetuamente con él descubierto y glorioso —porque a los malos tendrálos encerrados y aprisionados, y sumidos en eterno olvido y tinieblas—, assí que este reyno son los buenos y justos solos,

[224] *Is.,* XI, 3.

[225] «He ahí el problema —comenta Américo Castro, extremando quizá la sutileza interpretativa—, la dolida llaga que hace clamar a muchos españoles de primera clase, en 1583, lo mismo que cien años antes. Ése es el centro de angustia del que irradian las llamadas teorías *libertarias.* Los cristianos nuevos venían blandiendo defensivamente, desde el siglo xv, el argumento de no hacer Dios diferencia entre unos y otros cristianos.» *(La realidad histórica de España,* México, Porrúa, 1962, pág. 283.)

y déstos dezimos agora que son generosos todos, y de linage alto, y todos de uno mismo; porque dado que sean differentes en nascimientos, mas, como esta mañana se dixo, el nascimiento en que se differencian fue nascimiento perdido, y de quien caso no se haze para lo que toca a ser vassallos en este reyno, el qual se compone todo de lo que S. Pablo llama *nueva criatura,* quando a los de Galacia escrive diziendo: *Acerca de* [226] *Christo Iesu, ni es de estima la circuncisión ni el prepucio, sino la criatura nueva* [227]. Y assí, todos son hechura y nascimiento del cielo, y hermanos entre sí y hijos todos de Christo en la manera ya dicha.

Vio David esta particular excellencia deste reyno de su nieto divino, y dexóla escripta breve y elegantemente en el psalmo ciento y nueve, según una leción que assí dize: *Tu pueblo príncipes, en el día de tu poderío* [228], adonde lo que dezimos *príncipes,* la palabra original, que es *nedaboth,* significa al pie de la letra *liberales, dadivosos* o *generosos de coraçón.* Y assí dize que en el día de su poderío —que llama assí el reyno descubierto de Christo quando, vencido todo lo contrario, y como deshecha con los rayos de su luz toda la niebla enemiga que agora se le oppone, viniere en el último tiempo y en la regeneración de las cosas, como puro sol, a resplandescer solo [229], claro y poderoso en el mundo—, pues en este su día, quando él, y lo apurado y escogido de sus vassallos, resplandescerá [230] solamente, quedando los demás sepultados en obscuridad y tinieblas, en este [231] tiempo y en este día, su pueblo serán príncipes. Esto es, todos sus vassallos serán reyes, y él, como con verdad la Escriptura [232] le nombra, *rey* de reyes será y señor de señores.

Aquí Sabino, bolviéndose a Iuliano:

—Nobleza es —dixo— grande de reyno aquesta, Iuliano, que nos va diziendo Marcello, adonde ningún vassallo

[226] 'para', 'desde la perspectiva de'
[227] *Gál.,* VI, 15.
[228] *Sal.* CIX, 3.
[229] *A: resplandescer él solo*
[230] *A: resplandescieren*
[231] *A: obscuridad, en este*
[232] *Ap.,* XIX, 16.

es ni vil en linage ni affrentado por condición, ni menos bien nascido el uno que el otro. Y paréceme a mí que esto es ser *rey* propria y honradamente, no tener vassallos viles y affrentados.

—En esta vida, Sabino —respondió Iuliano—, los reyes della, para el castigo de la culpa, están como forçados a poner nota y affrenta en aquellos a quien goviernan, como en la orden de la salud y en el cuerpo conviene a las vezes maltratar una parte para que las demás no se pierdan. Y assí, quanto a esto, no son dignos de reprehensión nuestros príncipes.

—No los reprehendo yo agora —dixo Sabino—, sino duélome de su condición, que por essa necessidad que, Iuliano, dezís, vienen a ser forçosamente señores de vassallos ruynes y viles. Y déveseles tanto más lástima, quanto fuere más precisa la necessidad. Pero si ay algunos príncipes que lo procuran, y que les parece que son señores quando hallan mejor orden, no sólo para affrentar a los suyos, sino también para que vaya cundiendo por muchas generaciones su affrenta y que nunca se acabe, déstos, Iuliano, ¿qué me diréys?

—¿Qué? —respondió Iuliano—. Que ninguna cosa son menos que reyes. Lo uno, porque el fin adonde se endereça su officio es hazer a sus vassallos bienaventurados, con lo qual se encuentra [233] por maravillosa manera el hazerlos apocados y viles. Y lo otro porque, quando no quieran mirar por ellos, a sí mismos se hazen daño y se apocan. Porque si son cabeças ¿qué honra es ser cabeça de un cuerpo disforme y vil? Y si son pastores, ¿qué les vale un ganado roñoso? Bien dixo el poeta trágico: *Mandar entre lo illustre es bella cosa* [234].

Y no sólo dañan a su honra propria quando buscan invenciones para manchar la de los que son governados

---

[233] 'se contradice', 'se pone en contra'

[234] Fray Luis alude a *Octavia,* tragedia *praetexta* que se atribuyó a Séneca, y que trata del destino trágico de la primera mujer de Nerón. «Puede darse por probada —afirma Ludwig Bieler— la inautenticidad de la obra, en la que Séneca mismo toma parte, y se profetiza la muerte de Nerón.» *(Historia de la literatura romana,* Madrid, Gredos, 1968, pág. 270.)

por ellos, mas dañan mucho sus interesses y ponen en manifiesto peligro la paz y la conservación de sus reynos. Porque assí como dos cosas que son contrarias, aunque se junten, no se pueden mezclar, assí no es possible que se añude con paz el reyno cuyas partes están tan oppuestas entre sí y tan differenciadas, unas con mucha honra y otras con señalada affrenta. Y como el cuerpo que en sus partes está maltratado y cuyos humores se conciertan mal entre sí, está muy occasionado y muy vezino a la enfermedad y a la muerte, assí por la misma manera el reyno adonde muchas órdenes y suertes de hombres y muchas casas particulares están como sentidas y heridas, y adonde la differencia, que por estas causas pone la fortuna y las leyes, no permite que se mezclen y se concierten bien unas con otras, está subjecto a enfermar y a venir a las armas con qualquiera razón que se offrece. Que la propria lástima e injuria de cada uno, encerrada en su pecho y que bive en él, los despierta y los haze velar siempre a la occasión y a la vengança [235].

Mas dexemos lo que en nuestros reyes y reynos, o pone la necessidad, o haze el mal consejo y error, y acábenos Marcello de dezir por qué razón estos vassallos todos de

---

[235] Como nota M. Bataillon —*Erasmo y España*, México, Fondo de Cultura Económica, 1966, págs. 767-68, n. 77—, este pasaje dio lugar a diversos comentarios. En 1609, el doctor Álvaro Picaño de Palacios lo censuraba, juzgándolo como una crítica solapada de la Inquisición en sus procesos contra los judíos y cristianos nuevos (A. H. N., *Inquisición*, leg. 4444, núm. 10). La postura de Fray Luis enlazaría así con la de Juan de Vergara y Constantino Ponce de la Fuente, en el siglo XVI, y hallaría un eco en la *Conservación de monarquías* —1626— de Pedro Fernández de Navarrete, defensores de una sociedad sin desigualdad de linajes. Enríquez Gómez, hijo de judío converso, en su *Política angélica* —Rouen, 1647— comentó este texto, extremando sus consecuencias ideológicas —*cfr.* I. S. Révah, *Un pamphlet contre l'Inquisition d'Antonio Enríquez Gómez: la Seconde partie de la «Política angélica»*, en *Rev. des Etudes Juives, Historia judaica*, 4ª série, I (1962), 81-168—. Radicalmente opuesta es la postura de Juan de Zabaleta en el cap. acerca de «El linajudo» de *El día de fiesta por la mañana,* donde considera grave deber moral el examen de limpieza de sangre para ocupar cargos de responsabilidad en la república —véase ed. de G. L. Doty, en *RF*, tomo XLII, Erlangen, 1928, págs. 273-75.

nuestro único *rey* son llamados liberales y generosos y príncipes.

—Son —dixo Marcello, respondiendo encontinente [236]—, assí por parte del que los crió y la forma que tuvo en criarlos, como por parte de las qualidades buenas que puso en ellos quando assí fueron criados. Por parte del que los hizo, porque son effectos y fructos de una summa liberalidad, porque en sólo el ánimo generoso de Dios, y en la largueza de Christo no medida, pudo caber el hazer justos y amigos suyos, y tan privados amigos, a los que de sí no merescían bien, y merescían mal por tantos y tan differentes títulos. Porque aunque es verdad que el ya justo puede merecer mucho con Dios, mas esto que es venir a ser justo el que era aborrescido enemigo, solamente nasce de las entrañas liberales de Dios, y ansí dize Sanctiago [237] que nos engendró voluntariamente. Adonde lo que dixo con la palabra griega βουληθείς que significa *de su voluntad,* quiso dezir lo que en su lengua materna, si en ella lo escriviera, se dice *nadib,* que es palabra vezina y nascida de la palabra *nedaboth* que, como diximos, significa a éstos que llamamos liberales y príncipes. Assí que dize que nos engendró liberal y principalmente [238], esto es, que nos engendró, no sólo porque quiso engendrarnos y porque le movió a ello su voluntad, sino porque le plugo mostrar en nuestra creación, para la gracia y justicia, los thesoros de su liberalidad y misericordia.

Porque a la verdad, dado que todo lo que Dios cría nasce dél porque él quiere que nazca y es obra de su libre gusto, a la qual nadie le fuerça el sacar a la luz a las criaturas, pero esto que es hazer justos y poner su ser divino en los hombres es, no sólo voluntad, sino una estraña liberalidad suya. Porque en ello haze bien, y bien el mayor de los bienes, no solamente a quien no se lo merece, sino señaladamente a quien del todo se lo desmerece. Y por no yr alargándome por cada uno de los particulares a quien Dios haze estos bienes, miremos lo que passó en

[236] *B: incontinente*
[237] *Sant.,* I, 18.
[238] 'principescamente', 'en forma digna de un príncipe'

la cabeça de todos, y cómo se uvo con ella Dios quando, sacándola del peccado, crió en ella aqueste bien de justicia, y en uno, como en exemplo, conosceremos quán illustre prueva haze Dios de su liberalidad quando cría los justos.

Pecca Adam, y condénase a sí y a todos nosotros, y perdónale después Dios y házele justo. ¿Quién podrá dezir las riquezas de liberalidad que descubrió Dios y que derramó en aqueste perdón? Lo primero, perdona al que, por dar fe a la serpiente, de cuya fe y amor para consigo no tenía experiencia, le dexó a él, Criador suyo, cuyo amor y beneficios experimentava en sí siempre. Lo segundo, perdona al que estimó más una promessa vana de un pequeño bien que una experiencia cierta y una possessión grande de mil verdaderas riquezas. Lo tercero, perdona al que no peccó ni apretado de la necessidad ni ciego de la passión, sino movido de una liviandad y desagradescimiento infinito. Lo otro, perdona al que no buscó ser perdonado, sino antes huyó y se ascondió de su perdonador, y perdónale, no mucho después que peccó y lazeró [239] miserablemente por su peccado, sino quasi luego, luego, como uvo peccado.

Y lo que no cabe en sentido: para perdonarle a él, hízose a sí mismo deudor. Y quando la gravíssima maldad del hombre despertava en el pecho de Dios ira justíssima para deshazerle, reynó en él y sobrepujó la liberalidad de su misericordia que, por rehazer al perdido, determinó de desminuyrse a sí mismo, como S. Pablo lo dize [240], y de pagar él lo que el hombre peccava, y para que el hombre biviesse, de morir él hecho hombre. Liberalidad era grande perdonar al que avía peccado tan de balde y tan sin causa, y mayor liberalidad perdonarle tan luego después del peccado, y mayor que ambas a dos, buscarle para darle perdón antes que él le buscasse; pero lo que vence a todo encarescimiento de liberalidad fue, quando le reprehendía la culpa, prometerse a sí mismo y a su vida para su satisfactión y remedio [241]. Y porque el hom-

[239] 'penó', 'sufrió'
[240] *Flp.,* II, 7.
[241] *A: para remedio y satisfactión della.*

bre se apartó dél por seguir al demonio, hazerse hombre él [242] para sacarle de su poder. Y lo que passó entonces, digámoslo assí, generalmente con todos, porque Adam nos encerrava a todos en sí, passa en particular con cada uno contina y secretamente.

Porque ¿quién podrá dezir ni entender, si no es el mismo que en sí lo experimenta y lo siente, las formas piadosas de que Dios usa con uno para que no se pierda, aun quando él mismo se procura perder? Sus inspiraciones continas, su nunca cansarse ni darse por vencido de nuestra ingratitud tan contina, el rodearnos por todas partes y como en castillo torreado y cercado, el tentar la entrada por differentes maneras, el tener siempre la mano en la aldava de nuestra puerta, el rogarnos blanda y amorosamente que le abramos como si a él le importara alguna cosa, y no fuera nuestra salud y bienandança toda el abrirle, el dezirnos por horas y por momentos con el Esposo: *Abreme, hermana mía, esposa mía, paloma mía, y mi amada y perfecta, que traygo llena de rocío mi cabeça y con las gotas de las noches las mis guedejas* [243].

Pues sea esto lo primero, que los justos son dichos ser generosos y liberales porque son demonstraciones y pruevas del coraçón liberal y generoso de Dios. Son, lo segundo, llamados assí por las qualidades que pone Dios en ellos haziéndolos justos. Porque a la verdad, no ay cosa más alta ni más generosa ni más real que el ánimo perfectamente christiano. Y la virtud más heroyca que la philosophía de los stoycos antiguamente imaginó o soñó, por hablar con verdad, comparada con la que Christo assienta con su gracia en el alma, es una poquedad y baxeza. Porque si miramos el linaje de donde desciende el justo y christiano, es su nascimiento de Dios, y la gracia que le da vida es una semejança biva de Christo. Y si attende-

---

[242] *A: él hombre*

[243] *Cant.,* V, 2. También aquí, a nuestro entender, como en el pasaje que comentamos en la nota 295 del Libro I, podría rastrearse una fuente de inspiración para el soneto XVIII de las *Rimas sacras,* de Lope —«¿Qué tengo yo, que mi amistad procuras?»—. Ignoramos por qué no aduce Lapesa el texto presente en el trabajo que citamos en dicha nota, aunque, al orientarnos a *Nombres,* ya nos pone en el recto camino.

mos a su estilo y condición, y al ingenio y disposición de
ánimo, y pensamientos y costumbres, que deste nascimiento le vienen, todo lo que es menos que Dios es pequeña cosa para lo que cabe en su ánimo. No estima lo
que con amor ciego adora únicamente la tierra: el oro y
los deleytes; huella sobre la ambición de las honras, hecho verdadero señor y rey de sí mismo; pisa el vano
gozo, desprecia el temor, no le mueve el deleyte, ni el
ardor de la ira le enoja, y, riquíssimo dentro de sí, todo
su cuydado es hazer bien a los otros.

Y no se estiende su ánimo liberal a sus vezinos solos,
ni se contenta con ser bueno con los de su pueblo o de
su reyno, mas generalmente a todos los que sustenta y
comprehende la tierra, él también los comprehende y
abraça; aun para con sus enemigos sangrientos, que le
buscan la affrenta y la muerte, es él generoso y amigo, y
sabe y puede poner la vida, y de hecho la pone alegremente, por essos mismos que aborrescen su vida. Y esti-
mando por vil y por indigno de sí a todo lo que está
fuera dél, y que se viene y se va con el tiempo, no apetece menos que a Dios ni tiene por dignos de su desseo
menores bienes que el cielo. Lo sempiterno, lo soberano,
el trato con Dios familiar y amigable, el enlazarse amando y el hazerse quasi uno con él, es lo que solamente
satisfaze a su pecho, como lo podemos ver a los ojos en
uno destos grandes justos. Y sea aqueste uno Sant Pablo.
Dize en persona suya y de todos los buenos, escriviendo
a los corinthios, assí: *Tenemos nuestro thesoro en vasos
de tierra, porque la grandeza y alteza nazca de Dios y no
de nosotros. En todas las cosas padescemos tribulación,
pero en ninguna somos affligidos. Somos metidos en congoxa, mas no somos desamparados. Padecemos persecución, mas no nos falta el favor. Humíllannos, pero no
nos avergüençan. Somos derribados, mas no perecemos* [244].
Y a los romanos, lleno de ánimo generoso, en el capítulo
octavo: *¿Quién,* dize, *nos apartará de la charidad y amor
de Dios? ¿La tribulación, por aventura, o la angustia, o*

[244] II *Cor.,* IV, 7-10.

la hambre, o la desnudez, o el peligro, o la persecución, o el cuchillo? [245].

Dicho he, en parte, lo que puso Dios en Christo para hazerle *rey,* y lo que hizo en nosotros para hazernos sus súbditos, que de tres cosas a las quales se reduzen todas las que pertenescen a un reyno, son las primeras dos; resta agora que digamos algo de la tercera y postrera, que es de la manera cómo este *rey* govierna a los suyos, que no es menos singular manera ni menos fuera del común uso de los que goviernan, que el *rey* y los súbditos en sus condiciones y qualidades —las que avemos dicho—, son singulares.

Porque cosa clara es que el medio con que se govierna el reyno es la ley, y que por el cumplimiento della consigue el rey, o hazerse rico a sí mismo si es tyranno y las leyes son de tyranno, o hazer buenos y prosperados a los suyos, si es rey verdadero. Pues acontece muchas vezes desta manera, que, por razón de la flaqueza del hombre y de su encendida inclinación a lo malo, las leyes, por la mayor parte, traen consigo un inconveniente [246] muy grande: que siendo la intención de los que las establescen [247], enseñando por ellas lo que se deve hazer y mandando con rigor que se haga, retraher al hombre de lo malo e induzirle a lo bueno, resulta lo contrario a las vezes, y el ser vedada una cosa despierta el appetito della. Y assí, el hazer y dar leyes es muchas veces occasión de que se quebranten las leyes y de que, como dize Sant Pablo [248], se peque más gravemente, y de que se empeoren los hombres con la ley que se ordenó e inventó para mejorarlos. Por lo qual, Christo nuestro redemptor y señor, en la governación de su reyno halló una nueva manera de ley, estrañamente libre y agena de aquestos inconvenientes [249], de la qual usa con los suyos [250], no solamente enseñándoles a ser buenos como lo enseñaron otros legislado-

---

[245] *Rom.,* VIII, 35.
[246] *A: inconviniente*
[247] *A: establescen y ponen*
[248] *Rom.,* V, 20.
[249] *A: inconvinientes*
[250] *A y B: con los suyos usa*

382

res, mas de hecho haziéndolos buenos, lo que ningún otro rey ni legislador pudo jamás hazer. Y esto es lo principal de su ley evangélica y lo proprio della; digo, aquello en que notablemente se differencia de las otras sectas y leyes.

Para entendimiento de lo qual conviene saber que, por quanto el officio y ministerio de la ley es llevar los hombres a lo bueno y apartarlos de lo que es malo, assí como esto se puede hazer por dos differentes maneras, o enseñando el entendimiento o afficionando a la voluntad, assí ay dos differencias de leyes: la primera es de aquellas leyes que hablan con el entendimiento y le dan luz en lo que, conforme a razón, se deve o hazer o no hazer [251], y le enseñan lo que ha de seguir en las obras y lo que ha de escusar en ellas mismas; la segunda es de la ley, no que alumbra el entendimiento, sino que afficiona la voluntad imprimiendo en ella inclinación y appetito de aquello que merece ser apetescido por bueno, y, por el contrario, engendrándole aborrescimiento de las cosas torpes y malas. La primera ley consiste en mandamientos y reglas, la segunda en una salud y qualidad celestial que sana la voluntad y repara en ella el gusto bueno perdido, y no sólo la subjecta, sino la amista y reconcilia con la razón y, como dizen de los buenos amigos que tienen un no querer y querer, assí haze que, lo que la verdad dize en el entendimiento que es bueno, la voluntad afficionadamente lo ame por tal.

Porque a la verdad, en la una y en la otra parte quedamos miserablemente lisiados por el peccado primero, el qual escureció el entendimiento para que las menos vezes conosciesse lo que convenía seguir, y estragó perdidamente el gusto y el movimiento de la voluntad, para que casi siempre se afficionasse a lo que la daña más. Y assí, para remedio y salud destas dos partes enfermas, fueron necessarias estas dos leyes, una de luz y de reglas para el entendimiento ciego, y otra de espíritu y buena inclinación para la voluntad estragada. Mas, como arriba dezíamos, differéncianse aquestas dos maneras de leyes

[251] A: o no hazer o hazer

en esto: que la ley que se emplea en dar mandamientos y en luz, aunque alumbra el entendimiento, como no corrige el gusto corrupto de la voluntad, en parte le es occasión de más daño, y vedando y declarando, despierta en ella nueva golosina de lo malo que le es prohibido. Y assí las más vezes son contrarios en esta ley el successo [252] y el intento. Porque el intento es encaminar el hombre a lo bueno, y el successo, a las vezes, es dexarle más perdido y estragado. Pretende affear lo que es malo, y succédele por nuestra mala occasión [253] hazerlo más desseable y más gustoso. Mas la segunda ley corta la planta del mal de raýz, y arranca, como dizen, de quajo lo que más nos puede dañar. Porque inclina e induze, y haze appetitosa, y como golosa, a nuestra voluntad de todo aquello que es bueno, y junta en uno lo honesto y lo deleytable, y haze que nos sea dulce lo que nos sana, y lo que nos daña aborrescible y amargo.

La primera se llama *ley de mandamientos,* porque toda ella es mandar y vedar. La segunda es dicha *ley de gracia y de amor,* porque no nos dize que hagamos esto o aquello, sino házenos que amemos aquello mismo que devemos hazer. Aquélla es pesada y áspera, porque condena por malo lo que la voluntad corrompida apetece por bueno, y assí, haze que se encuentren [254] el entendimiento y la voluntad entre sí, de donde se enciende en nosotros mismos una guerra mortal de contradición. Mas ésta es dulcíssima por estremo [255], porque nos haze amar lo que nos manda, o, por mejor dezir, porque el plantar y enxerir en nosotros el desseo y la affición a lo bueno, es el mismo mandarlo, y porque afficionándonos y, como si dixéssemos, haziéndonos enamorados de lo que manda, por essa manera, y no de otra, nos manda. Aquélla es imperfecta, porque a causa de la contradición que despierta, ella por sí no puede ser perfectamente cumplida, y assí no haze perfecto a ninguno. Ésta es perfec-

---

[252] 'resultado'
[253] 'inclinación', 'condición'
[254] 'que se enfrenten', 'que se pongan en contra'
[255] *A: por estremo dulcíssima*

tíssima, porque trae consigo y contiene en sí misma [256] la perfectión de sí misma. Aquélla haze temerosos, aquésta amadores. Por occasión de aquélla, tomándola a solas, se hazen en la verdad secreta del ánimo peores los hombres, mas por causa désta son hechos enteramente sanctos y justos. Y como prosigue Sant Augustín largamente en los libros *De la letra y del espíritu* [257], poniendo siempre sus pisadas en lo que dexó hollado Sant Pablo, aquélla es perecedera, aquésta es eterna; aquélla haze esclavos, ésta es propria de hijos; aquélla es ayo triste y açotador, aquésta es espíritu de regalo y consuelo; aquélla pone en servidumbre, aquésta en honra y libertad verdadera.

Pues como sea esto assí, como de hecho lo es, sin que ninguno en ello pueda dudar, digo que assí Moysén como los demás que antes o después dél dieron leyes y ordenaron repúblicas, no supieron ni pudieron usar sino de la primera manera de leyes, que consiste más en poner mandamientos que en induzir buenas inclinaciones en aquellos que son governados. Y assí, su obra de todos ellos fue imperfecta y su trabajo careció de successo, y lo que pretendían, que era hazer a la virtud a los suyos, no salieron con ello por la razón que está dicha. Mas Christo, nuestro verdadero redemptor y legislador, aunque es verdad que en la doctrina de su Evangelio puso algunos mandatos y renovó y mejoró otros algunos que el mal uso los tenía mal entendidos, pero lo principal de su ley, y aquello en que se differenció de todos los que pusieron leyes en los tiempos passados, fue que, meresciendo por sus obras, y por el sacrificio que hizo de sí, el espíritu y la virtud del cielo para los suyos, y criándola él mismo en ellos como Dios y Señor poderoso, trató, no sólo con nuestro entendimiento, sino también con nuestra voluntad, y derramando en ella este espíritu y virtud divina que digo, y sanándola assí, esculpió en ella una ley efficaz y poderosa de amor, haziendo que

---

[256] A: *mesma*
[257] S. Agustín, *De littera et spiritu,* caps. XXVIII-XXXI; edit. Maur., t. X.

todo lo justo que las leyes mandan lo apetesciesse, y, por el contrario, aborresciesse todo lo que prohiben y vedan.

Y añadiendo continamente deste su espíritu y salud y dulce ley en el alma de los suyos, que procuran siempre ayuntarse con él, crece en la voluntad mayor amor para el bien, y desminúye(s)se de cada día más la contradición que el sentido le haze, y de lo uno y de lo otro se esfuerça de contino más aquesta sancta y singular ley que dezimos, y echa sus raýzes en el alma más hondas, y apodérase della hasta hazer que le sea quasi natural lo justo y el bien. Y assí trae para sí Christo y govierna los suyos, como dezía un propheta [258], con cuerdas de amor, y no con temblores de espanto ni con ruydo temeroso, como la ley de Moysén. Por lo qual dixo breve y significantemente S. Iuan: *La ley fue dada por Moysén, mas la gracia por Iesuchristo* [259]. Moysén dio solamente ley de preceptos, que no podía dar justicia, porque hablavan con el entendimiento pero no sanavan el alma, de que es como imagen la çarça del *Éxodo* [260], que ardía y no quemava, porque era qualidad de la ley vieja que alumbrava el entendimiento mas no ponía calor a la voluntad [261].

[258] *Jer.*, XXX, 8.

[259] *Jn.*, I, 17.

[260] *Éx.*, III, 2.

[261] A: omite desde *de que es como imagen* hasta aquí. Ortega y Gasset, en perspectiva a la vez teórica e historicista, expone así esta doctrina: «El pueblo hebreo, y dentro de él cada hombre hebreo, existe gracias a una alianza con Dios. Todo su natural e intramundano hacer está impregnado, transido de esta primaria relación contractual con Dios. En ella encuentra la seguridad que su desconfianza en sí mismo no podría nunca proporcionarle. Lo malo es que esa alianza, ese contrato, implica por parte de Jehová una durísima condición: la ley. En el *do ut des* de este contrato sobrenatural, Dios está con el hombre hebreo *si* éste cumple la ley. La ley es el programa de quehaceres del hombre —un programa claro, terriblemente claro e inequívoco, que prescribe el módulo de innumerables actos rituales—. La ley de Dios es, pues, al hebreo, lo que la razón al griego y el Estado al romano: es su cultura, el repertorio de soluciones a los problemas de su vida. Pues bien, en el siglo I antes de Cristo el judío desespera de poder cumplir la ley, se siente perdido en ella, como Cicerón en la filosofía y en la política.» *(En torno a Galileo,* ed. cit., página 141); el Cristianismo, a través de San Pablo —*Rom.*, IV, 15; VII, 9; VIII, 2-13; II *Cor.*, III, 6-7; etc.—, hereda esta des-

Mas Christo dio ley de gracia que, lançada en la voluntad, cura su dañado gusto y la sana y la afficiona a lo bueno, como Hieremías lo prophetizó divinamente diziendo [262]: *Días vendrán, dize el Señor, y traeré a perfectión sobre la casa de Israel y sobre la casa de Iudá un nuevo testamento. No en la manera del que hize con sus padres en el día que los así de la mano para sacarlos de la tierra de Egypto, porque ellos no perseveraron en él, y yo los desprecié a ellos, dize el Señor. Este, pues, es el testamento que yo assentaré con la casa de Israel después de aquellos días, dize el Señor: assentaré mis leyes en su alma dellos y escrivirélas en sus coraçones. Y yo les seré Dios, y ellos me serán pueblo subjecto. Y no enseñará alguno de allí adelante a su próximo ni a su hermano diziéndole: Conosce al Señor; porque todos tendrán conoscimiento de mí, desde el menor hasta el mayor dellos, porque tendré piedad de sus peccados, y de sus maldades no tendré más memoria de allí en adelante* [263].

Pues estas son las nuevas leyes de Christo, y su manera de governación particular y nueva. Y no será menester que loe agora yo lo que ello se loa, ni me será necessario que refiera los bienes y las ventajas grandes de aquesta governación adonde guía el amor y no fuerça el temor; adonde lo que se manda se ama, y lo que se haze se dessea hazer; adonde no se obra sino lo que da gusto, ni se gusta sino de lo que es bueno; adonde el querer el bien y el entender son conformes; adonde, para que la voluntad ame lo justo en cierta manera, no tiene necessidad que el entendimiento se lo diga y declare. Y assí [264] desto, como de todo lo demás que se ha dicho hasta aquí, se concluye que este *rey* es sempiterno, y que la razón por que Dios le llama propriamente *rey* suyo es porque los otros reyes y reynos, como llenos de

confiança respecto de la fuerça del hombre ante la ley, lo que culminará en la teoría luterana sobre la justificación y la gracia, la fe y las obras, etc., ya en el siglo XVI, unos años antes de que Fray Luis escribiera las páginas que comentamos.

[262] A: a lo bueno. Y Hieremías divinamente lo prophetizó como ello es, y como avía de ser, mucho antes, diziendo

[263] Jer., XXXI, 31-34.

[264] A: Assí

faltas, al fin han de perecer y de hecho perecen, mas éste, como reyno que es [265] libre de todo aquello que trae a perdición a los reynos, es eterno y perpetuo. Porque los reynos se acaban o por tyrannía de los reyes —porque ninguna cosa violenta es perpetua—, o por la mala qualidad de los súbditos que no les cosiente que entre sí se concierten, o por la dureza de las leyes y manera áspera de la governación; de todo lo qual, como por lo dicho se vee, este *rey* y este reyno carecen. Que ¿cómo será tyranno el que, para ser compassivo de los trabajos y males que pueden succeder a los suyos, hizo primero experiencia en sí de todo lo que es dolor y trabajo? O ¿cómo aspirará a la tyrannía quien tiene en sí todo el bien que puede caber en sus súbditos, y que assí no es rey para ser rico por ellos, sino todos son ricos y bienaventurados por él? Pues los súbditos, entre sí, ¿no estarán por aventura añudados con ñudo perpetuo de paz, siendo todos nobles y nacidos de un padre, y dotados de un mismo spíritu de paz y nobleza? Y la governación y las leyes ¿quién las desechará como [266] duras, siendo leyes de amor, quiero dezir, tan blandas leyes que el mandar no es otra cosa sino hazer amar lo que se manda? Con razón, pues, dixo el ángel de aqueste *rey* a la Virgen: *Y reynará en la casa de Iacob, y su reyno no tendrá fin* [267]. Y David, tanto antes deste su glorioso descendiente, cantó en el psalmo setenta y dos lo que Sabino, pues ha tomado este officio, querrá dezir en el verso en que lo [268] puso su amigo.

Y Sabino dixo luego:

—Deve ser la parte, según sospecho, adonde dize de aquesta manera:

> Serás temido tú mientras luziere
> El sol y luna, y quanto
> La rueda de los siglos se bolviere [269].

---

[265] *A: como el que es*
[266] *A: de sí como*
[267] *Lc.*, I, 32-33.
[268] *A: le*
[269] *Sal.* LXXII, 5.

Y de lo que toca a la blandura de su govierno y a la felicidad de los suyos dize:

Influyrá amoroso
Qual la menuda lluvia y qual rocío
En prado deleytoso;
Florecerá en su tiempo el poderío
Del bien, y una pujança
De paz que durará no un siglo solo [270].

Y prosiguiendo luego Marcello, añadió:

—Pues obra que dura siempre, y que ni el tiempo la gasta ni la edad la envegece, cosa clara es que es obra propria y digna de Dios, el qual, como es sempiterno, assí se precia de aquellas cosas que haze que son de mayor duración. Y pues los demás reyes y reynos son por sus defectos subjectos a fenescer, y a la fin miserablemente fenescen, y aqueste *rey* nuestro floresce y se abiva más con la edad, sean todos los reyes de Dios, pero éste solo sea propriamente su *rey*, que reyna sobre todos los demás y que, passados todos ellos y consumidos, tiene de permanescer para siempre.

Aquí Iuliano, pareciéndole que Marcello concluýa ya su razón, dixo:

—Y aun podéys, Marcello, ayudar essa verdad que dezís, confirmándola con la differencia que la Sagrada Escriptura pone quando significa los reynos de la tierra o quando habla de aqueste reyno de Christo, porque dize con ella muy bien.

—Esso mismo quería añadir —dixo entonces Marcello— para con ello no dezir más deste nombre. Y assí dezís muy bien, Iuliano, que la manera differente como la Escriptura nombra estos reynos, ella misma nos dize la condición y perpetuydad del uno, y la mudança y fin de los otros. Porque estos reynos que se levantan en la tierra y se estienden por ella, y la enseñorean y mandan, los prophetas, quando quieren hablar dellos, signifícanlos por nombres de vientos o de bestias brutas y fieras, mas a Christo y a su reyno llámanle *monte*.

---

[270] *Sal.* LXXII, 6-7.

Daniel, hablando de las quatro monarchías que ha avido en el mundo [271] —los chaldeos, los persas, los romanos, los griegos—, dize que vio los quatro vientos que peleavan entre sí, y luego pone por su orden quatro bestias, unas de otras differentes cada una en su significación. Y Zacharías ni más ni menos, en el capítulo seys, después de aver prophetizado e introduzido para el mismo fin de significación quatro quadregas de cavallos differentes en colores y pelo, dize: *Aquestos son los quatro vientos,* con lo demás que después de aquesto se sigue [272]. Porque a la verdad, todo este poder temporal y terreno que manda en el mundo, tiene más de estruendo que de sustancia, y pássase, como el ayre, bolando, y nasce de pequeños y occultos principios. Y como las bestias carecen de razón, y se goviernan por fiereza y por crueldad, assí lo que ha levantado y levanta estos imperios de tierra es lo bestial que ay en los hombres: la ambición fiera y la cobdicia desordenada del mando, y la vengança sangrienta y el coraje, y la braveza y la cólera, y lo demás que, como esto, es fiero y bruto en nosotros, y assí finalmente perecen.

Mas a Christo y a su reyno, el mismo Daniel una vez le significa por nombre de *monte,* como en el capítulo segundo [273], y otras le llama *hombre,* como en el capítulo séptimo [274] de que agora dezíamos. Donde se escrive que vino uno como hijo de hombre, y se presentó delante del anciano de días, al qual el anciano dio pleno y sempiterno poder sobre las gentes todas. Para en lo primero, del *monte,* mostrar la firmeza y no mudable duración deste reyno, y en lo segundo, del *hombre,* declarar que esta sancta monarchía no nasce ni se govierna, ni por affectos bestiales, ni por inclinaciones del sentido desordenadas, sino que todo ello es obra de juyzio y de razón, y para mostrar que es monarchía adonde reyna, no la crueldad fiera, sino la clemencia humana en todas las maneras que he dicho.

[271] *Dan.,* VII, 2.
[272] *Zac.,* VI, 5.
[273] *Dan.,* II, 34-35, 45.
[274] *Dan.,* VII, 4.

Y aviendo dicho esto Marcello, calló como disponiéndose para començar otra plática, mas Sabino, antes que començasse, le dixo:

—Si me dáys licencia, Marcello, y no tenéys más que dezir acerca deste nombre, os preguntaré dos cosas que se me offrecen, y de la una ha gran rato que dudo, y de la otra me puso agora dubda aquesto que acabáys de dezir.

—Vuestra es la licencia —respondió entonces Marcello—, y gustaré mucho de saber qué dudáys.

—Començaré por lo postrero —respondió Sabino—, y la duda que se me offrece es que Daniel y Zacharías, en los lugares que avéys alegado, ponen solamente quatro imperios o monarchías terrenas, y en el hecho de la verdad parece que ay cinco, porque el imperio de los turcos y de los moros, que agora florece, es differente de los quatro passados, y no menos poderoso que muchos dellos, y si Christo con su venida, y levantando su reyno, avía de quitar de la tierra qualquier otra monarchía, como parece averlo prophetizado Daniel [275] en la piedra que hirió en los pies de la estatua, ¿cómo se compadece que después de venido Christo, y después de averse derramado su doctrina y su nombre por la mayor parte del mundo, se levante un imperio ageno de Christo en él, y tan grande como es aqueste que digo? Y la segunda duda es acerca de la manera blanda y amorosa con que avéis dicho que govierna su reyno Christo. Porque en el psalmo segundo [276], y en otras partes, se dize dél que regirá con vara de hierro, y que desmenuzará a sus súbditos como si fuessen vasos de tierra [277].

—No son pequeñas difficultades, Sabino, las que avéys movido —dixo Marcello entonces—, y señaladamente la primera es cosa rebuelta [277 bis] y de duda, y adonde quisiera yo más oýr el parecer ageno que no dar el mío. Y aun es cosa que, para averse de tratar de raýz, pide

---

[275] *Dan.*, II, 34.
[276] *Sal.* II, 9.
[277] A: *y, como si fuessen vasos de tierra, assí los desmenuzará a sus súbditos.*
[277 bis] *rabuelta,* en el original.

mayor espacio del que al presente tenemos. Pero por satisfazer a vuestra voluntad, diré con brevedad lo que al presente se offrece y lo que podrá bastar para el negocio presente.

Y luego, bolviéndose a Sabino y mirándole, dixo:

—Algunos, Sabino, que vos bien conocéys, y a quien todos amamos y preciamos mucho por la excellencia de sus virtudes y letras, han querido dezir que este imperio de los moros y de los turcos, que agora se esfuerça tanto en el mundo, no es imperio different del romano, sino parte que procede dél y le constituye y compone. Y lo que dize Zacharías de la quadrega quarta, cuyos cavallos dize que eran manchados y fuertes, lo declaran assí que sea aquesta quadrega este postrero imperio de los romanos, el qual, por la parte dél que son los moros y turcos, se llama *fuerte,* y por la parte del occidental que está en Alemaña, adonde los emperadores no se succeden sino se eligen de differentes familias, se [278] nombra *vario* o *manchado.*

Y a lo que yo puedo juzgar, Daniel, en dos lugares, parece que favorece algo a aquesta sentencia. Porque en el capítulo segundo, hablando de la estatua en que se significó el processo y qualidades de todos los imperios terrenos, dize [279] que las canillas della eran de hierro, y los pies de hierro y de barro mezclados, y las canillas y los pies, como todos confiessan, no son imagen de dos differentes imperios, sino del imperio romano sólo, el qual, en sus primeros tiempos, fue todo de hierro por razón de la grandeza y fortaleza suya —que puso a toda la redondez debaxo de sí—, mas agora en lo último, lo occidental dél es flaco y como de barro, y lo oriental, que tiene en Constantinopla su silla, es muy fuerte y muy duro. Y que este hierro duro de los pies, que según aqueste parecer representa a los turcos, nazca y proceda del hierro de las canillas, que son los antiguos romanos, y que assí éstos como aquéllos pertenezcan a un mismo reyno, parece que lo testificó Daniel en el mismo lugar quando, según el texto latino, dize que del tronco o,

[278] *A: le*
[279] *Dan.,* II, 33.

como si dixéssemos, de la raýz del hierro de las canillas, nascía el hierro que se mezclava con el barro en los pies. Y ni más ni menos el mismo propheta, en el capítulo siete [280], en la quarta bestia terrible, que sin duda son los romanos, parece que affirma lo mismo, porque dize que tenía diez cuernos, y que después le nasció un otro cuerno pequeño, que cresció mucho y quebrantó tres de los otros. El qual cuerno parece que es el reyno del turco, que començó de pequeños y baxos principios, y con su gran crescimiento tiene ya quebrantadas y subjectadas a sí dos sillas poderosas del imperio romano, la de Constantinopla y la de los soldanes [281] de Egypto, y anda cerca de hazer lo mismo en alguna de las otras que quedan. Y si este cuerno es el reyno del turco, cierto es que este reyno es parte del reyno de los romanos y parte [282] que se encierra en él, pues es cuerno, como dize Daniel, que nasce en la quarta bestia, en la qual se representa el imperio romano, como dicho es. Assí que algunos ay a quien esto parece, según los quales se responde fácilmente, Sabino, a vuestra questión.

Pero si tengo de dezir lo que siento, yo hallé siempre en ello [283] grandíssima difficultad. Porque, ¿qué ay en los turcos por donde se puedan llamar romanos, o su imperio pueda ser avido por parte del imperio romano? ¿Linage? Por la historia sabemos que no lo ay. ¿Leyes? Son muy differentes [284]. ¿Forma de govierno y de república? No ay cosa en que menos convengan. ¿Lengua, hábito, estilo de bivir o de religión? No se podrán hallar dos naciones que más se differencien en esto [285]. Porque dezir que pertenesce al imperio romano su imperio porque vencieron a los emperadores romanos, que tenían en Constantinopla su silla, y, derrocándolos della, les succedieron, si juzgamos bien, es dezir que todos los quatro imperios no son quatro differentes imperios, sino

[280] *Dan.*, VII, 7.
[281] 'sultanes'
[282] *A y B: y que es parte*
[283] *A y B: en ello siempre*
[284] *A y B: Son differentíssimas las de estos hombres.*
[285] *B: que assí en esto, como en todo lo demás, sean tan differentes.*

sólo un imperio[286], porque a los chaldeos vencieron los persas y les succedieron en Babylonia que era su silla, en la qual los persas estuvieron assentados por muchos años hasta que, succediendo los griegos, y siendo su capitán Alexandre, se la dexaron a su pesar, y a los griegos, después, los romanos los depusieron. Y assí, si el succeder en el imperio y assiento mismo haze que sea uno mismo el imperio de los que succeden y de aquellos a quien se succede, no ha avido más de un imperio jamás. Lo qual, Sabino, como vos véys, ni se puede entender bien ni dezir.

Por donde algunas vezes me inclino a pensar que los prophetas del Viejo Testamento hizieron mención de quatro reynos solos, como, Sabino, dezís, y que no encerraron en ellos el mando y poder de los turcos, ni por caso tuvieron luz dél. Porque su fin acerca deste artículo era prophetizar el orden y successión de los reynos que avía de aver en la tierra hasta que començasse en ella a descubrirse el reyno de Christo, que era el blanco de su prophecía, y aquello de cuyo feliz principio y successo querían dar noticia a las gentes. Mas si después del nascimiento de Christo y de su venida, y del comienço de su reynar, y en el mismo tiempo en que va agora reynando con la espada en la mano y venciendo a sus enemigos, y escogiendo de entre ellos a su Iglesia querida para reynar él solo en ella gloriosa y descubiertamente por tiempo perpetuo, así que si en este tiempo que digo, desde que Christo nasció hasta que se cierren los siglos, se avía de levantar en el mundo algún otro imperio terreno fuerte y poderoso, y no menor que los quatro passados, de esso, como de cosa que no pertenescía a su intento, no dixeron nada los que prophetizaron antes de Christo, sino dexólo esso la providencia de Dios para descubrirlo a los prophetas del Testamento Nuevo, y para que ellos lo dexassen escripto en las escripturas que dellos la Iglesia tiene.

Y assí S. Iuan, en el *Apocalipsi,* si yo no me engaño mucho, haze clara mención —clara, digo, quanto le es da-

---

[286] *A* y *B: un imperio solo*

do al propheta—, deste imperio del turco, y no como de imperio que pertenesce a ninguno de los quatro de quien en el Testamento Viejo se dize, sino como de imperio differente dellos y quinto imperio. Porque dize, en el capítulo treze [287], que vio una bestia que subía de la mar con siete cabeças y diez cuernos y otras tantas coronas, y que ella era semejante a un pardo [288] en el cuerpo, y que los pies eran como de osso y la boca semejante a la del león, y no podemos negar sino que esta bestia es imagen de algún grande reyno e imperio, assí por el nombre de *bestia* como por las coronas y cabeças y cuernos que tiene, y señaladamente porque, declarándose el mismo Sant Iuan, dize poco después [289] que le fue concedido a esta bestia que moviesse guerra a los sanctos y que los venciesse, y que le fue dado poderío sobre todos los tribus y pueblos y lenguas y gentes. Y assí como es averiguado esto, assí también es cosa evidente y notoria que esta bestia no es alguna de las quatro que vio Daniel, sino muy differente de todas ellas, assí como la pintura que della haze Sant Iuan es muy differente. Luego si esta bestia es imagen de reyno, y es bestia dessemejante de las quatro passadas, bien se concluye que avía de aver en la tierra un imperio quinto después del nascimiento de Christo, demás de los quatro que vieron Zacharías y Daniel, que es este que vemos.

Y a lo que, Sabino, dezís, que si Christo, nasciendo y començando a reynar por la predicación de su dichoso Evangelio, avía de reduzir a polvo y a nada los reynos y principados del suelo, como lo figuró Daniel en la piedra que hirió y deshizo la estatua, ¿cómo se compadescía que después de nascido él, no sólo durasse el imperio romano, sino nasciesse y se levantasse otro tan poderoso y tan grande?; a esto se ha de dezir, y es cosa muy digna de que se advierta y entienda, que este golpe que dio en la estatua la piedra, y este herir Christo y desmenuzar los reynos del mundo, no es golpe que se dio en

---

[287] *Ap.,* XIII, 1.
[288] 'leopardo'
[289] *Ap.,* XIII, 7.

un breve tiempo y se passó luego, o golpe que hizo todo su effecto junto en un mismo instante, sino golpe que se començó a dar quando se començó a predicar el Evangelio de Christo, y se dio después en el discurso de su predicación, y se va dando agora, y que durará golpeando siempre y venciendo hasta que todo lo que le ha sido adverso, y en lo venidero le fuere, quede deshecho y vencido. De manera que el reyno del cielo, començando y saliendo a luz, poco a poco va hiriendo la estatua, y persevera hiriéndola por todo el tiempo que tardare él de llegar a su perfecto crescimiento y de salir a su luz gloriosa y perfecta.

Y todo aquesto es un golpe con el qual ha ido deshaziendo, y continamente deshaze, el poder que Satanás tenía usurpado en el mundo, derrocando agora en una gente, agora en otra, sus ídolos, y deshaziendo su adoración; y como va venciendo aquesta dañada cabeça, va también juntamente venciendo sus miembros, y no tanto deshaziendo el reyno terreno —que es necessario en el mundo—, quanto derrocando todas las condiciones de reynos y de gentes que le son rebeldes, destruyendo a los contumaces y ganando para sí, y para mejor y más bienaventurada manera de reyno, a los que se le subjectan y rinden. Y de aquesta manera, y de las caýdas y ruynas del mundo, saca él y allega su Iglesia, para, en teniéndola entera como dezíamos, todo lo demás, como a paja inútil, enviarlo al eterno fuego, y él solo con ella sola, abierta y descubiertamente, reynar glorioso y sin fin. Y con aquesto mismo, Sabino, se responde a lo que últimamente preguntastes.

Porque avéys de entender que este reyno de Christo tiene dos estados, assí respecto de cada un particular en quien reyna secretamente, como respecto de todos en común, y de lo manifiesto dél y de lo público. El un estado es de contradición y de guerra, el otro será de triumpho y de paz. En el uno tiene Christo vassallos obedientes y tiene también rebeldes, en el otro todo le obedecerá y servirá con amor. En éste quebranta con vara de hierro a lo rebelde y govierna con amor a lo súbdito, en aquél todo le será súbdito de voluntad.

Y para declarar esto más, y tratando del reyno que tiene Christo en cada un ánima justa, dezimos que de una manera reyna Christo en cada uno de los justos aquí, y de otra manera reynará en el mismo después, no de manera que sean dos reynos, sino un reyno que, començando aquí, dura siempre, y que tiene, según la differencia del tiempo, diversos estados. Porque aquí lo superior del alma está subjecto de voluntad a la gracia, que es como una imagen de Christo y lugarteniente suyo hecho por él, y puesto en ella por él para que le presida y le dé vida, y la rija y govierne. Mas rebélase contra ella y pretende hazerle contradición, siguiendo la vereda de su appetito, la carne y sus malos desseos y affectos. Mas pelea la gracia, o por mejor dezir, Christo en la gracia, contra estos rebeldes, y como el hombre consienta ser ayudado della, y no resista a su movimiento, poco a poco los doma y los subjecta, y va extendiendo el vigor de su fuerça insensiblemente por todas las partes y virtudes del alma, y, ganando sus fuerças, derrueca sus malos appetitos della, y a sus desseos, que eran como sus ídolos, se los quita y deshaze, y finalmente, conquista poco a poco todo aqueste reyno nuestro interior, y reduze a su sola obediencia todas las partes dél, y queda ella hecha señora única, y reyna resplandesciendo en el throno del alma, y no sólo tiene debaxo de sus pies a los que le eran rebeldes, mas, desterrándolos del alma y desarraygándolos della, haze que no sean, dándoles perfecta muerte, lo qual se pondrá por obra enteramente en la resurrectión postrera, adonde también se acabará el primer estado de aqueste reyno, que avemos llamado estado de guerra y de pelea, y començará el segundo estado de triumpho y de paz.

Del qual tiempo dize bien Sant Machario: *Porque entonces,* dize, *se descubrirá por defuera en el cuerpo lo que agora tiene athesorado el alma dentro de sí, ansí como los árboles, en passando el invierno, y aviendo tomado calor la fuerça que en ellos se encierra con el sol y con la blandura del ayre, arrojan afuera hojas y flores y fructos, y ni más ni menos como las yervas en la misma sazón sacan afuera sus flores, que tenían encerradas en*

el seno del suelo, con que la tierra y las yervas mismas
se adornan: que todas estas cosas son imágines de lo que
será en aquel día en los buenos christianos. Porque todas
las almas amigas de Dios, esto es, todos los christianos de
veras, tienen su mes de abril, que es el día quando re-
suscitaren a vida, adonde, con la fuerça del Sol de justi-
cia, saldrá afuera la gloria del Spíritu Sancto, que cobi-
jará a los justos sus cuerpos, la qual gloria tienen agora
encubierta en el alma; que lo que agora tienen, esso sa-
carán entonces a la clara en el cuerpo. Pues digo que
éste es el mes primero del año, éste el mes con que todo
se alegra, éste viste los desnudos árboles desatando la
tierra, éste en todos los animales produze deleyte, y éste
es el que regozija todas las cosas; pues éste, por la mis-
ma manera, es en la resurrección su verdadero abril a los
buenos, que les vestirá de gloria los cuerpos, de la luz
que agora contienen en sí mismas sus almas, esto es, de
la fuerça y poder del espíritu, el qual, entonces, les será
vestidura rica, y mantenimiento y bevida y regozijo, y
alegría y paz y vida eterna [290].

Esto dize Machario [291]. Porque, de allí en adelante, toda
el alma y todo el cuerpo quedarán subjectos perdurable-
mente a la gracia, la qual, assí como será señora entera
del alma, assimismo hará que el alma se enseñoree del
todo del cuerpo. Y como ella, infundida hasta lo más íntimo de la voluntad y razón, y embevida por todo su
ser y virtud, le dará ser de Dios y la transformará quasi
en Dios, assí también hará que, lançándose el alma por
todo el cuerpo y actuándole perfectíssimamente, le dé
condiciones de espíritu y quasi le transforme en espíritu.
Y assí el alma, vestida de Dios, verá a Dios y tratará
con él conforme al estilo del cielo, y el cuerpo, quasi
hecho otra alma, quedará dotado de sus qualidades della,
esto es, de immortalidad y de luz y de ligereza, y de un
ser impassible, y ambos juntos, el cuerpo y el alma, no
tendrán ni otro ser ni otro querer, ni otro movimiento
alguno más de lo que la gracia de Christo pusiere en ellos,

---

[290] *Homil.,* V.
[291] *A:* Omite desde *Del qual tiempo* hasta aquí, es decir, la
cita completa de San Macario, que se añadió en la 2.ª ed.

que ya reynará en ellos para siempre gloriosa y pacífica.

Pues lo que toca a lo público y universal deste reyno, va también por la misma [292] manera. Porque agora, y quanto durare la succesión destos siglos, reyna en el mundo Christo con contradición, porque unos le obedecen y otros se le rebelan, y con los subjectos es dulce, y con los rebeldes y contradizientes tiene guerra perpetua. Por medio de la qual, y según las secretas y no comprehensibles formas de su infinita providencia y poder, los ha ydo y va deshaziendo [293]. Primero, como dezía, derrocando las cabeças, que son los demonios, que en contradición de Dios y de Christo se avían levantado con el señorío de todos los hombres, subjectándolos a sus vicios e ídolos. Assí que primero derrueca a éstos, que son como los caudillos de toda la infidelidad y maldad, como lo vimos en los siglos passados, y agora en el Nuevo Mundo lo vemos. Porque sola la predicación del Evangelio, que es dezir la virtud y la palabra de solo Christo [294], es lo que siempre ha deshecho la adoración de los ídolos.

Pues derrocados éstos, lo segundo, a los hombres que son sus miembros dellos, digo a los hombres que siguen su boz y opinión, y que son en las costumbres y condiciones como otros demonios, los vence también, o reduziéndolos a la verdad o, si perseveran en la mentira duros, quebrantándolos y quitándolos del mundo y de la memoria. Assí ha ydo siempre desde su principio el Evangelio, y como el sol, que, moviéndose siempre y embiando siempre su luz, quando amanece a los unos a los otros se pone, assí el Evangelio y la predicación de la doctrina de Christo, andando siempre y corriendo de unas gentes a otras, y passando por todas, y amaneciendo a las unas y dexando a las que alumbravan antes en obscuridad, va levantando fieles y derrocando imperios, ganando escogidos y assolando los que no son ya de provecho ni fructo.

Y si permite que algunos reynos infieles crezcan en

---

[292] A: mesma
[293] A y B: y va todavía deshaziendo maravillosamente.
[294] A: de Christo solo

señorío y poder, házelo para por su medio dellos traer a perfectión las piedras que edifican su Iglesia, y assí, aun quando éstos vencen, él vence y vencerá siempre, e yrá por esta manera de contino añadiendo nuevas victorias, hasta que, cumpliéndose el número determinado de los que tiene señalados para su reyno, todo lo demás, como a desaprovechado e inútil, vencido ya y convencido por sí, lo encadene en el abysmo donde no parezca sin fin, que será quando tuviere fin este siglo, y entonces tendrá principio el segundo estado deste gran reyno, en el qual, desechadas y olvidadas las armas, sólo se tratará de descanso y de triumpho, y los buenos serán puestos en la possessión de la tierra y del cielo, y reynará Dios en ellos solo y sin término, que será estado mucho más feliz y glorioso de lo que ni hablar ni pensar se puede, y del uno y del otro estado escrivió S. Pablo maravillosamente, aunque con breves palabras. Dize a los de Corintho: *Conviene que reyne él hasta que ponga a todos sus enemigos debaxo de sus pies, y a la postre de todos, será destruyda la muerte enemiga. Porque todo lo subjectó a sus pies, mas quando dize que todo le está subjecto, sin duda se entiende todo, excepto aquel que se lo subjectó. Pues quando todo le estuviere subjecto, entonces el mismo hijo estará subjecto a aquel que le subjectó a él todas las cosas, para que Dios sea en todos todas las cosas* [295].

Dize que conviene que reyne Christo hasta que ponga debaxo de sus pies a sus enemigos, y hasta que dexe en vazío a todos los demás señoríos, y quiere dezir que conviene que el reyno de Christo, en el estado que dezimos de guerra y de contradición, dure hasta que, aviéndolo subjectado todo, alcance entera victoria de todo. Y dize que, quando uviere vencido a lo demás, lo postrero de todo vencerá a la muerte, último enemigo, porque, cerrados los siglos y deshechos todos los rebeldes, dará fin a la corrupción y a la mudança, y resuscitará a los suyos gloriosos para más no morir, y con esto se acabará el primer estado de su reyno de guerra, y nascerá la vida y la gloria y, lleno de despojos y de vencimientos, presentará

---

[295] I *Cor.,* XV, 25-28. B: *en todas las cosas.*

su Iglesia a su Padre, que reynará en ella juntamente con su Hijo en felicidad sempiterna. Y dize que entonces, esto es, en aquel estado segundo, será Dios en todos todas las cosas, por dos razones: una, porque todos los hombres y todas las partes y sentidos e inclinaciones que en cada uno dellos ay, le estarán obedientes y subjectos, y reynará en ellos la ley de Dios sin contienda, que, como vemos en la oración que el Señor nos enseña [296], estas dos cosas andan juntas o casi son una misma, el reynar Dios y el cumplir nosotros su voluntad y su ley enteramente, assí como se cumple en el cielo. Y la otra razón es porque será Dios entonces, él solo y por sí, para su reyno todo aquello que a su reyno fuere necessario y provechoso, porque él les será el príncipe y el corregidor, y el secretario y el consejero; y todo [297] lo que agora se govierna por differentes ministros, él por sí solo lo administrará con los suyos, y él mismo les será la riqueza y el dador della, el descanso, el deleyte, la vida.

Y como Platón dize del officio del rey, que ha de ser de pastor [298], assí como llama Homero a los reyes [299], porque ha de ser para sus súbditos todo, como el pastor para sus ovejas lo es, porque él las apascienta y las guía, y las cura y las lava, y las tresquila y las recrea, assí Dios será entonces con su dichoso ganado muy más perfecto pastor, o será alma en el cuerpo de su Iglesia querida, porque, junto entonces y enlazado con ella, y metido por toda ella por manera maravillosa hasta lo íntimo, assí como agora por nuestra alma sentimos, assí en cierta manera

---

[296] Es decir, la oración por antonomasia, el «Padre nuestro».

[297] *A: y el corregidor, y todo*

[298] Platón, propiamente, habla de los gobernantes, sin referirse explícitamente al rey: «A la profesión de pastor —dice Sócrates a Trasímaco— no interesa otra cosa que aquello para lo que ha sido ordenada, a fin de procurarle lo mejor. Así estimaba yo que era necesario nuestro acuerdo respecto a que todo gobierno, en cuanto gobierno, no considera otro bien que el del súbdito y el del gobernado, tanto si es público como privado.» *(República,* en *Obras completas,* trad., preámbulos y notas de M. Araújo, F. García Yagüe, L. Gil, etc., Madrid, Aguilar, 1972, pág. 677 *b.)*

[299] *Ilíada, passim:* Agamenón, *vgr.,* es llamado *pastor de pueblos, pastor de hombres* —así, entre otras, en las rapsodias II, XI, etc.

entonces veremos y sentiremos y entenderemos y nos moveremos por Dios, y Dios echará rayos de sí por todos nuestros sentidos, y nos resplandescerá por los rostros. Y como en el hierro encendido no se vee sino fuego, assí lo que es hombre casi no será sino Dios, que con su Christo reynará enseñoreado perfectamente de todos. De cuyo reyno, o de la felicidad deste su estado postrero, ¿qué podemos mejor dezir que lo que dize el Propheta? *Di alabanças, hija de Sión; gózate con júbilo, Israel; alégrate y regozíjate de todo tu coraçón, hija de Hierusalem; que el Señor dio fin a tu castigo, apartó de ti su açote, retiró tus enemigos el Rey de Israel. El Señor en medio de ti, no temerás mal de aquí adelante* [300].

O como otro propheta lo dixo: *No sonará ya de allí adelante en tu tierra maldad ni injusticia, ni assolamiento ni destruyción en tus términos; la salud se enseñoreará por tus muros, y en las puertas tuyas sonará boz de loor. No te servirás de allí adelante del sol para que te alumbre en el día, ni el resplandor de la luna será tu lumbrera, mas el Señor mismo te valdrá por sol sempiterno, y será tu gloria y tu hermosura tu Dios. No se pondrá tu sol jamás, ni tu luna se menguará, porque el Señor será tu luz perpetua, que ya se fenescieron de tu lloro los días. Tu pueblo todo serán justos todos; heredarán la tierra sin fin, que son fructo de mis posturas* [301], *obra de mis manos para honra gloriosa. El menor valdrá por mil, y el pequeñito más que una gente fortíssima; que yo soy el Señor, y en su tiempo yo lo haré en un momento* [302].

Y en otro lugar: *Serán allí en olvido puestas las congoxas primeras, y ellas se les asconderán de los ojos. Porque yo criaré nuevos cielos y nueva tierra, y los passados no serán remembrados* [303] *ni subirán a las mientes. Porque yo criaré a Hierusalem regozijo, y alegría su pueblo, y me regozijaré yo en Hierusalem, y en mi pueblo me gozaré. Boz de lloro ni boz lamentable de llanto no será ya allí más oýda, ni avrá más en ella niño en días ni ancia-*

---

[300] *Sóf.*, III, 14-15.
[301] 'plantas o arbolillos tiernos que se transplantan'
[302] *Is.*, LX, 18-22.
[303] 'recordados'

*no que no cumpla sus años; porque el de cient años,
moço perecerá, y el que de cient años peccador fuere, será
maldito. Edificarán y morarán, plantarán viñas y comerán
de sus fructos. No edificarán y morarán otros, no plantarán y será de otro comido. Porque conforme a los días
del árbol de vida, será el tiempo del bivir de mi pueblo.
Las obras de sus manos se envejecerán por mil siglos.
Mis escogidos no trabajarán en vano, ni engendrarán para
turbación y tristeza. Porque ellos son generaciones de los
benditos de Dios, y es lo que dellos nasce, qual ellos.
Y será, que antes que levanten la boz, admitiré su pedido, y en el menear de la lengua, yo los oyré. El lobo y el
cordero serán apascentados como uno, el león comerá
heno assí como el buey, y polvo será su pan de la sierpe.
No maleficiarán, no contaminarán, dize el Señor, en toda
la sanctidad de mi monte* [304].

Calló Marcello un poco, luego que dixo esto, y luego
tornó a dezir:

—Bastará, si os parece, para lo que toca al nombre de
Rey, lo que avemos agora dicho, dado que mucho más
se pudiera dezir; mas es bien que repartamos el tiempo
con lo que resta.

Y tornó luego a callar. Y descansando y como reco-
giéndose todo en sí mismo por un espacio pequeño, alçó
después los ojos al cielo, que ya estava sembrado de estrellas, y teniéndolos en ellas como enclavados [305], començó a dezir assí:

---

[304] *Is.,* LXV, 16-25. En *A,* se omite toda la cita de Isaías,
desde *Y en otro lugar: Serán allí* hasta *de mi monte.*
[305] *A: como enclavados en ellas*

[PRÍNCIPE DE PAZ] [306]

—Quando la razón no lo demonstrara, ni por otro camino se pudiera entender quán amable cosa sea la paz, esta vista hermosa del cielo que se nos descubre agora, y el concierto que tienen entre sí aquestos resplandores que luzen en él, nos dan dello [307] sufficiente testimonio. Porque ¿qué otra cosa es sino paz o, ciertamente, una imagen perfecta de paz, esto que agora vemos en el cielo y que con tanto deleyte se nos viene a los ojos? Que si la paz es, como Sant Augustín breve y verdaderamente concluye [308], una orden sossegada o un tener sossiego y firmeza en lo que pide el buen orden, esso mismo es lo que nos descubre agora esta imagen. Adonde el exército de las estrellas, puesto como en ordenança y como concertado por sus hileras, luze hermosíssimo, y adonde cada una dellas inviolablemente guarda su puesto, adonde no usurpa ninguna el lugar de su vezina, ni la turba en su officio, ni menos, olvidada del suyo, rompe jamás la ley eterna y sancta que le puso la providencia, antes, como hermanadas todas, y como mirándose entre sí y commu-

---

[306] A juicio de Menéndez Pelayo, la prosa de este capítulo, por su sosiego, orden, medida, número y ritmo, sería el mejor comentario de la «Oda a Salinas» del propio Fray Luis, tanto desde el punto de vista formal como ideológico (*Ideas estéticas*, t. II, Madrid, C.S.I.C., MCMXL, pág. 102).

[307] *B: de aquesta verdad*

[308] *De civitate Dei*, Lib. XIX, cap. XIII.

nicando sus luzes las mayores con las menores, se hazen muestra de amor y, como en cierta manera, se reverencian unas a otras, y todas juntas templan a vezes sus rayos y sus virtudes, reduziéndolas a una pacífica unidad de virtud, de partes y aspectos differentes compuesta, universal y poderosa sobre toda manera [309].

Y si assí se puede dezir, no sólo son un dechado de paz claríssimo y bello, sino un pregón y un loor que, con bozes manifiestas y encarescidas, nos notifica quán excellentes bienes son los que la paz en sí contiene y los que haze en todas las cosas. La qual boz y pregón, sin ruydo se lança en nuestras almas y, de lo que en ellas lançada haze, se vee y entiende bien la efficacia suya y lo mucho que las persuade. Porque luego, como convencidas de quánto les es útil y hermosa la paz, se comiençan ellas a pacificar en sí mismas y a poner a cada una de sus partes en orden. Porque, si estamos attentos a lo secreto que en nosotros passa, veremos que este concierto y orden de las estrellas, mirándolo, pone en nuestras almas sossiego, y veremos que con sólo tener los ojos enclavados en él con atención, sin sentir en qué manera, los desseos nuestros y las affectiones turbadas, que confusamente movían ruydo en nuestros pechos de día, se van quietando poco a poco y, como adormesciéndose, se reposan tomando cada una su assiento y, reduziéndose a su lugar proprio, se ponen sin sentir en subjectión y concierto. Y veremos que assí como ellas se humillan y callan, assí lo principal y lo que es señor en el alma, que es la razón, se levanta y recobra su derecho y su fuerça y, como alentada con esta vista celestial y hermosa, concibe pensamientos altos y dignos de sí y, como en una

---

[309] El parentesco de este pasaje con otros de la oda «Noche serena» y del *Job* ha sido subrayado por la crítica. Por lo demás, el tema de la noche estrellada es uno de los predilectos de Fray Luis. Como observa E. Orozco Díaz, «su hora preferida será la de la noche, cuando la belleza del cielo se exalta; Fray Luis será, sobre todo, el cantor de la noche serena; es el momento en que llega a la más íntima comunicación con lo creado». (*Paisaje y sentimiento de la naturaleza en la poesía española,* Madrid, Prensa Española, 1968, pág. 128.)

cierta manera, se recuerda de su primer origen [310], y al fin pone todo lo que es vil y baxo en su parte, y huella sobre ello [311]. Y assí, puesta ella en su throno como emperatriz, y reduzidas a sus lugares todas las demás partes del alma, queda todo el hombre ordenado y pacífico.

Mas ¿qué digo de nosotros que tenemos razón? Esto insensible, y aquesto rudo del mundo, los elementos y la tierra y el ayre y los brutos, se ponen todos en orden y se quietan luego que, poniéndose el sol, se les representa aqueste exército resplandesciente. ¿No veys el silencio que tienen agora todas las cosas, y cómo parece que, mirándose en este espejo bellíssimo, se componen todas ellas y hazen paz entre sí, bueltas a sus lugares y officios, y contentas con ellos?

Es, sin duda, el bien de todas las cosas universalmente la paz, y assí, donde quiera que la veen, la aman [312]. Y no sólo ella, mas la vista de su imagen de ella, las enamora

---

[310] A: *de su origen primera*

[311] Estas ideas tienen su expresión lírica en la oda «A Salinas»: «He aquí, pues —comenta Dámaso Alonso—, que para Fray Luis los efectos que en el alma producen la música humana (en la oda) y la contemplación de la armonía celeste (en este pasaje de los *Nombres de Cristo*) son idénticos, tan idénticos, que el poeta usa para los dos exactamente la misma expresión: *se recuerda de su primer oigen*». (*Poesía española. Ensayo de métodos y límites estilísticos,* Madrid, Gredos, 1957, pág. 185.) Fray Luis desarrolla de nuevo el tema en el cap. IV de la *Exposición del Libro de Job (Obras completas castellanas,* t. II, Madrid, B.A.C., MCMLVII, pág. 865). Para Dámaso, esos pasajes son «de una belleza y una diafanidad tan cimera en la prosa como nuestra oda a Salinas en el verso» (*ib.,* pág. 186).

[312] La deuda de estos párrafos con el Pseudo Areopagita es muy grande: *Age itaque diuinam coplectentemque omnia pacem, pacificis efferamus laudibus. Haec est enim quae cuncta connectit, concordiamque omnium atque consensum gignit et efficit, cuius rei gratia ipsam quoque desiderant omnia, vt quae diuisibilem ipsorum multitudinem ad totam conuertit vnitatem, intestinumque mundanae machinae bellum (quo foedere mirabili congruat) efficit. Diuinae participatione pacis, antiquiores vnientium virtutum et ipse ad seipsas, et ad inuicem coniunguntur atque ad vnam omnium principatū gerentem pacem, etiam et quae sibi subiecta sunt iungunt, ipsaque et ad se et ad inuicem, et ad unū atque perfectum omnium pacis initium, aucthoremque stringuntur. (De divinis nominibus,* ed. cit., fol. cxxii *r.)*

y las enciende en cobdicia de assemejársele, porque todo se inclina fácil y dulcemente a su bien. Y aun si confessamos, como es justo confessar, la verdad, no solamente la paz es amada generalmente de todos, mas sola ella es amada y seguida y procurada por todos. Porque quanto se obra en esta vida por los que bivimos en ella, y quanto se dessea y affana, es por conseguir este bien de la paz, y éste es el blanco adonde endereçan su intento, y el bien a que aspiran todas las cosas. Porque si navega el mercader y si corre las mares, es por tener paz con su cobdicia que le solicita y guerrea. Y el labrador, en el sudor de su cara y rompiendo la tierra, busca paz, alexando de sí quanto puede al enemigo duro de la pobreza. Y por la misma manera, el que sigue el deleyte, y el que anhela a la honra, y el que brama por la vengança, y, finalmente, todos y todas las cosas, buscan la paz en cada una de sus pretensiones, porque, o siguen algún bien que les falta, o huyen algún mal que los enoja.

Y porque assí el bien que se busca como el mal que se padesce o se teme, el uno con su desseo y el otro con su miedo y dolor, turban el sossiego del alma y son como enemigos suyos que le hazen guerra, collígese manifiestamente que es huyr la guerra y buscar la paz todo quanto se haze. Y si la paz es tan grande y tan único bien, ¿quién podrá ser *príncipe* della, esto es, causador della y principal fuente suya, sino esse mismo que nos es el principio y el author de todos los bienes, Iesuchristo, señor y Dios nuestro? Porque si la paz es carecer de mal que afflige y de desseo que atormenta, y gozar de reposado sossiego, sólo él haze [313] esentas las almas del temer, y las enriquesce por tal manera que no les queda cosa que poder dessear.

Mas, para que esto se entienda, será [314] bien que digamos por su orden qué cosa es paz, y las differentes maneras que de ella ay, y si Christo es *príncipe* y author della en nosotros según todas sus partes y maneras, y de la forma en cómo es su author y su *príncipe*.

—Lo primero de esto que proponéys —dixo entonces

---

[313] A: *él es el que haze*
[314] A: *se entienda más entera y más claramente, será*

Sabino— paréceme, Marcello, que está ya declarado por vos en lo que avéys dicho hasta agora, adonde lo probastes con la authoridad y testimonio de Sant Augustín.

—Es verdad que dixe —respondió luego Marcello— que la paz, según dize Sant Augustín, es no otra cosa sino una orden sossegada o un sossiego ordenado. Y aunque no pienso agora determinarla por otra manera, porque ésta de Sant Augustín me contenta, todavía quiero insistir algo acerca desto mismo que Sant Augustín dize, para dexarlo más enteramente entendido. Porque como veys, Sabino, según esta sentencia, dos cosas differentes son las de que se haze la paz, conviene a saber: sossiego y orden. Y házese dellas assí, que no será paz si alguna dellas, qualquiera que sea, le faltare. Porque, lo primero, la paz pide orden, o por mejor dezir, no es ella otra cosa sino que cada una cosa guarde y conserve su orden: que lo alto esté en su lugar, y lo baxo por la misma manera; que obedezca lo que ha de servir, y lo que es de suyo señor, que sea servido y obedescido; que haga cada uno su officio, y que responda a los otros con el respecto que a cada uno se deve.

Pide, lo segundo, sossiego la paz. Porque aunque muchas personas en la república, o muchas partes en el alma y en el cuerpo del hombre, conserven entre sí su devido orden y se mantengan cada una en su puesto, pero si las mismas están como bulliendo para desconcertarse, y como forcejando entre sí para salir de su orden, aun antes que consigan su intento y se desordenen, aquel mismo bullicio suyo y aquel movimiento destierra la paz dellas, y el moverse o el caminar a la desorden, o siquiera el no tener en la orden estable firmeza, es, sin dubda, una especie de guerra. Por manera que la orden sola sin el reposo no haze paz, ni, al revés, el reposo y sossiego, si le falta la orden. Porque una desorden sossegada —si puede aver sossiego en la desorden—, pero si le ay, como de hecho le parece aver en aquellos en quien la grandeza de la maldad, confirmada con la larga costumbre, amortiguando el sentido del bien, haze assiento; assí que el reposo en la desorden y mal, no es sossiego de paz, sino confirmación de guerra, y es, como en las enfermedades confirmadas [315] del cuerpo, pelea y contienda y agonía incurable.

Es, pues, la paz, sossiego y concierto. Y porque assí el sossiego como el concierto dizen respecto a otro tercero, por esso propriamente la paz tiene por subjecto a la muchedumbre [316], porque en lo que es uno y del todo senzillo, si no es refiriéndolo a otro y por respecto de aquello a quien se refiere, no se assienta propriamente la paz. Pues, quanto a este propósito pertenesce, podemos comparar el hombre y referirlo a tres cosas: lo primero, a Dios; lo segundo, a esse mismo hombre, considerando las partes differentes que tiene y comparándolas entre sí; y lo tercero, a los demás hombres y gentes con quien bive y conversa. Y según estas tres comparaciones, entendemos luego que puede aver paz en él por tres differentes maneras: una, si estuviere bien concertado con Dios; otra, si él, dentro de sí mismo, biviere en concierto; y la tercera, si no se atravessare ni encontrare con otros.

La primera consiste en que el alma esté subjecta a Dios y rendida a su voluntad, obedesciendo enteramente sus leyes, y en que Dios, como en subjecto dispuesto, mirándola amorosa y dulcemente, influya el favor de sus bienes y dones. La segunda está en que la razón mande, y el sentido y los movimientos dél obedezcan a sus mandamientos, y no sólo en que obedezcan, sino en que obedezcan con presteza y con gusto, de manera que no aya alboroto entre ellos ninguno ni rebeldía, ni procure ninguno porque la aya, sino que gusten assí todos del estar a una, y les sea assí agradable la conformidad, que ni traten de salir della ni por ello forcejen [317]. La tercera es dar su derecho a todos cada uno, y recebir cada uno de todos aquello que se le deve sin pleyto ni contienda. Cada una destas pazes es para el hombre de grandíssima utilidad y provecho, y de todas juntas se compone y fabrica toda su felicidad y bienandança.

---

[315] 'crónicas'

[316] «Fr. Luis —nota F. de Onís— da al término un valor genérico y filosófico..., contraponiendo *muchedumbre* a *unidad,* y significando, por tanto, *variedad, diversidad.*» (*Nombres,* t. II, Madrid, Clásicos Castellanos, 1956, pág. 158, n. 15.)

[317] A: *ni forcejen por ello.*

La utilidad de la postrera manera de paz, que nos ajunta estrechamente y nos tiene en sossiego a los hombres unos con otros, cada día hazemos experiencia della, y los llorosos males que nascen de las contiendas y de las differencias y de las guerras nos la hazen más conoscer y sentir.

El bien de la segunda, que es bivir concertada y pacíficamente consigo mismo, sin que el miedo nos estremezca ni la afficción nos inflamme, ni nos saque de nuestros quicios la alegría vana ni la tristeza, ni menos el dolor nos envilezca y encoja, no es bien tan conoscido por la experiencia, porque, por nuestra miseria grande, son muy raros los que hazen experiencia dél, mas convéncese por razón y por authoridad claramente. Porque ¿qué vida puede ser la de aquel en quien sus appetitos y passiones, no guardando ley ni buena orden alguna, se mueven conforme a su antojo; la de aquel que por momentos se muda con afficiones contrarias, y no sólo se muda, sino muchas vezes apetece y dessea juntamente lo que en ninguna manera se compadesce estar junto: ya alegre, ya triste, ya confiado, ya temeroso, ya vil, ya sobervio? O ¿qué vida será la de aquel en cuyo ánimo haze presa todo aquello que se le pone delante; del que todo lo que se le offrece al sentido dessea; del que se trabaja por alcançarlo todo, y del que revienta con ravia y coraje porque no lo alcança; del que lo que alcança oy, lo aborrece mañana, sin tener perseverancia en ninguna cosa más de ser inconstante? ¿Qué bien puede ser bien, entre tanta desigualdad? O ¿cómo será possible que un gusto tan turbado halle sabor en ninguna prosperidad ni deleyte? O por mejor dezir, ¿cómo no turbará y bolverá de su qualidad malo y dessabrido a todo aquello que en él se infundiere? No dize esto mal, Sabino, vuestro poeta:

A quien teme o dessea sin mesura,
Su casa y su riqueza ansí le agrada
Como a la vista enferma la pintura,
  Como a la gota el ser muy fomentada,
O como la vihuela en el oýdo
Que la podre atormenta amontanada.

Si el vaso no está limpio, corrompido,
Azeda todo aquello que infundieres [318].

Y mejor mucho, y más brevemente, el propheta diziendo: *El malo, como mar que hierve, que no tiene sossiego* [319]. Porque no ay mar brava, en quien los vientos más furiosamente executen su ira, que iguale a la tempestad y a la tormenta que, yendo unas olas y viniendo otras, mueven en el coraçón desordenado del hombre sus apetitos y sus passiones. Las [320] quales, a las vezes, le escurecen el día y le hazen temerosa la noche, y le roban el sueño, y la [321] cama se la buelven dura, y la mesa se la hazen trabajosa y amarga, y, finalmente, no le dexan una hora de vida dulce y apazible de veras. Y assí concluye diziendo: *Dize el Señor: no cabe en los malos paz* [322]. Y si es tan dañosa aquesta desorden, el carecer della, y la paz que la contradize y que pone orden en todo el hombre, sin duda es gran bien [323]. Y por semejante manera se conoce quán dulce cosa [324] y quán importante es el andar a buenas con Dios y el conservar su amistad, que es la tercera manera de paz que dezíamos, y la primera de todas tres.

Porque de los effectos que haze su ira en aquellos contra quien mueve guerra, vemos por vista de ojos quán provechosa e importante es su paz. Ieremías, en nombre de Ierusalem, encarece con lloro el estrago que hizo en ella el enojo de Dios, y las miserias a que vino por aver

---

[318] Horacio, *Epístolas,* Lib. I, 2. «Hay un punto común —observa A. Barasoain— en el sexto verso, común a Horacio y a Job: la podre. Nada más lejos del pastor, señor de surcos y de laderas donde corta el aire, que la lacra de la enfermedad innominada. El ojo glauco que preside y envuelve la Naturaleza, fijo y omnipresente, está también, con Horacio, en el vaso que no está limpio y que el poeta condena, tristemente desecha.» (*Fray Luis de León,* Madrid, Júcar, 1973, págs. 69-70.)

[319] *Is.,* LVII, 20.

[320] *A: Los*

[321] *A: a la*

[322] *Is.,* LVII, 21.

[323] *A y B: el hombre, convencido queda que es bien singular y precioso.*

[324] *A y B: dulce bien*

travado guerra con él. *Quebrantó*, dize, *con ira y braveza toda la fortaleza de Israel, hizo bolver atrás su mano derecha delante del enemigo, y encendió en Iacob como una llama de fuego abrasante en derredor. Flechó su arco como contrario, refirmó su derecha como enemigo, y puso a cuchillo todo lo hermoso y todo lo que era de ver en la morada de la hija de Sión; derramó como fuego su gran coraje. Bolvióse Dios enemigo, despeñó a Israel, assoló sus muros, deshizo sus reparos, colmó a la hija de Iudá de baxeza y miseria* [325]. Y va por aquesta manera prosiguiendo muy largamente. Mas en el libro de Iob se vee como debuxado el miserable mal que pone Dios en el coraçón de aquellos contra quien se muestra enojado. *Sonido*, dize, *de espanto siempre en sus orejas; y quando tiene paz, se recela de alguna celada; no cree poder salir de tinieblas, y mira en derredor, recatándose por todas partes de la espada; atemorízale la tribulación y cércale a la redonda la angustia* [326]. Y sobre todos, refiriendo Iob sus dolores, pinta singularmente en sí mismo el estrago que haze Dios en los que se enoja [327]. Y dezirlo he en la manera que nuestro común amigo [328], en verso castellano, lo dixo. Dize pues:

> Veo que Dios los passos me ha tomado,
> Cortádome la senda, y con escura
> Tiniebla mis caminos ha cerrado.
>
> Quitó de mi cabeça la hermosura
> Del rico resplandor con que yva al cielo;
> Desnudo me dexó con mano dura.
>
> Cortóme en derredor, y vine al suelo
> Qual árbol derrocado; mi esperança
> El viento la llevó con presto buelo.
>
> Mostró de su furor la gran pujança,
> Ayrado, y, triste yo, como si fuera
> Contrario, assí de sí me aparta y lança.

---

[325] *Jer, Lam.*, II, 3-5.
[326] *Job*, XV, 21-24.
[327] A: *que haze Dios enojado.*
[328] Es decir, el propio Fray Luis, del que, en los mss. de Fuente y Mínguez, conservamos la traducción en tercetos de los caps. VI y VII del libro de *Job* (ed. en *Obras completas castellanas*, tomo II, ed. cit., págs. 1013-18).

Corrió como en tropel su escuadra fiera.
Y vino y puso cerco a mi morada,
Y abrió por medio della gran carrera [329].

Y si del tener por contrario a Dios y del andar en
vandos con él nascen estos daños, bien se entiende que
carecerá dellos el que se conservare en su paz y amistad,
y no sólo carecerá destos daños, mas gozará de señalados
provechos [330]. Porque, como Dios enojado y enemigo es
terrible, assí amigo y pacífico es liberal y dulcíssimo,
como se vee en lo que Esaías, en su persona dél, dize que
hará con la congregación sancta de sus amigos y justos.
*Alegraos con Hierusalem, dize, y regozijaos con ella todos
los que la queréys bien; gozaos, gozaos mucho con ella
todos los que la llorávades, para que, a los pechos de su
contento puestos, los gustéys y os hartéys, para que los
exprimáys, y tengáys sobra de los deleytes de su perfecta
gloria. Porque el Señor dize assí: Yo derribaré sobre ella
como un río de paz, y como una avenida cresciente la
gloria de las gentes, de que gozaréys; traeros han a los
pechos y, sobre las rodillas puestos, os harán regalos;
como si una madre acariciasse a su hijo, assí yo os con-
solaré a vosotros; con Hierusalem seréys consolados* [331].
Assí que cada una destas tres pazes es de mucha importancia. Las quales, aunque parecen differentes, tienen
entre sí cierta conformidad y orden, y nascen de la una
dellas las otras por aquesta manera. Porque del estar uno
concertado y bien compuesto dentro de sí, y del tener
paz consigo mismo no aviendo en él cosa rebelde que a
la razón contradiga, nasce, como de fuente, lo primero
el estar en concordancia con Dios, y lo segundo el conser-
varse en amistad con los hombres. Y digamos de cada
una cosa por sí.
Porque, quanto a lo primero, cosa manifiesta es que
Dios, quando se nos pacifica y, de enemigo, se amista y se
desenoja y ablanda, no se muda él ni tiene otro parecer
o querer de aquel que tuvo dende toda la eternidad sin

[329] *Job*, XIX, 8-11.
[330] A y B: *de un grandíssimo bien.*
[331] *Is.*, LXVI, 10-13.

principio, por el qual perpetuamente aborrece lo malo y ama lo bueno y se agrada dello, sino el mudarnos nosotros usando bien de sus gracias y dones, y el poner en orden a nuestras almas quitando lo torcido dellas y lo contumaz y rebelde, y pacificando su reyno y ajustándolas con la ley de Dios, y por este camino, el quitarnos del cuento y de la lista de los perdidos y torcidos que Dios aborrece, y traspassarnos al bando de los buenos que Dios ama, y ser del número dellos, esso quita a Dios de enojo y nos torna en su buena gracia. No porque se mude ni altere él, ni porque comience a amar agora otra cosa differente de lo que amó siempre, sino porque, mudándonos nosotros, venimos a figurarnos en aquella manera y forma que a Dios siempre fue agradable y amable. Y assí él, quando nos combida a su amistad por el propheta, no nos dize que se mudará él, sino pídenos que nos convirtamos [332] a él nosotros mudando nuestras costumbres. *Convertíos a mí,* dize, *y yo me convertiré a vosotros* [333], como diziendo: bolveos vosotros a mí, que haziendo vosotros esto, por el mismo caso yo estoy buelto a vosotros, y os miro con los ojos y con las entrañas de amor con que siempre estoy mirando a los que devidamente me miran. Que, como dize David en el psalmo: *Los ojos del Señor sobre los justos, y sus oýdos en sus ruegos dellos* [334].

Assí que él mira siempre a lo bueno con vista de aprobación y de amor. Porque, como sabéys, Dios y lo que es amado de Dios siempre se están mirando entre sí y, como si dixéssemos, Dios en el que ama, y el que ama a Dios en esse mesmo Dios, tiene siempre enclavados los ojos. Dios mira por él con particular providencia, y él mira a Dios para agradarle con solicitud y cuydado. De lo primero dize David en el psalmo: *Los ojos del Señor sobre los justos, y sus oýdos a sus ruegos dellos* [335]. De lo segundo dizen ellos también: *Como los ojos de los siervos miran con attención a las manos y a los semblantes de sus señores, assí nuestros ojos los tenemos fixados en*

[332] A: *convertamos*
[333] *Zac.,* I, 3.
[334] *Sal.* XXXIII, 16.
[335] *Ibid.*

414

Dios [336]. Y en los *Cantares* [337] pide el esposo al ánima justa que le muestre la cara, porque ésse es officio del justo. Y a muchos justos, en las sagradas letras en particular, para dezirles Dios que sean justos y que perseveren y se adelanten en la virtud, les dize assí y les·pide que no se abscondan dél, sino que anden en su presencia y que le traygan siempre delante.

Pues quando dos cosas en esta manera juntamente se miran, si es assí que la una dellas es immudable, y si con esto acontesce que se dexen de mirar algún tiempo, esso de necessidad avendrá [338] porque la otra que se podía torcer, usando de su poder, bolvió a otra parte la cara; y si tornaren a mirarse después, será la causa porque aquella misma que se torció y abscondió, bolvió otra vez su rostro hazia la primera, mudándose. Y de aquesta misma manera, estándose Dios firme e immudable en sí mismo, y no aviendo más alteración en su querer y entender que la ay en su vida y en su ser, porque en él todo es una misma cosa —el ser y el querer—, nuestra mudança miserable, y las vezes de nuestro albedrío que, como vientos diversos, juegan con nosotros y nos buelven al mal por momentos, nos llevan a la gracia de Dios ayudados della, y nos sacan della con su propria fuerça mil vezes. Y mudándome yo, hago que parezca Dios mudarse comigo, no mudándose él nunca. Assí que, por el mismo caso que lo torcido de mi alma se destuerce, y lo alborotado della se pone en paz y se buelve, vencidas las nieblas y la tempestad del peccado, a la pureza y a lo sereno de la luz verdadera, Dios luego se desenoja con ella. Y de la paz della consigo misma, criada en ella por Dios, nasce la paz segunda que, como diximos, consiste en que Dios y ella, puestos aparte los enojos, se amen y quieran bien.

Y de la misma manera, el tener uno paz consigo, es principio certíssimo para tenerla con todos los otros. Porque sabida cosa es que lo que nos differencia, y lo que nos pone en contienda y en guerra a unos con otros, son

---

[336] *Sal.* CXXII, 2.
[337] *Cant.*, II, 14.
[338] 'sucederá'

nuestros desseos desordenados, y que la fuente de la discordia y renzilla siempre es y fue la mala codicia de nuestro vicioso appetito. Porque todas las differencias y enojos que los hombres entre sí tienen, siempre se fundan sobre la pretensión de alguno destos bienes que llaman bienes los hombres, como son o el interés o la honra o el passatiempo y deleyte que, como son bienes limitados y que tienen su cierta tassa, aviendo muchos que los pretendan sin orden, no bastan a todos, o vienen a ser para cada uno menores, y assí se embaraçan y se estorvan los unos a los otros, aquéllos que sin rienda los aman. Y del estorbo nasce el desgusto, y dél el enojo, y al enojo se le siguen los pleytos y las differencias y, finalmente, las enemistades capitales y las guerras, como lo dize Sanctiago quasi por estas mismas palabras: *¿De dónde ay en vosotros pleytos y guerras, sino por causa de vuestros desseos malos?* [339].

Y, al revés, el hombre de ánimo bien compuesto y que conserva paz y buena orden consigo, tiene atajadas y como cortadas quasi todas las occasiones y, quanto es de su parte, sin dubda todas las que le pueden encontrar [340] con los hombres. Que si los otros se desentrañan por estos bienes, y si a rienda suelta y como desalentados siguen en pos del deleyte, y se desvelan por las riquezas, y se trabajan y fatigan por subir a mayor grado y a mayor dignidad adelantándose a todos, éste que digo no se les pone delante para hazerles difficultad o para cerrarles el passo, antes haziendose a su parte, y rico y contento con los bienes que possee en su ánima, les dexa a los demás campo ancho y, quanto es de su parte, bien desembaraçado, adonde a su contento se espacien. Y nadie aborrece al que en ninguna cosa le daña. Y el que no ama lo que los otros aman, y ni quiere ni pretende quitar de las manos y de las uñas a ninguno su bien, no daña a ninguno.

Assí que, como la piedra que en el edificio está assentada en su devido lugar, o por dezir cosa más propria, como la cuerda en la música, devidamente templada en

---

[339] *Sant.,* IV, 1.
[340] 'poner en contra', 'enfrentar'

sí misma, haze música dulce con todas las demás cuerdas sin dissonar con ninguna, assí el ánimo bien concertado dentro de sí, y que vive sin alboroto y tiene siempre en la mano la rienda de sus passiones y de todo lo que en él puede mover inquietud y bullicio, consuena con Dios y dize bien con los hombres y, teniendo paz consigo mismo, la tiene con los demás [341]. Y como diximos, aquestas tres pazes andan eslavonadas entre sí mismas, y de la una dellas nascen, como de fuente, las otras, y ésta de quien nascen las demás es aquella que tiene su assiento en nosotros. De la qual S. Augustín dize bien en esta manera: *Vienen a ser pacíficos en sí mismos los que, poniendo primero en concierto todos los movimientos de su ánima, y subjectándolos a la razón, esto es, a lo principal del alma y espíritu, y teniendo bien domados los desseos carnales, son hechos reyno de Dios, en el qual todo está ordenado; assí que mande en el hombre lo que en él es más excellente, y lo demás en que convenimos con los animales brutos no le contradiga, y esso mismo excellente, que es la razón, esté subjecta a lo que es mayor que ella, esto es, a la verdad misma y al hijo unigénito de Dios, que es la misma verdad. Porque no le será possible a la razón tener subjecto lo que es inferior, si ella, a lo que superior le es, no subjectare a sí misma. Y ésta es la paz que se concede en el suelo a los hombres de buena voluntad, y la en que consiste la vida del sabio perfecto* [342].*

Mas dexando esto aquí, averigüemos agora y veamos —que ya el tiempo lo pide— qué hizo Christo para poner el reyno de nuestras almas en paz, y por dónde es llamado *príncipe* della. Que dezir que es *príncipe* de aquesta obra, es dezir, no sólo que él la haze, mas que es solo él el que la puede hazer, y que es el que se aventaja entre

---

[341] Dámaso Alonso pone en relación este pasaje con la estrofa 6.ª de la oda «A Salinas», comentando: «La armonía del alma concuerda con la del universo y tiernamente le responde mezclándose y confundiéndose sus sonidos. Este *mezclarse* el ser concreto y la gran causa primera, mezclarse en una dulcísima armonía, comunicarse, confundirse por la armonía tiene muy hondo sentido», cuyo carácter místico le parece innegable. (*Poesía española,* ed. cit., págs. 180-181.)

[342] San Agustín, *De sermone Domini in monte,* Lib. I, cap. II.

todos aquellos que han pretendido el hazer este bien, lo qual ciertamente han pretendido muchos, pero no les ha succedido [343] a ninguno. Y assí avemos de assentar por muy ciertas dos cosas: una, que la religión o la policía [344], o la doctrina o maestría que no engendra en nuestras ánimas paz y composición de affectos y de costumbres, no es Christo ni religión suya por ninguna manera, porque, como sigue la luz al sol, assí este beneficio acompaña a Christo siempre, y es infallible señal de su virtud y efficacia. La otra cosa es que ninguno jamás, aunque lo pretendieron muchos, pudo dar aqueste bien a los hombres, sino Christo y su ley.

Por manera que no solamente es obra suya esta paz, mas obra que él solo la supo hazer, que es la causa por donde es llamado su *príncipe*. Porque unos, attendiendo a nuestro poco saber e imaginando que el desorden de nuestra vida nascía solamente de la ignorancia, parecióles que el remedio era desterrar de nuestro entendimiento las tinieblas del error, y assí pusieron su cuydado y diligencia en solamente dar luz al hombre con leyes, y en ponerle penas que le induxessen con su temor a aquello que le mandavan las leyes. Desto, como agora dezíamos, trató la ley vieja, y muchos otros hombres que ordenaron leyes attendieron a esto, y mucha parte de los antiguos philósophos escrivieron grandes libros acerca deste propósito.

Otros, considerando la fuerça que en nosotros tiene la carne y la sangre, y la violencia grande de sus movimientos, persuadiéronse que de la compostura y complexión del cuerpo manavan, como de fuente, la destemplança y turbaciones del ánima, y que se podría atajar este mal con sólo cortar esta fuente. Y porque el cuerpo se ceva y se sustenta con lo que se come, tuvieron por cierto que con poner en ello orden y tassa, se reduziría a buena orden el alma y se conservaría siempre en paz y salud. Y assí vedaron unos manjares, los que les paresció que,

---

[343] 'no les ha salido bien'
[344] 'cortesía', 'buena crianza', 'urbanidad en el trato y costumbres'

comidos, con su vicioso xugo acrescentarían las fuerças desordenadas y los malos movimientos del cuerpo, y de otros señalaron quándo y quánto dellos se podía comer, y ordenaron ciertos ayunos y ciertos lavatorios, con otros semejantes exercicios, endereçados todos a adelgazar el cuerpo criando en él una sancta y limpia templança. Tales fueron los philósophos indios, y muchos sabios de los bárbaros siguieron por este camino, y en las leyes de Moysén algunas dellas se ordenaron para esto también. Mas ni los unos ni los otros salieron con su pretensión, porque, puesto caso que estas cosas sobredichas todas ellas son útiles para conseguir este fin de paz que dezimos, y algunas dellas muy necessarias, mas ninguna dellas, ni juntas todas, no son bastantes ni poderosas para criar en el alma esta paz enteramente, ni para desterrar della, o a lo menos para poner en concierto en ella, aquestas olas de passiones y movimientos furiosos que la alteran y turban.

Porque avéys de entender que en el hombre, en quien ay alma y ay cuerpo, y en cuya alma ay voluntad y razón, por el grande estrago que hizo en él el peccado primero, todas estas tres cosas quedaron miserablemente dañadas. La razón con ignorancias, el cuerpo y la carne con sus malos siniestros dexados sin rienda, y la voluntad, que es la que mueve en el reyno del hombre, sin gusto para el bien y golosa para el mal, y perdidamente inclinada y como despojada del aliento del cielo, y como revestida de aquel malo y ponçoñoso espíritu de la serpiente, de quien esta mañana tantas vezes y tan largamente dezíamos.

Y con esto, que es cierto, avéys también de entender que, destos tres males y daños, el de la voluntad es como la raýz y el principio de todos. Porque, como en el primero hombre se vee —que fue el author destos males, y el primero en quien ellos hizieron prueva y experiencia de sí mismos—, el daño de la voluntad fue el primero, y de allí se estendió, cundiendo la pestilencia, al entendimiento y al cuerpo. Porque Adam no peccó porque primero se desordenasse el sentido en él, ni porque la carne con su ardor violento llevasse en pos de sí la razón, ni peccó por averse cegado primero su entendimiento con algún grave error, que, como dize Sant Pablo [345], en aquel artículo no fue engañado el varón, sino peccó porque quiso lisamente peccar, esto es, porque abriendo de buena gana las puertas de su voluntad, recibió en ella al espíritu del demonio, y, dándole a él assiento, la sacó a ella de la obediencia de Dios y de su sancta orden, y de la luz y favor de su gracia. Y hecho una por una este daño, luego dél le nasció en el cuerpo desorden y en la razón ceguedad. Assí que la fuente de la desventura y guerra común es la voluntad dañada y como emponçoñada con esta maldad primera.

Y porque los que pusieron leyes para alumbrar nuestro error mejoravan la razón solamente, y los que ordenaron la dieta corporal, vedando y concediendo manjares, templavan solamente lo dañado del cuerpo, y la fuente del desconcierto del hombre y de aquestas desórdenes todas no tenía assiento ni en la razón ni en el cuerpo, sino, como avemos dicho, en la voluntad mal tratada, como no atajavan la fuente, ni atinavan ni podían atinar a poner medicina en aquesta podrida raýz, por esso careció su trabajo del fructo que pretendían [346]. Sólo aquel lo consiguió que supo conocer esta origen y, conoscida, tuvo saber y virtud para poner en ella su medicina propria, que [347] fue Iesuchristo, nuestra verdadera salud [348].

Porque lo que remedia este mal espíritu, y aqueste perverso brío con que se corrompió en su primero principio la voluntad, es un otro espíritu sancto y del cielo, y lo que sana esta enfermedad y malatía [349] della es el don de la gracia, que es salud y verdad [350]. Y esta gracia y aqueste espíritu sólo Christo pudo merecerlo, y sólo Christo lo da, porque, como dezíamos acerca del nombre passado —y es bien que se torne a dezir para que se entienda mejor, porque es punto de grande importancia—, no se

---

[345] I *Tim.,* II, 14.
[346] A: *por él pretendían.*
[347] A: *propria y cabal, que*
[348] A: *nuestra salud verdadera y única.*
[349] 'dolencia'. En A: *malicia*
[350] A: *es verdadera salud.*

puede falsear ni contrastar lo que dize S. Iuan: *Moysén hizo la ley, mas la gracia es obra de Christo* [351]. Como si en más palabras dixera: Esto que es hazer leyes y dar luz con mandamientos al entendimiento del hombre, Moysén lo hizo, y muchos otros legisladores y sabios lo intentaron a hazer, y en parte lo hizieron; y aunque Christo también en esta parte sobró [352] a todos ellos con más ciertas y más puras leyes que hizo, pero lo que puede enteramente sanar al hombre, y lo que es sola y propria obra de Christo, no es esso —que muy bien se compadescen entendimiento claro y voluntad perversa, razón desengañada y mal inclinada voluntad—, mas es sola la gracia y el espíritu bueno, en el qual ni Moysén ni ningún otro sabio ni criatura del mundo tuvo poder para darlo, si no es sólo Christo Iesús.

Lo qual es en tanta manera verdad —no sólo que Christo es el que nos da esta medicina efficaz de la gracia, sino que sola ella es la que nos puede sanar enteramente, y que los demás medios de luz y exercicios de vida jamás nos sanaron—, que muchas vezes acontesció que la luz que alumbrava el entendimiento, y las leyes que le eran como antorcha para descubrirle el camino justo, no sólo no remediaron el mal de los hombres, mas antes, por la disposición dellos mala, les acarrearon daño y enfermedad notablemente mayor. Y lo que era bueno en sí, por la qualidad del subjecto enfermo y malsano, se les convertía en ponçoña que los dañava más, como lo escrive expressamente S. Pablo, en una parte [353], diziendo que la ley le quitó la vida del todo, y en otra [354], que por occasión de la ley se acrescentó y salió el peccado como de madre, y en otra, dando la razón desto mismo, porque dize: *El peccado que se comete aviendo ley es peccado en manera superlativa* [355], esto es, porque se pecca, quando assí se pecca, más gravemente, y viene assí a llegar a sus mayores quilates la malicia del mal.

---

[351] *In.,* I, 17.
[352] 'superó'
[353] *Rom.,* VII, 10 ss.
[354] *Rom.,* V, 20.
[355] *Rom.,* VII, 13.

Porque a la verdad, como muestra bien Platón en el segundo *Alcibíades* [356], a los que tienen dañada la voluntad, o no bien afficionada acerca del fin último y acerca de aquello que es lo mejor, la ignorancia les es útil las más de las vezes, y el saber peligroso y dañoso, porque no les sirve de freno para que no se arrojen al mal —porque sobrepuja sobre todo el desenfrenamiento y, como si dixéssemos, el desbocamiento de su voluntad estragada [357]—, sino antes les es occasión, unas vezes para que pequen más sin desculpa, y otras para que de hecho pequen los que sin aquella luz no peccaran. Porque por su grande maldad, que la tienen ya como embevida en las venas, usan de la luz, no para encaminar sus passos bien [358], sino para hallar medios e ingenios para traer a execución sus perversos desseos más fácilmente, y apro-véchanse de la luz y del ingenio, no para lo que ello es —para guía del bien—, sino para adalid o para ingeniero del mal, y, por ser más agudos y más sabios, vienen a corromperse más y a hazerse peores. De lo qual todo resulta que sin la gracia no ay paz ni salud, y que la gracia es obra nascida del merecimiento de Christo.

Mas porque esto es claro y certíssimo, veamos agora qué cosa es gracia o qué fuerça es la suya, y en qué manera, sanando la voluntad, cría paz en todo el hombre interior y exterior.

Y diziendo esto Marcello, puso los ojos en el agua, que yva sossegada y pura, y reluzían en ella como en espejo todas las estrellas y hermosura del cielo, y parecía como otro cielo sembrado de hermosos luzeros, y,

---

[356] En efecto, en este diálogo —cuya autenticidad, por lo demás, es dudosa— dice Sócrates a Alcibíades: «¿Ves, entonces, cómo hay una cierta clase de ignorancia, y cómo hay gente para quienes en ciertas condiciones tenerla es un bien y no un mal...? Porque, por así decirlo, parece que la posesión de los demás conocimientos, si es que, sin el del bien, alguno se posee, pocas veces aprovecha; al contrario, casi siempre perjudica al que le tiene.» (*Alcibíades segundo, o de la oración,* en *Obras completas de Platón,* ed. cit., págs. 1616 *b*-1617 *a.*)

[357] A: *estragada y perdida*

[358] A: *bien sus passos*

alargando la mano hazia ella y como mostrándola, dixo luego assí:

—Aquesto mismo que agora aquí vemos en esta agua, que parece como un otro cielo estrellado, en parte nos sirve de exemplo para conocer la condición de la gracia. Porque assí como la imagen del cielo recebida en el agua, que es cuerpo dispuesto para ser como espejo, al parecer de nuestra vista la haze semejante a sí mismo, assí, como sabéys, la gracia venida al alma y assentada en ella, no al parecer de los ojos, sino en el hecho de la verdad, la assemeja a Dios y le da sus condiciones dél, y la transforma en el cielo, quanto le es possible a una criatura que no pierde su propria substancia, ser transformada. Porque es una qualidad, aunque criada, no de la qualidad ni del metal de ninguna de las criaturas que vemos, ni tal quales son todas las que la fuerça de la naturaleza produze, que ni es ayre ni fuego ni nascida de ningún elemento; y la materia del cielo y los cielos mismos le reconoscen ventaja en orden de nascimiento y en grado más subido de origen [359]. Porque todo aquello es natural y nascido por ley natural, mas ésta es sobre todo lo que la naturaleza puede y produze. En [360] aquella manera nascen las cosas con lo que les es natural y proprio, y como devido a su estado y a su condición, mas lo que la gracia da, por ninguna manera puede ser natural a ninguna substancia criada, porque, como digo, traspassa sobre todas ellas, y es como un retrato de lo más proprio de Dios, y cosa que le retrae [361] y remeda mucho, lo qual no puede ser natural sino a Dios.

De arte que la gracia es una como deydad y una como figura biva del mismo Christo, que, puesta en el alma, se lança en ella y la deyfica y, si va a dezir verdad, es el alma del alma. Porque assí como mi alma, abraçada a mi cuerpo y estendiéndose por todo él, siendo caedizo y de tierra, y de suyo cosa pesadíssima y torpe, le levanta en pie y le menea y le da aliento y espíritu, y assí le

[359] *A: en orden de linage y origen.*

[360] *A y B: puede. En*

[361] «Retraer»: 'reproducir una cosa en imagen o en retrato'.

enciende en calor que le haze como una llama de fuego y le da las condiciones del fuego, de manera que la tierra anda, y lo pesado discurre ligero, y lo torpíssimo y muerto bive y siente y conosce, assí en el alma, que por ser criatura tiene condiciones viles y baxas, y que, por ser el cuerpo adonde bive, de linaje dañado, está ella aun más dañada y perdida, entrando la gracia en ella y ganando la llave della que es la voluntad, y lançándosele en su seno secreto y, como si dixéssemos, penetrándola toda, y de allí estendiendo su vigor y virtud por todas las demás fuerças del ánimo, la levanta de la affición de la tierra y, convertiéndola al cielo y a los espíritus que se gozan en él, le da su estilo y su bivienda [362], y aquel sentimiento y valor y alteza generosa de lo celestial y divino, y, en una palabra, la assemeja mucho a Dios en aquellas cosas que le son a él más proprias y más suyas, y, de criatura que es suya, la haze hija suya muy su semejante, y finalmente la haze un otro Dios, assí adoptado por Dios que parece nascido y engendrado de [363] Dios.

Y porque, como diximos, entrando la gracia en el alma y assentándose en ella, adonde primero prende es la voluntad, y porque en Dios la voluntad es la misma ley de todo lo justo —y esso es «bien»: lo que Dios quiere, y solamente quiere aquello que es bueno—, por esso, lo primero que en la voluntad la gracia haze es hazer della una ley efficaz para el bien, no diziéndole lo que es bueno, sino inclinándola y como enamorándola dello. Porque, como ya avemos dicho, se deve entender que esto que llamamos o *ley* o *dar ley* puede acontecer en dos differentes maneras: Una es la ordinaria y usada, que vemos que consiste en dezir y señalar a los hombres lo que les conviene hazer o no hazer, escriviendo con pública authoridad mandamientos y ordenaciones dello, y pregonándolas públicamente. Otra es que consiste no tanto en aviso como en inclinación, que se haze, no diziendo ni mandando lo bueno, sino imprimiendo desseo y gusto dello. Porque el tener uno inclinación y prompti-

---

[362] 'génerο de vida', 'modo de vivir'
[363] B: *del*

tud para alguna otra cosa que le conviene, es *ley* suya de aquel que está en aquella manera inclinado, y assí la llama la philosophía, porque es lo que le govierna la vida, y lo que le induze a lo que le es conviniente, y lo que le endereça por el camino de su provecho, que todas son obras proprias de ley. Assí, es ley de la tierra la inclinación que tiene a hazer assiento en el centro, y del fuego el apetecer lo subido y lo alto, y de todas las criaturas sus leyes son aquello mismo a que las lleva su naturaleza propria.

La primera ley, aunque es buena, pero, como arriba está dicho, es poco efficaz quando lo que se avisa es ageno de lo que apetece el que recibe el aviso, como lo es en nosotros por razón de nuestra maldad. Mas la segunda ley es en grande manera efficaz, y ésta pone Christo con la gracia en nuestra alma. Porque por medio della escrive en la voluntad de cada uno con amor y afficción aquello mismo que las leyes primeras escriven en los papeles con tinta, y de los libros de pergamino y de las tablas de piedra o de bronze, las leyes que estavan esculpidas en ellas con cinzel o buril, las traspassa la gracia y las esculpe en la voluntad. Y la ley que por defuera sonava en los oýdos del hombre y le affligía el alma con miedo, la gracia se la encierra dentro del seno y se la derrama, como si dixéssemos, tan dulcemente por las fuerças y appetitos del alma, que se la convierte en su único deleyte y desseo, y, finalmente, haze que la voluntad del hombre, torcida y enemiga de ley, ella misma quede hecha una justíssima ley, y como en Dios, assí en ella su querer sea lo justo, y lo justo sea todo su desseo y querer, cada uno según su manera, como maravillosamente lo prophetizó Hieremías en el lugar que está dicho.

Queda, pues, concluydo que la gracia, como es semejança de Dios, entrando en nuestra alma y prendiendo luego su fuerça en la voluntad della, la haze por participación, como de suyo es la de Dios, ley e inclinación y desseo de todo aquello que es justo y que es bueno. Pues hecho esto, luego por orden secreta y maravillosa se comiença a pacificar el reyno del alma y a concertar lo que en ella estava encontrado, y a ser desterrado de allí todo lo bullicioso y desassossegado que la turbava; y descúbrese entonces la paz, y muestra la luz de su rostro, y sube y cresce y, finalmente, queda reyna y señora.

Porque, lo primero, en estando afficionada por virtud de la gracia, en la manera que avemos dicho, la voluntad, luego calla y desaparece el temor horrible de la ira de Dios que le movía cruda guerra y que, poniéndosele cada momento delante, la traya sobresaltada y atónita. Assí lo dize Sant Pablo: *Iustificados con la gracia, luego tenemos paz con Dios* [364]. Porque no le miramos ya como a juez ayrado, sino como a padre amoroso, ni le concebimos ya como a enemigo nuestro poderoso y sangriento, sino como a amigo dulce y blando. Y como, por medio de la gracia, nuestra voluntad se conforma y se assemeja con él, amamos a lo que se nos parece, y confiamos por el mismo caso que nos ama él como a sus semejantes.

Lo segundo, la voluntad y la razón, que estavan hasta aquel punto perdidamente discordes, hazen luego paz entre sí, porque de allí adelante lo que juzga la una parte esso mismo dessea la otra, y lo que la voluntad ama, esso mismo es lo que aprueva el entendimiento. Y assí cessa aquella amarga y contina lucha, y aquel alboroto fiero, y aquel contino reñir con que se despedaçan las entrañas del hombre, que tan bivamente Sant Pablo con sus divinas palabras pintó quando dize: *No hago el bien que juzgo, sino el mal que aborrezco y condeno. Iuzgo bien de la ley de Dios según el hombre interior, pero veo otra ley en mi mismo appetito que contradize a la ley de mi espíritu, y me lleva captivo en seguimiento de la ley de peccado que en mis inclinaciones tiene assiento. Desventurado yo, ¿y quién me podrá librar de la maldad mortal deste cuerpo?* [365] Y no solamente convienen en uno de allí adelante la razón y la voluntad, mas con su bien guiado desseo della, y con el fuego ardiente de amor con que apetece lo bueno, enciende en cierta manera luz con

---

[364] *Rom.*, V, 1. Por error, el original cita *Rom.*, 3.
[365] *Rom.*, VII, 19-24.

que la razón viene más enteramente en el conocimiento del bien, y, de muy conformes y de muy amistados los dos, vienen a ser entre sí semejantes y casi a trocar entre sí sus condiciones y officios, y el entendimiento levanta luz que afficione, y la voluntad enciende amor que guíe y alumbre, y, casi, enseña la voluntad, y el entendimiento apetece.

Lo tercero, el sentido y las fuerças del alma más viles, que nos mueven con ira y desseos, con los demás appetitos y virtudes del cuerpo, reconocen luego el nuevo huésped que ha venido a su casa, y la salud y nuevo valor que para contra ellos le ha venido a la voluntad, y, reconociendo que ay justicia en su reyno, y quien levante vara en él poderosa para escarmentar con castigo a lo reboltoso y rebelde, recógense poco a poco y, como atemorizados, se retiran y no se atreven ya a poner unas vezes fuego y otras vezes yelo, y continamente alboroto y desorden, bulliciosos y desassossegados como antes solían; y si se atreven, con una sofrenada la voluntad sancta los pacifica y sossiega, y cresce ella cada día más en vigor, y cresciendo siempre y entrañándose de contino en ella más los buenos y justos desseos, y haziéndolos como naturales a sí, pega su afficción y talante a las otras fuerças menores, y, apartándolas insensiblemente de sus malos siniestros, y como desnudándolas dellos, las haze a su condición e inclinación della misma; y de la ley sancta de amor en que está transformada por gracia, deriva también y comunica a los sentidos su parte; y como la gracia, apoderándose del alma, haze como un otro Dios a la voluntad, assí ella, deyficada y hecha del sentido como reyna y señora, quasi [366] le convierte de sentido en razón. Y como acontece en la naturaleza, y en las mudanças de la noche y del día, que, como dize David en el psalmo, *en viniendo la noche salen de sus moradas las fieras y, esforçadas y guiadas por las tinieblas, discurren por los campos y dan estrago a su voluntad en ellos; mas, luego que amanece el día y que apunta la luz, essas mismas se recogen y encuevan* [367], assí el desenfrenamien-

---

[366] A: *casi*
[367] *Sal.* CIII, 20.

to fiero del cuerpo y la rebeldía alborotadora de sus movimientos, que quando estava en la noche de su miseria la voluntad nuestra caýda, discurrían con libertad y lo metían todo a sangre y a [368] fuego, en començando a luzir el rayo del [369] buen amor, y en mostrándose el día del bien, buelve luego el pie atrás y se asconde en su cueva, y dexa que lo que es hombre en nosotros salga a luz, y haga su officio sossegada y pacíficamente, y de sol a sol.

Porque a la verdad, ¿qué es lo que ay en el cuerpo que sea poderoso para desassossegar a quien es regido por una voluntad y razón semejante? ¿Por ventura el desseo de los bienes desta vida le solicitará, o el temor de los males della le romperá su reposo? ¿Alterarse ha con ambición de honras o con amor de riquezas, o con la affición de los ponçoñosos deleytes desalentado, saldrá de sí mismo? [370] ¿Cómo le turbará la pobreza al que desta vida no quiere más de una estrecha passada? ¿Cómo le inquietará con su hambre el grado alto de dignidades y honras al que huella sobre todo lo que se precia en el suelo? ¿Cómo la adversidad, la contradición, las mudanças differentes y los golpes de la fortuna, le podrán hazer mella al que a todos sus bienes los tiene seguros y en sí? Ni el bien le açoçobra ni el mal le amedrenta, ni el alegría lo [371] engríe ni el temor le encoge, ni las promessas lo [372] llevan ni las amenazas le desquician, ni es tal que o lo próspero o lo adverso le mude. Si se pierde la hazienda, alégrase, como libre de una carga pesada. Si le faltan los amigos, tiene a Dios en su alma con quien de contino se abraça. Si el odio o si la embidia arma los coraçones agenos contra él, como sabe que no le pueden quitar su bien, no los teme. En las mudanças está quedo y entre los espantos seguro. Y quando todo a la redonda dél se arruyne, él permanesce más firme [373], y, como dixo aquel

---

[368] En el original, *y ya*

[369] A: *el fuego del*

[370] A: *desalentada, saldrá de sí misma?*

[371] A: *la*

[372] A: *le*

[373] La frase es cita implícita de Horacio, *Odas,* Lib. III, 3, vv. 7-8: *Si fractus illabatur orbis, impavidum ferient ruinae.*

grande eloquente, luze en las tinieblas y, empellido [374] de su lugar, no se mueve [375].

Y lo postrero, con que aqueste bien se perficiona últimamente, es otro bien que nasce de aquesta paz interior y, nasciendo della, acrescienta a essa misma paz de donde nasce y procede. Y este bien es el favor de Dios que la voluntad assí concertada tiene, y la confiança que se le despierta en el alma con aqueste favor. Porque ¿quién pondrá alboroto o espanto en la conciencia que tiene a Dios de su parte? O ¿cómo no tendrá a Dios de su parte el que es una voluntad con él y un mismo querer? Bien dixo Sóphocles: *Si Dios manda en mí, no estoy subjecto a cosa mortal* [376]. Y cierto es que no me puede dañar aquello a quien no estoy subjecto.

Assí que de la paz del alma justa nasce la seguridad del amparo de Dios, y desta seguridad se confirma más y se fortifica la paz. Y assí David juntó, a lo que parece, aquestas dos cosas —paz y confiança— quando dixo en el psalmo: *En paz y en uno dormiré y reposaré* [377]. Adonde como veys, con la paz puso el sueño, que es obra, no de ánimo solícito, sino de pecho seguro y confiado. Sobre las quales palabras, si bien me acuerdo, dize assí Sant

---

[374] 'empujado'

[375] Esta segunda cita está tomada de Cicerón: *At etiam eo negotio M. Catonis splendorem maculare voluerunt ignari quid gravitas, quid integritas, quid magnitudo animi, quid denique virtus valeret, quae in tempestate saeva quieta est et lucet in tenebris et pulsa loco manet.* (M. Tulli Ciceronis, *Pro P. Sestio oratio,* 60, en *Orationes,* Oxonii, Typographeo Clarendoniano, 1957, s. p.)

[376] Aunque no hemos hallado literalmente en Sófocles este pensamiento, sí se halla su sentido en la tragedia *Antígona,* cuando esta joven proclama, frente al tirano Creonte, que ha sepultado el cadáver de su hermano Polinices por tener que obedecer a Dios antes que a los hombres: «Creonte. —Y, así, ¿te atreviste a desobedecer las leyes? *Antígona.* —Como que no era Júpiter quien me las había promulgado, ni tampoco Justicia, la compañera de los dioses infernales, ha impuesto esas leyes a los hombres, ni creí yo que tus decretos tuvieran fuerza para borrar e invalidar las leyes divinas, de manera que un mortal pudiese quebrantarlas... Por esto no debía yo, por temor al castigo de ningún hombre, violarlas para exponerme a sufrir el castigo de los dioses.» (*Tragedias de Sófocles,* ed. cit., págs. 241-2.)

[377] *Sal.* IV, 9.

Chrysóstomo: *Esta es otra especie de merced que haze Dios a los suyos: que les da paz.* De paz, *dize,* gozan los que aman tu ley, y ninguna cosa les es estropieço [378]. *Porque ninguna cosa haze assí paz como es el conoscimiento de Dios y el posseer la virtud, lo qual destierra del ánimo sus perturbaciones, que son su guerra secreta, y no permite que el hombre trayga vandos consigo. Que a la verdad, el que desta paz no gozare, dado que en las cosas de fuera tenga gran paz, y no sea acometido de ningún enemigo, será sin duda miserable y desventurado sobre todos los hombres. Porque ni los scythas bárbaros, ni los de Thracia ni los sármatas o los indios o moros, ni otra gente o nación alguna, por más fiera que sea, pueden hazer guerra tan cruda como es la que haze un malvado pensamiento quando se lança en lo secreto del ánimo, o una desordenada codicia, o el amor del dinero sediento, o el desseo entrañable de mayor dignidad, o otra afficíon qualquiera acerca de aquellas cosas que tocan a esta vida presente.*

Y la razón pide que sea assí, porque aquella guerra es guerra de fuera, mas aquesta es guerra de dentro de casa. Y vemos en todas las cosas, que el mal que nasce de dentro es mucho más grave que no aquello que acomete de fuera. Porque, al madero, la carcoma que nasce dentro dél le consume más, y a la salud y fuerças del cuerpo, las enfermedades que proceden de lo secreto dél le son más dañosas que no los males que le advienen de fuera. Y a las ciudades y repúblicas no las destruyen tanto los enemigos de fuera quanto las assuelan los domésticos y los que son de una misma comunidad y linaje. Y por la misma manera, a nuestra alma lo que la conduce a la muerte no son tanto los artificios e ingenios con que es acometida de fuera, quanto las passiones y enfermedades suyas y que nascen en ella.

Por donde si algún temeroso de Dios compusiere los movimientos turbados del ánimo, y si les quitare a los malvados desseos, que son como fieras, que no bivan y alienten, y si, no les permitiendo que hagan cueva en su

[378] *Sal.* CXVIII, 165.

alma, apaziguare bien esta guerra, esse tal gozará de paz pura y sossegada. Esta paz nos dio Christo viniendo al mundo. Esta misma dessea Sant Pablo quando dize en to-das sus cartas: Gracia en vosotros y paz de Dios, Padre nuestro [379]. *El que es señor desta paz, no sólo no teme al enemigo bárbaro, mas ni al mismo demonio, antes haze burla dél y de todo su exército. Bive sossegado y seguro, y alentado más que otro hombre ninguno, como aquel a quien ni la pobreza le aprieta ni la enfermedad le es gra-ve, ni le turba caso ninguno adverso de los que sin pen-sar acontecen [380], porque su alma, como sana y valiente, se vadea fácil y generosamente por todo. Y para que veáys a los ojos que es aquesto verdad, pongamos que es uno embidioso y que en lo demás no tiene enemigo ninguno: ¿qué le aprovechará no tenerle? Él mismo se haze gue-rra a sí mismo, él mismo afila contra sí sus pensamien-tos, más penetrables que espada. Offéndese de quanto bien vee, y llágase a sí con quantas buenas dichas succe-den a otros; a todos los mira como a enemigos, y para con ninguno tiene su ánimo desenconado y amable. ¿Qué provecho, pues, le trae al que es como éste el tener paz por defuera, pues la guerra grande que trae dentro de sí le haze andar discurriendo furioso y lleno de rabia, y tan acossado della, que apetece ser antes traspassado con mil saetas o padescer antes mil muertes, que ver a alguno de sus yguales, o bien reputado, o en otra alguna manera próspero? Demos otro que ame el dinero: cierto es que levantará en su coraçón por momentos discordias innu-merables y que, acossado de su turbada afición, ni aun respirar no podrá. No es assí, no, el que está libre de semejantes passiones, antes, como quien está en puerto seguro, de espacio y con reposo hinche su pecho de de-leytes sabios, ageno de todas las molestias sobredichas [381].*

Esto dize, pues, S. Chrysóstomo. Y en lo postrero que dize descubre otro bien y otro fructo que de la paz se recoge, y que en este nuestro discurso será lo postrero,

---

[379] *Ef.*, I, 2.
[380] *A: ni caso ninguno, de los que sin pensar acontecen, le turba*
[381] San Juan Crisóstomo, *Expositio in Psalm.*, IV, 2.

que es el gozo sancto que halla en todo el que está pacífico en sí. Porque el que tiene consigo guerra no es possible que en ninguna cosa halle contento puro y senzillo. Porque assí como el gusto mal dispuesto por la demasía de algún humor malo que le desordena, en ninguna cosa halla el sabor que ella tiene, assí el que trae guerra entre sí no le es possible gozar de lo puro y de la verdad del buen gusto. En el ánimo con paz sossegado, como en agua reposada y pura, cada cosa sin engaño ni confusión se muestra qual es, y assí de cada una coge el gozo verdadero que tiene y goza de sí mismo, que es lo mejor. Porque assí como de la salud y buena afición de la voluntad, que Christo por medio de su gracia pone en el hombre, como dezíamos, se pacifica luego el alma con Dios y cessa la renzilla que antes desto avía entre el entender y querer, y también el sentido se rinde, y lo bullicioso dél o se acaba o se asconde, y de toda esta paz nasce el andar el hombre libre y bien animado y seguro, assí de todo aqueste amontonamiento de bien nasce aqueste gran bien, que es gozar el hombre de sí y poder bivir consigo mismo, y no tener miedo de entrar en su casa: como debaxo de hermosas figuras, conforme a su costumbre, lo prophetiza Micheas diziendo lo que en la venida de Christo al mundo, y en la venida del mismo en el alma de cada uno, avía de acontescer a los suyos: *No levantará,* dize, *espada una nación contra otra, y olvidarán de allí adelante las artes de guerra, y cada uno, assentado debaxo de su vid y debaxo de su higuera, gozará della, y no avrá quien de allí con espanto le aparte* [382]. Adonde, juntamente con la paz hecha por Christo, pone el descanso seguro con que gozará de sí y de sus bienes el que en esta manera tuviere paz.

Mas David en el psalmo, buelto a la Iglesia y a cada uno de los justos que son parte della, con palabras breves, pero llenas de significación y de gozo, comprehende todo quanto avemos dicho muy bien. Dize: *Alaba, Hierusalén, al Señor* [383], esto es, todos los que soys Hierusa-

---

[382] *Miq.,* IV, 3-4.
[383] *Sal.* CXLVII, 12.

lén, posseedores de paz [384], alabad al Señor. Y aunque les dize que alaben, y aunque parece que assí se lo manda, este mandar, propriamente, es prophetizar lo que desta paz acontece y nasce, porque, como diximos, al punto que toma possessión de la voluntad, luego el alma haze pazes con Dios, de donde se sigue luego el amor y el loor.

Mas añade David: *Porque fortaleció las cerraduras de tus puertas, y bendixo a tus hijos en ti* [385]. Dize la otra paz que se sigue a la primera paz de la voluntad, que es la conformidad y el estar a una entre sí todas las fuerças y potencias del alma, que son como hijos della y como las puertas por donde le viene o el mal o el bien. Y dize maravillosamente que está fortalecido y cerrado dentro de sus puertas el que tiene esta paz. Porque como tiene rendido el desseo a la razón y, por el mismo caso, como no apetece desenfrenadamente ninguno de los bienes de fuera, no puede venirle de fuera ni entrarle en su casa sin su voluntad cosa ninguna que le dañe o enoje, sino cerrado dentro de sí, y bastecido y contento con el bien de Dios que tiene en sí mismo y, como dize el Poeta [386] del sabio, *liso y redondo, no halla en él asidero ninguno la fuerça* [387] *enemiga*. Porque ¿cómo dañará el mundo al que no tiene ningunas prendas en él?

Y en lo que luego David añade se vee más claramente esto mismo, porque dize assí: *Y puso paz en tus términos* [388]. Porque de tener en paz el alma a todo aquello que bive dentro de sus murallas y de su casa, de necessidad se sigue que tendrá también pacífica su comarca,

---

[384] Es interesante destacar el juego etimológico que aquí se produce, basado en el significado que muchos daban a la palabra *Jerusalén* —«ciudad de paz»—, que ya utilizó la liturgia, de donde es muy posible que lo tomara Fray Luis: *Coelestis urbs Hierusalem, / beata pacis visio...* —Himno de la fiesta de la Dedicación de las iglesias—. La no comprensión de este recurso retórico lleva a Onís a añadir la preposición «de», que desfigura el sentido: «todos los que sois *de* Jerusalén».

[385] *Sal.* CXLVII, 13.

[386] Ausonio, *Idilios,* XVI.

[387] *A* y *B: para trabar la fuerça*

[388] *Sal.* CXLVII, 14.

433

que es dezir que no tiene cosa en que los que andan fuera della y al derredor della dañarla puedan [389]. Tiene paz en su comarca porque en ninguna cosa tiene competencia con su vezino, ni se pone a la parte en las cosas que precia el mundo y dessea, y assí nadie le mueve guerra ni, en caso que se la quisiessen mover, tienen en qué hazerla, porque su comarca aun por esta razón es pacífica, porque es campiña rasa y estéril, que no ay viñedos en ella ni sembrados fértiles, ni minas ricas ni arboledas, ni jardines ni caserías [390] deleytosas y illustres, ni tiene el alma justa cosa que precie que no la tenga encerrada dentro de sí, y por esso goza seguramente de sí, que es el fructo último, como dezíamos, y el que significa luego este psalmo en las palabras que añade: *Y te mantiene con hartura con lo apurado del trigo.* Porque a la verdad, los que sin esta paz biven, por más bien afortunados que bivan, no comen lo apurado del pan. Salvados [391] son sus manjares, el desecho del bien es aquello por quien andan golosos, su gusto y su mantenimiento es lo grossero y lo moreno y lo feo, y sin duda las escorias de lo que es substancia y verdad; y aun esso mismo, tal qual es y en la manera que es, no se les da con hartura. Mi pacífico solo es el que come con abundancia y el que come lo apurado del bien; para él nasce el día bueno, y el sol claro él es el que solamente le vee; en la vida, en la muerte, en lo adverso, en lo próspero, en todo halla su gusto, y el manjar de los ángeles es su perpetuo manjar, y goza dél alegre y sin miedo que nadie le robe, y sin enemigo que le pueda ser enemigo, bive en dulcíssima y abundosíssima paz: divino bien y excellente merced, hecha a los hombres solamente por Christo.

Por lo qual, tornando a lo primero del psalmo, le devemos celebrar con continos y soberanos loores, porque él salió a nuestra causa perdida y tomó sobre sí nuestra

---

[389] A: *la puedan dañar.*

[390] 'casas aisladas en el campo, con edificios dependientes y fincas rústicas unidas o cercanas a ellas'

[391] 'afrechos', 'cáscaras del grano, desmenuzadas por la molienda'

guerra, y puso nuestro desconcierto en su orden, y nos amistó con el cielo y encarceló a nuestro enemigo el demonio, y nos libertó de la codicia y del miedo, y nos aquietó y pacificó quanto ay de enemigo y de adverso en la tierra, y el gozo y el reposo y el deleyte de su divina y riquíssima paz él nos le dio, el qual es la fuente y el manantial de donde nasce, y su autor único, por donde con justíssima razón es llamado su *príncipe*.

Y aviendo dicho aquesto Marcello, calló. Y Iuliano, incontinente [392], viéndole callar, dixo:

—Es, sin duda, Marcello, *Príncipe de paz* Iesuchristo por la razón que dezís; mas no mudando esso, que es firme, sino añadiendo sobre ello, paréceme a mí que le podemos también llamar assí porque con sólo él se puede tener aquesto que es paz.

Aquí Sabino, buelto a Iuliano, y como maravillado de lo que dezía:

—No entiendo bien —dize—, Iuliano, lo que dezís, y traslúzeseme que dezís gran verdad; y assí, si no recebís pesadumbre, me holgaría que os declarássedes más.

—Ninguna —respondió Iuliano—, mas dezidme, pues assí os plaze, Sabino: ¿entendéys que todos los que nascen y biven en esta vida son dichosos en ella y de buena suerte, o que unos lo son y otros no?

—Cierto es —dixo Sabino— que no lo son todos.

—Y ¿sonlo algunos? —añadió Iuliano.

Respondió Sabino:

—Sí son.

Y luego Iuliano dixo:

—Dezidme, pues: ¿el serlo assí es cosa con que se nasce, o caso de suerte, o viéneles por su obra e [393] industria?

—No es nascimiento ni suerte —dixo Sabino—, sino cosa que tiene principio en la voluntad de cada uno y en su buena eleción.

---

[392] *A: encontinente.* Comienza aquí uno de los pasajes más típicos de diálogo estrictamente *platónico* de *Nombres,* en contraste con la primera parte de «Príncipe», claro ejemplo de diálogo ciceroniano.

[393] *A: y*

435

—Verdad es —dixo Iuliano—, y avéys dicho también que ay algunos que no vienen a ser dichosos ni de buena suerte.

—Sí he dicho —respondió.

—Pues dezidme —dixo Iuliano—: essos que no lo son, ¿no lo quieren ser, o no lo procuran ser?

—Antes —dixo Sabino— lo procuran y lo apetecen con ardor grandíssimo.

—Pues —replicó Iuliano— ¿ascóndeseles por ventura la buena dicha, o no es una misma?

—Una misma es —dixo Sabino—, y a nadie se asconde, antes, quanto es de su parte, ella se les offrece a todos y se les entra en su casa, mas no la conoscen todos, y assí algunos no la reciben.

—¿Por manera que dezís, Sabino —dixo Iuliano—, que los que no vienen a ser dichosos no conoscen la buena dicha, y por essa causa la desechan de sí?

—Ansí es —respondió Sabino.

—Pues dezidme —dixo Iuliano—: ¿puede ser apetecido aquello de quien el que lo ha de amar no tiene noticia?

—Cierto es —dixo Sabino— que no puede[394].

—Y ¿dezís que los que no alcançan la buena dicha no la conocen? —dixo Iuliano.

Respondió Sabino que era assí.

—Y también avéys dicho —añadió Iuliano— que essos mismos que no lo son, apetecen y aman el ser bienaventurados.

Concedió Sabino que lo avía dicho.

—Luego —dixo Iuliano— apetecen lo que no saben ni conocen, y assí se concluye una de dos cosas: o que lo no conoscido puede ser amado, o que los de mala suerte no aman la buena suerte, que cada una dellas contradize a lo que, Sabino, avéys dicho. Ved agora si queréys mudar alguna dellas.

Reparó entonces Sabino un poco y dixo luego:

—Parece que de fuerça se avrá de mudar.

Mas Iuliano, tornando a tomar la mano, dixo assí:

[394] Así lo afirma el aforismo escolástico: *Nihil volitum, quin praecognitum.*

436

—Yd comigo, Sabino, que podría ser que por esta manera llegássemos a tocar la verdad. Dezidme: la buena dicha ¿es ella alguna cosa que bive o que tiene ser en sí misma, o qué manera de cosa es?

—No entiendo bien, Iuliano —respondió Sabino—, lo que me preguntáys.

—Agora —dixo Iuliano— lo entenderéys: el avariento, dezidme, ¿ama algo?

—Sí ama —dixo Sabino.

—¿Qué? —dixo Iuliano.

—El oro, sin duda —dixo Sabino—, y las riquezas.

—Y el que las gasta —añadió Iuliano— en fiestas y en banquetes, en aquello que haze ¿busca y apetece algún bien?

—No ay duda desso —dixo Sabino.

—Y ¿qué bien apetece? —preguntó Iuliano.

—Apetece —respondió Sabino—, a mi parecer, su gusto proprio y su contento.

—Bien dezís, Sabino —dixo Iuliano luego—. Mas dezidme: el contento que nasce del gastar las riquezas, y essas mismas riquezas, ¿tienen una misma manera de ser? ¿No os parece que el oro y plata es una cosa que tiene substancia y tomo, que la veys con los ojos y la tocáys con las manos? Mas el contento no es assí, sino como un accidente que sentís en vos mismo o que os imagináys que sentís, y no es cosa que, o la sacáys de las minas, o que el campo —o de suyo o con vuestra labor— la produze y, produzida, la cogéys dél y la encerráys en el arca, sino cosa que resulta en vos de la possessión de alguna de las cosas que son de tomo, que o posséys [349 bis] o os imagináys posseer.

—Verdad es —dixo Sabino— lo que dezís.

—Pues agora —dixo Iuliano— entenderéys mi pregunta, que es, si la buena dicha tiene ser como las riquezas y el oro, o como las cosas que llamamos gusto y contento.

—Como el gusto y el contento —dixo Sabino luego—, y aun me parece a mí que la buena dicha no es otra cosa

---

[394 bis] Así en el original, por *posseéys*.

sino un perfecto y entero contento, seguro de lo que se teme y rico de lo que se ama y apetece.

—Bien avéys dicho —dixo Iuliano—; mas si es como el contento o es el contento mismo, y avemos dicho que el contento es una cosa que resulta en nosotros de algún bien de substancia que o tenemos o nos imaginamos tener, necessaria cosa será que de la buena dicha aya alguna cosa de tomo que sea como su fuente y raýz, de manera que le dé ser dichoso al que la posseyere, qualquiera que él sea.

—Esso —dixo Sabino— no se puede negar.

—Pues dezidme: ¿ay una fuente sola o hay muchas fuentes?

—Parece —dixo Sabino— que ay una sola.

—Con razón os parece assí —dixo Iuliano entonces—, porque el entero contento del hombre en una sola manera puede ser, y por la misma razón no tiene sino una sola causa. Mas esta causa, que llamamos fuente, y que, como dezís, es una, ¿ámanla y búscanla todos?

—No la aman —dixo Sabino.

—¿Por qué? —respondió Iuliano.

Y Sabino dixo:

—Porque no la conoscen.

—Y ¿ninguno —dixo Iuliano— dexa de amar, como antes dezíamos, lo que es buena dicha?

—Assí es —respondió.

—Y no se ama —replicó— lo que no se conoce; luego avéys de dezir, Sabino, que los que aman el ser dichosos y no lo alcançan, conoscen lo general del descanso y del contento, mas no conoscen la particular y verdadera fuente de donde nasce, ni aquello uno en que consiste y que lo produze, y avéys de dezir que, llevados por una parte del desseo y por otra parte no sabiendo el camino, ni pueden parar ni les es possible atinar, al revés de los que hallan la buena suerte. Mas dezidme, Sabino: los que buscan ser dichosos y nunca vienen a serlo, ¿no aman ellos algo también, y lo procuran aver como a fuente de su buena dicha, la que ellos pretenden?

—Aman —dixo Sabino—, sin duda.

—Y esse su amor —dixo Iuliano— ¿házelos dichosos?

—Ya está dicho que no los haze —respondió Sabino—, porque la cosa a quien se allegan, y a quien le piden su contento y su bien, no es la fuente dél ni aquello de donde nasce.

—Pues si esse amor no les da buena dicha —dixo Iuliano— ¿haze en ellos otra cosa alguna, o no haze nada?

—¿No bastará —dixo Sabino— que no les dé buena dicha?

—Por mí —dixo Iuliano— baste en buen hora, que no desseo su daño; mas no os pido aquello con que yo por ventura quedaría contento si fuesse el repartidor, sino lo que la razón dize, que es juez que no se dobla.

—Paréceme —dixo Sabino— que como el hijo de Príamo, que puso su amor en Helena y la robó a su marido, persuadiéndose que llevava con ella todo su descanso y su bien, no sólo no halló allí el descanso que se prometía, mas sacó della la ruyna de su patria y la muerte suya, con todo lo demás que Homero canta de calamidad y miseria [395], assí, por la misma manera, los no dichosos, por fuerça vienen a ser desdichados y miserables, porque aman como a fuente de su descanso lo que no lo es y, amándolo assí, pídenselo y búscanlo en ello, y trabájanse miserablemente por hallarlo, y al fin no lo hallan; y assí, los atormenta juntamente y como en un tiempo el desseo de averlo y el trabajo de buscarlo y la congoxa de no poderlo hallar, de donde resulta que, no sólo no consiguen la buena dicha que buscan, mas, en vez della, caen en infelicidad y miseria.

—Recojamos —dixo Iuliano entonces— todo lo que avemos dicho hasta agora, y assí podremos después mejor yr en seguimiento de la verdad. Pues tenemos de todo lo sobredicho: lo uno, que todos aman y pretenden ser dichosos; lo otro, que no lo son todos; lo tercero, que la causa desta differencia está en el amor de aquellas cosas que llamamos fuentes o causas, entre las quales la verdadera es sola una, y las demás son falsas y enga-

---

[395] Se refiere a Paris, que robó a Menelao su esposa Helena, dando así ocasión a la guerra de Troya, cuyas ruinas y muertes canta Homero en la *Ilíada*.

ñosas; y lo último, tenemos que, como el amor de la verdadera haze buena suerte, assí haze, no sólo falta della, sino miseria estremada, el amor de las falsas.

—Todo esso está dicho; mas de todo esso —dixo Sabino— ¿qué queréys, Iuliano, inferir?

—Dos cosas infiero —dixo Iuliano luego—: la una, que todos aman, los buenos y los malos, los felices y los infelices, y que no se puede bivir sin amar; la otra, que como el amor en los unos es causa de su buena andança, assí en los otros es la fuente de su miseria, y siendo en todos amor, haze en los unos y en los otros effectos muy differentes, o por dezir verdad, claramente contrarios.

—Assí se infiere —dixo Sabino.

—Mas dezidme —añadió Iuliano—, ¿atreveros heys, Sabino, a buscar comigo la causa de aquesta desigualdad y contrariedad que en sí encierra el amor?

—¿Qué causa dezís, Iuliano? —respondió Sabino.

—El por qué —dixo Iuliano— el amor, que nos es tan necessario y tan natural a todos, es en unos causa de miseria y en otros de felicidad y buena suerte.

—Claro está esso —dixo Sabino luego—, porque aunque en todos se llama amor, no es en todos uno mismo, mas en unos es amor de lo bueno y assí les viene el bien dél, y en otros de lo malo y assí les frutifica miseria.

—¿Puede —replicó Iuliano— amar nadie lo malo?

—No puede —dixo Sabino—, como no puede desamar a sí mismo. Mas el amor malo que digo, llámole assí, no porque lo que ama es en sí malo, sino porque no es aquel bien que es la fuente y el minero del summo bien.

—Esso mismo —dixo Iuliano— es lo que haze mi duda y mi pregunta más fuerte.

—¿Más fuerte? —respondió Sabino—; ¿y en qué manera?

—Desta manera —dixo Iuliano—: porque si los hombres pudieran amar la miseria, claro y descubierto estava el por qué el amor hazía miserables a los que la amavan; mas amando todos siempre algún bien, aunque no sea aquel bien de donde nasce el summo bien, ya que éste su amor no los haze enteramente dichosos, a lo menos, pues es bien lo que aman, justo y razonable sería que el amor dél les hiziesse algún bien; y assí, no parece verdad lo que poco antes assentávamos por muy cierto, que el amor haze también a las vezes miseria en los hombres.

—Assí parece —respondió Sabino.

—No os rindáys —dixo Iuliano— tan presto, sino yd comigo inquiriendo el ingenio y la condición del amor, que si la hallamos, ella nos podrá descubrir la luz que buscamos.

—¿Qué ingenio es esse? —respondió Sabino—, o ¿cómo se ha de inquirir?

—Muchas vezes havréys oýdo dezir, Sabino —respondió Iuliano—, que el amor consiste en una cierta unidad.

—Sí he —dixo Sabino— oýdo y leýdo que es unión el amor y que es unidad, y que es como un lazo estrecho entre los que juntamente se aman, y que, por ser assí, se transforma el que ama en lo que ama por tal manera que se haze con él una misma cosa.

—Y ¿paréceos —dixo Iuliano— que todo el amor es assí?

—Sí parece —respondió Sabino.

—¿Apolo —dixo Iuliano—, a vuestro parecer, amava quando en la fábula, como canta el Poeta, sigue a Daphne que le huye? [396] O el otro de la comedia, quando pregun-

---

[396] «Andando Apolo descuidado —dice J. Pérez de Moya—, encontró con Dafne, y luego de su vista, quedó preso de su amor; comenzó a seguirla diciéndola su pena. Ella, por no oírle, huía por los lugares más ásperos que podía; ambos corrían, uno amando y otro desamando. Era Apolo valiente y ligero, y acercándose a Dafne, cuyas fuerzas iba perdiendo, como cercana se viese de las ondas de su padre Peneo, dijo: Oh padre; acorre si en estas aguas algún divinal poder está. Oh tierra; trágame o múdame en otra figura. Apenas estos ruegos Dafne había acabado, cuando ya un enfriamiento a todo el cuerpo le subía y la corteza de árbol las entrañas le cubría; los cabellos en hojas se tornaron, los pies en raíces perezosas. Apolo, aun a la así mudada no cesó de amar.» (*Philosophía secreta,* ed. cit., t. I, pág. 218.) El poeta a que se refiere Fray Luis es Ovidio, *Metamorph.,* Lib. I, fáb. X, vv. 452 ss.; Garcilaso había poetizado bellamente el mismo mito, medio siglo antes, en su soneto XIII.

ta dónde buscará, dónde descubrirá, a quién preguntará, quál camino seguirá para hallar a quien avía perdido de vista [397], pregunto, ¿amava también?

—Assí —dixo— parece.

—Y ambos —replicó Iuliano— estavan tan lexos de ser unos con lo que amavan, que el uno era aborrescido dello, y el otro no hallava manera para alcançarlo.

—Verdad es —dixo Sabino— quanto al hecho, mas quanto al desseo ya lo eran, porque essa unidad era lo que apetescían si amavan.

—Luego —dixo Iuliano— ¿ya el amor no será él la unidad, sino un apetito y desseo della?

—Assí —dixo— parece.

—Pues dezidme —añadió Iuliano—: aquestos mismos, si consiguieran su intento, o otros qualesquiera que aman, y que lo que aman lo consiguen y alcançan y vienen a ser uno mismo con ello, ¿dexan de amarlo luego, o ámanlo todavía también?

—Como puede uno no amar a sí mismo, assí podrán —dixo Sabino— dexar de amar al que ya es una misma cosa con ellos.

—Bien dezís —dixo Iuliano—, mas dezidme, Sabino: ¿será possible que dessee alguno aquello mismo que tiene?

—No es possible —dixo Sabino.

—Y avéys dicho —añadió Iuliano— que ya aquestos tales han venido a tener unidad.

—Sí han venido —dixo.

—Luego avéys de dezir —replicó Iuliano— que ya no la dessean ni apetecen.

—Ansí es —dixo— verdad.

—Y es verdad que se aman —añadió Iuliano—; luego no lo es dezir que el amar es dessear la unidad.

Estuvo entonces sobre sí Sabino un poco, y dixo luego:

—No sé, Iuliano, qué fin han de tener oy estas redes vuestras, ni qué es lo que con ellas desseáys prender. Mas pues assí me estrecháys, dígoos que ay dos amores o dos maneras de amar, una de desseo y otra de

---

[397] Terencio, *Eunuch.*, act. II, esc. 3, v. 3.

gozo. Y dígoos que en el uno y en el otro amor ay su cierta unidad: el uno la dessea y, quanto es de su parte, la haze, y el otro la possee y la abraça, y se deleyta y abiva con ella misma; el uno camina a este bien, y el otro descansa y se goza en él; el uno es como el principio, y el otro es como lo summo y lo perfecto; y assí el uno como el otro se rodea, como sobre quicio, sobre la unidad sola, el uno haziéndola y el otro como gozando della.

—No han hecho mala presa estas que llamáys mis redes, Sabino —dixo Iuliano entonces—, pues han cogido de vos esto que dezís agora, que está muy bien dicho, y con ello estoy yo más cerca del fin que pretendo de lo que vos, Sabino, pensáys. Porque, pues es assí que todo amor, cada uno en su manera, o es unidad, o camina a ella y la pretende, y pues es assí que es como el blanco y el fin del bien querer el ser unos los que se quieren, cosa cierta será que todo aquello que fuere contrario o en alguna forma dañoso a aquesta unidad, será dessabrido enemigo para el amor, y que el que amare, por el mismo caso que ama, padecerá tormento gravíssimo todas las vezes que, o le acontesciere algo de lo que divide el amor, o temiere que le puede acontescer. Porque como en el cuerpo, siempre que se corta o que se divide lo uno dél y lo que está ayuntado y continuo, se descubre luego un dolor agudo, assí todo lo que en el amor, que es unidad, se esfuerça a poner división, pone por el mismo caso en el alma que ama una miseria y una congoxa biva, mayor de lo que declarar se puede.

—Essa es verdad en que no ay duda —dixo entonces Sabino.

—Pues si en esto no ay duda— añadió Iuliano—, ¿podréysme dezir, Sabino, quántas y quáles sean las cosas que tienen esta fuerça, o que la pretenden tener, de cortar y dividir aquello con que el amor se añuda y se haze uno?

—Tiene —dixo Sabino— essa fuerça todo aquello que a qualquiera de los que aman, o le deshaze en el ser, o le muda y le trueca en la voluntad —o totalmente o en parte—, como son, en lo primero, la enfermedad y la

443

vejez, y la pobreza y los desastres, y finalmente la muerte, y en lo segundo, la ausencia, el enojo, la differencia de pareceres, la competencia en unas mismas cosas, el nuevo querer y la liviandad nuestra natural. Porque, en lo primero, la muerte deshaze el ser, y assí aparta aquello que deshaze de aquello que queda con vida; y la enfermedad y vejez y pobreza y desastres, assí como disponen para la muerte, assí también son ministros y como instrumentos con que este apartamiento se obra. Y en lo segundo, cierto es que la ausencia haze olvido, y que el enojo divide, y que la differencia de pareceres pone estorvo en la conversación, y assí, apartando el trato, enagena poco a poco las voluntades y las desata para que cada una se vaya por sí; pues con el nuevo amor, claro es que se corta el primero, y manifiesto es que nuestro natural mudable es como una lima secreta, que de contino, con desseo de hazer novedad, va dividiendo lo que está bien ajuntado.

—No se dará bien, conforme a esso, Sabino —dixo Iuliano entonces—, el amor en qualquier suelo.

Respondió Sabino:

—¿Cómo no se dará?

Y Iuliano dixo:

—Como dizen de algunos frutales, que plantados en Persia su fruta es ponçoña, y nascidos en estas provincias nuestras son de manjar sabroso y saludable [398], assí digo que se concluye de lo que hasta agora está dicho, que el amor y la amistad, todas las vezes que se plantare en lo que estuviere subjecto a todos o a algunos dessos

---

[398] El doctor Andrés Laguna nos explica esta tradición, de que se hace eco Fray Luis, con noticias muy curiosas: «Engáñanse —escribe— los que piensan, que todas estas pérsicas plantas [camuesa, péro de eneldo, melapia, membrillo, melocotón, prisco, etcétera], eran primero venenosas en Persia, y después lleuadas à Egypto, y allí plantadas, se boluieron muy benignas y cordiales: y la causa de aqueste error es, que las confunden con otra muy differente planta, llamada Persea, de la qual à la fin d'este primero libro refiere lo mesmo Dioscorides.» (*Pedacio Dioscórides,* ed. cit., pág. 105.) En efecto, en el cap. CXLVI, escribía Dioscórides: «Dixeron algunos, que este arbol [la persea] era en Persia venenoso y mortífero: empero que transpuesto en Egypto, mudando su complexion, se boluia seguro mantenimiento.» (*Ibid.,* página 121.)

accidentes que avéys contado, Sabino, como planta puesta en lugar, no sólo ageno de su condición, mas contrario y enemigo de la qualidad de su ingenio, produzirá, no fructo que recree, sino tóxico que mate. Y si, como poco antes dezíamos, para venir a ser dichosos y de buena suerte nos conviene que amemos algo que nos sea como fuente de aquesta buena ventura, y si la naturaleza ordenó que fuesse el medio y el tercero de toda la buena dicha el amor, bien se conoce ya lo que arriba dudávamos, que el amor que se empleare en aquello que está subjecto a las mudanças y daños que dicho avéys [399], no sólo no dará a su dueño ni el summo bien ni aquella parte de bien, qualquiera que ella se sea, que possee en sí aquello a quien se endereça, mas le hará triste y miserable del todo. Porque el dolor que le traspassará las entrañas quando alguno de los casos y de los accidentes que dixistes, Sabino —pues no se escusan—, le acontesciere, y el temor perpetuo de que cada hora le pueden acontecer, le convertirán el bien en contina miseria. Y no le valdrá tanto lo bueno que tiene aquello que ama para acarrearle algún gusto, quanto será poderoso lo quebradizo y lo vil y lo mudable de su condición para le affligir con perpetuo e [400] infinito tormento.

Mas si es tan perjudicial el amor quando se emplea mal, y si se emplea mal en todo lo que está subjecto a mudança, y si todo lo semejante le es suelo enemigo, adonde, si prende, produze fructos de ponçoña y miseria, ya veys, Sabino, la razón por que dixe al principio que sólo Christo es aquel con quien se puede tener paz y amistad; porque él solo es el no mudable y el bueno, y aquel que, quanto de su parte es, jamás divide la unidad del amor que con él se pone, y assí él es solo el subjecto proprio y la tierra natural y feliz adonde florece bienaventuradamente y adonde haze buen fructo esta planta, porque ni en su condición ay cosa que lo divida, ni se aparta dél por las mudanças y desastres a que está subjecta la nuestra, como nosotros libremente no lo apartemos dexándole. Que ni llega a él la vejez,

[399] A: *ya dichos*
[400] A: *y*

445

ni la enfermedad le enflaquesce, ni la muerte le acaba, ni puede la fortuna con sus desvaríos poner qualidad en él que le haga menos amable. Que como dize el psalmista: *Aunque tú, Señor, mismo desde el principio cimentaste la tierra, y aunque son obra de tus manos los cielos, ellos perecerán y tú permanecerás; ellos se envegecerán como se envegece la ropa, y, como se pliega la capa, los plegarás y serán plegados, mas tú eres siempre uno mismo y tus años nunca desmenguan* [401]. Y: *Tu throno, Señor, por siglos y siglos, vara de derechezas la vara de tu govierno* [402].

Esto es en el ser, que en su voluntad para con nosotros, si nosotros no le huymos primero, no puede caber desamor. Porque si viniéremos a pobreza y a menos estado, nos amará, y si el mundo nos aborresciere, él conservará su amor con nosotros; en las calamidades, en los trabajos y en las afrentas, en los tiempos temerosos y tristes, quando todos nos huyan, él con mayores regalos nos recogerá a sí. No temeremos que podrá venir a menos su amor por ausencia, pues está siempre lançado en nuestra alma y presente. Ni quando, Sabino, se marchitare en vos essa flor de la edad, ni quando, corriendo los años y haziendo su obra, os desfiguraren la belleza del rostro; ni en las canas, ni en la flaqueza, ni en el temblor de los miembros, ni en el frío de la vejez, se resfriará su amor en ninguna cosa para con vos, antes rico para hazer siempre bien, y de riquezas que no se agotan [403] haziéndole, y desseosíssimo continamente de hazerlo, quando se os acabare todo, se os dará todo él y renovará vuestra edad como el águila [404] y, vistiéndoos [405] de immortalidad y de bienes eternos, como esposo

---

[401] *Sal.* CI, 26-27.

[402] *Sal.* XLIV, 7.

[403] *A: agostan*

[404] La conseja de que el águila, en la vejez, se hacía más fuerte, procede del salmo CII, 5: «Él [Yahwé] sacia tu boca de todo bien, y renueva tu juventud como la del águila.» (trad. de Nácar-Colunga); F. de Onís recuerda que Fray Luis vuelve a aducir la leyenda en *Obras latinas,* III, 74. Nosotros la volvemos a hallar en «Jesús» —*cfr.* nota 426 del Lib. III.

[405] *A: vestiéndoos*

verdadero vuestro, os ayuntará del todo consigo con lazo que jamás faltará, estrecho y dulcíssimo.

—Mas esto ya os toca a vos, Marcello —dixo Iuliano prosiguiendo y bolviéndose a él—, porque es del nombre de *Esposo* de que últimamente avéys de dezir [406], y de que yo de propósito os he detenido que no dixéssedes con aquesto que he dicho, no tanto por añadir cosa que importasse a vuestras razones, quanto para que reposássedes entretanto vos y assí entrássedes con nuevo aliento en aquesto que os resta.

—Vos, Iuliano —dixo Marcello entonces—, siempre que habláredes será con propósito y provecho mucho, y lo que avéys hablado agora ha sido tal, que hazéys mal en no llevarlo adelante. Y pues ello mismo os avía metido en el nombre de *Esposo,* fuera justo que lo prosiguiérades vos, a lo menos siquiera porque, entre tanto malo como he dicho yo, tuviera tan buen remate esta plática; que yo os confiesso que en este nombre no puede dezir lo que ay en él quien no lo ha sabido sentir, y de mí ya conocéys quán lexos estoy de todo buen sentimiento [407].

—Ya conocemos —dixeron juntos Iuliano y Sabino— quán mal sentís de estas cosas, y por esta causa os queremos oýr en ellas; demás de que es justo que sea de un paño todo.

—Justo es —dixo Marcello— que sea todo de sayal, y que a cosa tan grossera no se añada pieça más fina. Mas pues es forçoso, será necessario que, como suelen hazer los poetas en algunas partes de sus poesías, adonde se les offrece algún subjecto nuevo o más difficultoso que lo passado, o de mayor qualidad, que tornan a invo-

---

[406] Nueva reliquia indicativa de la primitiva estructura de *Nombres,* concebido en sólo dos libros. Quizá Fray Luis, deseoso de mantener el texto ya difundido de las dos primeras ediciones con la mayor fidelidad posible, pone en la «Introducción» del Libro III la discusión sobre quién llevará en adelante la exposición de los temas, haciendo que Marcelo —pese al propósito aquí anunciado de dar fin a los diálogos— acepte volver a hablar, si bien repartiéndose la tarea con Juliano.

[407] 'pensamiento elevado', 'ideas originales e ingeniosas'

car el favor de sus musas, assí yo agora torne a pedir a Christo su favor y su gracia para poder dezir algo de lo que en un mysterio como aqueste se encierra [408], porque sin él no se puede entender ni dezir.

Y con esto humilló Marcello templadamente la cabeça hazia el suelo y, como encogiendo los hombros, calló por un espacio pequeño, y luego, tornándola a alçar y tendiendo el braço derecho, y en la mano dél, que tenía cerrada, abriendo ciertos dedos della y estendiéndolos, dixo:

---

[408] Vuélvese aquí a la deprecación, recuerdo de la estructura del sermón en la oratoria sagrada, que, en este caso, tiene incluso la apoyatura gráfica de las líneas que siguen, fiel descripción de la conducta del predicador en el púlpito —inclinación de cabeza, recogimiento de hombros, silencio por breve espacio, fin de la deprecación, y actitud oratoria con la extensión solemne del brazo al empezar de nuevo la peroración—. Junto a ello, el recuerdo de la «invocación», típica de la poesía profana, aparece también explícitamente.

[ESPOSO]

—Tres cosas son, Iuliano y Sabino, las que este nombre de *Esposo* nos da a entender y las de que nos obliga a tratar: el ayuntamiento y la unidad estrecha que ay entre Christo y la Iglesia; la dulçura y deleyte que en ella nasce de aquesta unidad; los accidentes y, como si dixéssemos, los apparatos [409] y circunstancias del desposorio. Porque si Christo es *esposo* de toda la Iglesia y de cada una de las ánimas justas, como de hecho lo es, manifiesto es que han de concurrir en ello aquestas tres cosas. Porque el desposorio, o es un estrecho ñudo en que dos differentes se reduzen en uno, o no se entiende sin él; y es ñudo por muchas maneras dulce, y ñudo que quiere su cierto apparato, y a quien le anteceden siempre y le siguen algunas cosas dignas de consideración. Y aunque entre los hombres ay otros títulos y otros conciertos, o ordenados por su voluntad dellos mismos, o con que naturalmente nascen assí, con que se ayuntan en uno unas vezes más y otras menos —porque el título de deudo o de padre es unidad que haze la naturaleza con el parentesco, y los títulos de rey y de ciudadano y de amigo son respectos de estrechezas [410] con que por su voluntad los hombres se adunan—, mas aunque esto es assí, el nombre de *Esposo* y la verdad de este nom-

---

[409] 'aprestos', 'preparativos'
[410] 'vínculos', 'lazos de unión'

bre haze ventaja a los demás en dos cosas: la primera, en que es más estrecho y de más unidad que ninguno; la segunda, en que es lazo más dulce y causador de mayor deleyte que todos los otros.

Y en aqueste artículo es muy digna de considerar la maravillosa blandura con que ha tratado Christo a los hombres, que con ser nuestro padre y con hazerse nuestra cabeça, y con regirnos como pastor y curar nuestra salud como médico, y allegarse a nosotros y ayuntarnos a sí con otros mil títulos de estrecha amistad, no contento con todos, añadió a todos ellos aqueste ñudo y aqueste lazo también, y quiso dezirse y ser nuestro *esposo:* que para lazo es el más apretado lazo, y para deleyte el más apazible y más dulce, y para unidad de vida el de mayor familiaridad, y para conformidad de voluntades el más uno, y para amor el más ardiente y el más encendido de todos.

Y no sólo en las palabras, mas en el hecho es assí nuestro *esposo,* que toda la estrecheza de amor y de conversación y de unidad de cuerpos que en el suelo ay entre dos, marido y muger, comparada con aquella con que se enlaza con nuestra alma este *esposo,* es frialdad y tibieza pura. Porque en el otro ayuntamiento no se comunica el espíritu, mas en éste su mismo espíritu de Christo se da y se traspassa a los justos, como dize Sant Pablo: *El que se ayunta a Dios, házese un mismo espíritu con Dios* [411]. En el otro, assí dos cuerpos se hazen uno, que se quedan differentes en todas sus qualidades, mas aquí, assí se ayuntó la persona del Verbo a nuestra carne, que osa dezir Sant Iuan [412] que se hizo carne. Allí no recibe vida el un cuerpo del otro, aquí bive y bivirá nuestra carne por medio del ayuntamiento de la carne de Christo. Allí, al fin, son dos cuerpos en humores e inclinaciones diversos, aquí, ayuntando Christo su cuerpo a los nuestros [413], los haze de las condiciones del suyo hasta venir a ser con él quasi [414] un cuerpo mis-

---

[411] I *Cor.,* VI, 17.
[412] *Jn.,* I, 14.
[413] B: *ayunta assí Christo su cuerpo a los nuestros*
[414] A: *casi.*

mo, por una tan estrecha y secreta manera que apenas explicarse puede. Y assí lo affirma y encarece Sant Pablo: *Ninguno*, dize, *aborresció jamás a su carne, antes la alimenta y la abriga como Christo a la Iglesia, porque somos miembros de su cuerpo, de su carne dél y de sus huessos dél. Por esto dexará el hombre a su padre y a su madre y se ayuntará a su muger, y serán dos en una carne. Este es un secreto y un sacramento grandíssimo, mas entiéndolo yo en la Iglesia con Christo* [415].

Pero vamos declarando poco a poco, quanto nos fuere possible, cada una de las partes de aquesta unidad maravillosa, por la qual todo el hombre se enlaza estrechamente con Christo, y todo Christo con él. Porque, primeramente, el ánima del hombre justo se ayunta y se haze una con la divinidad y con el alma de Christo, no solamente porque las añuda el amor, esto es, porque el justo ama a Christo entrañablemente y es amado de Christo por no menos cordial y entrañable manera, sino también por otras muchas razones. Lo uno, porque imprime Christo en su alma dél y le debuxa una semejança de sí mismo biva, y un retrato efficaz, de aquel grande bien que en sí mismas contienen sus dos naturalezas, humana y divina, con la qual semejança figurado nuestro ánimo, y como vestido de Christo, parece otro Él [415 bis], como poco ha que dezíamos hablando de la virtud de la gracia. Lo otro porque, demás desta imagen de gracia que pone Christo como de assiento en nuestra alma, le applica también su fuerça y su vigor bivo y que obra, y lánçalo por ella toda y, apoderado assí della, dale movimiento y despiértala y házele que no repose, sino que, conforme a la sancta imagen suya que impressa en sí tiene, assí obre y se menee y bulla siempre, y como fuego arda y levante llama, y suba hasta el cielo, ensalçándose. Y como el artífice que, como alguna vez acontesce, primero haze de la materia que le conviene lo que le ha de ser instrumento en su arte, figurándolo [416] en la manera que deve para el fin que pretende, y después, quando lo toma en la

---

[415] *Ef.*, V, 29-32.
[415 bis] Para «Él», *cfr.* n. 73 del L. I.
[416] 'dándole figura'

mano queriendo usar dél, le applica su fuerça y le menea, y le haze que obre conforme a la forma de instrumento que tiene y conforme a su qualidad y manera, y en quanto está assí el instrumento es como un otro artífice bivo, porque el artífice bive en él y le comunica, quanto es possible, la virtud de su arte, assí Christo[417], después que con la gracia, semejança suya, nos figura y concierta en la manera que cumple, applica su mano a nosotros y lança en nosotros su virtud obradora y, dexándonos llevar della nosotros sin le hazer resistencia, obra él y obramos con él y por él lo que es devido al ser suyo que en nuestra alma está puesto, y a las condiciones hidalgas y al nascimiento noble que nos ha dado, y hechos assí otro él o, por mejor dezir, envestidos en él, nasce dél y de nosotros una obra misma, y éssa qual conviene que sea la que es obra de Christo.

Mas ¿por ventura parará aquí el lazo con que se añuda Christo a nuestra alma? Antes passa adelante, porque —y sea esto lo tercero, y lo que ha de ser forçosamente lo último—, porque no solamente nos comunica su fuerça y el movimiento de su virtud en la forma que he dicho, mas también, por una manera que apenas se puede dezir, pone presente su mismo Spíritu Sancto en cada uno de los ánimos justos. Y no solamente se junta con ellos por los buenos effectos[418] de gracia y de virtud y de bien obrar que allí haze, sino porque el mismo espíritu divino suyo está dentro dellos presente, abraçado y ayuntado con ellos por dulce y bienaventurada manera. Que assí como en la divinidad el Spíritu Sancto, inspirado juntamente de las personas del Padre y del Hijo, es el amor y, como si dixéssemos, el ñudo dulce y estrecho de ambas, assí él mismo, inspirado a la Iglesia, y con todas las partes justas della enlazado y en ellas morando, las vivifica y las enciende y las enamora y las deleyta, y las haze entre sí y con él una cosa misma. *Quien me amare,* dize Christo, *será amado de mi Padre, y vendremos a él y haremos morada en él*[419]. Y Sant

[417] B:*Iesuchristo*
[418] B: *affectos*
[419] *Jn.,* XIV, 23.

Pablo: *La charidad de Dios nos es infundida en nuestros coraçones por el Spíritu Sancto que nos es dado* [420]. Y en otra parte dize [421] que nuestros cuerpos son templo suyo, y que bive en ellos y en nuestros spíritus. Y en otra [422], que nos dio el spíritu de su Hijo, que en nuestras almas y coraçones a boca llena le llama Padre y más Padre.

Y como acontesció a Eliseo con el hijo de la huéspeda muerto, que le aplicó primero su báculo, y se ajustó con él después, y lo último de todo le comunicó su aliento y espíritu [423], assí en su manera es lo que passa en este ayuntamiento y en este abraço de Dios: que primero pone Dios en el alma sus dones, y después applica a ella sus manos y rostro, y últimamente le infunde su aliento y espíritu con el qual la buelve a la vida del todo, y biviendo a la manera que Dios bive en el cielo, y biviendo por él, dize con Sant Pablo: *Bivo yo, mas no yo, sino bive en mí Iesuchristo* [424].

Esto, pues, es lo que haze en el alma. Y no es menos maravilloso que esto lo que haze con el cuerpo, con el qual [425] ayunta el suyo estrechíssimamente. Porque demás de que tomó nuestra carne en la naturaleza de su humanidad, y la ayuntó con su persona divina con ayuntamiento tan firme que no será suelto jamás —el qual ayuntamiento es un verdadero desposorio o, por mejor dezir, un matrimonio indissoluble celebrado entre nuestra carne y el Verbo, y el thálamo donde se celebró fue, como dize Sant [426] Augustín [427], el vientre puríssimo—, assí que, dexando esta unión aparte que hizo con nuestra carne haziendo la carne suya, y vistiéndose della, y saliendo en pública plaça, en los ojos de todos los hombres, abraçado con ella, también esta misma carne y cuerpo suyo, que tomó de nosotros, lo ayunta con el cuerpo de su Iglesia

[420] *Rom.,* V, 5.
[421] I *Cor.,* III, 16, y VI, 19.
[422] *Rom.,* VIII, 15.
[423] II *Re.,* IV, 31-35.
[424] *Gál.,* II, 20.
[425] A: *con el cuerpo también, con el qual*
[426] A: *Sancto*
[427] *In Iohan. Evang.,* tr. VIII.

y con todos los miembros della que devidamente le reciben en el Sacramento del altar, allegando su carne a la carne dellos y haziéndola, quanto es possible, con la suya una misma. *Y serán,* dize, *dos en una carne. Gran sacramento es este, pero entiéndolo yo de Christo y de la Iglesia* [428]. No niega Sant Pablo dezirse con verdad de Eva y de Adam aquello: *Y serán una carne los dos,* de los quales al principio se dixo, pero dize que aquella verdad fue semejança de aqueste otro hecho secreto, y dize que en aquello la razón dello era manifiesta y descubierta razón, mas aquí dize que es occulto mysterio.

Y a este [429] ayuntamiento real y verdadero de su cuerpo y el nuestro miran también claramente aquellas palabras de Christo: *Si no comiéredes mi carne y beviéredes mi sangre, no tendréys vida en vosotros* [430]. Y luego, o en el mismo lugar: *El que come mi carne y beve mi sangre queda en mí y yo en él.* Y ni más ni menos lo que dize Sant Pablo: *Todos somos un cuerpo los que participamos de un mismo mantenimiento* [431]. De lo qual se concluye que assí como por razón de aquel tocamiento son dichos ser una carne Eva y Adam, assí, y con mayor razón de verdad, Christo, *esposo* fiel de su Iglesia, y ella, esposa querida y amada suya, por razón deste ayuntamiento que entre ellos se celebra quando reciben los fieles dignamente en la hostia su carne, son una carne y un cuerpo entre sí.

Bien y brevemente, Theodoreto, sobre el principio de los *Cantares* y sobre aquellas palabras dellos: *Béseme de besos de su boca* [432], en este propósito dize desta manera: *No es razón que ninguno se offenda de aquesta palabra de beso, pues es verdad que, al tiempo que se dize la missa y al tiempo que se comulga en ella, tocamos al cuerpo de nuestro* Esposo *y le besamos y le abraçamos y, como con* esposo, *assí nos ayuntamos con él* [433]. Y Sant

[428] *Ef.,* V, 31-32.
[429] *A: A este*
[430] *Jn.,* VI, 54-55.
[431] I *Cor.,* X, 17.
[432] *Cant.,* I, 1.
[433] Teodoreto, *Quaest. in Script. Sacram. In Cant.,* Lib. I.

Chrysóstomo dize más larga y más claramente lo mismo: *Somos,* dize, *un cuerpo, y somos miembros suyos hechos de su carne y hechos de sus huessos* [434]. *Y no sólo por medio del amor somos uno con él, mas realmente nos ayunta y como convierte en su carne por medio del manjar de que nos ha hecho merced. Porque, como quisiesse declararnos su amor, enlazó y como mezcló con su cuerpo el nuestro, y hizo que todo fuesse uno para que assí quedasse el cuerpo unido con su cabeça, lo qual es muy proprio de los que mucho se aman. Y assí Christo, para obligarnos con mayor amor y para mostrar más para con nosotros su buen desseo, no solamente se dexa ver de los que le aman, sino quiere ser también tocado dellos y ser comido, y que con su carne se enxiera la dellos, como diziéndoles: Yo desseé y procuré ser vuestro hermano, y assí por este fin me vestí, como vosotros, de carne y de sangre, y esso mismo con que me hize vuestro deudo y pariente, esso mismo yo agora os lo doy y comunico* [435].

Aquí Iuliano, asiendo de la mano de Marcello, le dixo:

—No os canséys en esso, Marcello, que lo mismo que dizen Theodoreto y Chrysóstomo, cuyas palabras nos avéys referido, lo dizen por la misma manera quasi toda la antigüedad de los sanctos: Sant Irineo, Sant Hilario, Sant Cypriano, Sant Augustín, Tertulliano, Ignacio, Gregorio Nisseno, Cyrillo, León, Phocio y Theophylacto. Porque assí como es cosa notoria a los fieles que la carne de Christo, debaxo de los accidentes de la hostia recebida por los christianos y passada al estómago, por medio de aquellas especies toca a nuestra carne, y es nuestra carne tocada della, assí también es cosa en que ninguno que lo uviere leýdo puede dudar, que assí las sagradas letras como los sanctos doctores usan por esta causa de aquesta forma de hablar, que es dezir que somos un cuerpo con Christo, y que nuestra carne es de su carne, y de sus huessos los nuestros, y que no solamente en los espíritus, mas también en los cuerpos estamos todos ayuntados y unidos.

[434] *Ef.,* V, 30.
[435] S. Juan Crisóstomo, *Ad Pop. Antioch.,* hom. LXI.

Assí que estas dos cosas ciertas son, y fuera de toda duda están puestas.

Lo que agora, Marcello, os conviene dezir, si nos queréys satisfazer, o por mejor dezir, si desseáys satisfazer al subjecto que avéys tomado y a la verdad de las cosas, es declarar cómo por sólo que se toque una carne con otra, y sólo porque el un cuerpo con el otro cuerpo se toque, se puede dezir con verdad que son ambos cuerpos un cuerpo y ambas carnes una misma carne, como las sagradas letras y los sanctos doctores, que assí las entienden, lo dizen. ¿Por ventura no toco yo agora con mi mano a la vuestra, mas no por esso son luego un mismo cuerpo y una misma carne vuestra mano y mi mano?

—No lo son, sin duda —dixo Marcello entonces—, ni menos es un cuerpo y una carne la de Christo y la nuestra solamente porque se tocan quando recebimos su cuerpo, ni los sanctos por sólo este tocamiento ponen esta unidad de cuerpos entre él y nosotros, que los peccadores que indignamente le reciben también se tocan con él, sino porque, tocándose ambos por razón de aver recebido dignamente la carne de Christo, y por medio de la gracia que se da por ella, viene nuestra carne a remedar en algo a la de Christo haziéndosele semejante.

—Esso —dixo Iuliano entonces, dexando a Marcello— nos dad más a entender.

Y Marcello, callando un poco, respondió luego desta manera:

—Quedará muy entendido si yo, Iuliano, hiziere agora clara la verdad de dos cosas: la primera, que para que se diga con verdad que dos cosas son una misma, basta que sean muy semejantes entre sí; la segunda, que la carne de Christo, tocando a la carne del que le recibe dignamente en el Sacramento, por medio de la gracia que produze en el alma, haze en cierta manera semejante nuestra carne a la suya.

—Si vos probáys esso, Marcello —respondió Iuliano—, no quedará lugar de dudar, porque si una grande semejança es bastante para que se digan ser unos los que son dos, y si la carne de Christo, tocando a la nuestra, la assemeja mucho a sí misma, clara cosa es que se puede dezir con verdad que por medio deste tocamiento venimos a ser con él un cuerpo y una carne. Y a lo que a mí me parece, Marcello, en la primera dessas dos cosas propuestas no tenéys mucho que trabajar ni provar, porque cosa razonable y conveniente parece que lo muy semejante se llame uno mismo [436], y assí lo solemos dezir.

—Es conveniente —respondió Marcello —y conforme a razón, y recibido en el uso común de los que bien sienten y hablan. De dos, quando mucho se aman, ¿por ventura no dezimos que son uno mismo, y no por más de por que se conforman en la voluntad y querer? Luego si nuestra carne se despojare de sus qualidades y se vistiere de las condiciones de la carne de Christo, serán como una ella y la carne de Christo, y, demás de muchas otras razones, será también por esta razón carne de Christo la nuestra, y como parte de su cuerpo y parte muy ayuntada con él. De un hierro muy encendido dezimos que es fuego, no porque en substancia lo sea, sino porque en las qualidades, en el ardor, en el encendimiento, en la color y en los effectos lo es; pues assí, para que nuestro cuerpo se diga cuerpo de Christo, aunque no sea una substancia misma con él, bien le deve bastar el estar acondicionado como él.

Y para traer a comparación lo que más vezino es y más semejante, ¿no dize a boca llena Sant Pablo que *el que se ayunta con Dios se haze un espíritu con él?* [437] Y ¿no es cosa cierta que el ayuntarse con Dios el hombre no es otra cosa sino recibir en su alma la virtud de la gracia que, como ya tenemos dicho otras vezes, es una qualidad celestial que, puesta en el alma, pone en ella mucho de las condiciones de Dios, y la figura muy a su semejança? Pues si al spíritu de Dios y al nuestro espíritu los dize ser uno el predicador de las gentes [438] por la semejança suya que haze en el nuestro el de Dios, bien bastará, para que se digan nuestra carne y la carne de Christo ser una carne, el tener la nuestra —si lo tu-

---

[436] A: *mesmo*
[437] I *Cor.,* VI, 17.
[438] Así se llama usualmente a San Pablo.

viere— algo de lo que es proprio y natural a la carne de Christo.

Son un cuerpo de república y de pueblo mil hombres en linaje estraños, en condiciones diversos, en officios differentes, y en voluntades e intentos contrarios entre sí mismos, porque los ciñe un muro y porque los govierna una ley; y dos carnes tan juntas, que traspassa —por medio de la gracia— mucho de su virtud y de su propriedad la una en la otra y quasi [439] la embeve en sí misma [440], ¿no serán dichas ser una? Y si en esto no ay que provar por ser manifiesto, como, Iuliano, dezís, ¿cómo puede ser obscuro o dudoso lo segundo que propuse y que después de aquesto se sigue? Un guante oloroso, traýdo por un breve tiempo en la mano, pone su buen olor en ella y, apartado della, lo dexa allí puesto; y la carne de Christo, virtuosíssima y efficacíssima, estando ayuntada con nuestro cuerpo y hinchiendo de gracia nuestra alma, ¿no cumunicará su virtud a nuestra carne? ¿Qué cuerpo, estando junto a otro cuerpo, no le comunica sus condiciones? Este ayre fresco que agora nos toca, nos refresca, y poco antes de agora, quando estava encendido, nos comunicava su calor y encendía. Y no quiero dezir que ésta es obra de naturaleza, ni digo que es virtud que naturalmente obra la que acondiciona nuestro cuerpo y le assemeja al cuerpo de Christo, porque si fuesse assí, siempre y con todos aquellos a quien tocasse succedería lo mismo [441]; mas no es con todos assí, como parece en aquellos que le reciben indignos. En los quales el passar atrevidamente a sus pechos suzios el cuerpo sanctíssimo de Iesuchristo, demás de los daños del alma, les es causa en el cuerpo de malos accidentes y de enfermedades, y a las vezes de muerte, como claramente nos lo enseña Sant Pablo [442].

Assí que no es obra de naturaleza aquesta, mas es muy conforme a ella y a lo que naturalmente acontece a los cuerpos quando entre sí mismo[s] se ayuntan. Y si por

[439] A: casi
[440] A: mesma
[441] A: mesmo
[442] I Cor., XI, 27-30.

entrar la ca[r]ne de Christo en el pecho no limpio ni convenientemente dispuesto, como agora dezía, justamente se le destempla la salud corporal a quien assí le recibe, quando por el contrario estuviere bien dispuesto el que la recibiere, ¿cómo no será justo que con maravillosa virtud, no sólo le sanctifique el alma, mas también, con la abundancia de la gracia que en ella pone, le apure el cuerpo y le avezine a sí mismo todo quanto pudiere? Que no es más inclinado al daño que al bien el que es la misma bondad, ni el bien hazer le es difficultoso al que con el querer sólo lo haze.

Y no solamente es conforme a lo que la naturaleza acostumbra, mas es muy conveniente y muy devido a lo que piden nuestras necessidades. ¿No dezíamos esta mañana que el soplo de la serpiente, y aquel manjar vedado y comido, nos desconcertó el alma y nos emponçoñó el cuerpo? Luego convino que este manjar, que se ordenó contra aquél, pusiesse, no solamente justicia en el alma, sino también, por medio della, sanctidad y pureza celestial en la carne; pureza, digo, que resistiesse a la ponçoña primera y la desarraygasse poco a poco del cuerpo. Como dize Sant Pablo: *Assí como en Adam murieron todos, assí cobraron vida en Iesuchristo* [443]. En Adam uvo daño de carne y de espíritu, y uvo inspiración del demonio espiritual para el alma, y manjar corporal para el cuerpo. Pues si la vida se contrapone a la muerte y el remedio ha de yr por las pisadas del daño, necessario es que Christo en ambas a dos cosas produzga salud y vida: en el alma con su spíritu, y en la carne ayuntando a ella su cuerpo. Aquella mançana, passada al estómago, assí destempló el cuerpo, que luego se descubrieron en él mil malas qualidades más ardientes que el fuego; esta carne sancta, allegada devidamente a la nuestra, por virtud de su gracia produzga en ella frescor y templança. Aquel fructo atoxicó nuestro cuerpo, con que viene a la muerte; esta carne, comida, enriquézcanos assí con su gracia, que aun descienda su thesoro a la carne, que la apure y le dé vida y la resuscite.

---

[443] I *Cor.*, XV, 22.

Bien dize acerca desto Sant Gregorio Nisseno: *Assí como en aquellos que han bevido ponçoña y que amatan su fuerça mortífera con algún remedio contrario, conviene que, conforme a como hizo el veneno, assimismo la medicina penetre por las entrañas para que se derrame por todo el cuerpo el remedio, assí nos conviene hazer a nosotros, que, pues comimos la ponçoña que nos desata, recibamos la medicina que nos repara, para que con la virtud désta desechemos el veneno de aquélla. Mas esta medicina ¿quál es? Ninguna otra sino aquel sancto cuerpo que sobrepujó a la muerte y nos fue causa de vida. Porque assí como un poco de levadura, como dize el Apóstol* [444], *assemeja a sí a toda la massa, assí aquel cuerpo a quien Dios dotó de immortalidad, entrando en el nuestro, le traspassa en sí todo y le muda. Y assí como lo ponçoñoso, con lo saludable mezclado, haze a lo saludable dañoso, assí, al contrario, este cuerpo immortal, a aquel de quien es recebido, le buelve semejantemente immortal.* Esto dize Nisseno [445].

Mas, entre todos, Sant Cyrillo lo dize muy bien: *No podía,* dize, *este cuerpo corruptible traspassarse por otra manera a la immortalidad y a la vida sino siendo ayuntado a aquel cuerpo a quien es como suyo el bivir. Y si a mí no me crees, da fe a Christo, que dize:* Sin duda os digo que si no comiéredes la carne del Hijo del hombre, y si no beviéredes su sangre, no tendréys vida en vosotros. Que el que come mi carne y beve mi sangre tiene vida eterna, y yo le resuscitaré en el postrero día [446]. *Bien oyes quán abiertamente te dize que no tendrás vida si no comes su carne y si no beves su sangre.* No la tendréys, dize, en vosotros; *esto es, dentro de vuestro cuerpo no la tendréys. Mas ¿a quién no tendréys? A la vida.* Vida llama convenientemente a su carne de vida, porque ella es la que en el día último nos ha de resuscitar. Y deziros he cómo: Esta carne viva [447], por ser carne del Verbo unigénito, possee la vida, y assí no la puede vencer el morir.

[444] I *Cor.*, V, 8.
[445] *Orat. Catech. quae dicitur Magna,* cap. XXXVII.
[446] *Jn.*, VI, 54-55.
[447] A: *carne vivífica*

460

por donde, si se junta a la nuestra, alança de nosotros la muerte, porque nunca se aparta de su carne el Hijo de Dios. Y porque está junto y es como uno con ella, por esso dize: Y yo le resuscitaré en el día postrero [448].

Y en otro lugar, el mismo doctor dize assí: *Es de advertir que el agua, aunque es de su naturaleza muy fría, sobreviniéndole el fuego, olvidada de su frialdad natural, no cabe en sí de calor. Pues nosotros, por la misma manera, dado que por la naturaleza de nuestra carne somos mortales, participando de aquella vida que nos retira de nuestra natural flaqueza, tornamos a vivir por su virtud propria della, porque convino que no solamente el alma alcançasse la vida por comunicársele el Spíritu Sancto, mas que también este cuerpo tosco y terreno fuesse hecho immortal con el gusto de su metal y con el tacto dello y con el mantenimiento. Pues como la carne del Salvador es carne vivífica por razón de estar ayuntada al Verbo, que es vida por naturaleza, por esso, quando la comemos, tenemos vida en nosotros, porque estamos unidos con aquello que está hecho vida. Y por esta causa, Christo, quando resuscitava a los muertos, no solamente usava de palabra y de mando como Dios, mas algunas vezes les applicava su carne como juntamente obradora, para mostrar con el hecho que también su carne, por ser suya y por estar ayuntada con él, tenía virtud de dar vida.* Esto es de Cyrillo [449].

Assí que la mala disposición que puso en nosotros el primero manjar nos obliga a dezir que el cuerpo de Christo, que es su contrario, es causa que aya en el nuestro, por secreta y maravillosa virtud, nueva pureza y nueva vida, y lo mismo podemos ver si ponemos los ojos en lo que se puso por blanco Christo en quanto hizo, que es declararnos su amor por todas las maneras possibles. Porque el amor, como platicávades agora, Iuliano y Sabino, es unidad, o todo su officio es hazer unidad, y quanto es mayor y mejor la unidad, tanto es mayor y más excellente el amor, por donde, quanto por más particulares maneras

---

[448] *Cyr. Alex. in Johan. Evang.*, Lib. IV, caps. XIV-XV.
[449] *In Johan. Evang.*, Lib. IV, cap. XIV.

fueren uno mismo dos entre sí, tanto, sin duda ninguna, se tendrán más amor. Pues si en nosotros ay carne y espíritu, y si con el espíritu ayunta el suyo Christo por tantas maneras, poniendo en él su semejança y comunicándole su vigor y derramando por él su espíritu mismo, ¿no os parecerá, Iuliano, forçoso el dezir, o que ay falta en su amor para con nosotros, o que ayunta tan bien su cuerpo con el nuestro quanto es possible ayuntarse dos cuerpos?

Mas ¿quién se atreverá a poner mengua en su amor en esta parte, el qual por todas las demás partes es, sobre todo encarescimiento, estremado? Porque pregunto: ¿O no le es possible a Dios hazer esta unión, o, hecha, no declara ni engrandesce su amor, o no se precia Dios de engrandescerle? Claro es que es possible; y manifiesto que añade quilates; y notorio y sin duda que se precia Dios de ser en todo lo que haze perfecto. Pues si esto es cierto, ¿cómo puede ser dudoso si haze Dios lo que puede ser hecho y lo que importa que se haga para el fin que pretende? El mismo Christo dize, rogando a su Padre: *Señor, quiero que yo y los míos seamos una misma cosa, assí como yo soy una misma cosa contigo* [450]. No son una misma cosa el Padre y el Hijo solamente porque se quieren bien entre sí, ni sólo porque son, assí en voluntades como en juyzios, conformes, sino también porque son una misma substancia, de manera que el Padre vive en el Hijo y el Hijo vive por el Padre, y es un mismo ser y vivir el de entrambos.

Pues assí, para que la semejança sea perfecta quanto ser puede, conviene sin dubda que a nosotros los fieles, entre nosotros, y a cada uno de nosotros con Christo, no solamente nos añude y haga uno la charidad que el Espíritu en nuestros coraçones derrama, sino que también en la manera del ser, assí en la del cuerpo como en la manera del alma, seamos todos uno quanto es hazedero y possible, y conviene que, siendo muchos en personas, como de hecho lo somos, empero por razón de que mora en nuestras almas un espíritu mismo, y por razón que nos

---

[450] *Jn.*, XVII, 21-22.

mantiene un individuo [451] y solo manjar, seamos todos uno en un espíritu y en un cuerpo divino, los quales espíritu y cuerpo divino, ayuntándose estrechamente con nuestros proprios cuerpos y espíritus, los qualifiquen y los acondicionen a todos de una misma manera, y a todos de aquella condición y manera que le es propria a aquel divino cuerpo y espíritu: que es la mayor unidad que se puede hazer o pensar en cosas tan apartadas de suyo [452]. De manera que, como una nuve en quien ha lançado la fuerça de su claridad y de sus rayos el sol, llena de luz y, si aquesta palabra aquí se permite, en luz empapada, por dondequiera que se mire es un sol [453], assí, ayuntando Christo, no solamente su virtud y su luz, sino su [454] mismo espíritu y su [455] mismo cuerpo con los fieles y justos, y como mezclando en cierta manera su alma con la suya dellos, y con el cuerpo dellos su cuerpo en la forma que he dicho, les brota Christo y les sale afuera por los ojos y por la boca y por los sentidos, y sus figuras todas y sus semblantes y sus movimientos son Christo, que los occupa assí a todos y se enseñorea dellos tan íntimamente, que sin destruyrles o corromperles su ser, no se verá en ellos en el último día ni se descubrirá otro ser más del suyo, y un mismo ser en todos, por lo qual, assí él como ellos, sin dexar de ser él y ellos, serán un Él y uno mismo [456].

---

[451] 'único', 'indiviso'

[452] *A y B: de suyo tan apartadas.*

[453] La imagen de la Divinidad como Sol irradiante que todo lo ilumina tiene una larga tradición en la literatura espiritual; ya en el Pseudo Dionisio se expresa claramente: *Nam quemadmodum sol iste non cogitatione aut electione, sed eo ipso quod est, illuminat omnia quae pro modo suo participationem lucis admittunt, ita et summum illud bonum solem superans (non secus ac obtusam imaginem primitiua excellenter forma) ipsa sua substantia omnibus quae sunt pro captu cuiusque totius boni inijcit radios.* (*De divinis nominibus,* ed. cit., fol. Lxxxviij *r.*) La simbología del *sol* en *Nombres* halla su texto capital en el Libro III, al cual hace referencia nuestra nota 85, en dicho Libro.

[454] *A: a su*

[455] *A: a su*

[456] Los razonamientos de Fray Luis rayan aquí en las lindes del misticismo: «El nombre más ardiente del eros místico —subraya O. Macrí— es el de *Esposo,* en cuyo principio reaparece el

Grande ñudo es aqueste, Sabino, y lazo de unidad tan estrecho, que en ninguna cosa de las que, o la naturaleza ha compuesto o el arte inventado, las partes [457] diversas que tiene se juntaron jamás con juntura tan delicada o que assí huyesse la vista, como es esta juntura. Y, cierto, es ayuntamiento de matrimonio, tanto mayor y mejor, quanto se celebra por modo más uno y más limpio; y la ventaja que haze al matrimonio o desposorio de la carne en limpieza, essa o mucho mayor ventaja le haze en unidad y estrecheza. Que allí se inficionan los cuerpos, y aquí se deyfica el alma y la carne; allí se afficionan las voluntades, aquí todo es una voluntad y un querer; allí adquieren derecho el uno sobre el cuerpo del otro, aquí, sin destruyr su substancia, convierte en su cuerpo, en la manera que he dicho, el *esposo* Christo a su esposa; allí se yerra de ordinario, aquí se acierta siempre; allí de contino ay solicitud y cuydado enemigo de la conformidad y unidad, aquí seguridad y reposo, ayudador y favorecedor de aquello que es uno; allí se ayuntan para sacar a luz a otro tercero, aquí por un ayuntamiento se camina a otro, y el fructo de aquesta unidad es afinarse en ser uno, y el abraçarse es para más abraçarse; allí el contento es aguado y el deleyte breve y de baxo metal, aquí lo uno y lo otro tan grande que baña el cuerpo y el alma, tan noble que es gloria, tan puro que ni antes le precede ni después se le sigue ni con él jamás se mezcla o se ayunta el dolor.

Del qual deleyte, pues avemos dicho ya del ayuntamiento —que es lo que propusimos primero— lo que el Señor nos ha comunicado, será bien que digamos agora lo que se pudiere dezir, aunque no sé si es de las cosas que no se han de dezir; a lo menos, cierto es que, como ello es y como passa, ninguno jamás lo supo ni pudo dezir. Y assí, sea ésta la primera prueva y el argumento

motivo del hombre que abandona a sus padres y se une con su esposa, y los dos se reducen a una sola carne: *Éste es un secreto y un sacramento grandísimo* (*Ef.*, V, 32). Aquí la palabra de Fray Luis es una llama viva, tanto cuanto la de San Juan de la Cruz.» (*La poesía de Fray Luis de León*, ed. cit., pág. 120.) Para «Él», *cfr.* n. 73 del L. I.

[457] *A: o el arte, las partes*

primero de su no medida grandeza, que nunca cupo en lengua humana, y que el que más lo prueva lo calla más, y que su experiencia enmudesce la habla, y que tiene tanto de bien que sentir, que occupa el alma toda su fuerça en sentirlo sin dexar ninguna parte della libre para hazer otra cosa. De donde la Sagrada Escriptura, en una parte adonde trata de aqueste gozo y deleyte, le llama *manná abscondido,* y en otra *nombre nuevo* que no lo sabe leer sino aquel sólo que lo recibe [458], y en otra [459], introduziendo como en imagen una figura de aquestos abraços, venido a este punto de declarar sus deleytes dellos, haze que se desmaye y que quede muda y sin sentido la esposa que lo representa, porque assí como en el desmayo se recoge el vigor del alma a lo secreto del cuerpo, y ni la lengua, ni los ojos, ni los pies, ni las manos hazen su officio, assí este gozo, al punto que se derrama en el alma, con su grandeza increýble la lleva toda a sí, por manera que no le dexa comunicar lo que siente a la lengua.

Mas ¿qué necessidad ay de rastrear por indicios lo que abiertamente testifican las sagradas letras, y lo que por clara y llana razón se convence? David dize en su divina escriptura: *¡Quán grande es, Señor, la muchedumbre de tu dulçura, la que abscondiste para los que te temen!* [460]. Y en otra parte: *Serán, Señor, vuestros siervos embriagados con el abundancia de los bienes de vuestra casa, y daréysles a bever del arroyo impetuoso de vuestros deleytes* [461]. Y en otra parte: *Gustad y ved quán dulce es el Señor* [462]. Y en otra: *Un río de avenida baña con deleyte la ciudad de Dios* [463]. Y: *Boz de salud y alegría suena en las moradas de los justos* [464]. Y: *Bienaventurado es el pueblo que sabe qué es jubilación* [465]. Y finalmente, Esaías: *Ni los ojos lo vieron, ni lo oyeron los oýdos, ni*

[458] *Ap.,* II, 17.
[459] *Cant.,* II, 4-6.
[460] *Sal.* XXX, 20.
[461] *Sal.* XXXV, 9.
[462] *Sal.* XXXIII, 9.
[463] *Sal.* XLV, 5.
[464] *Sal.* CXVII, 15.
[465] *Sal.* LXXXVIII, 16.

pudo caber en humano coraçon, lo que Dios tiene apare-
jado para los que esperan en él [466].

Y conviene que, como aquí se dize, assí sea por necessaria razón, y tan clara que se tocará con las manos, si
primero entendiéremos qué es y cómo se haze aquesto
que llamamos deleyte. Porque deleyte es un sentimiento
y movimiento dulce que acompaña y como remata todas
aquellas obras en que nuestras potencias y fuerças, conforme a sus naturalezas o a sus desseos, sin impedimento
ni estorvo se emplean, porque todas las vezes que obramos assí, por el medio de aquestas obras alcançamos alguna cosa que, o por naturaleza, o por disposición y costumbre, o por elección y juyzio nuestro, nos es conveniente y amable. Y como quando no se possee y se conoce
algún bien, la ausencia dél causa en el coraçón una agonía y desseo, assí es necessario dezir que, por el contrario,
quando se possee y se tiene, la presencia dél en nosotros,
y el estar ayuntado y como abraçado con nuestro appetito
y sentidos, conosciéndolo nosotros ansí, los halaga y regala. Por manera que el deleyte es un movimiento dulce
del appetito.

Y la causa del deleyte son, lo primero, la presencia y,
como si dixéssemos, el abraço del bien desseado; al qual
abraço se viene por medio de alguna obra conveniente
que hazemos; y es como si dixéssemos el tercero desta
concordia o, por mejor dezir, el que la saborea y sazona,
el conoscimiento y el sentido della. Porque a quien no
siente ni conoce el bien que possee, ni si lo possee, no le
puede ser el bien ni deleytoso ni apazible. Pues esto pre-
suppuesto de aquesta manera, vamos agora mirando estas
fuentes de donde mana el deleyte y examinando a cada
una dellas por sí, que adondequiera que las descubriére-
mos más, y en todas aquellas cosas donde halláremos mayores y más abundantes mineros dél, en aquellas cosas,
sin duda, el deleyte dellas será de mayores quilates.

Es, pues, necessario para el deleyte, y como fuente suya
de donde nasce, lo primero el conoscimiento y sentido;
lo segundo, la obra por medio de la qual se alcança el

---

[466] *Is.,* LXIV, 4.

bien desseado; lo tercero, esse mismo [467] bien; lo quarto y lo último, su presencia y ayuntamiento dél con el alma. Y digamos del conoscimiento, primero, y después diremos de lo demás por su orden.

El conoscimiento, quanto fuere más bivo, tanto quanto es de su parte será causa de más bivo y más acendrado deleyte, porque, por la razón que no pueden gozar dél todas aquellas cosas que no tienen sentido, por essa misma se convence que las que le tienen, quanto más dél tuvieren, tanto sentirán la dulçura más, conforme a como la experiencia lo demuestra en los animales. Que en la manera que a cada uno dellos, conforme a su naturaleza y especie, o más o menos se les comunica el sentido, assí o más o menos les es deleytable y gustoso el bien que posseen, y quanto en cada una orden dellos está la fuerça del sentido más bota, tanto quando [468] se deleytan es menor su deleyte.

Y no solamente se vee esto entre las cosas que son differentes, comparándolas entre sí mismas, mas en un linaje mismo de cosas y en los particulares que en sí contiene se vee. Porque los hombres, los que son de más buen sentido gustan más del deleyte, y en un hombre solo, si, o por caso o por enfermedad tiene amortescido el sentido del tacto en la mano, aunque la tenga fría y la allegue a la lumbre no le hará gusto el calor, y como se fuere en ella por medio de la medicina o por otra alguna manera despertando el sentir, ansí por los mismos passos y por la medida misma crescerá en ella el poder gozar del deleyte. Por donde, si esto es assí, ¿quién no sabe ya quán más subido y agudo sentido es aquel con que se comprehenden y sienten los gozos de la virtud que no aquel de quien nascen los deleytes del cuerpo? Porque el uno es conoscimiento de razón y el otro es sentido de carne; el uno penetra hasta lo último de las cosas que conosce, el otro pára en la sobrehaz de lo que siente; el uno es sentir bruto y de aldea, el otro es entender spiritual [469] y de alma. Y conforme a esta differencia y ventaja, assí son

---

[467] A: *mesmo*
[468] A y B: *quando;* 1587 B, *quando;* Onís, *quanto.*
[469] A: *espiritual*

differentes y se aventajan entre sí los deleytes que hazen. Porque el deleyte que nasce del conoscer el sentido es deleyte ligero o como sombra de deleyte, y que tiene dél como una vislumbre o sobrehaz solamente, y es tosco y aldeano deleyte, mas el que nos viene del entendimiento y razón es bivo gozo y maciço gozo, y gozo de substancia y verdad.

Y assí como se prueva la grande substancia de aquestos deleytes del alma por la biveza del entendimiento que los siente y conosce, assí también se vee su nobleza por el metal de la obra que nos ayunta al bien de do nascen. Porque las obras por cuya mano metemos a Dios en nuestra casa, que, puesto en ella, la hinche de gozo, son el contemplarle y el amarle y el occupar en él nuestro pensamiento y desseo, con todo lo demás que es sanctidad y virtud, las quales obras ellas en sí mismas son, por una parte, tan proprias de aquello que en nosotros verdaderamente es ser hombre, y por otra, tan nobles en sí, que ellas mismas por sí, dexado aparte el bien que nos traen, que es Dios, deleytan al alma, que con sola su possessión dellas se perficiona y se goza —como al revés [470], todas las obras que el cuerpo haze por donde consigue aquello con que se deleyta el sentido, sean obras o no proprias del hombre, o assí toscas y viles que nadie las estimaría ni se alegraría con ellas por sí solas si, o la necessidad pura o la costumbre dañada, no le forçasse—. Assí que en lo bueno, antes que ello deleyte, ay deleyte, y esso mismo que va en busca del bien y que lo halla y le echa las manos, es ello en sí bien que deleyta, y por un gozo se camina a otro gozo, por el contrario de lo que acontece en el deleyte del cuerpo, adonde los principios son intolerable trabajo, los fines enfado y hastío, los fructos dolor y arrepentimiento.

Mas quando acerca desto faltasse todo lo que hasta agora se ha dicho, para conoscer que es verdad, basta la ventaja sola que haze el bien de donde nascen estos spirituales deleytes a los demás bienes que son cevo de los

---

[470] Es decir: 'assí como sucede, pero en sentido contrario, con todas las obras que el cuerpo hace...'

sentidos. Porque si la pintura hermosa presente a la vista deleyta los ojos, y si los oýdos se alegran con la suave armonía, y si el bien que ay en lo dulce o en lo sabroso o en lo blando causa contentamiento en el tacto, y si otras cosas menores y menos dignas de ser nombradas pueden dar gusto al sentido, injuria será que se haze a Dios poner en questión si deleyta o qué tanto deleyta al alma que se abraça con él. Bien lo sentía esto aquel que dezía: *¿Qué ay para mí en el cielo? Y fuera de vos, Señor, ¿qué puedo dessear en la tierra?* [471]. Porque si miramos lo que, Señor, soys en vos, soys un océano infinito de bien, y el mayor de los que por acá se conocen y entienden es una pequeña gota comparado con vos, y es como una sombra vuestra obscura y ligera. Y si miramos lo que para nosotros soys y en nuestro respecto, soys el desseo del alma, el único paradero de nuestra vida, el proprio y solo bien nuestro para cuya possessión somos criados y en quien sólo hallamos descanso, y a quien, aun sin conoceros, buscamos en todo quanto hazemos. Que a los bienes del cuerpo, y quasi a todos los demás bienes que el hombre apetece, apetécelos como a medios para conseguir algún fin y como a remedios y medicinas de alguna falta o enfermedad que padece: busca el manjar porque le atormenta la hambre; allega riquezas por salir de pobreza; sigue el son dulce y vase en pos de lo proporcionado y hermoso porque, sin esto, padescen mengua el oýdo y la vista.

Y por esta razón, los deleytes que nos dan estos bienes son deleytes menguados y no puros: lo uno, porque se fundan en mengua y en necessidad y tristeza, y lo otro, porque no duran más de lo que ella dura, por donde siempre la traen junto a sí y como mezclada consigo. Porque si no uviesse hambre, no sería deleyte el comer, y en faltando ella, falta él juntamente. Y assí no tienen más bien de quanto dura el mal para cuyos remedios se ordenan [472]. Y por la misma razón no puede entregarse

---

[471] *Sal.* LXXII, 25.

[472] Es curioso cómo esta doctrina se refleja —¿quizá por influencia directa?—, a la distancia de tres siglos y medio, en un relato como *El secreto de Barba Azul* —1923—, de W. Fernán-

ninguno a ellos sin rienda, antes es necessario que los use, el que dellos usar quisiere, con tassa, si le han de ser, conforme a como se nombran, deleytes, porque lo son hasta llegar a un punto cierto y, en passando dél, no lo son [473]. Mas vos, Señor, soys todo el bien nuestro y nuestro soberano fin verdadero. Y aunque soys el remedio de nuestras necessidades, y aunque hazéys llenos todos nuestros vazíos, para que os ame el alma mucho más que a sí misma no le es necessario que padezca mengua, que vos, por vos, merecéys todo lo que es el querer y el amor. Y quanto el que os amare, Señor, estuviere más rico y más abastado de vos, tanto os amará con más veras. Y assí como vos en vos no tenéys fin ni medida, assí el deleyte que nasce de vos en el alma que consigo os abraça dichosa es deleyte que no tiene fin, y que quanto más cresce es más dulce, y deleyte en quien el desseo, sin recelo de caer en hartura, puede alargar la rienda quanto quisiere, porque, como testificáys de vos mismo, *quien beviere de vuestra dulçura, quanto más beviere, tendrá della más sed* [474].

Y por esta misma razón —si, Iuliano, no os desagrada, y según que agora a la imaginación se me offrece—, en la Sagrada Escriptura, aqueste deleyte que Dios en los suyos produze es llamado con nombre de *avenida* y de *río,* como quando el psalmista dezía que da de bever Dios

dez Flórez, quien pone en boca de Assia estas palabras: «La Naturaleza tiene del placer un concepto indignante, de un primitivismo candoroso, que forzosamente ha de condenar una sensibilidad cultivada. La Naturaleza hace surgir el placer exclusivamente de la satisfacción de una necesidad; si no se apoya en el dolor de un ansia, no sabe producirnos contentamiento: para ofrecernos la delicia del comer, nos causa la molestia del hambre; para la felicidad del reposo, la angustia de la fatiga... Procede por compensaciones.» (ed. de Espasa-Calpe, Madrid, 1972⁵, página 106.)

[473] Todo el atractivo de estas ideas está en el entusiasmo que Fray Luis pone en ellas, pensándolas y sintiéndolas de nuevo; «lo que aquí cuenta —dice O. Macrí— no es la originalidad de la teoría, que se deduce de la filosofía escolástica, sino el ardor, la pasión de la búsqueda, la constancia y la reiteración de los argumentos que se suceden unos a otros en oleadas y lúcido delirio». (*La poesía...*, ed. cit., pág. 123.)

[474] *Eclo.,* XXIV, 29.

a los suyos *un río de deleyte grandíssimo*. Porque en dezirlo assí, no solamente quiere dezir que les dará Dios a los suyos grande abundancia de gozo, sino también nos dize y declara que ni tiene límite aqueste gozo ni menos es gozo que hasta un cierto punto es sabroso y, passado dél, no lo es; ni es, como lo son los deleytes que vemos, agua encerrada en vaso que tiene su hondo, y que, fuera de aquellos términos con que se cerca, no ay agua, y que se agota y se acaba beviéndola, sino que es agua en río, que corre siempre y que no se agota bevida y que, por más que se beva, siempre viene fresca a la boca, sin poder jamás llegar a algún passo adonde no aya agua, esto es, adonde aquel dulçor no lo sea. De manera que, por razón de ser Dios bien infinito, y bien que sobrepuja sin ninguna comparación a todos los bienes, se entiende que, en el alma que le possee, el deleyte que haze es entre todos los deleytes el mayor deleyte, y por razón de ser nuestro último fin, se convence que jamás aqueste deleyte da en cara.

Y si esto es por ser Dios el que es, ¿qué será por razón del querer que nos tiene y por el estrecho ñudo de amor con que con los suyos se enlaza? Que si el bien presente y posseýdo deleyta, quanto más presente y más ayuntado estuviere, sin ninguna duda deleytará más. Pues ¿quién podrá dezir la estrecheza no comparable de aqueste ayuntamiento de Dios? No quiero dezir lo que agora he ya dicho, repitiendo las muchas y diversas maneras como se ayunta Dios con nuestros cuerpos y almas, mas digo que, quando estamos más metidos en la possessión de los bienes del cuerpo y somos hechos más dellos señores, toda aquella unión y estrechez es una cosa floxa y como desatada en comparación deste lazo. Porque el sentido, y lo que se junta con el sentido, solamente se tocan en los accidentes de fuera —que ni veo sino lo colorado, ni oygo sino el retintín del sonido, ni gusto sino lo dulce o amargo, ni percibo tocando si no es la aspereza o blandura—; mas Dios, abraçado con nuestra alma, penetra por ella toda y se lança a sí mismo por todos sus apartados secretos hasta ayuntarse con su más íntimo ser, adonde, hecho como alma della y enlazado con ella, la abraça estrechíssimamente. Por cuya causa, en muchos lugares, la Escriptura dize que *mora Dios en el medio del coraçón.* Y David, en el psalmo [475], le compara al azeyte que, puesto en la cabeça del sacerdote, viene al cuello y se estiende a la barba y desciende corriendo por las vestiduras todas hasta los pies. Y en el libro de la *Sabiduría* [476], por aquesta misma razón, es comparado Dios a la niebla, que por todo penetra.

Y no solamente se ayunta mucho Dios con el alma, sino ayúntase todo, y no todo succediéndose unas partes a otras, sino todo junto y como de un golpe y sin esperarse lo uno a lo otro; lo que es al revés en el cuerpo, a quien sus bienes, los que él llama bienes, se le allegan de espacio y repartidamente, y succediéndose unas partes a otras: agora una y después désta otra, y quando goza de la segunda, ha perdido ya la primera. Y como se reparten y se dividen aquéllos, ni más ni menos se corrompen y acaban, y quales ellos son, tal es el deleyte que hazen: deleyte como exprimido por fuerça y como regateado y como dado blanca a blanca con escassez, y deleyte, al fin, que buela ligeríssimo y que desvanece como humo y se acaba. Mas el deleyte que haze Dios, viene junto y persevera junto y estable, y es como un todo no divisible, presente siempre todo a sí mismo, y por esso dize la Escriptura en el psalmo [477] que *deleyta Dios con río y con ímpetu a los vezinos de su ciudad,* no gota a gota, sino con todo el ímpetu del río assí junto.

De todo lo qual se concluye, no solamente que ay deleyte en este desposorio y ayuntamiento del alma y de Dios, sino que es un deleyte que, por dondequiera que se mire, vence a qualquier otro deleyte. Porque ni se mezcla con necessidad, ni se agua con tristeza, ni se da por partes, ni se corrompe en un punto, ni nasce de bienes pequeños ni de abraços tibios o floxos, ni es deleyte tosco o que se siente a la ligera como es tosco y superficial el sentido, sino divino bien y gozo íntimo, y deleyte abundante y alegría no contaminada, que baña el alma toda y

---

[475] *Sal.* CXXXII, 2.
[476] *Eclo.,* XXIV, 6.
[477] *Sal.* XLV, 5.

la embriaga y anega por tal manera, que, como ello es, no se puede declarar por ninguna.

Y assí la Escriptura divina, quando nos quiere offrecer alguna como imagen de aqueste deleyte, porque no ay una que se le assemeje del todo, usa de muchas semejanças e [478] imágines. Que unas vezes, como antes de agora dezíamos, le llama *manná abscondido. Manná,* porque es deleyte dulcíssimo, y dulcíssimo no de una sola manera, ni sabroso con un solo sabor, sino, como del *manná* se escrive en la *Sabiduría* [479], hecho al gusto del desseo y lleno de innumerables sabores. *Manná abscondido,* porque está secreto en el alma y porque, si no es quien lo gusta, ninguno otro entiende bien lo que es. Otras vezes le llama *aposento de vino,* como en el libro de los *Cantares* [480], y otras [481], el *vino* mismo, y otras [482], *liquor mejor mucho que el vino. Aposento de vino,* como quien dize amontonamiento y thesoro de todo lo que es alegría. *Más que el vino,* porque ninguna alegría ni todas juntas se igualan con ésta. Otras vezes nos le figura, como en el mismo [483] libro [484], por nombre de *pechos,* porque no son los pechos tan dulces ni tan sabrosos al niño como los deleytes de Dios son deleytables a aquel que los gusta. Y porque no son deleytes que dañan la vida o que debilitan las fuerças del cuerpo, sino deleytes que alimentan el spíritu y le hazen que crezca, y deleytes por cuyo medio communica Dios al alma la virtud de su sangre hecha leche, esto es, por manera sabrosa y dulce. Otras vezes son dichos *mesa* y *banquete,* como por Salomón [485] y David [486], para significar su abastança [487] y la grandeza y variedad de sus gustos, y la confiança y el descanso y el regozijo, y la seguridad y esperanças ricas que ponen en

---

[478] A: *y*
[479] *Sab.,* XVI, 20.
[480] *Cant.,* II, 4.
[481] *Cant.,* V, 1.
[482] *Cant.,* I, 1, y IV, 10.
[483] A: *mesmo*
[484] *Cant.,* I, 1, y IV, 10.
[485] *Prov.,* IX, 5.
[486] *Sal.,* XXII, 5.
[487] 'abundancia', 'copia'

el alma del hombre. Otras los nombra *sueño,* porque se repara en ellos el espíritu de quanto padece y lazera en la contina contradición que la carne y el demonio le haze. Otras los compara a *guija* o a *pedrezilla* pequeña y blanca y escripta de un nombre que sólo el que le tiene le lee [488], porque assí como, según la costumbre antigua, en las causas criminales, quando echava el juez una piedra blanca en el cántaro era dar vida, y como los días buenos y de successos alegres los antiguos los contavan con pedrezuelas de aquesta manera, assimismo el deleyte que da Dios a los suyos es como una prenda sensible de su amistad y como una sentencia que nos absuelve de su ira, que por nuestra culpa nos condenava al dolor y a la muerte, y es boz de vida en nuestra alma y día de regozijo para nuestro espíritu, y de successo bienaventurado y feliz. Y finalmente, otras vezes significa aquestos deleytes con nombre de *embriaguez* y de *desmayo* y de enagenamiento de sí [489], porque occupan toda el alma, que con el gusto dellos se mete tan adelante en los abraços y sentimientos de Dios, que desfallece al cuerpo y quasi [490] no comunica con él su sentido, y dize y haze cosas el hombre que parecen fuera de toda naturaleza y razón.

Y a la verdad, Iuliano, de las señales que podemos tener de la grandeza destos deleytes los que desseamos conocerlos y no merecemos tener su experiencia, una de las más señaladas y ciertas es el ver los effectos y las obras maravillosas y fuera de toda orden común que hazen en aquellos que experimentan su gusto. Porque si no fuera dulcíssimo incomparablemente el deleyte que halla el bueno con Dios, ¿cómo uviera sido possible, o a los mártyres padecer los tormentos que padescieron, o a los hermitaños durar en los yermos por tan luengos años en la vida que todos sabemos? Por manera que la grandeza no medida deste dulçor, y la violencia dulce con que enagena y roba para sí toda el alma, fue quien sacó a la soledad a los hombres y los apartó de quasi [491] todo aquello que

---

[488] *Ap.,* II, 17.
[489] *Cant.,* V, 1.
[490] *A: casi*
[491] *A: casi*

es necessario al bivir, y fue quien los mantuvo con yervas y sin comer muchos días, desnudos al frío y descubiertos al calor y subjectos a todas las injurias del cielo. Y fue quien hizo fácil y hazedero y usado lo que parecía en ninguna manera possible. Y no pudo tanto, ni la naturaleza con sus necessidades, ni la tyranía y crueldad con sus no oýdas cruezas, para retraerlos del bien, que no pudiesse mucho más para detenerlos en él aqueste deleyte; y todo aquel dolor que pudo hazer el artificio y el cielo, la naturaleza y el arte, el ánimo encrudelescido y la ley natural poderosa, fue mucho menor que este gozo. Con el qual esforçada el alma, y cevada y levantada sobre sí misma, y hecha superior sobre todas las cosas, llevando su cuerpo tras sí, le dio que no pareciesse ser cuerpo.

Y si quisiéssemos agora contar por menudo los exemplos particulares y estraños que desto tenemos, primero que la historia se acabaría la vida; y assí, baste por todos uno, y éste sea el que es la imagen común de todos, que el Spíritu [492] Sancto nos debuxó en el libro de los *Cantares* para que, por las palabras y acontescimientos que conocemos, veamos [493] como en idea todo lo que haze Dios con sus escogidos. Porque ¿qué es lo que no haze la esposa allí para encarecer aqueste su deleyte que siente, o lo que el *esposo* no dize para este mismo propósito? No ay palabra blanda ni dulçura regalada, ni requiebro amoroso ni encarescimiento dulce de quantos en el amor jamás se dixeron o se pueden dezir que, o no lo diga allí, o no lo oyga la esposa. Y si por palabras o por demonstraciones exteriores se puede declarar el deleyte del alma, todas las que significan un deleyte grandíssimo, todas ellas se dizen y hazen allí y, començando de menores principios, van siempre subiendo y, esforçándose siempre más el soplo del gozo, al fin, las velas llenas, navega el alma justa por un mar de dulçor, y viene, a la fin, a abrasarse en llamas de dulcíssimo fuego por parte de las secretas centellas que recibió al principio en sí misma.

Y acontécele quanto a este propósito al alma con Dios

[492] A: *Espíritu*
[493] A: *viéssemos*

como al madero no bien seco, quando se le avezina el fuego le aviene. El qual, assí como se va calentando del fuego y recibiendo en sí su calor, assí se va haziendo subjecto apto y dispuesto [494] para recebir más calor, y lo recibe de hecho. Con el qual calentado, comiença primero a despedir humo de sí y a dar de quando en quando algún estallido, y corren algunas vezes gotas de agua por él, y procediendo en esta contienda y tomando por momentos el fuego en él mayor fuerça, el humo que salía se enciende de improviso en llama que luego se acaba, y dende a poco se torna a encender otra vez y a apagarse también, y assí haze la tercera y la quarta, hasta que al fin el fuego, ya lançado en lo íntimo del madero y hecho señor de todo él [495], sale todo junto y por todas partes afuera levantando sus llamas, las quales, prestas y poderosas y a la redonda bulliendo, hazen parecer un fuego el madero.

Y por la misma manera, quando Dios se avezina al alma y se junta con ella y le comiença a comunicar su dulçura, ella, assí como la va gustando, assí la va desseando más, y con el desseo se haze a sí misma más hábil para gustarla, y luego la gusta más, y assí, cresciendo en ella aqueste deleyte por puntos, al principio la estremece toda, y luego la comiença a ablandar, y suenan de rato en rato unos tiernos sospiros, y corren por las mexillas a vezes y sin sentir algunas dulcíssimas lágrimas, y procediendo adelante, enciéndese de improviso como una llama compuesta de luz y de amor, y luego desaparece bolando, y torna a repetirse el sospiro, y torna a luzir y a cessar otro no sé qué resplandor, y acresciéntase el lloro dulce, y anda assí por un espacio haziendo mudanças el alma, traspassándose unas vezes y otras vezes tornándose a sí, hasta que, subjecta ya del todo al dulçor, se traspassa del todo y, levantada enteramente sobre sí misma, y no cabiendo en sí misma, espira amor y terneza y derretimiento por todas sus partes, y no entiende ni dize otra cosa si no es: «Luz, amor, vida, descanso

[494] *B: disponiéndose más*
[495] *A: y de todo él hecho señor*

summo, belleza infinita, bien immenso y dulcíssimo, dame que me deshaga yo y que me convierta en ti toda, Señor.»

Mas callemos, Iuliano, lo que por mucho que hablemos no se puede hablar.

Y calló, diziendo esto, Marcello un poco, y tornó luego a dezir:

—Dicho he del ñudo y del deleyte deste desposorio lo que he podido; quédame por dezir lo que supiere de las demás circunstancias y requisitos suyos. Y no quiero referir yo agora las causas que movieron a Christo, ni los accidentes de donde tomó occasión para ser nuestro *esposo,* porque ya en otros lugares avemos dicho oy acerca desto lo que conviene; ni diré de los terceros que entrevinieron en estos conciertos, porque el mayor y el que a todos nos es manifiesto fue la grandeza de su piedad y bondad; mas diré de la manera como se ha avido con esta su esposa por todo el espacio que, desde que se prometieron, corre hasta el día del matrimonio legítimo, y diré de los regalos y dulces tratamientos que por este tiempo le haze, y de las prendas y joyas ricas, y por ventura de las leyes de amor y del thálamo, y de las fiestas y cantares ordenados para aquel día.

Porque assí como acontece a algunos hombres que se desposan con mugeres muy niñas, y que para casarse con ellas aguardan a que lleguen a legítima edad, assí nos conviene entender que Christo se desposó con la Iglesia luego en nasciendo ella, o, por mejor dezir, que la crió y hizo nascer para esposa suya, y que se ha de casar con ella a su tiempo. Y avemos de entender que, como aquellos cuyas esposas son niñas las regalan, y les hazen caricias primero como a niñas, y assí por consiguiente, como va cresciendo la edad, van ellos también cresciendo en la manera de amor que les tienen y en las demonstraciones dél que les hazen, assí Christo a su esposa la Iglesia la ha ydo criando y acariciando conforme a sus edades della, y differentemente según sus differencias de tiempos; primero como a niña, y después como a algo mayor, y agora la trata como a donzelleja ya bien entendida y crescida y quasi ya casadera. Porque toda la edad de la Iglesia, desde su primer nascimiento hasta el día de la celebridad de sus bodas, que es todo el tiempo que ay desde el principio del mundo hasta su fin, se divide en tres estados de la Iglesia y tres tiempos. El primero que llamamos de naturaleza, y el segundo de ley, y el tercero y postrero de gracia. El primero fue como la niñez de esta esposa; en el segundo vino a algún mayor ser; en este tercero que agora corre se va acercando mucho a la edad de casar. Pues como ha ydo cresciendo la edad y el saber, assí se ha avido con ella differentemente su esposo, midiendo con la edad los favores y ajustándolos siempre con ella por maravillosa manera, aunque siempre por manera llena de amor y de regalo, como se vee claramente en el libro, de quien poco antes dezía, de los *Cantares,* el qual no es sino un debuxo bivo de todo aqueste trato amoroso y dulce que ha avido hasta agora, y de aquí adelante ha de aver, entre estos dos, *esposo* y esposa, hasta que llegue el dichoso día del matrimonio, que será el día quando se cerraren los siglos.

Digo que es una imagen compuesta por la mano de Dios, en que se nos muestran por señales y semejanzas visibles y muy familiares al hombre las dulzuras que entre estos dos esposos passan, y las differencias dellas conforme a los tres estados y edades differentes que he dicho. Porque en la primera parte del libro, que es hasta quasi la mitad del segundo capítulo, dize Dios lo que haze significación de las condiciones desta su esposa en aquel su estado primero de naturaleza, y la manera de los amores que le hizo entonces su *esposo.* Y desde aquel lugar, que es donde se dize en el segundo capítulo: *Veys, mi amado me habla y dize: Levántate, y apresúrate, y ven,* hasta el capítulo quinto, adonde torna a dezir: *Yo duermo y mi corazón vela,* se pone lo que pertenece a la edad de la ley. Mas desde allí hasta el fin, todo quanto entre aquestos dos se platica es imagen de las dulzuras de amor que haze Christo a su esposa en aqueste postrero estado de gracia.

Porque comenzando por lo primero, y tocando tan solamente las cosas, y como señalándolas desde lexos —porque dezirlas enteramente sería negocio muy largo, y no de aqueste breve tiempo que resta—, assí que diziendo de lo que pertenece a aquel estado primero, como era entonces niña la esposa, y le era nueva y reziente la promessa de Dios de hazerse carne como ella y de casarse con ella, como tierna y como desseosa de un bien tan nunca esperado, del qual entonces començava a gustar, entra, con la licencia que le da su niñez y con la impaciencia que en aquella edad suele causar el desseo, pidiendo apressuradamente sus besos. *Béseme,* dize, *de besos de su boca; que mejores son los tus pechos que el vino.* En que, debaxo deste nombre de *besos,* le pide ya su palabra y el aceleramiento de la promessa de desposarla en su carne, que apenas le acaba de hazer. Porque desde el tiempo que puso [496] Dios con el hombre de vestirse de su carne dél, y de assí vestido ser nuestro *esposo,* desde esse punto el coraçón del hombre començó a averse [497] regalada y familiarmente con Dios, y começaron desde entonces a bullir en él unos sentimientos de Dios nuevos y blandos y, por manera nunca antes vista, dulcíssimos. Y haze significación de aquesta misma niñez lo que luego dize y prosigue: *Las niñas donzellicas te aman,* porque las donzellicas y la esposa son una misma. Y el afficionarse al olor, y el comparar y amar al *esposo* como a un ramillete florido, y el no poderse aún tener bien en los pies, y el pedir al *esposo* que le dé la mano, diziendo: *Llévame en pos de ti, correremos,* y el prometerle el esposo tortolicas y sartalejos, todo ello demuestra lo niño y lo imperfecto de aquel amor y conoscimiento primero.

Y porque tenía entonces la Iglesia presentes y como delante de los ojos dos cosas, la una su culpa y pérdida, y la otra la promessa dichosa de su remedio, como mirándose a sí, por esso dize allí assí: *Negra soy, mas hermosa, hijas de Hierusalem, como los tabernáculos de Cedar y como las tiendas de Salomón.* Negra por el desastre de mi culpa primera, por quien he quedado subjecta a las injurias de mis penalidades, mas hermosa por la grandeza

---

[496] 'que estableció', 'que concertó'
[497] 'conducirse', 'comportarse'

de dignidad y de rica esperança a que por occasión deste mal he subido. Y si el ayre y el agua me maltratan de fuera, la palabra que me es dada, y la prenda que della en el alma tengo, me enriquece y alegra. Y si *los hijos de mi madre se encendieron contra mí,* porque viniendo de un mismo padre el ángel y yo, el ángel malo, encendido de embidia, convirtió [498] su ingenio en mi daño; y si *me pusieron por guarda de viñas,* sacándome de mi felicidad al polvo y al sudor y al desastre contino desta larga miseria; y si *la mi viña,* esto es, la mi buena dicha primera, no la supe guardar, como sepa yo agora adónde, *¡o esposo!,* sesteas, y como tenga noticia y favor para yr a los lugares bienaventurados adonde está de tu rebaño su pasto, yo quedaré mejorada.

Y assí, por esta causa misma, el *esposo* entonces no se le descubre del todo ni le offrece luego su presencia y su guía, sino dízele que, si le ama como dize, y si le quiere hallar, que siga la huella de sus cabritos. Porque la luz y el conoscimiento que en aquella edad dio guía a la Iglesia fue muy pequeño y muy flaco conoscimiento, en comparación del de agora. Y porque ella era pequeña entonces —esto es, de pocas personas en número, y éssas esparzidas por muchos lugares y rodeadas por todas partes de infidelidad—, por esso la llama allí, y por regalo la compara *a la rosa, que las espinas la cercan.*

Y también es *rosa entre espinas* porque, quasi ya al fin de aquesta niñez suya y quando començava a florecer y brotava ya afuera su hermosa figura, haziendo ya cuerpo de república y de pueblo fiel con muchedumbre grandíssima —que fue estando en Egypto, y poco antes que saliesse de allí—, fue verdaderamente *rosa entre espinas,* assí por razón de los egypcios infieles que la cercavan, como por causa de los errores y daños que se le pegavan de su trato y conversación, como también por respecto de la servidumbre con que la opprimían. Y no es lexos de aquesto, que en sola aquella parte del libro la compara el *esposo* a cosas de las que en Egypto nascían, como quando le dize: *A la mi yegua en los carros de Pharaón te*

[498] A y B: *convertido*

assemejé, amiga mía [499]. Porque estava subjecta ella a Pharaón entonces, y como junzida [500] al carro trabajoso de su servidumbre.

Mas llegando a este punto, que es el fin de su edad la primera y el principio de la segunda, la manera como Dios la trató es lo que luego y en el principio de la segunda parte del libro se dize: *Levántate y apressúrate, amiga mía, y ven; que ya se passó el invierno y la lluvia ya se fue* [501], con lo que después desto se sigue. Lo qual todo por hermosas figuras declara la salida desta sancta esposa de Egypto. Porque llamándola el *esposo* a que salga, significa el Spíritu Sancto, no sólo que el *esposo* la saca de allí, mas también la manera como la haze salir. *Levántate,* dize, porque con la carga del duro tratamiento estava abatida y caýda. Y *apressúrate,* porque salió con grandíssima priessa de Egypto, como se cuenta en el *Éxodo.* Y *ven,* porque salió siguiendo a su *esposo.* Y dize luego todo aquello que la combida a salir. Porque ya, dize, el invierno y los tiempos ásperos de tu servidumbre han passado, y ya comiença a aparecer la primavera de tu mejor suerte. Y ya, dize, no quiero que te me demuestres como rosa entre espinas, sino como *paloma en los agujeros de la barranca,* para significar el lugar desierto y libre de compañías malas a do la sacó.

Y assí ella, como ya más crescida y osada, responde alegremente a este llamamiento divino, y dexa su casa y sale en busca de aquel a quien ama. Y para declarárnoslo, dize: *En mi lecho y en la noche* de mi servidumbre y trabajo, *busqué* y levanté el coraçón a mi *esposo; busquéle, mas no le hallé. Levantéme y rodeé la ciudad, y pregunté a las guardas della* [502] por él. Y dize esto assí, para declarar todas las difficultades y trabajos nuevos que se le recrecieron con los de Egypto y con sus príncipes dellos, desde que començó a tratar de salir de su tierra hasta que de hecho salió. Mas luego, en saliendo, halló como presente, en figura de nuve y en figura de fuego, a

[499] *Cant.,* I, 8.
[500] 'uncida'
[501] *Cant.,* II, 10.
[502] *Cant.,* III, 1.

su *esposo,* y assí añade y le dize: *En passando las guar-das, hallé al que ama mi alma; asíle y no le dexaré hasta que le encierre en la casa de mi madre y en la recámara de la que me engendró* [503]. Porque hasta que entró con él en la tierra prometida, adonde caminava por el desierto, siempre le llevó como delante de sí. Y porque se entien-da que se habla aquí de aquel tiempo y camino, poco más abaxo le dizen: *¿Quién es ésta que sube por el desierto como varilla de humo de myrrha y de encienso, y de todos los buenos olores?* [504] Y lo que después se dize del lecho de Salomón [505] y de las guardas dél, con quien es compa-rada la esposa, es la guarda grande y las velas que puso el *esposo* para la salud y defensa suya por todo aquel ca-mino y desierto. Y lo de la litera que Salomón hizo [506], y la pintura de sus riquezas y obra, es imagen de la obra del arca y del sanctuario que en aquel mismo lugar y ca-mino ordenó para regalo de aquesta su esposa.

Y quando luego, por todo el capítulo quarto, dize della su *esposo* encarecidos loores, cantando una por una todas sus figuras y partes, en la manera del loor y en la quali-dad de las comparaciones que usa, bien se dexa entender que el que allí habla, aquello de que habla lo concebía como una grande muchedumbre de exército assentado en su real, y levantadas sus tiendas y divididas en sus es-tanças por orden, en la manera como seguía su viaje en-tonces el pueblo desposado con Dios. Porque, como en el libro de los *Números* [507] vemos, el assiento del real de aquel pueblo, quando peregrinó en el desierto, estava re-partido en quatro quarteles de aquesta manera: en la de-lantera tenían sus tiendas y assiento los del tribu de Iudá, con los de Isachar y Zabulón a sus lados; a la mano derecha tenían su quartel los de Rubén, con los de Si-meón y de Gad juntamente; a la izquierda moravan con los de Dan los de Asser y Nephtalín; lo postrero occupa-van Ephraim con los tribus de Benjamín y de Manassés. Y

[503] *Cant.,* III, 4.
[504] *Cant.,* III, 6.
[505] *Cant.,* III, 7.
[506] *Cant.,* III, 9-10.
[507] *Núm.,* II, 1-34.

en medio deste quadrado estava fixado el tabernáculo del testimonio, y al derredor dél, por todas partes, tenían sus tiendas los levitas y sacerdotes. Y, conforme a esta orden de assiento, seguían su camino quando levantavan real. Porque lo primero de todo yva la columna de nuve, que les era su guía[508]. En pos della seguían, sus vanderas tendidas[509], Iudá con sus compañeros. A éstos succedían luego los que pertenescían al quartel de Rubén. Luego yvan el Tabernáculo con todas sus partes, las quales llevavan repartidas entre sí los levitas. Ephraim y los suyos yvan después. Y los de Dan yvan en la retaguarda de todos.

Pues teniendo como delante los ojos el *esposo* esta orden, y como deleytándose en contemplar esta imagen, en el lugar que digo la va loando como si loara en una persona sola y hermosa sus miembros. Porque dize que *sus ojos,* que eran la nuve y el fuego que les servían de guía, *eran como de paloma.* Y *sus cabellos,* que es lo que se descubre primero y el quartel de los que yvan delante, *como hatos de cabras.* Y *sus dientes,* que son Gad y Rubén, *como manadas de ovejas.* Y *sus labios y habla,* que eran los levitas y sacerdotes por quien Dios les hablava, *como hilo de carmesí.* Y por la misma manera llama *mexillas* a los de Ephraim, y a los de Dan, *cuello.* Y a los unos y a los otros los alaba con hermosos apodos. Y a la postre dize maravillas de sus dos pechos, esto es, de Moysén y Aarón, que eran como el sustento dellos y como los caminos por donde venía a aquel pueblo lo que los mantenía en vida y en bien.

Y porque el paradero deste viaje era el llegar a la tierra que les estava guardada y el alcançar la[510] possessión pacífica della, por esso, en aviendo alabado la orden hermosa que guardavan en su real y camino, llégalos a la fin del camino y mételos como de la mano en sus casas y tierras. Y por esto le dize: *Ven del Lýbano, amiga mía, esposa mía, ven del Lýbano; ven, y serás coronada de la cumbre de Amana y de la altura de Sanir y de Hermón,*

[508] *Núm.,* X, 11-27.
[509] Con valor de oración de participio absoluto: 'llevando tendidas sus banderas'.
[510] A: *su*

de las cuevas de los leones, de los montes de las onças, que es como una descripción de la región de Iudea. En la qual región, después que della se apoderó Dios y su pueblo, cresció y fructificó por muchos siglos, con grandes acrescentamientos de sanctidad y virtudes, la Iglesia. Por donde el *esposo,* luego que puso a la esposa en la possessión desta tierra, contemplando los muchos fructos de religión que en ella produxo, para darlo a entender le dize que es *huerto* y le dize que es *fuente;* y de lo uno y de lo otro dize en esta manera: *Huerto cercado, hermana mía, esposa, huerto cercado, fuente sellada. Tus plantas vergeles son de granados y de lindos frutales; el cypro y el nardo y la canela y el cynamomo, con todos los árboles del Lýbano; la myrrha y el sándalo, con los demás árboles del encienso* [511].

Y finalmente, diziendo y respondiéndose a vezes [512], concluyen todo lo que a la segunda edad pertenece. Y concluydo, luego se comiença el cuento de lo que en esta tercera de gracia [513] passa entre Christo y su esposa. Y comiença diziendo: *Boz de mi amado que llama: Ábreme, hermana mía, amiga mía, paloma mía, que mi cabeça llena está de rocío y las mis guedejas con las gotas de la noche* [514]. Que por quanto Christo, en el principio desta edad que dezimos, nasció cubierto de nuestra carne y vino assí a descubrirse visiblemente a su esposa, vestido de su librea della, y subjecto, como ella lo es, a los trabajos y a las malas noches [515] que en la obscuridad desta vida se passan, por esso dize que viene maltratado de la noche y calado del agua y del rocío. Lo qual hasta aquel punto nunca de sí dixo el *esposo,* ni menos dixo otra cosa que se pareciesse a ello [516] o que tuviesse significación de lo

[511] *Cant.,* IV, 12.
[512] 'alternativamente'
[513] Zeugma algo dificultoso: el antecedente es *edad.*
[514] *Cant.,* V, 2.
[515] «Ante la imagen de la vida como oscuridad, el sintagma *malas noches,* sinónimo de malos días, podría connotar en este caso las desgracias, los tristes sucesos, el dolor que sobreviene en ciertos días, y que forman parte de la vida misma.» («La noche en fray Luis de León. De la denotación al símbolo», artículo de María Jesús Fernández Leborans, en *Prohemio,* IV (1973), 49.)
[516] *A* y *B: esto*

mismo. Pues ruégale que le abra la puerta porque sabía la difficultad con que aquel pueblo donde nasció, y donde en aquel tiempo se sustentava aqueste nombre de *esposa,* le avía de recebir en su casa. Y esta difficultad y mal acogimiento es lo que luego encontinente se sigue: *Desnudéme la mi camisa, ¿cómo tornaré a vestírmela? Lavé los mis pies, ¿cómo los ensuziaré?* Y assí, mal recebido, se passa adelante a buscar otra gente.

Y porque algunos de los de aquel pueblo, aunque los menos dellos, le recibieron, por esso dize que al fin salió la esposa en su busca. Y porque los que le recibieron padescieron por la confessión y predicación de su fe muchos y muy luengos trabajos, por esso dize que lo rodeó todo buscándole y que no le halló, y que la hallaron a ella las guardas que hazían la ronda, y que la despojaron y que la hirieron con golpes. Y las bozes que da llamando a su *esposo* ascondido, y las gentes que movidas de sus bozes acuden a ella y le preguntan qué busca y por quién bozea con ansia tan grande, no es otra cosa sino la predicación de Christo que, ardiendo en su amor, hizieron por toda la gentilidad los apóstoles. Y los que se allegan a la esposa, y los que le offrecen su ayuda y compañía para buscar al que ama, son los mismos gentiles, todos aquellos que, abriendo los oýdos del alma a la boz del sancto Evangelio y dando assiento a las palabras de salud en su coraçón, se juntaron con fe biva a la esposa y se encendieron con ella en un mismo amor y desseo de yr [517] en seguimiento de Christo. Y como llegava ya la Iglesia a su devido vigor, y estava, como si dixéssemos, en la flor de su edad, y avía, conforme a la edad, crescido en conoscimiento, y el *esposo* mismo se le avía manifestado hecho hombre, da señas dél allí la esposa y haze pintura de sus faciones todas, lo que nunca antes hizo en ninguna parte del libro, porque el conoscimiento passado, en comparación de la luz presente, y lo que supo de su *esposo* la Iglesia en la naturaleza y la ley, puesto con lo que agora sabe y conosce, fue como una niebla cerrada y como una sombra obscuríssima [518].

---

[517] B: *y a yr*
[518] A y B: *obscura*

Pues como es agora su amor de la esposa y su conoscimiento mayor que antes, assí ella en esta tercera parte está más aventajada que nunca en todo género de espiritual hermosura, y no está, como estava antes, encogida en un pueblo solo, sino estendida por todas las naciones del mundo. En significación de lo qual, el *esposo,* en esta parte —lo que no avía hecho en las partes primeras—, la compara a ciudades, y dize que es semejante a un grande y bien ordenado esquadrón [519], y repite todo lo que avía dicho antes loándola, y añade sobre lo dicho otros nuevos y más soberanos loores. Y no solamente él la alaba, sino también, como a cosa ya hecha pública por todas las gentes y puesta en los ojos de todas ellas, alábanla con el *esposo* otros muchos. Y la que antes de agora no era alabada sino desde la cabeça hasta el cuello, es loada agora de la cabeça a los pies, y aun de los pies es loada primero, porque lo humilde es lo más alto en la Iglesia. Y la que antes de agora no tenía hermana porque estava, como he dicho, sola en un pueblo, agora ya tiene hermana y casa y solicitud y cuydado della, estendiéndose por innumerables naciones. Y ama ya a su bien y es amada dél por differente y más subida manera: que no se contenta con verle y abraçarle a sus solas, como antes hazía, sino en público y en los ojos de todos, y sin mirar en respectos y en puntos. Como trae una moçuela a su niño y hermano en los braços, y como se abalança a él a do quier que le vee, dessea traerle ella a sí siempre y públicamente añudado con su coraçón, como de hecho le trae en la Iglesia todo lo que merece perfectamente aqueste nombre de esposa. Que es lo que da a entender quando dize: *¡Quién te me diesse como hermano mamante pechos de mi madre! Hallaríate fuera y besaríate, y cierto no me despreciarían a mí; asiré de ti y te llevaré a casa de la mi madre, y tú me abezarás, y yo te regalaré* [520].

Y porque, llegando aquí, ha venido a todo lo que en razón de esposa puede llegar, no le queda sino que dessee

---

[519] *Cant.,* VI, 3. *A: a un grand exército y bien ordenado;* B: *a un ordenado exército*
[520] *Cant.,* VIII, 2. Esta cita se omite en *A,* desde *Que es lo que da* hasta aquí.

y que pida la venida de su *esposo* a las bodas, y el día
feliz en que se celebrará aqueste matrimonio dichoso. Y
assí lo pide finalmente, diziendo: *Huye, amado mío, y
asseméjate a la cabra y al cervatico sobre los montes* [521].
Porque el huyr es venir apriessa y bolando, y el venir sobre los montes es hazer que el sol, que sobre ellos amanece, nos descubra aquel día. Del qual día y de su luz,
a quien nunca succede noche, y de sus fiestas que no tendrán fin, y del aparato soberano del thálamo, y de los ricos
arreos con que saldrán en público el novio y la novia,
dize Sant Iuan en el *Apocalypsi* cosas maravillosas que no
quiero yo agora dezir, ni, si va a dezir verdad, puedo dezirlas, porque las fuerças me faltan. Y valga por todo, lo
que David acerca desto dize en el psalmo quarenta y quatro, que es proprio y verdadero cantar destas bodas, y
cantar adonde el Espíritu Sancto habla con los dos no-
vios por divina y elegante manera. Y dígalo Sabino por
mí, pues yo no puedo ya, y el dezirlo le toca a él.

Y con esto, Marcello acabó, y Sabino dixo luego:

> Un rico y soberano pensamiento
>   Me bulle dentro el pecho.
> A ti, divino rey, mi entendimiento
>   Dedico; y quanto he hecho
> A ti yo lo endereço, y celebrando
>   Mi lengua tu grandeza,
> Yrá, como escrivano, bolteando
>   La pluma con presteza.
> Traspassas en beldad a los nascidos,
>   En gracia estás bañado:
> Que Dios en ti, a sus bienes escogidos,
>   Eterno assiento ha dado.
> ¡Sus! Ciñe ya tu espada, poderoso,
>   Tu prez y hermosura;
> Tu prez, y sobre carro glorioso,
>   Con próspera ventura.
> Ceñido de verdad y de clemencia
>   Y de bien soberano,
> Con hechos hazañosos su potencia
>   Dirá tu diestra mano.
> Los pechos enemigos tus saetas

---

[521] *Cant.*, VIII, 14; es el versículo con que termina el *Cantar*.

Traspassen herboladas [522],
Y besen tus pisadas las subjectas
  Naciones derrocadas.
 Y durará, Señor, tu throno erguido
  Por más de mil edades,
Y de tu reyno el sceptro esclarescido,
  Cercado de ygualdades.
 Prosigues con amor el justo y bueno,
  Lo malo es tu enemigo;
Y assí te colmó, ¡o Dios!, tu Dios el seno
  Más que a ningún tu amigo.
 Las ropas de tu fiesta, produzidas
  De los ricos marfiles,
Despiden, en ti puestas, descogidas,
  Olores mil gentiles.
 Son ámbar y son myrrha y son preciosa
  Algalia sus olores.
Rodéate de infantas copia hermosa,
  Ardiendo en tus amores.
 Y la querida reyna está a tu lado,
  Vestida de oro fino.
Pues, ¡o tú!, illustre hija, pon cuydado,
  Attiende de contino;
 Attiende y mira, y oye lo que digo:
  Si amas tu grandeza,
Olvidarás de oy más tu pueblo amigo
  Y tu naturaleza;
 Que el rey por ti se abrasa, y tú le adora.
  Que él solo es señor tuyo,
Y tú también por él serás señora
  De todo el gran bien suyo.
 El Tyro y los más ricos mercaderes,
  Delante ti humillados,
Te offrecen, desplegando sus averes,
  Los dones más preciados.
 Y anidará en ti toda la hermosura,
  Y vestirás thesoro,
Y al rey serás llevada en vestidura [523]
  Y en recamados de oro,
  Y juntamente al rey serán llevadas
  Contigo otras donzellas;

_____

[522] 'untadas de veneno sacado de hierbas'; _cfr._ la nota 83 de este mismo Libro II.
[523] _A: vistidura_

Yrán siguiendo todas tus pisadas,
    Y tú delante dellas.
  Y con divina fiesta y regozijos
    Te llevarán al lecho,
Do, en vez de tus abuelos, tendrás hijos
    De claro y alto hecho,
  A quien, del mundo todo repartido,
    Darás el sceptro y mando.
Mi canto, por los siglos estendido,
    Tu nombre yrá ensalçando.
  Celebrarán tu gloria eternamente
    Toda nación y gente.

Y dicho esto, y ya muy noche, los tres se bolvieron a su lugar.

[LIBRO III]

DEL MAESTRO

FRAY LUYS DE LEÓN

EL LIBRO TERCERO [1]

DE LOS NOMBRES DE CHRISTO

A Don Pedro Portocarrero [2], del Consejo de Su Magestad y del de la Sancta y General Inquisición.

De los dos libros passados [3], que publiqué para provar en ellos lo que se juzgava de aqueste escrevir, he entendido, muy illustre Señor, que algunos han hablado mucho y por different manera: porque unos se maravillan que un theólogo, de quien, como ellos dizen, esperavan algunos grandes tratados llenos de profundas questiones, aya salido a la fin con un libro en romance [4]; otros

---

[1] La primera edición de *Nombres* —1583— no incluía este Libro —a los dos primeros seguía inmediatamente *La perfecta casada*—; su inclusión —excepto el nombre de «Cordero»— se produce sólo a partir de la 2.ª ed., de 1585.

[2] *Cfr.* nota 1 del Libro I.

[3] Se refiere, evidentemente, a los libros I y II de *Nombres*.

[4] Como dice F. de Onís, «la defensa calurosa que fray Luis de León hace de la lengua vulgar a continuación, es un signo de los tiempos. Se podrían acumular citas de otros muchos autores de la época». (*Nombres,* ed. cit., t. III. Madrid, 1948, pág. 6,

dizen que no eran para romance las cosas que se tratan en estos libros, porque no son capazes dellas todos los que entienden romance; y otros ay que no los han querido leer porque están en su lengua, y dizen que, si estuvieran en latín, los leyeran; y de aquellos que los leen, ay algunos que hallan novedad en mi estilo, y otros que no quisieran diálogos, y otros que quisieran capítulos y que, finalmente, se llegaran más a la manera de hablar vulgar y ordinaria de todos, porque fueran para todos más tratables y más comunes. Y porque juntamente con estos libros publiqué una declaración del capítulo último de los *Proverbios,* que intitulé *La perfecta casada* [5], no ha faltado quien diga que no era de mi persona ni de mi professión dezirles a las mugeres casadas lo que deven hazer.

A los quales todos responderé, si son amigos para que se desengañen, y si no lo son para que no se contenten; a los unos porque es justo satisfazerlos, y a los otros porque gusten menos de no estar satisfechos; a aquellos para que sepan lo que han de dezir, a estos para que conozcan lo poco que nos dañan sus dichos. Porque los que esperavan mayores cosas de mí, si las esperavan porque me estiman en algo, yo les soy muy deudor, mas si porque tienen en poco aquestas que he escripto, no crean ni piensen que en la Theología, que llaman, se tratan ningunas, ni mayores que las que tratamos aquí, ni más difficultosas, ni menos sabidas, ni más dignas de serlo. Y es engaño común tener por fácil y de poca estima todo lo que se escrive en romance, que ha nascido de lo mal que usamos de nuestra lengua no la empleando sino en cosas sin ser, o de lo poco que entendemos della creyendo que no es capaz de lo que es de importancia, que lo uno es vicio y lo otro engaño, y

---

n. 16); nosotros recomendaríamos, como útil antología de textos al respecto, el libro de José Francisco Pastor, *Las apologías de la lengua castellana en el siglo de oro,* Madrid, Los Clásicos Olvidados, MCMXXIX[2].

[5] En sus cinco primeras ediciones, *La perfecta casada,* con foliación propia, aparecía a continuación de los *Nombres de Cristo,* en un mismo volumen.

todo ello falta nuestra, y no de la lengua ni de los que se esfuerçan a poner en ella todo lo grave y precioso que en alguna de las otras se halla.

Assí que no piensen, porque veen romance, que es de poca estima lo que se dize, mas al revés, viendo lo que se dize, juzguen que puede ser de mucha estima lo que se escrive en romance, y no desprecien por la lengua las cosas, sino por ellas estimen la lengua, si acaso las vieron, porque es muy de creer que los que esto dizen no las han visto ni leýdo. Más noticia tienen dellas, y mejor juyzio hazen los segundos, que las quisieran ver en latín, aunque no tienen más razón que los primeros en lo que piden y quieren. Porque pregunto: ¿por qué las quieren más en latín? No dirán que por entenderlas mejor, ni hará tan del latino ninguno [6] que professe entenderlo más que a su lengua, ni es justo dezir que, porque fueran entendidas de menos, por esso no las quisieran ver en romance, porque es embidia no querer que el bien sea común a todos, y tanto más fea quanto el bien es mejor.

Mas dirán que no lo dizen sino por las cosas mismas que, siendo tan graves, piden lengua que no sea vulgar, para que la gravedad del dezir se conforme con la gravedad de las cosas. A lo qual se responde que una cosa es la forma del dezir, y otra la lengua en que lo que se escrive se dize. En la forma del dezir, la razón pide que las palabras y las cosas que se dizen por ellas sean conformes, y que lo humilde se diga con llaneza, y lo grande con estilo más levantado, y lo grave con palabras y con figuras quales convienen; mas en lo que toca a la lengua no ay differencia, ni son unas lenguas para dezir unas cosas, sino en todas ay lugar para todas. Y esto mismo de que tratamos no se escriviera como devía por sólo escrivirse en latín, si se escriviera vilmente [7], que las palabras no son graves por ser latinas, sino por ser dichas como a la gravedad le conviene, o sean españolas o sean francesas; que si porque a nuestra lengua la lla-

---

[6] 'ni nadie se las dará tanto de conocedor del latín'
[7] 'de manera baja, indigna o torpe'

mamos vulgar, se imaginan que no podemos escrevir en ella sino vulgar y baxamente, es grandíssimo error, que Platón escrivió no vulgarmente ni cosas vulgares en su lengua vulgar, y no menores ni menos levantadamente las escrivió Cicerón en la lengua que era vulgar en su tiempo; y, por dezir lo que es más vezino a mi hecho [8], los sanctos Basilio y Chrysóstomo y Gregorio Nazianzeno y Cyrillo, con toda la antigüedad de los griegos, en su lengua materna griega que, quando ellos bivían, la mamavan con la leche los niños y la hablavan en la plaça las vendederas, escrivieron los mysterios más divinos de nuestra fe, y no dudaron de poner en su lengua lo que sabían que no avía de ser entendido por muchos de los que entendían la lengua; que es otra razón en que estriban los que nos contradizen, diziendo que no son para todos los que saben romance estas cosas que yo escrivo en romance, como si todos los que saben latín, quando yo [9] las escriviera en latín, se pudieran hazer capazes dellas, o como si todo lo que se escrive en castellano fuesse entendido de todos los que saben castellano y lo leen. Porque cierto es que en nuestra lengua, aunque poco cultivada por nuestra culpa, ay todavía cosas, bien o mal escritas, que pertenecen al conoscimiento de diversas artes, que los que no tienen noticia dellas, aunque las lean en romance, no las entienden.

Mas a los que dizen que no leen aquestos mis libros por estar en romance, y que en latín los leyeran, se les responde que les deve poco su lengua, pues por ella aborrescen lo que, si estuviera en otra, tuvieran por bueno [10]. Y no sé yo de dónde les nasce el estar con ella tan

---

[8] 'lo que más se asemeja a lo que hago'

[9] 'aun cuando yo'

[10] «Por esto me duelo yo siempre —escribía, casi medio siglo antes, Ambrosio de Morales— de la mala suerte de nuestra lengua castellana, que, siendo igual con todas las buenas en abundancia, en propiedad, variedad y lindeza, y haciendo en algo de esto a muchas ventajas, por culpa o negligencia de nuestros naturales está tan olvidada y tenida en poco, que ha perdido mucho de su valor. Y aun pudiérase esto sufrir, o disimular, si no hubiera venido en tanto menosprecio, que ya casi basta ser un libro escrito en castellano para no ser tenido en nada.» (Prólogo «Al lector», de Ambrosio de Morales, antepuesto al *Diálogo de*

mal: que ni ella lo merece, ni ellos saben tanto de la latina que no sepan más de la suya, por poco que della sepan, como de hecho saben della poquíssimo muchos. Y destos son los que dizen que no hablo en romance porque no hablo desatadamente y sin orden, y porque pongo en las palabras concierto, y las escojo y les doy su lugar, porque piensan que hablar romance es hablar como se habla en el vulgo, y no conoscen que el bien hablar no es común, sino negocio de particular juyzio, ansí en lo que se dize como en la manera como se dize, y negocio que, de las palabras que todos hablan, elige las que convienen, y mira el sonido dellas, y aun cuenta a vezes las letras, y las pesa y las mide y las compone, para que no solamente digan con claridad lo que se pretende dezir, sino tambien con armonía y dulçura [11]. Y si dizen que no es estilo para los humildes y simples, entiendan que, assí como los simples tienen su gusto, assí los sabios y los graves y los naturalmente compuestos no se applican bien a lo que se escrive mal y sin orden, y confiessen que devemos tener cuenta con ellos, y señaladamente en las escripturas que son para ellos solos, como aquesta lo es.

Y si acaso dixeren que es novedad, yo confiesso que es nuevo y camino no usado por los que escriven en esta lengua poner en ella número [12], levantándola del descaymiento ordinario. El qual camino quise yo abrir, no por la presumpción que tengo de mí —que sé bien la pequeñez de mis fuerças—, sino para que los que las tienen se animen a tratar de aquí adelante su lengua como los sabios y eloquentes passados, cuyas obras por tantos siglos biven, trataron las suyas, y para que la ygualen

---

la dignidad del hombre, de su tío Fernán Pérez de Oliva, Madrid, C.I.A.P., [s. a.], pág. 11.)

[11] «Fray Luis —comenta Dámaso Alonso—, que tenía un sentido estilístico, bien a las claras nos está indicando que ya no po demos sólo considerarle como un virginal registro..., sino que la expresión (aun la suya propia) le fue tema de meditación y estudio.» (*Poesía española,* ed. cit., pág. 116.)

[12] 'determinada medida proporcional o cadencia, que hace armoniosos los períodos músicos, y los de poesía y retórica, y por eso agradables y gustosos al oído'

en esta parte que le falta con las lenguas mejores, a las quales, según mi juyzio, vence ella en otras muchas virtudes. Y por el mismo fin quise escrivir en diálogo, siguiendo en ello el exemplo de los escriptores antiguos, assí sagrados como prophanos, que más grave y más eloquentemente escrivieron.

Resta dezir algo a los que dizen que no fue de mi qualidad ni de mi hábito el escrevir del officio de la casada, que no lo dixeran si consideraran primero que es officio del sabio, antes que hable, mirar bien lo que dize, porque pudieran fácilmente advertir que el Spíritu Sancto no tiene por ageno de su authoridad escrevirles a los casados su officio, y que yo en aquel libro lo que hago solamente es poner las mismas palabras que Dios escrive y declarar lo que por ellas les dize, que es proprio officio mío, a quien por título particular incumbe el declarar la Escriptura [13]; demás de que del theólogo y del philósopho es dezir a cada estado de personas las obligaciones que tienen, y, si no es del frayle encargarse del govierno de las casas agenas poniendo en ello sus manos, como no lo es sin duda ninguna, es proprio del frayle sabio y del que enseña las leyes de Dios, con la especulación traer a luz lo que deve cada uno hazer, y dezírselo, que es lo que yo allí hago y lo que hizieron muchos sabios y sanctos, cuyo exemplo, que he tenido por blanco ansí en esto como en lo demás que me opponen, puede comigo más para seguir lo començado que para retraerme dello aquestas imaginaciones y dichos que, demás de ser vanos, son de pocos, y quando fueran de muchos, el juyzio sólo de v. m. y su approbación es de muy mayor peso que todos; con el qual alentado, con buen ánimo proseguiré lo que resta, que es lo que los de Marcello [14] hizieron y platicaron después, que fue lo que agora se sigue.

---

[13] En efecto, Fray Luis era maestro en Teología y catedrático de Escritura.
[14] 'los amigos de Marcelo'

498

[INTRODUCCIÓN]

El día que succedió [15], en que la Iglesia haze fiesta
particular al apóstol Sant Pablo, levantándose Sabino más
temprano de lo acostumbrado, al romper del alva salió
a la huerta y, de allí, al campo que está a la mano derecha della hazia el camino que va a la ciudad, por donde, aviendo andado un poco rezando, vio a Iuliano que
descendía para él de la cumbre de la cuesta que, como
dicho he, sube junto a la casa. Y maravillándose dello,
y saliéndole al encuentro, le dixo:

—No he sido yo el que oy ha madrugado, que según me parece, vos, Iuliano, os avéys adelantado mucho más, y no sé por qué causa.

—Como el excesso en las cenas suele quitar el sueño
—respondió Iuliano—, assí, Sabino, no he podido reposar esta noche, lleno de las cosas que oýmos ayer a
Marcello, que, demás de aver sido muchas, fueron tan
altas, que mi entendimiento, por apoderarse dellas, apenas ha cerrado los ojos. Assí que verdad es que os he
ganado por la mano oy, porque mucho antes que amanesciesse ando por estas cuestas.

—Pues ¿por qué por las cuestas? —replicó Sabino—.

---

[15] O sea, 'el día siguiente' al de S. Pedro, en cuya mañana y
tarde tuvieron lugar los dos primeros diálogos. Como se sabe, la
festividad de San Pedro se celebra el 29 de junio, y la Conme-
moración de San Pablo el 30.

499

¿No fuera mejor por la ribera del río en tan calurosa noche?

—Parece —respondió Iuliano— que nuestro cuerpo naturalmente sigue el movimiento del sol, que a esta hora se encumbra y a la tarde se derrueca en la mar, y assí es más natural el subir a los altos por las mañanas que el descender a los ríos, a que la tarde [16] es mejor.

—Según esso —respondió Sabino—, yo no tengo que ver con el sol, que derecho me yva al río si no os viera.

—Devéys —dixo Iuliano— de tener que ver con los peces.

—Ayer —dize Sabino— dezía yo que era páxaro [17].

—Los páxaros [18] y los peces —respondió Iuliano— son de un mismo linage, y assí viene bien.

—¿Cómo de un linage mismo? —dixo Sabino.

—Porque Moysén dize [19] —respondió Iuliano— que crió Dios en el quinto día, del agua, las aves y los peces.

—Verdad es que lo dize —dixo Sabino—, mas bien dissimulan el parentesco, según se parecen poco.

—Antes se parecen mucho —respondió Iuliano entonces—, porque el nadar es como el bolar y, como el buelo corta el ayre, assí el que nada hiende por el agua; y las aves y los peces por la mayor parte nascen de huevos; y, si miráys bien, las escamas en los peces son como las plumas en las aves; y los peces tienen también sus alas, y con ellas y con la cola se goviernan quando nadan, como las aves quando buelan lo hazen.

—Mas las aves —dixo riendo Sabino— son por la mayor parte cantoras y parleras, y los peces todos son mudos.

—Ordenó Dios essa differencia —respondió Iuliano— en cosas de un mismo linage para que entendamos los hombres que, si podemos hablar, devemos también poder y saber callar, y que conviene que unos mismos sea-

---

[16] 'para lo que la tarde'
[17] *B: pájaro*
[18] *B: pájaros*
[19] *Gén.,* I, 21.

mos aves y peces, mudos y eloquentes, conforme a lo que el tiempo pidiere.

—El de ayer, a lo menos —dixo Sabino—, no sé si pedía, siendo tan caluroso, que se hablasse tanto; mas yo, que lo pedí, sé que desseo algo más.

—¿Más? —dize—; y ¿qué uvo en aquel argumento que Marcello no lo dixesse?

—En lo que se propuso —dixo Sabino—, a mi parecer habló Marcello como ninguno de los que yo he visto hablar y, aunque le conozco, como sabéys, y sé quánto se adelanta en ingenio, quando le pedí que hablasse, nunca esperé que hablara en la forma y con la grandeza que habló [20]; mas lo más que digo es, no en los nombres de que trató, sino en uno que dexó de tratar, porque hablando de los nombres de Christo, no sé cómo no apuntó en su papel el nombre proprio de Christo, que es Iesús que de razón avía de ser o el principal o el primero.

---

[20] Para F. de Onís —*op. cit.,* págs. 34-35, n. 25—, estos elogios a Marcelo parecen repugnar a la identificación del personaje con Fray Luis, atribuyéndolos el editor a un posible deseo del agustino de lograr un efecto artístico de ambigüedad —sin embargo, como nos sugiere verbalmente el profesor Orozco Díaz, en el temperamento real de Fray Luis no puede extrañar una complacencia consciente en sus propias cualidades y obra, como lo demuestra al reivindicar la prioridad en el uso artístico y culto del romance, o su defensa de la propia originalidad en el aprovechamiento de las fuentes—. Para nosotros, el problema admitiría un nuevo enfoque: los *Nombres* son una obra literaria en forma de diálogo humanístico —con influencias aristotélicas, platónicas, ciceronianas, patrísticas, etc.—, y, como tal, ha de ser coherente con lo que exige este género literario; por eso, Marcelo, que es un trasunto de Fray Luis en sus actos e ideas, y, a la vez, el más docto y respetado, y como el maestro, en la ficción dialogística, precisa, *desde el punto de vista de esta última,* de la expresión admirativa de los otros dialogantes, lo que dará mayor prestigio ante los lectores a sus puntos de vista. La solución está, pues, en que Marcelo es, a la vez, *alter ego* del autor y personaje literario; esta ambivalencia es habitual, por lo demás, en todo diálogo platónico en que alguno de los que conversan actúa como maestro, y encarna, a la vez, a personas reales. Menos convincente nos parece la opinión de F. García de que Fray Luis «transcriba con fidelidad las expresiones de los dialogantes en alguna conversación histórica habida en *La Flecha* o en el soto». (Ed. cit., página 700, n. 36.)

—Razón tenéys —respondió Iuliano—, y será justo que se cumpla [21] essa falta, que de tal nombre aun el sonido solo deleyta, y no es possible sino que Marcello, que en los demás anduvo tan grande, tiene acerca deste nombre recogidas y advertidas muchas grandezas. Mas ¿qué medio tendremos, que parece no buen comedimiento pedírselo, que estará muy cansado, y con razón?

—El medio está en vuestra mano, Iuliano —dixo Sabino luego.

—¿Cómo en mi mano? —respondió.

—Con hazer vos —dize Sabino— lo que no os parece justo que se pida a Marcello, que estas cuestas, y esta vuestra madrugada tan grande, no son en balde, sin duda.

—La causa fue —respondió Iuliano— la que dixe, y el fructo, el assentar en el entendimiento y en la memoria lo que oy con vos juntamente; y si, fuera dello, he pensado en otra cosa, no toca a esse nombre, que nunca advertí hasta agora en el olvido que dél se tuvo ayer. Mas atrevámonos, Sabino, a Marcello, que, como dizen, a los osados la fortuna [22].

—En buen hora —dixo Sabino.

Y con esta determinación, ambos se bolvieron a la huerta, y en la casa supieron que no se avía levantado Marcello y, entendiendo que reposava, y no le queriendo desassossegar, se tornaron a la huerta, passeándose por ella por un buen espacio de tiempo, hasta que, viendo que Marcello no salía y que el sol yva bien alto, Sabino, con algún recelo de la salud de Marcello, fue a su aposento, y Iuliano con él. Adonde, entrados, le hallaron que estava en la cama y, preguntándole si se detenía en ella por alguna mala disposición que sintiesse, y respondiéndoles él que solamente se sentía un poco cansado y que en lo demás estava bueno, Sabino añadió:

—Mucho me pesara, Marcello, que no fuera así, por

---

[21] 'se llene', 'se colme'

[22] Gonzalo de Correas ofrece el refrán en forma más explícita: «A los osados aiuda la fortuna; o favorece la fortuna.» (*Vocabulario de refranes y frases proverbiales* (1627), ed. de Louis Combet, Bordeaux, Institut d'Études Ibériques..., 1976, pág. 10.)

tres cosas: por vos principalmente, y después por mí que os avía dado occasión, y lo postrero porque se nos desbaratava un concierto.

Aquí Marcello, sonriéndose un poco, dixo:

—¿Qué concierto, Sabino? ¿Avéys por caso hallado oy otro papel?

—No otro —dixo Sabino—, mas en el de ayer he hallado qué culparle: que entre los nombres que puso olvidó el de Iesús, que es el proprio de Christo, y assí es vuestro el suplir por él. Y avemos concertado Iuliano y yo que sea oy, por hazer con ello, en este día suyo, fiesta a Sant Pablo, que sabéys quán devoto fue deste nombre y las vezes que en sus escriptos le puso, hermoseándolos con él como se hermosea el oro con los esmaltes y con las perlas.

—¡Bueno es —respondió Marcello— hazer concierto sin la parte! Esse sancto nombre dexóle el papel, no por olvido, sino por lo mucho que han escripto dél algunas personas; mas si os agrada que se diga, a mí no me desagradará oýr lo que Iuliano acerca dél nos dixere, ni me parece mal el respecto de Sant Pablo y de su día que, Sabino, dezís.

—Ya esso está andado —respondió al punto Sabino—, y Iuliano se escusa.

—Bien es que se escuse oy —dixo Marcello— quien puso ayer su palabra y no la cumplió.

Aquí, como Iuliano dixesse que no la avía cumplido por no hazer agravio a las cosas, y como passassen acerca desto algunas demandas y respuestas entre los dos, escusándose cada uno lo más que podía, dixo Sabino:

—Yo quiero ser juez en este pleyto, si me lo consentís, y si os offrecéys a passar por lo que juzgare.

—Yo consiento —dixo Iuliano.

Y Marcello dixo que también consentía, aunque le tenía por algo sospechoso juez, y Sabino respondió luego:

—Pues porque veáys, Marcello, quán ygual soy, yo os condeno a los dos: a vos que digáys del nombre de Iesús, y a Iuliano que diga de otro o de otros nombres de Christo, que yo le señalare o que él se escogiere.

Riéronse mucho desto Iuliano y Marcello y, diziendo

que era fuerça obedecer al juez, assentaron que, caýda la siesta, en el soto, como el día passado, primero Iuliano y después Marcello dixessen. Y en lo que tocava a Iuliano, que dixesse del nombre que le agradasse más. Y con esto, se salieron fuera del aposento Iuliano y Sabino, y Marcello se levantó. Y después de aver dado a Dios lo que el día pedía, passaron hasta que fue hora de comer en diversas razones, las más de las quales fueron sobre lo que avía juzgado Sabino, de que se reýa Marcello mucho. Y assí, llegada la hora, y aviendo dado su refectión al cuerpo con templança y al ánimo con alegría moderada, poco después, Marcello se recogió a su aposento a passar la siesta, y Iuliano se fue a tenerla entre los álamos que en la huerta avía, estança fresca y apazible; y Sabino, que no quiso escoger ni lugar ni reposo, como más moço, dezía que advirtió de Iuliano que todo el tiempo que estuvo en la alameda, que fue más de dos horas, lo passó sin dormir, unas vezes arrimado y otras passeándose, y siempre metidos los ojos en el suelo y pensando profundíssimamente. Hasta que él, pareciéndole hora, despertó al uno de su pensamiento y al otro de su reposo, y diziéndoles que su officio era, no sólo repartirles la obra, sino también apressurarlos a ella y avisarlos del tiempo, ellos con él, y en el barco, se passaron al soto y al mismo lugar del día antes. Adonde, assentados, Iuliano començó assí:

[HIJO DE DIOS]

—Pues me toca el hablar primero y está en mi eleción lo de que tengo de hablar, paréceme tratar de un nombre que Christo tiene, demás de los que ayer se dixeron dél, y de otros muchos que no se han dicho, y éste es el nombre de *Hijo,* que assí se llama Christo por particular propriedad. Y si hablara de mi voluntad, o no hablara delante de quien tan bien me conosce, buscara alguna manera con que, deshaziendo mi ingenio y escusando mis faltas y haziéndome opinión de modestia, ganara vuestro favor[23]. Mas pues esto no sirve, y vuestra attención es qual las cosas lo piden, digamos en buen punto y con el favor que el Señor nos diere esso mismo que él nos ha dado a entender[24].

Pues digo que este nombre de *Hijo* se le dan a Christo las divinas letras en muchos lugares. Y es tan común nombre suyo en ellas, que por esta causa quasi no lo echamos de ver quando las leemos, con ser cosa de mysterio y digna de ser advertida.

Mas entre otros, en el psalmo setenta y uno, adonde, debaxo de nombre de Salomón, refiere David y celebra muchas de las condiciones y accidentes de Christo, le es

---

[23] Alude a la *captatio benevolentiae,* recurso retórico que, aunque se utilizaba también en prólogos y dedicatorias de libros, procede claramente del campo de la oratoria.

[24] Un pasaje paralelo puede verse en el texto que comentamos en nota 40 del Libro I.

dado este nombre por manera encubierta y elegante. Porque donde leemos: *Y su nombre será eternamente bendito, y delante del sol durará siempre su nombre* [25], por lo que dezimos *durar* o *perseverar,* la palabra original a quien éstas responden dize propriamente lo que en castellano no se dize con una boz, porque significa el adquirir uno, nasciendo, el ser y el nombre de *hijo,* o el ser hecho y produzido, y no en otra manera que *hijo.* Por manera que dirá assí: *Y antes que el sol, le vendrá por nascimiento el tener nombre de Hijo.* En que David, no solamente declara que es *hijo* Christo, sino dize que su nombre es ser *Hijo.* Y no solamente dize que se llama assí por averle sido puesto este nombre, sino que es nombre que le viene de nascimiento y de linage y de origen, o por mejor dezir, que nasce en él y con él este nombre, y no sólo que nasce en él agora o que nasció con él al tiempo que él nasció de la Virgen, sino que nasció con él aún quando no nascía el sol, que es dezir antes que fuesse el sol o que fuessen los siglos.

Y ciertamente, Sant Pablo, en la epístola que escrive a los hebreos, comparando a Christo con los ángeles y con las demás criaturas, y differenciándole dellas y aventajándole a todas, usa deste nombre de *Hijo* y toma argumento dél para mostrar, no solamente que Christo es *Hijo* de Dios, sino que entre todos le es proprio a él este nombre. Porque dize [26] desta manera: *Y hízole Dios tanto mayor que los ángeles, quanto por herencia alcançó sobre ellos nombre differente. Porque ¿a quál de los ángeles dixo: Tú eres mi hijo; yo te engendré oy* [27]? En que se deve advertir que, según lo que Sant Pablo dize, Christo no solamente se llama *Hijo,* sino, como dezíamos, se llama assí por herencia, y que es heredad suya y como su legítima el ser llamado *Hijo* entre todos. Y que con ser assí que en la divina escriptura llama Dios a algunos hombres sus hijos, como a los iudíos en Esaías, quando les dize: *Engendré hijos y ensalcélos, que me despreciaron des-*

---

[25] *Sal.* LXXI, 17.
[26] *Heb.,* I, 4-5.
[27] *Sal.* II, 7.

pués [28]; y en el otro propheta que dize: *Llamé a mi Hijo de Egypto* [29]; y con ser también los ángeles nombrados *hijos,* como en el libro de Iob [30] y en el libro de la Creación [31] y en otros muchos lugares [32], dize osadamente y a boca llena Sant Pablo, y como cosa averiguada y en que no puede aver duda, que Dios a ninguno, sino a sólo Christo, lo llamó *Hijo* suyo.

Mas veamos este secreto, y procuremos, si possible fuere, entender por qué razón o razones, entre tantas cosas a quien [33] les conviene este nombre, le es proprio a Christo el ser y llamarse *Hijo,* y veamos también qué será aquello que, dándole a Christo este nombre, nos enseña Dios a nosotros.

Aquí Sabino:

—Quanto a la naturaleza divina de Christo —dize—, no parece, Iuliano, gran secreto el por qué Christo, y sólo Christo, se llama *Hijo,* porque en la divinidad no ay más de uno a quien le pueda convenir este nombre.

—Antes —respondió Iuliano— lo escuro y lo hondo, y lo que no se puede alcançar de aqueste secreto, es esso mismo que, Sabino, dezís, conviene a saber: ¿Cómo, o por qué manera y razón, la persona divina de Christo, sola ella, en la divinidad, es *Hijo* y se llama assí, aviendo en la divinidad la persona del Spíritu Sancto, que procede del Padre también, y le es semejante, no menos que el *Hijo* lo es? Y aunque muchos, como sabéys, se trabajan por dar desto razón, no sé yo agora si es razón de las que los hombres no pueden alcançar, porque a la verdad, es de las cosas que la fe reserva para sí sola. Mas no turbemos la orden [34], sino veamos primero qué es ser *hijo,* y sus condiciones quáles son, y qué cosas se le consiguen [35] como anexas y proprias, y veremos luego cómo

---

[28] *Is.,* I, 2.
[29] *Os.,* XI, 1.
[30] *Job.,* I, 6.
[31] *Gén.,* IV, 2.
[32] *Sal.* XXVIII, 1; LXXXVIII, 7.
[33] El antecedente del pronombre relativo «quien», en el Siglo de Oro, podía ir indistintamente en singular o en plural.
[34] 'el orden'
[35] 'se derivan de ello'

se halla esto en Christo, y las razones que ay en él para que sea llamado *Hijo* a boca llena entre todos.

Y quanto a lo primero, *hijo,* como sabéys, llamamos no lo que es hecho de otro comoquiera, sino lo que nasce de la substancia de otro, semejante en la naturaleza a el mismo de quien nasce, y semejante assí, que el mismo nascer le haze semejante y le pinta, como si dixéssemos, de las colores y figuras [36] del padre, y passa en él sus condiciones naturales. Por manera que el mismo ser engendrado sea recebir un ser, no comoquiera, sino un ser retratado y hecho a la imagen de otro. Y, como en el arte, el pintor que retrata, en el hazer del retrato mira al original, y por la obra del arte passa sus figuras en la imagen que haze, y no es otra cosa el hazer la imagen sino el passar en ella las figuras originales, que se passan a ella por essa misma obra con que se forma y se pinta [37], assí en lo natural, el engendrar de los hijos es hazer unos retratos bivos que, en la substancia de quien los engendra, su virtud secreta, como en materia o como en tabla dispuesta, los va figurando semejantes a su principio. Y esso es el hazerlos: el figurarlos y el assemejarlos a sí.

Mas como, entre las cosas que son, aya unas de vida limitada y otras que permanescen sin fin, en las primeras ordenó la naturaleza que engendrassen y tuviessen hijos para que en ellos, como en retratos suyos y del todo semejantes a ellos, lo corto de su vida se estendiesse, y lo limitado passasse adelante, y se perpetuassen en ellos los que son perecederos en sí; mas en las segundas, quando los tienen, o las que dellas los tienen, el tenerlos y el engendrarlos no se encamina a que biva el que es padre en el hijo, sino a que se demuestre en él y parezca, y salga a luz y se vea. Como en el sol lo podemos ver, cuyo fructo o, si lo avemos de dezir assí, cuyo hijo es el rayo que dél sale, que es de su misma qualidad y substancia, y tan luzido y tan efficaz como él. En el qual rayo no bive

---

[36] 'rasgos', 'facciones'
[37] Según Francisco Pacheco, Fray Luis «estudió sin Maestro la Pintura, i la exercitó tan diestramente que entre otras cosas hizo (cosa difizil) su mesmo Retrato». (*Libro de descripción...,* loc. cit.)

el sol después de aver muerto, ni se le dio ni le produze él para fin de que quedasse otro sol en él quando el sol pereciesse, porque el sol no perece, mas si no se perpetúa en él, luze en él y resplandece y se nos viene a los ojos, y assí le produze, no para bivir en él, sino para mostrarse en él y para que, comunicándole toda su luz, veamos en el rayo quién es el sol. Y no solamente le veamos en el rayo, mas también le gozemos y seamos particioneros de todas sus virtudes y bienes. Por manera que el hijo es como un retrato vivo del padre, retratado por él en su misma substancia, hecho en las cosas que son eternas y perpetuas para fin de que el padre salga afuera en el hijo, y aparezca y se comunique.

Y assí, para que uno se diga y sea hijo de otro, conviene, lo primero, que sea de su misma substancia; lo segundo, que le sea en ella ygual y semejante del todo; lo tercero, que el mismo nascer le aya hecho assí semejante; lo quarto, que, o sustituya por su padre quando faltare él, o, si durare siempre, le represente siempre en sí y le haga manifiesto y le comunique con todos. A lo qual se consigue [38] que ha de ser una voluntad y un mismo querer el del padre y del hijo; que su estudio dél y todo su officio ha de ser emplearse en lo que es agradable a su padre; que no ha de hazer sino lo que su padre haze porque, si es differente, ya no lo es semejante, y por el mismo caso, en aquello no es hijo; que siempre mire a él como a su dechado, no sólo para figurarse dél [39], sino para bolverle con amor lo que recibió con deleyte, y para enlazarse en un querer puro y ardiente y recíproco el hijo y el padre.

Pues siendo esto assí, y en la forma que dicho havemos, como de hecho lo es, claramente se vee la razón por que Christo, entre todas las cosas, es llamado *Hijo de Dios* a boca llena. Pues es manifiesto que concurren en sólo él todas las propriedades de hijo que he dicho, y que en ninguno otro concurren. Porque lo primero, él solo, según la parte divina que en sí contiene, nasce de la subs-

---

[38] 'se sigue'
[39] 'para tomar su figura'

tancia de Dios, semejante por ygualdad a aquel de quien nasce, y semejante porque el mismo nascer, y la misma forma y manera como nasce de Dios, le assemeja a Dios; y le figura como él, tan perfecta y acabadamente, que le haze una misma cosa con él. Como él mismo lo dize: *Yo y el Padre somos una cosa* [40], de que diremos después más copiosamente.

Pues según la otra parte nuestra que en sí tiene, ya que no es de la substancia de Dios, mas, como Marcello ayer dezía, parécese mucho a Dios, y es quasi otro él por razón de los infinitos thesoros de celestiales y diviníssimos bienes que Dios en ella puso, por donde él mismo dezía: *Philippe, quien a mí me vee, a mi Padre vee* [41].

Demás desto, el fin para que las cosas eternas, si tienen *hijo,* le tienen —que es para hazerse manifiestas en él y, como si dixéssemos, para resplandecer por él en la vista de todos—, Christo solo es el que lo puede poner por obra y el que de hecho lo pone. Porque él solo nos ha dado a conoscer a su Padre, no solamente poniendo su noticia verdadera en nuestros entendimientos, sino también metiendo y assentando en nuestras almas con summa efficacia sus condiciones de Dios y sus mañas y su estilo y virtudes. Según la naturaleza divina, haze este officio; y según que es hombre, sirvió y sirve en este mysterio a su Padre: que en ambas naturalezas es boz que le manifiesta y rayo de luz que le descubre y testimonio que le saca a luz, y imagen y retrato que nos le pone en los ojos.

En quanto Dios, escrive Sant Pablo dél que *es resplandor de gloria y figura de su Padre, y de su substancia* [42]. En quanto hombre, dize él mismo de sí: *Yo para esto vine al mundo: para dar testimonio de la verdad* [43]. Y en otra parte también: *Padre, manifesté a los hombres tu nombre* [44]. Y conforme a esto es lo que Sant Iuan escrive dél: *Al Padre nadie le vio jamás; el Unigénito, que está*

---

[40] *Jn.,* X, 30.
[41] *Jn.,* XIV, 9.
[42] *Heb.,* I, 3.
[43] *Jn.,* XVIII, 37.
[44] *Jn.,* XVII, 6.

en su seno, ésse es el que nos dio nuevas dél [45]. Y como Christo es *Hijo de Dios* solo y singular en lo que avemos dicho hasta agora, assimismo lo es en lo que resta y se sigue. Porque él solo, según ambas naturalezas, es de una voluntad y querer con Él mismo. ¿No dize él de sí: *Mi mantenimiento es el hazer la voluntad de mi Padre* [46], y David dél en el psalmo: *En la cabeça del libro está escripto de mí que hago tu voluntad y que tu ley reside en medio de mis entrañas?* [47]. Y en el huerto, combatido de todas partes, ¿qué dize?: *No lo que me pide el desseo, sino lo que tú quieres, esso, Señor, se haga* [48]. Y por la misma manera, siempre haze y siempre hizo solamente aquello que vio hazer a su Padre. *No puede el Hijo,* dize, *hazer de sí mismo ninguna cosa más de lo que vee que su Padre haze* [49]. Y en otra parte: *Mi doctrina no es mi doctrina, sino de aquel que me embía* [50]. Su Padre reposa en él con un agradable descanso y él se retorna todo a su Padre con una increýble dulçura, y van y vienen del uno al otro llamas de amor ardientes y deleytosas. Dize el Padre: *Este es mi querido Hijo, en quien me satisfago y descanso* [51]. Dize el Hijo: *Padre, yo te he manifestado sobre la tierra, ca* [52] *perficionado he la obra que me encomendaste que hiziesse* [53].

Y si el amor es obrar, y si en la obediencia del que ama a quien ama se haze cierta prueva de la verdad del amor, ¿quánto amó a su padre quien asaí le obedesció como Christo? *Obedecióle,* dize, *hasta la muerte, y hasta la muerte de cruz* [54], que es dezir no solamente que murió por obedescer, sino que, por servir a la obediencia, el que es fuente de vida dio en sí entrada a la muerte, y halló manera para morir el que morir no podía, y que se

---

[45] *Jn.,* I, 18.
[46] *Jn.,* IV, 34.
[47] *Sal.,* XXX, 8-9.
[48] *Mt.,* XXVI, 39.
[49] *Jn.,* V, 19.
[50] *Jn.,* VII, 16.
[51] *Mt.,* III, 17.
[52] 'porque'
[53] *Jn.,* XVII, 4.
[54] *Fil.,* II, 8.

hizo hombre mortal siendo Dios, y que, siendo hombre libre de toda culpa y, por la misma razón, ageno de la pena de la muerte, se vistió de todos nuestros peccados para padescer muerte por ellos; que puso en cárcel su valor y poder para que le pudiessen prender sus contrarios; que se desamparó, si se puede dezir, a sí mismo para que la muerte cortasse el lazo que añudava su vida. Y porque ni podía morir Dios, ni al hombre se le devía muerte sino en pena de culpa, ni el alma, que bivía de la vista de Dios, según consequencia natural podía no dar vida a su cuerpo, se hizo hombre, se cargó de las culpas del hombre, puso estanco [55] a su gloria para que no passasse los límites de su alma ni se derramasse a su cuerpo esentándole [56] de la muerte, hizo maravillosos ingenios sólo para subjectarse al morir, y todo por obedescer a su Padre, del qual él solo, con justíssima razón, es llamado *Hijo* entre todas las cosas, porque él solo le yguala y le demuestra, y le haze conoscido e illustre, y le ama y le remeda, y le sigue y lo respecta, y le complaze y obedesce tan enteramente quanto es justo que el Padre sea obedecido y amado. Aquesto quede dicho en común. Mas descendamos agora a otras más particulares razones.

Tiene nombre de *Hijo* Christo porque el hijo nasce, y porque le es a Christo tan proprio y, como si dixéssemos, tan de su gusto el nascer, que sólo él nasce por cinco diferentes maneras, todas maravillosas y singulares. Nasce, según la divinidad, eternamente del Padre. Nasció de la madre virgen, según la naturaleza humana, temporalmente. El resuscitar después de muerto a nueva y gloriosa vida para más no morir, fue otro nascer. Nasce en cierta manera en la Hostia quantas vezes en el altar los sacerdotes consagran aquel pan en su cuerpo. Y últimamente, nasce y cresce en nosotros mismos siempre que nos sanctifica y renueva. Y digamos, por su orden, de cada uno destos nascimientos por sí.

—Grande tela —dixo al punto Sabino— me parece,

---

[55] 'demora', 'detención'
[56] 'eximiéndole', 'haciéndole exento'

Iuliano, que urdís y, si no me engaño, maravillosas cosas se nos aparejan.

—Maravillosas son, sin duda, las que se encierran en lo que agora propuse —respondió Iuliano—, mas ¿quién las podrá sacar todas a luz? Y en caso que alguno pueda, conocido tenéys, Sabino, que yo no seré. De la grandeza de Marcello, si vos fuérades buen juez, era propriamente aqueste argumento [57].

—Dexad —dixo Sabino— a Marcello agora, que ayer le cansamos y oy se cansará. Y vos no soys tan pobre de lo que Marcello con tanta ventaja tiene, que os sea necessaria su ayuda.

Marcello entonces dixo, sonriéndose:

—Oy el mandar es de Sabino, y nuestro el obedescer; seguid, Iuliano, su voluntad, que el descanso que me ordena a mí le recibo, no tanto en callar yo como en oýros a vos.

—Yo la seguiré —dixo.

Y tornó luego a callar, y deteniéndose un poco, comenzó a dezir assí:

—Christo Dios nasce de Dios, y es verdadera y propriamente *Hijo* suyo. Y ansí en la manera del nascer, como en lo que recibe nasciendo, como en todas las circunstancias del nascimiento, ay infinitas cosas de consideración admirable. Porque aunque parecerá a alguno, como a los infieles parece, que a Dios, siendo, como es, en el bivir eterno y en la perfectión infinito y cabal en sí mismo, ni le era necessario el tener *Hijo* ni menos le convenía engendrarlo, pero considerando, por otra parte, como es la verdad, que la esterilidad es un género de flaqueza y pobreza, y que, por la misma causa, lo rico y lo perfecto y lo abundante y lo poderoso y lo bueno, conforme a derecha razón, anda siempre junto con lo fecundo, se vee luego que Dios es fecundíssimo, pues es, no solamente rico y poderoso, sino thesoro infinito de toda la riqueza y poder o, por mejor dezir, la misma bondad y poderío y riqueza infinita; de manera que, por ser Dios tan cabal y tan grande, es necessario que sea fecundo y que engen-

---

[57] *Cfr.* nota 20 de este mismo Libro III.

33

dre, porque la soledad era cosa tristíssima. Y porque Dios es sumamente perfecto en todo quanto es, fue menester que la manera como engendra y pone en execución la infinita fecundidad que en sí tiene fuesse sumamente perfecta, de arte que, no sólo caresciesse de faltas, sino también se aventajasse a todas las otras cosas que engendran, con ventajas que no se pudiessen tassar.

Porque, lo primero, es assí que Dios, para engendrar a su *Hijo,* no usa de tercero de quien lo engendre con su virtud, como acontece en los hombres, mas engéndralo de sí mismo, y prodúzelo de su misma substancia con la fuerça de su fecundidad efficaz. Y porque es infinitamente fecundo él mismo, como si dixéssemos, se es el padre y la madre. Y assí, para que lo entendiéssemos en la manera que los hombres podemos, que entendemos solamente lo que el cuerpo nos pinta, la Sagrada Escriptura le atribuye vientre a Dios, y dize en ella él a su *Hijo* en el psalmo, según la letra latina: *Del vientre, antes que nasciesse el luzero, yo te engendré* [58]. Para que assí como en llamarle *Padre* la Divina Escriptura nos dize que es su virtud la que engendra, assí, ni más ni menos, en dezir que le engendra en su vientre, nos enseña que lo engendra de su substancia misma, y que él basta solo [59] para produzir este bien.

Lo otro, no aparta Dios de sí lo que engendra, que esso es imperfectión de los que engendran assí, porque no pueden poner toda su semejança en lo que de sí produzen, y assí es otro lo que engendran. Y el hombre, aunque engendra hombre, engendra otro hombre apartado de sí, que, dado que se le parece y allega en algunas cosas, en otras se le differencia y desvía, y al fin se aparta y divide y dessemeja, porque la división es ramo de dessemejança y principio de dissensión y desconformidad. Por donde, assí como fue necessario que Dios tuviesse *Hijo* porque la soledad no es buena, assí convino también que el *Hijo* no estuviesse fuera del Padre, porque la división y apartamiento es negocio peligroso y occasionado [60], y

[58] *Sal.* CIX, 3.
[59] B: *solo basta*
[60] 'expuesto a contingencias y peligros'

514

porque en la verdad, el *Hijo,* que es Dios, no podía quedar sino en el seno y, como si dixéssemos, en las entrañas de Dios, porque la divinidad forçosamente es una y no se aparta ni divide. Y assí dize Christo de sí [61] que él está en su Padre y su Padre en él. Y Sant Iuan dize dél mismo [62] que está siempre en el seno del Padre. Por manera que es *Hijo* engendrado, y está en el seno del que lo engendra. En que, por ser *Hijo* engendrado, se concluye que no es la misma persona del Padre que le engendró, sino otra y distincta persona; y por estar en el seno dél, se convence [63] que no tiene differente naturaleza dél ni distincta. Y assí, el Padre y el *Hijo* son distinctos en personas para compañía, y uno en essencia de divinidad para descanso y concordia.

Lo tercero, aquesta generación y nascimiento no se haze partidamente ni poco a poco, ni es cosa que se hizo una vez y quedó hecha y no se haze después, sino, por quanto es en sí limitado todo lo que se comiença y acaba, y lo que es Dios no tiene límite, desde toda la eternidad el *Hijo* ha nascido del Padre y eternamente está nasciendo, y siempre nasce todo y perfecto, y tan grande como es grande su Padre, por donde a este nascimiento, que es uno, la Sagrada Escriptura le da nombre de muchos [64]. Como es lo que escrive Micheas, y dize: *De ti, Bethleem, me saldrá capitán para ser rey en Israel, y sus manantiales desde ya antes, desde los días de la eternidad* [65]. Sus manantiales dize porque manó y mana y manará o, por mejor dezir, porque es un manantial que siempre manó y que mana siempre. Y assí parecen muchos, siendo uno y senzillo, que siempre es todo, y que nunca se comiença ni nunca se acaba.

Lo otro, en esta generación no se mezcla passión alguna ni cosa que perturbe la serenidad del juyzio, antes se celebra toda con pureza y luz y senzillez, y es como un manar de una fuente y como una luz que sale con suavi-

---

[61] *In.,* X, 38.
[62] *In.,* I, 18.
[63] 'se prueba', 'se demuestra'
[64] 'número plural'
[65] *Miq.,* V, 2.

dad del cuerpo que luze, y como un olor que, sin alterarse, espiran de sí las rosas. Por lo qual la Escriptura dize deste divino *Hijo,* en una parte: *Es un vapor de la virtud de Dios y una emanación de la claridad del Todopoderoso, limpia y sincera* [66]. Y en otra: *Yo soy como canal de agua perpetua, como regadera que salió del río, como arroyo que sale del paraýso* [67]. De arte que aquí no se turba el ánimo, ni el entendimiento se añubla.

Antes, y sea lo quinto, el entendimiento de Dios, espejado [68] y claríssimo, es el que la celebra, como los sanctos antiguos lo dizen expressamente y como las sagradas letras lo dan bien a entender. Porque Dios entiende, por quanto todo él es mente y entendimiento, y se entiende a sí mismo porque en él sólo se emplea su entendimiento como deve. Y entendiéndose a sí, y siéndole natural, por ser summa bondad, el apetecer la comunicación de sus bienes, vee todos sus bienes, que son infinitos, y vee y comprehende según qué formas los puede comunicar, que son también infinitas, y de sí y de todo esto que vee en sí dize una palabra que lo declara, esto es, forma y debuxa en sí mismo una imagen biva en la qual pone a sí y a todo lo que vee en sí, assí como lo vee, menuda y distinctamente, y passa en ella su misma naturaleza entendida y cotejada entre sí misma y considerada en todas aquellas maneras que comunicarse puede y, como si dixéssemos, conferida y comparada con todo lo que della puede salir. Y esta imagen produzida en esta forma es su *Hijo.*

Porque como un grande pintor, si quisiesse hazer una imagen suya que lo retratasse, bolvería los ojos a sí mismo primero, y pondría en su entendimiento a sí mismo y, entendiéndose menudamente, se debuxaría allí primero que en la tabla y más bivamente que en ella, y este debuxo suyo, hecho, como dezimos, en el entendimiento y por él, sería como un otro pintor y, si le pudiesse dar vida, sería un otro pintor de hecho, produzido del primero, que tendría en sí todo lo que el primero tiene y lo mismo que el primero tiene, pero allegado y hecho

[66] *Sab.,* VII, 25.
[67] *Eclo.,* XXIV, 41.
[68] 'claro', 'limpio como un espejo'

vezino al arte y a la imagen de fuera [69], assí Dios, que necessariamente se entiende y que apetece el pintarse, desde que se entiende —que es desde toda su eternidad—, se pinta y se debuxa en sí mismo, y después, quando le plaze, se retrata de fuera. Aquella imagen es el *Hijo;* el retrato que después haze fuera de sí son las criaturas, assí cada una dellas como todas allegadas y juntas. Las quales, comparadas con la figura que produxo Dios en sí y con la imagen del arte, son como sombras escuras y como partes por extremo pequeñas, y como cosas muertas en comparación de la vida.

Y como —insistiendo todavía en el exemplo que he dicho—, si comparamos el retrato que de sí pinta en la tabla el pintor con el que debuxó primero en sí mismo, aquél es una tabla tosca y unas colores de tierra y unas rayas y aparencias vanas que carecen de ser en lo secreto, y éste, si es bivo como diximos, es un otro pintor, assí toda esta criatura es una ligera vislumbre y una cosa vana, y más de aparencia que de substancia, en comparación de aquella viva y expressa y perfecta imagen de Dios, y, por esta razón, todo lo que en este mundo inferior nasce y se muere, y todo lo que en el cielo se muda y, corriendo siempre en torno, nunca permanece en un ser, en esta imagen de Dios tiene su ser sin mudança y su vida sin muerte, y es en ella de veras lo que en sí mismo es quasi de burlas. Porque el ser que allí las cosas tienen es ser verdadero [70] y maciço, porque es el mismo de Dios, mas el que tienen en sí es trefe [71] y valadí y, como dezimos, en comparación de aquél es sombra de ser. Por donde ella misma dize de sí: *En mí está la manida de la vida y de la verdad, en mí toda la esperança de la vida y de la virtud* [72]. En que, diziendo que está toda la vida en ella, manifiesta que tiene ella en sí el ser de las cosas, y diziendo que está la verdad, dize la ventaja que el ser de las cosas que tiene haze al que ellas mismas tienen en sí mismas, que aquél es verdad y éste, en su comparación,

---

[69] *Cfr.* nota 37, de este mismo Libro III.
[70] *B: es ser verdadero; A* y 1587 *A,* falta *ser.*
[71] 'flojo', 'endeble'
[72] *Eclo.,* XXIV, 25.

es engaño. Y para la misma ventaja, dize también: *Yo moro en las alturas y me assiento sobre la columna de nuve. Como cedro del Líbano me empiné y como en el monte Sión el cyprés; ensalcéme como la palma de Gades y como los rosales de Iericó, como la oliva vistosa en los campos y como el plátano a las corrientes del agua* [73]. Y Sant Iuan dize della en el capítulo primero de su Evangelio [74] que *todo lo hecho era vida en el Verbo,* en que dize dos cosas: que estava en esta imagen lo criado todo, y que, como en ella estava, no solamente bivía como en sí bive, sino que era la vida misma.

Y por la misma razón, aquesta biva imagen es sabiduría puramente, porque es todo lo que sabe de sí Dios, que es el perfecto saber, y porque es el dechado y, como si dixéssemos, el modelo de quanto Dios hazer sabe, y porque es la orden y la proporción, y la medida y la decencia [75] y la compostura, y la armonía y el límite, y el proprio ser y razón de todo lo que Dios haze y puede; por lo qual Sant Iuan, en el principio de su Evangelio [76], le llama Λόγος por nombre, que, como sabéys, es palabra griega que significa todo aquesto que he dicho. Y por consiguiente, aquesta imagen puso las manos en todo quando Dios lo crió, no solamente porque era ella el dechado a quien mirava el Padre quando hizo las criaturas, sino porque era dechado bivo y obrador y que ponía en execución el officio mismo que tiene. Que, aunque tornemos al exemplo que he puesto otra y tercera vez, si la imagen que el pintor debuxó en sí de sí mismo tuviesse ser que biviesse, y si fuesse substancia capaz de razón, quando el pintor se quisiesse retratar en la tabla, claro es que no solamente menearía el pintor la mano mirando a su imagen, mas ella misma, por sí misma, le regiría el pinzel y se passaría ella a sí misma en la tabla. Pues assí Sant Pablo dize [77] de aquesta imagen divina que *hizo el Padre por ella los siglos.* Y ella, ¿qué dize?: *Yo salí de*

[73] *Eclo.,* XXIV, 7 y 17-19.
[74] *Jn.,* I, 4.
[75] 'conveniencia'
[76] *Jn.,* I, 1.
[77] *Heb.,* I, 2.

la boca del Alto, engendrada primero que criatura ningu-
na; yo hize que nasciesse en el cielo la luz que nunca
se apaga, y como niebla me estendí por toda la tierra [78].

Y, ni más ni menos, de aquesto se vee con quánta razón esta imagen es llamada *Hijo,* y *Hijo* por excellencia,
y solo *Hijo* entre todas las cosas. *Hijo* porque procede,
como dicho es, del entendimiento del Padre, y es la misma naturaleza y substancia del Padre expressada, y biva
con la misma vida de Dios. *Hijo* por excellencia, no solamente porque es el primero y el mejor de los hijos de
Dios, sino porque es el que más yguala a su Padre entre
todos. *Hijo* solo, porque él solo representa enteramente
a su Padre, y porque todas las criaturas que haze Dios
cada una por sí, en este *Hijo* las parió, como si digamos,
primero todas mejoradas y juntas, y assí él solo es el parto de Dios cabal y perfecto, y todo lo demás que Dios
haze nasció primero en [79] este su *Hijo.* Y de la manera
que lo que en las criaturas tiene nombre de *padre* y de
primera origen y de *primero principio,* lo tiene según
que el Padre del cielo se comunica con él, y la paternidad criada es una comunicación de la paternidad eternal,
como el Apóstol lo significa do dize: *de quien se deriva*
toda la paternidad de la tierra y del cielo [80], por la misma
manera, quanto en lo criado es y se llama *Hijo de Dios,*
de aqueste *Hijo* le viene que lo sea; porque en él nasció
todo primero, y por esso nasce en sí mismo después,
porque nasció eternamente primero en él.

¿Qué dize acerca desto Sant Pablo?: *Es imagen de*
Dios invisible, primogénito de todas las criaturas, porque
todas se produxeron por él, assí las de los cielos como
las de la tierra, las visibles y las invisibles [81]. Dize que es
imagen de Dios para que se entienda que es ygual a él y
Dios como él. Y porque consideréys el ingenio del apóstol
Sant Pablo y el acuerdo con que pone las palabras que
pone, y cómo las ordena y las trava entre sí, dize que
esta imagen es *imagen de Dios invisible,* para dar a en-

---

[78] *Eclo.,* XXIV, 5-6.
[79] B: *nasce en*
[80] *Ef.,* III, 15.
[81] *Col.,* I, 15-16.

tender que Dios, que no se vee, por esta imagen se muestra, y que su officio della es, según que dezíamos, sacar a luz y poner en los ojos públicos lo que se encubre sin ella. Y porque dize que era *imagen,* añade que es *engendrado,* porque, como está dicho, siempre lo engendrado es muy semejante. Y dize que es *engendrado primero* o que es *primogénito,* no sólo para dezir que antecede en tiempo el que es eterno en nascer, sino para dezir que es el original universal engendrado, y como la idea eternamente nascida, de todo lo que puede por el discurso de los tiempos nascer, y el padrón bivo de todo, y el que tiene en sí y el que deriva de sí a todas las cosas su nascimiento y origen. Y assí, porque dize esto, añade luego a propósito dello y para declararlo mejor: *Porque en él se produxeron todas las cosas, assí las de los cielos como las de la tierra, las visibles y las invisibles. En él,* dize, que quiere dezir en él y por él, en él primero y originalmente, y por él después como por maestro y artífice.

Assí que comparándolo con todas las criaturas, él solo sobre todas es *Hijo,* y comparándolo con la tercera persona de la Trinidad —el Spíritu Sancto—, sola esta imagen es la que se llama *Hijo* con propriedad y verdad. Porque aunque el Spíritu Sancto sea Dios como el Padre y tenga en sí la misma divinidad y essencia que él tiene, sin que en ninguna cosa della se differencie ni dessemeje dél, pero no la tiene como imagen y retrato del Padre, sino como inclinación a él y como abraço suyo; y assí, aunque sea semejante, no es semejança según su relación particular y propria, ni su manera de proceder tiene por blanco el hazer semejante, y, por la misma razón, no es engendrado ni es hijo. Quiero dezir que, como yo me puedo entender a mí mismo y me puedo amar después de entendido, y como del entenderme a mí nasce en mí una imagen de mí, y del amarme se haze también en mí un peso que me lleva a mí mismo y una inclinación a mí que se abraça comigo, assí Dios desde su eternidad se entiende y se ama y, entendiéndose, como diximos, y comprehendiendo todo lo que su infinita fecundidad comprehende, engendra en sí una imagen biva de todo aquello que entiende; y de la misma manera, amándose a sí mismo y abraçando en sí a todo quanto en sí entiende, produze en sí una inclinación a todo lo que ama assí, y produze, como dicho avemos, un abraço de todo ello.

Mas differimos en esto: que en mí esta imagen y esta inclinación son unos accidentes sin vida y sin substancia, mas en Dios, a quien no puede advenir por accidente ninguna cosa, y en quien, todo lo que es, es divinidad y substancia, esta imagen es biva y es Dios, y esta inclinación o abraço que dezimos es abraço bivo y que está sobre sí[82]. Aquella imagen es *Hijo* porque es imagen, y esta inclinación no es *Hijo* porque no es imagen sino spíritu, porque es inclinación puramente; y estas tres personas, Padre y *Hijo* y Spíritu Sancto, son Dios y un mismo Dios, porque ay en todos tres una naturaleza divina sola, en el Padre de suyo, en el *Hijo* recebida del Padre, en el Spíritu recebida del Padre y del *Hijo*. Por manera que esta única naturaleza divina, en el Padre está como fuente y original, y en el *Hijo* como en retrato de sí misma, y en el Spíritu como en inclinación hazia sí. Y en un cuerpo, como si dixéssemos, y en un bulto de luz, reverberando ella en sí misma, por ineffable y differente manera resplandecen tres cercos. ¡O sol immenso y claríssimo!

Y porque dixe, Sabino, *sol,* ninguna de las cosas visibles nos representa más claramente que el sol las condiciones de la naturaleza de Dios y de esta su generación que dezimos. Porque assí como el sol es un cuerpo de luz que se derrama por todo, assí la naturaleza de Dios, immensa, se estiende por todas las cosas. Y assí como el sol, alumbrando, haze que se vean las cosas que las tinieblas encubren y que, puestas en escuridad, parecen no ser, assí la virtud de Dios, applicándose, trae del no ser a la luz del ser a las cosas. Y assí como el sol de suyo se nos viene a los ojos y, quanto de su parte es, nunca se asconde porque es él la luz y la manifestación de todo lo que se manifiesta y se vee, assí Dios siempre se nos

---

[82] Es decir, 'que subsiste por sí mismo', como *substancia* en el sentido escolástico de esta palabra.

pone delante y se nos entra por nuestras puertas si nosotros no le cerramos la puerta, y lança rayos de claridad por qualquiera resquicio que halle. Y como al sol juntamente le vemos y no le podemos mirar —vémosle porque en todas las cosas que vemos miramos su luz; no le podemos mirar porque, si ponemos en él los ojos, los encandila—, assí de Dios podemos dezir que es claro y escuro, occulto y manifiesto. Porque a él en sí no le vemos y, si alçamos el entendimiento a mirarle, nos ciega; y vémosle en todas las cosas que haze, porque en todas ellas resplandece su luz.

Y —porque quiero llegar esta comparación a su fin—, assí como el sol parece una fuente que mana y que lança claridad de contino, con tanta priessa y agonía [83] que parece que no se da a manos, assí Dios, infinita bondad, está siempre como bulliendo por hazernos bien, y embiando como a borbollones bienes de sí sin parar ni cessar. Y, para venir a lo que es proprio de agora, assí como el sol engendra su rayo —que todo este bulto de resplandor y de luz que baña el cielo y la tierra, un rayo solo es que embía de sí todo el sol—, assí Dios engendra un solo *Hijo* de sí, que reyna y se estiende por todo. Y como este rayo del sol que digo tiene en sí toda la luz que el sol tiene y essa misma luz que tiene el sol, y assí su imagen del sol es su rayo, assí el *Hijo* que nasce de Dios tiene toda la substancia de Dios, y essa misma substancia que él tiene, y es, como dezíamos, la sola y perfecta imagen del Padre. Y assí como en el sol, que es puramente luz, el produzir de su rayo es un embiar luz de sí, de manera que la luz, dando luz, le produze, esto es, que le produze la luz figurándose y pintándose y retratándose, assí el Padre Eterno, figurando su ser en sí mismo, engendra a su *Hijo*. Y como el sol produze siempre su rayo, que no lo produxo ayer y cessó oy de produzirlo, sino siempre le produze y, con produzirle siempre, no le produze por partes, sino siempre y continuamente sale dél entero y perfecto, assí Dios siempre, desde toda su eternidad, engendró y engendra y engendrará a su hijo,

[83] 'ansia o deseo vehemente'

y siempre enteramente. Y como, estándose en su lugar, su rayo nos le haze presente, y en él y por él se estiende por todas las cosas el sol, y es visto y conoscido por él, assí Dios, de quien Sant Iuan dize que *no es visto de nadie* [84], en el *Hijo* suyo que engendra nos resplandece y nos luze y, como él lo dize de sí, él es el que nos manifiesta a su Padre. Y finalmente, assí como el sol, por la virtud de su rayo, obra adonde quiera que obra, assí Dios lo crió todo y lo govierna todo en su *Hijo,* en quien, si lo podemos dezir, están como las simientes de todas las cosas [85].

Mas oygamos en qué manera, en el libro de los *Proverbios,* él mismo dize aquesto mismo de sí: *El Señor me adquirió en principio de sus caminos, ante de sus obras desde entonces. Desde siempre fuy ordenada, desde el comienço, de enantes de los comienços de la tierra. Quando no abysmos, concebida yo; quando no fuentes, golpes grandes de aguas. Enantes que se aplomassen los montes, primero yo que los collados formada. Aún no avía hecho la tierra, los tendidos, las cabeças de los polos del mundo. Quando aparejava los cielos, allí estava yo; quando señalava círculo en redondo sobre la haz del abysmo, quando fortificava el cielo estrellado en lo alto y ponía en peso las fuentes del agua, quando él ponía su ley a las mares y a las aguas que no traspassassen su orilla, quando establescía el cimiento a la tierra. Y junto con él estava yo componiéndolo; y un día y cada día era dulces regalos, iugando delante dél de contino, jugando en la redondez de su tierra; y deleytes míos con hijos de hombres* [86]. En las quales palabras, en lo primero que dize —que la adquirió Dios *en la cabeça de sus caminos*—, lo uno entiende que no caminara Dios fuera de sí, quiero dezir, que no hiziera fuera de sí las criaturas que hizo, a quien comunicó su bondad, si antes y desde toda la eternidad no engendrara a su *Hijo* que, como di-

---

[84] *Jn.,* I, 18.
[85] Éste es, sin duda, el texto capital de *Nombres* en lo referente a la simbología teológica del Sol. (*Cfr.,* a este respecto, la nota 453 del Libro II.)
[86] *Prov.,* VIII, 22-31.

cho tenemos, es la razón y la traça y el artificio y el artífice de todo quanto se haze. Y lo otro, dezir que la *adquirió*, es dezir que usó della Dios quando produxo las cosas, y que no las produxo acaso o sin mirar lo que hazía, sino con saber y con arte. Y lo tercero, pues dize que Dios la adquirió, da bien a entender que ni la engendró apartada de sí ni, engendrándola en sí, le dio casa aparte después, sino que la adquirió, esto es, que nascida dél, queda dentro dél mismo.

Y dize con propriedad *adquirir,* que es allegar y ayuntar por menudo. Porque, como diximos, no engendra a su *Hijo* el Padre entendiendo a bulto y confusamente su essencia, sino entendiéndola apuradamente [87] y con cabal distinción, y con particularidad de todo aquello a que se estiende su fuerça. Y porque lo que digo *adquirir,* en el original es una palabra que haze significación de riquezas y de thesoro que se possee, podríamos dezir desta forma que Dios en el principio la athesoró, para que se entendiesse que hizo thesoro de sí el Padre engendrando su *Hijo.* De sí, digo, y de todo lo que dél puede salir, por qualquiera manera que sea, que es el summo thesoro. Y, como dezimos que Dios la adquirió en el principio de su camino, el original da licencia que digamos también, como dixeron los que lo trasladaron en griego, que Dios la formó principio y cabeça de su camino, que es dezir que el *Hijo* divino es el príncipe de todo lo que Dios cría después, porque están en él las razones dello y su vida. Y ni más ni menos, en lo que se sigue: *antes de sus obras, desde entonces,* se puede dezir también: *Soy la antigüedad de sus obras,* porque, en lo que de Dios procede, lo que va con el tiempo es moderno, la antigüedad es lo que eternamente procede dél; y porque estas mismas obras presentes y que saca a luz a sus tiempos, que en sí son modernas, son en el *Hijo* muy ancianas y antiguas.

Pues en lo que añade: *desde siempre fuy ordenada,* lo que dize nuestro texto *ordenada,* se deve entender que es palabra de guerra, conforme a lo que se haze en ella quando se ponen los esquadrones en orden, en que tiene

---

[87] 'exactamente'

sobre todos su lugar el capitán. Y assí, *ordenada* es aquí lo mismo que puesta en el grado más alto y como en el tribunal y en el principado de todo, porque la palabra original quiere dezir *hazer príncipe*. Y porque significa también lo que los plateros llaman *vaziar,* que es infundir en el molde el oro o la plata derretida para hazer la pieça principal que pretenden, entrando el metal en el molde y ajustándose a él, podremos dezir aquí que la sabiduría divina dize de sí que fue vaziada por el Padre desde la eternidad, porque es imagen suya, que la pintó, no apartándola de sí, sino amoldándola en sí y ajustándose del todo con ella.

Y en lo que dize después acrescienta lo general que avía dicho, especificándolo por sus partes en particular y diziendo que la engendró *quando no avía comienços de tierra, ni abysmos ni fuentes; antes que los montes se affirmassen con su peso natural, y que los collados subiessen, y que se estendiessen los campos, y que los quicios del mundo tuviessen ser.* Y dize, no solamente que avía nascido de Dios antes que Dios hiziesse estas cosas, sino que quando las hizo, quando obró los cielos y fixó las estrellas y dio su lugar a las nuves y enfrenó el mar y fundó la tierra, estava en el seno del Padre y junto con él componiéndolas. Y como dezimos componiéndolas, da licencia el original que digamos alentándolas y abrigándolas y regalándolas y trayéndolas en los braços, como el que llamamos ayo, o ama que cría, suele traer a su niño. Que, como nascían en su principio tiernas y como niñas las criaturas entonces, respondiendo a esta semejança, dize la divina Sabiduría de sí que no sólo las crió con el Padre, sino que se aproprió a sí el officio de ser como su aya dellas, o como su ama. Y llevando la semejança adelante, dize que era ella dulçuras y regocijos todos los días, esto es, que como las amas dizen a sus niños dulçuras, y se estudian [88] y esmeran en hazerles regalos, y los muestran, y a los que los muestran les dizen que «miren quán lindos», assí se esmerava ella, al criar de las cosas, en regalar las criadas y en hazer como regozijos con ellas,

---

[88] 'se esfuerzan'

y en dezir, como quien las toma en la mano y las muestra y enseña, que eran buenas, muy buenas. *Y vio, dize, Dios todo lo que hecho avía, y era muy bueno* [89]. Que a este regalo que al mundo reziente se devía, miró, Sabino, también vuestro poeta, do dize:

> Verano era aquel, verano hazía
> El mundo en general, porque templaron
> Los vientos su rigor y fuerça fría;
>   Quando primero de la luz gozaron
> Las fieras y los hombres, gente dura,
> Del duro suelo el cuello levantaron;
>   Y quando de las selvas la espessura,
> Poblada de alimañas, quando el cielo
> De estrellas fue sembrado y hermosura;
>   Que no pudiera el flaco y tierno suelo,
> Ni las cosas rezientes produzidas,
> Durar a tanto ardor, a tanto yelo,
>   Si no fueran las tierras y las vidas,
> Templando entre lo frío y caluroso,
> Con regalo tan blando recebidas [90].

Y dize, según la misma forma e imagen, que hazía juegos de contino delante del Padre, como delante de los padres hazen las amas que crían, y concluye con esta razón, porque dize: *Y mis deleytes, hijos de hombres,* como diziendo que entendía en su regalo porque se deleytava de su trato, y deleytávase de tratarlos porque tenía determinado consigo de, venido su tiempo, nascer uno dellos.

Del qual nascimiento segundo que nasció este divino *Hijo* en la carne, es bien que ya digamos, pues avemos dicho del primero; que, aunque es también segundo en quilates, no por esso no es estraño y maravilloso por donde quiera que le miremos, o miremos el qué o el cómo o el porqué. Y diziendo de lo primero, el qué deste nascimiento o lo que en este nascimiento se hizo, todo ello es nuevo, no visto antes ni imaginado que podía ser visto, porque en él nasce Dios hecho hombre. Y con tener las personas divinas una sola divinidad, y con ser tan

---

[89] *Gén.,* I, 31.
[90] Virgilio, *Geórg.,* Lib. II, vv. 338-345. El Lib. II de las *Geórgicas* fue también traducido por Fray Luis en octavas reales; cfr. *Obras completas castellanas,* t. II, ed. cit., págs. 905-915.

uno todas tres, no nascieron hechas hombres todas tres, sino la persona del *Hijo* solamente. La qual assí se hizo hombre, que no dexó de ser Dios ni mezcló con la naturaleza del hombre la naturaleza divina suya, sino quedó una persona sola en dos distintas naturalezas, una que tenía de Dios y otra que recibió de los hombres de nuevo, la qual no la crió de nuevo ni la hizo de barro como formó la primera, sino hízola de la sangre virgen de una Virgen puríssima, en su vientre della misma, sin amanzillar su pureza, y hizo que fuesse naturaleza del linage de Adam y sin la culpa de Adam, y formó, de la sangre que digo, carne, y de la carne hizo cuerpo humano con todos sus miembros y órganos, y en el cuerpo puso alma de hombre dotada de entendimiento y razón, y con el entendimiento y con el alma y con el cuerpo ayuntó su persona, y derramó sobre el alma mil thesoros de gracia, y diole juyzio y discurso libre, y hízola que viesse y que gozasse de Dios, y ordenó que, la misma que gozava de Dios con el entendimiento, sintiesse desgusto en los sentidos, y que fuesse juntamente bienaventurada y passible.

Y toda esta compostura de cuerpo y infusión de alma y ayuntamiento de su persona divina, y la sanctificación y el uso de la razón, y la vista de Dios y la habilidad para sentir dolor y pesares que dio a lo que a su persona ayuntava, lo hizo todo en un momento y en el primero en que se concibió aquella carne, y de un golpe y en un instante solo salió en el thálamo de la Virgen a la luz desta vida un hombre Dios, un niño ancianíssimo, una summa sanctidad en miembros tiernos de infante, un saber perfecto en un cuerpo que aun hablar no sabía, y resultó en un punto, con milagro nunca visto, un niño y gigante, un flaco muy fuerte, un saber, un poder, un valor no vencible, cercado de desnudez y de lágrimas[91]. Y lo que en el vientre sancto se concibió, corriendo los meses, salió dél sin poner dolor en él y dexándole sancto y entero. Y como el que nascía era, según su divinidad, rayo, como agora dezíamos, y era resplandor que manava con pureza y senzillez de la luz de su padre, dio también

---

[91] El abolengo agustiniano de estas antítesis es patente.

a su humanidad condiciones de luz y salió de la madre, como el rayo del sol passa por la vidriera sin daño [91 bis], y vimos una mezcla admirable: carne con condiciones de Dios y Dios con condiciones de carne, y divinidad y humanidad juntas, y hombre y Dios, nacido de padre y de madre, y sin padre y sin madre —sin madre en el cielo y sin padre en la tierra— y, finalmente, vimos junta en uno la universalidad de lo no criado y criado.

¿Qué dize S. Iuan? *El Verbo se hizo carne, y mora en nosotros lleno de gracia y de verdad; y vimos su gloria, gloria qual convenía a quien es unigénito del Padre eterno* [92]. Y Esaías, ¿qué dize? *El nacido nos ha nacido a nosotros y el Hijo a nosotros es dado, y sobre su hombro su mando, y su nombre será llamado Admirable, Consejero, Dios, Valiente, Padre de la eternidad, Príncipe de paz* [93]. *El nacido,* dize, *nos es nacido,* esto es, el engendrado eternalmente de Dios ha nacido por otra manera differente para nosotros, y el que es *Hijo* en quien nasció todo el edificio del mundo, se nos da nacido entre los del mundo como *Hijo.* Y aunque niño, es rey, y aunque es rezién nacido, tiene hombros para el govierno, que se llama *Admirable* por nombre porque es una maravilla todo él, compuesto de maravillas grandíssimas. Y llámase también *Consejero* porque es el ministro y la execución del consejo divino, ordenado para la salud de los hombres. Y es *Dios,* y es *Valiente,* y *Padre del nuevo siglo,* y único author de reposo y de paz.

Y lo que diximos [94], que no tuvo padre humano en este segundo nascer, ayer lo provó bastantemente Marcello; y que, nasciendo, no puso daño en su madre, ¿por ventura no lo vio Salomón quando dixo: *Tres cosas se me asconden, y quatro de que nada no sé: el camino del águi-*

[91 bis] En 1538, Fray Bernardino de Laredo había expresado así la tradicional metáfora: «Parida como es verdad / Quedando pura y entera, / Porque la gran claridad / Muy bien puede penetrar / Sin en nada lastimar / La muy pura vedriera». (ed. en C. Cuevas García, *La prosa métrica. Teoría. Fray Bernardino de Laredo,* Granada, Univ. de Granada, MCMLXXII, pág. 334.)

[92] *In.,* I, 14.
[93] *Is.,* IX, 6.
[94] En el nombre «Pimpollo».

la por el ayre, el camino de la culebra en la peña, el ca-
mino de la nave en la mar, y el camino del varón en la
Virgen? [95] En que por comparación de tres cosas que, en
passando, nadie puede saber por dónde passaron porque
no dexan rastro de sí, significa que, quando salió este niño
varón que dezimos del sagrario virginal de su madre,
salió sin quebrar el sagrario y sin hazer daño en él ni
dexar de su salida señal, como ni la dexa de su buelo el
ave en el ayre, ni la serpiente de su camino en la peña,
ni en las mares la nave. Esto, pues, es *el qué* deste nascimiento sanctíssimo.

El *cómo* se hizo, esto es de las cosas que no se pueden dezir. Porque las maneras occultas por donde sabe
Dios applicar su virtud para los effectos que quiere, ¿quién
las sabe entender? Bien dize S. Augustín que en estas
cosas, y en las que son como éstas, la manera y la razón
del hecho es el infinito poder del que lo haze. ¿En qué
manera se hizo Dios hombre? Porque es de poder infinito. ¿Cómo una misma persona tiene naturaleza de hombre y naturaleza de Dios? Porque es de poder infinito.
¿Cómo cresce en el cuerpo y es perfecto varón en el alma, tiene los sentidos de niño y vee a Dios con el entendimiento, se concibe en muger y sin hombre, sale nasciendo della y la dexa virgen? Porque es de poder infinito. No hiziera Dios por nosotros mucho si no hiziera
más de lo que nuestro sentido traça y alcança. ¿Qué
cosa es hazer mercedes a gentes de poco saber y de pecho angosto que, porque exceden a lo que ellos hizieran, ponen en duda si se las hazen? ¿Cómo se hizo Dios
hombre? Digo que amando al hombre. ¿Por ventura es
cosa nueva que el amor vista del amado al que ama, que
le ayunte con él, que le transforme? Quien se inclina
mucho a una cosa, quien piensa en ella de contino, quien
conversa siempre con ella, quien la remeda, fácilmente
queda hecho ella misma. ¿Qué dezía poco ha el Verbo
de sí? ¿No dezía que era su deleyte el tratar con los
hombres? Y no solamente tratar con ellos, mas vestirse
de su figura aun antes que tomasse su carne. Que con

---

[95] *Prov.,* XXX, 18-19.

Adam habló en el paraÿso en figura de hombre, como Sant León papa y otros muchos doctores sanctos lo dizen. Y con Abraham quando descendió a destruyr a Sodoma, y con Iacob en la lucha, y con Moysén en la çarça, y con Iosué, el capitán de Israel. Pues salióle el trato a la cara [96] y, haziendo del hombre, salió hecho hombre, y gustando de disfraçarse con nuestra máxcara, quedó con la figura verdadera a la fin, y pararon los ensayos en hechos [97].

¿Cómo está la deidad en la carne? Responde el divino Basilio: *Como el fuego en el hierro: no mudando lugares, sino derramando sus bienes; que el fuego no camina hazia el hierro, sino, estando en él, pone en él su qualidad y, sin desminuyrse en sí, le hinche todo de sí y le haze partícipe. Y el Verbo de Dios de la misma manera hizo morada en nosotros, sin mudar la suya y sin apartarse de sí. No te imagines algún descendimiento de Dios, que no se passa de un lugar a otro lugar como se passan los cuerpos;ni pienses que la deydad, admitiendo en sí alguna mudança, se convirtió en carne, que lo immortal no es mudable. Pues, ¿cómo nuestra carne no le pegó su infección? Como ni el fuego recibe las propriedades del hierro. El hierro es frío y es negro, mas después de encendido se viste de la figura del fuego y toma luz dél y no le ennegresce, y arde con su calor y no le comunica su frialdad. Y ni más ni menos, la carne del hombre: ella recibió qualidades divinas, mas no apegó a la divinidad sus flaquezas. ¿Qué? ¿No concederemos a Dios que obre lo que obra este fuego que muere?* Esto dize Basilio [98].

Y —porque los exemplos dan luz [99]—, como el arca del Testamento era de madera y de oro, de madera que no se corrompía y de oro finíssimo, ella, hecha de madera y

---

[96] 'se le reflejó en el rostro aquella familiaridad que traía con el hombre'. (F. García, *loc. cit.,* pág. 715, n. 97.)

[97] Curioso precedente de la idea germinal de *Lo fingido verdadero.*

[98] Pseudo Basilio, *Hom. in sanctam Christi generationem,* volumen XXXI, col. 1459, Migne, *Patrologia Graeca.*

[99] Nueva y explícita valoración del *exemplum,* como ya hemos señalado, que vuelve a poner de manifiesto el influjo de la oratoria sagrada en *Nombres.*

vestida de oro por todas partes, de arte que era arca de madera y arca de oro, y era una arca sola y no dos, assí, en este nascimiento segundo, el arca de la humanidad innocente salió ayuntada a la riqueza de Dios. La riqueza la cubría toda, mas no le quitava el ser ni ella lo perdía, y, siendo dos naturalezas, no eran dos personas, sino una persona.

Y como el monte de Siná, quando dava Dios la ley a Moysén en lo alto, estava rodeado de llamas del cielo y se vestía de la gloria de Dios que allí reposava y hablava, y en las raýzes padescía temblores y humo [100], assí Christo, nasciendo hombre, que es *Monte,* en lo alto de su alma ardía todo en llamas de amor y gozava de la gloria de Dios alegre y descansadamente, mas en la parte suya más baxa temblava y humeava, dando lugar en sí a las penalidades del hombre. Y como el patriarcha Iacob quando, en el camino de Mesopotamia, occupado de [101] la noche, se puso a dormir en el campo [102], en el parecer de fuera era un moço pobre que, tendido en la tierra dura y tomando reposo, parecía estar sin sentido, mas en lo secreto del alma contemplava en aquella misma sazón el camino abierto desde la tierra hasta el cielo, y a Dios en él, y a los ángeles que andavan por él, assí, en aqueste nascimiento, apareció por defuera un niño flaco puesto en un pesebre, que no hablava y llorava, y en lo secreto bivía en él la contemplación de todas las grandezas de Dios. Y como en el río Iordán, quando se puso en medio dél el arca de la ley vieja para hazer passo al pueblo que caminava al descanso, en la parte de arriba dél las aguas que venían se amontonaron cresciendo, y en la parte de abaxo siguieron su curso natural y corrieron [103], assí, nasciendo —en la naturaleza humana de Christo—, Dios y entrándose en ella, lo alto della siempre miró para el cielo, mas en lo inferior corrió, como corremos todos, quanto a lo que es padecer dolores y males.

---

[100] *Éx.,* XIX, 16-20.
[101] 'sorprendido por'
[102] *Gén.,* XXVIII, 11.
[103] *Jos.,* III, 13 ss.

Por donde, devidamente, en el *Apocalypsi* [104], S. Iuan, al Verbo nascido hombre, le vee como cordero, y como degollado cordero, que es lo senzillo y lo simple y lo manso dél, y lo muy suffrido que en él se descubría a la vista, y juntamente le vio que tenía siete ojos y siete cuernos, y que él solo llegava a Dios y tomava de sus manos el libro sellado y le abría, que es lo grande, lo fuerte, lo sabio, lo poderoso que encubría en sí mismo y que se ordenava para abrir los siete sellos del libro, que es el *por qué* se hizo este nascimiento y la tercera y última maravilla suya; porque fue para poner en execución y para hazer con la efficacia de su virtud claro y visible el consejo de Dios, occulto antes y escondido y como sellado con siete sellos. En el qual, siendo abierto, lo primero que se descubre es un cavallo y cavallero blancos con letra de victoria; y luego otro bermejo que deshazía la paz del suelo y lo ponía en discordia; y otro empós déste, negro, que pone peso y tassa en lo que fructifica la tierra; y después otro descolorido y ceniziento, a quien acompañavan el infierno y la muerte; y en el quinto lugar se descubrieron los affligidos por Dios que le piden vengança, y se les dava un entretenimiento y consuelo; y en el sexto se estremece todo y se hunde la tierra; y en el séptimo queda sereno el cielo y se haze silencio. Porque el secreto sellado de Dios es el artificio que ordenó para nuestra sanctificación y salud. En la qual, lo primero, sale y viene a nuestra alma la pureza blanca de la gracia del cielo, con fuerça para vencer siempre; succédele, lo segundo, el zelo de fuego, que rompe la mala paz del sentido y mete guerra entre la razón y la carne, a quien ya no obedesce la razón, antes le va a la mano y se oppone a sus desordenados desseos. A este zelo se sigue el estudio [105] de la mortificación, triste y denegrido, y que pone en todo estrecha tassa y medida. Levántase aquí luego el infierno y haze alarde de sus valedores que, armados de sus ingenios y fuerças, acometen a la virtud y la maltratan y turban, affligiendo muchas vezes y derrocando por

---

[104] *Ap.*, V, 6.
[105] 'trabajo', 'diligencia'

el suelo a los que la posseen, y haziendo de su sangre dellos y de su vida su cevo.

Mas esconde Dios, después desto, debaxo de su altar a los suyos y, defendiéndoles el alma debaxo de la paciencia de su virtud, adonde le sacrifican la vida, consuélalos y entretiénelos y, con particulares gozos, los rodea y los viste en quanto se llega el tiempo de su buena y perfecta ventura. Y provados y aprovados assí, alarga a su misericordia la rienda y estremece todo lo que contra ellos se empinava en el suelo, y va al hondo la tierra maldita, condenada a dar fructo de espinas. Después de lo qual, pára todo en sossiego y en un silencio del cielo.

Mas porque ninguna criatura, como S. Iuan dize [106], no podía abrir estos sellos ni poner en luz y en effecto esta obra, convino que el que los uviesse de abrir, y de poner en execución su virtud, fuesse cordero, que es flaco y senzillo, por una parte; y por otra tuviesse siete ojos y siete cuernos, que son todo el saber y poder, y que se juntassen en uno la fortaleza de Dios con la flaqueza del hombre, para que, por ser hombre flaco, pudiesse morir, y, por ser massa sancta, fuesse su morir acceptable, y, por ser Dios, fuesse para nosotros su muerte vida y rescate. De manera que nasció Dios hecho carne, como Basilio dize, *para que diesse muerte a la muerte que en ella se escondía; que, como las medicinas que son contra el veneno, ayuntadas al cuerpo, vencen lo venenoso y mortal, y como las tinieblas que occupan la casa, metiendo en ella la luz, desparecen, assí la muerte que se apoderava del hombre, juntándose Dios con él, se deshizo. Y como el yelo se enseñorea en el agua en quanto dura la escuridad de la noche, mas, luego que el sol sale y calienta, le deshaze su rayo, assí la muerte reynó hasta que Christo vino; mas después que apareció la gloria saludable de Dios, y después que amanesció el Sol de justicia, quedó sumida en su victoria la muerte, porque no pudo hazer presa en la vida.* ¡O grandeza de la bondad y del amor de Dios con los hombres! Somos libertados, ¿y preguntamos cómo y para qué, deviendo gracias por beneficio

---

[106] *Ap.,* V, 3.

tan grande? ¿Qué te avemos, hombre, de hazer? ¿No buscavas a Dios quando se ascondía en el cielo, no le recibes quando desciende y te conversa en la tierra, sino preguntas en qué manera o para qué fin se quiso hazer como tú? Conosce y aprende: por esso es Dios carne, porque era necessario que esta carne tuya, que era maldita carne, se sanctificasse; ésta flaca se hiziesse valiente, ésta, enagenada de Dios se hiziesse semejante con él, ésta a quien echaron del paraýso fuesse puesta en el cielo. Hasta aquí ha dicho Basilio [107].

Y a la verdad, es assí que, porque Dios quería hazer un reparo general de lo que estava perdido, se metió él en el reparo para que tuviesse virtud. Y porque el Verbo era el artífice por quien el Padre crió todas las cosas, fue el Verbo el que se ayuntó con lo que se hazía para el reparo dellas. Y porque, de lo que era capaz de remedio, el más dañado era el hombre, por esso lo que se ordenó para medicina de lo perdido fue una naturaleza de hombre. Y porque lo que se hazía para dar a lo enfermo salud avía de ser en sí sano, la naturaleza que se escogió fue innocente y pura de toda culpa. Y porque el que era una persona con Dios convenía que gozasse de Dios, por esso, desde que començó a tener ser aquella dichosa ánima, començó también a ver la divinidad que tenía. Y porque para remediar nuestros males le convenía que los sintiesse, assí gozava de Dios en lo secreto de su seno, que no cerrava por esso la puerta a los sentimientos amargos y tristes. Y porque venía a reparar lo quebrado, no quiso hazer ninguna quiebra en su madre. Y porque venía a ser limpieza general, no fue justo que amanzillasse su thálamo en alguna manera. Y porque era Verbo que nasció con senzillez de su padre y sin poner en él ninguna passión, nasció también de su madre, hecho carne, con pureza y sin dolor della. Y finalmente, porque en la divinidad es uno en naturaleza con el Padre y con el Spíritu Sancto, y differente en persona, quando nasció hecho hombre, en una persona juntó a la

---

[107] *Homil. in Sanctam Christi generationem,* vol. XXXI, col. 1462, Migne, *Patrologia Graeca.*

naturaleza de su divinidad la naturaleza differente de su alma y su cuerpo. Al qual cuerpo y a la qual alma, quando la muerte las apartó consintiéndolo él, él mismo las tornó a juntar con nuevo milagro después de tres días, y hizo que nasciesse a luz otra vez lo que ya avía desatado la muerte.

Del qual nascimiento suyo, que es el tercero de los cinco que puse al principio, lo primero que agora dezir devemos es que fue nascimiento de veras, quiero dezir nascimiento que se llama assí en la Sagrada Escriptura, porque, como ayer se dezía, el Padre, en el psalmo segundo [108], hablando desta resurrección de su *Hijo,* como Sant Pablo lo declara, le dize: *Tú eres mi Hijo, que en este día te engendré* [109]. Porque assí como formó la virtud de Dios, en el vientre de la Virgen y de su sangre sin manzilla, el cuerpo de Iesuchristo con disposición conveniente para que fuesse aposento del alma, ni más ni menos en el sepulchro, quando se llegó la sazón al cuerpo, a quien las causas de la muerte avían agujerado y herido y quitado la sangre, sin la qual no se bive, y la muerte misma lo avía enfriado y hecho morada inútil del alma, el mismo poder de Dios, abraçándolo y fomentándolo en sí, lo tornó a calentar, y le regó con sangre las venas, y le encendió la fornaza del coraçón nuevamente, en que se tornaron luego a forjar espíritus [110] que se derramaron por las arterias palpitando y bulliendo, y luego el calor de la fragua alçó las costillas del pecho, que dieron lugar al pulmón, y el alma se lançó luego en él como en conveniente morada, más poderosa y más efficaz que primero [111], porque dio licencia a su gloria que descendiesse por toda ella, y que se comunicasse a su cuerpo y que le bañasse del todo, con que se apoderó de la carne perfectamente y reduxo a su voluntad todas sus obras, y le dio condiciones y qualidades de espíritu y, dexándole perfecto el sentir, la libró del mal padecer, y a cada una de las

---

[108] *Sal.* II, 7.
[109] *Act.,* XIII, 33.
[110] Se refiere a los «espíritus vitales», 'ciertas sustancias sutiles y ligerísimas que se consideraban necesarias para la vida'.
[111] *Cfr.* nota 201 del Lib. II.

partes del cuerpo les conservó ella por sí, con perpetuydad no mudable, el ser en que las halló, que es el proprio de cada una.

De manera que, sin mantenimiento, da substancia a la carne y tiene bivo el calor del coraçón sin cevalle, y sustenta los espíritus sin que se evaporen o se consuman del uso. Y assí desarraygó de allí todas las raýzes de muerte, y desterróla del todo y destruyóla en su reyno —y quando se tenía por fuerte—; y traspassó su gloria por la carne, que, como dicho he, la tenía apurada y subjecta a su fuerça, y resplandescióle el rostro y el cuerpo, y descargóla de su peso natural, y diole alas y buelo, y renasció el muerto más bivo que nunca, hecho vida, hecho luz, hecho gloria, y salió del sepulchro como quien sale del vientre, bivo y para bivir para siempre, poniendo espanto a la naturaleza con exemplo no visto.

Porque en el nascimiento segundo, que hizo en la carne quando nasció de la Virgen, aunque muchas cosas dél fueron extraordinarias y nuevas, en otras se guardó en él la orden común: que la materia de que se formó el cuerpo de Christo fue sangre, que es la natural de que se forman los otros, y, después de formado, la Virgen, con la sangre suya y con sus espíritus, hinchió de sangre las venas del cuerpo del *Hijo* y las arterias de espíritu [112], como hazen las otras madres, y su calor della, conforme a lo natural, abrigó a aquel cuerpo terníssimo y se lançó todo por él y le encendió fuego de vida en el coraçón, con que començó a arder en su obra, como haze siempre la madre. Ella de su substancia le alimentó, según lo que se usa, en quanto le tuvo en su vientre, y él cresció en el cuerpo por todo aquel tiempo por la misma forma que crescen los niños, y assí como uvo en esta generación mucho de lo natural y de lo que se suele hazer, ansí lo que fue engendrado por ella salió con muchas condiciones de las que tienen los que por vía ordinaria se engendran, que tuvo necessidad de comer para reparo de lo que en él gastava el calor y obrava en el mantenimiento su cuerpo, y le cozía, y le colorava, y le apurava hasta

---

[112] 'vida'

mudarle en sí mismo, y sentía el trabajo, y conoscía la hambre, y le cansava el movimiento excessivo, y podía ser herido y lastimado y llagado y, como los ñudos con que se atava aquel cuerpo los avía añudado la fuerça natural de su madre, podían ser desatados con la muerte, como de hecho lo fueron.

Mas en este nascimiento tercero todo fue extraordinario y divino: que ninguna fuerça natural pudo dar calor al cuerpo elado en la huessa [113], ni fue natural el tornar a él la sangre vertida, ni los espíritus que discurren por el cuerpo y le abivan se los pudo prestar ningún otro tercero; el poder solo de Dios y la fuerça efficaz de aquella dichosa alma, dotada de gloriosíssima vida, encendió maravillosamente lo frío, y hinchió lo vazío, y compuso lo maltratado, y levantó lo caýdo, y ató lo desatado con ñudo immortal, y dio abastança [114] en un ser a lo mendigo y mudable. Y como ella estava llena de la vida de Dios, y subjecta a él, y vestida dél, y arraygada en él con firmeza que mudar no se puede, assí hizo lleno de vida a su cuerpo, y le bañó todo de alma, y le penetró enteramente, y le puso debaxo de su mano de tal manera que nadie se le puede sacar, y le vistió, finalmente, de sí, de su gloria, de su resplandor, desde la cabeça a los pies, lo secreto y lo público, el pecho y la cara, que de sí lançava [115] más claros resplandores que el sol. Por donde mucho antes David, hablando de aqueste hecho, dezía: *En resplandores de sanctidad, del vientre y del aurora, el rocío de tu nascimiento contigo* [116]. Que, aunque ayer por la mañana lo declarastes [117], Marcello, y con mucha verdad, del nascimiento de Christo en la carne, bien entendéys que con la misma verdad se puede entender de aqueste nascimiento también. Porque el Spíritu Sancto, que lo vee todo junto, junta muchas vezes en unas palabras muchas y differentes verdades. Pues dize que nasció Christo quando resuscitó del vientre de la tierra, en el amanes-

[113] B: güessa
[114] 'copia', 'abundancia'
[115] B: lançava de sí
[116] Sal. CIX, 3.
[117] En «Pimpollo».

cer del aurora, por su propria virtud, porque tenía consigo el rocío de su nascimiento, con que reverdescieron y florescieron sus huessos. Y esto *en resplandores de sanctidad* o, como podemos también dezir, *en hermosuras sanctíssimas,* porque se juntaron en él entonces, y embiaron sus rayos, y hizieron públicas sus hermosuras tres resplandores bellíssimos: la divinidad, que es la lumbre; el ánima de Christo, sancta y rodeada de luz; el cuerpo, también hermoso y como hecho de nuevo, que echava rayos de sí. Porque el resplandor infinito de Dios reverberava su hermosura en el alma, y el alma, con este resplandor, hecha una luz, resplandecía en el cuerpo, que, vestido de lumbre, era como una imagen resplandesciente de los resplandores divinos.

Y aun dize que entonces nasció Christo *con resplandores de sanctidad* o con bellezas sanctas, porque, quando assí nasció del sepulchro, no nasció sólo él, como quando nasció de la Virgen en carne, sino nascieron juntamente con él y en él las vidas y las sanctidades y las glorias resplandescientes de muchos: lo uno, porque truxo consigo a vida de luz y a libertad de alegría las almas sanctas que sacó de las cárceles [118]; lo otro y más principal, porque, como ayer de vos, Marcello, aprendí, en el mysterio de la última cena, y quando caminava a la cruz, ayuntó consigo, por espiritual y estrecha manera, a todos los suyos, y, como si dixéssemos, fecundóse de todos y cerrólos a todos en sí para que, en la muerte que padescía en su carne passible, muriesse la carne dellos mala y peccadora, y por esso condenada a la muerte, y para que renasciendo él glorioso después, renasciessen también ellos en él a vida de justicia y de gloria. Por donde, por hermosa semejança, a propósito deste nascimiento dize él de sí mismo: *Si el grano de trigo puesto en la tierra no muere, quédase él; mas si muere, produze gran fructo* [119]; porque assí como el grano sembrado, si atrahe para sí el humor de la tierra y se empreña [120] de su xugo y se pudre, saca en sí a luz quando nasce mil granos, y sale ya

---

[118] O sea, del seno de Abrahán.

[119] *Jn.,* XII, 24-25.

[120] 'se impregna'

no un grano solo, sino una espiga de granos, assí y por la misma manera, Christo, metido muerto en la tierra, por virtud de la muerte allegó la tierra de los hombres a sí y, apurándola en sí y vistiéndola de sus qualidades, salió resuscitando a la luz, hecho espiga y no grano.

Assí que no nasció un rayo solo la mañana que amanesció del sepulchro este sol, mas nascieron en él una muchedumbre de rayos y un amontonamiento de resplandores sanctíssimos, y la vida y la luz y la reparación de todas las cosas, a las quales todas abraçó consigo, muriendo, para sacarlas, resuscitando, todas vivas en sí. Por donde aquel día fue de común alegría, porque fue día de nascimiento común. El qual nascimiento haze ventaja al primero que Christo hizo en la carne, no solamente en que, como dezimos, en aquél nasció passible y en éste para más no morir, y no solamente en que lo que se hizo en éste fue todo extraordinario y maravilloso, y hecho por solas las manos de Dios, y en aquél tuvo la naturaleza su parte, y no solamente en que fue nascimiento, no de uno solo, como el primero, sino de muchos en uno, mas también le haze ventaja en que fue nascimiento después de muerte, y gloria después de trabajos, y bonança después de tormenta gravíssima; que a todas las cosas la vezindad y el cotejo de su contrario las descubre más y las haze salir [121]. Y la buena suerte es mayor quando viene después de alguna desventura muy grande [122]. Y no solamente es más agradable este nascimiento porque succede a la muerte, sino, en realidad de verdad, la muerte que le precede le haze subir en quilates, porque en ella se plantaron las raýzes desta dichosa gloria, que fueron el padecer y el morir —que porque cayó se levantó, y porque descendió torna a subir en alto, y porque bevió del arroyo alçó la cabeça [123], y porque obedesció hasta la muerte bivió para enseñorearse del cielo—, y assí, quanto fueron mayores los fundamentos y más firmes las raýzes, tanto avemos de entender que es mayor lo que des-

---

[121] 'sobresalir', 'descubrirse'
[122] B: *desventura grande.*
[123] *Sal.* CIX, 7.

tas raýzes nasce, y a la medida de aquellos tantos * dolores, de aquel desprecio no visto, de aquellas invenciones
de penas, de aquel desamparo, de aquel escarnio, de
aquella fiera agonía, entendamos que la vida a que Christo
nasció por ello es por todo extremo altíssima y felicíssi-
ma vida.

Mas ¡quán no comprehensibles son las maravillas de
Dios! El que nasció, resuscitando, tan claro, tan glorioso, tan grande, y el que bive para siempre dichoso en
resplandores y en luz, halló manera para tornar a nascer
cada día encubierto y dissimulado en las manos del sacerdote en la Hostia, como saboreándose en nascer este solo
Hijo, este propriamente *Hijo,* este *Hijo* que tantas vezes
y por tantas maneras es *Hijo.* Porque el estar Christo en
su Sacramento, y el començar a ser cuerpo suyo lo que
antes era pan y, sin dexar el cielo y [124] sin mudar su lugar, començar de nuevo a ser allí adonde antes no era,
convirtiendo toda la substancia del pan en su sanctíssima
carne, mostrándose la carne como si fuesse pan, vestida
de sus accidentes, es como un nascer allí en cierta manera. Assí que parece que Christo nasce allí porque comienza a ser de nuevo allí quando el sacerdote consagra.
Y parece que la Hostia es como el vientre adonde se
celebra aqueste nascimiento, y que las palabras son como
la virtud que allí le pone, y que es, como la substancia,
toda la materia y toda la forma del pan que en él se
convierte.

Y es señal y prueva de que este nascimiento lo es en
la forma que digo, el llamar a Christo *Hijo* la Sagrada Escriptura en este mismo caso y artículo, porque bien sabéys que en el psalmo setenta y dos leemos assí: *Y avrá
firmeza en la tierra, en las cumbres de los collados* [125],
adonde la palabra *firmeza,* según la verdad, significa el
trigo, que la Escriptura lo suele llamar firmeza porque da
firmeza al coraçón, como David en otro psalmo lo dize [126],
y bien sabéys que muchos de los nuestros, y aun algu-

---

* 'tan grandes', calco del *tantus, -a, -um* latino.
[124] B: *ni*
[125] *Sal.* LXXII, 16.
[126] *Sal.* CIII, 14-15.

nos de los que nascieron antes que viniesse Christo, entienden este passo deste sagrado pan del altar. Y bien sabéys que las palabras originales por quien nosotros leemos *firmeza,* son éstas: PISATH BAR, que quieren puntualmente dezir *partezilla* o *puñado de trigo escogido,* y que BAR, como significa *trigo escogido y mondado,* también significa *Hijo.* Y assí dize el Propheta que en el reyno del Messías, y quando floreciere su ley, entre muchas cosas singulares y excellentes, avrá también un puñado o una partezilla de trigo y de hijo, esto es, que será el *Hijo* lo que parecerá un limpio y pequeño trigo, porque saldrá a luz en figura dél, y le veremos assí hecho y amoldado como si fuesse un panezito pequeño.

Y no solamente aqueste consagrarse Christo en el pan es un cierto nascer, mas es como una suma de sus nascimientos los otros, en que haze retrato dellos y los debuxa y los pinta. Porque assí como en la divinidad nasce como palabra que la dize el entendimiento divino, assí aquí se consagra y comiença a ser de nuevo en la Hostia por virtud de la palabra que el sacerdote pronuncia. Y como en la resurrectión nasció del sepulchro con su carne verdadera, pero hecha a las condiciones del alma y vestida de sus maneras y gloria, assí, consagrado en la Hostia, está la verdad de su cuerpo en realidad de verdad, mas está como si fuera espíritu, todo en la Hostia toda y en cada parte della todo también. Y como quando nasció de la Virgen salió bienaventurado en la más alta parte del alma, y passible con el cuerpo y subjecto a dolores y muerte —y en lo secreto era la verdadera riqueza, y en la aparencia y en lo que de fuera se veÿa era un pobre y humilde—, assí aquí, por de fuera parece un pequeño pan despreciado, y en lo ascondido es todos los thesoros del cielo; según lo que parece, puede ser partido y quebrado y comido, mas según lo que encubre no puede ni el mal ni el dolor llegar a él.

Y como quando nasció de Dios se forjaron en él, como en sus ydeas, las criaturas en la manera que he dicho, y quando nasció en la carne la recibió para limpiar y librar la del hombre, y quando nasció del sepulchro nos sacó a la vida a todos juntamente consigo, y en todos sus nascimientos siempre uvo algún respecto a nuestro bien y provecho, assí en éste de la consagración de su cuerpo tuvo respecto al mismo bien, porque puso en él, no solamente su cuerpo verdadero, sino también el mýstico de sus miembros, y, como en los demás nascimientos suyos nos ayuntó siempre a sí mismo, también en éste quiso contenernos en sí, y quiso que, encerrados en él y passando a nuestras entrañas su carne, nos comunicássemos unos con otros, para que por él viniéssemos todos a ser, por unión de espíritu, un cuerpo y un alma.

Por lo qual, el pan caliente que estava de contino en el templo y delante de la arca de Dios —que tuvo figura de aqueste pan diviníssimo—, le llama *pan de fazes* la Sagrada Escriptura, para enseñar que este pan verdadero, a quien aquella imagen mirava, tiene fazes innumerables, quiero dezir que contiene en sí a sus miembros y que, como en la divinidad abraça en sí por eminente manera todas las criaturas, assí en la humanidad y en este Sacramento sanctíssimo, donde se encierra, encierra consigo a los suyos. Y assí hizo en éste lo que en los demás nascimientos hizo, que fue nuestro bien, que consiste en andar siempre juntos con él o, por dezir lo que parece más proprio, truxo a effecto y puso como en execución lo que se pretendía en los otros. Porque aquí, hecho mantenimiento nuestro, y passándose, en realidad de verdad, dentro de nuestras entrañas, y juntando con nuestra carne la suya, si la halla dispuesta, mantiene al alma y purifica la carne, y apaga el fuego vicioso y pone a cuchillo nuestra vejez, y arranca de raýzes el mal, y nos comunica su ser y su vida, y, comiéndole nosotros, nos come él a nosotros y nos viste de sus qualidades y, finalmente, quasi nos convierte en sí mismo. Y trae aquí a fructo y a espiga lo que sembró en los demás nascimientos primeros. Y como dize en el psalmo David: *Hizo memorial de sus maravillas el Señor misericordioso y piadoso; dio a los que le temen manjar* [127]. Porque en este manjar, que lo es propriamente para los que le temen, recapituló todas sus grandezas passadas: que en él hizo exemplo claríssi-

[127] *Sal.* CX, 4-5.

mo de su infinito poder, exemplo de su saber infinito; y de su misericordia y de su amor con los hombres, exemplo jamás oýdo ni visto. Que no contento ni de aver nascido hombre por ellos, ni de aver muerto por ponerlos en vida, ni de aver renascido para subillos a gloria, ni de estar junto siempre y a la diestra del Padre para su defensa y amparo, para su regalo y consuelo, y para que le tengan siempre, no solamente presente, sino le puedan abraçar consigo mismos y ponerlo en su pecho y encerrarlo dentro de su coraçón, y como chuparle sus bienes y atraherlos a sí, se les presenta en manjar y, como si dixéssemos, les nasce en figura de trigo, para que assí le coman y traguen y traspassen a sus entrañas, adonde, encerrado y ceñido con el calor del espíritu, fructifique y nazca en ellos en otra manera, que será ya la quinta y la última de las que prometimos dezir, y de que será justo que ya digamos si, Sabino, os parece.

Y calló.

Y Sabino dixo, sonriéndose:

—Huelgo, Iuliano, que me conozcáys por mayor; y bien dezía yo que urdíades grande tela, porque, sin dubda, avéys dicho grandes cosas hasta agora, sin lo que os resta, que no deve ser menos, aunque en ello tengo una duda aún antes que lo digáys.

—¿Qué? —respondió Iuliano—. ¿No entendéys que nasce en nosotros Christo quando Dios sanctifica nuestra alma?

—Bien entiendo —dixo Sabino— que Sant Pablo dize a los gálatas: *Hijuelos míos, que os torno a parir hasta que se forme Christo en vosotros* [128], que es dezir que, assí como el ánima que era antes peccadora se convierte al bien y se va desnudando de su malicia, assí Christo se va formando en ella y nasciendo. Y de los que le aman y cumplen su voluntad dize Christo [129] que son su padre y su madre. Pero, como quando el ánima que era mala se sanctifica, se dize que nasce en ella Iesuchristo, assí también se dize que ella que nasce en él; por manera que

---

[128] *Gál.*, IV, 19.
[129] *Mt.*, XII, 49-50.

es lo mismo, a lo que parece, nascer nosotros en Christo y nascer Christo en nosotros, pues la razón por que se dize es la misma, y de nuestro nascimiento en Iesuchristo ayer dixo Marcello lo que se puede dezir. Y assí no parece, Iuliano, que tenéys más que dezir en ello. Y esta es mi duda.

Iuliano entonces dixo:

—En esso que dudáys, Sabino, avéys dado principio a mi razón, porque es verdad que essos nascimientos andan juntos, y que siempre que nascemos nosotros en Dios, nasce Christo en nosotros, y que la sanctidad y la justicia y la renovación de nuestra alma es el medio de ambos nascimientos. Mas aunque por andar juntos parecen uno, todavía el entendimiento attento y agudo los divide, y conosce que tienen differentes razones. Porque el nascer nosotros en Christo es propriamente, quitada la mancha de culpa con que nuestra alma se figurava como demonio, recebir la gracia y la justicia que cría Dios en nosotros, que es como una imagen de Christo y con que nos figuramos [130] de su manera. Mas nascer Christo en nosotros es, no solamente venir el don de la gracia a nuestra alma, sino el mismo spíritu de Christo venir a ella y juntarse con ella y, como si fuesse alma del alma, derramarse por ella y, derramado y como embevido en ella, apoderarse de sus potencias y fuerças, no de passo ni de corrida ni por un tiempo breve, como acontece en los resplandores de la contemplación y en los arrobamientos del spíritu, sino de assiento y con sossiego estable, y como se reposa el alma en el cuerpo, que él mismo lo dize assí: *El que me amare será amado de mi Padre, y vendremos a él y haremos assiento en él* [131].

Assí que nascer nosotros en Christo es recebir su gracia y figurarnos [132] della, mas nascer en nosotros él es venir él por su espíritu a bivir en nuestras almas y cuerpos. Venir, digo, a bivir, y no sólo a hazer deleyte y regalo. Por lo qual, aunque ayer Marcello dixo de cómo nascemos nosotros en Dios, queda lugar para dezir oy del nascimien-

---

[130] 'tomamos la figura'

[131] *Jn.*, XIV, 23.

[132] *Cfr.* nota 130.

to de Christo en nosotros. Del qual, pues avemos ya dicho que se differencia y cómo se differencia del nuestro, y que propriamente consiste en que comience a bivir el spíritu de Christo en el alma, para que se entienda esto mismo mejor digamos, lo primero, quán differentemente bive en ella quando se le muestra en la oración, y después diremos quándo y cómo comiença Christo a nascer en nosotros, y la fuerça deste su nascer y bivir en nosotros, y los grados y crescimiento que tiene.

Porque quanto a lo primero, entre esta venida y ayuntamiento del spíritu de Christo a nosotros, que llamamos nascimiento suyo, y entre las venidas que haze al alma del justo y las demonstraciones que en el negocio de la oración le haze de sí, de las differencias que ay, la principal es que, en esto que llamamos nascer, el spíritu de Christo se ayunta con la essencia del alma y comiença a executar su virtud en ella, abraçándose con ella sin que ella lo sienta ni entienda, y reposa allí como metido en el centro della, como dize Esaías: *Regozíjate y alaba, hija de Sión, porque el Señor de Israel está en medio de ti* [133]. Y, reposando allí como desde el medio, derrama los rayos de su virtud por toda ella y la mueve secretamente, y con su movimiento dél y con la obediencia del alma a lo que es dél movida, se haze por momentos mayor lugar en ella, y más ancho y más dispuesto aposento. Mas en las luzes de la oración y en sus gustos, todo su trato de Christo es con las potencias del alma, con el entendimiento, con la voluntad y memoria, de las quales, a las vezes, passa a los sentidos del cuerpo y se les comunica por diversas y admirables maneras, en la forma que le son possibles aquestos sentimientos a un cuerpo. Y de la copia de dulçores que el alma siente y de que está colmada, passan al compañero las sobras. Por donde estas luzes o gustos, o este ayuntamiento gustoso del alma con Christo en la oración, tiene condición de relámpago: digo que luze y se passa en breve. Porque nuestras potencias y sentidos, en quanto esta vida mortal dura, tienen precisa ne-

---

[133] *Is.,* XII, 6.

cessidad de divertirse [134] a otras contemplaciones y cuydados, sin los quales ni se bive ni se puede ni deve bivir.

Y júntase también con esta differencia otra differencia: que en el ayuntamiento del espíritu de Christo con el nuestro, que llamamos nascimiento de Christo, el espíritu [135] de Christo tiene vez [136] de alma respecto de la nuestra, y haze en ella obra de alma, moviéndola a obrar como deve en todo lo que se offrece, y pone en ella ímpetu para que se menee, y assí obra él en ella y la mueve, que ella, ayudada dél, obra con él juntamente; mas en la presencia que de sí haze en la oración a los buenos por medio de deleyte y de luz, por la mayor parte, el alma y sus potencias reposan, y él solo obra en ellas por secreta manera un reposo y un bien que dezir no se puede. Y assí, aquel primer ayuntamiento es de vida, mas éste segundo es de deleyte y regalo; aquél es el ser y el bivir, aquéste es lo que haze dulce el bivir; allí recibe bivienda [137] y estilo de Dios el alma, aquí gusta algo de su bienandança; y assí, aquello se da con assiento y para que dure, porque si falta, no se bive, mas esto se da de passo y a la ligera, porque es más gustoso que necessario, y porque en esta vida, que se nos da para obrar, este deleyte, en quanto dura, quita el obrar y le muda en gozar. Y sea esto lo uno.

·Y quanto a lo segundo que dezía, digo desta manera: Christo nasce en nosotros quandoquiera que nuestra alma, bolviendo los ojos a la consideración de su vida, y viendo las fealdades de sus desconciertos, y aborresciéndolos, y considerando el enojo merescido de Dios, y doliéndose dél, ansiosa por aplacarle, se convierte [138], con fe, con amor, con dolor, a la misericordia de Dios y al rescate de Christo. Assí que Christo nasce en nosotros entonces. Y dízese que nasce en nosotros porque entonces entra en nuestra alma su mismo espíritu, que, en entrando, se entraña en ella y produze luego en ella su gracia, que es

---

[134] 'apartarse', 'desviarse'
[135] *B: y en que el espíritu*
[136] 'hace las veces'
[137] 'género de vida', 'modo de vivir'
[138] 'se vuelve'

como un resplandor y como un rayo que resulta de su presencia, y que se assienta en el alma y la haze hermosa. Y assí comiença a tener vida allí Christo, esto es, comiença a obrar en el alma y por el alma lo que es justo que obre Christo, porque lo más cierto y lo más proprio de la vida es la obra. Y desta manera, el que es en sí siempre y el que bive en el seno del Padre antes de todos los siglos, comiença, como digo y quando digo, a bivir en nosotros y, el que nasció de Dios perfecto y cabal, comiença a ser en nosotros como niño. No porque en sí lo sea, o porque en su espíritu, que está hecho alma del nuestro, aya, en realidad de verdad, alguna diminución o menoscabo, porque el mismo que es en sí, ésse mismo es el que en nosotros nasce tal y tan grande, sino porque, en lo que haze en nosotros, se mide con nuestro subjecto, y aunque está en el alma todo él, no obra en ella luego que entra en ella todo lo que vale y puede, sino obra conforme a como se le rinde y se desnuda de su propriedad, para el qual rendimiento y desnudez él mismo la ayuda, y assí dezimos que nasce entonces como niño. Mas quanto el alma, movida y guiada dél, se le rinde más y se desnuda más de lo que tiene por suyo, tanto cresce en ella más cada día, esto es, tanto va executando más en ella su efficacia y descubriéndose más y haziéndose más robusto, hasta que llega en nosotros, como dize Sant Pablo, *a edad de perfecto varón, a la medida de la grandeza de Christo* [139], esto es, hasta que llega Christo a ser, en lo que es y haze en nosotros y con nosotros, perfecto qual lo es en sí mismo.

Perfecto, digo, qual es en sí, no en ygualdad precisa, sino en manera semejante. Quiero dezir, que el bivir y el obrar que tiene en nuestra alma Christo, quando llega a ser en ella varón perfecto, no es ygual en grandeza al bivir y al obrar que tiene en sí, pero es del mismo metal y linage. Y assí, aunque reposa en nuestra alma todo el espíritu de Christo desde el primer punto que nasce en ella, no por esso obra luego en ella todo lo que es y lo que puede, sino primero como niño, y luego como más

---

[139] *Ef.,* IV, 13.

crescido, y después como valiente y perfecto. Y de la manera que nuestra alma en el cuerpo, desde luego que nasce en él, nasce toda, mas no haze, luego que en él nasce, prueva de sí totalmente ni exercita luego toda su efficacia y su vida, sino después y successivamente, assí como se van enxugando con el calor los órganos con que obra, y tomando firmeza hábil para servir al obrar, assí es lo que dezimos de Christo, que aunque pone en nosotros todo su espíritu quando nasce, no exercita luego en nosotros toda su vida, sino conforme a como, movidos dél, le seguimos y nos apuramos [140] de nosotros mismos, assí él va en su bivir continuamente subiendo [141]. Y como quando comiença a bivir en nuestra alma se dize que nasce en ella, assí se dize que cresce quando bive más; y quando llega a bivir allí al estilo que bive en sí, entonces es lo perfecto. De arte que, según aquesto, tiene tres grados este nascimiento y crescimiento de Christo en nosotros. El primero, de niño, en que comprehendemos la niñez y la mocedad, lo principiante y lo aprovechante, que dezir solemos; el segundo, de más perfecto; el último, de perfecto del todo. En el primero nasce y bive en la más alta parte del alma; en el segundo, en aquella y en la que llamamos parte inferior; en el tercero, en esto y en todo el cuerpo del todo. Al primero podemos llamar estado de ley por las razones que diremos luego; el segundo es estado de gracia; y el tercero y último, estado de gloria.

Y digamos de cada uno por sí, presuponiendo primero que en nuestra alma, como sabéys, ay dos partes: una divina, que de su hechura y metal mira al cielo y apetece quanto de suyo es —si no la estorvan o escurecen o llevan lo que es razón y justicia— immortal de su naturaleza y muy hábil para estar sin mudarse en la contemplación y en el amor de las cosas eternas; otra de menos quilates, que mira a la tierra y que se comunica con el cuerpo, con quien tiene deudo y amistad, subjecta a las passiones y mudanças dél, que la turban y alteran

---

[140] 'nos purificamos'
[141] B: va subiendo su bivir.

con diversas olas de affectos; que teme, que se congoxa, que cobdicia, que llora, que se engríe y ufana y que, finalmente, por el parentesco que con la carne tiene, no puede hazer sin su compañía estas obras. Estas dos partes son como hermanas nascidas de un vientre [142] en una naturaleza misma, y son de ordinario entre sí contrarias, y riñen y se hazen guerra. Y siendo la ley que ésta segunda se govierne siempre por la primera, a las vezes, como rebelde y furiosa, toma las riendas ella del govierno y haze fuerça a la mejor, lo qual le es vicioso, assí como le es natural el deleyte y el alegrarse y el sentir en sí los demás affectos que la parte mayor le ordenare. Y son propriamente la una como el cielo y la otra como la tierra, y como un Iacob y un Esaú, concebidos juntos en un vientre, que entre sí pelean, como diremos más largamente después.

Esto assí dicho, dezimos agora que quando el alma aborrece su maldad y Christo comiença a nascer en ella, pone su espíritu, como dezíamos, en el medio y en el centro, que es en la substancia del alma, y prende luego su virtud en la primera parte della, la parte que déstas dos que dezíamos es la más alta y la mejor. Y bive Christo allí en el primer estado deste nascimiento, exercitando en aquella parte su vida, esto es, alumbrándola y endereçándola, y renovándola y componiéndola, y dándole salud y fuerças para que con valor exercite su officio. Mas a la otra parte menor, en este primer estado, el espíritu de Christo, que en lo alto del alma bive, no le desarrayga sus bríos, porque aún no bive en aquesta parte baxa; mas aunque no biva en ella como señor pacífico, dale ayo y maestro que govierne aquella niñez, y el ayo es la parte mayor, en que él ya bive, o él mismo, según que bive en ella, es el ayo desta parte menor que, desde su lugar alto, le da leyes por donde biva, y le haze que se conozca, y le va a la mano si se mueve contra lo que se le manda, y la riñe y la afflige con amenazas y miedos; de donde resulta contradictión y agonía, y servidumbre y trabajo.

---

[142] 'hermanas gemelas'

Y Christo, que bive en nosotros, y desde el lugar donde bive, en este artículo se ha [143] con esta menor parte como Moysén, que le da ley y la amonesta, y la riñe y la amenaza y la enfrena, mas aún no la libra de su flaqueza ni la sana de sus malos movimientos, por donde a este grado o estado le llamamos de ley. En que, como Moysén en el tiempo passado gozava de la habla de Dios, y en la cumbre del monte conversava con él y recibía su gracia y era alumbrado de su lumbre, y descendía después al pueblo carnal e inquieto, y subjecto a differentes desseos, y que estava a la falda de la sierra, adonde no veýa sino el temblor y las nuves, y, descendiendo a él, le ponía leyes de parte de Dios y le avisava que pusiesse a sus desseos freno, y él se los enfrenava quanto podía con temores y penas, assí la parte más alta nuestra, luego al principio que Christo en ella nasce, sanctificada por él y biviendo por su espíritu como subida en el monte con Dios, al pueblo que está en la falda, esto es, a la parte inferior que, por los muchos movimientos de apetitos y passiones differentes que bullen en ella, es una muchedumbre de pueblo bullicioso y carnal e inclinado a hazer lo peor, le escrive leyes y le enseña lo que le conviene hazer o huyr, y le govierna las riendas, a vezes alargándolas y a vezes recogiéndolas hazia sí, y finalmente la hinche de temor y de amenazas.

Y como contra Moysén se rebeló por differentes vezes el pueblo, y como siempre con difficultad puso al jugo su mal domada cerviz, de donde nascieron contradiciones en ellos y alborotos y exemplos de señalados castigos, assí esta parte baxa, en el estado que digo, oye mal muchas vezes las amonestaciones de su hermana mayor, en que ya Christo bive, y luchan las dos a vezes y despiertan entre sí crueles peleas. Mas como Moysén, para llevar aquella gente al assiento de su descanso, les persuadió primero que saliessen de Egypto, y los metió en la soledad del desierto, y los guió haziendo bueltas por él por largo espacio de tiempo, y con quitarles el regalo y el amparo de los hombres y darles el amparo de Dios en la nuve, en la columna de fuego, en el manná que les llovían los cielos y en el agua que les manava la piedra, los yva levantando hazia Dios, hasta que al fin passaron con Iosué, su capitán, el Iordán y limpiaron de enemigos la tierra, y reposaron en ella hasta que vino últimamente Christo a nascer en su carne, assí su espíritu, que ha nascido ya en lo que es principal en el alma, para reduzir a su obediencia la parte que resta, que tiene las condiciones y flaquezas y carnalidades que he dicho, desde la razón donde bive, como otro Moysén, induziéndola a que se despida de los regalos de Egypto, y lavándola con las tribulaciones, y destetándola poco a poco de sus toscos consuelos, y quitándole de los ojos cada día más las cosas que ama, y haziéndola a que ame la pobreza y la desnudez del desierto, y dándole allí su manná, y passando a cuchillo a muchas de sus enemigas passiones, y acostumbrándolas al descanso y reposo sancto, va cresciendo en ella y aprovechando y mitigando sus bríos, y haziéndola cada día más hábil para poner su vida en su carne, y al fin la pone y, como si dixéssemos, se encarna en ella y la hinche de sí como hizo a la mayor y primera, y no le quita lo que le es natural, como son los sentimientos medidos y el poder padecer y morir, sino desarráygale lo vicioso, si no del todo, a lo menos quasi del todo.

Y éste es el grado segundo que diximos, en el qual el espíritu de Christo bive en las dos partes del alma: en la primera, que es la celestial, sanctificándola o, si lo avemos de dezir assí, haziéndola como Dios, y en la segunda, que mira a la carne, apurándola y mortificándola de lo carnal y vicioso, y en vez de la muerte que ella solía dar con su vicio al espíritu, Christo agora pone en ella a cuchillo quasi todo lo que es contumaz y rebelde. Y como se uvo con sus discípulos quando anduvo con ellos, que los conversó primero y, dado que los conversava, duravan en ellos los affectos de carne de que los corrigía poco a poco por differentes maneras, con palabras, con exemplos, con dolores y penas, y finalmente, después de su resurrectión, teniéndolos ya conformes y humildes y juntos en Hierusalem, embió sobre ellos en abundancia su espíritu [144], con que los hizo perfectos y sanctos, assí, quan-

---

[143] 'se conduce', 'se comporta'
[144] *B: su spíritu en grande abundancia*

do en nosotros nasce, trata primero con la razón y fortifícala para que no le[145] vença el sentido y, procediendo
después por sus passos contados, *derrama su espíritu,*
como dize Ioel[146], *sobre toda la carne,* con que se rinde
y se subjecta al espíritu. Y cúmplese entonces lo que en
la oración[147] le pedimos —*que se haga su voluntad, assí
como en el cielo, en la tierra*[148]—, porque manda entonces Dios en el cielo del alma, y en lo terreno della es obedescido quasi ni más ni menos, y baña el coraçón de sí
mismo, y haze ya Christo en toda el alma officio enteramente de Christo, que es officio de ungir, porque la unge
desde la cabeça a los pies y la beatifica en cierta manera.
Porque, aunque no le comunica su vista, comunícale mucho de la vida que le ha de durar para siempre, y sostiénela ya con el bivir de su espíritu con que ha de ser
después sostenida sin fin, y éste es el mantenimiento y
el pan que, por consejo suyo, pedimos a Dios cada día
quando dezimos: *Y nuestro pan,* como si dixéssemos «el
de después» —que esso quiere dezir la palabra del original griego ἐπιούσιον —, *dánoslo hoy*[149], esto es, aquel pan
nuestro —nuestro, porque nos le prometes; nuestro, porque sin él no se bive; nuestro, porque sólo él hinche
nuestro desseo—, assí que este pan y esta vida que prometida nos tienes, acorta los plazos, Señor, y dánosla ya,
y biva ya tu *Hijo* en nosotros del todo dándonos entera
vida, porque él es el pan de la vida.

De manera que, quando viene a este estado el nascimiento de Christo en nosotros, y quando su vida en mí
ha subido a este punto, entonces Christo es lisamente en
nosotros el Messías prometido de Dios, por la razón sobredicha, y el estado es de gracia, porque la gracia baña
a casi toda el alma, y no es estado de ley ni de servidumbre ni de temor, porque todo lo que se manda se haze
con gusto, porque en la parte que solía ser rebelde y que
tenía necessidad de miedo y de freno, bive ya Christo,

[145] *B:* la
[146] *Jl.,* I, 28.
[147] *Sc.,* la oración por antonomasia, el «Padre nuestro».
[148] *Mt.,* VI, 10.
[149] *Lc.,* XI, 3.

que la tiene quasi pura de su rebeldía. Y es estado de evangelio, porque el nascer y bivir Christo en ambas las partes del alma, y la sanctificación de toda ella con muerte de lo que era en ella vejez, es el effecto de la buena nueva del Evangelio, y el reyno de los cielos que en él se predica, y la obra propria y señalada y que reservó para sí solo el *Hijo de Dios* y el Messías que la ley prometía. Como Zacharías en su cántico dize: *Iuramento que juró a Abraham, nuestro padre, de darse a nosotros, para que, librándonos de nuestros enemigos, le sirvamos sin miedo; le sirvamos en sanctidad y justicia y en su presencia la vida toda* [150]. Y es estado de gozo, por quanto reyna en toda el alma el espíritu, y assí haze en ella sin impedimento sus fructos, que son, como Sant Pablo dize [151], *charidad y gozo y paz, y paciencia y larga espera en los males*. Por donde, en persona de los de este grado, dize el propheta Esaías: *Gozándome, gozaré en el Señor, y regozijaráse mi alma en el Dios mío; porque me vistió vestiduras de salud y me cercó con vestidura de justicia; como a esposo me hermoseó con corona, y como a esposa adornada con sus joyeles* [152].

Y también en cierta manera es estado de libertad y de reyno, porque es el que desseava Sant Pablo a los colossenses en el lugar donde escrive: *Y la paz de Dios alce vandera, y lleve la corona en vuestros coraçones* [153]. Porque, en el primer grado estava la gracia y paz de Dios, como quien residía en frontera y vezina a los enemigos, encerrada y recatada y solícita, mas agora ya se espacia y se alegra, y se estiende [154] como señora ya del campo. Y ni más ni menos, es estado de muerte y de vida, porque la vida que Christo bive en los que llegan aquí, da vida a lo alto del alma, y da muerte y degüella a casi todos los effectos [155] y passiones malas del cuerpo, de que dize el Apóstol: *Si Christo está en vosotros, vuestro cuerpo, sin*

[150] *Lc.*, I, 73-75.
[151] *Gál.*, V, 22.
[152] *Is.*, LXI, 10.
[153] *Col.*, III, 15.
[154] B: *estiende;* 1587 A, *extiende*
[155] B: *degüella los affectos.*

duda, ha muerto quanto al peccado, mas el spíritu [156] *bive por virtud de la justicia* [157]. Y finalmente, es estado de amor y de paz, porque se hermanan en él las dos partes del alma que dezimos, y el sentido ama servir a la razón, y Iacob y Esaú se hazen amigos, que fueron imagen desto, como antes dezía.

Porque, Sabino, como sabéys, Rebeca, muger de Isaac, concibió de un vientre aquestos dos hijos que, antes que nasciessen, peleavan entre sí mismos; por donde ella, affligida, consultó el caso con Dios, que le respondió que tenía en su vientre dos linages de gentes contrarias que pelearían siempre entre sí, y que el menor en salir a luz vencería al que primero nasciesse. Llegado el tiempo, nasció primero un niño bermejo y velloso, y después dél y asido de su pie dél, nasció luego otro de differente qualidad del primero. Éste postrero fue llamado Iacob, y el primero Esaú. Su inclinación fue differente, assí como su figura lo era: Esaú, afficionado a la caça y al campo; Iacob, a bivir en su casa. En ella compró un día, por cierto caso, a su hermano el derecho del mayorazgo, que se le vendió por comer. Poco después, con artificio, le ganó la bendición de su padre, que creyó que bendezía al mayor. Quedaron por esta causa enemigos: aborrescía de muerte Esaú a Iacob, amenazávale siempre. El moço sancto, aconsejado de la madre, huyó la occasión, desamparó [158] la casa del padre, caminó para oriente, vio en el camino el cielo sobre sí abierto, sirvió en casa de su suegro por Lía y por Rachel, y, casado, tuvo abundancia de hijos y de hazienda, y bolviendo con ella a su tierra, luchó con el ángel, fue bendezido dél, y, enflaquescido en el muslo, mudó el andar con el nombre [159], y luego le

---

[156] *1587 A: spíritu.*
[157] *Rom.,* VIII, 10.
[158] 'abandonó', 'dejó'
[159] Jacob, en su lucha con el ángel —*Gén.,* XXXII, 25-33—, recibe de éste un golpe en la articulación del muslo que le deja cojo; el ángel —v. 29— le dice entonces: «No te llamarás ya en adelante Jacob, sino Israel, pues has luchado con Dios y con hombres, y has vencido.» (Recuérdese que «Israel» significa, probablemente, 'Dios lucha', 'Dios es fuerte').

vino al encuentro Esaú su hermano, ya amigo y pacífico [160].

Pues, conforme a esta imagen, son de un parto las dos partes del alma, y riñen en el vientre, porque de su naturaleza tienen appetitos contrarios, y porque, sin dubda, después nascen dellas dos linages de gentes enemigas entre sí: las que siguen en el bivir el querer del sentido, y las que miden lo que hazen por razón y justicia. Nasce el sentido primero, porque se vee su obra primero; tras él viene luego el uso de la razón. El sentido es teñido de sangre y vestido de los fructos della, y ama el robo, y sigue siempre sus passiones fieras por alcançarlas, mas la razón es amiga de su morada, adonde reposa contemplando la verdad con descanso. Aquí le vienen a las manos la bendición y el mayorazgo. Mas enójanse los sentidos y descubren sus desseos sangrientos contra el hermano, que, guiado de la sabiduría para vencerlos, los huye y corta las occasiones del mal, y enagénase el hombre de los padres y de la casa y, puestos los ojos en el oriente, camina a él la razón, a la qual en este camino se le aparece Dios y le assegura su amparo, y con esto le mueve y guía a servir muchos años y con mucho fructo por Rachel y por Lía, hasta que, finalmente, acercándose ya a su verdadera tierra, viene a abraçarse con Dios y como a luchar con el ángel, pidiéndole que le sanctifique y bendiga y ponga en paz sus sentidos, y sale con su porfía a la fin, y con la bendición muere el muslo, porque en el morir del sentido vicioso consiste el quedar enteramente bendito; y coxea luego el hombre, y es Israel, porque se vee en él y se descubre la efficacia de la vida divina, que ya possee; coxo, porque anda en las cosas del mundo con sólo el pie de la necessidad, sin que le lleve el deleyte. Y assí, en llegando a este punto el sentido, sirve a la razón y se pacifica con ella y la ama, y gozan ambas, cada una según su manera, de riquezas y bienes, y son buenos hermanos Esaú y Iacob, y bive, como en hermanos conformes, el espíritu de Christo que se derrama por ellos [161],

---

[160] Todo este relato ocupa en el *Génesis* desde el cap. XXV, v. 19, al cap. XXXIII, v. 20.
[161] «He aquí resuelta —comenta O. Macrí— la ambigüedad del

que es lo que se dize en el psalmo: *Quán bueno es y quán lleno de alegría el morar en uno los hermanos: como el ungüento bueno sobre la cabeça, que desciende a la barba, a la barba del sacerdote, y desciende al gorjal* [162] *de su vestidura; como rocío en Hermón, que desciende sobre los montes Sión. Porque allí estatuyó el Señor la bendición, las vidas por los siglos* [163]. Porque todo el descanso y toda la dulçura y toda la utilidad desta vida, entonces es: quando aquestas dos partes nuestras, que dezimos hermanas, biven también como hermanas en paz y concordia.

Y dize que es suave y provechosa esta paz, como lo es *el ungüento oloroso derramado, y el rocío que desciende sobre los montes de Hermón y de Sión,* porque en el hecho de la verdad, el Hijo de Dios, que nasce y que bive en estas dos partes, y que es unción y rocío, como ya muchas vezes dezimos [164], derramándose en la primera dellas, y de allí descendiendo a la otra y bañándola, haze en ellas esta paz provechosa y gustosa. De las quales partes, la una es bien como la cabeça, y la otra como la barba áspera y como la boca o la margen de la vestidura, y la una es verdaderamente Sión, adonde Dios se contempla, y la otra Hermón, que es assolamiento, porque consiste su salud en que se assuele en ella quanto levanta el demasiado y vicioso desseo. Y cierto, quando Christo llega a nascer y bivir en alguno desta manera, aquel en quien assí bive dize bien con Sant Pablo: *Vivo yo, ya no yo, pero vive en mí Iesuchristo* [165], porque bive y no vive: no vive por sí, pero vive porque en él vive Christo, esto es, porque Christo, abraçado con él y como infundido

---

sentido (denominado en las poesías *vil* y *bajo,* y hecho en otras partes morada de la voz de Cristo) a que debiera corresponder una ambigüedad en la *razón,* en su único significado positivo de *hegemonía integrada* (*razón* y *sentidos,* acordados en la misma *razón,* como *alma entera*).» (*La poesía de Fray Luis de León,* ed. cit., págs. 140-141); excepto en *vil* y *bajo,* subrayamos nosotros.

[162] 'parte de la vestidura del sacerdote, que circunda y rodea el cuello'

[163] *Sal.* CXXXII. B: *por siglos.*

[164] B: *dezimos;* 1587 A, *diximos*

[165] *Gál.,* II, 20.

por él, le alienta y le mueve, y le deleyta y le halaga, y le govierna las obras y es la vida de su feliz vida. Y de los que aquí llegaron dize propriamente Esaías: *Alegráronse con tu presencia como la alegría en la siega, como se regozijaron al dividir del despojo* [166]. De la siega dize que es señalada alegría porque se coge en ella el fructo de lo trabajado, y se conosce que la confiança que se hizo del suelo no salió vazía, y se halla, como por la largueza de Dios, mejorado y acrescentado lo que parescía [167] perdido. Y assí es alegría grandíssima la de los que llegan aquí, porque comiençan a coger el fructo de su fe y penitencia, y veen que no les burló su esperança, y sienten la largueza de Dios en sí mismos y un amontonamiento de no pensados bienes.

Y dize del *dividir los despojos,* porque entonces alegran a los vencedores tres cosas: el salir del peligro, el quedar con honra, el verse con tanta riqueza. Y las mismas alegran a los que agora dezimos. Porque vencido y casi muerto del todo lo que en el sentido haze guerra, y esto porque el espíritu de Christo nasce y se derrama por él, no solamente salen de peligro, sino se hallan de improvisamente dichosos y ricos. Y por esso dize que se alegran *en su presencia,* porque la presencia suya en ellos, que es el nascer y bivir de Christo en toda su alma, les acarrea este bien, que es el que añade luego, diziendo: *Porque el jugo de pesadumbre y la vara de su hombro, y el sceptro del executor en él, lo quebrantaste como en el día de Madián* [168]. Que a la ley dura que puso el peccado en nuestra carne, y a lo que heredamos del primer hombre y que es hombre viejo en nosotros, lo llama bien *jugo de pesadumbre* porque es carga muy enlazada a nosotros y que mucho nos enlaza, y *vara de su hombro* porque con ella, como con vara de castigo, nos açota el demonio. Y dize *de su hombro,* por semejança de los verdugos y ministros antiguos de justicia, que trayan al hombro el manojo de varas con que herían a los condenados. Y es *sceptro de executor,* y *en nosotros,* porque,

[166] *Is.,* IX, 3.
[167] *B: parecía*
[168] *Is.,* IX, 4.

por medio de la mala inclinación del viejo hombre que reside en nuestra carne, executa el enemigo su voluntad en nosotros. Lo qual todo quebranta Christo quando de lo alto del alma estiende su vida a la parte baxa della, y viene como a nascer en la carne.

Y quebrántalo *como en el día de Madián.* Que ya sabéys en qué forma alcançó victoria Gedeón de los madianitas, sin sus armas y con sólo quebrar los cántaros y resplandescer la luz que encerravan, y con tocar las trompetas [169]. Porque començar Christo a nascer en nosotros no es cosa de nuestro mérito, sino obra de su mucha virtud, que primero, como luz metida en el medio del alma, se encierra allí, y después se descubre y resplandesce, quebrantado lo terreno y carnal del sentido. A cuyo resplandor, y al sonido que haze la boz de Christo en el alma, huyen los enemigos y mueren. Y como en el sueño que entonces vio uno de los del pueblo contrario, un pan de cevada, y cozido entre la ceniza, que se rebolvía por el real de los enemigos, tocando las tiendas, las derrocava, assí aquí Christo, que es pan despreciado al parecer y cozido en trabajos, rebolviéndose por los sentidos del alma, pone por el suelo los assientos de la maldad que nos hazen guerra, y finalmente los abrasa y consume, como dize luego el Propheta: *Que toda la presa o pelea peleada con alboroto, y la vestidura rebuelta en las sangres, será para ser quemada, será mantenimiento de fuego* [170]. Y dize bien *la pelea peleada con alboroto,* quales son las contradiciones que los desseos malos, quando se encienden, hazen a la razón, y las polvaredas que levantan, y su alboroto y su ruydo.

Y dize bien *el vestido rebuelto en la sangre,* que es el cuerpo y la carne que nos vestimos, manchada con la sangre de sus viciosas passiones, porque todo ello, en este caso, lo apura el sancto fuego que Christo en el Evangelio [171] dize que vino a poner en la tierra. Y lo que el mismo Propheta en otro capítulo escrive, también pertenece a este negocio, porque dize desta manera: *Porque el*

[169] *Jue.,* VII.
[170] *Is.,* IX, 5.
[171] *Lc.,* XII, 49.

pueblo en Sión habitará en Hierusalem. No llorará llo-
rando; apiadando, se apiadará de ti. A la boz de tu grito,
en oyéndola, te responderá. Y daros ha el Señor pan es-
trecho y agua apretada, y no volará más tu maestro, y a
tu maestro tus ojos le contemplarán; y tus orejas oyrán
a las espaldas tuyas palabra que te dirá: Éste es el ca-
mino, andad en él; no inclinéys[172] *a la derecha o a la yz-*
quierda[173]. Que es imagen desto mismo que digo, adonde
el pueblo que estava en Sión haze ya morada en Hierusalem.

Y la vida de Christo, que bivía en el alcáçar del alma, se
estiende por toda la cerca della y la pacifica, y el que residía en Sión haze ya su morada en la paz, y cessa el
lloro que es lloro, porque se usa ya con ellos de la piedad que es perfecta. Y como bive ya Christo en ellos, oyó-
los en llamando, o por mejor dezir, lo que él pide en
ellos, esso es lo que piden, porque está en ellos su maestro metido, que no se les aparta ni ausenta y que, en hablando ellos, los oye, y dales entonces Dios pan estrecho
y agua apretada, porque verdaderamente les da el pan y
el agua que dan vida verdadera: su cuerpo y su espíritu,
que se derrama por ellos y los sustenta. Mas dáselo con
brevedad y estrechez, lo uno porque de ordinario mezcla
Dios con este pan que les da adversidad[174] y trabajos,
lo otro porque es pan que sustenta en medio de los trabajos y de las apreturas el alma, y lo último porque en
esta vida este pan bive como escondido y como encogido
en los justos. Que como dize dellos S. Pablo: *Nuestra*
vida está escondida con Christo en Dios, mas quando él
apareciere, que es vuestra vida, entonces le pareceréys a
él en la gloria[175]. Porque entonces acabará de crescer en
los suyos Christo perfectamente y del todo, quando los re-
suscitare del polvo immortales y gloriosos, que será el
grado tercero y el último de los que arriba diximos. Adonde su espíritu y vida dél se comunicará de lo alto del alma a la parte más baxa della, y della se estenderá por el

---

[172] *B: inclináys*
[173] *Is., XXX, 19-21.*
[174] *B: adversidades*
[175] *Col., III, 3-4.*

cuerpo, no solamente quitando dél lo vicioso, sino también desterrando dél lo quebradizo y lo flaco, y vistiéndolo enteramente de sí [176].

De manera que todo su bivir, su querer, su entender, su parecer y resplandescer será Christo, que será entonces varón perfecto enteramente en todos los suyos, y será uno en todos, y todos serán hijos cabales de Dios por tener en sí el ser y el bivir deste *Hijo,* que es único y solo *Hijo de Dios,* y lo que es *Hijo de Dios* en todos los que llaman sus hijos. Y assí como Christo nasce en todas estas maneras, assí también en las escripturas sagradas hebreas es llamado *Hijo* con cinco nombres diversos. Porque, como sabéys, Esaías le llama *Ieled,* y David, en el psalmo segundo, le llama *Bar,* y en el psalmo setenta y uno le llama *Nin,* y de David y de Esaías es llamado *Ben,* y llámale *Sil* Iacob en la bendición de su hijo Iudas, en el libro de la *Creación de las cosas.* De manera que como Christo nasce cinco vezes, assí también tiene cinco nombres de *Hijo,* que todos significan lo mismo que *Hijo,* aunque con sonidos differentes y con origen diversa. Porque *Ieled* es como si dixéssemos el engendrado; *Bar,* el criado, apurado, escogido; *Nin,* el que se va levantando; *Ben,* el edificio; y *Sil,* el pacífico o el embiado. Que todas son qualidades que generalmente se dizen bien de los hijos, por donde los hebreos tomaron nombre dellas para significar lo que es hijo; porque el hijo es engendrado y criado y sacado a luz, y es como lo apurado y lo ahechado que sale del mezclarse los padres, y el que se levanta en su lugar quando ellos fallecen, sustentando su nombre, y es como un edificio; por donde, aun en español, a los hijos y descendientes les damos nombre de *casa,* y es la paz el hijo, y como el ñudo de concordia entre el padre y la madre.

---

[176] La importancia de estas ideas en la cosmovisión de Fray Luis nos parece insoslayable. «Es una cima del pensamiento luisiano —afirma rotundamente O. Macrí—, es casi el contexto más amplio en que se inscribe la propia poesía de las odas mayores... Es un pasaje de enorme importancia para saber en qué estima tenía Fray Luis el *raptus* místico dentro de la general economía de la revelación eterna de Cristo.» (*La poesía...,* ed. cit., páginas 135-136).

Mas dexando lo general, con señalada propriedad son estos nombres de sólo aqueste *Hijo* que digo, porque él es el engendrado según el nascimiento eterno, y el sacado a luz según el nascimiento de la carne, y lo apurado y ahechado de toda culpa según ella misma, y el que se levantó de los muertos, y el edificio que encierra en la hostia, donde se pone, a todos sus miembros, y el que nasce en el centro de sus almas, de donde embía poco a poco por todas sus partes dellas la virtud de su espíritu, que las apura y abiva y pacifica y bastece de todos sus bienes. Y finalmente, él es el *Hijo de Dios,* que solo es Hijo de Dios en sí y en todos los demás que lo son. Porque en él se criaron y por él se reformaron, y por razón de lo que dél contienen en sí son dichos sus hijos. Y esso es ser nosotros hijos de Dios: tener a este su divino *Hijo* en nosotros. Porque el Padre no tiene sino a él solo por *Hijo,* ni ama como a hijos sino a los que en sí le contienen y son una misma cosa con él, un cuerpo, un alma, un espíritu [177]. Y assí, siempre ama a solo él en todas las cosas que ama.

Y acabó Iuliano aquí, y dixo luego:

—Hecho he, Sabino, lo que me pedistes, y dicho lo que he sabido dezir; mas si os tengo cansado, por esso proveystes bien que Marcello succediesse luego, que, con lo que dixere, nos descansará a todos.

—A Sabino —dixo entonces Marcello— yo fío que no le avéys cansado, mas avéysme puesto en trabajo a mí que, después de vos, no sé qué podré dezir que contente. Sólo ay este bien: que me vengaré agora, Sabino, de vos en quitaros el buen gusto que os queda.

Dixo Marcello esto, y quería Sabino responderle, mas estorbóselo un caso que succedió, como agora diré.

En la orilla contraria de donde Marcello y sus compañeros estavan, en un árbol que en ella avía, estuvo assentada una avezilla de plumas y de figura particular quasi todo el tiempo que Iuliano dezía, como oyéndole y, a vezes, como respondiéndole con su canto, y esto con tanta suavidad y armonía que Marcello y los demás avían

---

[177] B: *una misma cosa, un cuerpo, un alma, un espíritu con él.*

puesto en ella los ojos y los oýdos. Pues al punto que Iuliano acabó, y Marcello respondió lo que he referido, y Sabino le quería replicar, sintieron ruydo hazia aquella parte y, bolviéndose, vieron que lo hazían dos grandes cuervos que, rebolando sobre el ave que he dicho y cercándola al derredor, procuravan hazerle daño con las uñas y con los picos. Ella, al principio, se defendía con las ramas del árbol, encubriéndose entre las más espesas. Mas cresciendo la porfía, y apretándola siempre más a do quiera que yva, forçada, se dexó caer en el agua, gritando y como pidiendo favor. Los cuervos acudieron también al agua y, bolando sobre la haz del río, la perseguían malamente, hasta que a la fin el ave se sumió toda en el agua sin dexar rastro de sí. Aquí Sabino alçó la boz y, con un grito, dixo:

— ¡O, la pobre, y cómo se nos ahogó!

Y assí lo creyeron sus compañeros, de que mucho se lastimaron. Los enemigos, como victoriosos, se fueron alegres luego. Mas como uviesse passado un espacio de tiempo, y Iuliano con alguna risa consolasse a Sabino, que maldezía los cuervos y no podía perder la lástima de su páxara [178], que assí la llamava, de improviso, a la parte adonde Marcello estava y quasi junto a sus pies, la vieron sacar del agua la cabeça, y luego salir del arroyo a la orilla toda fatigada y mojada. Como salió, se puso sobre una rama baxa que estava allí junto, adonde estendió sus alas y las sacudió del agua, y después, batiéndolas con presteza, començó a levantarse por el ayre cantando con una dulçura nueva. Al canto, como llamadas otras muchas aves de su linage, acudieron a ella de differentes partes del soto. Cercávanla y, como dándole el parabién, le bolavan al derredor. Y luego, juntas todas y como en señal de triumpho, rodearon tres o quatro vezes el ayre con bueltas alegres, y después se levantaron en alto poco a poco hasta que se perdieron de vista.

Fue grandíssimo el regozijo y alegría que deste successo recibió Sabino. Mas dezíame [179] que, mirando en este

---

[178] B: *pájara*

[179] He aquí un pasaje que parece confirmar nuestra opinión, expuesta en la nota 20 de este mismo Libro III, acerca del do-

punto a Marcello, le vio demudado en el rostro y turbado algo y metido en gran pensamiento, de que mucho se maravilló. Y queriéndole preguntar qué sentía, vióle que, levantando al cielo los ojos, como entre los dientes y con un sospiro dissimulado, dixo:

—Al fin, Iesús es Iesús [180].

Y que luego, sin dar lugar a que ninguno le preguntasse más, se bolvió a él y le dixo:

—Atended, pues, Sabino, a lo que pedistes.

ble papel de Marcelo —trasunto de Fray Luis y, a la vez, personaje literario—: aquí, el escritor se distancia de sus personajes, apareciendo sólo como el autor del libro, a quien le han contado esta anécdota.

[180] «Corto intermedio naturalista». llama K. Vossler a este último relato —*Fray Luis de León,* ed. cit., pág. 56—. La crítica, unánimemente, admite el carácter simbólico del pasaje: para algunos, se trataría de una alusión a las persecuciones padecidas por la Iglesia; para otros, del triunfo final de la inocencia perseguida; para muchos, de una velada referencia de Fray Luis a sus propias desdichas en el proceso inquisitorial que se le siguió: la «páxara» lo representaría a él mismo, los cuervos a León de Castro y Bartolomé Medina —sus acérrimos enemigos—, el coro de aves a sus propios amigos y hermanos en religión, etc. Para nosotros, la alegoría arranca, en efecto, de la propia experiencia luisiana, aunque elevada a plano universal, y, por eso mismo, trascendentalizada —he aquí la razón de que se omitan los nombres, además de obvios motivos de prudencia—, para que sirva de ejemplo a cuantos se hallen en parecidas circunstancias. Notemos, por último, que la expresión *Jesús es Jesús* es un juego etimológico, por el que el nombre se toma como simple apelativo en el primer caso, y como significación —ya explicada— en el segundo: «Al fin, Jesús es Salvador».

[CORDERO] [181]

El nombre de *cordero,* de que tengo de dezir, es nombre tan notorio de Christo, que es escusado probarlo: que ¿quién no oye cada día en la missa lo que refiere el Evangelio averle dicho el Baptista: *Este es el* Cordero *de Dios, que lleva sobre sí los peccados del mundo?* [182] Mas si esto es fácil y claro, no lo es lo que encierra en sí toda la razón deste nombre, sino ascondido y mysterioso, mas muy digno de luz. Porque *cordero,* passándolo a Christo, dize tres cosas: mansedumbre de condición, y pureza y innocencia de vida, y satisfactión de sacrificio y offrenda, como Sant Pedro juntó casi en este propósito hablando de Christo: *El que,* dize, *no hizo pec-*

---

[181] Apud *De los Nombres de Christo* [1595]. *Por el Maestro Fray Luys de León. En que de nuevo va añadido el nombre de «Cordero».* Incluye este nombre, en su final, la siguiente «APROBACION: Por mandado del Consejo Real, vi un quaderno de diez y siete hojas, compuesto por el Padre Maestro Fray Luys de León, de la Orden de S. Agustín, Cathedrático de Scriptura en la Universidad de Salamanca, añadido agora de nuevo al libro de *Los nombres de Christo* que hasta aquí andava impresso, hecho por el sobredicho autor, en que se trata del nombre que Christo tiene de *Cordero,* y no hallé en el dicho quaderno cosa que sea contra nuestra sancta fe ni contra la doctrina de los sanctos, antes toda la doctrina es muy sana y muy buena, sacada de la Sagrada Scriptura y de los principios de buena Theología, digna de la gran erudición del autor y de su singular ingenio, y ansí conviene que salga a luz para cumplimiento y perfectión del libro y provecho de los que le leyeren. Firmélo de mi nombre, a 15 de Deziembre deste año 1594. F[ray] Gerónimo de Almonacis».

[182] *Jn.,* I, 29.

cado, ni se halló engaño en su boca; que, siendo malde-
zido, no maldezía, y, padeciendo, no amenazava, antes se
entregava al que le juzgava injustamente; el que llevó a
la cruz sobre sí nuestros peccados [183]. Cosas que encierran
otras muchas en sí, y en que Christo se señaló y aventajó
por maravillosa manera.

Y digamos por sí de todas tres.

Pues quanto a lo primero, *cordero* dize mansedumbre,
y esto se nos viene a los ojos luego que oýmos *cordero,*
y, con ello, la mucha razón con que de Christo se dize,
por el estremo de mansedumbre que tiene, ansí en el
trato como en el suffrimiento, ansí en lo que por nosotros suffrió como en lo que cada día nos suffre. Del
trato, Isaías dezía: *No será bullicioso ni inquieto, ni cau-*
sador de alboroto [184]. Y él de sí mismo: *Aprended de mí,*
que soy manso y de coraçón humilde [185]. Y respondió bien
con las palabras la blandura de su acogimiento con todos
los que se llegaron a él por gozarle quando vivió nuestra vida: con los humildes, humilde; con los más des-
preciados y más baxos, más amoroso; y con los peccadores que se conocían [186], dulcíssimo. La mansedumbre deste *Cordero* salvó a la muger adúltera que la ley condenava y, quando se la puso en su presencia la malicia de los
phariseos y le consultó de la pena, no parece que le cupo
en la boca palabra de muerte, y tomó occasión para ab-
solverla el faltarle accusador, pudiendo sólo él ser accusador y juez y testigo [187]. La misma mansedumbre admitió
a la muger peccadora, y hizo que se dexasse tocar de un[a]
infame, y consintió que le lavassen sus lágrimas, y dio
limpieza a los cabellos que le limpiavan sus pies [188]. Essa
misma puso en su presencia los niños que sus discípulos
apartavan della [189], y, siendo quien era, dio oýdos a las
largas razones de la Samaritana [190], y fue causa que no

---

[183] I *Pe.,* II, 22-24.
[184] *Is.,* XLII, 4.
[185] *Mt.,* XI, 29.
[186] 'que se reconocían a sí mismos como tales'
[187] *Jn.,* VIII, 1-11.
[188] *Lc.,* VII, 36-50.
[189] *Lc.,* XVIII, 15-17.
[190] *Jn.,* IV, 7 ss.

desechasse de sí a ninguno ni se cansasse de tratar con los hombres, siendo él quien era, y siendo su trato dellos tan pesado y tan impertinente como sabemos.

Mas ¿qué maravilla que no se enfadasse entonces, quando vivía en el suelo, el que agora en el cielo, donde vive tan essento de nuestras miserias, y declarado por Rey universal de todas las cosas, tiene por bueno de venirse en el Sacramento a vivir con nosotros, y lleva con mansedumbre verse rodeado de mil impertinencias y vilezas de hombres, y no ay aldea de tan pocos vezinos adonde no sea casi como uno de sus vezinos en su iglesia nuestro *Cordero,* adonde no tengamos casi como uno de ellos en su iglesia a nuestro *Cordero,* blando, manso, suffrido a todos los estados? Y aunque leemos en el Evangelio que castigó Christo a algunas personas con palabras, como a Sant Pedro una vez [191], y muchas a los phariseos [192], y con las manos también, como quando hirió con el açote a los que hazían mercado en su templo [193], mas en ninguna encendió su coraçón en fiereza ni mostró semblante bravo, sino en todas, con serenidad de rostro, conservó el sossiego de mansedumbre, desechando la culpa y no desdiziendo de su gravedad afable y dulce. Que como en la divinidad, sin movérsele, mueve todo, y sin recebir alteración, riñe y corrige, y durando en quietud y sossiego, lo riñe y altera, ansí en la humanidad, que como más se le allega, ansí es la criatura que más se le parece, nunca turbó la dulçura de su ánimo manso el hazer en los otros lo que el desconcierto de sus razones o de sus obras pedía, y reprehendió sin passión y castigó sin enojo, y fue aun en el reñir un exemplo de amor. ¿Qué dize la Esposa? *Su garganta suavíssima, y amable todo él y todas sus cosas* [194].

—Y aquella voz —dixo Sabino aquí—, ¿paréceos, Marcello, que será muy amable: *Yd, malditos de mi Padre, al fuego eterno, aparejado para el demonio* [195], o será voz

---

[191] *Mc.,* VIII, 33.
[192] Así, entre otros pasajes, en *Mt.,* XXIII, 1-39.
[193] *Jn.,* II, 15.
[194] *Cant.,* V, 16.
[195] *Mt.,* XXV, 41.

que se podrá dezir sin braveza, o oýr sin espanto? Y si tan manso es el trato todo de Christo, ¿qué le queda para ser *león,* como en la Escriptura [196] se dize?

—Bien dezís —respondió Marcello—. Mas en lo primero, creo yo muy bien que les será muy espantable a los malos aquella tan horrible sentencia, y que, el parecer ante el juez, y el rostro, y el mirar del juez, les será de increýble tormento. Mas también avéys de entender que será sin alteración de la alma de Christo, sino que, manso en sí, bramará en los oýdos de aquellos, y dulce en sí mismo y en su rostro, les encandilará con terriblez y fiereza los ojos. Y a la verdad, lo que más me declara el infinito mal de la obstinación del peccado, es ver que trae a la mansedumbre y al amor y a la dulçura de Christo a términos de dezir tal sentencia, y que pone en aquella boca palabras de tanto amargor; y que quien se hizo hombre por los hombres y padeció lo que padeció por salvarlos, y el que dize que su deleyte es su trato, y el que, vivo y muerto, mortal y glorioso, ni piensa ni trata sino de su reposo y salud, y el que todo quanto es, ordena a su bien, los pueda apartar de sí con boz tan horrible; y que la pura fuerça de aquella no curable maldad mudará la voz al *Cordero.* Y siendo lo ordinario de Dios con los malos asconderles su cara, que es alçar la vista de su favor y dexarlos para que sus designos con sus manos los labren [197], conforme a lo que dezía el Propheta: *Ascondiste de nosotros tu cara, y con la mano de nuestra maldad nos quebrantaste* [198], aquí el zelo del castigo merecido le haze que la descubra, y que tome la espada en la mano, y en la boca tan amarga y espantable sentencia.

Y a lo segundo del *león,* que, Sabino, dixistes, avéys

---

[196] *Ap.,* V, 5.
[197] La idea se halla en Sófocles, tan caro a Fray Luis: «Porque los hombres más soberbios y orgullosos son dejados de la mano de los dioses en castigo de sus graves pecados..., y sucede esto a todo aquel que, teniendo naturaleza humana, no piensa como conviene que piense el hombre.» (*Ayax,* en *Tragedias de Sófocles,* ed. cit., pág. 41.)
[198] *Is.,* LXIV, 7.

de entender que, como Christo lo es, no contradize, antes se compadece bien con él, ser para con nosotros *cordero*. Porque llámase Christo, y es, *León* por lo que a nuestro bien y defensa toca, por lo que haze con los demonios enemigos nuestros, y por la manera como defiende a los suyos. Que en lo primero, para librarnos de sus manos, les quitó el mando y derrocóles de su tiranía usurpada, y assolóles los templos, y hizo que los blasphemassen los que poco antes los adoravan y servían, y abaxó a sus reynos escuros, y quebrantóles las cárceles y sacóles mil prisioneros, y entonces y agora y siempre se les muestra fiero y los venze, y les quita de las uñas la pressa. A que mira Sant Iuan para llamarle *León,* quando dize: *Venció el León de Iudá*[199]. Y en lo segundo, ansí como nadie se atreve a sacar de las uñas del león lo que prende, ansí no es poderoso ninguno a quitarle a Christo de su mano los suyos: tanta es la fuerza de su firme querer. *Mis ovejas,* dize él, *ninguno me las sacará de las manos*[200]. Y Esaías, en el mismo propósito: *Por que dize el Señor: ansí como quando brama el león, y el cachorro del león brama sobre su pressa, no teme para dexarla; si le sobreviene multitud de pastores, a sus vozes no teme ni a su muchedumbre se espanta; ansí el Señor descenderá y peleará sobre el monte de Sión, sobre el collado suyo*[201]. Ansí que ser Christo *león* le viene de ser para nosotros amoroso y manso *cordero,* y, porque nos ama y nos suffre con amor y mansedumbre infinita, por esso se muestra fiero con los que nos dañan, y los desama y maltrata. Y ansí, quando a aquellos no suffre, nos suffre, y quando es con ellos fiero, con nosotros es manso. Y ay algunos que son mansos para llevar las importunidades agenas, pero no para suffrir sus descomedimientos, y otros que si suffren malas palabras, no suffren que les pongan las manos, mas Christo, como en todo ansí en esto perfecto *cordero,* no solamente llevó con mansedumbre nuestro trato importuno, mas también suf-

---

[199] *Ap.,* V, 5.
[200] *Jn.,* X, 28.
[201] *Is.,* XXXI, 4.

frió con ygualdad nuestro atrevimiento injurioso, *como cordero, dize Esaías, delante del que le trasquila* [202].

¿Qué no suffrió de los hombres, por amor de los hombres? ¿De qué injuria no hizieron experiencia en él los que vivían por él? Con palabras le trataron descomedidas, con testimonios falsíssimos pussieron sus manos sacrílegas en su divina persona; añadieron a las bofetadas açotes, y a los açotes espinas, y a las espinas, clavos y cruz dolorosa, y, como a porfía, probaron en hazerle mal sus descomulgados ingenios y fuerças, mas ni la injuria mudó la voluntad, ni la paciencia y mansedumbre hizo mella el dolor. Y si, como dize S. Augustín, mi Padre [203], es manso el que da vado [204] a los hechos malvados y que no resiste al mal que le hazen, antes le vence con el bien, Christo, sin duda, es el estremo de mansedumbre; porque, ¿contra quién se hizieron tantos hechos malvados, o en cúyo daño se esforçó más la maldad, o quién le hizo menos resistencia que Christo, o la venció con retorno de beneficios mayores? Pues, a los que le huyen busca, y a los que le aborrecen abraça, y a los que le affrentan y dan dolorosa muerte, con essa misma muerte los sanctifica, y los lava con essa misma sangre que enemigamente le sacan. Y es puntualmente en este nuestro *Cordero,* lo que en el cordero antiguo, que dél tuvo figura, que todo le comían y despedaçavan, y con todo él se mantenía[n] —la carne y las entrañas y la cabeça y los pies [205]—, porque no uvo cosa en nuestro bien adonde no llegasse el cuchillo y el diente: al costado, a los pies, a las manos, a la sagrada cabeça, a los oýdos y a los ojos, y a la boca con gusto amarguíssimo, y passó a las entrañas el mal, y affligió por mil maneras su ánima sancta, y le tragó con la honra la vida.

Mas con quanto hizo, nunca pudo hazer que no fuesse

---

[202] *Is.,* LIII, 7.
[203] *De Sermone Domini in Monte,* Lib. I, Migne, *Patr. Latina,* XXXIV, 1230. Fray Luis llama a San Agustín *Padre* por ser el fundador de la Orden religiosa a que pertenecía.
[204] 'deja pasar', 'disimula'
[205] *Éx.,* XII, 9.

cordero, y no *cordero* solamente, sino provechoso *cordero,* no solamente suffrido y manso, sino, en esso mismo que tan mansa y ygualmente [206] suffría, bienhechor utilíssimo. Siempre le espinamos [207] nosotros, y siempre él trabaja por traernos a fructo. Y como Dios, en el Propheta, de sí mismo dize: *Adam es mi exemplo desde mi moce- dad* [208]. Porque como, en la manera que fue por Dios sentenciado y mandado que Adam trabajasse y labrasse la tierra, y la tierra labrada y trabajada le fructificasse abrojos y espinas, ansí con su mansedumbre nos suffre y nos torna a labrar, aunque le fructifiquemos ingratitud. Y no sólo en quanto anduvo en el suelo, mas agora en el cielo, glorioso y emperador sobre todo, y Señor universal declarado, nos vee que despreciamos su sangre y que, quanto es por nosotros, hazemos sus trabajos inútiles, y pisamos, como el Apóstol dize [209], su riquíssima satisfación y passión, y nos suffre con paciencia, y nos aguarda con suffrimiento, y nos llama y despierta y solicita con mansedumbre y amor entrañable.

Y a la verdad, porque es tan amoroso, por esso es tan manso, y porque es excessivo el amor, por esso es la mansedumbre en excesso. Porque la charidad, como el Apóstol dize [210], de su natural es suffrida, y ansí, conservan una regla y guardan una medida misma el querer y el suffrir. De manera que, quando no uviera otro camino, por éste solo del amor entendiéramos la grandeza de la mansedumbre de Christo, porque quanto nos quiere bien, tanto se ha [211] con nosotros mansa y suffridamente, y quiérenos quanto vee que su Padre nos quiere, el qual nos ama por tan rara y maravillosa manera, que dio por nuestra salud la vida de su unigénito Hijo; que, como el Apóstol dize: *Ansí amó al mundo Dios, que dio su Hijo unigénito para que no perezca quien creyere en él* [212].

---

[206] 'ecuánimemente', 'serenamente'
[207] 'le herimos con espinas'
[208] *Zac.,* XIII, 5.
[209] *Rom.,* II, 4.
[210] I *Cor.,* XIII, 4.
[211] 'se comporta'
[212] *Jn.,* III, 16.

Porque *dar,* aquí, es entregar a la muerte. Y en otro lugar: *Quien no perdonó a su Hijo proprio, antes le entregó por nosotros, ¿qué cosa, de quantas ay, dexó de darnos con él?* [213]

Ansí que es sin medida el amor que Christo nos tiene, y por el mismo caso la mansedumbre es sin medida, porque corren a las parejas lo amoroso y lo manso, aunque, si no lo fuera ansí, ¿cómo pudiera ser tan universal Señor y tan grande? Porque un señorío y una alteza de govierno semejante a la suya, si cayera, o en un ánimo bravo, o mal suffrido y colérico, intolerable fuera, porque todo lo assolara en un punto. Y ansí, la misma naturaleza de las cosas pide, y la razón del govierno y mando, que quanto uno es mayor señor, y govierna a más gentes, y se encarga de más negocios y officios, tanto sea más suffrido y más manso: por donde la Divinidad, universal emperatriz de las cosas, suffre y espera y es mansa lo que no se puede encarecer con palabras. Y ansí, ella usó de muchas quando quiso declarar esta su condición a Moysén, que le dixo: *Soy piadoso, misericordioso, suffrido, de larguíssima espera, muy ancho de narizes* [214] *y que estiendo por mil generaciones mi bien* [215]. Y del mismo Moysén, que fue su lugartiniente, y cabeça puesta por él sobre todo su pueblo, se escrive que fue mansíssimo sobre todos los de su tiempo [216]. Por manera que la razón convence que Christo tiene mansedumbre de *cordero* infinita: lo uno, porque es su poderío infinito, y lo otro, porque se parece a Dios más que otra criatura ninguna, y ansí, le imita y retrata en esta virtud, como en las demás, sobre todos.

Y si es *cordero* por la mansedumbre, ¿quán justamente lo será por la innocencia y pureza, que es lo segundo de tres cosas que dezir propuse? Que dize Sant Pedro: *Redemidos, no con oro y plata que se corrompe, sino con la sangre sin manzilla del cordero innocente* [217]. Que,

---

[213] *Rom.,* VIII, 32.
[214] 'muy longánime', 'muy indulgente'
[215] *Éx.,* XXXIV, 6-7.
[216] *Núm.,* XII, 3.
[217] I *Pe.,* I, 18-19.

en el fin por que lo dize, declara y engrandece la summa innocencia de aqueste *Cordero* nuestro, porque lo que pretende es persuadirnos que estimemos nuestra redempción, y que, quando ninguna otra cosa nos mueva, a lo menos, por aver sido comprados con una vida tan justa y lavados del peccado con una sangre tan pura, porque tal vida no aya padecido sin fruto y tal sangre no se derrame de balde, y tal innocencia y pureza, offrecida por nosotros a Dios, no carezca de effecto, nos aprovechemos dél y nos conservemos en él, y, después de redemidos, no queramos ser siervos. Dize Santiago que *es perfecto el que no estropieza en las palabras y lengua*[218]. Pues de nuestro *Cordero* dirá que *ni hizo peccado ni en su boca fue hallado engaño*[219], como dize Sant Pedro. Cierta cosa es que lo que Dios en sus criaturas ama y precia más es sanctidad y pureza, porque el ser puro uno es andar ajustado con la ley que le pone Dios y con aquello que su naturaleza le pide, y esso mismo es la verdad de las cosas, dezir cada uno con lo que es y responder *el ser* con las obras. Y lo que Dios manda, esso ama, y porque dello se contenta, lo manda, y al que es *el ser mismo,* ninguna cosa le es más agradable o conforme a lo que con su ser responde que es lo verdadero y lo cierto, porque lo falso y engañoso *no es;* por manera que la pureza es verdad de *ser* y de ley, y la verdad es lo que más agrada al que es *puro ser.*

Pues si Dios se agrada más de la humanidad sancta de Christo, concluydo queda que es más sancta y pura que todas las criaturas, y que se aventaja en esto a todas tanto, quantas son y quan grandes son las ventajas con que de Dios es amada. ¿Qué? ¿No es ella [el] *Hijo de su amor,* que Dios llama, y en él de *quien únicamente se complaze,* como certificó a los discípulos en el monte, y el *Amado* por cuyo amor y para cuyo servicio hizo lo visible y lo invisible que crió? Luego, si va fuera de toda comparación el amor, no la[220] puede aver en la sanctidad

[218] *Sant,* III, 2.
[219] I *Pe.,* II, 22.
[220] En todas las ediciones, *le,* por errata.

y pureza, ni ay lengua que la declare, ni entendimiento que comprehenda lo que es. Bien se vee que no tiene su grandeza medida, en la vezindad que con Dios tiene, o, por dezir verdad, en la unidad o en el lazo estrecho de unión con que Dios consigo mismo le enlaza. Que si es más claro lo que al sol se avezina más, ¿qué resplandores no tendrá de sanctidad y virtud el que está y estuvo desde su principio, y estará para siempre, lançado y como sumido en el abismo de essa misma luz y pureza? En las otras cosas resplandesce Dios, mas con la humanidad que dezimos está unido personalmente; las otras llégan se a él, mas ésta tiénela lançada en el seno; en las otras rebervera este Sol, mas en ésta haze un sol de su luz. *En el Sol,* dize, *puso su morada* [221], porque la luz de Dios puso en la humanidad de Christo su assiento, con que quedó en puro sol transformada. Las otras centellean hermosas, ésta es de resplandor un thesoro; a las otras les adviene la pureza y la innocencia de fuera, ésta tiene la fuente y el abismo della en sí misma; finalmente, las otras reciben y mendigan virtud, ésta, riquíssima de sanctidad en sí, derrama en las otras. Y pues todo lo sancto y lo innocente y lo puro nace de la sanctidad y pureza de Christo, y quanto deste bien las criaturas posseen es partecilla que Christo les comunica, claro es, no solamente ser más sancto, más innocente, más puro que todas juntas, sino también ser la sanctidad y la pureza y la innocencia de todas y, por la misma razón, la fuente y el abismo de toda la pureza y innocencia.

Pero apuremos más aquesta razón, para mayor claridad y evidencia. Christo es universal principio de sanctidad y virtud de donde nace toda la que ay en las criaturas sanctas, y bastante para sanctificar todas las criadas y otras infinitas que fuesse Dios continuamente criando. Y, ni más ni menos, es la víctima y sacrificio acceptable, y sufficiente a satisfazer por todos los peccados del mundo y de otros mundos sin número. Luego fuerça es dezir que ni ay grado de sanctidad ni manera della, y que no le aya en el alma de Christo; ni menos peccado, ni forma,

---

[221] *Sal.* XVIII, 6.

ni rastro, de que del todo Christo no carezca. Y fuerça es también dezir que todas las bondades, todas las perfeciones, todas las buenas maneras y gracias que se esparzen y podrían esparzir en infinitas criaturas que uviessen, están ajuntadas y amontonadas y unidas sin medida ni cuenta en el manantial dellas, que es Christo, y que no se aparta tanto el ser del no ser, ni se aleja tanto de las tinieblas la luz, quanto dél mismo toda especie, todo género, todo principio, toda imaginación de peccado, hecho o por hazer, o en alguna manera possible, está apartado y lexíssimo, porque necessario es, y la ley no mudable de la naturaleza lo pide, que quien cría sanctidades las tenga, y quien quita los peccados, ni los tenga ni pueda tenerlos. Que como la naturaleza, a los ojos, para que pudiessen recebir los colores, cría limpios de todos ellos, y el gusto, si de suyo tuviesse algún sabor infundido, no percebiría todas las differencias del gusto, ansí no pudiera ser Christo universal principio de limpieza y justicia si no se alejara dél todo asomo de culpa, y si no athesorara en sí toda la razón de justicia y limpieza.

Que porque avía de quitar en nosotros los hechos malos que escurecen el alma, no pudo aver en él ningún hecho desconcertado y escuro; y porque avía de borrar en nuestras almas los malos desseos, no pudo aver en la suya desseo que no fuesse del cielo; y porque reduzía a orden y a buen concierto nuestra imaginación varia y nuestro entendimiento turbado, el suyo fue un cielo sereno, lleno de concierto y de luz; y porque avía de corregir nuestra voluntad malsana y enferma, era necessario que la suya fuesse una ley de justicia y salud; y porque reduzía a templança nuestros encendidos y furiosos sentidos, fueron necessariamente los suyos la misma moderación y templança; y porque avía de poner freno y desarraygar finalmente del todo nuestras malas inclinaciones, no pudo aver en él ni movimiento ni inclinación que no fuesse justicia; y porque era limpieza y perdón general del peccado primero, no uvo ni pudo aver, ni en su principio ni en su nacimiento, ni en el discurso de sus obras y vida, ni en su alma ni en sus sentidos y cuerpo, alguna culpa, ni su culpa dél ni sus reliquias y rastros; y porque a la postre, y en la nueva resurrectión de la carne, la virtud efficaz de su gracia avía de hazer no peccables los hombres, forçoso fue que Christo, no sólo careciesse de toda culpa, mas que fuesse desde su principio impeccable. Y porque tenía en sí bien y remedio para todos los peccados y para en todos los tiempos y para en todos los hombres —no sólo en todos los que son justos, mas en todos los demás que no lo son y lo podrían ser si quisiessen, no sólo en los que nacerán en el mundo, mas en todos los que podrían nacer en otros mundos sin cuento—, convino y fue menester que todos los géneros y especies del mal actual —lo de original, lo de imaginación, lo del hecho, lo que es y lo que camina a que sea, lo que será y lo que pudiera ser por el tiempo, lo que peccan los que son y lo que los passados peccaron, los peccados venideros y los que, si infinitos hombres nacieran, pudieran succeder y venir; finalmente, todo ser, todo assomo, toda sombra de maldad o malicia—, estuviesse tan lexos dél quanto las tinieblas de la luz, la verdad de la mentira, de la enfermedad la medicina, están lexos.

Y convino que fuesse un thesoro de innocencia y limpieza, porque era y avía de ser el único manantial de ella riquíssimo. Y como en el sol, por más que penetréys por su cuerpo, no veréys sino una apurada pureza de resplandor y de lumbre, porque es de las luzes y resplandores la fuente, ansí en este sol de justicia, de donde manó todo lo que es rectitud y verdad, no hallaréys, por más que lo divida y penetre el ingenio, por más que desmenuze sus partes, por más agudamente que las examine y las mire, sino una senzillez pura y una rectitud senzilla, una pureza limpia que siempre está bullendo en pureza, una bondad perfecta, entrañada en cuerpo y en alma y en todas las potencias de ambos, en los tuétanos dellos, que por todos ellos lança rayos de sí. Porque, veamos cada parte de Christo, y veremos cómo cada una dellas, no sólo está bañada en la limpieza que digo, mas sirve para ella y la ayuda.

En Christo consideramos cuerpo y consideramos alma, y en su alma podemos considerar lo que es en sí para el cuerpo y los dones que tiene en sí por gracia de Dios, y el estar unida con la propria persona del Verbo.

Y quanto a lo primero del cuerpo, como unos cuerpos sean de su mismo natural más bien inclinados que otros, según sus composturas y formas differentes, y según la templança differente de sus humores —que unos son de suyo coléricos, otros mansos, otros alegres y otros tristes, unos honestos y vergonçosos, otros poco honestos y mal inclinados, modestos unos y humildes, otros sobervios y altivos—, cosa fuera de toda duda es que el cuerpo de Christo, de su misma cosecha, era de inclinaciones excellentes, y en todas ellas fue loable, honesto, hermoso y excellente. Que se convence [222], ansí de la materia de que se compuso, como del artífice que le fabricó. Porque la materia fue la misma pureza de la sangre sanctíssima de la Virgen, criada y encerrada en sus limpias entrañas. De la qual avemos de entender que, aun en ley de sangre, fue la más apurada y la más delgada y más limpia, y más apta para crialla, y más agena de todo affecto bruto, y de más buenas calidades de todas, porque, allende de lo que la alma puede obrar y obra en los humores del cuerpo, que, sin duda, los altera y califica según sus affectos, y que, por esta parte, el alma sanctíssima de la Virgen hazía sanctidad en su sangre, y sus inclinaciones celestiales della, y los bienes del cielo sin cuento que en sí tenía la espiritualizavan y sanctificavan en una cierta manera, ansí que, allende desto, de suyo era la flor de la sangre, quiero dezir, la sangre más agena de las condiciones grosseras del cuerpo, y más adelgazada en pureza que en género de sangre, después de la de su hijo, jamás uvo en la tierra. Porque se ha de entender que todas las sanctificaciones y purificaciones y limpiezas de la ley de Moysén —el comer estos manjares y no aquellos, los lavatorios, los ayunos, el tener cuenta en los días—, todo se ordenó para que, adelgazando y desnudando de sus affectos brutos la sangre y los cuerpos, y de unos en otros apurándose siempre más, como en el arte del distillar acontece, viniesse últimamente una donzella a hazer una

---

[222] 'se prueba', 'se demuestra'

sangre virginal por todo estremo limpíssima, que fuesse
materia del cuerpo puríssimo sobre todo estremo de Christo. Y todo aquel artificio viejo y antiguo fue como un
distillatorio que, de un liquor puro sacando otro más
puro por medio de fuego y vasos differentes, llegue a la
sutileza y pureza postrera.

Ansí que la sangre de la Virgen fue la flor de la sangre, de que se compuso todo el cuerpo de Christo. Por donde, aun en ley de cuerpo y por parte de su misma materia, fue inclinado al bien perfectamente y del todo. Y no
sólo aquesta sangre virginal le compuso mientras estuvo
en el vientre sagrado, mas, después que salió dél, le mantuvo, buelta en leche en los pechos sanctíssimos. De donde la divina Virgen, applicando a ellos a su hijo de nuevo,
y enclavando en él los ojos y mirándole, y siendo mirada
dél dulcemente, encendida, o, a la verdad, abrassada en
nuevo y castíssimo amor, se la dava, si dezir se puede,
más sancta y más pura. Y como se encontravan por los
ojos las dos almas bellíssimas, y se trocavan los espíritus
que hazen passo por ellos con los del hijo, deificada la
madre más, dava al hijo más deificada su leche. Y como
en la divinidad nace *Luz* del Padre, que es luz, ansí también quanto a lo que toca a su cuerpo, nace, de pureza,
Pureza.

Y si esto es quanto a la materia de que se compone,
¿qué podremos dezir por parte del artífice que le compuso? Porque, como los otros cuerpos humanos los com-
ponga la virtud del varón, que la madre con su calor
contiene en su vientre, en este edificio del sanctíssimo
cuerpo de Christo, el Espíritu Sancto hizo las vezes de
aquesta virtud, y formó por su mano él —y sin que en-
treviniesse otro ninguno—, este cuerpo. Y si son perfectas todas las obras que Dios haze por sí, ésta, que hizo
para sí, ¿qué será? Y si el vino que hizo en las bodas
fue vino boníssimo, porque sin medio de otra causa le
hizo de la agua Dios por su poder, a quien toda la
materia, por indispuesta que sea, obedece enteramente sin
resistencia, ¿qué pureza, qué limpieza, qué sanctidad tendrá el cuerpo que fabricó el infinitamente sancto, de materia tan sancta? Cierto es que le amassó con todo el

estremo de limpieza possible, quiero dezir que le compuso, por una parte, tan ageno de toda inclinación o principio, o ageno de vicio, quanto es agena de las tinieblas la luz, y por otra, tan hábil, tan dispuesto, tan hecho, tan de sí inclinado a todo lo bueno, lo honesto, lo decente, lo virtuoso, lo heroyco y divino, quanto, sin dexar de ser cuerpo en todo género de passibilidad, se suffría.

Y de esto mismo se vee quánto era, de su cosecha, pura su alma, y de su natural inclinada a toda excellencia de bien, que es la otra fuente desta innocencia y limpieza de que platicamos agora. Porque, como sabéys, Iuliano, en la philosophía cierta [223], las almas de los hombres, aunque sean de una especie todas, pero son más perfectas en sí y en su substancia unas que otras, por ser de su natural hechas para ser formas de cuerpos, y para vivir en ellos, y obrar por ellos, y darles a ellos el obrar y el vivir. Que como no son todos los cuerpos hábiles en una misma manera para recebir este influxo y acto de la alma, ansí las almas no son todas de ygual virtud y fuerça para executar esta obra, sino medida cada una para el cuerpo que la naturaleza le da. De manera que, qual es la hechura y compostura y abilidad de los cuerpos, tal es la fuerça y poderío natural para ellos de la alma, y según lo que en cada cuerpo y por el cuerpo puede ser hecho, ansí cría Dios hecha y traçada y ajustada cada alma, que estaría como violentada si fuesse al revés; y si tuviesse más virtud de informar y dar ser de lo que el cuerpo, según su disposición, sufre ser informado, no sería ñudo natural y suave el de la alma y del cuerpo, ni sería su casa de la alma la carne fabricada por Dios para su perfeción y descanso, sino cárcel para tormento y mazmorra. Y como el artífice que encierra en oro alguna piedra preciosa la conforma a su engaste, ansí Dios labra las ánimas y los cuerpos de manera que sean conformes, y no encierra ni engasta ni enlaza en un cuerpo duro y que no puede ser reduzido a alguna obra, una ánima muy virtuosa y muy efficaz para ella, sino, pues los casa, aparéa-

---

[223] Es decir, la filosofía escolástica.

los, y, pues quiere que bivan juntos, ordena cómo vivan en paz.

Y como vemos en la lista de todo lo que tiene sentido, y en todos sus grados, que, según la dureza mayor o menor de la materia que los compone, y según que está organizada y como amasada mejor, ansí tienen unos animales naturalmente ánima de más alto y perfecto sentido —que de suyo y en sí misma, la ánima de la concha es más torpe que el pez, y el ánima de las aves es de más sentido que las de los que viven en el agua y en la tierra, la de las culebras es superior al gusano, y la del perro a los topos, y la de los cavallos al buey, y la de los ximios a todos—, y pues vemos en una especie de cuerpos humanos tantas y tan notables differencias de humores, de complexiones, de hechuras, que con ser de una especie todos, no parecen ser de una massa, justamente diremos, y será muy conforme a razón, que sus almas, por aquella parte que mira a los cuerpos, están hechas en differencias diversas, y que son de un grado en espíritu, y más y menos perfectas en razón de ser formas.

Pues si ay este respecto y condición en las almas, la de Christo, fabricada de Dios para ser la del más perfecto cuerpo, y más dispuesto y más ábil para toda manera de bien que jamás se compuso, forzosamente diremos que de suyo y de su naturaleza misma está dotada sobre todas las otras de maravillosa virtud y fuerça para toda sanctidad y grandeza, y que no uvo género ni especie de obras, o morales o naturales, perfectas y hermosas, a que, ansí como su cuerpo de Christo era ábil, ansí no fuesse de suyo valerosa su alma. Y como su cuerpo estava dispuesto, y fue sujeto naturalmente apto para todo valor, ansí su alma, por la natural perfeción y rigor que tenía, aspiró siempre a todo lo excelente y perfecto. Y como aquel cuerpo era de suyo honestíssimo y templado de pureza y limpieza, ansí el alma que se crió para él era de su cosecha esforçada a lo honesto. Y como la compostura del cuerpo era para mansedumbre dispuesta, ansí la alma de su misma hechura era mansa y humilde. Y como el cuerpo, por el concierto de sus humores, era hecho para gravedad y mesura, ansí la alma de suyo era

alta y gravíssima. Y como de sus calidades era ábil el
cuerpo para lo fuerte y constante, ansí el alma, de su rigor natural, era ábil para lo generoso y valiente. Y finalmente, como el cuerpo era hecho para instrumento de
todo bien, ansí la alma tuvo natural abilidad para ser
executora de toda grandeza; esto es: tuvo lo summo en
la perfectión de toda la latitud [224] de su especie.

Y si, por su natural hechura, era aquesta sacratíssima
alma tan alta y tan hermosa, tan vigorosa y tan buena,
¿qué podremos dezir della con lo que en ella la gracia
sobrepone y añade? Que si es condición de los bienes del
cielo, qualesquiera que ellos sean, mejorar aun en lo natural su subjeto, y la semilla de la gracia, en la buena
tierra puesta, da ciento por uno, en naturales no sólo tan
corregidos, sino tan perfectos de suyo y tan sanctos, ¿qué
hará tanta gracia? Porque ni ay virtud heroyca, ni excellencia divina ni belleza del cielo, ni dones y grandezas
de espíritu, ni ornamento admirable y nunca visto, que
no resida en su alma y no viva en ella sin medida ni tassa.
Que, como S. Iuan dize: *No le dio Dios con mano limi-*
tada su espíritu [225]; y, como el Apóstol dize, *mora en él*
la plenitud de la divinidad toda [226]. Y Esaías: *Y reposará*
sobre él espíritu del Señor [227]. Y en el psalmo: *Su Dios*
te unxió, o Dios, con unción de alegría sobre todos tus
particioneros [228]. Y con grande razón puso más en él que
juntos en todos, pues eran particioneros suyos, esto es,
pues avía de venir por él a ellos, y avían de ser ricos
de sus migajas y sobras. Porque la gracia y la virtud divina que la alma de Christo athesora, no sólo era mayor en
grandeza que las virtudes y gracias finitas, y hechas una,
de todos los que han sido justos, y son agora y serán adelante, mas es fuente de donde manaron ellas, que no se
disminuye embiándolas, y que tiene manantiales tan no

---

[224] 'extensión'
[225] *Jn.,* III, 34.
[226] *Col.,* II, 9.
[227] *Is.,* XI, 2.
[228] *Sal.* XLIV, 8. Para el *Dicc. de Autoridades,* «particionero»
es 'el que tiene o le toca parte de alguna cosa', citando los
Nombres de Cristo como *autoridad.*

agotables y ricos, que en infinitos hombres más, y en infinitos mundos que uviesse, podría derramar en todos y sobre todos excellencia de virtud y justicia, como un abismo verdadero de bien.

Y como aqueste mundo criado, ansí en lo que se nos biene a los ojos como en lo que nos encubre su vista, está variado y lleno de todo género y de toda especie y differencias de bienes, ansí aquesta divina alma, para quien y para cuyo servicio esta máchina universal fue criada, y que es, sin ninguna duda, mejor que ella y más perfecta, en sí abraça y contiene lo bueno, todo lo perfecto, lo hermoso, lo excellente y lo heroyco, lo admirable y divino. Y como el divino Verbo es una imagen del Padre viva y expressa, que contiene en sí quantas perfeciones Dios tiene, ansí esta alma soberana, que, como a él más cercana y enlazada con él, y que, no sólo de contino, mas tan de cerca le mira y se remira en él y se espeja y, recibiendo en sí sus resplandores divinos, se fecunda y figura y viste y engrandece, y embellece con ellos, y traspassa a sí sus rayos quanto es a la criatura possible, y le remeda y se assemeja, le retrae tan al vivo [229], que después dél, que es la imagen cabal, no ay imagen de Dios como la alma de Christo, y los cherubines más altos, y todos juntos y hechos uno los ángeles, son rascuños [230] imperfectos y sombras escuríssimas, y verdaderamente tinieblas en su comparación.

¿Qué diré, pues, de lo que se añade y sigue a esto, que es el lazo que con el Verbo divino tiene, y la personal unión, que ella sola, quando todo lo demás faltara, es justicia y riqueza immensa? Porque ayuntándose el Verbo con aquella dichosa ánima, y por ella también con el cuerpo, ansí la penetra toda y embeve en sí mismo, que con summa verdad, no sólo mora Dios en él, mas es Dios aquel hombre, y tiene aquella alma en sí todo quanto Dios es: su ser, su saber, su bondad, su poder. Y no solamente en sí lo tiene, mas tan enlazado y tan estrechamente unido consigo mismo, que ni puede desprenderse dél o desenlazarse, ni es possible que, mientras dél presso

---

[229] En el texto de 1595, *tan al al vivo*
[230] 'rasguños', 'bosquejos'

estuviere, o con él unida en la manera que digo, no viva y se conserve en summa perfectión de justicia. Que, como el hierro que la fragua enciende, penetrado y posseýdo del fuego, y que parece otro fuego, siempre que está en la hornaza es y parece ansí, y, si della no pudiesse salir, no tendría, ni tener podría, ni otro parecer ni otro ser, ansí, lançada toda aquella feliz humanidad y sumida en el abismo de Dios, y posseýda enteramente y penetrada por todos sus poros de aquel fuego divino, y firmado con no mudable ley que ha de ser ansí siempre, es un hombre que es Dios, y un hombre que será Dios quanto Dios fuere; y quanto está lexos de no lo ser, tanto está apartada de no tener en su alma, toda innocencia y rectitud y justicia.

Que como ella es medianera entre Dios y su cuerpo —porque con él se ayunta Dios por medio del alma—, y como los medios comunican siempre con los estremos y tienen algo de la naturaleza de ambos, por esso la alma de Christo, que, como forma de la carne, dize con ella y se le avezina y allega, como mente —criada para unirse y enlazarse con Dios, y para recebir en sí y derivar de sí en su cuerpo, ansí natural como místico, los influxos de la divinidad—, fue necessario que se assemejasse a Dios y se levantasse en bondad y justicia más ella sola que juntas las criaturas; y convino que fuesse un espejo de bien y un dechado de aquella summa bondad, y un sol encendido y lleno de aquel sol de justicia, y una luz de luz y un resplandor de resplandor, y un piélago de bellezas cevado de un abismo bellíssimo. Y rodeado y enriquecido con toda aquesta hermosura y justicia y innocencia y mansedumbre, nuestro sancto *Cordero,* como tal, y para serlo cabalmente y del todo, se hizo nuestro único y perfecto sacrificio, acceptando y padeciendo, por darnos justicia y vida, muerte affrentosa en la cruz. En que se offrece a la lengua infinito. Mas digamos sólo el cómo fue sacrificio, y la forma de aquesta expiación.

Que quando Sant Iuan, deste *cordero,* dize que *quita los peccados del mundo* [231], no solamente dize que los qui-

---

[231] *Jn.,* I, 29.

ta, sino que, según la fuerça de la propria palabra, ansí los quita de nosotros, que los carga sobre sí mismo y los haze como suyos, para ser él castigado por ellos y que quedássemos libres. De manera que, quanto al cómo fue sacrificio, dezimos que lo fue, no solamente padeciendo por nuestros peccados, sino tomando primero a nosotros y a nuestros peccados en sí, y juntándolos consigo y cargándose de ellos, para que, padeciendo él, padeciessen los que con él estavan juntos y fuessen allí castigados. En que es gran maravilla que, si padeciéramos en nosotros mismos, doliéranos mucho y valiéramos poco. Y más, como acaece a los árboles que son sin fructo en el suelo do nacen, y transplantados dél fructifican, ansí nosotros, traspassados en Christo, morimos sin pena, y fuénos fructuosa la muerte; que la maldad de nuestra culpa avía passado tan adelante en nosotros, y estendídose y cundido tanto en el alma, que lo tenía estéril todo y inútil, y no se quitava la culpa sino pagando la pena, y la pena era muerte.

De manera que, por una parte, nos convenía morir, y por otra, siendo nuestra, era inútil la muerte. Y ansí fue necessario, no sólo que otro muriesse, sino también que muriéssemos nosotros en otro que fuesse tal y tan justo, que, por ser en él, tuviesse tanto valor nuestra muerte, que nos acarreasse la vida. Y como esto era necessario, ansí fue lo primero que hizo el *Cordero* en sí, para ser propriamente nuestro sacrificio. Que, como en la ley vieja, sobre la cabeça de aquel animal con que limpiava sus peccados el pueblo, en nombre dél ponía las manos el sacerdote y dezía que cargava en ella todo lo que su gente peccava [232], ansí él, porque era también sacerdote, puso sobre sí mismo las culpas y las personas culpadas, y las ajuntó con su alma, como en lo passado se dixo [233], por una manera de unión espiritual y ineffable con que suele Dios juntar muchos en uno, de que los hombres espirituales tienen mucha noticia. Con la qual unión encerró Dios en la humanidad de su hijo a los que, según su ser natural, estavan della muy fuera, y los hizo tan unos con

[232] *Lev.*, XVI, 21.
[233] En «Padre del Siglo Futuro».

él, que se comunicaron entre sí, y, a vezes [234], sus males y sus bienes y sus condiciones; y muriendo él, morimos de fuerça nosotros, y padeciendo el *Cordero,* padecimos en él y pagamos la pena que devíamos por nuestros peccados, los quales peccados, juntándonos Christo consigo por la manera que he dicho, los hizo como suyos proprios, según que en el psalmo dize: *Quán lexos de mi salud las vozes de mis delictos* [235]; que llama delictos suyos los nuestros, porque se hechó ansí a ellos, como a los autores dellos tenía sobre los hombros puestos, y tan allegados a sí mismo y tan juntos, que se le pegaron las culpas dellos, y le sujetaron al açote y al castigo y a la sentencia contra ellos dada por la justicia divina. Y pudo tener en él assiento lo que no podía ser hecho ni obrado por él. En que se consideran con nueva maravilla dos cosas: la fuerça del amor, y la grandeça de la pena y dolor. El amor, que pudo en un subjeto juntar los extremos de justicia y de culpa; la pena, que nacería en un alma tan limpia quando se vio, no solamente vezina, sino tan por suya tanta culpa y torpeza. Que, sin duda, si bien se considera, veremos ser ésta una de las mayores penas de Christo, y, si no me engaño, de dos causas que le pusieron en agonía y en sudor de sangre en el huerto, fue ésta la una.

Porque, dexando aparte el exército de dolores que se le puso delante, y la fuerça [236] que en vencerlos puso, de que diximos arriba [237], ¿qué sentimiento sería — ¡qué digo, sentimiento! —, qué congoja, qué ansia, qué vasca, quando el que es en sí la misma sanctidad y limpieça, y el que conoce la fealdad del peccado quanto conocida ser puede, y el que la aborrece y desama quanto ama su justicia y quanto a Dios mismo, a quien ama con amor infinito, vio que tanta muchedumbre de culpas, quantas son todas las que desde el principio hasta la fin cometen los hombres, tan graves, tan enormes, tan feas, y con tantos modos y

---

[234] 'alternativamente'

[235] *Sal.* XXI, 2.

[236] En el texto original, creemos que por errata, se lee: *del exército... y de la fuerça.*

[237] Sobre el nombre de «Rey de Dios».

figuras torpes y horribles, se le entravan por su casa y se le avezinavan al alma, y la cercavan y rodeavan y cargavan sobre ella, y verdaderamente se le apegavan y hazían como suyas, sin serlo ni averlo podido ser? ¿Qué agonía y qué tormento tan grande, quien aborreció tanto este mal, y quien vía a los ojos quánto de Dios aborrecido era y huýdo, verse dél tan cargado, y verse leproso el que en esse mismo tiempo era la salud de la lepra, y como vestido de injusticia y maldad el que en esse mismo tiempo es justicia, y herido y açotado y como desechado de Dios el que en essa misma hora sanava las heridas nuestras y era el descanso del Padre? Ansí que fue caso de terrible congoxa el unir consigo Christo, puríssimo, innocentíssimo y justíssimo, tantos peccadores y culpas, y el vestirse tal rey, de tanta dignidad, de nuestra vejez y vileza.

Y esso mismo que fue hazerse *cordero* de sacrificio, y poner en sí las condiciones y qualidades devidas al *cordero* que, sacrificado, limpiava, fue en cierta manera un gran sacrificio; y disponiéndose para ser sacrificado, se sacrificava de hecho con el fuego de la congoxa que de tan contrarios extremos en su alma nascía; y, antes de subir a la cruz, le era cruz essa misma carga que para subir a ella sobre sus hombros ponía. Y subido y enclavado en ella, no le rasgavan tanto ni lastimavan sus tiernas carnes los clavos, quanto le traspassavan con pena el coraçón la muchedumbre de malvados y de maldades que ayuntados consigo y sobre sus hombros tenía; y le era menos tormento el desatarse [238] su cuerpo, que el ajuntarse en el mismo templo de la sanctidad tanta y tan grande torpeza. A la qual, por una parte, su sancta ánima la abraçava y recogía en sí para deshazerla, por el infinito amor que nos tiene, y por otra esquivava y rehuýa su vezindad y su vista, movido de su infinita limpieza, y ansí peleava y agonizava y ardía como sacrificio acceptíssimo, y en el fuego de su pena consumía esso mismo que con su vezindad le penava, ansí como lavava con la sangre que por tantos vertía essas mismas manzillas que la

---

[238] 'descomponerse', 'disolverse'

vertían, a que, como si fueran proprias, dio entrada y assiento en su casa.

De suerte que, ardiendo él, ardieron en él nuestras culpas, y bañándose su cuerpo de sangre, se bañaron en sangre los peccadores, y muriendo el *Cordero,* todos los que estavan en él, por la misma razón pagaron lo que el rigor de la ley requería. Que como fue justo que la comida de Adam, porque en sí nos tenía, fuesse comida nuestra, y que su peccado fuesse nuestro peccado, y que, emponçoñándose él, nos emponzoñássemos todos, ansí fue justíssimo que, ardiendo en la ara de la cruz y sacrificándose este dulce *cordero,* en quien estavan encerrados y como hechos uno todos los suyos, quanto es de su parte quedassen abrasados todos y limpios. De lo qual, Iuliano, veréys con quánta razón se llama Christo *Cordero,* que fue lo que al principio declarar propuse, y según lo mucho que ay que dezir, he declarado algún tanto. Passemos, si os parece, al nombre de *Amado,* que, pues tan agradable le fue a Dios el sacrificio de nuestro sancto *Cordero,* sin duda fue *Amado* y lo es por extraordinaria manera.

Viendo Marcello que davan muestra los dos de gustar que passasse adelante, cobrando un poco de aliento, prosiguió diziendo:

[AMADO] [239]

Y porque, Sabino, veáys que no me pesa de obedece-
ros, y porque no digáys, como soléys, que siempre os cuesta lo que me oýs muchos ruegos, primero que diga del
nombre que señalastes, quiero dezir de un otro nombre de
Christo, que las últimas palabras de Iuliano, en que dixo
ser él lo que Dios en todas las cosas ama, me le truxeron a la memoria, y es el *Amado,* que assí le llama la
Sagrada Escriptura en differentes lugares.

—Maravilla es veros tan liberal, Marcello —dixo Sabino entonces—, mas proseguid en todo caso, que no es
de perder una añadidura tan buena.

—*Digo, pues* —prosiguió luego Marcello—, *que es
llamado Christo el Amado* [240] en la Sancta Escriptura, como
parece por lo que diré. En el libro de los *Cantares,* la
afficionada Esposa le llama con este nombre casi todas
las vezes; Esaías, en el capítulo quinto, hablando del
mismo y con el mismo, le dize: *Cantaré al* Amado *el can-*

---

[239] Según O. Macrí, éste es «uno de los nombres mayormente
empapado de la pasión luisiana..., donde se alboroza la ceñida
y perenne muchedumbre de las almas fieles, la comunidad en el
amor..., sustento del mundo. La ortodoxia en sentido molinista
no es teórica abstracción, sino visceral rebelión contra el paulismo
luterano». (*La poesía...,* ed. cit., pág. 29.)

[240] Desde el principio hasta *Digo, pues...,* figura en todas las
ediciones en el nombre de «Amado»; el nexo se hace en esta
frase última; en efecto, el nombre de «Cordero» —1595— termina así: *Digo, pues, que es llamado Christo el* Amado, *etcétera*
—fol. 261 *v* (por errata, en el original figura el 271).

tar de mi tío a su viña[241]. Y acerca del mismo propheta[242], en el capítulo veynte y seys, adonde leemos: *Como la que concibió, al tiempo del parto bozea herida de sus dolores, assí nos acaece delante tu cara*[243], la antigua translación de los griegos lee desta manera: *Ansí nos acontesció con el* Amado. Que, como Orígenes declara, es dezir que el *amado,* que es Christo, concebido en el alma, la haze sacar a luz y parir, lo que causa grave dolor en la carne, y lo que cuesta, quando se pone por obra, agonía y gemidos, como es la negación de sí mismo. Y David, al psalmo quarenta y quatro, en que celebra los loores y los desposorios de Christo, le intitula *Cantar del Amado.* Y Sant Pablo le llama *el hijo del amor*[244] por aquesta misma razón. Y el mismo Padre celestial, acerca de Sant Mattheo[245], le nombra su *Amado* y su *Hijo.* De manera que es nombre de Christo éste, y nombre muy digno dél, y que descubre una su propriedad muy rara y muy poco advertida.

Porque no queremos dezir agora que Christo es amable o que es merecedor del amor, ni queremos engrandescer su muchedumbre de bienes con que puede afficionar a las almas, que esso es un abysmo sin suelo y no es lo proprio que en este nombre se dize. Assí que no queremos dezir que se le deve a Christo amor infinito, sino dezir que es Christo el *Amado,* esto es, el que antes ha sido y agora es y será para siempre la cosa más amada de todas. Y, dexando aparte el derecho, queremos dezir del hecho y de lo que passa en realidad de verdad, que es lo que propriamente importa este nombre, no menos digno de consideración que los demás nombres de Christo. Porque assí como es sobre todo lo que comprehende el juyzio la grandeza de razones por las quales Christo es amable, assí, es cosa que admira, la muchedumbre de los que siempre le amaron, y las veras y las finezas nunca oýdas de amor con que los suyos le aman. Muchos me-

---

[241] *Is.,* V, 1.
[242] 'según el mismo profeta', 'en el mismo profeta'
[243] *Is.,* XXVI, 17.
[244] *Col.,* I, 13.
[245] *Mt.,* III, 17; *cfr.* nota 242.

recen ser amados y no lo son, o lo son mucho menos de lo que merecen, mas a Christo, aunque no se le puede dar el amor que se deve, diosele siempre el que es possible a los hombres. Y si dellos levantamos los ojos y ponemos en el cielo la vista, es amado de Dios todo quanto merece, y assí es llamado devidamente el *Amado,* porque ni una criatura sola, ni todas juntas las criaturas, son de Dios tan amadas, y porque él solo es el que tiene verdaderos amadores de sí.

Y aunque la prueva deste negocio es el hecho, digamos primero del dicho y, antes que vengamos a los exemplos, descubramos las palabras que nos hazen ciertos desta verdad y las prophecías que della ay en los libros divinos.

Porque lo primero, David, en el psalmo en que trata del reyno de aqueste su hijo y Señor, prophetiza como en tres partes esta singularidad de affición con que Christo avía de ser de los suyos querido. Que primero dize: *Adorarle han los reyes todos, todas las gentes le servirán.* Y después añade: *Y bivirá, y dárénle del oro de Sabbá, y rogarán siempre por él; bendezirle han todas las gentes.* Y a la postre concluye: *Y será su nombre eterno, perseverará allende del sol su nombre; bendezirse han todos en él, y dárénle bienandanças* [246]. Que como aquesta affición que tienen a Christo los suyos es raríssima por extremo [247], y David la contemplava alumbrado con la luz de propheta, admirándose de su grandeza y queriendo dezirla, usó de muchas palabras porque no se dezía con una. Que dize que la fuerça del amor para con Christo, que reynaría en los ánimos fieles, les derrocaría por el suelo el coraçón adorándole, y los encendería con cuydado bivo para servirle, y les haría que le diessen todo su coraçón hecho oro, que es dezir hecho amor, y que fuesse su desseo contino rogar que su reyno cresciesse, y que se estendiesse más y allende su gloria, y que les daría un coraçón tan ayuntado y tan hecho uno con él, que no rogarían al Padre ninguna cosa que no fuesse por medio dél, y que del hervor del ánimo les saldría el ardor a la

---

[246] *Sal.* LXXI, 11, 15, 19.
[247] *B: por extremo raríssima*

boca, que les bulliría siempre en loores, a quien ni el tiempo pondría silencio, ni fin el acabarse los siglos, ni pausa el sol quando él se parare, sino que durarían quanto el amor que los haze, que sería perpetuamente y sin fin. El qual mismo amor les sería causa a los mismos para que ni tuviessen por bendito lo que Christo no fuesse, ni desseassen bien, ni a otros ni a sí, que no nasciesse de Christo, ni pensassen aver alguno que no estuviesse en él, y assí juzgassen y confessassen ser suyas todas las buenas suertes y las felices venturas.

También vio aquestos extremos de amor, con que amarían a Christo los suyos, el patriarcha Iacob, estando vezino a la muerte, quando prophetizando a Iosef, su hijo, sus buenos successos, entre otras cosas le dize: *Hasta el desseo de los collados eternos* [248]. Que por quanto le avía bendezido, y juntamente prophetizado, que en él y en su descendencia florescerían sus bendiciones con grandíssimo effecto, y por quanto conoscía que al fin avía de perecer toda aquella felicidad en sus hijos, por la infidelidad dellos, al tiempo que nasciesse Christo en el mundo, añadió, y no sin lástima, y dixo: *Hasta el desseo de los eternos collados.* Como diziendo que su bendición en ellos tendría successo hasta que Christo nasciesse. Que assí como quando bendixo a su hijo Iudas le dixo que mandaría entre su gente y tendría el sceptro del reyno hasta que viniesse el *Silo,* assí agora pone límite y término a la prosperidad de Iosef en la venida del que llama d*esseo.* Y como allí llama a Christo *Silo* por encubierta y rodeo, que es dezir el embiado o el hijo della o el dador de la abundancia y de la paz, que todas son propriedades de Christo, assí aquí le nombra *el desseo de los collados eternos,* porque los collados eternos aquí son todos aquellos a quien la virtud ensalçó [249], cuyo único desseo fue [250] Christo. Y es lástima, como dezía, que hirió en este punto el coraçón de Iacob con sentimiento grandíssimo, que viniesse a tener fin la prosperidad de sus hijos quando salía a luz la felicidad desseada y amada de todos, y que

[248] *Gén.,* XLIX, 26.
[249] *B: ensalça*
[250] *B: es*

aborresciessen ellos para su daño lo que fue el sospiro y el desseo de sus mayores y padres, y que se forjassen ellos por sus manos su mal en el bien que robava para sí todos los coraçones y amores [251].

Y lo que dezimos *desseo* aquí, en el original es una palabra que dize una affición que no reposa y que abre de contino el pecho con ardor y desseo. Por manera que es cosa propria de Christo, y ordenada para sólo él, y prophetizada dél antes que nasciesse en la carne, el ser querido y amado y desseado con excellencia como ninguno jamás ha sido ni querido ni desseado ni amado. Conforme a lo qual fue también lo de Ageo que, hablando de aqueste general objecto de amor y deste señaladamente querido [252], y diziendo de las ventajas que avía de hazer el templo segundo, que se edificava quando él escrevía, al primero templo que edificó Salomón y fue quemado por los chaldeos, dize, por la más señalada de todas, que *vendría a él el desseado de todas las gentes, y que le hinchiría de gloria* [253]. Porque assí como el bien de todos colgava [254] de su venida, assí le dio por suerte Dios que los desseos e inclinaciones y afficiones de todos se inclinassen a él. Y esta suerte y condición suya, que el Propheta mirava, la declaró llamándole *el desseado de todos.* Mas ¿por aventura no llegó el hecho a lo que la prophecía dezía, y el de quien se dize que sería *el desseado* y *amado,* quando salió a luz, no lo fue?

Es cosa que admira lo que acerca desto acontece, si se considera en la manera que es. Porque lo primero puédese considerar la grandeza de una affición en el espacio que dura, que essa es mayor la que comiença primero, y siempre persevera contina, y se acaba o nunca o muy tarde. Pues si queremos confessar la verdad, primero que nasciesse en la carne Christo, y luego que los hombres, o luego que los ángeles començaron a ser, començó a prender en sus coraçones dellos su desseo y su amor. Porque, como altíssimamente escrive Sant Pablo, quando Dios pri-

---

251 B: *los coraçones de todas las gentes.*
252 B: *querido y amado*
253 *Ag.,* II, 8. B: *y que hinchiría a aquel templo de gloria.*
254 'pendía', 'dependía'

meramente introduxo a su Hijo en el mundo, se dixo: *Y adórenle todos sus ángeles*[255]. En que quiere significar y dezir que, luego y en el principio que el Padre sacó las cosas a luz y dio ser y vida a los ángeles, metió en la possessión dello[256] a Christo, su hijo, como a heredero suyo y para quien se crió, notificándoles algo de lo que tenía en su ánimo acerca de la humanidad de Iesús, señora que avía de ser de todo y reparadora de todo, a la qual se la propuso como delante los ojos, para que fuesse su esperança y su desseo y su amor.

Assí que, quanto son antiguas las cosas, tan antiguo es ser Iesuchristo amado dellas y, como si dixéssemos, en sus amores dél se começaron los amores primeros, y en la afffición de su vista se dio principio al desseo, y su charidad se entró en los pechos angélicos, abriendo la puerta ella antes que ninguno otro que de fuera viniesse. Y en la manera que Sant Iuan le nombra *Cordero sacrificado desde la origen del mundo*[257], assí también le devemos llamar *bien amado* y *desseado* desde luego que nascieron las cosas, porque ansí como fue desde el principio del mundo sacrificado en todos los sacrificios que los hombres a Dios offrescieron desde que começaron a ser, porque todos ellos eran imagen del único y grande sacrificio deste nuestro *Cordero,* ansí en todos ellos fue aqueste mismo Señor, desseado y amado. Porque todas aquellas imágines, y no solamente aquellas de los sacrificios, sino otras innumerables que se compusieron de las obras y de los successos y de las personas de los padres passados, bozes eran que testificavan este nuestro general desseo de Christo, y eran como un pedírsele a Dios, poniéndole devota y afficionadamente tantas vezes su imagen delante. Y como los que aman una cosa mucho, en testimonio de quanto la aman, gustan de hazer su retrato y de traerlo siempre en las manos, assí el hazer los hombres tantas vezes y tan desde el principio imágines y retratos de Christo, ciertas señales eran del amor y desseo dél que les ardía en el pecho. Y assí las presentavan a

[255] *Heb.,* I, 6.
[256] 'dio a Cristo la posesión de ello'
[257] *Ap.,* XIII, 8.

Dios para aplacarle con ellas, que las hazían también para manifestar en ellas su fe para con Christo y su desseo secreto.

Y este desseo y amor de Christo, que digo que començó tan temprano en hombres y en ángeles, no feneció brevemente, antes se continuó con el tiempo y persevera hasta agora, y llegará hasta el fin y durará quando la edad se acabare, y florescerá fenescidos los siglos, tan grande y tan estendido quanto la eternidad es grande y se estiende, porque siempre uvo y siempre ay y siempre ha de aver almas enamoradas de Christo. Iamás faltarán bivas demonstraciones deste bienaventurado desseo. Siempre sed dél, siempre bivo el appetito de verle, siempre sospiros dulces, testigos fieles del abrasamiento del alma. Y como las demás cosas, para ser amadas, quieran primero ser vistas y conocidas, a Christo le començaron a amar los ángeles y los hombres sin verle y con solas sus nuevas [258]. Las imágines y las figuras suyas o, diremos mejor aun, las sombras escuras que Dios les puso delante y el rumor sólo suyo y su fama, les encendió los espíritus con increýbles ardores. Y por esso dize divinamente la Esposa: *En el olor de tus olores corremos, las donzellicas te aman* [259]. Porque sólo el olor de aqueste gran bien, que tocó en los sentidos rezién nascidos y como donzeles del mundo, les robó por tal manera las almas, que las llevó en su seguimiento encendidas. Y conforme a esto es también lo que dize el Propheta: *Esperamos en ti; tu nombre y tu recuerdo, desseo del alma; mi alma te desseó en la noche* [260]. Porque en la noche, que es, según Theodoreto declara [261], todo el tiempo desde el principio del mundo hasta que amanesció Christo en él como luz, quando a malas penas se devisava, llevava a sí los desseos, y su nombre, apenas oýdo, y unos como rastros suyos impressos en la memoria, encendían las almas.

---

[258] B: *con las nuevas que Dios les dio dél.*
[259] *Cant.,* I, 2.
[260] *Is.,* XXVI, 8-9.
[261] *In Isaiam Prophetam Eclogaria Interpretatio,* Migne, *Patrologia Graeca,* t. LXXXI, 366.

Mas ¿quántas almas?, pregunto. ¿Una o dos, o a lo menos no muchas? Admirable cosa es los exércitos sin número de los verdaderos amadores que Christo tiene y terná para siempre. Un amigo fiel es negocio raro y muy difficultoso de hallar. Que, como el Sabio dize: *El amigo fiel es fuerte defensa: el que le hallare, avrá hallado un thesoro* [262]. Mas Christo halló y halla infinitos amigos que le aman con tanta fe, que son llamados *los fieles* entre todas las gentes, como con nombre proprio y que a ellos solos conviene. Porque en todas las edades del siglo y en todos los años dél, y podemos dezir que en todas sus horas, han nascido y bivido almas que entrañablemente le amen. Y es más hazedero y possible que le falte la luz al sol, que faltar en el mundo hombres que le amen y adoren. Porque este amor es el sustento del mundo, y el que le tiene como de la mano para que no desfallezca. Porque no es el mundo más [263] de quanto se hallare en él quien por Christo se abrase. Que en la manera como todo lo que vemos se hizo para fin y servicio y gloria de Christo, según que diximos ayer, assí en el punto que faltasse en el suelo quien le reconosciesse y amasse y sirviesse, se acabarían los siglos, como ya inútiles para aquello a que son.

Pues si el sol, después que començó su carrera, en cada una buelta suya produze en la tierra amadores de Christo, ¿quién podrá contar la muchedumbre de los que amaron y aman a Christo? Y aunque Aristótil [264] pregunta si conviene tener uno muchos amigos, y concluye que no conviene —pero sus razones tienen fuerça en la amistad de la tierra, adonde, como en subjecto no proprio, prende siempre y fructifica con imperfectión el amor—, mas essa es la excellencia de Christo y una de las razones por donde le conviene ser el *Amado* con propriedad: que da lugar a que le amen muchos como si le amara uno solo, sin que los muchos se estorven, y sin que él se embarace en responderse con tantos. Porque si los amigos, como

---

[262] *Eclo.,* VI, 14.
[263] Es decir, como aclara F. García, que «no tiene más razón de ser el mundo».
[264] Aristóteles, *Ética,* Lib. IX, cap. X.

dize Aristótil, no han de ser muchos, porque para el deleyte bastan pocos, porque el deleyte no es el mantenimiento de la vida, sino como la salsa della, que tiene su límite, en Christo aquesta razón no vale, porque sus deleytes, por grandes que sean, no se pueden condenar por excesso.

Y si teniendo respecto al interés [265], que es otra razón, no nos convienen, porque avemos de acudir a sus necessidades, a que no puede bastar la vida ni la hazienda de uno si los amigos son muchos, tampoco tiene aquesto lugar, porque su poder de Christo, haziendo bien, no se cansa, ni su riqueza repartida se desminuye, ni su alma se occupa aunque acuda a todos y a todas sus cosas. Ni menos impide aquí lo que entre los hombres estorva, que —y es la tercera razón— no se puede tener amistad con muchos si ellos también entre sí no son amigos. Y es difficultoso negocio que muchos entre sí mismos y con un otro tercero, guarden verdadera amistad. Porque Christo, en los que le aman, él mismo haze el amor y se passa a sus pechos dellos y bive en sus almas, y por la misma razón haze que tengan todos una misma alma y espíritu. Y es fácil y natural que los semejantes y los unos se amen. Y si nosotros no podemos cumplir con muchos amigos, porque acontecería en un mismo tiempo, como el mismo philósopho dize, ser necessario sentir dolor con los unos y plazer con los otros, Christo, que tiene en su mano nuestro dolor y plazer, y que nos le reparte quando y como conviene, cumple a un mismo tiempo dulcíssimamente con todos. Y puede él, porque nasció para ser por excellencia el *Amado,* lo que no podemos los hombres, que es amar a muchos con estrecheza y extremo: que el amor no lo es si es tibio o mediano, porque la amistad verdadera es muy estrecha, y assí nosotros no valemos sino para con pocos. Mas él puede con muchos, porque tiene fuerça para lançarse en el alma de cada uno de los que le aman, y para bivir en ella y abraçarse con ella quan estrechamente quisiere.

De todo lo qual se concluye que Christo, como a quien

---

[265] 'por lo que respecta al interés'

conviene el ser *Amado* entre todos, y como aquél que es el subjecto proprio del amor verdadero, no solamente puede tener muchos que le amen con estrecha amistad, mas deve tenerlos, y assí de hecho los tiene porque son sus amadores sin cuento. ¿No dize en los *Cantares* la Esposa: *Setenta son sus reynas y ochenta sus afficionadas, y de las donzellicas que le aman no ay cuento?* [266] Pues la Iglesia ¿qué le dize quando le canta que se recrea entre las açucenas, rodeado de danças y de coros de vírgines? [267] Mas Sant Iuan, en su revelación, como testigo de vista, lo pone fuera de toda duda diziendo que vio *una muchedumbre de gente que no podía ser contada, que delante del throno de Dios assistían ante la faz del Cordero vestidos de vestiduras blancas y con ramos de palma en las manos* [268]. Y si los afficionados que tiene entre los hombres son tantos, ¿qué será si ayuntamos con ellos a todos los sanctos ángeles, que son también suyos en amor y en fidelidad y en servicio? Los quales, sin ninguna comparación, exceden en muchedumbre a las cosas visibles, conforme a lo que Daniel escrivía [269], que assisten a Dios y le sirven millares de millares y de cuentos [270] y de millares. Cosa, sin duda, no solamente rara y no vista, sino ni pensada ni imaginada jamás, que sea uno amado de tantos, y que una naturaleza humana de Christo abrase en amor a todos los ángeles, y que se estienda tanto la virtud deste bien, que encienda affición de sí quasi en todas las cosas.

Y porque dixe *quasi en todas,* podemos, Iuliano, dezir que las que ni juzgan ni sienten, las que carecen de razón y las que no tienen ni razón ni sentido, apetecen también a Christo y se le inclinan amorosamente, tocadas deste su fuego [271], en la manera que su natural lo consiente. Porque lo que la naturaleza haze, que inclina a cada

[266] *Cant.,* VI, 7.
[267] *Breviarium Romanum.* «*Hymn. de commune virginum*». En 1587 B: corros.
[268] *Ap.,* VII, 9.
[269] *Dan.,* VII, 10.
[270] 'millones'
[271] B: *deste fuego general*

cosa al amor de su proprio provecho sin que ella misma lo sienta, esso obró Dios, que es por quien la naturaleza se guía, inclinando al desseo de Christo aun a lo que no siente ni entiende. Porque todas las cosas, guiadas[272] de un movimiento secreto, amando su mismo bien, le aman también a él y sospiran con su desseo y gimen por su venida, en la manera que el Apóstol escrive: *La esperança de toda la criatura se endereça a quándo se descubrirán los hijos de Dios; que agora está subjecta a corrupción fuera de lo que apetece, por quien a ello le obliga y la mantiene con esta esperança. Porque quando los hijos de Dios vinieren a la libertad de su gloria, también esta criatura será libertada de su servidumbre y corrupción. Que cosa sabida es que todas las criaturas gimen y están como de parto hasta aquel día*[273]. Lo qual no es otra cosa sino un appetito y un desseo de Iesuchristo, que es el author desta libertad que Sant Pablo dize y por quien todo bozea. Por manera que se inclinan a él los desseos generales de todo, y el mundo con todas sus partes le mira y abraça.

Conforme a lo qual, y para significación dello, dezía en los *Cantares* la Esposa que *Salomón hizo para sí una litera de cedro, cuyas columnas eran de plata, y los lados de la silla, de oro, y el assiento de púrpura, y, en medio, el amor de las hijas de Hierusalem*[274]. Porque esta litera, en cuyo medio Christo reside y se assienta, es lo mismo que este templo del universo, que, como digo, él mismo hizo para sí en la manera como para tal Rey convenía, rico y hermoso, y lleno de variedad admirable, y compuesto y, como si dixéssemos, artizado[275] con artificio grandíssimo, en el qual se dize que anda él como en litera porque todo lo que ay en él le trae consigo, y le demuestra y le sirve de assiento. En todo está, en todo bive, en todo govierna, en todo resplandesce y reluze. Y dize que está en medio, y llámale por nombre *el amor encendido de las hijas de Hierusalem*, para dezir

---

[272] B: *ni entiende, que guiado*
[273] *Rom.,* VIII, 19-22.
[274] *Cant.,* III, 9-10.
[275] 'hecho con primor', 'con arte'

que es el amor de todas las cosas, assí las que usan de
entendimiento y razón como las que carecen della y las
que no·tienen sentido. Que a las primeras llama *hijas de
Hierusalem,* y en orden dellas le nombra *amor encendido,*
para dezir que se abrasan amándole todos los hijos de
paz [276], o sean hombres o ángeles. Y las segundas demuestra por la litera y por las partes ricas que la componen
—la caxa, las columnas, el recodadero y el respaldar, y la
peaña y assiento—, respecto de todo lo qual dize que
este amor está en medio, para mostrar que todo ello le
mira, y que, como al centro de todo, su peso de cada uno
le lleva a él los desseos de todas las partes derecha y
fielmente, como van al punto las rayas desde la buelta
del círculo [277].

Y no se contentó con dezir que Christo tiene el medio
y el coraçón desta universidad de las cosas para dezir
que le encierran todas en sí, ni se contentó con llamarle
amor dellas para demostrar que todas le aman, sino añadió más, y llamóle *amor encendido* con una palabra de
tanta significación como es la original que allí pone, que
significa, no encendimiento como quiera, sino encendimiento grande e intenso y como lançado en los huessos, y encendimiento qual es el de la brasa, en que
no se vee sino fuego. Y assí diremos bien aquí: *el
amor abrasado* o *el amor que convierte en brasa los
coraçones de sus amigos,* para encarecer assí mejor la
fineza de los que le aman. Porque no es tan grande el número de los amadores que tiene este *Amado,*
con ser tan fuera de todo número como dicho tenemos, quanto es ardiente y firme y bivo, y por maravilloso modo entrañable el amor que le tienen. Porque
a la verdad, lo que más aquí admira es la biveza y firmeza y blandura, y fortaleza y grandeza de amor con que
es amado Christo de sus amigos. Que personas ha avido,
unas dellas naturalmente bienquistas, otras que, o por su
industria o por sus méritos, han allegado a sí las afficiones de muchos, otras que, enseñando sectas y alcançan-

---

[276] Recuérdese la etimología de *Jerusalén:* «ciudad de paz».
[277] 'como van al centro los radios desde la circunferencia'

do grandes imperios, han ganado acerca de [278] las naciones y pueblos reputación y adoración y servicio; mas no digo uno de muchos, pero ni uno de otro particular íntimo amigo suyo, fue jamás amado con tanto encendimiento y firmeza y verdad como Christo lo es de todos sus verdaderos amigos, que son, como dicho avemos, sin número. Que si, como escrive el Sabio, *el amigo leal es medicina de vida y hállanle los que temen a Dios; que el que teme a Dios hallará amistad verdadera, porque su amigo será otro como él* [279], ¿qué podremos dezir de la leal y verdadera amistad de los amigos que Christo tiene y de quien es *amado,* si han de responder a lo que él ama a Dios, y si le han de ser semejantes y otros tales como él?

Claro es que, conforme a esta regla del Sabio, quien es tan verdadero y tan bueno ha de tener muy buenos y muy verdaderos amigos; y que quien ama a Dios y le sirve según que es hombre, con mayor intensión y fineza que todas las criaturas juntas, es amado de sus amigos más firme y verdaderamente que lo fue jamás criatura ninguna. Y claro es que el que nos ama y nos requesta [280], y nos solicita y nos busca, y nos beneficia y nos allega a sí, y nos abraça con tan increýble y no oýda affición, al fin no se engaña en lo que haze ni es respondido de sus amigos con amor ordinario. Y conóscese aquesto aun por otra razón, porque él mismo se forja los amigos y les pone en el coraçón el amor en la manera que él quiere. Y quanto de hecho quiere ser amado de los suyos, tanto los suyos le aman, pues cierto es que quien ama tanto como Christo nos ama, quiere y apetece ser amado de nosotros por estremada manera. Porque el amor solamente busca y solamente dessea al amor. Y cierto es que, pues nos haze que le seamos amigos, nos haze tales amigos quales nos quiere y dessea, y que, pues enciende

[278] 'entre'

[279] *Eclo.,* VI, 16-17.

[280] «Según Covarrubias —advierte Onís—, *requesta* tiene que ver con *cuesta,* y aunque esta etimología sea absurda, nos prueba que la pronunciación corriente en el siglo XVI era *recuestar* y no *requestar.* Significaba, entre otras cosas, *solicitar o requerir de amores.*» (Ed. cit., t. III, pág. 128, n. 5.)

este fuego, le enciende conforme a su voluntad, bivo y grandíssimo.

Que si los hombres y los ángeles amaran a Christo de su cosecha, y a la manera de su poder natural, y según su sola condición y sus fuerças —que es dezir al estilo tosco suyo y conforme a su aldea—, bien se pudiera tener su amor para con él por tibio y por flaco. Mas si miramos quién los atiza de dentro, y quién los despierta y favoresce para que le puedan amar, y quién principalmente cría el amor en sus almas, luego vemos, no solamente que es amor de extraordinario metal, sino también que es incomparablemente ardentíssimo, porque el Spíritu Sancto mismo, que es de su propriedad el amor, nos enciende de sí para con Christo lançándose por nuestras entrañas, según lo que dize Sant Pablo: *La charidad de Dios nos ha sido derramada por los coraçones por el Spíritu Sancto, que nos han dado* [281]. Pues ¿qué no será, o quáles quilates le faltarán, o a qué fineza no allegará el amor que Dios en el hombre haze y que enciende con el soplo de su Espíritu proprio? ¿Podrá ser menos que amor nascido de Dios y, por la misma razón, digno dél y hecho a la manera del cielo, adonde los seraphines se abrasan? O ¿será posible que la idea, como si dixéssemos, del amor, y el amor con que Dios mismo se ama, críe amor en mí que no sea en firmeza fortíssimo, y en blandura dulcíssimo, y en propósito determinado para todo y osado, y en ardor fuego, y en perseverancia perpetuo, y en unidad estrechíssimo? Sombra son, sin duda, Sabino, y ensayos muy imperfectos de amor, los amores todos con que los hombres se aman, comparados con el fuego que arde en los amadores de Christo, que por esso se llama por excellencia el *Amado,* porque haze Dios en nosotros, para que le amemos, un amor differenciado de los otros amores y muy aventajado entre todos.

Mas ¿qué no hará por afinar el amor de Christo en nosotros quien es padre de Christo, quien le ama como a único hijo, quien tiene puesta en sólo él toda su sa-

[281] *Rom.,* V, 5.

tisfacción y su amor? Que assí dize Sant Pablo [282] de Dios, que *Iesuchristo es su hijo de amor,* que es dezir, según la propriedad de su lengua, que es el hijo a quien ama Dios con estremo [283]. Pues si nasce deste divino Padre que amemos nosotros a Christo, su hijo, cierto es que nos encenderá a que le amemos, si no en el grado que él le ama, a lo menos en la manera que le ama él. Y cierto es que hará que el amor de los amadores de Christo sea como el suyo, y de aquel linage y metal único, verdadero, dulce, qual nunca en la tierra se conosce ni vee, porque siempre mide Dios los medios con el fin que pretende. Y en que los hombres amen a Christo, su hijo, que les hizo hombre, no sólo para que les fuesse Señor, sino para que tuviessen en él la fuente de todo su bien y thesoro, assí que en que los hombres le amen, no solamente pretende que se le dé su devido, sino pretende también que, por medio del amor, se hagan unos con él y participen sus naturalezas humana y divina, para que desta manera se les comuniquen sus bienes. Como Orígenes dize: *Derrámase la abundancia de la charidad en los coraçones de los sanctos para que por ella participen de la naturaleza de Dios, y para que, por medio deste don del Spíritu Sancto, se cumpla en ellos aquella palabra del Señor:* Como tú, Padre, estás en mí y yo en ti, sean éstos assí unos en nosotros [284]: *conviene a saber, comunicándoseles nuestra naturaleza por medio del amor abundantíssimo que les comunica el Espíritu* [285].

Pregunto, pues: ¿Qué amor convendrá que sea el que haze una obra tan grande? ¿Qué amistad la que llega a tanta unidad? ¿Qué fuego el que nos apura [286] de nuestra tanta vileza, y nos acendra y nos sube de quilates hasta allegarnos a Dios? Es, sin duda, finíssimo y, como Orígenes dize, abundantíssimo, el amor que en los pechos enamorados de Christo cría el Spíritu Sancto. Porque lo cría para hazer en ellos la mayor y más milagro-

[282] *Col.,* I, 13.
[283] *B: amado de Dios estremadamente.*
[284] *Jn.,* XVII 21.
[285] *In Epistolam ad Romanos,* Migne, **Patr. Graeca,** XIV, 997.
[286] 'nos purifica'

sa obra de todas, que es hazer dioses a los hombres y transformar en oro fino nuestro lodo vil y baxíssimo. Y como si en el arte de alchimia, por sólo el medio del fuego, convertiesse uno en oro verdadero un pedaço de tierra, diríamos ser aquel fuego estremadamente bivo y penetrable y efficaz y de incomparable virtud, assí el amor con que de los pechos sanctos es amado este *Amado,* y que en él los transforma, es sobre todo amor entrañable y bivíssimo, y es, no ya amor, sino como una sed y una hambre insaciable con que el coraçón que a Christo ama se abraça con él y se entraña y, como él mismo lo dize [287], le come y le traspassa a las venas. Que para declarar la grandeza dél y su ardor, el amar los sanctos a Christo llama la Escriptura *comer a Christo* [288]: *Los que me comieren,* dize, *aun tendrán hambre de mí.* Y: *Si no comiéredes mi carne y beviéredes mi sangre, no tendréys vida en vosotros* [289]. Que es también una de las causas por que dexó en el sacramento de la hostia su cuerpo, para que, en la manera que con la boca y con los dientes, en aquellas especies y figuras de pan, comen los fieles su carne y la passan al estómago y se mudan en ella ellos, como ayer se dezía, ansí, en la misma manera, en sus coraçones, con el fuego del amor le coman y le penetren en sí, como de hecho lo hazen los que son sus verdaderos amigos, los quales, como dezíamos, abrasándose en él, andan, si lo devemos dezir assí, desalentados y hambrientos por él. Porque como dize el Machario: *Si el amor que nasce de la comunicación de la carne divide del padre y de la madre y de los hermanos, y toda su affición pone en el consorte, como es escripto:* Por tanto, dexará el hombre al padre y a la madre, y se juntará con su muger y serán un cuerpo los dos [290], *pues si el amor de la carne assí desata al hombre de todos los otros amores, ¿quánto más todos los que fueren dignos de participar con verdad aquel don amable y celestial del espíritu quedarán libres y desatados de todo el amor de*

[287] *Jn.,* VI, 48-59.
[288] *Eclo.,* XXIV, 29.
[289] *Jn.,* VI, 54.
[290] *Gén.,* II, 24.

la tierra, y les parecerán todas las cosas della superfluas e inútiles, por causa de vencer en ellos y ser rey en sus almas el desseo del cielo? Aquello apetecen, en aquello piensan de contino, allí biven, allí andan con sus discursos; allí su alma tiene todo su trato, venciéndolo todo y levantando vandera en ellos el amor celestial y divino, y la affición del espíritu [291].

Mas veremos evidentemente la grandeza no medida deste amor que dezimos, si miráremos la muchedumbre y la difficultad de las cosas que son necessarias para conservarle y tenerle, porque no es mucho amar a uno si, para alcançar y conservar su amistad, es poco lo que basta. Aquel amor es verdaderamente grande y de subidos quilates, que vence grandes difficultades. Aquél ama de veras que rompe por todo, que ningún estorvo le puede hazer que no ame; que no tiene otro bien sino al que ama; que, con tenerle a él, perder todo lo demás no lo estima; que niega todos sus proprios gustos por gustar del amor solamente; que se desnuda todo de sí para no ser más de amor, quales son los verdaderos amadores de Christo.

Porque para mantener su amistad es necessario, lo primero, que se cumplan sus mandamientos. *Quien me ama a mí*, dize, *guardará lo que yo le mando* [292], que es, no una cosa sola, o pocas cosas en número, o fáciles para ser hechas, sino una muchedumbre de difficultades sin cuento. Porque es hazer lo que la razón dize, y lo que la justicia manda, y la fortaleza pide, y la templança y la prudencia y todas las demás virtudes estatuyen y ordenan. Y es seguir en todas las cosas el camino fiel y derecho, sin torcerse por el interés ni condescender por el miedo, ni vencerse por el deleyte, ni dexarse llevar de la honra, y es yr siempre contra nuestro mismo gusto, haziendo guerra al sentido. Y es cumplir su ley en todas las occasiones, aunque sea posponiendo la vida. Y es negarse a sí mismo y tomar sobre sus hombros su cruz y seguir a Christo [293], esto es, caminar por donde él caminó y poner

---

[291] *Homilia IV,* Migne, *Patr. Graeca,* XXXIV, 483.
[292] *Jn.,* XIV, 23.

en sus pisadas las nuestras. Y, finalmente, es despreciar lo que se vee y desechar los bienes que con el sentido se tocan, y aborrescer lo que la experiencia demuestra ser apazible y ser dulce, y aspirar a sólo lo que no se vee ni se siente, y dessear sólo aquello que se promete y se cree, fiándolo todo de su sola palabra. Pues el amor que con tanto puede, sin duda tiene gran fuerça. Y sin duda es grandíssimo el fuego a quien no amata tanta muchedumbre de agua. Y sin duda lo puede todo, y sale valerosamente con ello, este amor que tienen con Iesuchristo los suyos. Que dize el Esposo a su Esposa: *La muchedumbre del agua no puede apagar la charidad ni anegarla los ríos* [294]. Y Sant Pablo, que dize: *La charidad es suffrida, bienhechora; la charidad carece de embidia, no lisongea ni tacañea, no se envanesce ni haze de ninguna cosa caso de affrenta, no busca su interés, no se encoleriza; no imagina hazer mal ni se alegra del agravio, antes se alegra con la verdad; todo lo lleva, todo lo cree, todo lo suffre* [295]. Que es dezir que el amor que tienen sus amadores con Christo no es un simple querer ni una sola y ordinaria afficción, sino un querer que abraça en sí todo lo que es bien querer, y una virtud que athesora en sí juntas las riquezas de las virtudes, y un encendimiento que se estiende por todo el hombre y le enciende en sus llamas.

Porque dezir que es *suffrida,* es dezir que haze un ánimo ancho en el hombre, con que lleva con igualdad todo lo áspero que succede en la vida, y con que bive entre los trabajos con descanso, y en las turbaciones quieto, y en los casos tristes alegre, y en las contradiciones en paz, y en medio de los temores sin miedo. Y que, como una centella, si cayesse en la mar, ella luego se apagaría y no haría daño en el agua, assí qualquier acontescimiento duro, en el alma a quien ensancha este amor, se deshaze y no empece. Que el daño, si viniere, no commueve esta roca, y la affrenta, si succediere, no desquicia esta torre, y las heridas, si golpearen, no doblan aqueste diamante.

Y añadir que es *liberal y bienhechora,* es affirmar que

[293] *Lc.,* IX, 23.
[294] *Cant.,* VIII, 7.
[295] I *Cor.,* XIII, 4-7.

no es suffrida para ser vengativa, ni calla para guardarse
a su tiempo, ni ensancha el coraçón con desseo de mejor sazón de vengança, sino que, por imitar a quien ama,
se engolosina en el hazer bien a los otros. Y que buelve
buenas obras a aquellos de quien las recibe [296] muy malas. Y porque este su bien hazer es virtud y no miedo,
por esso dize luego el Apóstol que *no lisongea ni es tacaña* [297], esto es, que sirve a la necessidad del próximo,
por más enemigo que le sea, pero que no consiente en
su vicio, ni le halaga por defuera y le aborresce en el alma, ni le es tacaña e infiel.

Y dize que *no se envanesce,* que es dezir que no haze
estima de sí ni se hincha vanamente, para descubrir en
ello la raŷz del suffrimiento y del ánimo largo que tiene
este amor. Que los sobervios y pundonorosos son siempre mal suffridos, porque todo les hiere. Mas es propriedad de todo lo que es de veras amor, ser humildíssimo
con aquello a quien ama. Y porque la charidad que se
tiene con Christo, por razón de su incomparable grandeza,
ama por él a todos los hombres, por el mismo caso desnuda de toda altivez al coraçón que possee y le haze humilde con todos.

Y con esto dize lo que luego se sigue, *que no haze de
ninguna cosa caso de affrenta.* En que no solamente se
dize que el amor de Iesuchristo en el alma, las affrentas
y las injurias que otros nos hazen, por la humildad que
nos cría y por la poca estima nuestra que nos enseña,
no las tiene por tales, sino dize también que no se desdeña ni tiene por affrentoso o indigno de sí ningún ministerio, por vil y baxo que sea, como sirva en él a su
Amado en sus miembros.

Y la razón de todo es lo que añade tras esto: que
no busca su interés, ni se enoja de nada; toda su inclinación es al bien, y por esso *el dañar* a los otros *aun no
lo imagina;* los agravios agenos y que otros padecen son
los que solamente le duelen, y la alegría y felicidad agena
es la suya. Todo lo que su querido Señor le manda haze,
todo lo que le dize lo cree, todo lo que se detuviere le

[296] B: *recibe*
[297] 'astuta', 'engañadora', según Covarrubias.

espera, todo lo que le embía lo lleva con regozijo, y no halla en ninguno, si no es en sólo él, a quien ama. Que, como un grande enamorado bien dize: *Assí como, en las fiebres, el que está inflammado con calentura aborresce y abomina qualquier mantenimiento que le offrecen, por más gustoso que sea, por razón del fuego del mal que le abrasa y se apodera dél y le mueve, por la misma manera aquellos a quien enciende el desseo sagrado del Spíritu celestial, y a quien llaga en el alma el amor de la charidad de Dios, y en quienes se enviste, y de quien se apodera el fuego divino que Christo vino a poner en la tierra y quiso que con presteza prendiesse*[298]*, y lo que se abrasa, como dicho es, en desseos de Iesuchristo, todo lo que se precia en este siglo él lo tiene por desechado y aborrescible, por razón del fuego de amor que le occupa y enciende. Del qual amor no los puede desquiciar ninguna cosa, ni del suelo, ni del cielo, ni del infierno. Como dize el Apóstol: ¿Quién será* poderoso para apartarnos del amor de Iesuchristo? [299]*, con lo que se sigue.* **Pero no** *se permite que ninguno halle al amor celestial del espíritu si no se enagena de todo lo que este siglo contiene y se da a sí mismo a sola la inquisición del amor de Iesús, libertando su alma de toda solicitud terrenal para que pueda occuparse solamente en un fin, por medio del cumplimiento de todo quanto Dios manda*[300].

Por manera que es tan grande este amor, que desarrayga de nosotros qualquiera otra affición, y queda él señor universal de nuestra alma. Y como es fuego ardientíssimo, consume todo lo que se oppone[301], y assí destierra del coraçón los otros amores de las criaturas, y haze él su officio por ellos, y las ama a todas mucho más y mejor que las amavan sus proprios amores. Que es otra particularidad y grandeza deste amor con que es amado Iesús, que no se encierra en sólo él, sino en él y por él abraça

---

[298] *Lc.,* XII, 49.

[299] *Rom.,* VIII, 35.

[300] San Macario, *Homilia IX,* Migne, *Patr. Graeca,* XXXIV, 538.

[301] *B: oppone;* 1587 *A: opone*

a todos los hombres y los mete dentro de sus entrañas, con una afficción tan pura que en ninguna cosa mira a sí mismo, tan tierna que siente sus males más que los proprios, tan solícita que se desvela en su bien, tan firme que no se mudará dellos si no se muda de Christo. Y como sea cosa raríssima que un amigo, según la amistad de la tierra, quiera por su amigo padescer muerte, es tan grande el amor de los buenos con Christo que, porque assí le plaze a él, padescerán ellos daños y muerte, no sólo por los que conoscen, sino por los que nunca vieron, y no sólo por los que los aman, sino también por quien los aborresce y persigue.

Y llega este *Amado* a ser tan amado, que por él lo son todos. Y en la manera como, en las demás gracias y bienes, es él la fuente del bien que se derrama en nosotros, assí en esto lo es, porque su amor, digo el que los suyos le tienen, nos provee a todos y nos rodea de amigos que, olvidados por nosotros, nos buscan, y no conoscidos, nos conoscen, y offendidos, nos dessean y nos procuran el bien, porque su desseo es satisfazer en todo a su *Amado,* que es el Padre de todos. Al qual aman con tan subido querer qual es justo que lo sea el que haze Dios con sus manos, y por cuyo medio nos pretende hazer dioses, y en quien consiste el cumplimiento de todas sus leyes, y la victoria de todas las difficultades, y la fuerça contra todo lo adverso, y la dulçura en lo amargo, y la paz y la concordia, y el ayuntamiento y abraço general y verdadero con que el mundo se enlaza.

Mas ¿para qué son razones en lo que se vee por exemplos? Oygamos lo que algunos destos enamorados de Christo dizen, que en sus palabras veremos su amor y, por las llamas que despiden sus lenguas, conosceremos el infinito fuego que les ardía [en] los pechos [302]. Sant Pablo, ¿qué dize?: *¿Quién nos apartará del amor de Christo? ¿La tribulación, por ventura, o la angustia, o la hambre, o la desnudez, o el peligro, o la persecución, o la espada?* [303] Y luego: *Cierto soy que ni la muerte, ni la vida,*

---

[302] B: *les ardía los pechos.*
[303] *Rom.,* VIII, 35.

ni los ángeles, ni los principados, ni los poderíos, ni lo presente, ni lo por venir, ni lo alto, ni lo profundo, ni, finalmente, criatura ninguna, nos podrá apartar del amor de Dios, en nuestro Señor Iesuchristo [304]. ¡Qué ardor! ¡Qué llama! ¡Qué fuego!

Pues el del glorioso Ignacio ¿quál era? *Yo escrivo,* dize, *a todos los fieles, y les certifico que muero por Dios con voluntad y alegría. Por lo qual os ruego que no me seáys estorvo vosotros. Ruégoos mucho que no me seáys malos amigos. Dexadme que sea manjar de las fieras, por cuyo medio conseguiré a Iesuchristo. Trigo suyo soy, y tengo de ser molido con los dientes de los leones para quedar hecho pan limpio de Dios. No pongáys estorvo a las fieras, antes las combidad con regalo para que sean mi sepultura y no dexen fuera de sí parte de mi cuerpo ninguna. Entonces seré discípulo verdadero de Christo, quando ni mi cuerpo fuere visto en el mundo. Rogad por mí al Señor que, por medio destos instrumentos, me haga su sacrificio. No os pongo yo leyes como Sant Pedro o Sant Pablo, que aquéllos eran apóstoles de Christo, y yo soy una cosa pequeña; aquéllos eran libres como siervos de Christo, yo hasta agora solamente soy siervo. Mas si, como desseo, padezco, seré siervo libertado de Iesuchristo y resuscitaré en él del todo libre. Ago-*

---

[304] *Rom.,* VIII, 38-39. Las exclamaciones que siguen proceden del *estilo sublime,* tan propio de la oratoria sagrada, no haciendo Fray Luis sino aplicar la doctrina del P. Granada, que escribe: «El predicador añade sobre el orador los afectos..., pues aunque sea regla del retórico ir sembrando afectos por todo el cuerpo de la causa, en cualquier parte en que lo pide la grandeza del negocio, singularmente toca esto al predicador, cuyo principal oficio, no tanto consiste en instruir, cuanto en mover los ánimos de los oyentes... Así, siempre y cuando se comprobare ser grande en su género alguna cosa: esto es, se mostrare por la argumentación, o por cualquiera otra razón..., deben entonces moverse los afectos que pida la naturaleza misma de la cosa.» (*Los seis libros de la retórica eclesiástica,* en *Obras del V. P. M. Fray Luis de Granada,* t. III, Madrid, B.A.A.EE., 1945, páginas 520 *b*-521 *a*); precisamente Granada trae como ejemplo de movimiento vehemente de afectos este mismo texto de San Pablo, que, en su opinión, «lleva consigo una maravillosa fuerza y ardor de caridad apostólica, con igual acrimonia y aseveración de voces». (*Ibíd.,* pág. 521 *a.*)

ra, aprisionado por él, aprendo a no dessear cosa alguna vana y mundana. Desde Syria hasta Roma voy echado a las bestias. Por mar y por tierra, de noche y de día, voy atado a diez leopardos [305] que, bien tratados, se hazen peores. Mas sus excessos son mi doctrina y no por esso soy justo. Desseo las fieras que me están aguardando, y ruego verme presto con ellas, a las quales regalaré y combidaré que me traguen de presto y que no hagan comigo lo que con otros, que no osaron tocarlos. Y si ellas no quisieren de su voluntad, yo las forçaré que me coman. Perdonadme, hijos, que yo sé bien lo que me conviene. Agora comienço a aprender a no apetecer nada de lo que se vee o no se vee, a fin de alcançar al Señor. Fuego y cruz y bestias fieras, heridas, divisiones, quebrantamientos de huessos, cortamientos de miembros, desatamiento de todo el cuerpo, y quanto puede herir el demonio, venga todo sobre mi como solamente gane yo a Christo. Nada me servirá toda la tierra, nada los reynos deste siglo. Muy mejor me es a mí morir por Christo que ser rey de todo el mundo. Al Señor desseo, al Hijo verdadero de Dios, a Christo Iesús, al que murió y resuscitó por nosotros. Perdonadme, hermanos míos, no me impidáys el caminar a la vida, que Iesús es la vida de los fieles. No queráys que muera yo, que muerte es la vida sin Christo [306].

Mas veamos agora cómo arde Sant Gregorio, el theólogo. ¡O luz del Padre!, dize, ¡o palabra de aquel entendimiento grandíssimo, aventajada sobre toda palabra! ¡O luz infinita de luz infinita! Unigénito, figura del Padre, sello del que no tiene principio, resplandor que juntamente resplandesces con él, fin de los siglos, claríssimo, resplandeciente, dador de riquezas immensas, assentado en throno alto, celestial, poderoso, de infinito valor, governador del mundo, y que das a todas las cosas fuerça que bivan. Todo lo que es y lo que será, tú lo hazes. Summo artífice a cuyo cargo está todo, porque a ti, o Christo, se deve que el sol en el cielo, con sus resplando-

[305] 'esbirros', 'sicarios' (leopardos, en sentido figurado)
[306] San Ignacio de Antioquía, *Epistola ad Romanos*, Migne, *Patr. Graeca*, V, 690-691.

*res, quite a las estrellas su luz, assí como en comparación
de tu luz son tinieblas los más claros espíritus. Obra tuya
es que la luna, luz de la noche, bive a vezes y muere,
y torna llena después, y concluye su buelta. Por ti, el
círculo que llamamos zodíaco, y aquella dança, como si
dixéssemos, tan ordenada del cielo, pone sazón y devidas leyes al año, mezclando sus partes entre sí y templándolas, como sin sentir, con dulçura. Las estrellas, assí
las fixas como las que andan y tornan, son pregoneros de
tu saber admirable. Luz tuya son todos aquellos entendimientos del cielo que celebran la Trinidad con sus cantos. También el hombre es tu gloria, que collocaste en
la tierra como ángel tuyo pregonero y cantor. ¡O lumbre claríssima, que por mí dissimulas tu gran resplandor!
¡O immortal y mortal por mi causa! Engendrado dos
vezes, alteza libre de carne, y a la postre, para mi remedio, de carne vestida. A ti bivo, a ti hablo, soy víctima
tuya; por ti la lengua encadeno, y agora por ti la desato,
y pídote, Señor, que me des callar y hablar como devo* [307].

Mas oygamos algo de los regalos de nuestro enamorado
Augustino. *¿Quién me dará,* dize, *Señor, que repose yo
en ti? ¿Quién me dará que vengas tú, Señor, a mi pecho
y que le embriagues, o que olvide mis males y que abrace
a ti solo, mi bien? ¿Quién eres, Señor, para mí —dame
licencia que hable—, o quién soy yo para ti, que mandas que te ame y, si no lo hago, te enojas comigo y me
amenazas con grandes miserias, como si fuesse pequeña
el mismo no amarte? ¡Ay, triste de mí! Dime, por tus
piedades, Señor y Dios mío, quién eres para mí. Di a
mi alma: «Yo soy tu salud.» Dilo como lo oya. Ves delante de ti mis oýdos del alma; tú los abre, Señor, y dile
a mi espíritu: «Yo soy tu salud.» Correré en pos desta
voz y asiréte. No quieras, Señor, asconderme tu cara.
Moriré para no morir si la viere. Estrecha casa es mi
alma para que a ella vengas, mas ensánchala tú. Caediza
es, mas tú la repara. Cosas tiene que offenderán a tus
ojos, sélo y confiéssolo. Mas ¿quién la hará limpia, o a*

[307] S. Gregorio, *Hymnus ad Christum*, Migne, *Patr. Graeca*,
XXXVII, 1325.

quien bozearé sino a ti? Límpiame, Señor, de mis encu-
biertas y perdona a tu siervo sus demasías [308].

No tiene este cuento fin, porque se acabará primero
la vida que el referir todo lo que los amadores de Christo
le dizen para demonstración de lo que le aman y quieren. Baste por todos lo que la Esposa dize, que sustenta [309] la persona de todos. Porque si el amor se manifiesta con palabras, o las suyas lo manifiestan, o no lo manifiestan ningunas. Comiença desta manera: *Béseme de be-*
sos de su boca, que mejores son tus amores que el vino.
Y prosigue diziendo: *Llévame en pos de ti, y correre-*
mos. Y añade: *Dime, ¡o Amado del alma! adónde sesteas*
y adónde apacientas al mediodía. Y repite después: *Ra-*
millete de flores de mirrha el mi Amado para mí, pondré-
le entre mis pechos. Y después, siendo alabada dél, le responde: *¡O, cómo eres hermoso, Amado mío!, y gentil y*
florida nuestra cama, y de cedros los techos de nuestros
retretes [310]. Y compáralo al mançano, y dize quánto desseó estar assentada a su sombra y comer de su fructa [311].
Y desmáyase luego de amor y, desmayándose, dize que la
socorran con flores porque desfallesce, y pide que el
Amado la abrace, y dize en la manera como quiere ser
abraçada [312]. Dize que le buscó en su lecho de noche y
que, no le hallando, levantada, salió de su casa en su
busca, y que rodeó la ciudad acuytada y ansiosa, y que le
halló, y que no le dexó hasta tornarle a su casa [313]. Dize
que en otra noche salió también a buscarle, que le llamó
por las calles a bozes, que no oyó su respuesta, que la
maltrataron las rondas, que les dixo a todos los que oyeron sus bozes: *Conjúroos, ¡o hijas de Hierusalem!, si*
sabréys de mi Amado, que le digáys que desfallezco de
amor. Y después de otras muchas cosas, le dize: *Ven,*
Amado mío, y salgamos al campo, hagamos vida en la
aldea, madrugaremos por la mañana a las viñas; veremos

[308] S. Agustín, *Confessiones*, Lib. I, cap. V.
[309] 'representa'
[310] *Cant.*, I, 1, 3, 6, 12, 16-17.
[311] *Cant.*, II, 3.
[312] *Cant.*, II, 5-6.
[313] *Cant.*, III, 1-4.

si da fructo [314] *la viña, si está en cierne la uva, si florescen los granados, si las mandrágoras esparzen olor. Allí te daré mis amores, que todos los fructos, assí los de guarda como los de no guarda, los guardo yo para ti* [315]. Y finalmente, abrasándose en bivo amor toda, concluye y le dize: *¿Quién te me dará a ti como hermano mío, mamante los pechos de mi madre? Hallaríate fuera, besaríate, y no me despreciaría ninguno, no haría befa de mí; asiría de ti, meteríate en casa de mi madre, abezaríasme, y daríate yo del adobado vino y del arrope de las granadas. Tu yzquierda debaxo de mi cabeça, y tu derecha me ceñiría en derredor* [316].

Pero escusadas son las palabras adonde bozean las obras, que siempre fueron los testigos del amor verdaderos. Porque hombre jamás, no digo muchos hombres, sino un hombre solo, por más amigo suyo que fuesse, ¿hizo las pruevas de amor que hazen y harán innumerables gentes por Christo en quanto los siglos duraren? Por amor deste *Amado* y por agradarle, ¿qué prueva no han hecho de sí infinitas personas? Han dexado sus naturales, hanse despojado de sus haziendas, hanse desterrado de todos los hombres, hanse desencarnado de todo lo que se parece [317] y se vee. De sí mismos mismos [318], de todo su querer y entender, hazen cada día renunciación perfectíssima, y, si es possible enagenarse un hombre de sí, y dividirse de sí misma nuestra alma, y en la manera que el spíritu [319] de Dios lo puede hazer y nuestro saber no lo entiende, se enagenan y se dividen amándole. Por él les ha sido la pobreza riqueza, y paraýso el desierto, y los tormentos deleyte, y las persecuciones descanso; y para que biva en ellos su amor, escogen el morir ellos a todas las cosas, y llegan a desfigurarse de sí, hechos como un subjecto puro sin fi-

---

[314] B: *fructo.* 1587 A, *fruto.*
[315] *Cant.*, V, 5 ss.
[316] *Cant.*, VIII, 1-3.
[317] 'se muestra', 'se manifiesta'
[318] Reiteración intensificativa, equivalente al actual 'mismísimos'. Curiosamente, F. García rechaza esta interpretación, afirmando sin más que se trata de una simple errata.
[319] 1587 A: *espíritu*

gura ni forma, para que el amor de Christo sea en ellos la forma, la vida, el ser, el parecer, el obrar y, finalmente, para que no se parezca en ellos más de su *Amado.* Que es, sin duda, el que sólo es amado por excellencia entre todo.

¡O grandeza de amor! ¡O el desseo único de todos los buenos! ¡O el fuego dulce, por quien se abrasan las almas! Por ti, Señor, las tiernas niñas abraçaron la muerte, por ti la flaqueza femenil holló sobre el fuego, tus dulcíssimos amores fueron los que poblaron los yermos. Amándote, a ti, ¡o dulcíssimo bien!, se enciende, se apura, se esclaresce, se levanta, se arroba, se anega el alma, el sentido, la carne.

Y paró Marcello aquí, quedando como suspenso, y poco después, abaxando la vista al suelo y encogiéndose todo:

—Gran osadía —dize— mía es querer alcançar con palabras lo que Dios haze en el ánima que ama a su *Hijo,* y la manera como es amado y quánto es amado. Basta, para que se entienda este amor, saber que es don suyo el amarle. Y basta conocer que en el amarle [320] consiste nuestro bien todo, para conoscer que el amor suyo, que bive en nosotros, no es una grandeza sola, sino un amontonamiento de bienes y de dulçuras y de grandezas innumerables, y que es un sol vestido de resplandores que, por mil maneras, hermosean el alma. Y para ver que se nombra devidamente Christo el *Amado,* basta saber que le ama Dios únicamente [321]. Quiero dezir que no solamente le ama mucho más que a otra cosa ninguna, sino que a ninguna ama sino por su respecto, o, para dezirlo como es, porque no ama sino a Christo en las cosas que ama. Porque su semejança de Christo, en la qual, por medio de la gracia, que es imagen de Christo, se transforma nuestra alma, y el mismo espíritu de Christo que en ella bive, y assí la haze una cosa con Christo, es lo que satisfaze a Dios en nosotros. Por donde sólo Christo es el *Amado,* por quanto todos los amados de Dios son Iesuchristo por

---

[320] B: *amarle.* 1587 A, *amarlo.*
[321] 'en forma única', 'incomparablemente'

la imagen suya que tienen impressa en el alma, y porque Iesuchristo es la hermosura con que Dios hermosea, conforme a su gusto, a todas las cosas, y la salud con que les da vida, y por esso se llama Iesús, que es el nombre de que diremos agora.

Y calló Marcello, y aviendo tomado algún reposo, tornó a hablar desta manera, puestos en Sabino los ojos:

[IESÚS] [322]

—El nombre de Iesús, Sabino, es el proprio nombre
de Christo, porque los demás que se han dicho hasta agora, y otros muchos que se pueden dezir, son nombres comunes suyos, que se dizen dél por alguna semejança que
tiene con otras cosas de las quales también se dizen los
mismos nombres. Los quales y los proprios diffieren, lo
uno, en que los proprios, como la palabra lo dize, son
particulares de uno y los comunes competen a muchos;
y lo otro, que los proprios, si están puestos con arte y
con saber, hazen significación de todo lo que ay en su
dueño, y son como imagen suya, como al principio diximos, mas los comunes dizen algo de lo que ay, pero no
todo. Assí que, pues *Iesús* es nombre proprio de Christo,
y nombre que se le puso Dios por la boca del ángel, por
la misma razón no es como los demás nombres, que le
significan por partes, sino como ninguno de los demás,
que dize todo lo dél y que es como una figura suya que
nos pone en los ojos su naturaleza y sus obras, que es
todo lo que ay y se puede considerar en las cosas.

Mas conviene advertir que Christo, assí como tiene dos
naturalezas, assí también tiene dos nombres proprios:
uno según la naturaleza divina en que nasce del Padre
eternamente, que solemos en nuestra lengua llamar *Verbo*
o *Palabra;* otro según la humana naturaleza, que es el que

---

[322] «Cima de su libro», considera Marcel Bataillon este tratado
de los *Nombres de Cristo,* de Fray Luis (*Erasmo y España,*
ed. cit., pág. 765).

pronunciamos *Iesús* [323]. Los quales, ambos son, cada uno conforme a su qualidad, retratos de Christo perfectos y enteros. Retratos, digo, enteros, que cada uno en su parte dize todo lo que ay en ella quanto a un nombre es possible. Y digamos de ambos y de cada uno por sí.

Y presupongamos primero que, en estos dos nombres, unos son los originales y otros son los traslados. Los originales son aquellos mismos que reveló Dios a los prophetas, que los escrivieron en la lengua que ellos sabían, que era syra [324] o hebrea. Y assí, en el primer nombre que dezimos *Palabra,* el original es *Dabar,* y en el segundo nombre, *Iesús,* el original es *Iehosuah* [325]; pero los traslados son estos mismos nombres en la manera como en otras lenguas se pronuncian y escriven. Y porque sea más cierta la doctrina, diremos de los originales nombres. De los quales, en el primero, *Dabar,* digo que es proprio nombre de Christo según la naturaleza divina, no solamente porque es assí de Christo que no conviene ni al Padre ni al Spíritu Sancto, sino también porque todo lo que por otros nombres se dize dél, lo significa sólo éste. Porque *Dabar* no dize una cosa sola, sino una muchedumbre de cosas, y dízelas comoquiera y por doquiera que le miremos, o junto a todo él, o a sus partes cada una por sí, a sus sýllabas y a sus letras [326].

Que lo primero, la primera letra, que es *D,* tiene fuerça de artículo, como *el* en nuestro español, y el officio

---

[323] *Cfr.* nota 85 del Libro I.

[324] 'siríaca'

[325] En 1587 *B,* las palabras y letras originales vienen también en grafía hebrea.

[326] Como observa K. Vossler, Fray Luis «no se cansa de interpretar sus consonantes y vocales, sus sílabas, de considerar sus posibilidades de interpretación y sus relaciones, con una devoción pueril, una gran erudición, con recursos escolásticos y sensibilidad artística. Abandonar la posición tímida del exegeta, muy atado siempre a la palabra, debía parecerle una imperdonable ligereza. De ahí que ciertos pasajes de estos diálogos platónico-ciceroniano-humanísticos puedan parecer al lector moderno demasiado medievales, pero el que tenga una formación histórica no se escandalizará de ese medievalismo, porque no presentan nada superfluo ni detonante». (*Fray Luis de León,* ed. cit., página 56.)

del artículo es reduzir a ser lo común, y como demostrar y señalar lo confuso, y ser guía del nombre, y darle su qualidad y su linage, y levantarle de quilates y añadirle excellencia, que todas ellas son obras de Christo, según que es la palabra de Dios; porque él puso ser a las cosas todas, y nos las sacó a luz y a los ojos, y les dio su razón y su linage, porque él, en sí, es la razón y la proporción y la compostura y la consonancia de todas, y las guía él mismo, y las repara si se empeoran, y las levanta y las sube siempre y por sus passos a grandíssimos bienes.

Y la segunda letra —que es *B*—, como Sant Hierónymo enseña [327], tiene significación de edificio, que es también propriedad de Christo, assí por ser el edificio original y como la traça de todas las cosas —las que Dios tiene edificadas y las que puede edificar, que son infinitas—, como porque fue el obrero dellas. Por donde también es llamado *Tabernáculo* en la Sagrada Escriptura, como Gregorio Niseno dize: *Tabernáculo es el Hijo de Dios unigénito, porque contiene en sí todas las cosas, el qual también fabricó tabernáculo de nosotros* [328]. Porque, como dezíamos, todas las cosas moraron en él eternamente antes que fuessen, y, quando fueron, él las sacó a luz y las compuso para morar él en ellas. Por manera que assí como él es casa, assí ordenó que también fuesse casa lo que nascía dél, y que de un tabernáculo nasciesse otro tabernáculo, y de un edificio otro, y que lo fuesse el uno para el otro, y a vezes [329]. Él es tabernáculo porque nosotros bivimos en él; nosotros lo somos porque él mora en nosotros. *Y la rueda está en medio la rueda, y los animales en las ruedas y las ruedas en los animales,* como Ezechiel escrivía [330], y están en Christo ambas las ruedas, porque en él está la divinidad del Verbo y la humanidad de su carne, que contiene en sí la universidad de todas las criaturas

---

[327] *Hebraici Alphabeti Interpretatio,* Migne, *Patr. Latina,* XXIII, 1505; *Epistola LXXX ad Paulam, ibid.,* XXII, 443.
[328] S. Gregorio de Nisa, *De vita Moysis,* Migne, *Patr. Graeca,* XLIV, 382.
[329] 'alternativamente'
[330] *Ez.,* I, 16-19.

ayuntadas y hechas una, en la forma que otras vezes he dicho.

La tercera letra de *Dabar* es la *R,* que, conforme al mismo doctor S. Hierónymo, tiene significación de cabeça o principio, y Christo es principio por propriedad [331]. Y él mismo se llama *Principio* en el Evangelio, porque en él se dio principio a todo [332], porque, como muchas vezes dezimos, es el original dellas, que no solamente demuestra su razón, y figura su ser, sino que les da el ser y la sustancia [333] haziéndolas. Y es principio también, porque en todos los linages de preeminencias y de bienes tiene él la preeminencia y el lugar más aventajado o, por dezir la verdad, en todos los bienes es él la cabeça de aquel bien, y como la fuente de donde mana y se deriva y se comunica a los demás que lo tienen; como escrive Sant Pablo [334], que es el principio y que en todo tiene las primerías. Porque en la orden del ser, él es el principio de quien les viene el ser a los otros; y en la orden del buen ser, él mismo es la cabeça que todo lo govierna y reforma. Pues en el bivir, él es el manantial de la vida; en el resuscitar, el primero que resuscita su carne y el que es virtud para que las demás resusciten; en la gloria, el padre y el océano della; en los reyes, el rey de todos, y en los sacerdotes, el sacerdote summo que jamás desfallesce; entre los fieles, su pastor; en los ángeles, su príncipe; en los rebeldes —o ángeles o hombres—, su señor poderoso; y, finalmente, él es el principio por donde quiera que le miremos.

Y aun también la *R* significa, según el mismo doctor, el espíritu [335], que aunque es nombre que conviene a todas las tres personas, y que se appropria al Spíritu Sancto por señalar la manera cómo se espira y procede, pero dízese Christo *Espíritu,* demás de lo común, por cierta particularidad y razón: lo uno, porque el ser esposo del alma es cosa que se attribuye al Verbo, y el alma es spíritu, y

---

[331] 'por derecho propio'
[332] 1587 *A: todas las cosas*
[333] *B: substancia*
[334] *Col.,* I, 18.
[335] *B: spíritu*

assí conviene que él lo sea y se lo llame, para que sea alma del alma y spíritu del spíritu; lo otro, porque, en el ayuntamiento que con ella tiene, guarda bien las leyes y la condición del spíritu, que se va y se viene, y se entra y se sale sin que sepáys cómo ni por dónde, como Sant Bernardo, hablando de sí mismo, lo dize con maravilloso regalo. Y quiero referir sus palabras, para que gustéys su dulçura. *Confiesso,* dize, *que el Verbo ha venido a mí muchas vezes, aunque no es cordura el dezirlo. Mas con aver entrado vezes en mí, nunca sentí quánto entrava. Sentíle estar en mi alma, acuérdome que le tuve comigo, y alguna vez pude sospechar que entraría, mas nunca le sentí ni entrar ni salir. Porque, ni aun agora puedo alcançar de dónde vino quando me vino, ni adónde se fué quando me dexó, ni por dónde entró o salió de mi alma. Conforme a aquello que dize:* No sabréys de dónde viene ni adónde se va [336]. *Y no es cosa nueva, porque él es a quien dizen:* Y la huella de tus pisadas no será conoscida [337]. *Verdaderamente, él no entró por los ojos, porque no es subjecto a color; ni tampoco por los oýdos, porque no hizo sonido; ni menos por las narizes, porque no se mezcló con el ayre; ni por la boca, porque ni se beve ni se come; ni con el tacto le sentí, porque no es tal que se toca. ¿Por dónde, pues, entró? O, por ventura, no entró, porque no vino de fuera, que no es cosa alguna de las que están por de fuera. Mas ni tampoco vino de dentro de mí, porque es bueno, y yo sé que en mí no ay cosa que buena sea. Subí, pues, sobre mí, y hallé que este Verbo aun estava más alto. Descendí debaxo de mí, inquisidor curioso, y también hallé que aun estava más baxo. Si miré a lo de fuera, vile aun más fuera que todo ello. Si me bolví para dentro, halléle dentro también. Y conoscí ser verdad lo que avía leýdo:* Que bivimos en él, y nos movemos en él, y somos en él [338]. *Y dichoso aquel que a él bive y se mueve. Mas preguntará alguno: «Si es tan impossible alcançarle y entenderle sus passos, ¿de dónde sé yo que estuvo presente en mi alma?»* Porque

---

[336] *In.,* III, 8.
[337] *Sal.* LXXVI, 20.
[338] *Act.,* XVII, 28.

es efficaz y bivo este Verbo, y assí, luego que entró, despertó mi alma, que se adormía. Movió y ablandó y llagó mi coraçón, que estava duro y de piedra y mal sano. Començó luego a arrancar y a deshazer, y a edificar y a plantar, a regar lo seco y a resplandescer en lo escuro, a traer lo torcido a derechez y a convertir las asperezas en caminos muy llanos, de arte que bendizen al Señor mi alma y todas mis entrañas a su sanctíssimo nombre. Assí que, entrando el Verbo Esposo algunas vezes a mí, nunca me dio a conoscer que entrava con ningunas señas; no con boz, no con figura, no con sus passos. Finalmente, no me fue notorio por ningunos movimientos suyos ni por ningunos sentidos míos el avérseme lançado en lo secreto del pecho. Solamente, como he dicho, de lo que el coraçón me bullía entendí su presencia. De que huyan los vicios, y los affectos carnales se detenían conoscí la fuerça de su poder. De que traýa a luz mis secretos, y los descutía y redargüýa, me admiré de la alteza de su sabiduría. De la emienda de mis costumbres, qualquiera que ella se sea, experimenté la bondad de su mansedumbre. De la renovación y reformación del espíritu de mi alma, esto es, del hombre interior, percebí como pude la hermosura de su belleza. Y de la vista de todo esto juntamente, quedé assombrado de la muchedumbre de sus grandezas sin cuento. Mas porque todas estas cosas, luego que el Verbo se aparta, como quando quitan el fuego a la olla que hierve, comiençan con una cierta flaqueza a caerse torpes y frías, y por aquí, como por señal, conoscía yo su partida, fuerça es que mi alma quede triste y lo esté hasta que otra vez buelva y torne, como solía, a calentarse mi coraçón en mí mismo, y conozca yo assí su tornada. Esto es de Bernardo [339].

Por manera que el nombre *Dabar,* en cada una de sus letras [340], significa alguna propriedad de las que Christo tiene. Y si juntamos las letras en sýllabas, con las sýllabas lo significa mejor, porque las que tiene son dos, *da* y *bar,*

---

[339] *Sermones in Cantica canticorum,* Migne, *Patr. Latina,* CLXXXIII, 1141.

[340] Se refiere, evidentemente, sólo a las consonantes, pues en hebreo no se escriben las vocales.

que, juntamente, quieren dezir *el hijo,* o *éste es el hijo,* que, como Iuliano agora dezía, es lo proprio de Christo y a lo que el Padre alludió quando desde la nuve y en el monte de la gloria de Christo, dixo a los tres escogidos discípulos: *Este es mi hijo* [341], que fue como dezir, es *Dabar,* es el que nasció eterna e invisiblemente de mí, nascido agora rodeado de carne y visible. Y como aya muchos nombres que significan *el hijo* en la lengua desta palabra, a ella con mysterio le cupo este solo, que es *bar,* que tiene origen de otra palabra que significa *el sacar a luz* y *el criar,* porque se entienda que el hijo que dize y que significa este nombre es hijo que saca a luz y que cría o, si lo podemos dezir assí, es hijo que ahija a los hijos y que tiene la filiación en sí de todos.

Y aun si leemos al revés este nombre, nos dirá también alguna maravilla de Christo. Porque *bar,* buelto y leýdo al contrario, es *rab,* y *rab* es *muchedumbre* y *ayuntamiento,* o *amontonamiento de muchas cosas excelentes en una,* que es puntualmente lo que vemos en Christo, según que es Dios y según que es hombre. Porque en su divinidad están las ideas y las razones de todo, y en su humanidad las de todos los hombres, como ayer en sus lugares se dixo [342].

Mas vengamos a todo el nombre junto por sí, y veamos lo que significa, ya que avemos dicho lo que nos dizen sus partes, que no son menos maravillosas las significaciones de todo él que las de sus letras y sýllabas. Porque *Dabar,* en la Sagrada Escriptura, dize muchas y differentes grandezas. Que lo primero, *Dabar* significa *el verbo que concibe el entendimiento en sí mismo,* que es una como imagen entera e ygual de la cosa que entiende. Y Christo, en esta manera, es *Dabar,* porque es la imagen que de sí concibe y produze, quando se entiende, su Padre. Y *Dabar* significa también *la palabra que se forma en la boca,* que es imagen de lo que el ánimo esconde. Y Christo también es *Dabar* assí, porque no solamente es imagen del Padre escondida en el Padre y para solos sus

---

[341] *Mt.,* XVII, 5.
[342] *B: se dixo en sus lugares.*

ojos, sino es imagen suya para todos, e imagen que nos le representa a nosotros, e imagen que le saca a luz y que le imprime en todas las cosas que cría. Por donde Sant Pablo convenientemente le llama *Sello del Padre* [343], assí porque el Padre se sella en él y se debuxa del todo, como porque imprime él como sello, en todo lo que cría y repara, la imagen dél que en sí tiene. Y *Dabar* también significa *la ley y la razón,* y *lo que pide la costumbre y estilo,* y, finalmente, *el dever en lo que se haze,* que son todas qualidades de Christo, que es, según la divinidad, la razón de las criaturas, y la orden de su compostura y su fábrica, y la ley por quien deven ser medidas, assí en las cosas naturales como en las que exceden lo natural, y es el estilo de la vida y de las obras de Dios, y el dever a que tienen de mirar todas las cosas que no quieren perderse, porque lo que todas hazer deven es el allegarse a Christo y el figurarse dél [344] y el ajustarse siempre con él. Y *Dabar* también significa *el hecho señalado que de otro procede,* y Christo es la más alta cosa que procede de Dios, y en lo que el Padre enteramente puso sus fuerças, y en quien se traspassó y comunicó cabalmente. Y si lo devemos dezir assí, es la grandíssima hazaña y la única hazaña del Padre, preñada de todas las demás grandezas que el Padre haze, porque todas las haze por él. Y assí es luz nascida de luz, y fuente de todas las luzes, y sabiduría de sabiduría nascida, y manantial de todo el saber, y poderío y grandeza y excellencia, y vida e immortalidad, y bienes sin medida ni cuenta, y abysmo de noblezas immensas, nascidas de yguales noblezas y engendradoras de todo lo poderoso y grande y noble que ay. Y *Dabar* dize todo aquesto que he dicho, porque significa todo lo grande y excellente y digno de maravilla que de otro procede.

Y significa también, y con esto concluyo, *qualquiera cosa de ser,* y por la misma razón *el ser mismo y la realidad de las cosas,* y assí, Christo devidamente es llamado por nombre proprio *Dabar,* porque es la cosa que más es de todas las cosas, y el ser primero y original de donde

---

[343] *Heb.,* I, 3.
[344] 'el tomar su figura'

les mana a las criaturas su ser, su substancia, su vida, su obra.

Y esto quanto a *Dabar,* que justo es que digamos ya de *Iesús,* que, como dezimos, también es nombre de Christo proprio y que le conviene según la parte que es hombre. Porque assí como *Dabar* es nombre proprio suyo según que nasce de Dios, por razón de que este nombre solo, con sus muchas significaciones, dize de Christo lo que otros muchos nombres juntos no dizen, assí *Iesús* es su proprio nombre según la naturaleza humana que tiene, porque, con una significación y figura que tiene sola, dize la manera del ser de Christo hombre, y toda su obra y officio, y le representa y significa más que otro ninguno. A lo qual mirará todo lo que desde agora dixere. Y no diré del número de las letras que tiene este nombre, ni de la propriedad de cada una dellas por sí, ni de la significación singular de cada una, ni de lo que vale en razón de arithmética [345], ni del número que resulta de todas, ni del poder ni de la fuerça que tiene este número, que son cosas que las consideran algunos y sacan mysterios dellas, que yo no condeno; mas déxolas, porque muchos las dizen, y porque son cosas menudas y que se pintan mejor que se dizen.

Sola una cosa déstas diré, y es que el original deste nombre *Iesús,* que es *Iehosuah* [346] como arriba diximos, tiene todas las letras de que se compone el nombre de Dios, que llaman de quatro letras, y demás dellas tiene otras dos. Pues, como sabéys [347], el nombre de Dios de quatro letras, que se encierra en este nombre, es nombre que no se pronuncia, o porque son vocales todas, o porque no se sabe la manera de su sonido, o por la religión y respecto que devemos a Dios, o porque, como yo algunas vezes sospecho, aquel nombre y aquellas letras hazen la señal con que el mudo [348] que hablar no puede, o

---

[345] En hebreo, como en latín, los números se representan por letras.

[346] En hebreo, en el original.

[347] En efecto, un resumen de lo que expone a continuación aparece, al principio de los diálogos, cuando trata «De los nombres en general». (*Cfr.* nota 66 del Lib. I.)

[348] *mundo,* por errata evidente, en el original.

qualquiera que no osa hablar, significa su affecto y mudez con un sonido rudo y desatado y que no haze figura [349], que llamamos interjectión en latín, que es una boz tosca y, como si dixéssemos, sin rostro y sin faciones ni miembros; que quiso Dios dar por su nombre a los hombres la señal y el sonido de nuestra mudez para que entendiéssemos que no cabe Dios ni en el entendimiento ni en la lengua, y que el verdadero nombrarle es confessarse la criatura por muda todas las vezes que le quisiere nombrar, y que el embaraço de nuestra lengua y el silencio nuestro quando nos levantamos a él es su nombre y loor, como David lo dezía; assí que es nombre ineffable y que no se pronuncia este nombre. Mas aunque no se pronuncia en sí, ya véys que en el nombre de *Iesús,* por razón de dos letras que se le añaden, tiene pronunciación clara y sonido formado y significación entendida, para que acontezca [350] en el nombre lo mismo que passó en Christo, y para que sea, como dicho tengo, retrato el nombre del ser. Porque, por la misma manera, en la persona de Christo se junta la divinidad con el alma y con la carne del hombre; y la palabra divina, que no se leýa, junta con estas dos letras, se lee, y sale a luz lo escondido, hecho conversable y visible, y es Christo un *Iesús,* esto es, un ayuntamiento de lo divinio y humano, de lo que no se pronuncia y de lo que pronunciarse puede, y es causa que se pronuncie lo que se junta con ello.

Mas en esto no passemos de aquí, sino digamos ya de la significación del nombre de *Iesús,* cómo él conviene a Christo, y cómo es sola de Christo, y cómo abraça todo lo que dél se dize, y las muchas maneras como aquesta significación le conviene.

Iesús, pues, significa *salvación* o *salud,* que el ángel assí lo dixo [351]. Pues si se llama *Salud* Christo, cierto será que lo es, y si lo es, que lo es para nosotros, porque para sí no tiene necessidad de salud el que en sí no padesce falta ni tiene miedo de padecerla. Y si para nosotros Christo es *Iesús* y *Salud,* bien se entiende que tenemos

---

[349] o sea, 'inarticulado'
[350] *B: acontesca*
[351] *Lc.,* I, 31.

enfermedad nosotros, para cuyo remedio se ordena la salud de *Iesús*. Veamos, pues, la qualidad de nuestro estado miserable, y el número de nuestras flaquezas, y los daños y males nuestros, que dellos conosceremos la grandeza desta *salud* y su condición, y la razón que tiene Christo para que el nombre *Iesús*, entre tantos nombres suyos, sea su proprio nombre.

El hombre, de su natural, es movedizo y liviano y sin constancia en un ser, y, por lo que heredó de sus padres, es enfermo en todas las partes de que se compone su alma y su cuerpo. Porque en el entendimiento tiene obscuridad, y en la voluntad flaqueza, y en el apetito perversa inclinación, y en la memoria olvido, y en los sentidos en unos engaño y en otros fuego, y en el cuerpo muerte, y desorden entre todas estas cosas que he dicho, y dissensiones y guerra, que le hazen occasionado [352] a qualquier género de enfermedad y de mal. Y lo que peor es, heredó la culpa de sus padres, que es enfermedad en muchas maneras, por la fealdad suya que pone, y por la luz y la fuerça de la gracia que quita, y porque nos enemista con Dios, que es fiero enemigo, y porque nos subjecta al demonio y nos obliga a penas sin fin. A esta culpa común añade cada uno las suyas, y, para ser del todo miserables, como malos enfermos, ayudamos el mal y nos llamamos la muerte con los excessos que hazemos. Por manera que nuestro estado, de nuestro nascimiento, y por la mala electión de nuestro albedrío, y por las leyes que Dios contra el peccado puso, y por las muchas cosas que nos combidan siempre a peccar, y por la tyrannía cruel y el sceptro duríssimo que el demonio sobre los peccadores tiene, es infelicíssimo [353] y miserable estado sobre toda manera, por dondequiera que le miremos. Y nuestra enfermedad no es una enfermedad, sino una summa sin número de todo lo que es doloroso y enfermo [354].

El remedio de todos estos males es Christo, que nos libra dellos en las formas que ayer y oy se ha dicho en

---

[352] 'expuesto', 'propenso'
[353] *B: infelíssimo*
[354] *B: enfermo y doloroso.*

differentes lugares; y porque es el remedio de todo ello, por esso es y se llama *Iesús,* esto es, *Salvación* y *Salud.* Y es grandíssima salud, porque la enfermedad es grandíssima; y nómbrase propriamente della, porque, como la enfermedad es de tantos senos, y enramada con tantos ramos, todos los demás officios de Christo, y los nombres que por ellos tiene, son como partes que se ordenan a esta salud, y el nombre de *Iesús* es el todo, según que todo lo que significan los otros nombres, o es parte desta salud que es Christo y que Christo haze en nosotros, o se ordena a ella, o se sigue della por razón necessaria. Que si es llamado *Pimpollo* Christo, y si es, como dezíamos, el parto común de las cosas, ellas, sin duda, le parieron para que fuesse su *Iesús* y salud. Y assí Esaías, quando les pide que lo paran y que lo saquen a luz, y les dize: *Rociad, cielos, dende lo alto, y vos, nuves, lloved al Justo,* luego dize el fin para que le han de parir, porque añade: *Y tú, tierra, fructificarás la salud* [355]. Y si es *Fazes* [356] *de Dios,* eslo porque es nuestra salud, la qual consiste en que nos assemejemos a Dios y le veamos, como Christo lo dize: *Esta es la vida eterna, conoscerte a ti y a tu Hijo* [357]. Y también si le llamamos *Camino* y si le nombramos *Monte,* es camino porque es guía, y es monte porque es defensa, y cierto es que no nos fuera *Iesús* si no nos fuera guía y defensa, porque la salud ni se viene a ella sin guía ni se conserva sin defensa.

Y de la misma manera es llamado *Padre del Siglo Futuro,* porque la salud que el hombre pretende no se puede alcançar si no es engendrado otra vez. Y assí, Christo no fuera nuestro *Iesús* si primero no fuera nuestro engendrador y nuestro padre. También es *Braço* y *Rey de Dios* y *Príncipe de paz: Braço* para nuestra libertad, *Rey y Príncipe* para nuestro govierno; y lo uno y lo otro, como se vee, tienen orden a la salud: lo uno que se le presupone y lo otro que la sustenta. Y assí, porque Christo es *Iesús,* por el mismo caso es *Braço* y es *Rey.* Y lo mismo podemos dezir del nombre de *Esposo,* porque no es perfecta

[355] *Is.,* XLV, 8.
[356] *B: Fazes.* 1587 *A: Faces.*
[357] *Jn.,* XVII, 3.

la salud sola y desnuda si no la acompaña el gusto y deleyte [358]. Y esta es la causa por que Christo, que es perfecto *Iesús* nuestro, es también nuestro esposo, conviene a saber: es el deleyte del alma y su compañía dulce, y será también su marido, que engendrará della y en ella generación casta y noble y eterna, que es cosa que nasce de la salud entera, y que de ella se sigue. De arte que, diziendo que se llama Christo *Iesús,* dezimos que es *Esposo* y *Rey,* y *Príncipe de paz* y *Braço,* y *Monte* y *Padre,* y *Camino* y *Pimpollo,* y es llamarle, como también la Escriptura le llama, *Pastor* y *Oveja, Hostia* y *Sacerdote, León* y *Cordero, Vid, Puerta, Médico, Luz, Verdad* y *Sol de justicia,* y otros nombres assí.

Porque si es verdaderamente *Iesús* nuestro, como lo es, tiene todos estos officios y títulos, y si le faltaran, no fuera *Iesús* entero ni salud cabal, assí como nos es necessaria. Porque nuestra salud, presuppuesta la condición de nuestro ingenio, y la qualidad y muchedumbre de nuestras enfermedades y daños, y la corrupción que avía en nuestro cuerpo, y el poder que por ella tenía en nuestra alma el demonio, y las penas a que la condenavan sus culpas, y el enojo y la enemistad contra nosotros de Dios, no podía hazerse ni venir a colmo si Christo no fuera *pastor* que nos apascentara y guiara, y *oveja* que nos alimentara y vistiera, y *hostia* que se offresciera por nuestras culpas, y *sacerdote* que interviniera por nosotros y nos desenojara a su Padre, y *león* que despedaçara al león enemigo, y *cordero* que llevara sobre sí los peccados del mundo, y *vid* que nos comunicara su xugo, y *puerta* que nos metiera en el cielo, y *médico* que curara mil llagas. y *verdad* que nos sacara de error, y *luz* que nos alumbrara los pies en la noche desta vida escuríssima, y, finalmente, *sol de justicia* que en nuestras almas, ya libres por él, nasciendo en el centro dellas, derramara por todas las partes dellas sus luzidos rayos para hazerlas claras y hermosas. Y assí, el nombre de *Iesús* está en todos los nombres que Christo tiene, porque todo lo que en ellos ay

---

[358] B: *y el deleyte.*

se endereça y encamina a que Christo sea perfectamente *Iesús*. Como escrive bien Sant Bernardo, diziendo:

Dize Esaías: Será llamado Admirable, Consejero, Dios, Fuerte, Padre del siglo futuro, Príncipe de paz [359]. *Ciertamente, grandes nombres son éstos, mas ¿qué se ha hecho del nombre que es sobre todo nombre, el nombre de Iesús, a quien se doblan todas las rodillas? Sin duda hallarás este nombre en todos estos nombres que he dicho, pero derramado por cierta manera, porque dél es lo que la Esposa amorosa dize:* Ungüento derramado tu nombre [360]. *Porque de todos aquestos nombres resulta un nombre,* Iesús, *de manera que no lo fuera ni se lo llamara si alguno dellos le faltara por caso. ¿Por ventura cada uno de nosotros no vee en sí y en la mudança de sus voluntades que se llama Christo* Admirable? *Pues esso es ser* Iesús. *Porque el principio de nuestra salud es, quando començamos a aborrescer lo que antes amávamos, dolernos de lo que nos dava alegría, abraçarnos con lo que nos ponía temor, seguir lo que huyamos, y dessear con ansia lo que desechávamos con enfado. Sin duda, admirable es quien haze tan grandes maravillas. Mas conviene que se muestre también consejero en el escoger de la penitencia y en el ordenar de la vida, porque acaso no nos lleve el zelo demasiado, ni le falte prudencia al buen desseo. Pues también es menester que experimentemos que es Dios, conviene a saber, en el perdonar lo passado, porque no ay sin este perdón salud, ni puede nadie perdonar pecados, si no es sólo Dios. Mas ni aun esto basta para salvarnos, si no se nos mostrare ser fuerte, defendiéndonos de quien nos guerrea, para que no vençan los antiguos desseos, y sea peor que lo primero lo postrero. ¿Paréceos que falta algo para quien es, por nombre y por officio,* Iesús? *Sin duda faltara una cosa muy grande si no se llamara y si no fuera* Padre del siglo futuro, *para que engendre y resuscite a la vida sin fin a los que somos engendrados para la muerte por los padres deste presente siglo.*

---

[359] *Is.*, IX, 6.
[360] *Cant.*, I, 2.

Ni aun esto bastara si, como Príncipe de paz, *no nos pacificara a su Padre, a quien hará entrega del reyno* [361].

De lo qual todo, Sant Bernardo concluye que los nombres que Christo tiene son todos necessarios para que se llame enteramente *Iesús,* porque, para ser lo que este nombre dize, es menester que tenga Christo y que haga lo que significan todos los otros nombres. Y assí, el nombre de *Iesús* es proprio nombre suyo entre todos. Y es suyo proprio también porque, como el mismo Bernardo dize, no le es nombre postizo, sino nascido nombre, y nombre que le trahe embevido en el ser, porque, como diremos en su lugar, su ser de Christo es *Iesús* porque todo quanto en Christo ay es salvación y salud. La qual, demás de lo dicho, quiso Christo que fuesse su nombre proprio para declararnos su amor. Porque no escogió para nombrarse ningún otro título suyo de los que no miran a nosotros, teniendo tantas grandezas en sí quanto es justo que tenga en quien, como Sant Pablo dize [362], reside de assiento y como corporalmente toda la riqueza divina, sino escogió para su nombre proprio lo que dize los bienes que en nosotros haze y la salud que nos da, mostrando claríssimamente lo mucho que nos ama y estima, pues de ninguna de sus grandezas se precia ni haze nombre sino de nuestra salud. Que es lo mismo que a Moysén dixo en el *Éxodo,* quando le preguntava su nombre para poder dezir a los hijos de Israel que Dios le embiava, porque dize allí assí: *Desta manera dirás a los hijos de Israel: El señor Dios de vuestros padres, Dios de Abraham y Dios de Isaac y Dios de Iacob, me embía a vosotros, que éste es mi nombre para siempre y mi apellido en la generación de las generaciones* [363]. Dize que es su nombre *Dios de Abraham,* por razón de lo que hasta agora ha hecho y hará siempre por sus hijos de Abraham, que son todos los que tienen su fe: Dios que nasce de Abraham, que govierna a Abraham, que lo defiende, que lo multiplica, que

[361] S. Bernardo, *In circumcissione Domini, Sermo II,* Migne, *Patr. Latina,* CLXXXIII, 136.
[362] *Col.,* II, 9.
[363] *Éx.,* III, 15.

lo repara y redime y bendize, esto es, Dios que es *Iesús* de Abraham.

Y dize que este nombre es el nombre proprio suyo, y el apellido que él más ama, y el título por donde quiere ser conoscido y de que usa y usará siempre, y señaladamente *en la generación de las generaciones,* esto es, en el renascer de los hombres nascidos, y en el salir a la luz de la justicia los que avían ya salido a esta visible luz llenos de miseria y de culpa, porque en ellos propriamente, y en aquel nascimiento, y en lo que le pertenesce y se le sigue, se muestra Christo a la clara *Iesús.* Y como en el monte, quando Moysén subió a ver la gloria de Dios porque Dios le avía prometido mostrársela, quando le puso en el hueco de la peña y le cubrió con la mano y le passó por delante, quanto mostró a Moysén de sí, lo encerró en estas palabras que le dixo: *Yo soy amoroso entrañablemente, compassivo, ancho de narizes* [364], *suffrido y de mucha espera, grande en perdón, fiel y leal en la palabra, y que estiendo mis bienes por mil generaciones de hombres* [365], como diziendo que su ser es misericordia, y de lo que se precia es piedad, y que sus grandezas y perfectiones se resumen en hazer bien, y que todo quanto es y quanto quiere ser es blandura y amor, assí, quando se nos mostró visible a los ojos, no subiendo nosotros al monte, sino decendiendo él a nuestra baxeza, todo lo que de sí nos descubre es *Iesús. Iesús* es su ser, *Iesús* son sus obras, y *Iesús* es su nombre, esto es, piedad y salud.

Mas quiso Christo tomar por nombre proprio a la *Salud,* que es *Iesús,* porque *salud* no es un solo bien, sino una universalidad de bienes innumerables. Porque en la salud están las fuerças, y la ligereza del movimiento, y el buen parecer, y la habla agradable, y el discurso entero de la razón, y el buen exercicio de todas las partes y de todas las obras del hombre. El bien oýr, el buen ver y la buena dicha y la industria, la salud la contiene en sí misma. Por manera que *salud* es una preñez de todos los bienes. Y assí, porque Christo es esta preñez verdaderamente, por

[364] 'tolerante', 'manso'
[365] *Éx.,* XXXIV, 6-7.

esso este nombre es el que más le conviene, porque Christo, assí como en la divinidad es la idea y el thesoro y la fuente de todos los bienes, conforme a lo que poco ha se dezía, assí, según la humanidad, tiene todos los reparos y todas las medicinas y todas las saludes que son menester para todos. Y assí, es bien y salud universal, no sólo porque a todos haze bien, ni solamente porque tiene en sí la salud que es menester para todos los males, sino también porque en cada uno de los suyos haze todas las saludes y bienes, y para cada uno le es *Iesús* de innumerables maneras. Porque aunque entre los justos ay grados, assí en la gracia que Dios les da como en el premio que les dará de la gloria, pero ninguno dellos ay que no tenga por Christo, no sólo todos los reparos que son necessarios para librarse del mal, sino también todos los bienes que son menester para ser ricos perfectamente, esto es, que no ay dellos ninguno a quien a la fin *Iesús* no les dé salud perfecta en todas sus potencias y partes, assí en el alma y sus fuerças como en el cuerpo y sus sentidos.

Por manera que en cada uno haze todas las saludes que en todos, limpiando la culpa, dando libertad del tyranno, rescatando del infierno, vistiendo con la gracia, comunicando su mismo espíritu, embiando sobre ellos su amparo y, últimamente, resuscitando y glorificando los sentidos y el cuerpo. Y lo uno y lo otro —las muchas saludes que Christo haze en cada uno de los suyos, y la copia universal que en sí tiene de salud y de *Iesús*—, dize David maravillosamente en el verso quarto del psalmo ciento y nueve, que yo declaré ayer por una manera, y vos, Iuliano, poco ha, lo declarastes en otra, y consintiéndolas la letra todas, admite también la tercera, porque le podemos muy bien leer assí: *Tu pueblo, noblezas en aquel día; tu exército* (noblezas) *en los resplandores sanctos, que más que el vientre y más que la mañana ay en ti rocío de tu nascimiento* [366]. Porque dize que en el día que amanecerá quando se acabare la noche deste siglo escuríssimo —que es verdaderamente día porque [367] no camina a la noche, y día

[366] *Sal.* CIX, 3.
[367] B: *que*

porque resplandescerá en él la verdad, y assí será día de resplandores sanctíssimos, porque el resplandor de los justos, que agora se esconde en su pecho dellos, saldrá a luz entonces y se descubrirá en público, y les resplandescerá por los ojos y por la cara y por todos los sentidos del cuerpo—, pues en aquel día, que es día, todo el pueblo de Christo será *noblezas:* Que llama *pueblo de Christo* a los justos solos, porque en la Escriptura ellos son los que se llaman *pueblo de Dios,* dado que Christo es universal señor de todas las cosas. Y a los mismos que llama *pueblo,* llama después *exército* o *esquadrón* o, puntualmente, como suena la letra original, *poderío de Christo,* según que en el español antiguo llamavan *poderes* al ayuntamiento de gentes de guerra [368]. Y llama a los justos assí, no porque ellos hazen a Christo poderoso, como en la tierra los muchos soldados hazen poderosos los reyes, sino porque son prueva del grandíssimo poder de Christo todos juntos y cada uno por sí; del poder, digo, de su virtud, y de la efficacia de su espíritu [369], y de la fuerça de sus manos no vencidas, con que los sacó de la postrera miseria a la felicidad de la vida.

Pues este pueblo y esquadrón de Christo, luzido, dize que *todo es noblezas,* porque cada uno dellos es, no una nobleza sino muchas noblezas, no una salud sino muchas saludes, por razón de las no numerables saludes que Christo en ellos pone por su nobleza infinita, cercándolos de salud y levantando por todas sus almenas dellos señal de victoria. Lo qual puede bien hazer Iesuchristo por lo que se sigue, y es que *tiene en sí rocío de su nascimiento más que vientre y más que aurora,* porque *rocío* llama la efficacia de Christo y la fuerça del espíritu [370] que da, que en las divinas letras suele tener nombre de agua; y llámale

---

[368] En este sentido hay que entender la frase de Cisneros, señalando desde un balcón a sus soldados: «Estos son *mis poderes*». Compárese con el pasaje equivalente del romance *Pártese el moro Alicante:* «Díjole: —Gonzalo Gustos, mira quién conocerás; / que lidiaron *mis poderes* en el campo de Almenar». *(El Romancero Viejo,* ed. de M. Díaz Roig, Madrid, Cátedra, 1976, página 131.)

[369] *B: spíritu*

632

rocío de nascimiento porque haze con él que nascan los suyos a la buena vida y a la dichosa vida; y nómbrale *su nascimiento* porque lo haze él y porque, nasciendo ellos en él, él también nasce en ellos. Y dize: *más que vientre y más que aurora,* para significar la efficacia y la copia de aqueste rocío. *La efficacia,* como diziendo que con el rocío de *Iesús* que en sí tiene, saca los suyos a luz de vida bienaventurada, muy más presto y muy más cierto que sale el sol al aurora o que nasce el parto maduro del vientre lleno. Y *la copia* desta manera: que tiene Christo en sí más rocío de *Iesús,* para serlo, que quanto embían las fuentes y sus manantiales, que son como el vientre donde se conciben y de donde salen las aguas, y assí son, como suena la palabra original, la *madre* dellas; y, en castellano, la canal por donde el río corre dezimos que es la *madre* del río.

Pero vamos más adelante. La salud es un bien que consiste en proporción y en armonía de cosas differentes, y es una como música concertada que hazen entre sí los humores del cuerpo, y lo mismo es el officio que Christo haze, que es otra causa por que se llama *Iesús.* Porque no solamente, según la divinidad, es la armonía y la proporción de todas las cosas, mas también según la humanidad es la música y la buena correspondencia de todas las partes del mundo. Que assí dize el Apóstol que *pacifica con su sangre, assí lo que está en el cielo como lo que reside en la tierra* [371]. Y en otra parte [372] dize también que quitó de por medio la división que avía entre los hombres y Dios, y en los hombres entre sí mismos, unos con otros, los gentiles con los iudíos, y que hizo de ambos uno. Y por lo mismo es llamado *piedra,* en el psalmo, *puesta en la cabeça del ángulo* [373]. Porque es la paz de todo lo differente, y el ñudo que ata en sí lo visible con lo que no se vee, y lo que concierta en nosotros la razón y el sentido, y es la melodía acordada y dulce sobre toda ma-

---

[370] *B: spíritu*
[371] *Col.,* I, 20.
[372] *Ef.,* II, 14-16.
[373] *Sal.* CXVII, 22.

633

nera, a cuyo sancto sonido todo lo turbado se acquieta y compone [374]. Y assí es *Iesús* con verdad.

Demás desto, llámase Christo *Iesús* y *Salud*, para que por este su nombre entendamos quál es su obra propria y lo que haze señaladamente en nosotros, esto es, para que entendamos en qué consiste nuestro bien y nuestra sanctidad y justicia, y lo que avemos de pedirle que nos dé, y esperar dél que nos lo dará. Porque assí como la salud en el enfermo no está en los refrigerantes que le aplican por defuera, ni en las epítimas [375] que en el coraçón le ponen, ni en los regalos que para su salud ordenan los que le aman y curan, sino consiste en que, dentro dél, sus qualidades y humores, que excedían el orden, se compongan y se reduzgan a templança devida, y, hecho esto en lo secreto del cuerpo, luego, lo que parece defuera, sin que se le aplique cosa alguna, se tiempla y cobra su buen parecer y su color conveniente, assí es salud Christo, porque el bien que en nosotros haze es como aquesta salud, bien propriamente, no de sola aparencia ni que toca solamente en la sobrehaz y en el cuero, sino bien secreto, y lançado en las venas, y metido y embevido en el alma, y bien, no que solamente pinta las hojas, sino que propria y principalmente mundifica [376] la raýz y la fortifica. Por donde dezía bien el Propheta: *Regozíjate, hija de Sión, y derrama loores, porque el Sancto de Israel está en medio de ti* [377]. Esto es, no alderredor de ti, sino dentro de tus entrañas, en tus tuétanos mismos, en el meollo de tu coraçón, y verdaderamente de tu alma en el centro.

Porque su obra propria de Christo es ser *salud* y *Iesús*, conviene a saber: componer entre sí y con Dios las partes secretas del alma, concertar sus humores e inclinaciones, apagar en ella el secreto y arraygado fuego de sus passiones y malos desseos; que el componer por defuera

---

[374] El recuerdo de la *Oda a Salinas* —estrs. 1-3— es aquí claro, incluso en las palabras.

[375] Según Covarrubias, «confortativo que se supone sobre el corazón, y vale tanto como *sobrepuesto*». Por evolución fonética, «epítima» derivó en «bizma».

[376] 'limpia'

[377] *Is.,* XII, 6.

el cuerpo y la cara, y el exercicio exterior de las ceremonias —el ayunar, el disciplinar, el velar, con todo lo
demás que a esto pertenesce—, aunque son cosas sanctas
si se ordenan a Dios, assí por el buen exemplo que res-
ciben dellas los que las miran, como porque disponen y
encaminan el alma para que Christo ponga mejor en ella
aquesta secreta salud y justicia que digo, mas la sanctidad formal y pura, y la que propriamente Christo haze
en nosotros, no consiste en aquello. Porque su obra es
salud, que consiste en el concierto de los humores de
dentro, y essas cosas son posturas y refrigerantes o fo-
mentaciones de fuera, que tienen aparencia de aquella
salud y se endereçan a ella, mas no son ella misma, como
parece [378]. Y, como ayer largamente dezíamos [379], todas
éssas son cosas que otros muchos, antes de Christo y sin
él, las supieron enseñar a los hombres y los induzieron
a ellas, y les tassaron lo que avían de comer, y les ordenaron la dieta, y les mandaron que se lavassen y ungies-
sen, y les compusieron los ojos, los semblantes, los
passos, los movimientos; mas ninguno dellos puso en
nosotros salud pura y verdadera que sanasse lo secreto
del hombre y lo compusiesse y templasse, sino sólo Christo, que por esta causa es *Iesús.*

¡Qué bien dize acerca desto el glorioso Machario! *Lo
proprio,* dize, *de los christianos no consiste en la aparencia y en el trage y en las figuras de fuera, assí como piensan muchos, imaginándose que para differenciarse de los
demás les bastan estas demonstraciones y señales que
digo, y, quanto a lo secreto del alma y a sus juyzios, passa
en ellos lo que en los del mundo acontece, que padescen
todo lo que los demás hombres padescen: las mismas
turbaciones de pensamientos, la misma inconstancia, las
desconfianças, las angustias, los alborotos. Y differéncianse del mundo en el parecer y en la figura del hábito, y en
unas obras exteriores bien hechas, mas en el coraçón y*

---

[378] En esta distinción entre «íntima santidad, que es obra de la
gracia, y la santidad externa que consiste en las ceremonias», ve
Bataillon un punto de coincidencia fundamental de Fray Luis con
Erasmo. (*Erasmo y España,* ed. cit., pág. 765.)

[379] A propósito del nombre «Príncipe de Paz».

en el alma están presos con las cadenas del suelo, y no gozan en lo secreto, ni de la quietud que da Dios ni de la paz celestial del spíritu, porque ni ponen cuydado en pedírsela ni confían que le aplazerá dársela. Y ciertamente, la nueva criatura, que es el christiano perfecto y verdadero, en lo que se differencia de los hombres del siglo es en la renovación del spíritu y en la paz de los pensamientos y affectos, en el amar a Dios y en el desseo encendido de los bienes del cielo, que esto fue lo que Christo pidió para los que en él creyessen: que recibiessen estos bienes spirituales. Porque la gloria del christiano, y su hermosura y su riqueza, la del cielo es, que vence lo que se puede dezir, y que no se alcança sino con trabajo y con sudor y con muchos trances y pruevas y, principalmente, con la gracia divina [380].*

Esto es de Sant Machario. Que es también aviso nuestro, que, por una parte, nos enseña a conoscer en las doctrinas y caminos de vivir que se offrescen, si son caminos y enseñanças de Christo, y, por otra, nos dize, y como pone delante de los ojos, el blanco del exercicio sancto y aquello a que avemos de aspirar en él, sin reposar hasta que lo consigamos. Que quanto a lo primero, de las enseñanças y caminos de vida, avemos de tener por cosa certíssima que la que no mirare a este fin de salud, la que no tratare de desarraygar del alma las passiones malas que tiene, la que no procurare criar en el secreto della orden, templança, justicia, por más que de fuera parezca sancta, no es sancta, y por más que se pregone de Christo, no es Christo, porque el nombre de Christo es *Iesús* y *Salud,* y el officio désta es sobresanar por defuera. La obra de Christo propria es renovación del alma y justicia secreta; la désta son aparencias de salud y justicia. La definición de Christo es *ungir,* quiero dezir que Christo es lo mismo que *unción* [381], y de la unción es ungir, y la unción y el ungir es cosa que penetra a los huessos, y este otro negocio que digo es embar-

---

[380] S. Macario, *Homilia V,* Migne, *Patr. Graeca,* XXXIV, 498.
[381] En efecto, *chrystós,* en griego, significa 'ungido' —de *chrýein,* 'ungir'.

nizar y no ungir. De sólo Christo es el deshazer las passiones; esto no las deshaze, antes las sobredora con colores y demonstraciones de bien. ¿Qué digo no deshaze? Antes vela con attención [382] sobre ellas, para, en conosciendo a dó tiran, seguirlas y cevarlas y encaminarlas a su provecho. Assí que la doctrina o enseñamiento que no hiziere, quanto en sí es, esta *salud* en los hombres, si es cierto que Christo se llama *Iesús* porque la haze siempre, cierto será que no es enseñamiento de Christo.

Dixo Sabino aquí:

—También será cierto, Marcello, que no ay en esta edad en la Iglesia enseñamientos de la qualidad que dezís.

—Por cierto lo tengo, Sabino —respondió Marcello—, mas halos avido y puédelos aver cada día, y, por esta causa, es el aviso conveniente.

—Sin duda conveniente —dixo Iuliano— y necessario, porque, si no lo fuera, no nos apercibiera Christo en el Evangelio, como nos apercibe, acerca de los falsos prophetas [383]. Porque falsos prophetas son los maestros destos caminos, o, por dezir lo que es, essos mismos enseñamientos vazíos de verdad son los prophetas falsos, por defuera como ovejas en las apparencias buenas que tienen, y, dentro, robadores lobos por las passiones fieras que dexan en el alma como en su cueva.

—Y ya que no aya agora —tornó Marcello a dezir— mal tan desvergonçado como esse, pero sin duda ay algunas cosas que tiran a él y le parecen. Porque, dezidme, Sabino, ¿no avréys visto alguna vez, o oýdo dezir, que para induzir al pueblo a lymosna, algunos les han ordenado que hagan alarde y se vistan de fiesta y, con pífano y con atambor, y disparando los arcabuzes en competencia los unos de los otros, vayan a hazerla? Pues esto, ¿qué es sino seguir el humor vicioso del hombre, y no desarraygarle la mala passión de vanidad, sino aprovecharse della y dexársela más assentada, dorándosela con el bien de la lymosna de fuera? [384] ¿Qué es sino attender

---

[382] B: *attención*. 1587 A: *atención*

[383] *Mt.,* VII, 15.

[384] «Aquí, con su arte soberano de sugerir, Luis de León **sabe**

agudamente a que los hombres son vanos y amigos de presumpción [385], e inclinados a ser loados y aparecer más que los otros, y, porque son assí, no yrles a la mano en estos sus malos siniestros, ni procurar librarlos [386] dellos, ni apurarles las almas reduziéndolas a la *salud* de *Iesús,* sino sacar provecho dellos para interés nuestro o ageno, y dexárselos más fixos y firmes? Que no porque mira a la lymosna, que es buena, es justo y bueno poner en obra, y traer a execución, y arraygar más con el hecho, la passión y vanidad de la estima misma que bivía en el hombre, ni es tanto el bien de la lymosna que se haze como es el daño que se recibe en la vanidad de nuestro pecho, y en el fructo que se pierde, y en la passión que se pone por obra. Y, por el mismo caso, se affirma más, y queda, no solamente más arraygada, sino, lo que es mucho peor, approbada y como sanctificada con el nombre de piedad y con la authoridad de los que induzen a ello, que, a trueco de hazer por defuera lymosneros los hombres, los hazen más enfermos en el alma de dentro y más agenos de la verdadera salud de Christo, que es contrario derechamente de lo que pretende *Iesús,* que es *salud.*

Y, aunque pudiéramos señalar otros exemplos, báste-nos por todos los semejantes el dicho, y vengamos a lo segundo que dixe, que Christo, llamándose *Iesús* y *Salud,* nos demuestra a nosotros el único y verdadero blanco de nuestra vida y desseo, que es más claramente dezir que, pues el fin del christiano es hazerse uno con Christo, esto es, tener a Christo en sí transformándose en él, y pues Christo es *Iesús,* que es *Salud,* y pues la salud no es el estar vendado o fomentado o refrescado por defuera el enfermo, sino el estar reduzidos a templada armonía los humores secretos, entienda el que camina a su bien que no ha de parar antes que alcance aquesta sancta concordia del alma, porque, hasta tenerla, no conviene que él se tenga por sano, esto es, por *Iesús.* Que no ha de pa-

detener nuestra atención haciendo el diálogo un poco más enig-mático.» (*Erasmo y España,* ed. cit., pág. 765.)
[385] B: *presumpción.* 1587 A: *presunción*
[386] B: *de librarlos*

rar, aunque aya aprovechado en el ayuno, y sepa bien guardar el silencio, y nunca falte a los cantos del choro, y aunque ciña el cilicio, y pise sobre el yelo desnudos los pies, y mendigue lo que come y lo que viste paupérrimo, si entre esto bullen las passiones en él, si bive el viejo hombre y enciende sus fuegos, si se atufa en el alma la ira, si se hincha la vanagloria, si se ufana el proprio contento de sí, si arde la mala codicia; finalmente, si ay respectos de odios, de embidias, de pundonores, de emulación y ambición: que, si esto ay en él, por mucho que le parezca que ha hecho y que ha aprovechado en los exercicios que referí, téngase por dicho que aún no ha llegado a la *salud,* que es *Iesús* [387]. Y sepa y entienda que ninguno, mientras que no sanó desta *salud,* entra en el cielo ni vee la clara vista de Dios. Como dize S. Pablo: *Amad la paz y la sanctidad, sin la qual no puede ninguno ver a Dios* [388]. Por tanto, despierte el que assí es y conciba ánimo fuerte y, puestos los ojos en este blanco que digo, y esperando en *Iesús,* alargue el passo a *Iesús.* Y pídale a la *Salud* que le sea *salud* y, en quanto no lo alcançare, no cesse ni pare, sino, como dize de sí S. Pablo, *olvidando lo passado y estendiendo con el desseo las manos a lo por venir, corra y buele a la corona que le está puesta delante* [389].

Pues qué, ¿es malo el ayuno, el cilicio, la mortificación exterior? No es sino bueno. Mas es bueno como medicinas que ayudan, pero no como la misma salud; bueno como emplastos, pero como emplastos que ellos mismos son testigos que estamos enfermos; bueno como medio y camino para alcançar la justicia, pero no como la misma justicia; bueno unas vezes como causas y otras

---

[387] «Como se ve —comenta Bataillon—, ni siquiera el *Monacatus non est pietas* deja de reaparecer en este monje, bajo la forma de una vigorosa distinción entre el formalismo monástico y la imitación interior de Jesucristo, entre las maceraciones del cuerpo y la mortificación del alma.» (*Erasmo y España,* ed. cit., pág. 766); y en el prólogo a la ed. del *Enquiridion,* de Dámaso Alonso —ed. cit., pág. 83— afirma que este pasaje es resumen del retrato trazado por Erasmo en la regla V de ese libro.

[388] *Heb.,* XII, 14.

[389] *Flp.,* III, 13-14.

como señales de ánimo concertado o que ama el concierto, pero no como la misma sanctidad y concierto del ánimo. Y como no es ella misma, acontece algunas vezes que se halla sin ella, y es entonces hipocresía y embuste, a lo menos es inútil y sin fruto sin ella. Y como devemos condenar a los hereges que condenan contra toda razón aquesta muestra de sanctidad exterior, la qual ella en sí es hermosa y dispone el alma para su verdadera hermosura, y es agradable a Dios y merecedora del cielo —quando nasce de la hermosura de dentro—, assí, ni más ni menos, devemos avisar a los fieles que no está en ella el paradero de su camino, ni menos es su verdadero caudal, ni su justicia ni su *salud* —la que de veras sana y ajusta su alma, y la que es necessaria para la vida que siempre dura, y la que, finalmente, es propria obra de Christo *Iesús*—. Que sería negocio de lástima que, caminando a Dios, por aver parado antes de tiempo o por aver hecho hincapié en lo que sólo era passo, se hallassen sin Dios a la postre, y, proponiéndose llegar a *Iesús,* por no entender qué es *Iesús,* se hallassen miserablemente abraçados con Solón o con Pithágoras o, quando más, con Moysén [390]. Porque *Iesús* es *salud,* y la *salud* es la justicia secreta y la compostura del alma que, luego que reyna en ella, echa de sí rayos que resplandecen de fuera, y serenan y componen y hermosean todos los movimientos y exercicios del cuerpo.

Y como es mentira y error tener por malas, o por no dignas de premio, aquestas observancias de fuera, assí también es perjuyzio y engaño pensar que son ellas mismas la pura *salud* de nuestra alma, y la justicia que formalmente nos haze amables en los ojos de Dios, que éssa propriamente es *Iesús,* esto es, la *salud* que derechamente haze dentro de nosotros, y no sin nosotros, *Iesús.* Que es lo que avemos dicho, y por quien Sant Pablo, hablando de Christo, dize que *fue determinado ser hijo de Dios en*

---

[390] «Bajo esta advertencia solemne, y un tanto misteriosa, se transparenta, a no dudarlo, una reminiscencia de la célebre página en que Erasmo zahiere el *nuevo judaísmo* que consiste en colocar la cima de la religión en las cosas visibles.» (*Erasmo y España,* ed. cit., pág. 766.)

fortaleza, según el spíritu de la sanctificación en la re-
surrectión de los muertos de Iesuchristo [391]. Que es como
si más estendidamente dixera que el argumento cierto y
la razón y señal propria por donde se conoce que *Iesús*
es el verdadero Messías, Hijo de Dios prometido en la
Ley, como se conoce por su propria diffinición [392] una
cosa, es porque es *Iesús,* esto es, por la obra de *Iesús*
que hizo, que era obra reservada por Dios, y por su ley
y prophetas, para sólo el Messías. Y ésta ¿qué fue? Su
poderío, dize, y *fortaleza* grande. Mas ¿en qué la exercitó
y declaró? En el *spíritu,* dize, *de la sanctificación,* conviene a saber: en que sanctifica a los suyos, no en la sobrehaz y corteza de fuera, sino con vida y spíritu, lo qual
se celebra *en la resurrectión de los muertos de Iesuchristo,*
esto es, se celebra resuscitando Christo sus muertos, que
es dezir los que murieron en él quando él murió en la
cruz, a los quales él después, resuscitado, comunica su
vida. Que como la muerte que en él padescimos es causa
que muera nuestra culpa quando, según Dios, nascemos,
assí su resurrectión, que también fue nuestra, es causa
que, quando muere en nosotros la culpa, nazca la vida de
la justicia, como ayer mañana diximos.

Assí que, según que dezía, el condenar la ceremonia
es error, y el poner en ella la prora y la popa de la justicia [393], es engaño. El medio destos estremos es lo derecho, que la ceremonia es buena quando sirve y ayuda a la
verdadera sanctificación del alma, porque es provechosa,
y quando nasce della es mejor porque es merecedora del
cielo, mas que no es la pura y la viva *salud* que Christo
en nosotros haze, y por que se llama *Iesús.*

Digo más. No se llama *Iesús* assí porque solamente
haze la *salud* que dezimos, sino porque es él mismo essa
salud. Porque aunque sea verdad, como de hecho lo es,
que Christo en los que sanctifica haze *salud* y justicia por
medio de la gracia que en ellos pone assentada y como
apegada en su alma, mas sin esso, como dezíamos ayer [394],

[391] *Rom.,* I, 4.
[392] Nuevo y definitivo argumento de base etimológico-nominal.
[393] 'el todo de la justicia'
[394] En el nombre «Padre del Siglo Futuro».

él mismo, por medio de su spíritu, se junta con ella y, juntándose, la sana y agracia; y essa misma gracia que digo que haze en el alma, no es otra cosa sino como un resplandor que resulta en ella de su amable presencia. Assí que él mismo por sí, y no solamente por su obra y effecto, es la *salud*. Dize bien Sant Machario, y dize desta manera: *Como Christo vee que tú le buscas y que tienes en él toda tu esperança siempre puesta, acude luego él y te da charidad verdadera, esto es, dásete a sí, que, puesto en ti, se te haze todas las cosas: parayso, árbol de vida, preciosa perla, corona, edificador, agricultor, compassivo, libre de toda passión, hombre, Dios, vino, agua vital, oveja, esposo, guerrero y armas de guerra, y, finalmente, Christo, que es todas las cosas en todos.* Assí que el mismo Christo abraça con nuestro spíritu el suyo y, abraçándose, le viste de sí, según Sant Pablo dize: *Vestíos de nuestro Señor Iesuchristo* [395]. Y, vistiéndole, le reduze y subjecta a sí mismo, y se cala por él totalmente.

Porque se deve advertir que, assí como toda la massa es dessalada [396] y desazonada de suyo, por donde se ordenó la levadura que le diesse sabor, a la qual con verdad podremos llamar, no sólo la sazonadora, sino la misma sazón de la massa —por razón de que la sazona, no apartada della, sino junta con ella, adonde ella por sí cunde por la massa y la transforma y sazona—, assí, porque la massa de los hombres estava toda dañada y enferma, hizo Dios un *Iesús,* digo una humana *salud* que, no solamente estando apartada, sino juntándose, fuesse *salud* de todo aquello con quien se juntasse y mezclasse, y assí él se compara a levadura a sí mismo [397]. De arte que, como el hierro que se enciende del fuego, aunque en el ser es hierro y es fuego, en el parecer es fuego y no hierro, assí Christo, ayuntado comigo y hecho totalmente señor de mí, me apura de tal manera de mis daños y males, y me incorpora de tal manera en sus *saludes* y bienes, que yo ya no parezco yo —el enfermo que era—, ni de hecho soy ya

---

[395] *Rom.,* XIII, 14.
[396] 'sin sal', 'insípida'
[397] *Mt.,* XIII, 33.

el enfermo, sino tan sano, que parezca la misma *salud.*
que es *Iesús.*

¡O bienaventurada *salud!* ¡O *Iesús* dulce y digníssimo de todo desseo! ¡Si ya me viesse yo, Señor, vencido
enteramente de ti! ¡Si ya cundiesses, o *salud,* por mi
alma y mi cuerpo! ¡Si me apurasses ya de mi escoria, de
toda aquesta vejez! ¡Si no biviesse ni pareciesse ni luziesse en mi sino tú! ¡O, si ya no fuesse quien soy!
Que, Señor, no veo cosa en mí que no sea digna de abo-
rrecimiento y desprecio. Casi todo quanto nasce de mí
son increýbles miserias, quasi todo es dolor, imperfectión,
malatía [398] y poca *salud.* Y como en el libro de Iob se escrive: *Cada día siento en mí nuevas lástimas y, esperando
ver el fin dellas, he contado muchos meses vazíos, y muchas noches dolorosas han passado por mí. Quando vie-
ne·el sueño me digo: «¿Si amanecerá mi mañana?» Y
quando me levanto y veo que no me amanece, alargo a la
tarde el desseo. Y vienen las tinieblas, y vienen también
mis ages [399] y mis flaquezas, y mis dolores más acrecenta-
dos con ellas. Vestida está y cubierta mi carne de mi corrupción miserable, y de las torpezas del polvo que me
compone están ya secos y arrugados mis cueros. Veo,
Señor, que se passan mis días, y que me han bolado muy
más que buela la lançadera en la tela; acabados quasi los
veo, y aún no veo, Señor, mi salud. Y si se acaban, acá-
base mi esperança con ellos. Miémbrate [400], Señor, que es
ligero viento mi vida, y que si passo sin alcançar este
bien, no bolverán jamás mis ojos a verle. Si muero sin
ti, no me verán para siempre en descanso los buenos. Y
tus mismos ojos, si los endereçares a mí, no verán cosa
que merezca ser vista* [401]. Yo, Señor, me desecho, me des-

---

[398] 'dolencia', 'enfermedad'

[399] *B: axes;* 'achaques'. «Y ponderaba el Jano para buen consuelo: —Aquí tantos son los ayes como los *ages,* que el viejo cada
día amanece con un *achaque* nuevo». (B. Gracián, *Criticón,* ed.
de A. Prieto, Madrid, Iter, 1970, t. II, pág. 427.) Onís, arbitrariamente, corrige en el texto *ayes.*

[400] 'acuérdate'; en consonancia con su criterio dignificador del
lenguaje en las traducciones bíblicas, Fray Luis emplea un vocablo que ya en su tiempo era arcaísmo.

[401] *Job.,* VII, 3-8.

pojo de mí, me huyo y desamo, para que, no aviendo en mí cosa mía, seas tú solo en mí todas las cosas: mi ser, mi bivir, mi *salud,* mi *Iesús*[402].

Y dicho esto, calló Marcello, todo encendido en el rostro, y, sospirando muy sentidamente, tornó luego a dezir:

—No es possible que hable el enfermo de la *salud* y que no haga significación de lo mucho que le duele el verse sin ella. Assí que me perdonaréys, Iuliano y Sabino, si el dolor que bive de contino en mí, de conoscer mi miseria, me salió a la boca agora y se derramó por la lengua.

Y tornó a callar, y dixo luego:

—Christo, pues, se llama *Iesús* porque él mismo es *salud,* y no por esto solamente, sino también porque toda la *salud* es solo él. Porque siempre que el nombre que parece común se da a uno por su nombre proprio y natural, se ha de entender que aquel a quien se da tiene en sí toda la fuerça del nombre; como, si llamássemos a uno por su nombre *Virtud,* no queremos dezir que tiene virtud como quiera, sino que se resume en él la virtud. Y por la misma manera, ser *Salud* el proprio nombre de Christo, es dezir que es por excellencia *salud,* o que todo lo que es *salud* y vale para *salud* está en él. Y como aya en la *salud,* según los subjectos, differentes saludes, —que una es la salud del ánima y otra es la del cuerpo, y en el cuerpo tiene por sí salud la cabeça y el estómago y el coraçón y las demás partes del hombre—, ser Christo por excellencia *salud* y nuestra *salud,* es dezir, que es toda la *salud,* y que él todo es *salud,* y *salud* para todas enfermedades y tiempos. Es toda la salud porque, como la razón de la salud, según dizen los médicos, tiene dos

---

[402] «La falsedad y el engaño del mundo —comenta O. Macrí— se hacen universales, incluyendo la persona que se separa del mundo, que huye así de sí misma... Volvemos al pesimismo bíblico de Job, extendido a los *Nombres,* advirtiendo una vez más que Fray Luis, reconocible respectivamente en los personajes de Job y de Marcelo, autobiográficamente experimenta en la propia carne y en los propios sentidos el mal radical de la naturaleza humana... Marcelo se adapta aquí al estilo del *Job.*» (*La poesía...,* ed. cit., pág. 68.)

partes, una que la conserva y otra que la restituye, una que provee lo que la puede tener en pie, otra que recepta lo que la levanta si cae; y como assí[403] la una como la otra tienen dos intenciones solas a que endereçan como a blanco sus leyes: applicar lo bueno y apartar lo dañoso; y como en las cosas que se comen para salud, unas son para que críen substancia en el cuerpo y otras para que le purguen de sus malos humores, unas que son mantenimiento, otras que son medicina; assí esta *salud* que llamamos *Iesús,* porque es cabal y perfecta *salud,* puso en sí aquestas dos partes juntas: lo que conserva la salud y lo que la restituye quando se pierde, lo que la tiene en pie y lo que la levanta caýda, lo que cría buena substancia y lo que purga nuestra ponçoña.

Y como es pan de vida, como él mismo se llama, se quiso amassar con todo lo que conviene para estos dos fines: con lo sancto, que haze vida y con lo trabajoso y amargo, que purga lo vicioso. Y templóse y mezclóse, como si dixéssemos, por una parte, de la pobreza, de la humildad, del trabajarse, del ser trabajado, de las affrentas, de los açotes, de las espinas, de la cruz, de la muerte, que cada cosa para el suyo, y todas son tóxico para todos los vicios, y, por otra parte, de la gracia de Dios, y de la sabiduría del cielo, y de la justicia sancta, y de la rectitud, y de todos los demás dones del Spíritu Sancto, y de su unción abundante sobre toda manera, para que, amassado y mezclado assí, y compuesto de todos aquestos simples, resultasse de todos un *Iesús* de veras y una *salud* perfectíssima que allegasse lo bueno y apartasse lo malo, que alimentasse y purgasse; un pan verdaderamente de vida, que, comido por nosotros con obediencia y con viva fe, y passado a las venas, con lo amargo desarraygasse los vicios y con lo sancto arraygasse la vida; de arte que, comidas en él sus espinas, purgassen nuestra altivez, y sus açotes, tragados en él por nosotros, nos limpiassen de lo que es muelle y regalo, y su cruz, en él comida de mí, me apurasse del amor de mí mismo, y su muerte, por la misma manera, diesse fin a mis vicios; y

---

[403] *B: a sí*

al revés, comiendo en él su justicia, se criasse justicia en
mi alma, y, traspassando a mi estómago su sanctidad y
su gracia [404], se hiziesse en mí gracia y sanctidad verdadera,
y nasciesse en mí substancia del cielo, que me hiziesse
hijo de Dios, comiendo en él a Dios hecho hombre [405],
que, estando en nosotros, nos hiziesse a la manera que es
él, muertos al peccado y bivos a la justicia, y nos fuesse
verdadero *Iesús*.

Assí que es *Iesús* porque es toda la *salud;* es también
Iesús porque es *salud* todo él. Son *salud* sus palabras;
digo, son *Iesús* sus palabras, son *Iesús* sus obras, su vida
es *Iesús* y su muerte es *Iesús*. Lo que hizo, lo que pensó,
lo que padesció, lo que anduvo, bivo, muerto, resuscitado, subido y assentado en el cielo, siempre y en todo
es *Iesús*. Que con la vida nos sana y con la muerte nos
da salud, con sus dolores quita los nuestros, y, como
Esaías dize, *somos hechos sanos con sus cardenales* [406].
Sus llagas son medicina del alma, con su sangre vertida
se repara la flaqueza de nuestra virtud. Y no sólo es
Iesús y *salud* con su doctrina, enseñándonos el camino
sano y declarándonos el malo y peligroso, sino también
con el exemplo de su vida y de sus obras haze lo mismo,
y no sólo con el exemplo dellas nos mueve al bien y nos
incita y nos guía, sino con la virtud saludable que sale
dellas, que la comunica a nosotros, nos abiva y nos despierta y nos purga y nos sana.

Llámese, pues, con justicia *Iesús,* quien todo él, por
donde quiera que se mire, es *Iesús*. Que, como del árbol
de quien Sant Iuan en el *Apocalypsi* [407] escrive, se dize
que estava plantado por ambas partes de la ribera del
río de agua viva que salía de la silla de Dios y de su

[404] *B: su gracia*. En 1587 *A,* falta *su*.

[405] Destacando el plasticismo de este pasaje, advierte O. Macrí
que «el sentido al servicio del espíritu es una virtud expresiva del
realísimo simbolismo de la mística hispánica. Con Fray Luis se
alcanza el culmen de la corporeidad como medio espiritual e inteligible; períodos enteros [de *Nombres*] se articulan clásicamente en campo semántico saturado casi de fisicidad». (*La poesía...,*
ed. cit., pág. 29.)

[406] *Is.,* LIII, 5.

[407] *Ap.,* XXII, 2.

cordero, y que sus hojas eran para salud de las gentes, assí esta sancta humanidad, arraygada a la corriente del río de las aguas vivas, que son toda la gracia del Spíritu Sancto, y regada y cultivada con ellas, y que rodea sus riberas por ambas partes porque las abraça y contiene en sí todas, no tiene hoja que no sea *Iesús,* que no sea vida, que no sea remedio de males, que no sea medicina y *salud.*

Y llevava también este árbol, como Sant Iuan allí dize, doze fructas, en cada mes del año la suya, porque, como dezíamos, es *Iesús* y *salud,* no para una enfermedad sola, o para una parte de nosotros enferma, o para una sazón o tiempo tan solamente, sino para todo accidente malo, para toda llaga mortal, para toda apostema dolorosa, para todo vicio y para todo subjecto vicioso, agora y en todo tiempo es *Iesús.* Que no solamente nos sana el alma perdida, mas también da salud al cuerpo enfermo y dañado. Y no los sana solamente de un vicio, sino de qualquiera vicio que aya avido en ellos, o que aya, los sana. Que a nuestra sobervia es *Iesús,* con su caña por sceptro. Y con su púrpura, por escarnio vestida, para nuestra ambición es *Iesús.* Su cabeça coronada con fiera y desapiadada corona, es *Iesús* en nuestra mala inclinación al deleyte. Y sus açotes y todo su cuerpo adolorido, en lo que en nosotros es carnal y torpe, es *Iesús.* Eslo, para nuestra codicia, su desnudez; para nuestro coraje, su suffrimiento admirable; para nuestro amor proprio, el desprecio que siempre hizo de sí. Y assí la Iglesia, enseñada del Spíritu Sancto y movida por él, en el día en que cada año representa la hora quando aquesta *salud* se sazonó para nosotros en el lugar de la cruz, como presentándola delante de Dios y mostrándosela enclavada en el leño, y conociendo [408] lo mucho que esta offrenda vale y lo mucho que puede delante dél, ¿qué bien o qué merced no le pide? Pídele, como por derecho, salud para el alma y para el cuerpo. Pídele los bienes temporales y los bienes eternos. Pídele para los papas, los obispos, los sacerdotes, los clérigos, para los reyes y príncipes, para

---

[408] *B: leño, conociendo*

cada uno de los fieles según sus estados. Para los peccadores, penitencia; para los justos, perseverancia; para los pobres, amparo; para los presos, libertad; para los enfermos, salud; para los peregrinos, viaje feliz y buelta con prosperidad a sus casas.

Y porque todo es menos de lo que puede y merece aquesta *salud,* aun para los hereges, aun para los paganos, aun para los iudíos ciegos que la desecharon, pone la Iglesia delante de los ojos de Dios a *Iesús* muerto y hecho vida en la cruz, para que les sea *Iesús.* Por lo qual la Esposa, en los *Cantares,* le llama *razimo de copher,* diziendo desta manera: *Razimo de copher mi amado a mí en las viñas de Engadí* [409]. Y ordenó, a lo que sospecho, la providencia de Dios que no supiéssemos de *copher* qué árbol era o qué planta, para que dexándonos de la cosa, acudiéssemos al origen de la palabra, y assí conosciéssemos que *copher,* según aquello de donde nasce, significa 'aplacamiento' y 'perdón' y 'satisfactión de peccados'. Y por consiguiente, entendiéssemos con quánta razón le llama *razimo de copher* a Christo la Esposa, diziéndonos en ello por encubierta manera que no es una *salud* Christo sola, ni un remedio de males particular, ni una limpieza o un perdón de peccados de un solo linage, sino que es un razimo que se compone, como de granos, de innumerables perdones, de innumerables remedios de males, de saludes sin número, y que es un *Iesús* en quien cada una cosa de las que tiene es *Iesús.* ¡O *salud,* o *Iesús,* o medicina infinita! Pues es *Iesús* el nombre proprio de Christo, porque sana Christo y porque sana consigo mismo, y porque es toda la *salud,* y porque sana todas las enfermedades del hombre, y en todos los tiempos, y con todo lo que en sí tiene, porque todo es medicinal y saludable, y porque todo quanto haze es *salud.*

Y por llegar a su punto toda aquesta razón, dezidme, Sabino, ¿vos no entendéys que todas las criaturas tienen su principio de nada?

—Entiendo —dixo Sabino —que las crió Dios con la

---

[409] *Cant.,* I, 13.

fuerça de su infinito poder, sin tener subjecto ni materia de qué hazerlas.

—¿Luego —dize Marcello —ninguna dellas tiene de su cosecha y en sí alguna cosa que sea firme y maciça, quiero dezir que tenga de sí, y no recebido de otro, el ser que tiene?

—Ninguna —respondió Sabino—, sin duda.

—Pues dezidme —replicó luego Marcello—: ¿puede durar en un ser el edificio que, o no tiene cimientos, o tiene flacos cimientos?

—No es possible —dixo Sabino— que dure.

—Y no tiene cimiento de ser, maciço y suyo, ninguna de las cosas criadas —añadió luego Marcello—; luego todas ellas, quanto de sí es, amenazan caýda y, por dezir lo que es, caminan quanto es de suyo al menoscabo y al empeoramiento, y, como tuvieron principio de nada, buélvense, quanto es de su parte, a su principio y descubren la mala lista [410] de su linage, unas deshaziéndose del todo y otras empeorándose siempre. ¿Qué se dize en el libro de Iob? De los ángeles dize: *Los que le sirven no tuvieron firmeza, y en sus ángeles halló torcimiento.* De los hombres añade: *Los que moran en casas de lodo, y cuyo apoyo es de tierra, se consumirán de polillas* [411]. Pues de los elementos y cielos, David: *Tú, Señor, en el principio fundaste la tierra, y son obras de tus manos los cielos; ellos perecerán y tú permanecerás, y se envegecerán todos, como se envegece una capa* [412]. En que, como vemos, el Spíritu Sancto condena a caýda y a menoscabo de su ser a todas las criaturas. Y no solamente da la sentencia, sino también demuestra que la causa dello es, como dezimos, el mal cimiento que todas tienen. Porque si dize de los ángeles que se torcieron y que caminaron al mal, también dize que les vino de que su ser no era del todo firme. Y si dize de los hombres que se consumen, primero dixo que eran sus cimientos de tierra. Y los cielos y tierra, si dize que se envegecen, dize también cómo se envegecen, que es como el paño, de la polilla que en ellos

---

[410] 'veta'
[411] *Iob.*, IV, 18-19.
[412] *Sal.* CI, 26-27.

vive, esto es, de la flaqueza de su nascimiento y de la mala raça [413] que tienen.

—Todo es como dezís, Marcello —dixo Sabino—; mas dezidnos lo que queréys dezir por todo ello.

—Dirélo —respondió—, si primero os preguntare: ¿no assentamos [414] ayer que Dios crió todas las criaturas a fin de que biviesse en ellas y de que luziesse algo de su bondad?

—Assí se assentó —dixo Sabino.

—Pues —añadió Marcello— si las criaturas, por la enfermedad de su origen, forçejan siempre por bolverse a su nada y, quanto es de suyo, se van empeorando y cayendo, para que dure en ellas la bondad de Dios, para cuya demonstración las crió, necessario fue que ordenasse Dios alguna cosa que fuesse como el reparo de todas y su salud general, en cuya virtud durasse todo en el bien, y lo que enfermasse, sanasse. Y assí lo ordenó, que, como engendró desde la eternidad al Verbo, su hijo, que, como agora se dezía, es la traça viva y la razón y el artificio de todas las criaturas, assí de cada una por sí como de todas juntas, y como por él las truxo a luz y las hizo assí quando le paresció y en el tiempo que él consigo ordenado tenía, le engendró otra vez hecho hombre *Iesús,* o hizo hombre *Iesús* en el tiempo, aquel a quien por toda la eternidad comunica el ser Dios, para que él mismo, que era la traça y el artífice de todo según que es Verbo de Dios, fuesse, según que es hombre, hecho una persona con Dios, el reparo y la medicina, y la restitución y la *salud* de todas las cosas, y para que el mismo, que por ser, según su naturaleza divina, el artificio general de las criaturas, se llama, según aquella parte, en hebreo *Dabar,* y en griego Λόγος, y en castellano *Verbo* y *Palabra,* esse mismo, por ser, según la naturaleza humana que tiene, la medicina y el restaurativo universalmente de todo, sea llamado *Iesús* en hebreo, y en romance *Salud.*

De manera que en Iesuchristo, como en fuente o como en Océano immenso, está athesorado todo el ser y todo el

[413] 'lista, en el paño u otra tela, en que el tejido está más claro que en el resto'
[414] 'convinimos', 'quedamos de acuerdo'

buen ser: toda la substancia del mundo; y porque se daña de suyo, y para quando se daña, todo el remedio y todo el *Iesús* de essa misma substancia; toda la vida y todo lo que puede conservar eternamente la vida sana y en pie. Para que, como dezía Sant Pablo, *en todo tenga las primerías*[415] y sea él *alpha y el omega, el principio y el fin*[416], el que las hizo primero y el que, deshaziéndose ellas y corriendo a la muerte, las sana y repara; y finalmente, está encerrado en él el Verbo y *Iesús,* esto es, la vida general de todos y la *salud* de la vida. Porque de hecho es assí, que no solamente los hombres, mas también los ángeles que en el cielo moran, reconoscen que su *salud* es *Iesús,* a los unos sanó, que eran muertos, y a los otros dio vigor para que no muriessen. Esto haze con las criaturas que tienen razón, y a las demás que no la tienen les da los bienes que pueden tener porque su cruz lo abraça todo, y su sangre limpia lo clarifica, y su humanidad sancta lo apura[417], y por él tendrán nuevo estado y nuevas qualidades, mejores que las que agora tienen, los elementos y cielos, y es en todos y para todos *Iesús.* Y de la manera que ayer, al principio destas razones, diximos que todas las cosas, las sensibles y las que no tienen sentido, se criaron para sacar a luz este parto, que diximos ser parto de todo el mundo común, y que se nombra por esta causa *Fructo* o *Pimpollo,* assí dezimos agora que el mismo para cuyo parto se hizieron todas, fue hecho, como en retorno, para reparo y remedio de todas ellas, y que por esto le llamamos la *Salud* y el *Iesús.*

Y para que, Sabino, admiréys la sabiduría de Dios, para hazer Dios a las criaturas no hizo hombre a su Hijo, mas hízole hombre para sanarlas y rehazerlas. Para que el Verbo fuesse el artífice bastó sólo ser Dios, mas para que fuesse el *Iesús* y la *salud,* convino que también fuesse hombre. Porque para hazerlas, como no las hazía de alguna materia o de algún subjecto que se le diesse —como

---

[415] *Col.,* I, 18.
[416] Esta segunda parte de la cita no es de San Pablo, sino de San Juan, *Ap.,* XXI, 6.
[417] 'lo purifica'

el escultor haze la estatua del mármol que le dan, y que él no lo haze—, sino que, como dezíades, la fuerça sola de su no medido poder las sacava todas al ser, no se requería que el artífice se midiesse y se proporcionasse al subjecto, pues no le avía, y, como toda la obra salía solamente de Dios, no uvo para qué el Verbo fuesse más que sólo Dios para hazerla; mas para reparar lo ya criado y que se desatava de suyo, porque el reparo y la medicina se hazía en subjecto que era, fue muy conveniente, y conforme a la suave orden de Dios necessario, que el reparador se avezinasse a lo que reparava y que se proporcionasse con ello, y que la medicina que se ordenava fuesse tal, que la pudiesse actuar el enfermo, y que la *salud* y el *Iesús,* para que lo fuesse a las cosas criadas, se pusiesse en una naturaleza criada que, con la persona del Verbo junta, hiziesse un *Iesús.* De arte que una misma persona en dos naturalezas distintas, humana y divina, fuesse criador en la una y médico y redemptor y *salud* en la otra, y el mundo todo, como tiene un Hazedor general, tuviesse también una *salud* general de sus daños, y concurriessen en una misma persona este formador y reformador, esta vida y esta *salud* de vida, *Iesús.*

Y como en el estado del paraýso, en que puso Dios a nuestros primeros padres, tuvo señalados dos árboles, uno que llamó del saber y otro que servía al bivir, de los quales, en el primero avía virtud de conoscimiento y de sciencia, y en el segundo fructa que, comida, reparava todo lo que el calor natural gasta continamente la vida, y como quiso que comiessen los hombres déste, y del otro del saber no comiessen [418], assí en este segundo estado, en un suppuesto [419] mismo, tiene puestas Dios aquestas dos maravillosíssimas plantas, una del saber, que es el Verbo, cuyas profundidades nos es vedado entenderlas, según que se escrive: *Al que escudriñare la magestad, hundirálo la gloria* [420], y otra del reparar y del sanar, que es *Iesús,* de la qual comeremos, porque la comida de su fruc-

---

[418] *Gén.,* II, 9 y 16-17.
[419] 'todo ser que es principio de sus acciones', es decir, 'persona'
[420] *Prov.,* XXV, 27.

ta y el incorporar en nosotros su sanctíssima carne, se nos manda, no sólo no se nos veda; que él mismo lo dize: *Si no comiéredes la carne del Hijo del hombre y no beviéredes su sangre, no tendréys vida* [421]. Que como sin la luz del sol no se vee, porque es fuente general de la luz, assí sin la comunicación deste grande *Iesús,* deste que es *salud* general, ninguno tiene *salud.*

Él es *Iesús* nuestro en el alma, él lo es en el cuerpo, en los ojos, en las palabras, en los sentidos todos, y sin este *Iesús* no puede aver en ninguna cosa nuestra *Iesús;* digo, no puede aver *salud* que sea verdadera *salud* en nosotros. En los casos prósperos tenemos *Iesús* en *Iesús;* en lo miserable y adverso tenemos *Iesús* en *Iesús;* en el vivir, en el morir, tenemos *Iesús* en *Iesús;* que, como diversas vezes se ha dicho, quando nascemos en Dios por *Iesús,* nascemos sanos de culpas; quando, después de nascidos, andamos y bivimos en él, él mismo nos es *Iesús* para los rastros que el peccado dexa en el alma; quando perseveramos biviendo, él también estiende su mano saludable y la pone en nuestro cuerpo malsano, y tiempla sus infernales ardores y lo mitiga y desencarna de sí, y casi le transforma en espíritu [422]. Y finalmente, quando nos deshaze la muerte, él no desampara nuestras cenizas, sino, junto y apegado con ellas, al fin les es tan *Iesús,* que las levanta y resuscita, y las viste de vida que ya no muere, y de gloria que no fallesce jamás.

Y tengo por cierto que el propheta David, quando compuso el psalmo ciento y dos, tenía presente a esta *salud* universal en su alma, porque, lleno de la grandeza desta imagen de bien, y no le cabiendo en el pecho el gozo que de contemplarla sentía, y considerando las innumerables saludes que esta *salud* encerrava, y mirando en una tan sobrada [423] y no merescida merced la piedad infinita de Dios con nosotros, rebentándole el alma en loores, habla con ella misma y combídala a lo que es su desseo, a que alabe al Señor y le engrandezca, y le dize: *Bendize, ¡o*

[421] *In.,* VI, 54.
[422] *B: spíritu*
[423] 'excesiva', 'sobreabundante'

alma mía!, al Señor [424]. Di bienes dél, pues él es tan bueno. Dale palabras buenas, siquiera en retorno de tantas obras suyas tan buenas. Y no te contentes con mover en mi boca la lengua y con embiarle palabras que diga, sino tórnate en lenguas tú y haz que tus entrañas sean lenguas, y no quede en ti parte que no derrame loor: lo público, lo secreto, lo que se descubre y lo íntimo, que, por muchos que hablen, hablarán mucho menos de lo que se deve hablar. Salga de lo hondo de tus entrañas la boz, para que quede assentada allí, y como esculpida perpetuamente su causa; hablen los secretos de tu coraçón loores de Dios, para que quede en él la memoria de las mercedes que deve a Dios, a quien loa, para que jamás se olvide de los retornos de Dios, de las formas differentes con que responde a tus hechos. Tú te convertías en nada, y él hizo nueva orden para darte su ser. Tú eras pestilencia de ti y ponçoña para tu misma salud, y él ordenó una *salud,* un *Iesús* general contra toda tu pestilencia y ponçoña; *Iesús,* que dio a todos tus peccados perdón; *Iesús,* que mediciñó todos los ages [425] y dolencias que en ti dellos quedaron; *Iesús,* que, hecho deudo tuyo, por el tanto de su vida sacó la tuya de la sepultura; *Iesús,* que, tomando en sí carne de tu linage, en ella libra a la tuya de lo que corrompe la vida; *Iesús,* que te rodea toda, apiadándose de ti toda; *Iesús,* que en cada parte tuya halla mucho que sanar, y que todo lo sana; *Iesús* y *Salud,* que, no solamente da la salud, sino salud blanda, salud que de tu mal se enternece, salud compassiva, salud que te colma de bien tus desseos, salud que te saca de la corrupción de la huessa, salud que, de lo que es su grande piedad y misericordia, te compone premio y corona; salud, finalmente, que hinche de sus bienes tu arreo, que enjoya con ricos dones de gloria tu vestidura, que glorifica, buelto a vida, tu cuerpo; que le remoça y le renueva y le resplandece, y le despoja de toda su flaqueza y miseria vieja, como el águila se despoja y remoça [426].

---

[424] Aquí comienza una paráfrasis del salmo CII.

[425] *B: axes.* 'achaques', 'enfermedades'; *cfr.* nota 399 de este mismo libro III. Onís vuelve a corregir el texto incomprensiblemente, leyendo *ayes.*

Porque dize: *Dios, a la fin, es deshazedor de agravios y gran hazedor de justicias.* Siempre se compadece de los que son saqueados y les da su derecho, que si tú no merecías merced, el engaño con que tu ponçoñoso enemigo te robó tus riquezas, bozeava delante dél por remedio. Desde que lo vio se determinó remediarlo, y *les manifestó a Moysén* y a los hijos de su amado Israel *su consejo,* el ingenio de su condición, *su voluntad y su pecho,* y les dixo: *Soy compassivo y clemente, de entrañas amorosas y pías, largo en suffrir, copioso en perdonar,* no me acelera el enojo, antes el hazer bienes y misericordias me acucia; passo con ancho coraçón mis offensas, no me doy a manos en el derramar mis perdones, que no es de mí el enojarme contino, ni el barajar [427] siempre con vosotros no me puede aplazer.

Assí lo dixiste, Señor, y assí se vee por el hecho, que *no has usado con nosotros conforme a nuestros peccados ni nos pagas conforme a nuestras maldades. Quan lexos de la tierra está el cielo, tan alto se encumbra la piedad de que usas con los que por suyo te tienen.* Ellos son tierra baxa, mas tu misericordia es el cielo. Ellos esperan como tierra seca su bien, y ella llueve sobre ellos sus bienes. Ellos, como tierra, son viles; ella, como cosa del cielo, es divina. Ellos perecen como hechos de polvo; ella, como el cielo, es eterna. A ellos, que están en la tierra, los cubren y los escurecen las nieblas; ella, que es rayo celestial, luze y resplandesce por todo. En nosotros se inclina lo pesado como en el centro, mas su virtud celestial nos libra de mil pesadumbres. *Quanto se estiende la tierra, y se aparta el nascimiento del sol de su poniente, tanto alexaste de los hombres sus culpas.* Avíamos nascido en el poniente de Adam; traspusístenos, Señor, en tu oriente, Sol de justicia. *Como padre que ha piedad de sus hijos, assí tú,* desseoso de darnos largo perdón, en tu Hijo *te vestiste para con nosotros de entrañas de padre.* Porque, Señor, como quien nos forjaste, *sabes muy bien nuestra hechura quál sea.*

Sabes, y no lo puedes olvidar; *muy acordado estás que soy polvo. Como yerva de heno son los días del hombre:* nasce y sube y floresce, y se marchita corriendo. Como las flores ligeras, parece algo y es nada; promete de sí mucho, y pára en un flueco[428] que buela; *tócale a malas penas el ayre, y perece* sin dexar rastro de sí.

Mas quanto son más deleznables los hombres, tanto *tu misericordia, Señor, persevera más firme.* Ellos se passan, mas tu misericordia sobre ellos dura desde un siglo hasta otro siglo y por siempre. De los padres passa a los hijos, y de los hijos a los hijos dellos, y dellos, por continua successión, en sus descendientes, los que te temen, los que guardan el concierto que heziste, los que tienen en sus mientes tus fueros; porque tienes tu silla en el cielo, de donde lo miras, porque la tienes affirmada en él, para que nunca te mudes, porque tu reyno govierna todos los reynos, para que todo lo puedas.

Bendígante, pues, Señor, todas las criaturas, pues eres de todas ellas *Iesús. Tus ángeles te bendigan, tus valerosos, tus valientes executores de tus mandamientos, tus alertos a oŷr lo que mandas*[429]*, tus exércitos te bendigan, tus ministros que están prestos y aprestados para tu gusto. Todas las obras tuyas te alaben,* todas quantas ay por quanto se estiende tu imperio, y con todas ellas, Señor, alábete mi alma también. Y como dize en otro lugar: *Busqué para alabarte nuevas maneras de cantos;* no es cosa usada, ni siquiera hecha otra vez, la grandeza tuya que canta: no la canté por la forma que suele[430]. Heziste *salud* de tu braço, heziste de tu Verbo *Iesús;* lo que es tu poder, lo que es tu mano derecha y tu fortaleza, heziste que nos fuesse medicina blanda y suave. Sacaste hecho *Iesús* a tu Hijo en los ojos de todos, pusístelo en público, justificaste para con todo el mundo tu causa. Nadie te argüirá de que nos

---

[428] 'fleco'

[429] 'los que están atentos para oír tus mandatos'

[430] *Sal.* XCVI. Tal es la referencia que da el original, sin especificar versículo. En el primero de este salmo, en efecto, se hace una invitación a cantar «un cántico nuevo», pero lo que sigue no coincide con lo que Fray Luis escribe.

permitiste caer, pues nos reparaste tan bien. Nadie se
te querellará de la culpa, para quien [431] supiste ordenar tan
gran medicina. Dichoso, si se puede dezir, el peccar, que
nos mereció tal *Iesús* [432]. Y esto llegue hasta aquí. Vos,
Sabino, justo es que rematéys esta plática como soléys.

Y calló, y Sabino dixo:

—El remate que conviene, vos le avéys puesto, Marcello, con el psalmo que avéys referido; lo que suelo,
haré yo, que es deziros los versos.

Y dixo luego [433]:

> Alaba, ¡o alma!, a Dios, y todo quanto
>   Encierra en sí tu seno
> Celebre con loor su nombre sancto,
>   De mil grandezas lleno.
> Alaba, ¡o alma!, a Dios, y nunca olvide
>   Ni borre tu memoria
> Sus dones, en retorno a lo que pide
>   Tu torpe y fea historia.
> Quél solo por sí solo te perdona
>   Tus culpas y maldades,
> Y cura lo herido y desencona
>   De tus enfermedades.
> Él mismo de la huessa a la luz bella
>   Restituyó tu vida;
> Cercóla con su amor, y puso en ella
>   Riqueza no creýda.
> Y en esso que te viste y te rodea
>   También pone riqueza;
> Ansí renovarás lo que te afea,
>   Qual águila en belleza [434].

---

[431] El antecedente es nombre de cosa: *culpa.*

[432] Traducción del agustiniano *O felix culpa, quae talem ac tan-
tum meruit habere Redemptorem,* repetido por la Liturgia en la
«Angélica» del Sábado Santo.

[433] En la 2.ª edición de *Nombres* figuraba otra traducción, en
tercetos encadenados, del salmo CII: «Alaba a Dios contino, ¡o
alma mía!, / y todas mis entrañas dad loores / a su glorioso nombre noche y día.» (*Cfr.,* ed. de Onís, t. III, págs. 210-213, n. 22.)
Esta versión, mucho más monótona que la tan ágil de la tercera
edición, fue sustituida definitivamente por Fray Luis desde 1587,
sin duda, por considerar imperfecta la que había utilizado primitivamente.

[434] *Cfr.* notas 404 del Lib. II y 426 del Lib. III.

Que al fin hizo justicia y dio derecho
    Al pobre saqueado;
Tal es su condición, su estilo y hecho,
    Según lo ha revelado.
Manifestó a Moysén sus condiciones,
    En el monte subido;
Lo blando de su amor y sus perdones
    A su pueblo escogido.
Y dixo: «Soy amigo y amoroso
    Soportador de males,
Muy ancho de narizes, muy piadoso
    Con todos los mortales.»
No riñe y no se amansa [435]; no se aÿra,
    Y dura siempre ayrado,
No haze con nosotros ni nos mira
    Conforme a lo peccado;
Mas quanto al suelo vence, y quanto excede,
    El cielo reluziente,
Su amor tanto se encumbra y tanto puede
    Sobre la humilde gente.
Quan lexos de do nace el sol, fenece
    El soberano buelo,
Tan lexos de nosotros desparece
    Por su perdón el duelo.
Y con aquel amor que el padre cura
    Sus hijos regalados,
La vida tu piedad, y el bien procura
    De tus amedrentados.
Conoces a la fin que es polvo y tierra
    El hombre, y torpe lodo;
Contemplas la miseria que en sí encierra,
    Y le compone todo.
Es heno su bivir, es flor temprana
    Que sale y se marchita;
Un flaco soplo, una occasión liviana,
    La vida y ser le quita.
La gracia del Señor es la que dura,
    Y firme persevera,
Y va de siglo en siglo su blandura
    En quien en él espera,
En los que su ley guardan y sus fueros
    Con biva diligencia,

---

[435] El sentido parece ser: «No riñe para siempre, olvidándose de amansarse.»

En ellos, en los nietos y herederos
      Por larga descendencia.
Que ansí do se rodea el sol luzido
      Estableció su asiento,
Que ni lo que será ni lo que ha sido
      Es de su imperio esento.
Pues lóente, Señor, los moradores
      De tu rica morada,
Que emplean valerosos sus ardores
      En lo que más te agrada.
Y alábete el exército de estrellas
      Que en alto resplandecen,
Que siempre en tus caminos claras, bellas,
      Tus leyes obedecen.
Alábente tus obras todas quantas
      La redondez contiene,
Los hombres y los brutos y las plantas,
      Y lo que las sostiene;
Y alábete con ellos noche y día
      También el alma mía.

Y calló. Y con este fin, le tuvieron las pláticas de los
nombres de Christo, cuya es toda la gloria por los siglos
de los siglos. *Amén* [436].

---

[436] Aquí acaban los *Nombres de Cristo* desde la edición de 1585,
y éste es el final orgánico y estructural del libro, cerrado con un
acorde lírico, como los dos anteriores. Sin embargo, Fray Luis dejó
preparado, a su muerte, el nombre de «Cordero», para incluirlo,
con los ajustes oportunos de principio y fin, entre los de «Hijo
de Dios» y «Amado». Nosotros lo hemos situado en el lugar a
que explícitamente le destinó su autor.

La vida es sueño, PEDRO CALDERÓN DE LA BARCA.
  Edición de Ciriaco Morón (2.ª ed.).

Lírica española de tipo popular.
  Edición de Margit Frenk de Alatorre.

Cuentos, IGNACIO ALDECOA.
  Edición de Josefina Rodríguez de Aldecoa.

Pic-Nic, El triciclo, El laberinto, FERNANDO ARRABAL.
  Edición de Ángel Berenguer.

Las salvajes en Puente San Gil. Las arrecogías del Beaterio de Santa María Egipciaca, JOSÉ MARTÍN RECUERDA.
  Edición de Francisco Ruiz Ramón.

El lindo don Diego, AGUSTÍN MORETO.
  Edición de Frank P. Casa y Berislav Primorac.

De los nombres de Cristo, FRAY LUIS DE LEÓN.
  Edición de Cristóbal Cuevas.

DE INMINENTE APARICIÓN

Espectáculos y diversiones públicas. Informe sobre la ley agraria, GASPAR MELCHOR DE JOVELLANOS.
  Edición de José Lage.